"大学堂" 开放给所有向往知识、崇尚科学，对宇宙和人生有所追问的人。

"大学堂" 中展开一本本书，阐明各种传统和新兴的学科，导向真理和智慧。既有接引之台阶，又具深化之门径。无论何时，无论何地，请你把它翻开……

第9版

西方哲学史

［美］撒穆尔·伊诺克·斯通普夫　［美］詹姆斯·菲泽　著

邓晓芒　匡宏　等译

目 录

中文版序　001

第八版译者序　003

第七版译者序　007

前　言　011

第一部分　希腊哲学

第一章　苏格拉底的前辈　005

1.1　什么东西是永恒存在的？　007
泰勒斯　007
阿那克西曼德　009
阿那克西米尼　010

1.2　万物的数学基础　011
毕达哥拉斯　011

1.3　解释变化的尝试　014
赫拉克利特　014
巴门尼德　017
芝诺　018
恩培多克勒　020
阿那克萨戈拉　022

1.4　原子论者　024
原子和虚空　024
知识理论和伦理学　026

总　结　027
研究问题　027

第二章　智者派与苏格拉底　029

2.1　智者派　030
普罗泰戈拉　032
高尔吉亚　033
色拉叙马霍斯　033

2.2　苏格拉底　034
苏格拉底的生平　034
作为哲学家的苏格拉底　035
苏格拉底的知识理论：思想的
　助产术　037
苏格拉底的道德思想　040
苏格拉底的审判和死亡　041

总　结　043
研究问题　044

第三章　柏拉图　045

3.1　柏拉图的生平　046

3.2　知识理论　048

洞　穴　048
　　　线　段　050
　　　理念论　053
3.3　道德哲学　056
　　　灵魂概念　057
　　　恶的原因：无知或遗忘　058
　　　恢复失去的道德　060
　　　作为功能之实现的德性　060
3.4　政治哲学　061
　　　巨人般的国家　062
　　　哲学王　063
　　　国家中的德性　064
　　　理想国的衰败　065
3.5　宇宙观　067
　总　结　070
　　　研究问题　071

第四章　亚里士多德　073

4.1　亚里士多德的生平　074
4.2　逻辑学　076
　　　范畴和推理的起点　076
　　　三段论　077
4.3　形而上学　079
　　　界定形而上学的问题　079

　　　作为事物的首要本质的实体　080
　　　质料和形式　081
　　　变化的过程：四因　082
　　　潜能与现实　083
　　　不被推动的推动者　083
4.4　人的地位：物理学、生物学和
　　　心理学　084
　　　物理学　084
　　　生物学　085
　　　心理学　086
4.5　伦理学　087
　　　"目的"的类型　088
　　　人的功能　089
　　　作为目的的幸福　089
　　　作为中道的德性　090
　　　慎思和选择　091
　　　沉　思　092
4.6　政治学　092
　　　国家类型　093
　　　差异与不平等　093
　　　好的政体和革命　094
4.7　艺术哲学　094
　总　结　096
　　　研究问题　097

第二部分　希腊化时期和中世纪的哲学

**第五章　亚里士多德以后的古代哲
　　　　　学　105**

5.1　伊壁鸠鲁主义　107
　　　物理学与伦理学　107
　　　神和死亡　108

　　　快乐原则　108
　　　快乐与社会正义　110
5.2　斯多葛主义　110
　　　相对于快乐的智慧和控制　110
　　　斯多葛学派的知识理论　111

作为一切实在之基础的物质　112
　　　万物中的神　112
　　　命运和天意　113
　　　人的本性　113
　　　伦理学和人的戏剧　113
　　　自由的问题　114
　　　世界主义和正义　115
5.3　怀疑主义　116
　　　寻求心灵的安宁　116
　　　明显的事情和不明显的事情　117
5.4　普罗提诺　120
　　　普罗提诺的生平　121
　　　作为太一的神　122
　　　流溢的隐喻　123
　　　救　赎　126

总　结　126
　　　研究问题　127

第六章　奥古斯丁　129

6.1　奥古斯丁的生平　130
6.2　人类知识　132
　　　信仰与理性　132
　　　克服怀疑论　133
　　　知识与感觉　134
　　　光照论　135
6.3　上　帝　136
6.4　被造世界　138
　　　从无中创世　138
　　　种　质　139
6.5　道德哲学　140
　　　爱的作用　140
　　　作为恶的原因的自由意志　142
6.6　正　义　143
6.7　历史和两座城　144

总　结　145
　　　研究问题　146

第七章　中世纪早期的哲学　147

7.1　波爱修斯　148
　　　波爱修斯的生平　148
　　　哲学的慰藉　149
　　　共相的问题　150
7.2　伪狄奥尼修斯　151
　　　对上帝的知识　152
7.3　爱留根纳　153
　　　爱留根纳的生平　153
　　　自然的区分　154
7.4　解决共相问题的新方法　156
　　　奥多和威廉姆：极端实在论　156
　　　洛色林：唯名论　157
　　　阿伯拉尔：概念论或温和实在论　157
7.5　安瑟伦的本体论证明　158
　　　安瑟伦的实在论　158
　　　本体论论证　159
　　　高尼罗的反驳　161
　　　安瑟伦对高尼罗的回答　161
7.6　穆斯林和犹太思想中的信仰和理性　161
　　　阿维森纳　162
　　　阿威罗伊　164
　　　摩西·迈蒙尼德　165

总　结　166
　　　研究问题　168

第八章　阿奎那和他的中世纪晚期的继承者　169

8.1　阿奎那的生平　171

波那文都和巴黎大学　172
8.2　哲学与神学　173
　　　信仰与理性　173
8.3　上帝存在的证明　174
　　　从运动、致动因以及必然存在出发的
　　　　证明　174
　　　从完满性和秩序出发的证明　176
8.4　对上帝本性的知识　177
　　　否定的方式　177
　　　类比的知识　178
8.5　创　世　179
　　　被创造的秩序是永恒的吗？　179
　　　从无中创世　180
　　　这是最好的可能世界吗？　180
　　　作为缺乏的恶　180
　　　被创造的存在的等级排列：
　　　　存在之链　181
8.6　道德和自然法　182
　　　道德的构成　182
　　　自然法　183
8.7　国　家　185
8.8　人的本性和知识　187
　　　人的本性　187
　　　知　识　188
8.9　司各脱、奥卡姆和艾克哈特　188
　　　唯意志论　189
　　　唯名论　190
　　　神秘主义　191
总　结　192
　　　研究问题　193

第三部分　近代早期的哲学

第九章　文艺复兴时期的哲学　201
9.1　中世纪的结束　202
9.2　人文主义和意大利文艺复兴
　　　运动　203
　　　皮　科　204
　　　马基雅维利　205
9.3　宗教改革　207
　　　路　德　207
　　　伊拉斯谟　208
9.4　怀疑论和信仰　211
　　　蒙　田　211
　　　帕斯卡　213
9.5　科学革命　214
　　　新的发现和新的方法　215
　　　近代原子论　216
9.6　培　根　218
　　　培根的生平　218
　　　学术的病状　219
　　　心灵的假相　219
　　　归纳的方法　220
9.7　霍布斯　221
　　　霍布斯的生平　221
　　　几何学对霍布斯思想的影响　222
　　　运动中的物体：思想的对象　223
　　　关于人的思想的机械论观点　224
　　　政治哲学与道德　225
　　　自然状态　226

自然状态中的义务　227
　　社会契约　228
　　民法对自然法　228
总　结　230
　　研究问题　231

第十章　大陆理性主义　233

10.1　笛卡尔　234
　　笛卡尔的生平　234
　　对确定性的追求　235
　　笛卡尔的方法　236
　　方法上的怀疑　239
　　上帝和外部事物的存在　240
　　心灵和身体　242

10.2　斯宾诺莎　244
　　斯宾诺莎的生平　244
　　斯宾诺莎的方法　245
　　上帝：实体和属性　245
　　世界作为上帝属性的样式　246
　　知识、心灵和身体　248
　　伦理学　249

10.3　莱布尼茨　250
　　莱布尼茨的生平　250
　　实体　251
　　上帝的存在　253
　　知识和自然　255

总　结　258
　　研究问题　259

第十一章　英国经验主义　261

11.1　洛克　262
　　洛克的生平　262
　　洛克的知识理论　263
　　洛克的道德和政治理论　268

11.2　贝克莱　271
　　贝克莱的生平　271
　　存在的本质　272
　　物质和实体　273

11.3　休谟　277
　　休谟的生平　277
　　休谟的知识理论　278
　　什么存在于我们之外？　280
　　伦理学　282

总　结　285
　　研究问题　286

第十二章　启蒙哲学　287

12.1　自然神论和无神论　288
　　英国自然神论　288
　　法国哲人派　290

12.2　卢梭　293
　　卢梭的生平　293
　　学问的悖论　294
　　社会契约　296

12.3　里德　299
　　里德的生平　299
　　对观念论的批判　299
　　常识信念与直接实在论　301

总　结　302
　　研究问题　303

第四部分　近代晚期和19世纪哲学

第十三章　康　德　311

13.1　康德的生平　312

13.2　康德问题的形成　312

13.3　康德的批判哲学和他的哥白尼革命　314
　　批判哲学的方法　315
　　先天知识的本质　315
　　先天综合判断　316
　　康德的哥白尼革命　317

13.4　理性思想的结构　319
　　思想范畴和直观形式　319
　　自我和经验的统一　319
　　现象实在和本体实在　320
　　作为调节性理念的纯粹理性的先验理念　320
　　二律背反和理性的限度　322
　　上帝存在的证明　323

13.5　实践理性　324
　　道德知识的基础　325
　　道德与理性　326
　　被定义为善良意志的"善"　326
　　定言命令　327
　　道德悬设　329

13.6　美学：美　330
　　作为独立的愉悦满足的美　330
　　作为普遍愉悦的对象的美　331
　　美的对象中的目的与合目的性　332
　　必然性、共通感和美　333

总　结　334
　　研究问题　335

第十四章　德国唯心主义　337

14.1　康德对德国思想的影响　338

14.2　黑格尔　339
　　黑格尔的生平　339
　　绝对精神　340
　　实在的本质　342
　　伦理学与政治学　346
　　绝对精神　350

14.3　叔本华　351
　　叔本华的生平　351
　　充足理由律　353
　　作为意志和表象的世界　354
　　悲观主义的基础　356
　　有可能摆脱"意志"吗？　358

总　结　359
　　研究问题　360

第十五章　功利主义和实证主义　361

15.1　边沁　363
　　边沁的生平　363
　　功利原则　364
　　法律和惩罚　366
　　边沁的激进主义　369

15.2　约翰·斯图亚特·密尔　370
　　密尔的生平　370
　　密尔的功利主义　371
　　自　由　374

15.3　孔德　375
　　孔德的生平和时代　375
　　实证主义的定义　377
　　三阶段法则　378
　　孔德的社会学和"人道教"　379

总　结 383
　　研究问题 384

第十六章　克尔凯郭尔、马克思和尼采 385

16.1　克尔凯郭尔 386
　　克尔凯郭尔的生平 386
　　人的存在 387
　　作为主观性的真理 388
　　美学阶段 389
　　伦理阶段 389
　　宗教阶段 390

16.2　马克思 391
　　马克思的生平和影响 391
　　历史的诸阶段：马克思的辩
　　　证法 395

基础：物质秩序 397
劳动异化 400
上层建筑：观念的来源和作用 402

16.3　尼采 403
　　尼采的生平 403
　　"上帝死了" 405
　　阿波罗精神与狄俄尼索斯精神 406
　　主人道德与奴隶道德 407
　　权力意志 408
　　重估一切道德 409
　　超人 410

总　结 411
　　研究问题 412

第五部分　20世纪和当代哲学

第十七章　实用主义与过程哲学 419

17.1　实用主义 420

17.2　皮尔士 421
　　皮尔士的生平 421
　　意义理论 421
　　信念的地位 422
　　方法的要素 423

17.3　詹姆斯 423
　　詹姆斯的生平 423
　　作为一种方法的实用主义 424
　　实用主义的真理理论 424
　　自由意志 426
　　相信的意志 427

17.4　杜威 429

杜威的生平 429
旁观者与经验 429
习惯、智力和学习 430
事实世界里的价值 431

17.5　过程哲学 432

17.6　柏格森 433
　　柏格森的生平 433
　　绕行和进入 434
　　科学的分析方法 435
　　形而上学的直觉方法 436
　　绵延的过程 437
　　进化和生命冲动 438
　　道德和宗教 439

17.7　怀特海 440

怀特海的生平　440
简单定位的错误　441
自我意识　442
把　握　443
永恒客体　444

总　结　445
研究问题　447

第十八章　分析哲学　449

18.1　罗素　451
罗素的任务　451
逻辑原子主义　451
逻辑原子主义的困难　452

18.2　逻辑实证主义　453
证实原则　454
卡尔纳普的逻辑分析　455
逻辑实证主义的疑难　458
蒯因对经验主义的批判　459

18.3　维特根斯坦　460
维特根斯坦的哲学之路　460
新的维特根斯坦　462
语言游戏和遵守规则　463
澄清形而上学的语言　464

18.4　奥斯汀　465
奥斯汀的独特方法　465
"辩解"这个概念　466
日常语言的优势　467

总　结　469
研究问题　470

第十九章　现象学与存在主义　471

19.1　胡塞尔　472
胡塞尔的生平及影响　472
欧洲科学的危机　473

笛卡尔和意向性　475
现象和现象学的加括号　476
生活世界　478

19.2　海德格尔　478
海德格尔的生平　478
作为在世的此在　479
作为操心的此在　481

19.3　宗教存在主义　482
雅斯贝尔斯的生存哲学　482
马塞尔的存在主义　484

19.4　萨特　485
萨特的生平　485
存在先于本质　486
自由和责任　488
虚无与自欺　489
人的意识　490
马克思主义与复盘自由　492

19.5　梅洛－庞蒂　493
梅洛－庞蒂的生平　493
知觉的首要性　494
知识的相对性　495
知觉与政治学　496

总　结　498
研究问题　499

第二十章　晚近的哲学　501

20.1　心—身问题　502
赖尔的机器中的幽灵　503
同一论和功能主义　505
塞尔的中文房间论证　507

20.2　罗蒂　508
罗蒂的分析哲学　509
实用主义的影响　509
语言的偶然性　511

自我的偶然性 512
 共同体的偶然性 513
20.3 复盘德性论 514
 安斯康姆的辩护 515
 诺丁斯的辩护 517
 德性认识论 518
20.4 大陆哲学 520
 结构主义 520
 后结构主义 521
 后现代主义 523
20.5 政治哲学 524

 罗尔斯：作为公平的正义 524
 诺齐克：最小化的政府 526

总　结 529
 研究问题 531

重要词汇 533

延伸阅读 539

译者跋 561

出版后记 563

中文版序

这是一部最近出版的较新的西方哲学史。本书全名为《从苏格拉底到萨特及其后的哲学史》。我国读者过去所习见的西方哲学史一般都是从古希腊前苏格拉底的自然哲学家讲起,下迄19世纪末20世纪初。本书作者为当代学人,内容则下迄20世纪末叶。本书的规格仍然是以历来各个哲学家为主,而于各个流派的传承、传播及其影响则涉及不多,所以严格说来仍是一部哲学家的历史,而不是一部哲学本身的历史。这本书也是一般哲学史的通例,不是为异。

凡是写哲学史或思想史的作者,大抵不外有两类。一类为作者本人即哲学家或思想家,有其自己的一套哲学体系或思想体系,就其自己的哲学或思想在指点江山,臧否人物,借以发挥自己的思想理论和见解;而其缺点则是,不能客观全面地阐明历史的真相。文德尔班(Wilhelm Windelband)久负盛名的哲学史著作即是一例。文氏为新康德学派的代表人物,他的《近代哲学史》一书分三卷,第一卷为《前康德哲学》,第二卷为《康德哲学》,第三卷为《后康德哲学》。似乎全部哲学的历史即是环绕着康德这个中心在运转,读后使人颇有点"孔子,孔子,大哉孔子,孔子以前,无有孔子,孔子之后,更无孔子"的味道。

另一类作者则是史学家,他们考究源流、辨析史实,其重点在于哲学思想的历史发展过程、源流、传播、演变及影响。简单说来,也就是按历史顺序排列的哲学家或思想家的传记,而对于其义理的探究与批判却缺乏深入的洞见、探讨以及启发。但其优点则在于能使读者感到一种大致的整体印象。

本书是沿着后一种路数来展开的。对于一般读者来说仍不失为一部精炼而又明白易晓的哲学史教本,尤其是书中最后部分(即有关20世纪的西方哲学)是过去一般的哲学史教本甚少涉及的,对读者颇为便利。至于东欧、俄罗斯以及拜占庭、埃及、阿拉伯的哲学则均未提及,更不用说有关印度和中国的哲学了。这样,一部哲学史便缺少了各个不同文化的思想作为参照系。不过这一点乃是西方著作的通例或通病,无需苛求于作者。

读一部哲学史还只是入门,再进一步则还需读各家哲学的原著。

何兆武
2008年11月

第八版译者序

美国学者斯通普夫和菲泽两位教授所著《西方哲学史》自2003年第七版出版后，最近经过修订的第八版面世了，仅此便足以说明这本书在国外英语世界受欢迎的程度，以及作者不断修正和补充自己的思想的"日新"精神。我曾在2005年出版的该书第七版中译本序中预言："可以预料，只要作者健在，隔几年就会有一部新的哲学史问世。史家的思想紧紧地与时代的进展平行，这正是哲学史家所努力追求的一种境界。"目前，这一预言已被证实。《西方哲学史》第八版，正是作者们随着自己的研究进展和学术界新的需要的产生而作了诸多改动和增删而成的。除了其他地方之外，一个最明显的改动是，这一版增加了一章，即在"大陆理性主义"和"英国经验主义"之后，加了一个"启蒙哲学"（包括"自然神论和无神论""卢梭""里德"）作为第12章，所以全书就由19章扩展到了20章。相对于以往的版本，这是一个极其重要的补充，尤其是对卢梭的补入更是意义非凡。现代人往往把卢梭看作西方哲学甚至一般思想发展的一个转折点，例如罗素在其《西方哲学史》中的最后一个标题就是"从卢梭到现代"。至少，自康德以来的整个西方近现代思想离开了卢梭就不怎么好讲了。

此次第八版的翻译，主要得力于我的博士生匡宏君的全身心投入。当然，整个翻译仍是建立在第七版已有的译文基础上的，但由于第八版作者随处都有修改和增删，所以匡宏君等于是从头至尾将本书校改并在许多地方补译了一遍。无疑，这是一个非常令人头疼的工作。译者既需顾及原译文，再次推敲每一个句子和用词，又要根据改变了的英文原文加以修改和补充，还要注意修改和补充的地方和原来的译文保持基本一致，这比自己独立地重译一本书要麻烦得多。更值得一提的是，第七版原有的译文经过匡宏的再次斟酌和润色，不但比原来更加准确了，而且行文更加流畅华美，更具可读性了。匡宏是学外语出身的，并且已经有一个很稳定的教师工作，仅仅因为自己对哲学的痴迷爱好，而转向了对西方哲学的学习和研究。自从五年前他考上我的外国哲学硕士研究生时起，我就发现他对哲学问题的确具有超出一般人的领悟能力，不学哲学似乎有些可惜。而在这项开始于大半年前的翻译工作上，他再次充分表现了他的这种良好素质。

按照出版社的要求，匡宏还承担了为全书做一个详细的术语索引的繁重任务。这也是本书翻译相对于第七版翻译的一个重要的改进。我曾经在一篇文章中谈到，今后凡翻译哲学的专业学术著作，应该把做术语索引当作一项必要的学术规范来完成。然而我自己深深知道，这件工作有多么烦人。它不只是一个简单地将所有术语搜集起来按次序编排于书后的事，而且也是对自己的翻译的一项严格的检验。为了避免或至少尽可能减少一词多译或多词一译的情况，译者必须以极大的耐心反复推敲每一个术语的最佳译法，每一改动都"牵一发而动全身"，不得不对全书其他地方的同一词汇进行再斟酌，由此还往往影响到对已经译好的句子推倒重译。更有难度的是，一部西方哲学史的翻译还不比对某个哲学家的著作的翻译，其中的同一个词汇在历史上各个哲学家那里的用法经常有很大的出入，甚至不可能有一个前后一致的"定译"。但正因为如此，一个较全面的术语索引就更显得必要了，读者由此可以很清楚地看出和查到整个西方哲学发展中那些重要的术语的来龙去脉，极为有利于从思想发展线索的角度理清西方哲学的源和流。所以对于中国的读者来说，我认为做术语索引（以词汇为单位）比起做主题索引（以命题为单位）来更具重要性。

这次校改和补译，我和匡宏都添加了一些译者注，其中有些是纠正作者的个别明显错误的，这决不表明我们比作者更高明。当今时代知识爆炸，不可能再产生如同古代亚里士多德和近代黑格尔那样的百科全书式的学者，任何人都只能在他所熟悉的一个或几个领域里独领风骚。但我们的任务不是和作者讨论问题，而只是翻译。之所以还是要就随处发现的一些问题提出来加以纠正，是为了让读者（其中大部分可能是大学生）能够更加客观地看待国外学者的学术观点，不要盲从，不要浅尝辄止。其实就连本书的作者也在不断修正他们自己的观点，例如在对马克思的理解上，这一版就比第七版有一定的改进。当然从总体上看，还有不尽人意的地方，如对德国古典哲学中费希特和谢林哲学的忽视，对作为现代哲学一大流派的哲学解释学的遗忘，我们希望作者将来有机会再作增补。另外，全书的引文全部都没有注明出处，这也是我们对本书不甚满意的地方，这使得本书具有一种不容讨论的权威姿态。我不知道西方人怎么看待这样的风格，但就连独断地将自己的观点强加于人并因此而颇遭非议的黑格尔，在他的《哲学史讲演录》中都老老实实地一一注明引文来源，文德尔班的《哲学史教程》亦是如此；倒是英美哲学家如罗素和梯利的《西方哲学史》（均有中译本），要么没有引文注释，甚至没有引文（如梯利），要么引文很少，主要是作者在那里侃侃而谈（如罗素）。罗素是宁可大段引证希腊悲剧和莎士比亚，而不引康德和黑格尔的，即使要引，也只告诉你出自哪本书，至于页码，你用不着知道。难怪他这本书得的是诺贝尔文学奖。所以我猜想，英美的这些通史著作虽然号称是大学教材，其实主要是给业余爱好者和高中生作为闲书来看的。果真如此，那也不妨聊备一格。但我们所译的这本书却是有不少的引文，放在引号中并且用了小号字，却不注明任何出处，实在不应该，至少有损于学术规范的严肃性。希望读者不要读了本书以后，就以为当今的学术都可以这样做了。至于本书的优点和长处，我在第七版的中译者序中已经说过了，这里不再重复。

匡宏的译稿完成后，我又对他所改动和加译的部分作了大致的审查，少数地方作了再次的改动和调整，然后再让他作了最后的校订。我想经过这样反复的打磨，这本书的译文质量应该有比较大的提高。当然，有经验的译者都知道，这样大部头著作的翻译，要想完全不出错几乎是不可能的。所以我们也期望有识者在阅读过程中随时向我们指正，以便我们进一步改进。

邓晓芒
2008年11月于珞珈山

第七版译者序

撒穆尔·伊诺克·斯通普夫（Samuel Enoch Stumpf）的这本《西方哲学史》，作为西方哲学史的大学本科教材，目前在英语世界非常流行，已印行到第七版。中译本根据第七版，并参照当代哲学的发展，比前面几版有所增补。按照这种写法，可以预料，只要作者健在，隔几年就会有一部新的哲学史问世。史家的思想紧紧地与时代的进展平行，这正是哲学史家所努力追求的一种境界。对照国内学者所写的一些哲学史，我们总会发现一个相当普遍的现象，就是史家总是把自己的眼界局限在某个历史阶段，尤其是某个政治阶段。如写中国哲学史通常是到1949年为止，西方哲学史则限于马克思主义之前，似乎从此以后一切都不在话下了，至少也要划出一个"现（当）代哲学"的范围来作特殊处理。这种断裂的历史眼光（或不如说非历史眼光）是如何形成的，这里不想讨论，但从人类哲学思想的不断发展来看，其实是没有什么道理的。最近一些年来国内学术界摆脱旧的一套思想框架的限制，不再用一些人为的构架对哲学思想的活生生的历史作生硬的裁割，写出了不少很有价值的西方哲学断代史。但也许由于长期以来在这方面"分工"的效应尚未消除，由某个学者独立撰写的从古代一直贯通至今的完整的、具有当下性的西方哲学史却一直未能出现，这是令人遗憾的。克罗齐说"一切历史都是当代史"，但要把这种眼光真正地付诸实现，却是如此的艰难。它要求作者对人类思想的整个发展历程的来龙去脉有一个宏观的把握和当代的体验，既不能事无巨细地纠缠于个别问题，也不能大而化之地跳过一些必须交代的阶段。我们面前的这本哲学史在这方面是做得相当不错的，它以长短适当的篇幅，将西方两千多年的哲学思想作了一个清晰的展示，很适合作为大学生的西方哲学史课程的入门教材。

　　本书的另一个明显的优点是表述上异常清楚明白。作者善于抓住每个哲学家的总体特点进行描述，而略去了那些可能导致读者钻入牛角尖里去的复杂论证。在材料的安排上，作者非常注意哲学家思想内部的逻辑关联和从一个主题向另一个主题的逐渐推移，并力图做到揭示一个哲学家的思想与下一个哲学家的思想之间的联系和进展。这种做法隐约有黑格尔《哲学史讲演录》的遗风，在现代哲学史家们的作品里已经很难看到了。就我所见到的现代西方学者所写的西方哲学史著作来看，要么是就事论事地摆材料和观点，很严谨，但也很枯燥（如梯利）；要么是随心所欲地评点古人，意趣横生，作者的情绪好恶和观点跃然纸上，但却不能当作信史来看待（如罗素）。这正像王国维所概括的，"可信者不可爱，可爱者不可信"；也如黑格尔所总结的，仅仅属于"原始的历史"和"反省的历史"。本书作者则兼采两种写法之长，试图通过对哲学史资料的编排把其对哲学史、对人类哲学思维发展的见解表达出来，这就有点要揭示哲学史发展本身的"内在规律"的意思了。哲学家并不是一些仅仅怀有自己个人的突发奇想的天才人物，而是当他投身于时代哲学思潮的洪流之中的时候，他以自己的哲学天才对人类整个思维的行程在某一阶段的进展作出了自己的贡献。他总是受到某种影响，然后回应、反驳、诘难、背叛、修正或推进某种观点，最终自成一家。如果能把这种思想的路数简明扼要地描述出来，的确是能够吸引青年人那热衷于思辨的头脑的。黑格尔说过，哲学史就是哲学；恩格斯则认为，要学习哲学，迄今为止除了学习哲学史外别无他法。但如果青年人手中的哲学史课本在写法上根本就没有哲学味，他们如何顺利地学习哲学呢？那无疑是在诱导他们把哲学史看作一大堆知识的堆积，而哲学思考则除了人云亦云以外，就是天马行空。本书作者在这方面提供了一个值得推荐的范例，我们只要看看他对古希腊最初几个哲学家思想发展的描述，就会发现这种描述是那么自然、亲切，就像我们所认识的几个身边朋友在共同把一个问题的讨论推向深入，同时又极其简明。

不过，也正如黑格尔的例子所表明的那样，这种方法虽然比前两种方法层次要高，但也有它值得警惕的陷阱。黑格尔试图用自己的观点来贯穿整个西方哲学史，他自信这就是人类哲学思维自身发展的内在逻辑，因而在遇到与他的逻辑不一致的地方，他就粗暴地扭曲历史事实。斯通普夫当然没有黑格尔那样的自信，但仍然显出他在处理历史资料上的某种先入之见。例如他对在近代哲学中发生了巨大影响力并一直波及当代的德国观念论，除了给康德以一定的地位外，整个采取了一种相当忽视的态度，费希特和谢林的哲学干脆就被砍掉了。在现代哲学中，他对现象学和语言分析哲学的介绍也有简单化的倾向，而诠释学则只字不提，就当从未出现过。至于对边沁、密尔和孔德的功利主义，则似乎花费了太多的篇幅，且大都偏重其社会政治和伦理方面，没有多少哲学味。当然，我们不能要求一个哲学史家面面俱到，况且一个像本书作者这样的学者总会带上自己的哲学观点，而哲学观点总是可以讨论的。所以，尽管在我看来本书有如上这些不足之处，但我仍然很欣赏作者的写法，它有助于青年大学生体会到什么是哲学思维，并由此对哲学产生真正的兴趣。至于书中所缺的那些部分，青年读者们也很容易从别的地方去补足。重要的是，作者对所涉及的那些哲学家的思想作了客观、清晰而生动的介绍，除了对马克思的一处误解（译者已在注释中作了澄清）外，基本上是准确的。

参加本书翻译的有丁三东（第1、2、3、4、12、13章）、张传有（第5、6、7、8、9章）、邓晓芒（第10、11、14章）、张离海（第15章）、郝长墀（第16章及参考书目）、张建华（第17章）和何卫平（第18、19章及关键词汇表），全书由邓晓芒校订和统稿。由于水平有限和时间仓促，作为最后的统稿人，书中所出现的翻译错误全部由我负责。

最后，感谢中华书局译著部的江绪林编辑，他为本书的出版付出了巨大的辛劳。

邓晓芒

2003年12月于珞珈山

前　言

哲学之历史，浑如一部史诗演义。有先祖历尽艰辛，开宗立统，泽被后世，令人仰止；有后人标新立异，构怨于同宗，甚或触怒政教当局。家族间世代苦苦相争，然鹿死谁手，时常难见分晓。世易时移，此一部家史亦渐令人生后胜于前之感：不合时宜之道淡出视野，创新求异之说取而代之——然每每不过昙花一现而已。是故有大哲尝云，哲学史乃"思想历险之征程"。按本书之立意，即在刻画此一活剧之大纲要目也。

新版改动最彰明者，乃在添入新写之论"启蒙哲学"一章。其余部分之添加，计有：论"信仰与理性"入奥古斯丁章，"运动的证明"入阿奎那章，"德性认识论"入晚近的哲学章。至于此外之细小改动，则遍布全书——盖为增进表述之精确与文字之可读计也。

詹姆斯·菲泽

第一部分
希腊哲学

▲法国画家雅克-路易·大卫的名画《苏格拉底之死》，现藏于纽约大都会艺术博物馆。

▲ 帕特农神庙

▲ 雅典卫城模型（加拿大皇家安大略博物馆）

▶与学生交流的柏拉图(科比斯·柏特曼图库)

◀对着荷马半身像沉思的亚里士多德

第一章

苏格拉底的前辈

1.1 什么东西是永恒存在的?
1.2 万物的数学基础
1.3 解释变化的尝试
1.4 原子论者

人类已经在这个星球上生活了千百万年。当然，我们不能知道最早的人们的所有经历和思想。然而，我们还是有理由设想，那时的人们就像现在一样被一种想要解释世界的欲望所驱使。或许我们最早的先人们思考过世界是如何形成的，他们在动物中是否是独一无二的，在包围着他们的大地之外是否还有一个世界。他们或许也曾经想知道，对于道德行为或社会秩序，是否存在一个统一的标准，这个标准适用于他们碰到的各种各样的部落。对于这些问题不论他们想过什么，他们的观点都没能经受住岁月的消磨。我们要想得知先辈们的确切思想，只能通过一个较为晚出的发明——文字书写。当我们在全球范围内考察最早的文字著作时，我们发现各个地区都有它们特殊的传统——例如东亚的传统、印度次大陆的传统、中东的传统以及非洲的传统。这本书就是对这样一个传统的阐述：这个传统在欧洲发展，后来又传播到美洲和世界其他地方。这一传统通常被称作"西方的"，这个名称表明了它起源于欧亚大陆的西部。

　　西方哲学故事开始于公元前6世纪的希腊群岛及其殖民地。一些原创性的哲学家被一些特殊的困惑驱使，最值得注意的是"事物实际上是什么样子？"以及"我们如何解释事物中的变化过程？"。他们对这些问题给出的答案不久就被称作"哲学"——对智慧的爱。这些思考的前提在于人们逐渐认识到：事物并不像看上去的那样。表象往往不同于实在。生、死、成、毁——也就是事物的形成和消逝——都是无情的事实。这些事实引发了一些归根到底的问题：事物与人是如何产生的？又是如何在不同的时间里变得不同的？他（它）们又是如何消逝而被其他的事物和人取代的？最早的哲学家们对这些问题给出的答案中有很多并不重要，重要的是他们关注的是这些特殊问题。他们用一种全新的观点着眼于确认这些问题，这种眼光完全不同于那个时代伟大的诗人们更加神秘的进路。

　　希腊哲学诞生在与雅典隔爱琴海相望的港口城市米利都，它坐落于小亚细亚伊奥尼亚地区的西海岸。由于他们所处的地理位置，第一批希腊哲学家就被称作米利都学派或伊奥尼亚学派。大约公元前585年，当米利都学派的哲学家们开始他们系统的哲学工作时，米利都已经成为一个海洋贸易和各地思想的汇聚之地。城市的富有使人们有充分的空闲时间，没有它，艺术和哲学的生活是不能得到发展的。此外，这座城市的人们的宏大气魄和追根究底精神也为哲学的理智活动创造了非常适宜的氛围。早先伊奥尼亚就诞生过创作了《伊利亚特》（*Iliad*）和《奥德赛》（*Odyssey*）的荷马（约公元前700年）。在这些永恒的史诗经典中，荷马描绘了奥林匹斯山的场景，在那里众神们过着和地上的人们相似的生活。这种对世界的诗意观点也描绘了众神介入人类事务的方式。特别地，荷马的神会由于人们缺乏节制，尤其是他们的骄纵——希腊人称之为傲慢（hubris）——而惩罚他们。这并不是说荷马的神非常道德。相反，他们只不过是比我们更强大，要求我们服从。

虽然荷马很大程度上用人的形象去描绘众神，他还是偶尔暗示自然界中有一个严格的秩序。特别是，他提到存在着一种叫作"命运"的力量，甚至众神也得服从它，所有的人和事物也必须服从它。然而，荷马的诗意想象彻底地受到人的局限，在他的世界里到处都居住着人型的存在者。而且，他的自然概念也是反复无常的意志在起作用，而不是自然规律占统治地位。与荷马同一时期进行写作（约公元前700年）的赫西俄德改变了众神和命运的概念。他去除了众神身上所有的反复无常，赋予他们道德的连贯性。虽然赫西俄德保留了众神控制自然的思想，但是他强调宇宙的道德规律非人格化的运作，以此来冲淡事物本性中的人格化因素。在赫西俄德看来，道德秩序依然是宙斯命令的产物。但是不同于荷马的是，这些命令既不是反复无常的，也不是为了取悦众神，而是为了人类的利益。对于赫西俄德来说，宇宙是一个道德的秩序，由此，我们只要再前进一小步就可以说，有着一种非人格化的力量控制着宇宙的结构，规定着它变化的过程，这一切与众神没有任何关系。

迈出这一小步的是三个伟大的米利都哲学家：泰勒斯（约公元前585年）、阿那克西曼德（约公元前610年—公元前546年）和阿那克西米尼（公元前6世纪）。赫西俄德依然根据传统的神话来思考。而米利都学派的哲学则发轫于一个独立思考的行动。他们问，"事物实际上是什么样子？""我们如何解释事物中的变化过程？"这就真正告别了荷马和赫西俄德的诗歌，而走上了一条更加科学的思想道路。事实上，在历史的这个阶段，科学和哲学是同一个东西，只是到了后来各种学科才从哲学领域分离出去。医学是最先分离出去的。因此，我们完全可以称米利都学派既是最早的科学家，也是最早的希腊哲学家。我们必须牢记的是，希腊哲学从最初开始就是一种**智力**的活动。它不仅仅是一个观察或相信的问题，而是**思想**的问题，哲学就意味着抱着纯粹而自由地探索的态度去思考那些基本的问题。

1.1 什么东西是永恒存在的？

泰勒斯

关于米利都的泰勒斯，我们知道的并不多，而我们所知道的那些还不如说是一些逸闻。泰勒斯没有留下任何作品。所有现在能够获得的，都是后来那些记录他一生值得记录的事件的作者的一些零星报道。他是希腊国王克洛索斯和执政官梭伦的同代人，他生活的年代大概是在公元前624年到公元前546年之间。在对波斯的战争中，他解决了一个军队后勤上的问题,使吕底安国王的军队渡过了哈里斯河。他的办法是挖一条人工渠分流一部分河水,这样一来大河就成了两条较浅的河,很容易在上面架桥。在埃及旅行时,泰勒斯想出了一个测量金字塔高度的方法。在一天中当他的身高和影长相等时,他只要测量金字塔影子的长度就知道了它的高度。或许就是这些在埃及的旅行使他了解到一些知识,从而预言了发生在公元前585年5月28日的日食。他在米利都时,出于实用的考虑,制作了一个仪器,用来测量海上船只之间的距离。他促使水手们利用小熊星座做导航来确定北方,这对远洋航行很有帮助。

传统或许是不可避免地把一些可疑的传说加在泰勒斯这样一位杰出人物的身上。例如,柏拉图(公元前427年—公元前347年)就写到过:"据说是泰勒斯抬头观察星空而掉进一口井里时,一位聪明伶俐的色雷斯丫鬟拿他说过的俏皮话说,他这样渴望知道天上的事情,以至于不能看到脚下的东西。"柏拉图加上了一句,"这个嘲笑同样适用于所有的哲学家。"亚里士多德(公元前384年—公元前322年)记载了另一则逸闻:

> 有这样一个关于米利都的泰勒斯的故事。这个故事是一个有关赚钱的计划,被安在泰勒斯头上,是因为他素以智慧而闻名。……人们非议他的贫困,认为这说明哲学是无用的。但据这个故事说,他利用自己的天文学知识,观测到(来年的夏天)橄榄会有个大丰收。于是他就用手头的一小笔钱租下了米利都和开俄斯所有的榨油机。由于当时没有人跟他争价,所以租价很低。到了收获时节,突然间需要许多榨油机,他就把这些榨油机租出去,并且恣意抬高租金;由此他赚了一大笔钱,他成功地证明了,只要哲学家们愿意,他们很容易就可以发财,但这并不是他们真正感兴趣的。

不过,泰勒斯之所以著名,并不是由于他广博的智慧和实践的精明,而是因为他开启了一个全新的思想领域,由此,他恰切地赢得了西方文明"第一个哲学家"的称号。

泰勒斯的全新问题是关于事物的本质的。事物是由什么构成的呢?或者,哪种"物质"构成了万事万物?泰勒斯提出这些问题,试图解释这样一个事实,即存在着各种不同的事物,例如土壤、云和海洋,有时这些事物中的一些转变成另一些事物,不过它们在某些方面依然类似。泰勒斯对思想的独特贡献在于他的如下思想,即不论事物之间有着多大的差异,它们之间依然存在着根本的相似。**多**通过**一**而相互关联。他假定某种单一的元素,某种"物质"包含了自身活动和变化的原则,它是所有物理实在的基础。对泰勒斯来说,这个一,这种物质,就是**水**。

虽然没有留下任何记录说明泰勒斯是如何得出这个结论的,但亚里士多德写道,他得出这个结论或许是通过观察简单的事实,"或许是观察到万物都以湿的东西为养料,而热本身是从湿气里产生,靠湿气维持的",所以泰勒斯"得到这个看法可能就是以此为依据的,还有所有事物的种子都有潮湿的本性,而水是潮湿本性的来源"。一些其他的现象,例如蒸发或凝固,也表明水有各种状态。泰勒斯对事物构成的分析正确与否并不重要,重要的是他提出了"世界的本质是什么"这样一个问题。他的问题为一种新的研究创造了条件,这种研究就其优劣而言是允许争论的,在进一步的分析中它可能得到证实,也可能被驳倒。诚然,泰勒斯也说过:"所有的事物都充满了神。"但是这个思想对于他来说显然没有任何理论上的意义。因此当他试图解释存在于事物中的力,例如磁石中的磁力时,他把探讨这个问题的立足点由神话转为了科学。从他的起点出发,其他哲学家将相继提出他们各自解决问题的方案,但面对的总是他提出的问题。

阿那克西曼德

阿那克西曼德是比泰勒斯年轻一些的同代人,也是泰勒斯的学生。他同意老师的看法,认为存在着某种单一的基本物质,事物就是由它构成的。但是,阿那克西曼德不同于泰勒斯,他说,这种基本的物质既不是水,也不是其他任何特殊的元素。水和其他所有特定的东西只是某种更基本的东西的特殊变体或衍生物。他认为,很有可能我们在任何地方都会发现水或潮湿的东西的各种变形,而水只是很多元素中的一个特殊的东西,所有这些特殊的东西都需要一个更加基本的物质作为它们的来源。阿那克西曼德认为,所有这些特殊物质都来自原初物质,它是一个**不定的**或**无限制的**领域。从而,一方面,我们在世界上发现特殊的、确定的事物,例如一块岩石、一个水坑;另一方面,我们发现了这些事物的来源,他称之为**不确定的无限制者**(the indeterminate boundless)。实际的事物是特殊的,它们的来源则是不确定的;事物是有限定的,原初物质则是无限定或无限制的。

阿那克西曼德除了对原初物质提出一种新的思想外,还努力为他的新思想作出某种解释,这也推进了哲学的发展。原初物质如何成为我们在世界中看到的这许多不同的东西,泰勒斯对此并没有详细地进行解释。阿那克西曼德则探讨了这一问题。虽然他的解释听起来可能很奇怪,但是它代表了知识上的一种进展。特别是,它涉及那些可以从中形成假说的已知事实,而不是用神话式的不容置辩的说法来解释自然现象。他的解释是这样的:不确定的无限制者是万物最原始的、不可毁坏的物质本质,不过他相信它永远处于运动之中。作为这一运动的结果,各种特殊的元素从原初物质"分离"出来而诞生了。因此,"天空是由永恒的运动产生的"。首先,**冷**和**热**分离出来,再由这两者产生了**潮湿**;然后,从这些东西里产生了**土**和**气**。

谈到人类生命的起源,阿那克西曼德说,所有的生命都来自海洋,随着时间的流逝,有生命的东西离开海洋来到陆地。他猜测人类是由另外一种不同的生物进化而来的。他论证说,这个看法的根据在于,事实上,其他生物很快就可以自己养活自己,而只有人类才需要延长被喂养的时间。因此,如果我们人类一开始就是这个样子,那么早就不会

存在了。针对阿那克西曼德对人类起源的解释，普卢塔克评论说，叙利亚人

> 实际上把鱼尊为与我们在种类和养育方式上都相近的物种。在这点上，他们的哲思较之阿那克西曼德还要来得恰当些。因为他宣称，不是鱼和人来自同一个祖先，而是人最初就是在鱼腹中形成的。他们——像鲨鱼一样——在鱼腹中被养育到足以自理之后，就离开母体，前往陆地。

让我们再次回到宏观的宇宙图景，阿那克西曼德认为同时并存着许多世界和宇宙体系。它们全都会消灭，在它们的创生和毁灭之间有一种不断的交替。他相信这个循环的过程是有着严格的必然性的。自然中相互对立的力冲突着，导致了一种"不正义"——诗意地说，它要求它们最后的毁灭。阿那克西曼德的作品中流传下来的唯一一句话说的就是这个，它也是有点诗意的："万物由之所生的东西，万物毁灭后由于必然性复归于它；因为万物按照时间的秩序，为它们彼此间的不正义而受到惩罚并相互补偿。"

阿那克西米尼

米利都学派第三位也是最后一位哲学家是阿那克西米尼（约公元前585年—公元前528年），他是阿那克西曼德的年轻同伴。他考虑了阿那克西曼德对自然事物的构成这个问题的答案，但是他并不满意。无限制者作为所有事物的来源这一思想是含糊而令人费解的。他可以理解为什么阿那克西曼德要提出这一思想来取代泰勒斯的水是万物本原的观点。无限制者的这个解释至少有助于为极其多样的有限的和特殊的事物提供一个"无限定"的背景。然而，不确定的无限制对于阿那克西米尼来说没有任何具体的意义，因此他采取了泰勒斯的方式，选择集中在一种确定的物质上。同时，他也试图吸收阿那克西曼德已经取得的进展。

阿那克西米尼试图沟通他的两个前辈的不同观点，他提出气是万物由之而产生的原初物质。就像泰勒斯提出的水的思想，气也是一种确定的物质，我们可以很有理由地把它看作是所有事物的基础。例如，虽然气是不可见的，但是我们只有在可以呼吸时才能存活，"就像我们的灵魂——它是气——把我们凝聚为一体，气息和气也包围了整个世界"。就像阿那克西曼德提出的无限制者处于持续的运动中这种看法一样，气弥漫于所有的地方——虽然不像无限制者，它是一种特殊的、可以被实实在在把握到而加以识别的物质实体。此外，气的运动也是一个比阿那克西曼德的"分离"更加特殊的过程。为了解释气是如何作为万物本原的，阿那克西米尼指出，事物之成为它们所是的那个样子，取决于组成这些东西的气在多大程度上凝聚和扩张。在这样说的时候，他已经提出了一种重要的新思想：**质**上的差异，原因在于**量**上的差异。气的膨胀和收缩代表了量上的变化，发生在一种单一的物质中的这些变化解释了我们在世界上看到的不同事物的多样性。气

的膨胀导致热，热到极点就产生火，而气的收缩或凝聚则导致冷，气通过逐步的变化转变成为固体，如同阿那克西米尼所说："气凝聚起来就形成风……如果这一过程继续下去，就会产生水，再进一步发展就会产生土，最致密的时候就会成为石头。"

虽然这些米利都哲学家让科学所关注的问题和研究风格初步成形了，但是他们并没有以现代科学家们所采用的方式来形成他们的假说，也没有设计任何实验来检验他们的理论。他们的思想具有独断的性质——其态度是进行肯定性的断言，而并不具有真正意义上的假说的那种尝试性特点。但是我们必须记住，关于人类知识的本性和限度的批判性问题还未被提出。米利都哲学家们也没有以任何方式提到有关精神与身体之间的关系这一问题。他们将所有的实在还原为一种原初物质，就肯定会产生这个问题，但是只是到了后来哲学家们才认识到它是一个问题。不论他们关于水、无限制者和气是事物的原始物质的思想是否有效，应该再次强调一下，米利都学派真正的意义在于他们第一次提出了事物的最终本性的问题，并且第一次迟疑不决但却直接地探究了自然实际上是由什么构成的。

1.2　万物的数学基础

毕达哥拉斯

爱琴海中有一座与米利都一水之隔的小岛——萨摩斯岛，它就是智慧非凡的毕达哥拉斯（约公元前570年—公元前497年）的出生地。从我们所掌握的关于他和他的追随者的各种各样的片断记载中，我们得出他的哲学新思考的图景虽欠完整，却仍然富有魅力。在富裕的波吕克拉底的残暴统治期间，毕达哥拉斯对萨摩斯及整个伊奥尼亚地区的环境都极为不满。他迁移到意大利南部，并在那里的一个繁荣的希腊城邦克罗顿定居下来。通常认为他在那里的哲学活动的活跃期大约是从公元前525年到公元前500年。亚里士多德告诉我们，毕达哥拉斯派"致力于数学研究，他们是最先推动这项研究的，由于长期浸淫其中，他们进而认为数的原则就是所有事物的原则"。与米利都学派形成对照的是，毕达哥拉斯学派认为，**事物是由数构成的**。虽然这种解释听起来颇为奇怪，然而一旦考虑到毕达哥拉斯为什么会对数感兴趣，以及他的数的概念究竟是什么，这理论就不是那么难以理解了。

毕达哥拉斯对数学感兴趣似乎是出于宗教的原因。他的原创性有一部分在于，他相信研究数学是净化灵魂的最佳方式。事实上，他既是一个宗教派别的创始人，也是一个数学学派的创始人。毕达哥拉斯宗派产生于人们对深沉的精神宗教的渴望，这种宗教可以提供手段来净化灵魂并保证它不朽。荷马的诸神在神学的意义上并不是神，因为他们像人一样不道德。这样一来，他们既不能成为崇拜的对象，也不能成为任何精神力量的源泉，从而克服无处不在的道德不洁感，以及人们对生命短暂和最终难逃一死的焦虑。狄俄尼索斯教派早就涉足了这个为人类所关切的领域，并且在公元前7世纪和公元前6世纪得到了广泛传播。对狄俄尼索斯的崇拜某种程度上满足了人们对纯洁和不朽的渴望。崇拜者们组成小型的、秘密的，甚至有些神秘色彩的团体，崇拜化身为各种动物形态的狄俄尼索斯。他们沉浸于疯狂粗野的舞蹈和歌唱，在心醉神迷的状态中把这些动物撕成碎片，痛饮其血液。最后他们累得筋疲力尽而倒地。他们相信，在疯狂的最巅峰，狄俄尼索斯的精神曾经进入过他们的身体，净化了他们，把他自己的不朽给予了他们的灵魂。

毕达哥拉斯学派也非常关注净化和不朽的神秘问题。正是由于这个原因，他们转向科学和数学，认为对这些做研究是对灵魂最好的洗涤。他们在科学思想和数学思想中发现了比其他任何生活都纯粹的一种生活。沉思默想代表着与牟利的营生和求名的竞争都截然不同的一种生活。毕达哥拉斯区分了三种不同的生活，也暗暗由此引出了灵魂的三重区分。他说，来到奥林匹克赛会的有三种人。最低级的是那些做买卖的人，他们为牟利而来。其次是那些来参加比赛的人，他们为荣誉而来。他认为最好的是那些作为观众而来的人，他们对正在发生的事情加以思考分析。在这三种人里边，观众体现了哲学家的活动，他们摆脱了日常生活和它的种种不完善。"观看"与希腊词"**理论**"是一个意思。毕达哥拉斯学派把理论思考或者纯粹的科学和数学看作是灵魂的清洁剂。数学思想可以把人们从对特殊事物的思考中解放出来，引导他们思考永恒而有序的数的世界。毕达哥拉斯主义者最终神秘的胜利是从"生的轮回"中，从灵魂通过永续不断的生死进程而向动物以及其他形态的转世中解脱出来。观察者以这种方式达到了与神的统一，并分享了他的不朽。

为了把这种宗教性的关切与毕达哥拉斯学派的哲学方面联系起来，我们应该首先谈谈他们对音乐的兴趣。他们认为，音乐对某些神经错乱颇有疗效。他们相信，在音乐的和谐与人的内在生活的和谐之间有某种关系。不过，他们在音乐领域真正的发现是音调之间的音程可以用数字来表示。他们发现一个乐器的弦的长度与它们实际产生的音程是成比例的。例如拨动一把小提琴的弦，你可以得到一个特定的音调。把这根弦截成一半，你会得到一个高八度的音，这里的比例是2∶1。所有其他的音程都可以类似地用数字比例来表达。因而在毕达哥拉斯学派看来，音乐是数字与一切事物有着普遍关联的一个很好的例子。这使得亚里士多德说："他们发现音阶的属性和比例可以通过数字来表现；所有其他的事物在本质上似乎也都以数为模型，数在整个自然中似乎是最先存在的东西，整个天宇就是一个音阶、一个数目[①]。"

---

① "数目"英文为 number，兼有"韵律"之意。——译者注

毕达哥拉斯学派有一种计算和书写数字的特殊方式，这或许也促成了他们认为万物**都是**数的观点。很明显，他们是以个体事物为基础单位来构建各个数字的，他们使用鹅卵石来计数。因此，数字一就是一块单个的鹅卵石，所有其他的数字都是由鹅卵石的增加产生的，这有些类似于我们今天在骰子上打点代表数字的做法。具有深远意义的是，毕达哥拉斯学派发现在算术与几何之间有一种关系。一个单个的鹅卵石代表了作为一个点的一。而二是由两个鹅卵石或两个点构成的，这两个点形成一条线。三个点，就像在三角形的三个角上一样，构成了一个面或区域，四个点可以表示一个立体。这表明，在数与大小之间存在着密切的关系。人们认为是毕达哥拉斯提出了我们今天所知的毕达哥拉斯定理：斜边的平方等于两个直角边的平方之和。数量和大小之间的相关性对于那些爱为宇宙中的结构和秩序寻找原则的人来说，是一个非常好的安慰。我们很可以理解为什么会产生一个有趣但有可能不足为信的故事。这个故事说，有一个叫希帕索斯的毕达哥拉斯学派成员被扔进赫勒斯旁海峡①，因为他泄漏了一个秘密：此原理对等腰直角三角形不成立。就是说，在这种情况下，它的斜边和两个直角边的关系不能表达为任何数字比例，只有通过一个无理数表示。

在毕达哥拉斯学派看来，数与大小之间关系的重要性在于，数意味着某种形状，例如三角形、正方形、长方形等等。单独的点是"界碑"，它划定了"范围"。此外，毕达哥拉斯学派把这些"三角形的数""正方形的数""长方形的数"和"球形的数"区分为奇数和偶数，这使他们有了新的方法来处理对立面冲突的现象。因此，在所有这些形态中，数远非仅仅是抽象的东西：它们是特殊种类的实体。因此，像毕达哥拉斯学派那样说所有事物都是数，就意味着在他们看来所有具有形状和大小的事物都有一个数的基础。他们以这种方式从算术转到了几何，然后再转到实在的结构。所有事物都有数，它们的奇数或偶数的值解释了事物中的对立，例如一与多、正方形与长方形、直与曲、静止与运动，甚至光明与黑暗也是数的对立，正如雄与雌、善与恶的对立一样。

对数的这种理解使毕达哥拉斯学派形成了他们最重要的哲学观念，即**形式**的概念。米利都学派已经形成了原初**质料**或**物质**的观念，所有的事物都是由它构成的，但是特殊事物是如何从这个单一的原初物质中分化出来的？他们对此却没有一个连贯的概念。他们都谈到了一种无限定的物质，不论它是水、气还是不确定的无限制者，他们都以之来意指某种原初的物质。毕达哥拉斯学派现在提出了形式的概念。在他们看来，形式意味着**限定**（limit），而限定尤其要通过数来加以理解。他们相信，限定的概念在音乐和医学中得到了最好的体现。因为在这两门技艺中，最核心的问题是和谐，而要达到和谐，就要考虑比例和限定。在音乐中存在着一个数的比例，不同的音调必须按这个比例分布以

---

① 即今达达尼尔海峡。——译者注

便达到音程的协调。和谐就是数的比例的有限定的结构加在乐器的弦所能发出的各种声音的无限可能性之上的那种形式。毕达哥拉斯学派在医学中也发现同样的原理在起作用。健康是一些对立面的和谐、平衡或者恰当的比例——比如热与冷、湿与干，以及后来被生物化学认为是各种特殊元素者的量的平衡。事实上，毕达哥拉斯学派倾向于把身体看作一部乐器。他们说，当身体"协调"时人们就是健康的，而疾病乃是由于弦绷得太紧或者音没有调试好。在早期的医学文献中，数的观念经常与健康和疾病连在一起运用，尤其是当数被解释为"形"的时候。真正的数或者形指的是身体的诸元素间与诸功能间的平衡。因此，数代表了**限定**（形式）在**无限定者**（质料）上的运用，谈及音乐和医学，毕达哥拉斯学派只是把它们当作他们更广泛的概念，即万物**都是**数这个概念的鲜明例证。

毕达哥拉斯及其追随者的才华在某种程度上从他们对后来的哲学家尤其是柏拉图的影响上得到衡量。柏拉图哲学的许多内容在毕达哥拉斯的教导中已经得到了表述，包括灵魂的重要性和它的三重区分，还有数学的重要性，因为它关系到形式或"理念"的概念。

1.3 解释变化的尝试

赫拉克利特

早先的哲学家们试图描述我们周围世界的终极构成要素。来自爱菲索的贵族赫拉克利特（约公元前540年—公元前480年）把注意力转向了一个新的问题，即变化的问题。他的主要思想是"一切都处于流变之中"，他用如下的话表达了永恒变化的思想："我们不能两次踏进同一条河流。"河流不断变化着，因为"新的水流不断地涌到你身上"。赫拉克利特认为，这种流变的概念不仅适用于河流，而且适用于一切事物，包括人类的灵魂。河流与人展示出一种令人迷惑的事实，它们既变得不同于以往却又依然保持原样。虽然新的河水不断流入，我们踏进的却还是"同一条"河流。一个人成年时和他小时候依然是同一个人。事物变化着，因此，呈现出各种不同的形式，但是在整个流变的过程中它们依然具有某些始终相同的东西。赫拉克利特指出，在这许多形式和那单一的持存元素之间，在多和一之间，必定存在着某种基本的统一性。他的说理方式富有想象力，因此他的许多说法在后来柏拉图和斯多葛派的哲学中有着重要的位置；在近几个世纪里，他则深为黑格尔与尼采所激赏。

流变与火 为了把变化描述为多样性中的统一，赫拉克利特认定必定存在着某种在变化的东西，他说这个东西就是火。但他并不只是简单地用火这个元素取代泰勒斯的水或者阿那克西米尼的气。赫拉克利特之所以认定火是万物的基本元素，是因为火的活动方式提示出了变化过程是如何进行的。火在同一时刻既是一种不足，又是一种过剩：它必须不停地加入（燃料），它也不停地释放出某些东西——热、烟或者灰烬。火是一个转化的过程，于是在这一过程中，添加进火中的东西转化成其他的东西。对于赫拉克利特来说，仅仅说某种基本元素——例如水——是实在的基本本质，是不够的；它没有回答这样一个问题：这种基本的物质是如何转化成不同的形式的。因此，当赫拉克利特将火认定为基本的实在时，他不但确定了变化的东西是什么，而且还认为自己发现了变化自身的原则。对赫拉克利特而言，说一切事物都处在流变之中，就意味着世界就是一团"永恒的活火"，它"燃烧和熄灭的分寸"使它处于永恒的运动之中。这些"分寸"的意思是在火的燃烧和熄灭之间的一种平衡。他用货币交易的术语来描述这个平衡："一切转化为火，火又转化为一切，就像黄金转化为货物，货物转化为黄金。"基于对交换的这种解释，赫拉克利特主张在自然界中没有什么东西真的消失了。如果黄金换成货物，黄金和货物都依然继续存在，虽然它们现在在不同的人手里。与此类似，虽然所有事物在形态上都不断地互相转化，但它们也都继续存在。

　　由于变化或流变的过程是有序和平衡的，所以宇宙之中有一种稳定性。产生和消失有同一个"分寸"，如同实在是一团吸入和呼出都一样多的大火一样，所以世界的总量是不变的。这个总量包含了所有事物，它们都只是火的不同形态。流变和变化是火的运动，赫拉克利特称这个运动为"上升的路和下降的路"。火的下降的路解释了我们经验到的事物的生成。当火凝聚时变成湿气，随着所受压力的增大，湿气变成了水；当水凝结时就会变成土。在上升的道路上，这个过程颠倒了过来，土转变成液体；从这个水中产生了各种各样的生命形态。在这个转化的过程中，没有任何东西会永远地消失，因为就像赫拉克利特说的："火生于土之死，气生于火之死，水生于气之死，土生于水之死。"通过对事物在火中永无休止地转化的描述，赫拉克利特认为他已经解释了一种基本的物质和世界上许多不同的事物之间统一的原理。此外，赫拉克利特还提出了另一个重要的观念，作为对"变"这一概念的补充，即作为普遍规律的**理性**的观念。

　　作为普遍规律的理性　变化的过程不是杂乱无章的运动，而是神的普遍理性（逻各斯，logos）的产物。理性的观念来源于赫拉克利特的宗教信仰，他相信最实在的东西是灵魂，而灵魂最独特最重要的属性是智慧或思想。但是当他谈到神和灵魂时，却并未想到独立的人格实体。对他而言，只存在一种基本的实在，这就是火，赫拉克利特将火这个物质实体称作一或神。因此，赫拉克利特不可避免地是一个**泛神论者**，即认为神等同于宇宙中万物的总体。在赫拉克利特看来，一切事物都是火/神。既然火/神存在于一切事物之中，所以甚至人的灵魂也是火/神的一部分。由于智慧是火/神的最重要的属性，所以也是人的主要活动。但是无生命的事物也包含着理性的原则，因为火的物质也弥漫于它们之中。因为火/神是理性，而火/神又是一，弥漫于所有的事物，所以赫拉克利特相信火/神是普遍的理性。这样，火/神也就统一了所有的事物，命令它们根据思想和理性的原则来运动和变化。这些理性的原则构成了规律——内在于一切事物的普遍规律——的本质。所有人根据他们本性中拥有火/神的大小程度——从而也是他们拥有思想能力的强弱程度——来分有这一普遍规律。

逻辑上，这种对我们理性本性的解释意味着我们所有的思想都是神的思想，因为在一和多之间、神和人之间存在着统一。我们所有人必定都拥有相同的知识，因为我们与神有着类似的关系。甚至就连石头也部分地拥有神的理性，所以才能毫无例外地遵循重力"规律"。但是众所周知，人类一贯是意见不一、各行其是的。赫拉克利特承认人类的这种不一致的事实，但是他说："人们在清醒时共同拥有一个有序的宇宙，但是在睡梦中，他们就返回到各自的世界中去了。"对于赫拉克利特而言，"睡眠"必定意味着无思想甚至无知。如果人们的灵魂和心灵是神的一部分，他们是如何可能处于无知状态的呢？很遗憾，他对此并没有作出解释。虽然赫拉克利特的理论存在着局限性，但是它对以后的思想家产生了深远的影响。这与他所确信的如下观点有着莫大关联：对于所有有思想的人们，存在着一个可以达到的共同的宇宙，所有人都分享了神的普遍理性或普遍规律。在以后的世纪中，这个观念为斯多葛学派世界主义的思想——所有人都是平等的世界公民，因为他们都分有了一，分有了神的理性——提供了基础。在斯多葛学派看来，我们所有人在自身中都含有火的一部分，这火是神的火。这个概念为自然法的经典理论的形成提供了基础。自然法从赫拉克利特传到斯多葛学派，再传到中世纪的神学家们那里，最终推动了美国革命——其间经历了一系列的修改。直到今天自然法也是法学理论的一个重要组成部分。

对立面的冲突 虽然人类可以认识那支配万物的永恒智慧，我们对此智慧却未尝留意。所以我们其实并不理解事物何以如此发生。无谓的混乱让我们沮丧不已，善恶的纷出让我们穷于应付，我们渴望安宁，那意味着冲突的结束。但在这点上赫拉克利特可不能给我们什么安慰，因为在他看来，斗争正是变化的本质。我们在世界中看到的对立面的冲突不是一场灾难，而恰恰永远都是一切事物的条件。根据赫拉克利特的观点，如果我们能够展示变化的整个过程，我们会看到，"战争是普遍的，正义就是斗争，所有事物都是借着斗争和必然性产生的"。从这个观点出发，他说："相反的东西结合在一起，不同的东西造成最美的和谐。"甚至连死亡也不再是一桩祸事，因为"在死后有超乎人们意料和设想的东西等着他们"。在对斗争和无序问题的处理中，自始至终，赫拉克利特一再地强调，"多"可以在"一"中找到自己的统一性。因此，表面上脱节的事件和相互冲突的力量之间实际上有着密不可分的和谐关系。所以他说，人们"不知道变化的东西是如何与自身相一致的，这就是对立面冲突的调和，就像琴弓和七弦琴"。火自身就展示了对立面的这种冲突，事实上它也依赖于此。火就是对立面的冲突。多在一中出现统一。在一中"上升的路和下降的路是同一条路""健康和疾病是一个东西""在我们身上生和死、醒和睡、年轻和年老是同一个东西"。对立面冲突的解决依赖于赫拉克利特如下的主要假设：没有什么东西会永远消失，它只是改变了自己的形态。永恒的火遵循着理性，以一定的分寸运动着，所有的变化都要求对立和多样的事物。然而，"对于神来说，一切都是公正的、善的、正确的，但是人们则认为有些东西是错的，有些东西是正确的"。赫拉克利特得出上述结论，并非因为他相信有一个人格化的神断定了万物都是善的。其实赫拉克利特乃是认为，"同意一切是一，这是明智的"，一是在多种形式之中定型和显现出来的。

巴门尼德

巴门尼德是比赫拉克利特年轻一些的同代人。他大约出生在公元前510年，他一生的大部分时间是在埃利亚度过的。这座城市位于意大利的西南部，是由希腊的流亡者们建造的。居于此城时，巴门尼德在多个领域卓有建树，他为埃利亚的人们制定了法律，建立了一个新的哲学学派，即埃利亚学派。巴门尼德对他的前辈们的哲学观点深感不满，他提出了一种非常引人注目的理论：整个宇宙只有一个东西，它从不变化，没有任何部分，永远不可毁灭。他把这个单一的东西称作一（One）。的确，事物在世界中看似是变动不居的，例如一粒小小的橡树种子长成一棵橡树；世界上的事物也看似是各种各样的，例如有石头、树木、房子和人。但是，在巴门尼德看来，所有这些变化和多样性都只是一种错觉。无论表象如何，存在的只能是一个单一的、不变的、永恒的东西。为什么巴门尼德要提出一个与表象截然相反的理论呢？原因就在于他更加信服于逻辑推理而不是眼睛看到的东西。

巴门尼德理论的逻辑从如下一个简单的陈述开始，要么存在者存在，要么存在者不存在。例如，母牛存在，但是独角兽不存在。经过进一步的考虑，巴门尼德认识到我们只能断言上面这个陈述的前半部分，即存在者存在。因为我们只能对存在的东西形成概念并言说之，而对不存在的东西则不能。我们有谁能够在头脑中形成一个不存在的东西的形象呢？因此，在巴门尼德看来，我们必须拒斥任何暗含着存在者不存在的观点。巴门尼德随后揭示了这个观点的几个隐含的意思。首先，他指出不存在变化。我们已经知道，赫拉克利特认为一切都处在持续不断的变化之中；而巴门尼德则持完全相反的观点。我们通常观察到事物通过产生和消失而变化着。例如，当一粒小小的橡树种子长大了，一棵橡树就产生了；当它死亡时，它就不存在了。虽然事物如此这般地呈现在我们眼前，但巴门尼德指出，这个所谓的变化过程在逻辑上是有缺陷的。我们先是说树不存在，然后又说它存在，接着我们再一次说它不存在。在这里，我们在开始和最后都说到了存在者不存在这个不可能成立的观点。于是，从逻辑上来说，我们不得不拒斥这个所谓的变化过程，把它看作一个巨大的错觉。因此，从未有过变化。

与此类似，巴门尼德指出，世界是由一个不可分的东西构成的。不过我们通常也观察到世界包含许多不同的东西。例如，假设我看到一只猫坐在地毯上。对此，我通常所知觉到的是，猫和地毯是不同的东西，而不是一团没有分别的物质。但这种通常的物理差别的观点在逻辑上也是有缺陷的。我其实是在说，猫爪下面不存在猫，而从它的爪子到头才存在猫，猫头之上又不存在猫。因此，当我划分猫的物理界限时，我在开始和最后都说到了存在者不存在这个不可能的观点。因此，我必须拒斥所谓的物理差异的事实，把它也看作一个大型错觉。简而言之，只有一个不可分的东西存在。

巴门尼德运用类似的逻辑指出，一必定是不动的：如果它运动的话，它在它原来的地方将不存在，这包含了存在者不存在这样一个不合逻辑的断言。巴门尼德还指出一必定是一个完满的球体。如果它在任何一个方向上是不规则的——就像保龄球上钻有三个洞，这将在保龄球里边产生一个不存在的区域。这也会错误地断言某物不存在。

即便我们承认巴门尼德论证的逻辑力量，我们也很难抛弃我们的常识观点，即世界呈现出变化和多样性。我们到处都看到事物处于流变之中，对我们来说它代表了真正的变化。但是巴门尼德拒斥这些常识观念，坚持在表象与实在之间作出区分。他说，变化和多样性混淆了表象和实在。在表象与实在的区分之后，是巴门尼德另外一个同样重要的区分，即意见与真理之间的区分。表象只能产生意见，而实在是真理的基础。常识告诉我们，事物似乎处在流变之中，因此处在一个持续的变化过程之中。然而巴门尼德说，这个建基于感性的意见必须被理性的活动所取代。理性能够辨别出关于事物的真理，它告诉我们，如果存在着一个单一的实体，而且所有东西都是由它构成的，那么就不可能存在运动或变化。当泰勒斯说一切都来源于水的时候，他在某种程度上也提出了这个观点。泰勒斯暗示说，事物的表象并没有向我们展示构成实在的物质。但巴门尼德明确强调这些区分，它们在柏拉图的哲学中产生了决定性的作用。柏拉图接受了巴门尼德关于存在的不变性的根本思想，由此进一步提出他的真理的理智世界和意见的可见世界之间的区分。

巴门尼德在65岁时由他主要的学生芝诺陪同前往雅典。传说他与年轻的苏格拉底进行了对话。巴门尼德关于变化和多样性的极端观点不可避免地招致了人们的质疑和嘲笑。捍卫这些观点、反击其论敌的任务落在了巴门尼德的学生芝诺的肩上。

芝　诺

芝诺大约于公元前489年出生在埃利亚，当他陪同巴门尼德访问雅典时已经有40岁了。芝诺为巴门尼德进行辩护的主要策略是揭示关于世界的所谓常识会导致比巴门尼德的观点更为荒唐的结论。例如，毕达哥拉斯学派拒斥巴门尼德所接受的一个基本的假设，这就是实在是一。相反，他们相信事物的复多性——存在着大量分离的互相区别的事物——因而运动和变化是实在的。他们的观点似乎更能得到常识和感官的验证。但是芝诺所追随的埃利亚学派要求在表象与实在之间作出区分。在巴门尼德和芝诺看来，要想进行哲学探讨、要理解世界，我们不能仅仅是观看它，还必须对世界进行思考。

芝诺强烈地感受到，我们的感官没有为我们提供关于实在的任何线索，它仅仅为我们提供了关于表象的线索。所以我们的感官没有为我们提供可靠的知识，而只是提供了意见。他举了一个黍米种子的例子来说明这一点。如果我们把一粒黍米的种子扔到地上，是不会发出声响的。但是如果我们把半蒲式尔的种子倒到地上，就会有声音了。芝诺由此下结论说，我们的感官欺骗了我们。因为，要么哪怕只有一粒种子落下时也有声音，要么即使许多种子落下时也没有声音，二者必居其一。所以，要想达到事物的真理，思想之路要比感觉之路更为可靠。

芝诺的四个悖论 为了回击对巴门尼德的批评，芝诺把他的论证构造成悖论的形式。关于世界的常识观点采用了两个主要的假设：(1)变化在时间中发生，以及(2)各种不同的事物在空间中延伸。芝诺追随巴门尼德，当然也拒斥这两个假设。为了反驳常识观点，芝诺暂时先接受上面的两个假设，然后揭示出从中产生的悖论。由此得到的结果实际上如此荒唐，以至于常识的观点再也不像表面看来那么合理了。两相对比之下，巴门尼德关于一的观点似乎倒是对世界更合理的解释了。芝诺提出了四个主要的悖论。

1. **运动场悖论** 根据这个运动的悖论，一个奔跑者从跑道的起点到终点要穿越一系列距离单位。但芝诺问，在这个例子中究竟发生了什么？这里真的发生了任何运动吗？根据毕达哥拉斯学派的假设，跑步者要跑完全程必须在有限数量的时间内穿越无限数量的点。但关键问题是，一个人如何能够在有限的时间里穿过无限数量的点呢？跑步者要到达跑道的终点，就必须首先到达跑道的中点；但是从起点到中点又可以分成两半，要想到达中点，跑步者必须首先到达那个四分之一点。同样，从起点到四分之一点之间的距离也是可分的，这个分割的过程必定可以无限进行下去，因为分割后总是有剩余，而剩余的部分还是可分的。所以，如果跑步者不首先到达某个点之前的一个中间点，他就不能到达那个点，而如果有无数的点，那么他就不可能在有限的时间里穿越无限数量的点。因此，芝诺总结道，运动并不存在。

2. **阿基里斯追龟的悖论** 这个悖论与运动场悖论很类似。让我们想象在迅捷的阿基里斯和缓慢的乌龟之间举行一场赛跑。由于阿基里斯是位运动健将，他让乌龟先出发一段距离，他来追赶乌龟。芝诺指出，阿基里斯永远不可能赶上乌龟，因为他总是必须到达乌龟已经经过了的点。阿基里斯与乌龟之间的距离总是可分的，就像在运动场悖论中的情况一样。只有先到达一个点，才能到达下一个点。结果就是根本不可能发生任何运动，在这些假设之下，阿基里斯永远也追不上乌龟。芝诺认为他在这里又一次证明了，虽然毕达哥拉斯学派声称运动是实在的，他们关于世界复多性的理论却使我们无法前后一致地对运动的观念进行思想。

3. **飞矢悖论** 当射手瞄准一个靶子射出箭时，那支箭运动吗？毕达哥拉斯学派承认空间的实在性与可分性，他们会说，运动的箭在每一刻都占据了空间中的一个特定位置。但是，如果一支箭在空间中占据了和它的长度相等的一个位置，那么这正是我们说一支箭不动时所表达的意思。由于飞矢必定总是在空间中占据这样一个等于它的长度的位置，它必定总是处于静止状态。此外，正如我们在运动场的例子中看到的，任何量都是无限可分的。因此，飞矢占据的空间是无限的，这样它就必须与所有其他的事物相重合，在此情况下，所有事物都必定是一而不是多。因此，运动只是一个错觉。

4. **运动的相对性悖论** 想象三辆长度相同的大客车，它们在相互平行的道路上行驶，每辆车的一边都有8个窗户。一辆车静止不动，其他两辆车以相同的速度朝相反的方向运动。在图1中，A车静止不动，B车和C车以相同的速度朝相反的方向运动，直到它们到达图2所示的位置。为了到达图2中所示的位置，B车车头要经过A车4个窗户，而C车车头则需要经过B车全部的8个窗户。每个窗户代表一个距离单位，经过每个这样的窗户需要一个单位的时间。现在，B车只经过了A车的4个窗户，而C车则经过了B车的8个窗户。既然每个窗户都代表了相同的单位时间，因此可以得出4个单位的时间等于8个单位的时间，或者4个单位的距离等于8个单位的距离，这是很荒唐的。不论这个论证存在着怎样的内部混乱，芝诺主要的观点就是运动没有清晰的定义，它是一个相对的概念。

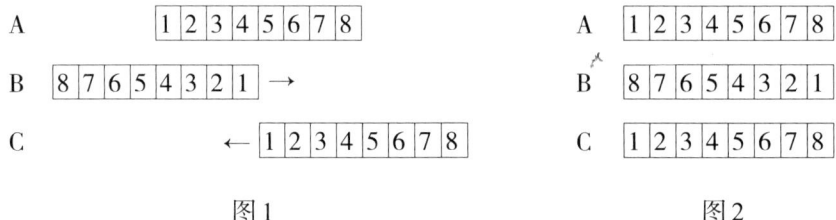

图1　　　　　　　　　　图2

在所有这些论证中，芝诺仅仅是在对巴门尼德的反对者的观点进行驳难，他严格遵循他们对复多性世界——例如其中一条线或者时间是可分的世界——的假设。通过把这些假设推导到它们的逻辑结论，芝诺试图证明复多性世界的思想将使人陷入不可解决的荒谬和悖论之中。因此，他重申了巴门尼德的论题：变化和运动乃是错觉，只有一个存在者，它是连续的、物质的、不动的。尽管芝诺的努力勇气可嘉，但是关于世界的常识观点依然存在，它促使后来的哲学家们采取一种不同的方式来解决变化与恒常的关系问题。

恩培多克勒

恩培多克勒在他的家乡西西里岛的阿格里琴托是个引人注目的人物，他在那里大概从公元前490年活到了公元前430年。他的兴趣和活动覆盖了从政治学和医学到宗教和哲学的广泛领域。传说为了让人们永远对他奉若神明，恩培多克勒跳进埃特纳火山口结束了自己的生命，这样他的身体就不留下任何痕迹，人们便会以为他升天了。他以诗的形式写作哲学，其中只有一小部分保留了下来。我们从中看到的与其说是一种原创的新哲学，不如说是对他的前辈们已经说过的东西所做的重新整合。恩培多克勒认为，承认与否认运动变化的论证都有各自的价值。他并没有采取任何一方的观点，而是天才地把两方的观点结合了起来，这是对他的前辈们的哲学贡献进行结合的第一次尝试。由此，他发现了一种协调的方式，使得我们既可以说存在着变化，同时也可以断言，实在从根本上来讲是不变的。

恩培多克勒在如下的观点上同意巴门尼德，即存在是永生的、不可毁灭的，它仅仅是存在着。他写道："从绝对不存在的东西不可能产生任何存在；而存在的毁灭也是完全不能实现也不可想象的，因为它将一直存在下去，不论什么人把它放在什么条件下，都是如此。"但是，恩培多克勒不像巴门尼德，他不同意说实存之物仅仅由"一"构成。我们要接受那个"一"的概念，就必须否认运动的实在性，可是，对于恩培多克勒来说，运动的现象如此显而易见、引人注目，因而是不容否认的。因此，他拒斥了"一"的观念。恩培多克勒同意巴门尼德存在是永生的且不可毁灭的观点，但是他认为，存在不是一而是多。不变的、永恒的东西是多。

在恩培多克勒看来，我们看到和经验到的物体事实上是有成也有毁的。但是这样的变化和运动之所以可能，是因为物体是由许多物质微粒组成的。因此，虽然物体能够变化，就像赫拉克利特说的那样，但是它们由之构成的微粒是不变的，就像巴门尼德谈论的一那样。但是这些微粒包括什么呢？恩培多克勒认为，这些微粒包括四种永恒的物质元素，即土、气、火、水。他通过重新解释泰勒斯和阿那克西米尼的哲学发展了这一思想，他们各自强调水与气这两种最原初的元素。恩培多克勒遵循古希腊的传统，强调土、气、火、水这四种基本的元素，拓展了泰勒斯和阿那克西米尼的理论。他相信，这四种元素是不变的、永恒的，永远也不能转化为其他的东西。用来解释我们看到的物体中的变化的，是四种元素的混合，而不是它们的转化。他写道："只存在混合以及混合之物的相互交换。"土、气、火、水是不变的微粒，它们混合在一起形成物体，这就使得我们在日常经验中看到的变化成为可能。

恩培多克勒对土、气、火、水的解释只是他的理论的第一个部分。第二个部分是对推动变化过程的特殊的力的解释。伊奥尼亚学派假定，自然物质自身就转化为各种各样的物体。只有阿那克西米尼试图用气的稀密和膨胀的理论来具体地分析变化的过程。恩培多克勒则与之形成鲜明对照，他假定自然中存在着两种力，他称之为爱和恨（也可以说和谐与争执）。它们就是导致四种元素互相混合后来又互相分离的力。爱的力导致元素相互吸引，形成某种特殊的形式或者某个特殊的人。恨的力导致事物的解体。因此四种元素是混合在一起还是互相分离，取决于出现了多少爱或者恨。事实上，恩培多克勒相信，自然中有一个个在不同时期不同程度上显示着爱与冲突的循环。恩培多克勒以诗意的风格表述了这种永不停止的循环，他写道：

> 这个过程在人的肢体里可以清楚地被看到：在一个时候，身体的各部分在生命洋溢的季节里通过爱而结合成一个整体。而在另一个时候，残酷的争执把它们拆散，各自在生命的边缘上盲目挣扎。植物和住在水里的鱼、住在山上的野兽、展翅飞翔的鸟，全都是这样。

这个循环有四个阶段。在第一阶段，爱出现了，而恨则完全没有。四种元素完全地混合在一起，受爱的原则支配而处于和谐之中。在第二阶段，潜藏在旁边的恨的力量开始侵入到事物中，不过此时爱依然比恨多。在第三个阶段，恨开始占据主导地位，各个微粒陷入不和，开始分离。在最后的阶段只呈现恨，土、气、火、水的所有微粒都各自分离，各归其类成为四组。这时诸元素在本类中各就各位，准备在爱的力量回来将它们和谐地结合在一起时，再一次开始新的循环。这个过程不断持续，永无止境。

阿那克萨戈拉

阿那克萨戈拉（公元前500年—公元前428年）出生在一个叫作克拉左美奈的海滨小城，它现在土耳其境内。后来他来到雅典伴随执政官伯里克利左右。他主要的哲学贡献是提出了心灵（奴斯，nous）概念，他把它和物质区分开来。阿那克萨戈拉同意恩培多克勒的观点，所有存在的产生和消灭都仅仅在于已经存在的物质的混合与分离。但是他不接受恩培多克勒各种事物都是由爱与恨形成的那种含糊不清甚至带有神话色彩的思想。在阿那克萨戈拉看来，这个世界和世上的一切事物都是井然有序，而且具有复杂精妙的结构的；所以，必定存在着某个有知识有力量的存在者把物质世界组织成了这个样子。阿那克萨戈拉在他的心灵或奴斯概念中所提出的就是这样一个理性的原则。

根据阿那克萨戈拉的看法，实在的本质最好被理解为是由心灵和物质构成的。在心灵影响物质的形状和行为之前，物质就已经存在了，它是各种各样物质实体的混合，而这些物质实体都是不生不灭的。即使当这种物质原料被分成实际的物体时，分出的每个部分也还是包含着其他所有元素"种子"的微粒。例如雪就既包含了黑又包含了白，而它之所以被称作白的，只不过是因为白在其中居于主导地位。所以，在某种意义上，实在的每个部分都和实在的全体有同样的成分，因为，每个部分之中都含有每种元素的"一份"。

根据阿那克萨戈拉的看法，原始物质形成各种事物是通过分离的过程，这个分离是由心灵的力量促其发生的。具体说来，心灵首先产生了一个旋转运动，形成了一个旋涡，它扩展开来，使得越来越多的原初物质卷入进来。这迫使各种物质"分离"开来。这个旋涡运动最初将物质分成两大部分，其中的一部分包含热、光明、稀薄和干燥的物质，另一部分则包含冷、黑暗、稠密和潮湿的物质。这个分离的过程是连续的，是永不间断地进行下去的。特定的事物总是由诸物质结合而成的，在其中某种特定的物质占了统治地位。例如，水中是潮湿的元素占主导地位，但也存在所有其他的元素。在最后的那部书被保留下来的残篇中，阿那克萨戈拉描述了这一过程，他说：

> 过去曾经存在的东西，现在存在的东西，将来会存在的东西，全都是心灵的安排。现在分开了的日月星辰的旋转，以及分开了的气和以太的旋转，也都是心灵的安排。……就是这个旋转造成了分离，于是稠密与稀薄分开，热与冷分开，明与暗分开，干与湿分开。其中有多种事物的多种成分。

阿那克萨戈拉强调，事物是持续地混合着的，他说："没有什么东西是完全与其他东西相分离的，除了心灵。"加之于旋涡运动的力解释了核心部分的稠密和潮湿，周边部分的稀薄和热的出现，即土和气的出现。旋转的力也导致了红热的大石块从土中撕裂，被抛入天空之中，这就是恒星的起源。大地最初是湿泥，后来被太阳烤干，空气中的微小生物使它变得肥沃。哪怕是现在，一切事物也是由于心灵而获得生机的——包括植物的生命和人类的感性知觉。心灵无处不在，或者像阿那克萨戈拉说的那样，心灵"存在于每一个其他事物存在的地方，存在于周围的物质中"。

虽然阿那克萨戈拉把心灵作为宇宙中和人的身体中的推动力或控制力，但是他对心灵实际作用的解释是有其局限的。一方面，心灵不是物质的创造者，因为他认为物质是永恒的。此外，他在心灵中没有看到自然世界的任何目的。那种主要用"分离"过程来说明心灵在特殊事物起源中的作用的办法，看来是一个机械论的解释。事物是物质原因的产物，而心灵除了予以最初的推动外，似乎就没有任何别的特殊作用了。

亚里士多德后来区分了不同种类的原因，他对阿那克萨戈拉的观点的评价有褒有贬。他把阿那克萨戈拉和他的前辈作了比较，那些前辈把事物的起源归结为自发性和机缘。根据亚里士多德的观点，阿那克萨戈拉说"理性在动物中，也在全部的自然中作为秩序和一切安排的原因而出现"时，他看起来头脑冷静，截然不同于他的前辈。但是，亚里士多德又说，阿那克萨戈拉对心灵概念的运用是"远不充分的"。他的批评是："阿那克萨戈拉让理性作为一具神圣的机器来铸就世界。当他说不清楚某事物必然存在的原因何在时，他就会把理性拉进来，但在其他一切情况下他都把事物的原因归于理性之外的东西。"阿那克萨戈拉似乎只是解释了物质如何能够发生旋涡运动，自然秩序的其余内容则不过是这个运动的产物而已。

然而，阿那克萨戈拉关于理性的说法在哲学史上产生了深远的影响，因为他由此把一种抽象的原则引入了事物的本质之中。他区分了心灵和物质。他或许还没有将心灵描述为完全非物质的，但是他将心灵和它要与之打交道的物质区分了开来。他宣称，心灵不像物质，"它不与其他任何东西相混合，是单独的、自在的"。心灵不同于物质的地方在于它是"所有事物中最精细的、最纯的，它拥有对每件事物的一切知识，具有最大的力量"。因而，物质是复合的，而心灵则是单一的。但是阿那克萨戈拉并没有区分两个不同的世界——心灵的世界和物质的世界——而是将它们看作总是相互关联的。所以他写道，心灵存在于"其他所有事物存在的地方"。虽然阿那克萨戈拉没有展开他的心灵概念的所有可能性，但是这个概念注定会对此后的希腊哲学产生巨大的影响。

1.4　原子论者

留基波和德谟克利特建立了一种关于事物的本质的理论，它与某些当代的科学观点有着惊人的相似。然而，今天我们很难把留基波和德谟克利特各自对这个理论的贡献区分开。他们的作品绝大部分都佚失了，但是我们至少知道，留基波是原子论学派的创立者，对此理论的详尽阐述则来自德谟克利特。留基波与恩培多克勒（公元前490年—公元前430年）是同时代人，但除此之外，我们对他的生平几乎一无所知。德谟克利特出生在色雷斯的阿布德拉，据说他活了100岁，生于公元前460年，卒于公元前360年。他学识广博，力求对他那抽象的原子理论进行清晰的表述，这些自然都让留基波相形见绌。不过我们还是得肯定，是留基波提出了原子论的主要观点，即所有事物都是由运动在虚空中的原子构成的。

原子和虚空

根据亚里士多德的描述，原子论的产生是想要克服埃利亚学派拒斥空间的逻辑结果。巴门尼德否认存在任何独立的事物，因为到处都是存在，在这种情况下整个的存在是一。尤其是他否认非存在或虚空（空的空间）的存在，因为说存在着虚空就是说虚空是某种存在。他认为，我们不可能说存在着无。留基波建立他的新理论，正是为了反对埃利亚学派对空间或虚空的处理方式。

留基波肯定了空间的实在性，从而为一种关于运动和变化的融贯理论的提出预备了条件。使巴门尼德的空间概念陷入困境的是，他认为任何存在的东西都必须是物质的，因此如果空间存在，那么它也必定是物质的。而留基波则认为，我们可以肯定空间的存在，同时无须说空间是物质的。所以，他把空间描述为一个容器，它可以在某个地方是空的，而在另一个地方被充满。空间或虚空作为一个容器可以是物体移动的场所，留基波认为，很显然，我们没有任何理由否认空间的这一特性。要是没有这样一种空间概念，留基波和德谟克利特就不可能提出他们的万物都是由原子构成的观点。

在留基波和德谟克利特看来，事物的本质在于无限数量的微粒或单元，称为"原子"。留基波和德谟克利特赋予这些原子两个主要的特性——这也是巴门尼德认为"一"所具有的——即不可毁灭性和永恒性。巴门尼德说过，实在是个单一的"一"，而原子论者现在说，存在着无限多的原子，每一个原子自身是绝对致密的。这些原子不包含任何的虚空，因此是不可入、不可分的。它们存在于空间之中，并且在形状和大小上相互区别。由于它们太过微小，所以是不可见的。因为这些原子是永恒的，所以它们不是被创造的。因此，自然只包含两种东西：空间（它是真空）和原子。原子在空间中运动，它们的运动使它们形成了我们所经验到的物体。

原子论者认为，无须解释原子最初是如何在空间中运动起来的。他们认为这些原子最初的运动类似于灰尘在光线中向各个方向的飞速运动，即使没有风推动它们，灰尘也会这样。德谟克利特说，不存在绝对的"上"或"下"，由于他并没有把重量赋予原子，所以他认为原子可以朝各个方向运动。我们所知道的事物在原子的运动中都有其起源。最初原子在空间中运动着，它们是单个的单元。它们不可避免地相互碰撞。在有些情况下，它们的形状使它们能够结合在一起，形成团。在这点上，原子论者和认为事物都是数的毕达哥拉斯学派有近似之处。事物就像数一样，是由可以相互结合的单元构成的；对于原子论者来说，事物仅仅是各种不同原子的结合。数学的形体和物理的形体是类似的。

原子一开始就存在于空间之中。每个原子就像巴门尼德的一，但是，虽然它们是不可毁灭的，却永远处于运动之中。原子论者把土、气、火、水描述为本身不变的原子所形成的各种不同的聚集——这些聚集产生于最初单一的原子的运动。这四种元素并不像早先的哲学家所认为的那样，是所有其他事物的最初根源，它们本身也是绝对原初的物质——原子——的产物。

原子论者对事物的本质提出了一个机械论的构想。对他们来说，所有事物都是在空间中运动的原子相互碰撞的结果。他们的理论没有为目的或设计留下任何余地，他们把所有实在都机械地还原到原子，这也就容不下任何的创造者或设计者。他们认为，没有必要解释原子的来源，也没有必要解释推动原子的最初运动。因为这些起源的问题总是可以问下去，甚至对于上帝我们也可以这么问；赋予物质的原子以永恒的存在似乎并不比其他任何解释更令人感到不满。

留基波和德谟克利特所设想的原子理论在历史上造成了长久而深远的影响。这一理论的生命力十分顽强，虽然在中世纪曾一度式微，但到了文艺复兴时期又东山再起，并且为接下来几个世纪里的科学工作提供了模式。伊萨克·牛顿（1642—1727）在写作著名的《数学原理》①（*Principia Mathematica*）时依然用原子论的术语进行思考。在这部著作里，他推导出了行星、彗星、月球和海洋的运动；他在1686年写道：

> 我希望我们能够用从机械原理得出的相同的推理揭示出自然的其他现象，因为有许多原因促使我猜测它们或许都依赖于某些力，凭借这些力，由于某种目前还不清楚的原因，这些物体的微粒互相吸引，形成规则的形状，或者互相排斥而彼此远离。

虽然牛顿假设，是上帝推动事物运动起来的，他对自然的物理分析却仅限于在空间中运动的物质的机械原则。在牛顿之后，原子论一直占据支配地位，直到量子理论和爱因斯坦为当代科学提供了一种新的物质概念，它否认了原子有不可毁灭性。

知识理论和伦理学

除了描述自然的结构，德谟克利特还关注其他两个哲学问题：知识问题和人类行为问题。德谟克利特是个彻底的唯物主义者，他认为思想也可以用解释其他现象的方式来解释，即它也是原子的运动。他区分了两种不同的知觉，一种是感性，一种是知性，它们都是物理过程。当我们的眼睛看到某个东西时，它其实是由物体造成的"影响"，是物体的原子的流射，从而形成了一个"影像"。这些事物的原子影像进入眼睛和其他感觉器官，对灵魂产生了影响，而灵魂自身也是由原子构成的。

德谟克利特进一步区分了两种认识事物的方式："存在着两种形式的知识，真实的知识和暗昧的知识。属于后者的是视觉、听觉、嗅觉、味觉和触觉。但是真实的知识与这完全不同。"区别这两种知识的东西是，"真实的"知识仅仅依赖于对象，而"暗昧的"知识则受到那个人特定身体条件的影响。例如，两个人都会同意他们品尝的是苹果（真实的知识）。但是他们可能对苹果的味道意见不一（暗昧的知识），一个人说苹果是甜的，另一个人说苹果是苦的。所以，根据德谟克利特的看法，"我们通过感官不能知道任何确切的真理，我们所知道的只是那些按照我们身体的倾向以及进入身体或者抵抗身体的东西的倾向而变化的东西"。不过德谟克利特还是承认，感觉和思想是相同类型的机械式的过程。

关于伦理学，德谟克利特为人类行为提出了一套雄心勃勃的规则。总的来说，他认为，生活最令人向往的目标是快乐，我们最好是通过在一切事务上的节制有度和文化上的教养来获得它。随着伦理学成为哲学最关注的问题，哲学也走到了它的一个主要分水岭前，哲学的第一个时期结束了，这一时期的主要问题是自然的物理秩序。现在人们提出了许多更富有挑战性的问题来探讨他们应当如何举止有方。

---

① 指牛顿的《自然哲学的数学原理》。——译者注

总　结

　　西方哲学出现在地中海东北沿岸讲希腊语的地区，而第一批哲学家试图摆脱对宇宙的一种纯粹神话式的理解。最初的一群思想家试图辨识出构成万物的主要物质。泰勒斯主张是水，他的学生阿那克西曼德说那是不确定的无限制物，而阿那克西米尼说，那是处于压缩和膨胀的不同阶段的气。毕达哥拉斯主张，是数字和数学的和谐为万物提供了基础结构。对于赫拉克利特来说，则是火元素统一了自然世界中对立面间的张力和变化。另有一群来自希腊殖民地埃利亚的哲学家主张，宇宙是一个单一、不变且不可分的东西，叫作"一"，而我们所持有的，周围世界中存在着多样性和变化的日常观点则是完全错误的。率先提出这一观点的是巴门尼德，这一观点后来得到了他的学生芝诺的辩护，后者提供了若干悖论以表明，我们对于世界的常识观点比巴门尼德"一"的观点更为荒谬。

　　接下来的两位哲学家主张，宇宙是一个巨大的涡轮，将它的各种元素搅合在一起，以一种有条理、有结构的方式形成了我们所见的各种物体。恩培多克勒主张，四种主要的元素是土、气、火和水，而爱和恨（和谐与争执）两股力量使宇宙中纷繁的元素或相互融合、或彼此分离。阿那克萨戈拉认为，每种元素中都包含着其他每种元素的部分，而随着心灵的宇宙力量将诸种元素搅合在一起，个体对象开始具有独特的形状。在所有这些早期的理论中，原子论者——留基波和德谟克利特——的观点与我们现今抱持的自然观最为接近。宇宙是一个空虚的空间，其间叫作"原子"的不可分的微粒聚集起来形成了更大的物体。

　　尽管这些早期哲学理论中的绝大部分都没有经受住时间的考验，但背后驱动着这些思忖的哲学问题在今天仍然与在彼时一样有效。事物的根本性质是什么？在宇宙所有的变化背后，有什么东西是恒常的吗？在宇宙中，有没有一种与事物仅仅是看上去的样子截然有别的实在？后世的哲学家们将一次次地回到这些问题上来。

研究问题

1. 早期的希腊哲学家被认为推进了最早的一些超越宗教神话的关于自然和宇宙的理论。对世界作出非神话性质的解释有什么好处（如果有好处的话）？
2. 泰勒斯认为，水是万物背后的基本元素。这在当代科学的观点看来似乎很幼稚，不过在前科学时代，持这种观点可能会有什么好的理由呢？
3. 在解释万物的本原时，许多早期的希腊哲学家聚焦在土、气、火和水四种元素上。在这些理论中，有哪个理论比其他理论更有道理吗？
4. 常言道，数学是物理学的语言，毕达哥拉斯想必也会同意。不过，在毕达哥拉斯看来，数学除了是物理学的语言之外，还是别的什么吗？

5. 与他同时代的人在提到赫拉克利特时，称他为一位晦涩的哲学家，而在他的残篇中，要理解持续的变化与统一的火之间是如何相互关联的是一个挑战。请解释这种关联。
6. 巴门尼德关于"一"的观点是，只存在着一个不变未分的东西。这意味着你、我、帝国大厦，以及其他任何所谓的个体事物本质上都是一种错觉。是什么促使一个人采纳这种哲学观点的？
7. 芝诺悖论试图通过表明我们关于世界的所谓常识观点比巴门尼德的"一"的理论更有缺陷来捍卫巴门尼德。姑且假定芝诺的悖论是成立的，并且无法解决。这会让巴门尼德的"一"的理论更加令人信服吗？
8. 恩培多克勒和阿那克萨戈拉提出了相似的理论，二者都涉及一个旋涡宇宙、基本元素和组织性力量。他们两个的理论有什么本质区别？
9. 尽管原子论接近我们当前对实在的认识，但原子论者在哪方面是错的？
10. 早期的希腊哲学家没有科学设备或实验来支持他们的理论。这会让这些理论成为一个讲道理的人应该直接不予考虑的、没有事实根据的玄想吗？

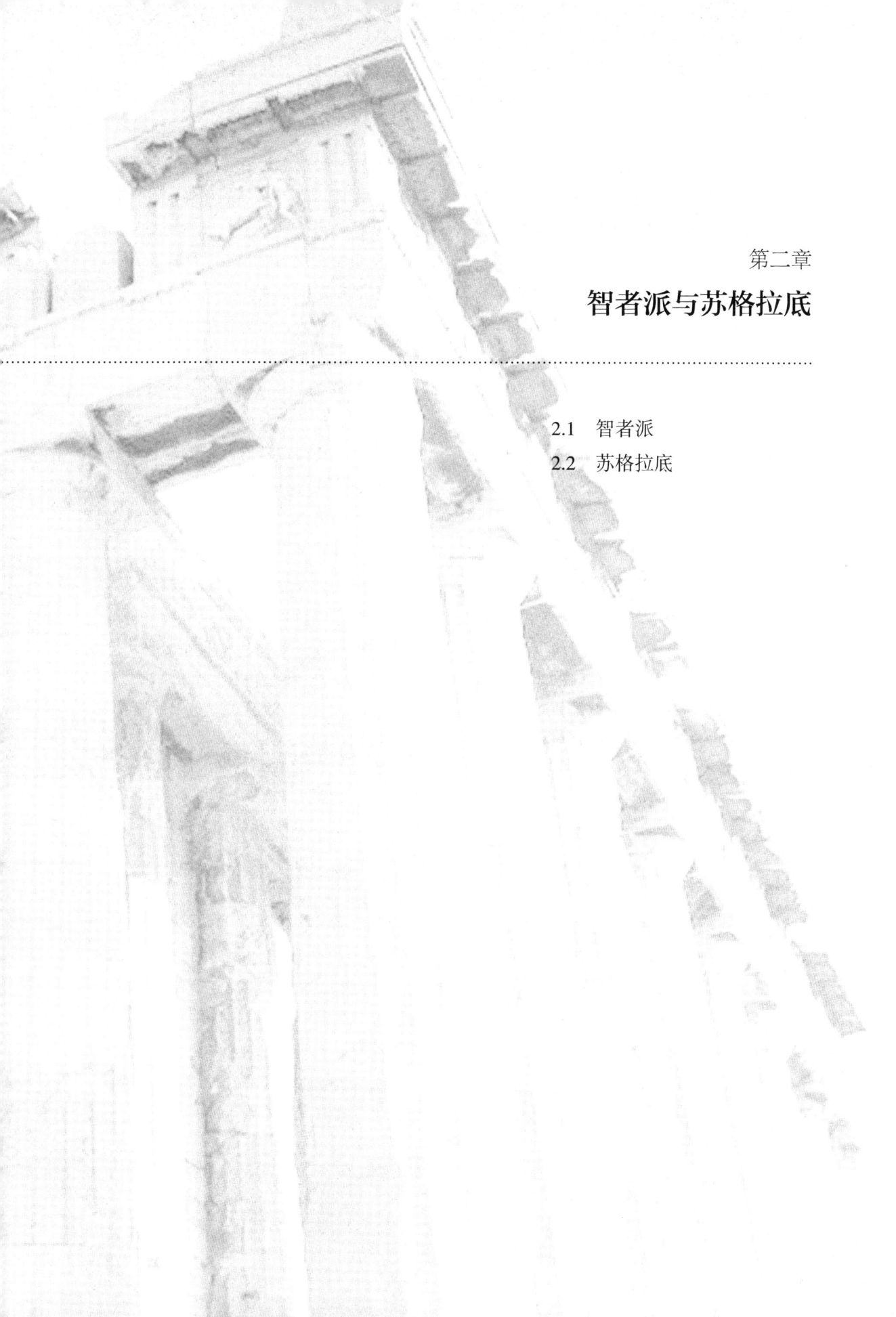

第二章

智者派与苏格拉底

2.1　智者派
2.2　苏格拉底

第一批希腊哲学家关注的是自然；而智者派和苏格拉底则将哲学的关注点转到了对人类的研究。他们不去问"事物的终极原则是什么"等一些关于宇宙的大问题，而是提出一些与道德行为有着更直接关系的问题。哲学由主要关注科学问题转而关注基本的伦理问题，这一转向能在下述事实中得到部分解释：前苏格拉底哲学家们彼此之间并没有能达成任何一种统一的宇宙概念。他们对自然提出了各不相同的解释，这些解释彼此似乎无法调和。例如，赫拉克利特说自然由多种实体构成，所有事物都处于持续的变化过程中。巴门尼德则持完全相反的观点，他论证实在是单一的、静止的实体，是"一"，运动和变化只是由事物的表象投射于我们的感官而引起的错觉。如果这些相互矛盾的宇宙论在破解自然之谜时所遇到的巨大困难产生的仅仅是人们的一种理智的疲倦，那么哲学也许就会在这里止步不前了。确实，关于事物终极原则的争论导致了一种怀疑主义的倾向：人类理性是否有能力发现自然的真理？但是这种怀疑主义为哲学转向一个新方向提供了推动力，因为怀疑主义自身成了被加以认真考虑的主题。

　　哲学家们现在不再就各种自然理论争论不休，他们现在想解决有关人类知识的问题，问道：我们有没有可能发现普遍的真理？各个种族和社群的文化差异使这个问题越发显得突出。结果，关于真的问题与关于善的问题深深地纠缠在了一起。如果人们没有能力认识到任何普遍的真理，那么还能够存在一个普遍的善的概念吗？这场新争论的主要参与方是智者派和苏格拉底。

2.1　智者派

　　在公元前5世纪前后，雅典出现了三个最为杰出的智者，他们是普罗泰戈拉、高尔吉亚和色拉叙马霍斯。他们这群人或者是作为游历教师来到雅典的，或者是像埃利斯的希庇亚的情况那样，作为使节来到雅典的。① 他们给自己加上"智者"或者"有知识的人"的特别称号。他们的文化背景各异：普罗泰戈拉来自色雷斯的阿布德拉，高尔吉亚来自南西西里岛的林地尼，色拉叙马霍斯则来自卡尔亚冬。他们对雅典人的思想和习俗进行了一番新的审视，提出了一些追根究底的问题。特别是，他们使雅典人不得不考虑自己的观念和习俗是基于真理还是仅仅基于惯常的行为方式。雅典人在希腊人与野蛮人之间，

---

① 三人中高尔吉亚曾作为林地尼的使节在雅典发表演说，说服了雅典与林地尼结盟反对叙拉古，其余两人为游历四方的教师；希庇亚则经常代表埃利斯城邦出使雅典和其他城邦，也是一个智者。——译者注

以及在主人与奴隶之间作出的区分，是有充足的根据还是仅仅基于偏见？智者们不仅居住在有着不同习俗的不同国家，还通过对多种文化事实的观察而收集了大量的信息。他们对不同文化的广博知识，使他们怀疑获得任何让社会能借以对人们生活进行规范的绝对真理的可能性。他们迫使富有思想的雅典人考虑希腊文化是建基于人为的规则（nomos）还是建基于自然（physis）。他们令雅典人追问自己的宗教和道德规范是约定俗成的从而也是可变的，还是自然的从而也是永恒的。毫无疑问，智者们为更加深入细致地思考人类本性开辟了道路——尤其是关于我们如何获得知识，以及我们如何规范自己的行为。

智者派主要是一些务实的人，他们尤其善于语法、写作和公开辩说。这些技能使他们成了唯一有能力满足雅典社会中一种特殊社会需要的人。在执政官伯里克利（公元前490年—公元前429年）的领导下，雅典旧有的贵族政体被民主制取代了。由于自由民可以参与政治讨论并担任领导职务，人们的政治生活得到了强化。但是旧有的贵族教育体系主要建基于家庭传统，无法使人们适应民主社会生活中的新情况。在宗教、语法领域以及对诗歌的细致解释方面，尚无规范的理论训练。智者们进入这一文化真空，他们在教育上的实践兴趣满足了这个迫切的需要。他们成为广受欢迎的讲师，是新式教育的主要提供者。使他们特别受人追捧的首先是他们自称能教授修辞术，即令人信服地演说。在民主的雅典，说服力对任何一个想要爬到领导层的人来说都是政治上必需的。智者派刚好拥有满足这一需要的技能。

智者派的声誉最初是很好的。他们为训练人们清晰有力地表述自己的思想而做了大量工作。不具备演说技能的人们既不能有效地表述自己的思想，也不能发现对手在论证中的错误，在公共集会上让他们互相争论就会把局面弄得一塌糊涂。但是修辞术有些像一把刀，既可为善，也可作恶——用来切面包，或者用来杀人。一方面，那些拥有说服力的人可以用这种力量来影响听众的心理，使他们采纳一个好的想法。但另一方面，有说服力的演说者可以使那些对他们另有好处、在道德上却成问题的思想被广为接受。修辞术的运用从令人赞许变为令人遗憾，这其中智者派所固有的怀疑主义起了极大的推动作用。最终，智者派的怀疑主义和相对主义使他们受到了怀疑。没有人能够由于他们训练律师们为讼案的每一方做辩护——一种被称作"背反论"（antilogic）的技术而批评他们，因为被告理所当然地应该得到与原告控告他的陈词一样富有技巧的辩护。只要他们把说服的技术与对真理的追求结合在一起，人们对智者派就不会有什么非议。但是由于他们把真理看作一种相对的东西，最终他们受到了人们的指责，说他们教青年公民如何把无效的论据说成仿佛是有效的，如何把不正义的事情说成仿佛是公平合理的。此外，他们有了这样的名声：把年轻人从好端端的家庭带走，引导他们去从事要摧毁传统宗教与伦理观点的批判性分析。这样一来，他们使年轻人对传统再无好感，而倒向一种玩世不恭的利己主义。令他们更为名声狼藉的是，他们的形象已经不同于早期哲学家那种不带任何经济考虑而从事哲学的不偏不倚的思想家形象。智者派为他们的教学索取费用，而且刻意找那些付得起学费的有钱人来教。苏格拉底曾在智者门下学习，可是因为穷，他只上得起他们提供的"短期课程"。这种收费教学的行为使得柏拉图将他们讥为"销售灵魂食品的商人"。

普罗泰戈拉

在来到雅典的诸多智者当中，阿布德拉的普罗泰戈拉（约公元前490年—公元前420年）是年纪最长的，在许多方面他也是最有影响的。他因下面的这一陈述而广为人知："人是万物的尺度，是存在者存在的尺度，也是不存在者不存在的尺度。"就是说，每个人是他或她作出的所有判断的最终标准。这意味着我可能获得的任何关于事物的知识都受到我作为人的能力的限制。普罗泰戈拉不考虑任何神学的探讨，他说："关于神，我既不能认识到他们是否存在，也不能认识到他们是什么样子的；因为阻碍我的认识的因素有很多：主题的晦涩，人生的短暂。"普罗泰戈拉说，知识受到我们各种知觉的限制，这些知觉是因人而异的。如果两个人观察同一个对象，他们的感觉会各不相同，因为每个人相对于这个对象的位置不一样。与此相似，同一阵风吹向两个人，一个人会觉得凉，一个人则会觉得暖。我们不能以简单的方式回答这阵风是不是凉的。事实上，它的确对一个人是凉的，对另一个人是暖的。因而，说一个人是所有事物的尺度，就是说我们的知识被自己的知觉所限制。如果在我们内部的某个东西使我们以与别人不同的方式知觉事物，那么就不存在什么标准来检验是不是某个人的知觉是对的而另一个人的是错的。普罗泰戈拉认为，我们通过自己各种各样的感官知觉到的对象，必定具有不同的人各自知觉到的属于它们的所有属性。由于这一原因，我们不可能发现一个事物的"真正"本质是什么；一个事物有多少感知它的人就有多少特性。这样，我们就没有办法区分一个事物的表象和它的实在。基于这一知识理论，我们不可能获得任何绝对的科学知识，因为不同的观察者之间存在着固有的差异，这使我们每个人对事物的观察各不相同。因此，普罗泰戈拉总结道，知识对每个人而言都是相对的。

当普罗泰戈拉谈到伦理学时，他认为道德判断也是相对的。他乐意承认法律观念反映了存在于每一种文化中的、想在所有人中建立道德秩序的普遍愿望。但是，他拒绝承认存在着任何适合于所有人类行为的统一的、所有人在任何地方都可以发现的自然法则。他区分了自然和习俗，他说法律和道德规范不是基于自然，而是基于习俗。每个社会都有它自己的法律和道德规范，没有什么方法来断定这个社会的法律和道德规范的对错。但是普罗泰戈拉没有将这一道德相对主义推到极端，他并不认为每个个人都能够仅凭自己就断定对他或她而言什么是道德。相反，他持一种保守的观点，认为城邦制定法律，而每个人应该接受它们，因为这些法律是能够制定出的最好的法律。其他的社群或许有不同的法律，这个城邦里的个人或许想到不同的法律，但是在这两种情况下，并不是说它们就是更好的法律：它们只不过是不同的法律而已。因此，为了社会和平有序，人们应当尊重和支持自己的传统精心发展出的习俗、法律和道德规范。在宗教问题上，普罗泰戈拉持类似的观点：我们不能确定地知道诸神的存在及其本质，不过这并不妨碍我们对神的崇拜。普罗泰戈拉的相对主义有一个有趣的结果，那就是他保守的结论，即应该教育年轻人接受和支持自己的社会的传统，这不是因为此传统是正确的，而是因为它使一个稳定的社会成为可能。尽管如此，毫无疑问，普罗泰戈拉的相对主义严重地打击了人们对有可能发现真知的信心。他的怀疑主义招致了苏格拉底和柏拉图的严厉批评。

高尔吉亚

高尔吉亚（公元前5世纪后期）于公元前427年作为使节从他的母邦林地尼来到雅典。他所持有的真理观如此极端，以至最终他放弃了哲学，转向了修辞术的实践与教学。他的极端观点不同于普罗泰戈拉的观点，因为普罗泰戈拉说，相对于不同的观众，一切都是真的；而高尔吉亚则拒绝承认任何真理的存在。高尔吉亚极其繁琐地运用埃利亚哲学家巴门尼德和芝诺所使用的推理类型，提出了一系列非同寻常的观点：（1）无物存在；（2）如果有某物存在，它也无法被认识；（3）即便它可以被认识，也不能被传达。以第三个观点为例，他论证说，我们用语言进行交流，但是语言只是符号或标记，符号与它所代表的事物是绝不相同的。因此，知识就不能被传达。通过这种推理，高尔吉亚认为，他能够证明上述的所有观点，至少他的推理与和他意见相左者的推理一样严密。他确信不存在任何可靠的知识，当然也不存在任何真理。

高尔吉亚放弃哲学之后转向了修辞学，他试图将之作为说服的技艺加以完善。在修辞学和说服术的这种结合中，传统认为他运用心理学和暗示的力量发展了欺骗术。先前他已经得出结论说，没有任何真理，所以他也就很愿意把这种说服的技艺用于他所选择的无论什么实用目的上了。

色拉叙马霍斯

在柏拉图的《理想国》（*Republic*）中，色拉叙马霍斯被刻画为智者，他断言不正义比正义的生活更可取。他并不把不正义看作性格的缺陷。相反，色拉叙马霍斯将不正义的人看作在性格和智力上更优越的人。他说，事实上，不正义不只是在小偷这种可怜的水平上令人"获利"（虽然在这里也会有利可图），而且尤其对那些将不正义推行到登峰造极之境的人有利，并使他们成为城邦或国家的首领。只有傻子才追求正义，正义只能导致软弱。色拉叙马霍斯主张，人们应该以一种事实上是毫无顾忌地自作主张的方式去肆意追求他们自己的利益。他将正义看作较强者的利益，他相信"有力即有理"（might is right）。他说，法律是由统治集团为了自己的利益而制定的，这些法律规定了什么是正确的。所有的国家都一样，"正当"的观念意味着同一个东西，因为"正当"仅仅是以权力建立起来的，反映了把持权力的集团的利益。所以，色拉叙马霍斯说："合理的结论就是'正当'的东西在任何地方都是一样的：都是更强大的集团的利益。"

这里有一个从道德到权力的还原。这是智者派的怀疑主义不可避免的结果，这种怀疑主义使得他们对真理和伦理抱有相对主义的态度。而揭示智者派的逻辑矛盾，重建某种真理概念，为道德判断建立某种牢固的基础，这些就是苏格拉底主要考虑的问题了。

2.2 苏格拉底

许多雅典人误把苏格拉底看作智者，事实上苏格拉底是智者派最尖锐的批判者之一。苏格拉底之所以被人们混同于智者，部分是因为他对任何主题的不带感情的分析——智者们也运用了这一技术。然而在苏格拉底与智者派之间存在着一个根本的差异。智者派挖空心思钻牛角尖，以表明对于一个问题的任何一面都可以作出同样好的论证。他们是怀疑主义者，不相信有任何确定的或可靠的知识。此外，他们还得出结论说，既然所有知识都是相对的，那么道德标准也是相对的。相反，苏格拉底坚持不懈地进行论辩却是怀着不同的动机。他坚定地追求真理，认为自己的任务就是为确定的知识寻找基础。他也试图发现善的生活的基础。苏格拉底在履行自己的使命时，发明了一种达到真理的方法：他将知和行联系起来，所以认识善就是行善。在这个意义上，"知识就是美德"。所以，与智者派不同，苏格拉底致力于进行讨论，不是为了破坏真理，也不是要为律师和政客们提供实用技巧，而是为了获得对真理和善的实质性概念。

苏格拉底的生平

苏格拉底于公元前470年出生在雅典。历史上很少有某时某地像此时的雅典这样出现了如此众多的天才人物。这个时候，剧作家埃斯库罗斯已经完成了他的几部戏剧杰作。欧里庇得斯和索福克勒斯这两位剧作家此时还是小孩子，他们以后将要创作的伟大悲剧，苏格拉底很有可能到剧场看过。这时伯里克利还是个年轻小伙，他将会开创一个政治民主、艺术繁荣的伟大时代。苏格拉底有可能看过帕特农神庙和菲狄亚斯①的雕塑，它们就是完成于他生活的那个年代的。这个时候，波斯已经被打败，雅典已经成为海上霸主，基本上控制了爱琴海。雅典达到了前所未有的强大和辉煌。虽然苏格拉底成长于一个黄

---

① 菲狄亚斯（Phidias，约公元前490年—公元前432年），古希腊伟大的雕塑家。——译者注

金时代，但在垂暮之年，他目睹了雅典在战争中的失败，而他自己的生命也在狱中结束。公元前399年，也就是苏格拉底71岁时，他遵从法庭对他的判决而喝下了毒药。

苏格拉底没有写下文字作品。我们所知道的关于他的绝大部分事情都是由他的三个著名的年轻的同代人记载下来的，他们是阿里斯托芬、色诺芬以及三人中最重要的一位——柏拉图。从这些资料里看，苏格拉底天资过人，不仅思维严谨超乎群伦，为人也热情友善，秉性幽默。他体格健壮，颇能吃苦耐劳。阿里斯托芬在他的喜剧《云》里把苏格拉底描绘得像一只自负的水鸟，取笑他转眼珠的习惯，俏皮地提到他的"学徒们"及"思想的作坊"。而色诺芬所描绘的则是一位忠诚的战士，他充满激情地探讨着道德的要求，对那些想在他这里得到指点的年轻人有着难以抗拒的吸引力。柏拉图肯定了对苏格拉底的这个总的写照，并进一步把苏格拉底描绘为一个有着深沉的使命感和绝对的道德纯洁性的人。在《会饮篇》中，柏拉图讲述了一位美少年阿尔西比亚德斯是如何希望赢得苏格拉底的爱情的，他想方设法要和苏格拉底单独相处。但是，阿尔西比亚德斯说："从来就没有出现过这种情况；他只愿意用他通常的方式和我交谈，和我待了一整个白天后，他就会离开我，自顾自走了。"苏格拉底在从军征战时比其他任何人都更能忍饥挨冻。其他人都"小心翼翼地"把自己包得严严实实，用"毡子加羊毛"裹在鞋子外面，以抵御冬日的严寒。而苏格拉底，阿尔西比亚德斯说："就穿着他平常穿的一件外套在那样的天气里出门，他光着脚在冰面上行走比我们穿着鞋走还要轻快。"

苏格拉底的注意力能长时间地高度集中。在一次战役中，他曾经站着沉思了一天一夜，"直到黎明来临，太阳升起，在向着太阳做了一次祷告之后，他才走开"。他经常从一个神秘的"声音"那里获得信息或警告，他称这个声音为自己的灵异（daimon）。虽然这种"超自然的"征兆从小就侵扰着他的思想，但对此最合理的解释应该是苏格拉底具有"宗教梦幻式"的气质，尤其是具有对人类行为的道德品质的敏感，正是这些道德品质赋予生活以价值。他对早期希腊哲学家们的自然科学必定是非常熟悉的，虽然在柏拉图的《申辩篇》中，他说过："事情的真相就是如此，雅典人，我与对自然的思索没有任何关系。"对他而言，这样的思索已经让位于那些更紧迫的问题，即人的本性、真理和善。一个决定性的事件确定了苏格拉底的使命是做一个道德哲学家，这就是德尔斐神庙的神谕。故事是这样的，一个名叫凯勒丰的虔信宗教的青年到德尔斐附近的阿波罗神庙去问，这世上是否还有人比苏格拉底更聪明；女祭司回答说没有。苏格拉底认为这个回答的意思是，他之所以是最聪明的，是因为他意识到并且承认自己的无知。苏格拉底就是以这样的态度开始了他对不可动摇的真理和智慧的探求。

作为哲学家的苏格拉底

由于苏格拉底自己没有留下文字作品，究竟哪些哲学思想可以确认是他的，现在还是有争议的。关于他的思想，我们所拥有的最全面丰富的资料来源是柏拉图的《对话集》，他是这些对话中的主角。但是长期以来一直存在的一个问题是，这里柏拉图所描绘的是苏格拉底确实教导过的东西，还是在假托苏格拉底的形象来表达他自己的思想。有些人认为柏拉图《对话集》中的苏格拉底就是历史上的那个苏格拉底。这将意味着这些对话中包含的创造性的哲学工作全都要归功于苏格拉底。要是这样看的话，柏拉图就不过是发明了一种文学体裁，使苏格拉底的思想能够保存下来并得到详尽阐述、准确表达和文字上的润色。可是，亚里士多德对苏格拉底和柏拉图的哲学贡献作出了区分。亚里士多德将"归纳论证和普遍定义"归功于苏格拉底，而将理念论——普遍的原型独立于特殊事物而存在，特殊事物只是它们的具体化——的提出归功于柏拉图。其实，争论就在于是苏格拉底还是柏拉图提出了理念论。因为亚里士多德自己对这个问题特别感兴趣，在学园里已经和柏拉图对之进行过详尽的讨论，因此，似乎有理由认为，他对苏格拉底和柏拉图的思想的区分是准确的。同时，柏拉图的一些早期对话似乎体现了苏格拉底自己的思想，比如《申辩篇》《欧绪弗洛篇》。因此，对此问题最合理的解决方法就是把两种观点各采纳一部分。这样我们就可以认为，柏拉图早期的很多对话都是对苏格拉底哲学活动的描述，而柏拉图后期的对话则主要代表了他自己的哲学发展，包括系统地提出具有形而上意义的理念论。以此为基础，我们就应当把苏格拉底视为一个原创性的哲学家，他提出了一种新方法来进行理智的探究。

  要想成功地克服智者派的相对主义和怀疑主义，苏格拉底就必须为知识的大厦找到一个稳固的基础。苏格拉底在人之中，而不是在外部世界的种种事实中，发现了这个稳固的基础。苏格拉底说，内在生活是一种独特活动即认知活动发生的场所，这一活动导致实践活动，也就是行为。为了描述这一活动，苏格拉底提出了灵魂或心灵（psyche）的概念。对他而言，灵魂不是任何特殊的官能，也不是任何一种特别的实体。相反，它是理智和性格的能力；它是一个人有意识的人格。苏格拉底进一步表述了他的灵魂概念的意义，灵魂是在"我们之中的，我们由于它而被断定是聪明的还是愚蠢的，是好的还是坏的"。通过这样的描述，苏格拉底是把灵魂等同于理智和性格的正常能力，而不是什么幽灵般的实体。灵魂是人格的结构。虽然苏格拉底很难确切地描述灵魂究竟是什么，但他还是确信灵魂的活动乃是去认识和影响甚至指引和支配一个人的日常行为。虽然对苏格拉底而言灵魂不是一个事物（thing），他还是可以说，我们最应该关心的就是去照料我们的灵魂，"使灵魂尽可能地善"。当我们理解了事实与幻想的区别从而将我们的思想建基于人类生活的真实状况的知识时，我们就最好地照料了我们的灵魂。由于获得了这样的知识，那些在思想中照料好了自己灵魂的人也将根据他们真实的道德价值的知识而采取相应的行动。简而言之，苏格拉底主要关注的是善的生活，而不是纯粹的沉思。

  对苏格拉底而言，这种灵魂构想的要点涉及我们对一些词语的意义的清醒意识。认识到一些事物与另一些事物相矛盾——比如，正义不能意味着伤害别人——就是一个典型的例子，灵魂仅仅通过运用自己的认知能力就可以发现它。因而当我们在行动中违抗这种知识的时候——例如当我们伤害一个人而同时又十分清楚这一行为违背了我们关于正义的知识的时候——就会破坏我们自己作为人的本性。苏格拉底确信人可以获得可靠的知识，而且只有这样的知识才能成为道德的正当基础。因而他的首要任务就是为他自己和他的追随者澄清一个人是如何得到可靠的知识的。

苏格拉底的知识理论：思想的助产术

苏格拉底确信，得到可靠知识最可靠的方法就是通过受到规训的对话，这种对话所起的作用就像一名思想的助产士。他称这个方法为辩证法（dialectic），它看来非常简单，实则不然。不管面对什么问题，这方法总是先讨论它最显而易见的方面。在对话的过程中，交谈的各方将不得不澄清他们的观点，最终的结论将是一个意义清晰的陈述。虽然这套方法表面上看很简单，但当苏格拉底将之运用到别人身上时，不管是谁，不久都会感受到它那极其严密的力量，也会因苏格拉底的讽刺而感到难堪。柏拉图的早期对话就展示了这种方法，苏格拉底假装对某个主题一无所知，然后设法从其他人的言谈中抽引出他们关于这一主题所能有的最完满的知识。他认为通过对不全面或不确切的思想进行一步步的修正，就可以诱导任何人得出真理。他常常揭示出潜藏在对方观点之下的矛盾——这种技术被称作"问答法"（elenchus）——从而迫使那人放弃自己误入歧途的观点。如果有些东西是人类的心灵所认识不了的，苏格拉底也要把这点论证出来。因此，他相信，没有经过仔细审视的观念是不值得拥有的，正如没有经过仔细审视的生活是不值得过的一样。有些对话的结尾没有结论，因为苏格拉底关心的不是提出一套教条式的思想强加给他的听众，而是引导他们去经历一个有条不紊的思想过程。

我们在柏拉图写的对话《欧绪弗洛篇》中发现了苏格拉底方法的一个很好的例子。对话发生在阿卡翁国王的宫邸前，苏格拉底等在那里想看看是谁指控他不虔敬，这可是一项死罪。年轻的欧绪弗洛赶到那里向他解释说，他想指控自己的父亲不虔敬。苏格拉底带着强烈的讽刺口吻说，有幸碰见欧绪弗洛真是让他不胜欣慰，因为欧绪弗洛指控他父亲的罪名和苏格拉底面临的指控是一样的。苏格拉底语带讥诮地对欧绪弗洛说："不是每个人都能找到充分的理由像你现在这样行事；只有拥有极高智慧的人才能。"① 一个人只有确切地知道不虔敬是什么意思，才能指控别人犯有这么严重的一宗罪。而指控自己的父亲犯有这项罪行将只能确证指控者知道他在谈论什么。苏格拉底表示，他对不虔敬的

---

① 到此为止，苏格拉底在与欧绪弗洛的谈话中尚无讽刺意味，只是当欧绪弗洛提出他是出于对诸神的"虔敬"以后，苏格拉底才采用了讽刺手法追问什么是真正的虔敬。作者在此的理解似有偏差。——译者注

含义一无所知，他要欧绪弗洛解释它的意思，因为欧绪弗洛就是以这个罪名指控他的父亲的。

欧绪弗洛作出了回答，他将虔敬定义为"起诉犯罪的人"，而不虔敬就是不起诉他。苏格拉底对此回答说："我没有要你从无数虔敬的行为中举出一两样来；我是要你告诉我虔敬的概念是什么，正是它使得一切虔敬的行为成为虔敬的。"由于他的第一个定义并不令人满意，欧绪弗洛再次尝试说："凡是令诸神喜悦的就是虔敬的。"但是苏格拉底指出，诸神也相互争吵，这表明诸神之间对于什么是更好的和什么是更糟的意见不一。因而，同一个行动可能令一些神感到喜悦却并不令另一些神喜悦。所以欧绪弗洛的第二个定义也不充分。欧绪弗洛试图修正，他提出了一个新的定义："虔敬就是诸神全都喜爱的，而不虔敬就是诸神全都痛恨的。"但是苏格拉底问："诸神是因为一个行动是虔敬的而喜爱它，还是因为诸神喜欢这个行动它才是虔敬的？"简而言之，虔敬的本质是什么？欧绪弗洛再次尝试说，虔敬乃是"正义的一部分，它与对诸神给予其应得的事奉有关"。苏格拉底再次问，诸神应得的事奉是怎样的，以迫使欧绪弗洛作出一个更加清晰的定义。这个时候，欧绪弗洛已经陷入了无法摆脱的犹疑不定之中，苏格拉底告诉他："你不能起诉你年迈的父亲……除非你确切地知道什么是虔敬和不虔敬。"当苏格拉底迫使他再一次作出一个更清晰的定义时，欧绪弗洛回答说："下次吧……苏格拉底。我现在很忙，我得走了。"

这篇对话对于有关虔敬的话题没有得出结论。但它是苏格拉底辩证方法的一个生动例子，是他关于哲学生活的概念的一个写照。特别是它表现出了苏格拉底对定义的独特关注，定义乃是清晰思想的工具。

定义的重要性 苏格拉底求知方法的再清楚不过的体现是在他寻求定义的过程中。也正是通过对定义的强调，他对智者派进行了最有决定意义的反驳：名词术语都有确定的意义，这就从根本上动摇了相对主义。对他来说，一个定义是一个清晰而确定的概念。苏格拉底深刻地意识到这样一个事实：虽然特殊的事件或事物在某些方面变化或消逝着，它们里面却有某种东西是同一的，从不变化，从不消逝。这就是它们的定义、它们的本性。当苏格拉底追问"那使得一切虔敬的行为成为虔敬的虔敬概念"时，他想要欧绪弗洛给出的就是这个永恒的意义。苏格拉底以一种相似的方法寻求正义的概念，由于它，一个行为才成为正义的；寻求美的概念，由于它，特殊的事物才可以被称作美的；寻求善的概念，由于它，我们才认为一个人的行动是善的。例如，没有什么特殊的事物是完全的美的；它之所以美只是因为它分有了更大的美的概念。此外，当一个美的事物消逝了，美的概念却依然存在。苏格拉底所看重的是我们对一般观念而不仅仅是特殊事物的思考能力。

他认为无论我们思考什么东西，某种意义上我们都是在思考着两种不同的对象。一朵美的花首先是这一朵特殊的花，同时它又是美的一般或普遍意义的一个例子或分有者。

对苏格拉底而言，定义包含一个过程，通过这一过程我们的心灵能够区分思想的这两种对象，即特殊（这一个特殊的花朵）和一般或普遍（美的概念，这朵花由于分有了它才是美的）。如果苏格拉底问，"什么是一朵美的花？"或者"什么是一个虔诚的行动？"他一定不会满足于你向他指出这朵花或这个行动。因为虽然美以某种方式与一个特定的事物相关联，但这个事物既不等于也没有穷尽美的概念。此外，虽然各种美的事物互不相同，但不论它们是花还是人，它们都被称作美的，这是因为它们不管彼此有何差别，都一样分有使它们被称为美的那种要素。只有通过严格的定义过程，我们才能最终把握一个特殊的事物（这一朵美的花）和一个普遍的观念（美或美的）之间的区别。定义的过程，正如苏格拉底所展示的，是一个形成清晰确定的概念的过程。

运用这种定义的方法，苏格拉底表明了真知识不仅仅是简单地考察事实，知识与我们在事实中发现那些永恒要素的能力相关，这些要素在这些事实消逝之后也依然存在。玫瑰花凋谢了，美依然存在。对心灵来说，一个不完美的三角形暗示了那个三角形（的概念）①，不完美的圆则被看作近似于那个完美的圆（的概念），完美的圆的定义产生了清晰确定的圆的概念。事实可以产生许多不同的观念，因为没有两朵花是相同的。同样也没有两个人或两种文化是相同的。如果我们将我们的知识仅仅限于罗列未经解释的事实，我们的结论将是所有的事物都各不相同，不存在普遍的相似之处。智者派就是这么做的，他们搜集其他文化的一些事实，然后论证说，有关正义和善的所有观念都是相对的。但是苏格拉底不愿接受这个结论。在他看来，人们之间事实上的差异——例如他们的身高、体力和智力的差异——并没有抹杀他们都是人这个同样确定的事实。他通过定义的过程，透过具体的人显而易见的实际差异，发现了是什么东西使每个人尽管有这些差异，却仍然是一个人。他的清晰的人的概念为他对人的思考提供了一个牢靠的基础。与此相似，虽然存在着文化上的差异，存在着实际的法律和道德规则上的差异，苏格拉底认为，法律、正义和善的概念依然可以像人的概念一样被严格地定义。面对我们周围变异的事实，苏格拉底并不认为我们周围的多样性的事实一定会导向怀疑主义和相对主义，相反，他相信，只要我们运用分析和定义的方法，这些事实就能够产生出清晰而确定的概念。

于是苏格拉底相信，在事实世界的后面，在事物之中，存在着一个我们可以发现的秩序。这使得他在哲学中引入了一种考察宇宙万物的方法，即对事物的一种目的论的构想——它认为每个事物都有一个功能或目标，都朝向善。例如，说一个人有一个可定义的本质，也就是说有某种行为是适合于他或她的本质的。如果人是理性的存在者，那么理性地行动就是适合于他的本质的行为。这差不多也就等于说人们应该理性地行动。通

---

① 原文是"the Triange"，英文可以把一个具体名词字首大写，表示抽象的普遍概念。这里就是指三角形的概念。后面原文的"the perfect Circle"同理。——译者注

过发现每个事物的本性，苏格拉底相信他也可以在事物中发现可理解的秩序。从这个观点看，事物不仅有它自己特殊的本质和功能，而且这些功能在所有事物的整体安排中还有某种另外的目的。宇宙中存在着许多种事物，这不是由于偶然的混合，而是每个事物都各尽其职，所有的事物共同构成了有序的宇宙。很明显，苏格拉底可以区分出两个层次的知识，一个层次是基于对事实的观察（inspection），另一个层次则是基于对事实的解释（interpretation）。换言之，一个是基于特殊的事物，一个是基于一般的或普遍的概念。

在话语中总是使用诸如美、直线、三角形、人等普遍概念，这个事实表明，它们的使用实际上存在着某种实在的基础。重要的是，这些普遍的概念是否以像个别的语词一样的方式指称某种存在着的实在？如果约翰这个词是指存在于一个特定地方的一个人，那么人这个概念是否也指存在于某处的实在？苏格拉底是否处理了这个普遍意义上的形而上学问题，这得看我们认为柏拉图还是苏格拉底是理念论的创立者。柏拉图确实教导说，这些概念化的理念是最实在的存在者，它们独立于我们所看到的特殊事物而存在，特殊事物只是分有了这些理念。亚里士多德则拒斥主张理念单独存在的理论，他论证说，某种意义上普遍的形式只存在于我们经验到的实际事物之中。他也表明，苏格拉底并没有把这些理念和事物"分离开来"。即使苏格拉底不是见于柏拉图对话中的理念论的创立者，隐藏于可见世界背后的可理解秩序的观念，却依然是由他建立的。

苏格拉底的道德思想

对苏格拉底而言，知识和德性是同一个东西。如果德性与"使灵魂尽可能地善"有关，那么我们首先就有必要知道什么使灵魂善。因此善和知识密切相关。但是苏格拉底对于道德所说的不止于此。他实际上将善与知识等同起来，他说，认识善就是行善，知识就是德性。通过将知识和德性等同起来，苏格拉底也就认为恶行或恶乃是知识的缺乏。正如知识就是德性，恶行也就是无知。这个推理的结论使苏格拉底确信，没有人会作恶无度或者明知故犯地行恶。他说，做错事总是不自觉的，是无知的结果。

把德性与知识、恶行与无知分别画上等号，这似乎有悖于我们关于人的最基本的经验。常识告诉我们，经常有这样的情况：即使我们知道一个行为错了，我们还是会拼命去做，因此我们是故意而自愿地做错事的。苏格拉底承认我们会做坏事。但是他不认为人们是明知故犯。苏格拉底说，当人们做坏事时，他们总是以为这些事在某种意义上是好事。

当苏格拉底把德性和知识等同起来时，他心目中有一个对德性的特殊构想。对他而言，德性意味着实现一个人的功能。作为一个理性的存在者，一个人的功能就是理性地行事。同时，每个人都不可避免地为其灵魂追求幸福或好的生活。这一内在的好的生活，"使灵魂尽可能地善"，只有通过某种合适的行为方式才能达到。因为我们有着对幸福的渴求，我们就会对我们的行动有所选择，希望它们能带来幸福。哪种行动或者什么行为可以带来幸福？苏格拉底认识到，有些行动表面上带来了幸福，但实际上并非如此。因此我们常常选择那些本身很成问题的行动，却以为它们可以带来幸福。小偷或许知道偷窃本身是错误的，但是他们依然行窃，希望以此获得幸福。与之类似，我们追求权力、肉体愉悦和财富，以为它们是成功和幸福的标志，却混淆了这些东西的真正基础。

不管怎么说，把恶行和无知等同其实并不是那么违背常识的，因为苏格拉底所说的无知是对一个行动产生幸福的能力的无知，而不是对行动自身的无知。这是对一个人的灵魂的无知，即不知道怎么办才可以"使灵魂尽可能地善"。因此过错就是对某些行为不确切的估计造成的后果。这种不确切的预期以为某些事物或愉悦能带来幸福。因而，过错之所以是无知的产物，就是因为人们在做错事的时候指望它会产生其产生不了的结果。无知即在于看不到某些行为并不能产生幸福。要有对人类本性的真知识，才能知道什么才是幸福所必需的。还要有对事物和行为类型的真知识，才能知道它们是否能实现人们对幸福的要求。这就要求我们的知识能够区分：什么东西表面看上去能带来幸福，什么东西确实能带来幸福。

所以，说恶行是无知，是不自愿的，就是说没有人会故意选择损害、破坏或者毁灭自己的人性。甚至当我们选择痛苦时，我们也是希望这种痛苦能够带来德性，实现我们人的本性——这个本性追求着它自己的好的生活。我们总是认为我们的所作所为是正当的。但是我们的行为是否正当则依赖于它们是否与真的人性相和谐，而这是一个真知的问题。此外，因为苏格拉底相信人性的基本结构是恒常的，所以他相信有德性的行为也是恒常的。这就是他得以克服智者派的怀疑主义和相对主义的基础。苏格拉底为道德哲学所设定的方向，是道德哲学在整个西方文明史中一直遵循的。他的思想得到了柏拉图、亚里士多德和基督教神学家们的修正，但它依然是理智和道德方面万变不离其宗的主导性传统。

苏格拉底的审判和死亡

苏格拉底确信，我们最该关心的就是照料我们的灵魂，所以，他把一生大部分的时间都用在审视他自己的生活和其他雅典人的生活和思想上。当雅典在伯里克利统治下是一个稳定而强大的民主社会时，苏格拉底可以履行他作为一只"牛虻"的使命而没有招致严重的反对。他不留情面地在人们无序的行为之下追寻稳定恒常的道德秩序。这一追寻要么令人愤怒，要么令人愉快，这也为他带来"从事于悖论的智者"这个名声。更糟糕的是，人们认为他的思想太没有拘束，对于那些雅典人认为不容置疑的敏感问题也进行追问。然而，在雅典经济和军事上还强大的时候，苏格拉底可以随其所好去进行追问而不受惩罚。但是，随着雅典的社会大势走向危机和挫折，苏格拉底再也不能免于受到追究了。他在上层社会的年轻人中发展辩证技能的努力——尤其是对道德习俗、宗教和政治行为的刨根问底的技巧——已经引起了人们的疑虑。但是直到雅典与斯巴达交战期间，他的行为终于被认为是具有明显的、迫在眉睫的危险性的。

与这场战争有关的一系列事件最终导致了对苏格拉底的审判和处死。其中之一是阿尔西比亚德斯的叛国行为，他是苏格拉底的学生。阿尔西比亚德斯的确去了斯巴达并为斯巴达人在与雅典的作战中提出了颇有价值的建议。这就难免让许多雅典人认为苏格拉底在某种程度上应该为阿尔西比亚德斯的行为负责。此外，苏格拉底发现自己与五百人会议分歧严重，他是其中的成员之一。他们面临的问题是，有8位军事指挥官被指控在亚吉努撒群岛附近的一次海战中玩忽职守。雅典军队虽然最终赢得了这场战争，但是他们也付出了高昂的代价，损失了25艘战舰和4000名士兵。8位卷入这场损失惨重的战役的将领被要求受审。但是，五百人会议不是一个一个地确定每一位将军的罪责，而是被命令一次性投票表决这8个人全体是否有罪。起先会议抵制这一动议，认为它违反了正常的法律程序。但是当检举人威胁说除了将军们还要起诉会议成员时，就只有苏格拉底还坚持原来的意见，其他会议成员都屈服了。将军们后来被认定有罪，其中已经被监禁起来的6人被立即执行了死刑。这些事件发生在公元前406年。在公元前404年，随着雅典的衰落，苏格拉底再一次发现他面临着强大的反对势力。在斯巴达胜利者的施压下，雅典成立了一个30人团为雅典的新政府起草法律。但是这个30人团很快蜕变成一个横暴的寡头统治集团，他们专断地迫害以前拥护伯里克利民主秩序的人，为自己聚敛财富。仅仅过了一年，这个寡头集团就被暴力推翻了，雅典重新建立起了民主秩序。但是很不幸，被推翻的寡头集团里有一些人是苏格拉底的好友，尤其是克里提亚斯和查米德斯。这是他又一次因株连而获罪，如同在先前阿尔西比亚德斯的案件中他因为是叛徒的老师而被判入狱一样。到这个时候，人们对苏格拉底的愤怒已经发展到对他的不信任。大概在公元前399年，苏格拉底被控受审，据第欧根尼·拉尔修记载，他被指控的罪名是"（1）对于城邦所崇拜的神不虔敬，而是引入新的陌生的宗教惯例；（2）更有甚者，腐蚀青年。指控者要求判处苏格拉底死刑"。

苏格拉底听到对他的指控后本来可以选择自愿流放。但是他依然留在雅典，在法庭上为自己辩护。法庭的陪审团由大约500人组成。柏拉图的《申辩篇》记载了苏格拉底为自己做的辩护，这是对他理智能力的光辉证明。它有力地揭露了原告们的动机和他们指控根据的不充分。他强调自己对雅典的毕生忠诚，他提到了他的军旅生涯和在审判将领们的事件中对法律程序的维护。他的辩护是强有力论证的典范，完全建立在引用事实和要求讲理的基础上。当他被判有罪时，他还有机会提议给自己定什么刑。苏格拉底不但坚信自己无罪，而且坚信他这样的生活和教导对雅典是有价值的，他提议雅典人应该让他得到应得的奖赏。苏格拉底把他自己和"在奥林匹克比赛中赛马、赛车夺冠的人"作了比较，他说："这样的人只是让你们表面上快乐，而我是令你们真正地快乐。"因此，他说，他的奖赏应该是"由城邦出钱在名人院里奉养他"，这个礼遇是只有声名显赫的雅典人、将军、奥林匹克冠军和其他杰出人士才能荣享的。陪审团在他的傲慢面前颜面扫地，最后判处他死刑。

最后，他的朋友们试图提供机会让他越狱逃跑，但是苏格拉底坚决不从。正如他拒绝在陪审团面前提及他的妻子和年幼的孩子们来打动他们一样，现在他也没有为他的学生克里托的恳求所动，克里托曾说，他不想想自己也得想想他的孩子们。他如何能够收回他曾经教导别人的东西，抛弃自己对真理永远忠贞不渝的信念？苏格拉底相信，逃跑就是违抗并损害雅典和雅典的法制，那将是在追求一个错误的目标。法律对他的审判和死刑并无责任；有责任的是那些误入歧途的原告们，是阿尼图斯和美勒托，是他们犯了错误。因此，他服从法庭对他的判决，以此证明他对法制的尊重。

柏拉图在他的《斐多篇》中描绘了苏格拉底喝下毒药后的最后时刻："苏格拉底摸了一下自己，说等药力抵达心脏，他就完了。他已经开始变冷……说出了最后的话，'克里托，我还欠阿斯克勒比俄斯①一只公鸡；千万别忘了替我还上'……这就是我们这位朋友的结局，我认为他是他的时代所有人中最优秀、最睿智、最公正的人。"

总　结

随着智者和苏格拉底的出现，哲学的中心问题发生了变化。关注点不再是自然根本上是由什么构成的，而是转到了人们可以认识何种事物，甚至人们是否有能力认识任何事物这些更一般的问题上。知识是可以达致的吗？关于众神，我们有可能知道任何东西吗？存在一个普遍的道德标准吗？智者对这些问题的回答通常持怀疑主义态度，对于普罗泰戈拉而言尤为如此。他在"人是万物的尺度"的著名表述中提出了相对主义的观点，真理以个体人的视角而非某种外在的普遍标准作为其基础。通过论证无物存在，高尔吉亚进一步推进了一种关于知识的怀疑论观点：如果有物存在，那么它就是不可理解的；而即便它是可理解的，它也不可被交流。色拉叙马霍斯挑战了正义的普遍标准的观点，他的观点是，不正义比正义更适宜于人，而强力造就正当。

尽管苏格拉底受教于智者，并运用了许多来自他们的论证技巧，但他拒斥他们怀疑主义和相对主义的立场。相反，他主张人们可以获得真正的知识，并且这种知识是道德，以及使我们过上善的生活之能力的基础。苏格拉底获得知识的途径是辩证法。通过对话，他会质疑一个人的观点，尤其是涉及虔敬、正义和美等重要概念定义的那些。在对话的

---

① 希腊神话中的医神。——译者注。

过程中，他会迫使他的对手陷入自相矛盾，由此使他们将其最初可能拒斥了的观点和立场重新纳入考虑。苏格拉底将道德善与知识等同起来，并认为从来没有人明知而犯下恶行，这样做只是出于无知。

苏格拉底的大部分人生都花在了在雅典与人论辩，以及教授雅典的富家子弟上。他刻意采取了一种对抗式的方法，他也知道人们都认为他是一个讨厌的人。他善于激起争议的名声最终将他击倒了，71岁时，他因无神论和败坏年轻人的指控而受审并被处死。在他的审判中，他捍卫了他人生的使命，说未经审视的人生是不值得过的。

研究问题

1. 智者教授一门叫作"背反论"的论辩技巧，学生从中学会以相同的力度论证同一件事的两面。在某些情形，例如法律训练中，这种技巧是有价值的。可在另外一些情形中，背反论的训练会是对社会有害的吗？为什么？

2. 普罗泰戈拉作出过这个有名的陈述："人是万物的尺度。"解释这句话的意思，并描述一些在其中这一陈述貌似为真的情形，以及另外一些为假的情形。

3. 普罗泰戈拉还作出了这一著名陈述："关于神，我既不能认识到他们是否存在，也不能认识到他们是什么样子的；因为阻碍我的认识的因素有很多：主题的晦涩，人生的短暂。"解释他的论点，并讨论你是否赞同。

4. 高尔吉亚撰写了一部作品，他在其中论证了（1）无物存在；（2）如果有物存在，那么它是不可理解的；（3）即便它是可理解的，它也不可被交流。有些学者认为他仅仅是作为一个逻辑演练而写下了这些。暂且不论他是否发自内心地赞同这个论证，他的写作对于早期哲学的走向可能产生什么影响？

5. 色拉叙马霍斯主张，不正义的人要胜过正义的人，而正义仅仅是更强者的利益。这些说法是什么意思，他说得对吗？

6. 苏格拉底声称他与智者们不同。他们之间有什么相似之处和不同？

7. 描述苏格拉底的辩证法，提供一个例证，并讨论其是否是获得知识的有效方式。

8. 苏格拉底时常通过为重要的词项，诸如善、正义、美以及虔敬等等寻找适当的定义来着手讨论哲学主题。这些都是表达道德价值的词项。选择其中一个概念，并解释定义是否是探索这个观念的有效方式。

9. 苏格拉底认为，道德善与知识紧密相联，并且从来没有人明知而犯下恶行，而只是出于无知才会这样做。用一个例子来解释他是否正确。

10. 苏格拉底通过坚称未经审视的人生是不值得过的来辩护他对抗式的生活方式。解释这句箴言的意思，以及它是否成立，即便让某人的生活陷入苏格拉底那样的危险境地是否也仍旧如此。

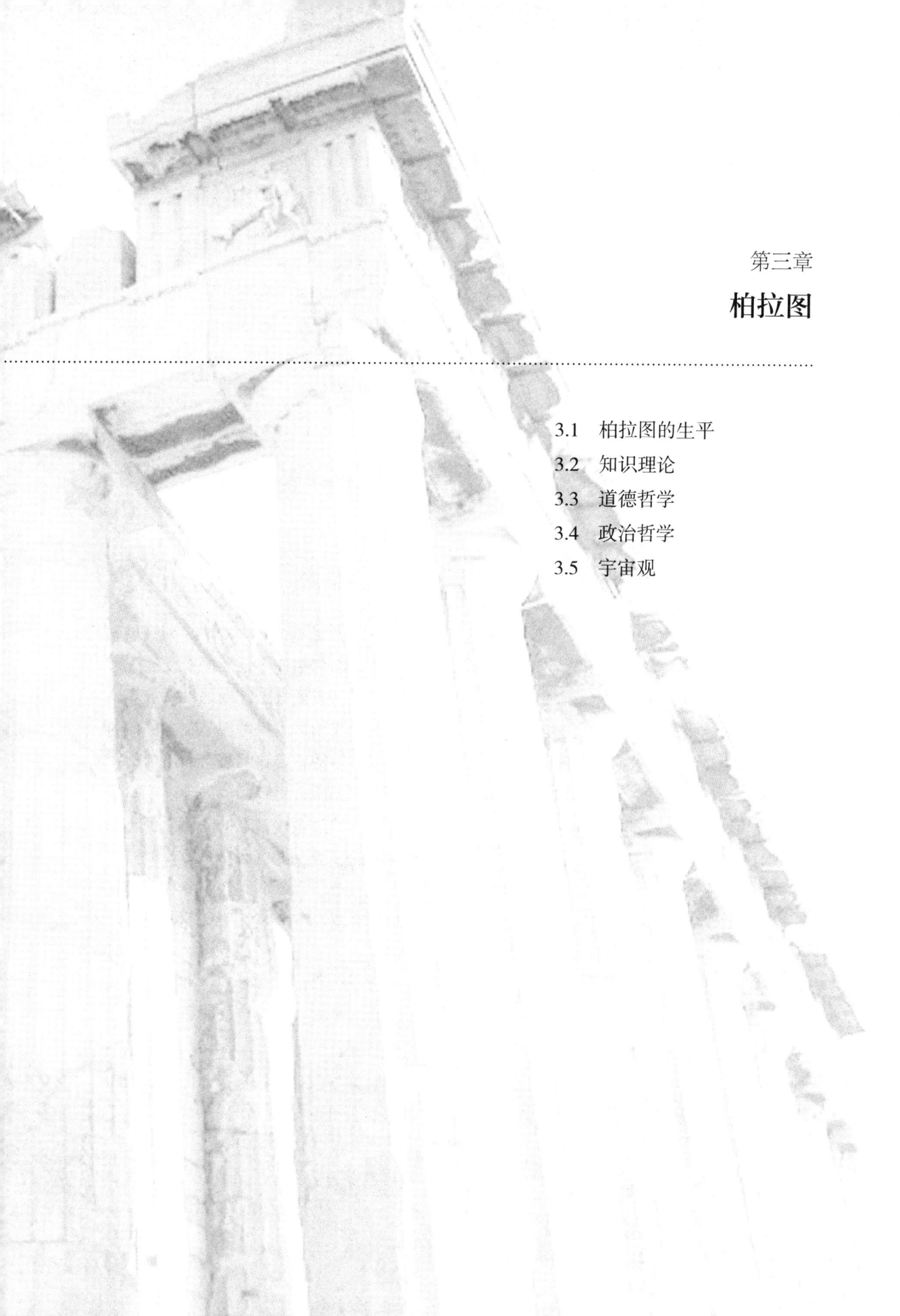

第三章

柏拉图

3.1 柏拉图的生平
3.2 知识理论
3.3 道德哲学
3.4 政治哲学
3.5 宇宙观

柏拉图对知识的全面论述是如此有力，以至于他的哲学成为西方思想史中最有影响的流派之一。他的前辈们关注单个的重大问题，柏拉图则不然，他把人类思想所关注的主要问题都综合进了一个连贯的知识体系中。最早的希腊哲学家即米利都学派的学者们主要关注的是物理自然的构造，而不是道德的基础。同样，埃利亚派哲学家巴门尼德和芝诺的主要兴趣是论证实在是不变的、单一的，是一。另一方面，赫拉克利特和毕达哥拉斯则将实在描述为总是变化的，充满流变，是由许多不同的东西构成的。苏格拉底和智者派则对物理自然不甚关心，而是将哲学引入了道德领域。柏拉图的巨大影响源于他将所有这些不同的哲学关注点置入一个统一的思想体系之中的方式。

3.1　柏拉图的生平

柏拉图于公元前428/427年生于雅典，这是伯里克利去世的第二年，这一年苏格拉底大概42岁。雅典文化欣欣向荣，柏拉图的家庭也是雅典的名门望族，他幼时接受的教育包括雅典文化在艺术、政治和哲学各方面的丰富内容。他父亲把自己家族的世系追溯到雅典古代的君王们，并继续往上追溯到波塞冬神。他的母亲珀里克提俄涅是查米德斯的姐姐、克里提亚斯的表妹，这两个人都是伯罗奔尼撒战争中随着雅典的衰落而出现的短暂的寡头统治时期的领导者。在柏拉图幼年时期，他的父亲就去世了，他的母亲改嫁给了皮里兰佩，此人曾是伯里克利的一个好朋友。尤其是在他母亲这一边的先辈中曾有一位是立法者梭伦的一个朋友，而她家族的另一个远亲则是公元前644年的执政官。

在这样一个家庭环境中，柏拉图学到了很多有关社会政治生活的东西，并在早年就培养了一种为公共政治服务的责任感。但柏拉图在伯罗奔尼撒战争最后阶段的亲身见闻影响了他对雅典民主政治的态度。他看到这种民主制产生不了伟大的领导者，他也看到它如何对待雅典城邦最伟大的公民苏格拉底。苏格拉底受审时柏拉图在场，并且愿意为苏格拉底的罚金作担保。雅典的衰败和他的老师苏格拉底被判死刑，这些很可能导致了他对民主制的绝望，转而开始构想新的政治统治概念，在这种概念中，权威和知识适当地结合在一起。柏拉图总结说，如同在一艘船上，领航员的职权是建基于他的航海知识上的，国家这艘船也应该由某个具备充分知识的人来领航。他在《理想国》中详细论述了这一主题。

公元前387年柏拉图大概40岁的时候，他在雅典建立了学园。在某种意义上，这是西欧历史上出现的第一所大学，柏拉图掌管学园前后凡20年。学园的主要目标是通过原创性的研究追求科学知识。虽然柏拉图尤其关注于对未来统治者的教育，不过他确信，他们的教育必须包括严格的理智活动——这里他是指包括数学、天文学和声学在内的科学研究。学园对科学的强调和柏拉图同时代的伊索克拉底[①]形成鲜明对照，后者采用了更加实用的方法来训练青年们参与社会政治生活。科学在伊索克拉底那里几乎没有用武之地，因为他认为纯粹的研究没有丝毫的实际价值或人文意义。但是柏拉图将数学纳入课程安排的核心，他认为，为那些将掌握政治权力的人所做的最好的准备是对真理或科学知识超功利的追求。一群出色的学者加盟学园造成了超出以前毕达哥拉斯学派的数学知识的重大的进步，这也使得著名数学家欧多克索率领他的学派从西西索斯赶来与柏拉图在雅典的学园合并。

苏格拉底被处死使柏拉图对政治的幻想从内心深处破灭了，也使他个人从积极的公共活动中退身出来。不过柏拉图继续教导说，严格的知识必须被用来对统治者进行正确的训练。他由于这一观点而声名远播，他受邀至少去了叙拉古三次以教导年轻的僭主狄奥尼索斯二世。他的努力没能获得成功，因为他对这个学生的教育开始得太晚了，而此人性格也太过软弱。柏拉图此后继续从事著述，直到公元前348/347年于80岁去世时，他依然活跃在学园。

柏拉图在学园授课时不用任何笔记。因为他的讲授从来没有讲稿，它们也就从来没有出版，虽然他学生们的笔记被人们广为传阅。例如，亚里士多德于公元前367年在他18岁进入学园时，就对柏拉图的讲授作了笔记。不过柏拉图创作了20多部哲学对话，最长的一部有200多页。学者们对这些对话创作的先后年代争论不休，但是现在一般都把它们分为三组。第一组是早期作品，由于它们对伦理问题的关注而通常被称为苏格拉底对话。这其中包括《申辩篇》《克里托篇》《卡尔米德篇》《拉凯斯篇》《欧绪弗洛篇》《欧绪德谟篇》《克拉底鲁篇》《普罗泰戈拉篇》和《高尔吉亚篇》。第二组包括《美诺篇》《会饮篇》《斐多篇》《理想国》以及《斐德若篇》，在这些作品中，理念论和形而上学理论得到了详细的说明。柏拉图在其晚年创作了一些方法上更成熟的对话，它们时常展示出一种不断加深的宗教信念；这些对话包括《泰阿泰德篇》《巴门尼德篇》《智者篇》《政治家篇》《斐莱布篇》《蒂迈欧篇》和《法律篇》。我们找不到任何一部作品可以为我们提供柏拉图思想的图解式的布局。不同的对话处理着不同的问题，而他的许多处理方式由于时间前后不同而是有变化的。但不管怎样，主导性的主题在每篇对话中均有出现，下面我们就来介绍它们。

---

① 伊索克拉底（Isocrates）是柏拉图的朋友，曾先于柏拉图创办过一所学校，主要讲授雄辩术和修辞学，该学校存在的时间很短。——译者注

3.2 知识理论

柏拉图哲学的基础是他对知识的论述。我们已经看到，智者派对我们获得知识的能力持怀疑的观点。他们相信，人类知识以社会习惯和个人感知为基础。文化不同，个体不同，"知识"也就随之而摇摆不定。然而，柏拉图坚决反对这种观点。他确信，存在着人类理性可以把握的不变的普遍真理。在他的对话《理想国》里，柏拉图用洞穴的寓言和线段的隐喻生动地阐述了他的观点。

洞　穴

柏拉图让我们想象一些人住在一个巨大的洞穴中，从小就被锁链锁住了颈项和腿脚而动弹不得。因为他们甚至没法扭头，所以只能看到他们前面的东西。在他们后面是一块高地，隆起于这些人被囚系的地面之上。在这个高地上有另外一些人，他们扛着人造的东西来来回回地走动，那些人造物包括用木头、石头和其他各种材料做成的动物和人的形象。在这些走动的人后面是一团火，再后面是洞穴的出口。那些被锁住的人只能往他们前方洞穴尽头的洞壁方向看，既看不见彼此，也看不见那些走动的人及其后面的火。囚徒们唯一能看见的是他们前面洞壁上的影子，这些影子是人们在火前走动时被火光投射到洞壁上的。囚徒们从来没有看见过扛着东西的人和那些东西。他们也没有意识到那些影子只是其他东西的影子。当他们看到一个影子并听到从洞壁传来的某个人的回声时，就认为声音来自那个影子，因为他们没有意识到其他任何东西的存在。如此一来，这些囚徒所认作实在的只是在洞壁上形成的影子。

柏拉图问道，如果其中有个囚徒被解除了锁链，被强迫站起来，转过身去，向前走并抬眼看那火光，那么将会发生什么事情？他所有的动作都将格外痛苦吃力。假定他被迫看着那些被搬动的物体和它们在洞壁上投下的他熟悉的影子。他岂不会发现这些真实的物体既不如那些影子悦目，也不如它们有意义吗？如果他直视火光本身，他的眼睛岂不会疼吗？这时，他无疑会努力逃离那释放他的人，想回到那些他能清楚地看见的东西那里去，他确信那些影子要比他被迫在火光中看见的物体更清楚。

假设这个囚徒不能回转，而是被强拖着沿着陡峭崎岖的通道走到洞口，直到已经被带到阳光下他才被放开。阳光刺痛他的眼睛，他看不见他现在被告知是真实的任何东西。要过一段时间他的眼睛才能适应洞穴外的世界。他将首先认出一些影子，他将会觉得它们很熟悉。如果是一个人的影子，他先前在洞穴的墙壁上就已经看过。然后，他将看到人们与各种东西在水中的倒影，这将代表他在知识上的一个巨大进步。因为对那曾经只知道是黑乎乎的模糊的东西，现在他能够看到线条和色彩这些更精确的细节。关于花实际上是什么样子，花的影子所能告诉我们的很少。但是花在水中的倒影为我们的眼睛提供了每片花瓣和它的各种色彩的更清晰的影像。然后他将看到花本身。当他抬眼向空中看时，他首先发现更容易看到夜晚的天体，看着月亮和星星而不是看着白天的太阳。最终，他将直视天空中的太阳而不是它在其他任何东西上的反射。

这次非凡的经历将逐渐使这个被解放的囚徒得出结论说，是太阳使得事物能够被看见。太阳也是可以解释一年四季的原因，因此太阳也是春天里的生命的原因。现在他理解了他和他的囚徒伙伴们在洞壁上所看到的东西——影子和倒影是如何不同于可见世界中实际存在的东西的，他也会明白，何以没有太阳就没有可见的世界。这个人对他先前的洞穴中的生活将作何感想？他将回想他和他的囚徒伙伴在洞穴里认作智慧的东西。他将回想起，对把来来往往的影子看得最清、把这些影子的前后顺序记得最准的那个人，他们曾如何交口称赞。这个被释放的囚徒还会认为这种称赞是那个人应得的吗？他还会羡慕那些在洞穴中获得赞誉的人吗？一点也不羡慕，相反，他只会觉得这些人可悲可怜。

如果他重返他先前在洞穴中所待的地方，他首先会觉得非常不适应，因为从光天化日下突然进入洞穴将使他眼前一片漆黑。在这种情形下，他不能和别的囚徒在分辨洞壁上的影子上一较高低。当他的"洞中视力"还很微弱而且不稳定的时候，那些一直待在黑暗中的囚徒在与他的比赛中可以每回都赢。他们首先会发现这种情况很有趣，他们奚落他说，他的视力在离开洞穴之前还很好，而现在他回来时视力却坏了。他们的结论将是，离开洞穴实属徒劳无益。事实上，柏拉图说："如果他们抓到那企图释放他们并带他们出洞的人，非把他杀了不可。"

这个寓言暗示我们绝大多数人都居住在洞穴的黑暗之中，我们的思想都是与模糊不清的影子的世界相适应的。教育的作用就是引导人们离开洞穴进入光明的世界。教育不等于将知识灌输给本来没有知识的灵魂，正如视觉不等于将景象置入本来失明的眼睛。知识就像视觉一样需要一个对其有接受能力的器官。囚徒不得不把他整个的身体转过来以使他的眼睛能看见光明而不是黑暗。与之类似，我们也必须彻底地摆脱这个充满了变化和欲望，使得理智变得盲目的似真实幻的世界。所以，教育乃是一种转变——从表象世界到实在世界的彻底转向。"灵魂的转变，"柏拉图说，不是"将看的能力置入灵魂之眼中，灵魂已经拥有它了；而是保证它没有看向错误的方向，而朝向它应该朝向的方向"。但是向正确的方向看，这来得并不容易。即使是"秉性最为高贵的人"也并不总是想向那个方向看，因此柏拉图说，统治者必须"义不容辞地肩负起责任"，从黑暗上升到光明。同样，当那些从洞穴中被解放出来的人获得最高的知识时，他们必定不被允许逗留在较高的沉思世界。相反，他们须返回洞穴中参与囚徒们的生活与劳作。

通过论证存在着两个世界——黑暗的洞穴世界和光明的世界，柏拉图抵制了智者派的怀疑论。对柏拉图来说，知识不仅是可能的，而且它事实上也是不可错的。知识之所以是不可错的，是因为它以最实在的东西为基础。影子、映像和真实的物体之间显著的差别与人类能被教化的不同程度相对应。智者派对真知识的怀疑是因为他们对我们经验到的各种各样的变化印象深刻，它们因人而异。柏拉图承认，如果我们能够知道的全都只是影子，那么我们的确永远也不会有可靠的知识。因为这些影子由于实在事物的不为我们所知的运动，总是在大小和形状上不断变化着。然而柏拉图确信，我们可以发现在各种影子后面的实在对象，并由此获得真知识。

线　段

在线段的隐喻中，柏拉图更详细地来描述所能获得的知识的层级。在发现真知的过程中，我们依次经历四个发展阶段，在每一个阶段，对象都对应于一种它使之可能的思想。这些对象以及与它们相对应的思想类型可以用下图表示：

	对象	思想类型	
理智世界 {	善理念	理智	} 知识
	数学对象	思想	
可见世界 {	事物	信念	} 意见
	影像	想象	

在上图中，连结 x 和 y 的一条垂直线是整个图形的核心。这条线分为四段，每段分别代表不同的思想类型。这条线是一条连续线，暗示在每一点上都有某种程度的知识。但是随着这条线从实在的最低形态走向最高形态，相应的真理也从其最低级发展到最高级。首先，这条线被分为两个不相等的部分，上面更大的部分代表理智世界，下面较小的部分代表可见世界。这个不平均的分割象征着在可见世界中发现的低级的实在和真理与在理智世界中发现的更大的实在和真理的对比。这两个部分又分别以与整个线段同样的比例再次分割，这样产生了四个部分，每个部分都代表了比下面一部分更清晰更确定的思想类型。联想到前面说的洞穴寓言，我们就可以认为，这条线始于 x 处黑暗的影子般的世界，直到 y 处的光明。从 x 走到 y 代表我们理智启蒙的连续过程。在每一个水平上向我们呈现的事物并非四种不同的实在对象；毋宁说，它们代表了观看同一个对象的四种不同的方式。

想象　精神活动最肤浅的形式，处于线段的最底端。这里我们遇到影像，遇到最不实在的东西。当然，想象这个词有可能意味着超越事物的简单现象而进入到它们更深的实在。但是这里柏拉图用想象仅仅是指对现象的感觉经验，而我们在这种经验中把现象当成了真正的实在。一个明显的例子是可能被误认为某种实在之物的一个影子。其实，影子确实是某种实在的东西；它是一个实实在在的影子。但是想象之所以成为认识的最低形态，是因为在这一阶段它还不知道它面对的是一个影子或一个影像。如果一个人知道它是影子，他将不再处于想象或幻觉的阶段。洞穴中的囚徒们陷于最深的无知，就是因为他们没有意识到他们看见的是影子。

除了影子，还有其他种类的形象，柏拉图认为它们也是不可靠的，这就是由艺术家和诗人虚构的形象。艺术家呈现的形象至少和实在隔了两层。假设一个艺术家画一幅苏格拉底的肖像。苏格拉底代表理念中的人的一个特殊的或具体的变体。而肖像则仅仅代表艺术家自己对苏格拉底的观察。那么在这里实在的三个层次就是：（1）人的理念，（2）这个理念在苏格拉底这里的具体化，以及（3）在画布上再现的苏格拉底的形象。柏拉图对艺术的批评是，它造出了影像，这影像又在观者那里引起了虚幻的观念。和上面提到的情形一样，当影像被认为等于实在之物的本来面貌时，就产生了幻象。通常我们知道一个艺术家描绘到画布上的是他（她）自己观看一个主体的方式。然而艺术形象确实能够影响人们的思想，如果人们将他们对事物的理解限制在这些带有各种歪曲和夸大的影像上，就的确会对事物的真实状况缺乏理解。

柏拉图最关心的是通过运用语词的艺术而虚构出来的形象。诗艺与修辞术对他来说是为害最严重的幻象来源。语词具有在我们心中创造形象的力量，诗人和修辞学家在使用语词创造这样的形象上有着高超的技巧。柏拉图特别批评了智者派，他们的影响力就是来自这种使用语词的技巧。他们能使得一个论题的正反两面看起来一样好。

信念 想象之后的下一个阶段是信念。我们或许会奇怪，柏拉图使用"相信"而不是"知道"来描述由看见真实的物体所导致的心灵状态。当我们观察到看得见、摸得着的东西时，我们容易很强烈地感到一种确定性。然而对柏拉图来说，看见只会形成信念，因为可见事物的许多性质还要取决于它们周围的背景条件。看见给予了我们某种程度的确定性，但这不是绝对的确定性。如果地中海的水从岸边看上去是蓝的，而当从海里取出时，就变得透明了，我们对它的颜色或成分的确定性就至少是可以质疑的了。所有物体都有重量，这似乎是确定的，因为我们看到它们下落。但这种视觉上的证据也要为空间中的物体在某些海拔上的失重而作出调整。因此柏拉图说，即使信念以目睹为基础，也仍然处于意见阶段。可见事物所引起的心灵状态很明显处于一个比想象更高的水平上，因为它以实在的一种更高的形态为基础。但是，虽然实际的事物比它们的影子具有更大的实在性，它们也不是自身就能给予我们所想获得的关于它们的全部知识的。事物的属性不论是色彩、重量，还是其他性质，都是在特定的背景条件下被我们经验到的。因此，我们关于它们的知识就要受这些特定条件的限制。但是我们不满足于这种知识，因为我们知道，如果背景条件发生改变，这种知识的确定性就很有可能被动摇。因此，真正的科学家不会将他们的理解局限于这些特殊情况，而是要寻找事物表象之后的原则。

思想 当我们从信念转到思想时，我们就从可见世界转到了理智世界，从意见领域转到了知识领域。柏拉图称为思想的心灵状态尤其是科学家的特性。科学家们并非仅仅根据他们对于可见事物的视觉来对这些事物加以处理。对于科学家而言，可见的东西象征着可思想但不可见的实在。柏拉图以数学为例来说明这种心理活动。数学家从事"抽象"活动，从可见事物中抽出其所象征的东西。当数学家看到一个三角形的图形时，他们思考的是"三角形性"或"三角形自身"。他们区分可见的三角形和可理解的三角形。通过把可见事物当成象征物来使用，科学提供了从可见世界通向理智世界的一座桥梁。科学迫使我们去思想，因为科学家们总是在寻找规律或原则。虽然科学家或许会观察特殊的事物——一个三角形或一个大脑——但是他们超越了这个特殊的三角形或大脑而去思想三角形本身或大脑本身。科学要求我们"摆脱"我们的诸感官而诉诸我们的理智。不论是两个什么东西，我们的心灵都知道2加2等于4。它也知道不论一个等边三角形有多大，它的各个角都相等。因而思想代表了我们的心灵从可见事物中抽象出一种性质的能力，这种性质在那一类事物中的所有个体中都是一样的，不论这个事物事实上还有什么其他不同的性质。简言之，不论我们观察的人是小的、大的、黑的、白的、年轻的或年老的，我们还是可以思想"人"的理念。

思想的特性不仅在于它将可见事物看作表征物，也在于它从假说出发进行推理。柏拉图用"假说"指一个被认作自明的但依赖于某种更高真理的真理。"你知道，"柏拉图说，"学习诸如几何和算术这些学科的学生是从假定奇偶数、各种符号以及三种角等开始的……他们把这些东西看作是已知的，将之作为假定来运用，他们并不觉得有必要对自己或其他任何人进行说明，而是把它们当作'自明'的东西来对待。"使用这些假定，或者"从这些假定出发，他们不断前进，直到通过一系列连续的步骤最终达到他们要研究的结论"。这样，对柏拉图来说，一个假说的含义并不意味着它仅仅是字面意义上的一个假设。不如说，柏拉图用这个词指一个确定不变的真理，只不过它与一个更大的背景相关。特殊科学和数学把它们的课题当作独立真理来处理。柏拉图在这里说的是，如果能看到一切事物的本来面貌，我们会发现所有事物都相互关联。从假设出发的思想或推理给予了我们关于真理的知识，但它仍然带有自己的局限：它将某些真理与其他真理隔离开来，这就使我们的心灵依然要追问，为什么某个特定的真理是真的。

完善的理智 只要我们还要追求对事物的更完满的解释，我们就永远不会满足。但是，拥有完善的知识将要求我们把握所有事物相互之间的关系——也就是看到实在之整体的统一性。有了完善的理智，我们就彻底地摆脱了感性事物的束缚。在这个层次上，我们直接和理念打交道。理念是理智的对象，例如"三角形"和"人"，它们是从实际的事物中抽象出来的。我们把握这些纯粹的理念而无须任何可见事物——哪怕只是其象征性特征——介入其间。这里我们也不再运用假说，它只代表有限的、孤立的真理。我们在多大程度上超越假说的限制而达到了所有理念的统一，也就在多大程度上达到了知识的最高层次。通过辩证的理智能力，我们迈向它的最高目标，这包括直接看见知识的所有部分之间相互关系的能力。因而，完善的理智意味着对实在的统一的观点，而这对柏拉图而言则意味着知识的统一。

柏拉图用下面一段概括性的陈述总结了他关于线段的讨论："现在你可以把心灵的这四种状态对应于四个部分：最高级的是理智，第二是思想，第三是信念，最低级的是想象。你可以按照这种关系在一种比例中排列它们，每一个都配以与它们的对象拥有真理和实在的程度相应的清晰度和确定性。"他说，较之影子、倒影和可见事物，最高程度的实在是理念。我们现在就来更详细地探讨他所说的理念的含义。

理念论

柏拉图的理念论是他最有意义的哲学贡献。简言之，理念乃是那些不变的、永恒的、非物质的本质或原型，我们所看见的实际的可见事物仅仅是这些原型的拙劣的摹本。存在着三角形的理念，我们所看到的所有三角形都只是这个理念的摹本。关于理念至少可以提出五个问题。虽然这些问题难以精确地给出答案，但在柏拉图各篇对话中所找到的种种回答使我们仍然能够掌握他关于理念的一般理论。

理念是什么？ 当我们在说，理念是永恒的模型，而我们所见的事物仅仅是它们的摹本时，我们已经暗示了柏拉图对此问题的回答。一个美的人是美的一个摹本。我们可以说一个人是美的，因为我们知道美的理念，并认识到这个人或多或少地分有了这个理念。在《会饮篇》中，柏拉图指出，我们通常首先在一个特殊的事物或人身上领会到美。但是在这个有限的形态中发现了美之后，我们很快就"觉察到一种形态的美和另一种形态的美是类似的"，因此我们从一个特殊形态的美转向了美"在每种形态中都是同一的"这一认识。所有类型的美都具有某种相似性——这一发现使我们不再局限于美的事物，而是由美的有形之物转向美的概念。柏拉图说，当一个人发现了这个美的一般本质时，"他对那个特定事物的狂热的爱将会减轻，他将把它……视为微不足道的东西，他将成为一个所有形态的美的爱好者；在下一个阶段，他将认为心灵的美比外表形态的美更荣耀。"然后，"把美的汪洋大海尽收眼底，凝神观照，在对智慧无限的爱中，他将创造出许多美好崇高的思想；直达精力弥漫的顶点，最终在他面前展示出一个单一科学的前景，它是一切美的科学。"这就是说，各种各样美的事物都指向一个美本身，每个事物都是由之而得到它们的美的。但是这个"美"不仅仅是一个概念："美"有其客观实在性。"美"是一个理念。事物成为美的，而美本身却是永存的。所以美的存在独立于那些不断变成美或不美的事物。

在《理想国》中，柏拉图指出，真正的哲学家想要知道事物的本质。当他问什么是正义或美时，他并不是想要正义或美的具体事例。他想知道是什么使得这些东西正义、美。意见与知识的差别正在于：处于意见层次的人们可以认出一个正义的行为，但不能告诉你为什么它是正义的。他们不知道正义的本质，而特殊的行为之所以是正义的正是因为分有了这个本质。知识并非仅仅包含转瞬即逝的事实和表象——即并不只是"生成"的领域。知识追寻真正"实有"的东西；它所关心的是存在。实有的东西、拥有存在的东西，是事物的本质。这些本质是诸如美、善那样永恒的理念，它们使我们断定事物为美的或善的成为可能。

除了美、善，还有许多其他理念。柏拉图在某处提到了床的理念，我们所看到的各式各样的床只是它的摹本。但是这里就产生了一个问题：是否有多少本质就有多少理念呢？虽然柏拉图并没有肯定存在着狗、水，以及其他一些东西的理念，但他在《巴门尼德篇》中指出，"必定没有"淤泥或污物的理念。很明显，如果在事物的所有种类后面都有理念，那么就有一个双重的世界。我们若企图详细说明有多少理念、有些什么理念，困难还会越来越多。但不管怎么说，柏拉图用理念所表示的意思是足够清晰的，他将它们认作事物的本质原型，有着永恒的存在，被我们的心灵而不是感官所把握。

理念存在于何处？ 如果理念真是实在的，那么它们似乎总得在某个地方。但是非物质性的理念如何能占有一个位置？我们几乎不能说它们处于空间中。关于这个问题，柏拉图最明确的提法就是：理念与具体的事物是"分离的"，它们"脱离"我们所看见的事物而存在。"分离"或"脱离"肯定只能意味着，理念有其独立的存在；即便特殊的事物灭亡了，它们也依然持存。理念没有空间维度，关于它们位置的问题乃是我们语言的结果，我们的语言说理念是某种东西，这暗示着它必定在空间中有一个位置。关于它们的位置，我们所能说的或许仅仅是下面这个事实：理念有着独立的存在。而柏拉图以另外三种方式强调了这一点。第一，柏拉图认为，在我们的心灵与身体结合之前，我们的灵魂在一个精神的领域里就已经存在了；在那个状态下，我们的灵魂熟悉了理念。第二，柏拉图认为，在创造万物的过程中，神用理念来塑造特殊的事物；这意味着理念先于其在事物中的具体化而存在。第三，这些理念似乎最初是存在于"神的心灵"中或理性的最高原则中的。在对柏拉图的线喻的论述中，我们指出了柏拉图对心灵历程的追溯如何从最低层次的影像达到最高层次，在这个层次上，善的理念包含有最完满的实在。

正如在洞穴寓言中太阳同时是光和生命的源泉一样，柏拉图说，善的理念也是"所有美的、公正的事物的万能创造者，是这个世界的光明之母、光明之主，是另一个世界中真理和理性的源泉"。理念是否真的存在于神的心灵中，这是个问题，但理念是理性原则在宇宙中普遍运作的一种能动性，这似乎就是柏拉图的意思。

理念与事物的关系是什么？ 一个理念可以以三种方式与一个事物相关联（事实上，可以说它们只是言说同一个事物的三种方式）。首先，理念乃是一个事物之本质的原因。

其次，一个事物可以说分有了一个理念。最后，一个事物可以说模仿了一个理念，是这个理念的摹本。以上每种情形中，柏拉图都暗示了虽然理念与事物是相分离的——人的理念不同于苏格拉底——然而，每一个具体的、实际的事物的存在还是要在某种意义上归于一个理念。它在某种程度上分有了它所从属的这个类的完美的原型，是对原型的一个模仿或摹本。后来，亚里士多德会说，形式与质料是不可分的，我们只能在实实在在的事物中发现真实的善或美。但是，柏拉图只允许用分有和模仿来解释事物与它们的理念之间的关系。为了强调这一点，他指出，正是通过理念，秩序才被带进了混沌之中，这表明形式和质料确实是互相分离的。亚里士多德对柏拉图观点的批评是难以对付的，因为似乎没有什么办法能把脱离了实际事物的理念前后一致地解释通。然而，柏拉图会问他：如果我们的心灵除了不完善的事物就再也不可能达到其他任何东西，那么是什么使我们得以判断一个事物是不完善的呢？

诸理念之间的相互关系是什么？ 柏拉图说："只有把各种理念编结在一起，我们才能进行言谈。"思想和言谈大都是在高于特殊事物的层面上进行的。我们是针对本质或普遍的共相进行言说的，特殊事物是对它们的例证；于是，我们谈论王后、狗和木匠。这些都是对事物的规定，这些规定本身是共相或理念。当然，我们也会提到我们经验中的具体事物，例如黑的、美丽的和人，但我们的语言揭示出，我们其实是把理念和理念连接在一起的。有动物的理念，在其中还有次一级的动物类别，如人和马。因而理念作为种和属就相互关联。就这样，诸理念即使在保持它们各自的统一性时，也倾向于互相结合。动物的理念似乎也在马的理念中出现，于是一个理念就分有了另一个。因此，存在着不同理念所构成的一个等级结构，它代表了实在的结构，而可见世界只是对它的一个反映。在这个理念的等级中我们达到的层次"越低"，离可见事物越近，我们的知识普遍性也就"更少"，比如当我们说"红苹果"时就是这样。反过来说，我们达到的层次越高，或者说理念越抽象，例如当我们说一般的"苹果"时，我们的知识就越有广度。科学的论说是最抽象的，这正是因为它已经最大程度地独立于特殊情形、特殊事物。对柏拉图而言，它具有知识的最高形式。一个植物学家从这朵玫瑰花进展到玫瑰花，再进展到花，他就达到了柏拉图这里所思考的对特殊事物的抽象或独立。然而这并不意味着柏拉图就认为所有理念都可以相互关联。他只是想说，每个有意义的陈述都需要运用某些理念，而知识就在于对适当理念之间的相互关系的理解。

我们如何认识理念？ 关于我们的心灵如何发现理念，柏拉图至少提到三种不同的方法。第一是回忆。我们的灵魂在与我们的身体结合之前，就熟悉了诸理念。现在，人们在对他们的灵魂在自己的前世存在中已经认识到的东西进行回忆，而可见事物提醒他们记起他们先前知道的本质。教育实际上乃是一个回忆的过程。第二，人们通过辩证法的活动获得诸理念的知识，辩证法是将事物的本质抽象出来，发现知识各部分相互关系的力量。第三是欲求、爱（爱欲）的能力，正如柏拉图在《会饮篇》中所描绘的，它引导人们一步步地从美的事物达到美的思想，再达到美的本质自身。

虽然理念论解决了关于人类知识的许多问题，它也还有许多问题没有回答。柏拉图的语言给我们这样一个印象，存在着两个互相区别的世界，但这两个世界之间的关系是很难设想的。诸理念与相对应于它们的事物之间的关系也不是我们期望的那么清晰。即使这样，他的论说仍是极富启发性的，这尤其是因为，他试图说明我们作出价值判断的能力。说一个东西较好或较坏，这暗示了某种标准，很明显，这标准本身并不存在于正在被评价的事物中。理念论也使科学知识成为可能，因为很明显科学家"不去管"实际可见的特殊的东西，而是和本质的东西或普遍的东西即"规律"打交道。科学家系统地阐述"规律"，这些规律提供给我们的情况是关于所有事物而不仅仅是暂时的、特殊的事物。虽然整个的理念论都建基于柏拉图的形而上学观点——最终的实在是非物质的——但是对于一个更简单的事实，即我们可能如何进行日常对话，所作的解释是很深入的。看起来，人们相互之间的任何言谈都印证了我们相对于特殊事物的独立性。柏拉图会说，对话是将我们引向诸理念的线索，因为对话所涉及的不只是看见东西。我们的眼睛只能看见特殊的事物，但是当我们的思想给对话注入了活力，而当它"看到"（see）普遍的理念时，它就离开了具体的事物。归根到底，柏拉图的理论中有着一种持久的魅力，虽然它最终并没有得出定论。

3.3　道德哲学

从柏拉图的理念论自然就会推进到他的伦理学说。如果我们有可能被自然物理世界的各种表象所欺骗，那么，我们同样有可能被道德领域内的各种表象所欺骗。存在着一种特殊的知识，它帮助我们区分影子、映像和可见世界中实在的事物。我们也正需要这样一种知识来区分真正好的生活的影子和映像。柏拉图相信，如果我们的知识仅限于可见事物，那么就不可能有物理科学。与此类似，如果我们仅仅限于我们所拥有的对特定文化的经验，那么就不存在关于一个普遍的善的理念的知识。对于苏格拉底和柏拉图来说，为人所熟知的智者派的怀疑论就是知识与道德之间这种联系的例证。智者派相信所有的知识都是相对的，因而他们否认人们能够发现任何不变的、普遍的道德标准。智者派的怀疑主义使他们不可避免地得出一些关于道德的结论。第一，他们认为道德规则是由每个社群刻意制造出来的，只针对特定地方的居民，也只对他们有效力。第二，智者派相信，道德规则是非自然的，而人们遵守这些规则仅仅是迫于舆论的压力。他们认为，如果人们的行为是私下里发生的，那么即使是我们中的那些"好人"也不会遵从道德规则。第三，他们认为，正义的本质是权力，或者说"有力即有理"。第四，在回答"什么是好的生活"这一基本问题时，智者派认为那是愉悦的生活。针对智者派这些令人感到难以反驳的教导，柏拉图提出了苏格拉底式的思想——"知识即美德"。柏拉图对苏格拉底的道德观点做了详细的说明，他强调（1）灵魂概念和（2）作为其功能的德性概念。

灵魂概念

在《理想国》中，柏拉图描述灵魂有三个部分，他称之为理性、精神[1]和欲望。他这种把灵魂一分为三的构想，是建立在一切人都有过内心困惑和冲突的共同经验上的。当他分析这一冲突的本质时，他发现在一个人身上发生着三种不同的活动。第一，存在着一种对目的或价值的觉知，而这是理性的活动。第二，存在着激发行动的驱动力——精神——它本来是中立的，但对理性的指示作出响应。最后，存在着对身体的东西的欲望。他将这些活动归于灵魂，是因为他认为：灵魂是生命和运动的原则。身体自身则是无生命的，因而，当它活动或运动时，它一定是被生命的原则即灵魂所推动的。有可能发生这样的情况：我们的理性为行为指出一个目的，但最后却被感官欲望所压倒，而精神的力量就被这些感官欲求随便拉向什么方向。柏拉图在《斐德若篇》中举例说明了人们面临的折中情况，其中他描绘了一个驾驶着两匹马拉的车的驭手。柏拉图说，一匹马是好的，"不需要动鞭子，而只需言语和告诫来引导"，另一匹马是坏的，是个"桀骜不驯的同伴……马鞭和马刺都很难让它就范"。虽然驭手对于将去往哪里看得很清楚，并且好马是循着正确路线在跑，但是坏马"乱跳乱跑，给它的同伴和驭手造成了各种各样的麻烦"。

柏拉图以这一图景为例，生动地展示了对秩序的破坏：一匹代表崇高精神的白马和一匹代表身体欲望的黑马，两匹马跑向相反的方向，而驭手站在那里无计可施，他的命令也无人理睬。由于驭手是掌握缰绳的人，所以他有责任、职权和能力引导和控制马。同样地，灵魂的理性部分有权支配精神和欲望的部分。诚然，驭手没有这两匹马就哪儿也去不了，因此这三者是关联在一起的，它们要达到它们的目标必须共同努力。灵魂的理性部分与其他两个部分有着和上面同样的关系，因为欲望和精神的力量对于生命本身是必不可少的。理性作用于精神和欲望，而这两者也推动和影响着理性。但是理性与精神和欲望的关系被理性之所是决定：理性是一种追求目的并对目的进行权衡的能力。当然，情欲也从事于对目的的追求，因为它们不断地追求愉悦。愉悦是一个合法的生活目标。然而，情欲仅仅趋向于能带来愉悦的事物。这样的话，情欲就并不能将那些能带来更高的或持续更长时间的愉悦的东西和那些只是貌似能提供这些愉悦的东西区分开来。

---

[1] spirit，或译"激情"，下同。——译者注

追求人类生活的真正目标，这乃是灵魂的理性部分的功能，要做到这一点，它就要根据事物真实的本性来估量其价值。激情或者欲望或许会将我们引向一个幻相的世界，诱骗我们相信某种愉悦将带给我们幸福。这样，识破幻相的世界并发现真实的世界，从而将激情引导到那些能够产生真正愉悦和真正幸福的爱的对象上去，就成了理性独有的任务。当我们将现象混同于实在时，我们会遇到不幸，并且会经历人类灵魂的全局混乱。这种混淆主要发生在我们的激情压倒我们的理性时。正是因为这个原因，所以柏拉图要争辩说——正如苏格拉底此前说过的——道德上的恶乃是无知的后果。只有驭手能够控制住马匹时，驭手与马匹之间才能有秩序。类似地，只有我们的理性部分能控制住我们精神和欲望的部分时，人类灵魂才能安宁有序。

在对人类的道德经验的分析中，柏拉图始终在对我们德性能力的乐观看法与怀疑我们能否将我们的德性潜能付诸实现的否定性意见之间摇摆着。这种双重态度是以柏拉图关于道德上的恶的理论为根据的。我们已经了解了苏格拉底的观点，恶或恶行是由无知导致的——就是说，是由错误的知识导致的。当我们的理性受情欲的影响，而以为那似乎会带来幸福的东西真的会带来幸福（而事实上它并不能做到）的时候，错误的知识就出现了。我的欲望于是压倒了我的理性，这时我的灵魂的统一就受到了有害的影响。尽管这时存在着一个统一，但我的灵魂的这个新的统一是颠倒的，因为现在是我的理性服从于我的欲望，理性已经失去了它的合法地位。是什么原因使这一错乱的统一能够发生？或者说，是什么原因使错误的知识变为可能的？简言之，道德上的恶的原因是什么呢？

恶的原因：无知或遗忘

在灵魂的本性中，在灵魂与身体的关系中，我们发现了恶的原因。柏拉图说，灵魂在进入身体之前有一个前世的存在。正如我们已经知道的，灵魂有两大部分，理性的部分和非理性的部分。这个非理性的部分又由两个小部分组成，即精神和欲望。两个大的部分分别有着不同的来源。灵魂的理性部分是由造物主德穆革（Demiurge）创造的；与之相对的是，非理性部分是由天神们创造的，这些天神也创造了身体。这样，甚至在进入身体之前，灵魂的成分就有了两个不同的来源。在灵魂前世的存在中，理性部分对诸理念和真理有着清晰的认识。然而同时，精神和欲望出于其本性已经有堕落的倾向了。如果我们问为什么灵魂下降到一个身体里，柏拉图会说，这纯粹是由于非理性部分——灵魂中不完善的那一部分——有不服管束并要将灵魂拉向尘世的倾向。柏拉图说："当其羽翼丰满之时，她（灵魂）向上高飞……而那不完善的灵魂，失去了她的翅膀，在飞行中最后坠落到坚硬的地面——在这里，她发现了一个家，接受了一个尘世的构形……灵魂与身体的这一结合被称作一个有生命的、有死的被造物。"这样，灵魂"坠落"了，它就这样进入了身体。但是关键在于甚至在灵魂进入身体之前，它的非理性部分中就有着难以控制的恶的本性。于是，在某种意义上，恶的原因甚至在灵魂的先前状态中就已出现了。灵魂还在"天上"时就已经在对诸理念或真理的观照与对这观照的"遗忘"之间摇摆，于是它的堕落就开始了。从这个观点看，恶不是一个实在的东西，毋宁说，它是灵魂的某种特性，这种特性使灵魂有"可能"发生遗忘。只有那些确实忘记了真理的灵魂才堕落，才被地上的事物吸引而下坠。因此，灵魂就其本性而言是完善的，但它的本性的一个方面则是陷入错乱的这种可能性，因为灵魂也同其他的被造物一样，也包含了不完善的原则。然而，一旦进入身体，灵魂所处的困境就比以前大得多了。

柏拉图相信，是身体刺激灵魂的非理性部分去颠覆理性的统治地位。因此，灵魂进入身体是灵魂错乱或者说灵魂各部分之和谐受到破坏的更进一步的原因。一方面，当灵魂离开理念的王国而进入身体时，它就从一的王国进入到了多的王国。现在灵魂在杂多事物光怪陆离的大海上漂浮，并且受这些事物似是而非的性质的蒙蔽而犯下各种错误。此外，身体也让饮食男女之类的欲望膨胀起来，刺激灵魂的非理性部分一味追求享乐。这反过来又成了贪欲。灵魂在身体中体验着欲望、愉悦、痛苦，还有恐惧与愤怒。当然，这里也还存在着一种对极其多样的各种对象的爱：从对能满足某种口味的一点粗茶淡饭的喜好，到对纯粹的、永恒的真理或美的爱。这些都暗示：身体对灵魂来说乃是一个惰性的累赘，而灵魂中的精神和欲望尤其容易受到身体作用的影响。这样，我们的身体就破坏了灵魂的和谐。因为我们的身体使灵魂暴露于各种刺激之下，使我们的理性偏离了真知识，或者说阻碍了我们的理性回忆起我们曾经知道的真理。

在人世间，只要一个社会有着错误的价值观，并使个体将这些错误价值观认同为他们自己的，那么错误就将一直被沿袭下去。每个社会必然像一位老师一样对其成员产生影响，因此，社会的价值观也将成为个体的价值观。此外，社会很容易承袭前一代人的过恶。柏拉图强调了这一思想，并且他提出，除了对恶的社会性传承之外，人的灵魂也可以通过转世而重新出现，并将它们早先的错误和价值判断带到一个新的身体里。归根结底，身体才是导致无知、鲁莽、贪欲的原因。因为身体把灵魂暴露在洪水般的感官刺激之下，破坏了理性、精神和欲望有条不紊的运作。

回顾柏拉图对人类道德状况的解释，我们已经了解到，他的出发点是独立于身体而存在的灵魂概念。在此状态中，灵魂的理性部分和非理性部分之间有一种根本性的和谐，此时理性通过它对真理的知识而控制着精神和欲望。但是由于灵魂的非理性部分有着不完善的可能性，因此当它由于欲望而被较低级的领域所吸引，还拉上了精神和理性一起堕落时，就把这种可能性表现出来了。在进入身体时，灵魂各部分之间最初的和谐受到了进一步破坏，先前的知识被遗忘，而身体的惰性又阻碍了这一知识的恢复。

恢复失去的道德

对柏拉图来说，道德就在于恢复我们已经失去了的内在和谐。它意味着将我们的理性为欲望和身体刺激所征服的那个过程颠倒过来。无论人们做什么，他们总是认为这些行为会在某些方面给他们带来愉悦和幸福。柏拉图说，没有人明知道一个行为对他有害还会选择去做。我们或许会做出"错误"的行为，例如谋杀或撒谎，甚至还会承认这些行为是错误的。但是我们总是以为可以从中得到某种好处。这是错误的知识——一种无知——人们必须克服它，成为道德的人。因而，说"知识即美德"，就意味着必须以对事物或行为及其价值的正确估计来取代错误的知识。

在我们能够从错误知识走向真知识之前，我们必须对我们处于无知状态这一点有所意识。这就像我们必须从"无知的沉睡"中被唤醒一样。我们可以被发生在我们内心或外部的事情唤醒，也可以被别人唤醒。与此类似，就知识尤其是道德知识来说，人类也有这样三种被唤醒的方式。柏拉图认为知识深藏于心灵的记忆中，这一潜在的知识会不时地进入意识的表层。灵魂曾经知道的东西通过回忆的过程上升到当下意识。回忆首先开始于我们的心灵由于感性经验之间的明显矛盾而感到困惑的时候。当我们努力在杂多事物中寻找意义时，我们开始"超越"事物自身而通向理念，我们心灵的这一行为是由我们对于一个需要解决的问题的经验来推动的。柏拉图认为，除了这个内部原因外，唤醒也可以由一位老师来完成。在他的洞穴寓言中，柏拉图描绘了人们如何从黑暗走向光明，从无知走向有知。不过在这个寓言中，他写出了囚徒们当中的那种自满态度：他们不知道他们是囚徒，不知道他们被错误的知识所束缚，不知道他们处在无知的黑暗之中。唤醒他们必须通过一位老师。就像柏拉图说的，"他们从锁链中被解脱，愚昧被消除"是由于他们"猛然地被强迫站起来，转过身……抬眼看着光明走"。就是说，必须有某个人打碎囚徒的锁链并使他转过身。在被强制释放之后，他接着才能被一步一步引导着走出洞穴。苏格拉底讽刺的力量和对辩证法的坚持，使其成为历史上将人们从无知的沉睡中唤醒的最有影响力的人。但是除了唤醒我们或打碎我们的锁链，这位有影响力的老师还必须使我们转过身，好让我们将自己的目光从影子转到实在世界。

作为功能之实现的德性

在对道德的探讨中，柏拉图始终将善的生活视为内心和谐、健康、幸福的生活。他经常把善的生活比作事物的有效运转。他说，当一把刀能够有效地切割东西时，就是说当它实现了自己的功能时，它就是好的。当医生们实现了诊治的功能时，我们就说他们是好的。同样，当音乐家们实现了其艺术功能时，他们是好的。柏拉图接着问："灵魂是否具有一种其他任何东西都完成不了的功能呢？"他说，生活如同一门艺术，灵魂独有的功能就是生活的艺术。在对音乐艺术与生活艺术的比较中，柏拉图看到了一种密切的相似性，在这两种情况下，艺术都需要承认并服从界限和尺度的要求。当音乐家校准他们的乐器时，他们知道每一根弦都应该上得恰到好处，不能太紧也不能太松，因为每一根弦都有它自己的音调。因而音乐家的艺术就在于承认一个界限，一根弦不应紧得超出这个界限；也在于演奏他们的乐器时遵守音程之间的"尺度"。同样，雕塑家们也须清晰地意识到尺度和界限，因为当他们用锤子和凿刀工作时，他们必须根据他们所要完成的形象而控制每一击的力量。在开始剔除大理石的较大部分时，他们的敲击将很重。但当他们开始敲凿雕像的头部时，他们必须对界限有一个清晰的认识，他们的凿刀千万不能超出这些界限。当他们塑造面部的精细线条时，他们的敲击必须很轻。

与之类似，生活的艺术也需要界限和尺度的知识。灵魂有各种功能，但这些功能必须在由知识或理智设立的界限之内运行。因为灵魂有许多不同的部分，每一个部分都有一个特殊的功能。既然德性就是功能的实现，那么有多少种功能就有多少种德性。与灵魂的三个部分相对应，也就有三种德性。当这三部分各自都实现了它们的功能时，也就达到了这三种德性。欲望必须被控制在界限和尺度之内，避免纵欲，这样它们就不会侵占灵魂其他部分的位置。在愉悦的欲望中，这种适度就产生了节制之德。源于灵魂的精神部分的意志力量也需要被控制在界限之内，避免鲁莽的或冒失的行动，而成为在进攻和防御行动中的一种值得信赖的力量。通过这样做我们就达到了勇敢之德。当理性保持在没有被欲望的急流所烦扰的状态下，不管日常生活中经验到的持续的变化而仍能看到真实的诸理念时，理性就达到了智慧之德。这三种德性相互之间又有着关联，节制乃是对欲望的理性控制，勇敢乃是对精神的理性规范。同时，灵魂的每个部分也有它自身的功能，而当每一个部分事实上都实现了其特殊的功能时，就达到了第四种德性，正义，因为正义意味着让每个部分各得其所。这样，正义就是一个全面的德性，它反映一个人达到了健全与内在的和谐，也只有当灵魂的每个部分都实现了其真正的功能时，一个人才能达到正义。

3.4 政治哲学

在柏拉图的思想中，政治理论与道德哲学有紧密的联系。在《理想国》中，他说国家的不同等级就像一个人灵魂的不同部分。同样，国家的不同类型以及它们独有的德和恶与人的不同类型以及他们的德和恶是相类的。在这两种情况下，我们应该根据各等级或各部分是否很好地履行了其功能，彼此间是否有着适当的关系，来分析国家或个人是否健全。事实上，柏拉图认为国家就像一个巨人。正义是有德之人的全面德性，因此它也是好的社会的标志。在《理想国》中，柏拉图论证说，要理解什么是正义的人，最好的办法是分析国家的本质。他说："我们应该从探讨在一个国家中正义意味着什么开始。接下来我们就可以在个人之中寻找它的具体而微的对应物。"

巨人般的国家

对柏拉图来说，国家是从个人的本性中发展出来的，因此个人在逻辑上先于国家。柏拉图说，国家是一个自然的机构——之所以是自然的，是因为它反映了人类本性的结构。国家的起源反映了人们的经济需要，柏拉图说，国家的出现是因为任何个人都不是自足的；我们都有多种多样的需要。我们的多种需要就要求多种技能来满足，没有哪个个人能具备生产粮食、住所、衣物及创造各种艺术所需的所有技能。因而劳动分工是必需的，因为"当每个人不再为其他事务所累，只是适时地去做适合他的本性的唯一一件事的时候，人们就能生产出更多的东西，工作就会变得更容易，完成得更好"。我们的需要并不局限于物质需求，因为我们的目标并非仅仅是存活，而是一种高于动物的生活。然而，健全的国家很快就会受到一大堆欲望的影响，并且"由于一大批无关乎基本生活需要的职业而膨胀起来"，于是有了"猎人和渔夫……雕塑家、画家、音乐家；诗人以及由此而伴生的职业吟诵者、演员、舞者、舞台监督；各种日用品包括妇女装饰品的制造者。我们会需要更多的服务人员……侍奉女士的丫鬟、理发师、厨师、糖果商"。

得寸进尺的欲望很快就会耗尽社会的资源，柏拉图认为，不久，"我们将不得不割占我们邻邦的领地……他们也会图谋我们的领地"。照这样下去，邻国之间不可避免地要陷入战争。战争"源于欲望，欲望对个人和国家来说都是最能产生恶的源泉"。由于战争的不可避免，就必须"有一支完整的军队去抵御任何入侵者，保卫本邦的财产和公民"。这样就出现了国家的保卫者，他们的代表首先是那些能击退入侵者并维护内部秩序的精壮之士。现在，人群中出现了两个不同的等级，那些从事各种技艺的人——农夫、工匠、商人——和那些保卫这个社会的人。从后边这个等级中，又挑选出经过最好训练的保卫者，他们将成为这个国家的统治者，代表第三个等级即精英阶层。

个体与国家的关系现在就一清二楚了：国家的三个等级是灵魂的三个部分的延伸。劳动者或工匠作为一个社会等级，代表了灵魂的最低部分，即欲望。保卫者则是灵魂的精神要素的体现。而最高等级，统治者，则代表了理性的成分。到此为止，这个分析看起来似乎还是合情合理的，因为我们无须花费多少想象力就能看到这样一些联系：（1）个人的欲望与满足这些欲望的劳动者阶层之间的联系，（2）人群之中的精神要素和这种能动力量在军事机构中的大量体现之间的联系，以及（3）理性要素和统治者独有的领导职能之间的联系。但是，柏拉图意识到，要想说服人们接受国家的这种等级体系并不容易，尤其是当他们发现自己处于他们一旦有选择余地也许就不会选择的那个等级之中时。

只有通过广泛的训练，才能把所有人都安排到他们各自的等级中，只有那些能接受训练服从安排的人才能上升到更高层次。虽然理论上人们都有达到最高层次的机会，但事实上他们将止步于他们的自然禀赋所能达到的那个层次。为了使他们所有人都满足于自己的命运，柏拉图认为有必要利用一个"方便的虚构……一个纯属大胆想象的捏造"。他写道："我应该努力首先使统治者和军人相信，然后使整个社会都相信，我们给予他们的抚养和教育对他们来说，只是如同梦境一般的貌似真实的经历而已。实际上，他们一直都处于大地深处，被塑造、被赋形……直到最后他们被塑造完成后，大地才把他们从子宫中生出，送到光天化日之下。"

这个"高尚的谎言"也会说，那塑造了所有人的神，在那些将会当统治者的人的成分中混入了金，而在"将成为战士的人的成分中加入了银，在农民、工匠的成分中加入了铁和铜"。这意味着一些人天生就是统治者，另一些人天生就是工匠，而这也将为一个有着完善的等级分化的社会奠定基础。但是欧洲后来的社会却认为，出生于这样一个等级社会的孩子将一直处于他们所出身的等级，而柏拉图承认孩子们并不总是与他们的父母具有相同的质。因此他说，在上天给统治者颁下的命令之中，"没有哪一道命令执行起来像关于孩子们灵魂的合金这一道这样，需要如此小心仔细的观察，如果统治者自己的孩子天生就是铁或铜的合金，他们必须毫不怜惜地将他送到与他的本性相符合的地方去，将他扔到农民和工匠之中"。同样，如果金质的或银质的孩子出生于工匠家庭，"他们①将根据他的价值提升他"。最为重要的是，柏拉图认为，在谁做统治者以及为何要服从统治者这两点上，人们的意见应该取得一致。

哲学王

柏拉图相信，能力应该是当权者的资格证明。国家的统治者应该具有履行其职能的特别能力。导致国家混乱与导致个人失调的都是同样的情形，即较低级的要素试图篡夺较高级的要素的地位。无论在个人还是在国家中，欲望和肆意妄为都将导致内部的失控状态。在这两个层面上，理性要素都必须处于支配地位。谁应该成为一艘船的船长——应该是一个"最受欢迎的"人还是一个懂得航海技术的人？谁该统治国家——是一个受过战争训练的人还是受过商业训练的人？柏拉图说，统治者应该是一个受到全面教育从而理解了可见世界与理智世界——意见领域与知识领域，表象与实在——之间的区别的人。简言之，哲学王所接受的教育已经引导他一步一步通过线段之喻中层层上升的知识等级而达到了对善的知识的把握，达到了对所有真理之间的相互关系的提纲挈领的洞察。

---

① 统治者。——译者注

要达到这一点，哲学王要通过许多教育阶段。到18岁为止，他将受到文学、音乐和初等数学的训练。他接触的文学要受到审查，因为柏拉图指责一些诗人进行公然的欺骗并对诸神的行为加以不虔敬的描述。音乐也要加以规定，那些诱人堕落的音乐将被各种更有教益的音乐取代。在此后的几年中，他将受到广泛的体能和军事训练。在20岁时将从中选拔一些人学习数学的高级课程。在30岁时，将开始为期5年的辩证法和道德哲学的训练。接下来的15年将通过公共服务来积累实践经验。最后，在50岁时，最有能力的人将达到最高层次的知识即对善的洞察，这样他就能胜任治国之责了。

国家中的德性

柏拉图认为，一个国家能否达到正义，要看哲学的要素能否在社会中取得统治地位。他写道："我不能不称赞道，正确的哲学提供了一个高瞻远瞩的位置，由此我们能够在一切情形中辨别出对社会和个人来说什么才是正义的。"他也相信："要么那些真心实意并且正确无误地遵从哲学的人获得了政治权力，要么在城邦中有权力的阶层为神的干预所引导而成为真正的哲学家，舍此二途，人类就不能摆脱恶。"但是正如我们已经了解到的，正义是一个全面的德性。它意味着所有的部分都实现了它们各自特殊的功能，达到了它们各自的德性。国家中的正义只有在三个等级都实现了他们各自的功能时才能达到。

既然匠人们体现了欲望的要素，他们也将反映节制的德性。节制并不仅仅限于匠人们，而是适合所有阶层的，因为做到节制就表明较低级者情愿被较高级者统治。然而节制尤其适合匠人，因为匠人是最低阶级，必须服从于其他两个较高阶级。

那些保卫国家的武士则表现了勇敢的德性。为了保证这些武士能一直履行其职能，要对他们加以特别的训练和供给。匠人们各自结婚并各自拥有财产，武士们则不同，他们的财产和妻子都是共有的。柏拉图认为，要让武士们获得真正的勇气，这些安排就是必要的，因为勇敢就是知道该害怕什么、不该害怕什么。对武士来说唯一真正应该害怕的东西应该是道德的恶。他绝不能害怕贫困或匮乏，而由于这一原因他的生活方式应该与财产无关。虽然妻子是共有的，但这并不意味着一种对女性的歧视。相反，柏拉图相信，男性和女性在某些事情上是平等的，例如，"如果一个男子和一个女子都有当医生的才能，那他们就有相同的本性"。如果情况真是如此，只要他们拥有适当的才能，他们就该被指派同样的工作。由于这一原因，柏拉图相信女性也可以像男性一样成为保卫国家的武士。

为了维持保卫者阶层成员的统一，长期的个体家庭将被禁止，而整个等级将成为一个单一的大家庭。柏拉图在这里的考虑是，武士们不仅必须免受发财的诱惑，而且必须免受置家庭利益于国家利益之上的诱惑。此外，他认为在繁育赛狗、赛马上费尽心力，同时在生育国家的保卫者和统治者上却完全放任自流，听天由命，实属不智。因此，性关系也要严格控制，限制在特许的婚配节日期间进行。这些节日有固定日期，伴侣们以为他们是通过抽签配对，而事实上抽签是被统治者操纵的，以保证最大可能地做到优生优育。柏拉图的确说过："在战争和执行其他任务中表现出色的年轻人，除了得到其他奖赏和特权外，还应被给予更多机会和一个妻子同房，"但这只是出于实用的目的，"这样就有了很好的由头让这样的父亲可以生出尽量多的孩子。"武士们的孩子一出生，就会为了这个目的而由指定的官员负责管理，他们将在位于城市的某个特殊区域中的保育学校里得到抚养。柏拉图认为，有了这些条件，保卫者将最有可能履行好他们保卫国家的真正职能，而不受到其他事情的干扰，从而达到他们恰如其分的勇敢的德性。

因此，国家的正义和个人的正义就是一样的。它是人们各安其所、各司其职的结果。正义是节制、勇敢、智慧这三种德性的和谐。既然国家是由个人组成的，那么每个人也都有必要拥有所有这些德性，例如，即使是匠人也必须有智慧的德性，这不仅是为了让他们能监督自己的欲望，而且也为了让他们懂得安于现状并遵纪守法。同样，正如我们已经看到的，为了知道什么是该害怕的、什么是不该害怕的，保卫者也必须具有足够的智慧，这样他们才能培养出真正的勇敢。最重要的是，统治者必须尽力获得有关善的知识，因为国家的健全发达有赖于统治者的知识和品质。

理想国的衰败

柏拉图认为，如果说国家是一个巨人，那么它将反映出这个社会中的人们成为了什么样的类型。他头脑中所想的是，虽然人的本性是固定的，但因为所有人都有一个三分的灵魂，那么人们成为什么类型的人，就要看他们所达到的内在和谐的程度。因而，国家将会反映出人类品质的这些不同变化。由于这一原因，柏拉图表明："国之组织形式并非木石所能造就，它们必定源于某种占主导地位的品质，这种品质吸引着社会中其他人紧随其后。所以如果有五种政体形式，则在个人中间必定有五种类型的心理构造。"这五种政体形式是：贵族政体、荣誉政体、寡头政体、民主政体和专制政体。

柏拉图把从贵族政体到专制政体的变化看作是相应于统治者和公民在道德品质上逐渐堕落的国家性质的逐渐衰败。他的理想国家是贵族政体，在其中，体现为哲学王的理性要素居于至高无上的地位，而人们的理性也控制着他们的欲望。柏拉图强调，这种政体虽然只是一个理想，但却是一个值得追求的很有意义的目标。他对政治有着很清醒的认识，这尤其是因为雅典人处死苏格拉底的情形以及他们保证不了好的领袖能够后继有人。"当我凝视公共生活的旋涡时，"他说，"我清楚地看到所有现存国家的政体都是坏的，无一例外。"不过对一个国家来说，贵族政体是模范政体，因为在这个形式中我们发现了所有阶级之间的那种正当的从属关系。

但是即使我们建成了这个理想的国家，它依然有可能发生变化，因为没有什么是恒久不变的，贵族政体首先会下降为荣誉政体。这体现了一种退化，因为这个政体代表了对荣誉的爱，由于统治阶级那些野心勃勃的成员们爱他们自己的荣誉胜过爱公共的善，他们灵魂的精神部分就篡夺了理性的地位。虽然这只是灵魂结构上一个很小的裂隙，但它的确使非理性部分开始非分地要求越来越重要的地位。从对荣誉的爱到对财富的欲望只有一小步，而后者意味着让欲望来进行统治。

即使在一个以荣誉至上为宗旨的政体里，也将开始出现私有财产制度，这种对财富的欲望为被称为寡头统治的政体铺平了道路，在这个政体里，权力落在主要关心财富的人的手里。柏拉图说："由于在社会评价中富人们被抬高，结果有道德的人受到了贬低。"对柏拉图来说，寡头统治的恶劣之处在于，它使统一的国家分裂成两个互相争斗的阶层——富人和穷人。此外，财阀寡头们是商品的消费者，当他们用光了他们的钱时，他们会变得很危险，因为他们想要更多的东西，他们要这些东西已经成了习惯。富豪就像一个追求永久享乐的人。但享乐的本性就在于它是暂时的，因而必须被不断重复。追求享乐不可能有完全满足的时候；一个追求享乐的人永远也不会满足，就像一个漏桶永远也填不满一样。不过寡头们还是知道如何区分三种欲望：必需的，不必需的，以及不合法的；于是他们在许多欲望之间左右为难。"他们较好的欲望通常能克制住较坏的欲望"，所以柏拉图认为，寡头们"表现得要比许多人体面"。

柏拉图说，民主政体是进一步的退化，因为它的平等和自由的原则反映了人类品质的退化：人性的一切欲望都可以被同样自由地去追求。诚然，柏拉图的民主概念以及对它的批评是基于他对雅典城邦中特定的民主形式的亲身经验。这里民主是直接的，因为所有的公民都有权参与统治。至少从理论上讲，雅典公民大会包括所有18岁以上的成年公民。所以在柏拉图的头脑里还没有现代的自由和代议民主。他在那个年代所看到的只是直接的大众民主，而它明显违背了他的如下观念：一个国家应该处在有着特殊才能并受过专门训练的人的统治之下。

导致这一平等精神是在寡头统治之下，寡头们那些比父辈更不知自制的子孙们把一切欲望都逐渐合法化了，人生的目标就变成了尽可能地发财致富。柏拉图说，"这种贪得无厌的狂热欲望将导致向民主制的转变"，因为"一个社会不可能既以财富为荣，同时又在它的公民中建立起自我控制"。在民主政体中，即使一只狗也会在大街上拒不给人让路以展现平等和独立。其实，当富人和穷人发现他们在寡头统治之下处于争夺状态时，就已经到了一个转折点，因为"当穷人赢了的时候，结果就是民主制"。这样，"自由与自由言论到处盛行，每个人爱做什么就做什么。"现在，"你不再有什么权威……也不必服从任何统治，如果你不喜欢的话。"所有这些政治平等和自由都源于一个秩序被破坏了的灵魂。这个灵魂的一切欲望现在完全是平等自由的了，它像一个充满激情的暴民一样行事。自由与平等的生活口号是，"所有的欲望都一样好，它们必须拥有平等的权利。"

但是欲望的持续放纵不可避免地将把我们带到这样一个境地，一种起主宰作用的强烈欲望将最终奴役灵魂。我们不会屈从于任何一个渴望，除非最终不得不屈从于最强烈、最持久的激情。在这一点上，我们说我们处于主宰性欲望的专制之下。类似地，在国家中，追求金钱和享乐的强烈欲望导致大众劫掠富人。富人们抵抗时，大众就推举出一个强人作为他们的首领。但是这个人要求并且获得了绝对权力，奴役人们，直到此时人们才意识到他们为人臣房的程度之深。这是个不正义的社会，是不正义的灵魂的扩展。民主政体的自然结果就是专制政体。

3.5　宇宙观

虽然柏拉图最一贯的思想集中在道德哲学与政治哲学，但他也将他的注意力转向科学。他的自然理论或物理学主要见于他的《蒂迈欧篇》。根据一些学者的研究，这篇对话是柏拉图在大约70岁时写的。柏拉图并非故意把这个专题的研究压后，也不是刻意置促进科学发展于不顾而专事于道德问题。相反，他那个时代的科学已经步入迷途，科学领域中似乎看不出有什么有研究前途的方向。根据柏拉图的说法，早先苏格拉底曾经"抱有宏愿，想弄懂被称为自然研究的哲学分支，想知道事物的原因"。然而，阿那克西曼德、阿那克西米尼、留基波和德谟克利特，以及其他人提出的相互冲突的回答和理论使苏格拉底的幻想破灭了。此外，随着他自己的哲学的形成，他的某些关于实在的理论也对一种严格精确的科学知识的可能性提出了怀疑。他认为物理学永远都只是"姑妄言之"。尤其是他的理念论使得科学作为一种确切的知识成为不可能。他说，实在的世界是诸理念的世界。而可见世界充满了变化和不完善。但科学正是要努力围绕着可见世界的事物来建立其理论。如果一个研究对象自身是不完善的、充满了变化，我们如何能形成对它的精确的、可信的、永恒的知识？同时，柏拉图清楚地意识到，他的理念论——以及关于道德、恶和真理的观点——要求有一种能把他的思想的所有要素连贯地结合起来的宇宙观。这样，虽然柏拉图承认他对物质世界的解释只是"姑妄言之的说法"，或者最多只是可能的知识，但他还是确信，他关于世界不得不说的东西的精确性已经达到了这个话题本身所能允许的极限。

柏拉图关于世界的第一个思想是，虽然世界充满了变化和不完善，它依然展现出秩序和目的。他拒绝德谟克利特给出的万物产生于原子间的偶然碰撞的解释。例如，当柏拉图考虑行星的运行轨道时，他观察到，它们是精确地按照几何级数的间隔排列的，通过适当的计算，可以发现这种间隔就是和谐音阶的基础。柏拉图大量运用了毕达哥拉斯派的数学知识来描述世界。但是，他不像毕达哥拉斯那样说事物是数，他说的是，事物分有数，并且对它们可以给出一个数学的解释。事物的这一数学特性令柏拉图想到在事物背后必定存在着思想和目的，而不仅仅是偶然性和随之而来的机械结构。因此，宇宙必定是理智的作品，因为安排万物的正是心灵。人性和世界之间有着某种相似性，首先，它们都包含一个理智的永恒要素；其次，它们都包含一个可感的可毁灭的要素。这种二元结构在人之中是通过灵魂和身体的结合表现出来的。与此类似，世界是一个灵魂，在其中事物被安置为我们所知道的那个样子。

虽然柏拉图说心灵安排了每一个事物，但他并没有提出一种创世论。创世论认为事物是从无中被创造出来的。但是柏拉图对可见世界之起源的解释并不会导致创世论。毫无疑问，柏拉图的确说过"生成的东西必定是通过某个原因的作用而生成的"。但是，他称为天工或德穆革的那个行动主体，并没有产生什么新的东西，而只是碰到了已经在混沌状态中存在的东西并对之加以安排而已。这样一来，我们所想到的就是一个手头有着要加工的材料的工匠的形象。因此为了解释如我们所知的可见世界中的事物的起源，柏拉图预设了事物所有要素的存在，即：那些构成事物的原料的存在，作为工匠的德穆革的存在，和事物依其来创造的诸理念或类型的存在。

柏拉图不同于唯物主义者，唯物主义者认为所有事物都来源于某种原初的物质，不论物质的形态是土、气、火，还是水。柏拉图没有接受物质是基本实在这一思想。柏拉图说，应该对物质自身加以更精致的解释，不能说物质又是某种更精细的物质构成的，而应该说物质是由不同于物质的东西构成的。我们称之为物质的东西，不论其形态是土还是水，都是一种理念的反映，这些理念是通过一种介质表现出来的。事物产生于柏拉图称作容受者（receptacle）的东西，柏拉图认为它是"所有生成的东西的培养基"。这个容受者是一种"基体"，或者说，是一种没有任何结构但能够接受德穆革加之于它的结构的介质。柏拉图用来形容容受者的另外一个词是空间，他说，空间是"永恒存在的、不可毁坏的，为所有生成的事物提供了一个位置，但我们对它自身的把握却不是通过感官，而是通过一种非法的推理，它很难成为信念的一个对象"。对这个容受者的来源没有任何解释，因为按柏拉图的想法，它并不是由别的东西产生的，正如理念和德穆革也不是由别的东西产生的一样。容受者就是事物出现和消亡的地方。

在一个不反思的人看来，土和水或许就是固定不变的物质形态。但是柏拉图说它们在不断地变化着，因而并没有足够长时间的稳定性，它们不能"被描述为'这个'或'那个'，也不能用任何将它们说成具有永恒存在的语词来描述"。当诸感官对土和水这些元素加以把握时，它们所认作"质料"或"物质"的只是一些性质。而这些性质是通过容受者的媒介而表现出来的，"所有这些性质都是在这个容受者中形成、出现，然后又消失的"。物质的东西是由非物质的东西复合而成的。当柏拉图在此论证说有形物体可以根据它们的各个面而用几何关系来加以规定时，他又是受毕达哥拉斯派观点的影响。他说，任何一个面都可以分解成三角形，而任何一个三角形又可以分解成直角三角形。这些形状、这些三角形是不可还原的，因而必定是合成所谓物质的基本要素。例如，最简单的立体将是由四个三角形构成的锥体。类似地，一个立方体是由六个正方形构成的，每个正方形都是由两个"半正方形"即两个三角形构成的。我们通常所谓的有形物体所包含的仅仅是"面"，因此，我们可以说"物体"或者"微粒"都是几何形体。事实上，整个宇宙都可以根据它的几何图解来思考——宇宙可以被简单地定义为在空间中发生的一切，或者反映了各种形式的空间。柏拉图特别想确立这样的思想：物质只是体现某种更基本的东西的表象。

如果各种不同的三角形代表了所有事物的基本要素，那么我们怎样才能既解释清事物的稳定性又解释清事物的变化呢？简言之，是什么使如我们所知这般的世界和宇宙成为可能呢？这里柏拉图不得不又一次假定，一切事物都由心灵安排，宇宙就是世界灵魂——也就是有生命的宇宙的灵魂——的活动。具体事物的世界是现象（phenomena，就是希腊文的"表象"一词）的世界。呈现于我们的知觉的是多种多样的现象事物，一分析就可以发现，这些现象事物是由几何组成的。再说一遍，这些面是基本的、不可还原的，它们在容受者中作为"原材料"要求某种组织者将它们先排列成三角形再排列成现象。这所有的活动都是由世界灵魂完成的。世界灵魂是永恒的，虽然有时柏拉图说它是德穆革的创造。虽然世界灵魂是永恒的，但是现象世界却充满了变化，这就像在人类这里灵魂体现了永恒的要素，而身体却包含了变化的原则一样。物质和身体世界的变化是因为它是合成的，总是趋向于回复到它的那些基本构成要素，在空间中"进进出出"。但世界灵魂是永恒的，因此尽管我们的经验世界有着种种变化，还是可以说世界有着稳定而永恒的要素，有着一个结构，而宇宙也是可以理解的。

柏拉图说，世界中存在着恶是因为在德穆革的创造之途中有障碍。虽然德穆革力求尽可能地将世界造得像它的原型那么好，但这个世界依然是不完善的。虽然德穆革代表了塑造宇宙秩序的神圣理性和力量，但"这个宇宙的创生，"柏拉图说，"是必然性与理性相互结合、共同作用的结果"。在这里，必然性的意思是不愿意变化，而在容受者中的"原材料"上，它表现为一种对拒不接受心灵命令的固执。在这个意义上，必然性是世界中的恶的条件之一，因为恶是目的的失效，而目的则是心灵的特性。这样，让心灵作用失效的那一切因素就造成了秩序的缺失，而这正是恶的含义。这就暗示了，在人类生活中，一旦不受心灵的控制，桀骜不驯的身体和灵魂较低部分也会成为产生恶的条件。必然性表现为各种形态，例如惰性、不可逆性，而理性，甚至神的理性，在试图根据某种明确的目的来安排世界时，都必须妥善处理这些阻碍。

最后，还有一个关于时间的问题。在柏拉图看来，只有现象产生之后，时间才存在。直到有了如我们所知的那些东西、那些不完善的和变化的东西之后，才能有时间。在此之前，根据定义来说，存在的东西都是永恒的。时间的意思恰恰就是变化，因而没有变化就没有时间。尽管理念是永恒的，但它们的各种摹本不断地在容受者中"进进出出"，这种"进进出出"就是变化的过程，而变化就是时间的原因。然而，时间代表了时间和永恒性在宇宙中的双重显现：宇宙的秩序既然得自心灵，则宇宙就包含有永恒的要素；而宇宙是由各个面的暂时结合而构成的，它也就包含了变化和时间的要素。而既然变化不是杂乱无章的而是有规律的，那么变化的过程本身就正好昭示了永恒心灵的存在。变化的这种规律性，如同恒星和行星有条不紊的变化和运行所展示的那样，使得对变化的度量成为可能，也使得"对时间的言说"成为可能。

所以，柏拉图关于宇宙的"姑妄言之"就是对德穆革如何以理念为原型，从容受者中塑造出事物的解说。世界灵魂是由德穆革产生的，是容受者中能动的活动，它创造了在我们看来是物质实体或有形事物的东西——虽然实际上它只是由几何面的排列而产生的诸多性质。这样一来，恶和时间是不完善性和变化的产物。我们所知的世界有赖于一个能动性和在我们所知的物理世界中找不到的"原材料"，这个能动者就是心灵，而这种原材料则主要得用数学来解释。

此时，我们或许会想要对柏拉图庞大的哲学体系进行一种经得起推敲的批判性评价。但是在某种意义上，哲学史恰好就表现为这样一场大规模的对话，在这场对话中思想家们起来赞同或反对柏拉图的思想。他为哲学事业所铸造的模式具有强大的影响力，以至于后来许多世纪里，他的观点在思想界占据了支配地位。事实上，阿尔弗雷德·诺思·怀特海曾经评论说："对欧洲哲学传统特点的最可靠的总概括就是，它是由一系列对柏拉图的注释所构成的。"我们可以加上一句，这些注释的许多部分是由柏拉图的杰出继承者亚里士多德写就的。我们接下来就要谈他。

总　结

柏拉图在他的洞穴寓言中生动地提出了他的实在观，在洞穴比喻中，他描述了我们之中有多少人生活在一个虚假信念的世界之中，以及获得真知的痛苦过程。一群人被锁在一个洞穴中，看见的只是墙壁上的影子，并相信它们就是实在。一个人挣脱束缚、爬出洞外，并在阳光的照耀下看见了真实的世界。当他回到洞穴并告诉其他人时，他们拒绝相信他，甚至还想杀了他。在另一个知名的类比——线段比喻中，柏拉图描述了宇宙是如何分为理智领域和可见世界的，前者由非物理的理念构成，是真知识的来源；后者由物理对象构成，只能让人们产生各种意见。在这两个类比中，柏拉图都告诉我们，为了获得真知识，我们必须超越我们周围的表象世界，并在一个更高的理念的精神领域去寻求真理。理念本身是不变、永恒和非物质的样式，我们看到的实际的可见对象只是理念的拙劣摹本。我们在物理世界中看到的事物通过分有理念而获得其本性：一张桌子分有了桌性的理念，一条狗分有了狗性的理念。借由辩证法的过程，我们通过回忆在出生前我们存在于精神领域时对于理念的经验而获得关于理念的知识。

  根据柏拉图，灵魂有三个不同的部分——理性、精神和欲望——而这个区分对于他哲学的若干面向至关重要。理性涉及理解最高目标的心理能力，精神是高尚行动的驱动力，而欲望则是一个人对身体欲望的渴求。用双驾马车的类比来说，精神是白马，欲望是黑马，两匹马经常彼此争斗。由此，理性则是为两匹竞争的马设定合适路线和驾驭它们以达到目的地的车夫。三种成分中的每一种必须正常运转，而当其如此时，这个人就会展现出四种"枢要"的德性。当精神调节正常时，勇敢的德性就会出现；欲望对应着节制；而理性对应着智慧。当所有三部分和谐运转时，整个人就会表现出正义的德性。

  根据柏拉图的观点，这就是个体人在设定目标并朝向它行动时会如何运转。不过，他主张，人类的大型社会运转起来也和一个巨型的人类相似，并因此同样具有这三种分明的部分。商人的社会阶层由身体欲望（黑马）所驱使，而当其正确履行其职能时，他们展现出节制。保卫者由高尚的精神（白马）所驱使，并展现出勇气。统治者，在哲学王的带领下，受理性（车夫）驱使并展现出智慧。当每个社会阶层各司其职时，社会就表现出正义。社会内部有五种政体，分别是贵族制、荣誉制、寡头制、民主制和专制政体，其中贵族制是最完美的，其后每况愈下，以专制政体最为堕落。

研究问题

1. 描述柏拉图的洞穴寓言，并解释每部分代表什么。
2. 柏拉图的洞穴寓言和他的线段隐喻之间有着概念上的相似性。解释洞穴故事的每部分都对应了线段的哪部分。
3. 本章提出了五个问题来帮助理解柏拉图的理念论。举一个例子来说明五个问题中每一个的关键点。
4. 普罗泰戈拉捍卫了相对主义，就像他的陈述"人是万物的尺度"反映出的那样。柏拉图会如何用他的理念论来回应普罗泰戈拉的相对主义立场？
5. 亚里士多德在他的《形而上学》（第一卷，第九章）中基于几个不同的理由批评了柏拉图的理念论，在下述引文中，他攻击了柏拉图的分有概念："所有其他事物不可能从'形式'的任何一种一般意义上来说来自理念。说它们是范型而其他事物分有了它们，是在使用空洞的话语和诗意的隐喻。"亚里士多德的观点是什么？柏拉图会说什么来为自己辩护？
6. 柏拉图用一个男子追求女子的例子来阐述他的灵魂的三个部分。欲望（黑马）想尽快发生身体接触，而精神的部分（白马）则只想与她礼貌庄重地谈话。理性（车夫）必须决定使用这两种求偶技巧的最佳时机。想一个你自己的例子来说明灵魂三部分之间的张力。

7. 为了让社会的三大阶层各安其位，社会必须讲述一个有关造就每个人的金属的"高贵谎言"。解释这个谎言，并讨论这样一个欺骗是否颠覆了柏拉图政治系统的道德完整性。

8. 根据柏拉图，哲学王具有独一无二的能力来理解理念的永恒真理，并用这种知识来塑造社会和政治景观。描述可能有助于哲学王执行这一任务的具体理念。

9. 在之前的章节中，色拉叙马霍斯主张不正义的人要胜过正义的人，而正义只意味着更强者的利益。色拉叙马霍斯会如何回应柏拉图对正义的构想和哲学王的作用？

10. 柏拉图论述了理想国随着从贵族制到专制政体的退化而衰败。从当今的视角来看，柏拉图的观点可能错在哪里？

第四章

亚里士多德

4.1　亚里士多德的生平

4.2　逻辑学

4.3　形而上学

4.4　人的地位：物理学、生物学和心理学

4.5　伦理学

4.6　政治学

4.7　艺术哲学

4.1 亚里士多德的生平

亚里士多德于公元前384年生于色雷斯东北海滨的小城斯塔吉拉。他的父亲是马其顿国王的医生。很有可能亚里士多德对生物学和一般科学的兴趣在他幼年时代就得到了培养。在他17岁的时候，亚里士多德前往雅典进入柏拉图学园。他作为一位学生和学派的一个成员，在那里一直待了20年。亚里士多德在学园里有"博览群书"之称并被誉为"学园的头脑"。虽然为了形成他自己对于一些哲学问题的看法，亚里士多德最终与柏拉图哲学分道扬镳了，但是柏拉图的思想和人格还是深深地影响了他。他在学园的时候写了大量的柏拉图风格的对话，他的同代人称这些对话是流淌着他们滔滔雄辩的"金色河流"。在他的《优台谟》(*Eudemus*)中，亚里士多德甚至再次肯定了柏拉图思想中极其核心的理念论，虽然他后来严厉批评了这一理论。

我们现在没有办法确定亚里士多德的思想是什么时候摆脱柏拉图思想的。我们必须记住，当亚里士多德在学园时，柏拉图自己的思想也是处于变化之中的。事实上，学界认为，亚里士多德是在柏拉图晚年时跟随他学习的，而这个时候柏拉图的兴趣已经转向了数学、分类法和自然科学。在这一时期，医学、人类学、考古学等学科的专家们来到了学园。这意味着亚里士多德广泛接触了大量的经验事实，由于他有着自己的全盘考虑，他发现这些事实对于从事研究以及形成科学的概念是非常有用的。因此，很有可能是学园的学术氛围——它们体现在柏拉图暮年所关心的几个主要课题上，也体现在具体领域里收集到的有用材料——为亚里士多德提供了和他的科学气质相契合的一个哲学方向。

亚里士多德所采取的新方向最终导致他背离了柏拉图的一些理论，虽然要弄清他们之间的差异程度有多大还需要进行细心的解读阐释。但是即使他们都还在学园时，某些气质上的差异必定已经显现出来。比如，亚里士多德对数学不像柏拉图那么感兴趣，他更感兴趣的是经验材料。而且，随着时间的推移，亚里士多德对具体自然过程的关注愈加坚定了，以至于他认为他那些抽象的科学概念的栖身之所就在这活生生的自然界之内。与此相反，柏拉图将思想世界从流变的事物世界中分离出来，将真正的实在归于理念，他认为这些理念脱离了自然事物而有其存在。因此，我们可以说，亚里士多德的思想指向动态的生成(becoming)领域，而柏拉图的思想则更多地关注于静态的无时间性的存在(being)领域。不论在这两位伟大思想家之间有什么样的差异，事实上亚里士多德在个人关系上从来没有和柏拉图决裂，直到柏拉图去世他一直都留在学园。另外，尽管亚里士多德后来的主要论文有其独到的阐述和独特的风格，我们在其中还是处处可以发现柏拉图思想确凿无疑的影响。但是随着柏拉图的故去，亚里士多德具有鲜明的"柏拉图主义色彩"的那一时期也就结束了。这以后，学园的领导权落入了柏拉图的侄子斯彪西波之手，他对数学的过分强调不合亚里士多德的想法。再加上其他一些原因，亚里士多德退出学园，并离开了雅典。

在公元前348—347年间，亚里士多德离开了学园，接受了赫尔米亚的邀请，来到特洛伊附近的亚索斯城。赫尔米亚以前是学园的学生，现在是亚索斯的统治者。他有点像个哲学王，在自己的宫廷里聚集了一小批思想家。此后3年，亚里士多德就在这里写作、教学并开展研究。就是在赫尔米亚的宫廷里，他与这个统治者的侄女，也是养女皮提亚结婚并育有一女。他们回到雅典后，皮提亚去世，接着，亚里士多德和一个叫赫尔普利斯的女子同居。虽然没有正式结婚，但他们结下的是一桩情深意笃、白头到老的美满姻缘，并且生有一子，名为尼各马可，亚里士多德的《尼各马可伦理学》就是以他的名字命名的。在亚索斯待了3年之后，亚里士多德移居到了毗邻的列斯堡岛上，在米底勒尼住了一段时间，在那里，他从事教学并继续他的生物学研究，特别是对许多种海洋生物的研究。在这里，他也因力主希腊统一而闻名，他极力主张，这样一个联合体将比各自为政的诸城邦更能成功地抵御波斯势力的入侵。在公元前343—342年间，马其顿的腓力国王邀请亚里士多德给他时年13岁的儿子亚历山大做私人教师。作为一个未来的统治者的家庭教师，亚里士多德关注的东西包括政治学，很有可能他就是在马其顿产生了搜集并比较各种政体情况的念头，后来他实施了这一计划，收集了希腊158个城邦的政体情况的摘要。腓力去世后亚历山大登基，亚里士多德作为家庭教师的任务告一段落，他在自己的家乡斯塔吉拉小住后又回到了雅典。

亚里士多德于公元前335—334年间回到雅典，他一生中最多产的时期从此开始了。在马其顿执政官安提珀特的庇护之下，亚里士多德建立了他自己的学园。这个学园被称作"吕克昂"，它得名于苏格拉底过去经常到那里思考问题的一片园林，这片园林也是供奉吕克欧的阿波罗神的圣地。在这里，亚里士多德和他的学生们在林荫道上一边漫步一边讨论哲学，由于这一原因，他的学派被称作"逍遥学派"——意思是"漫步"。除了这些漫步时的探讨之外，还有讲座，有些比较专业的内容是针对少数听众的，有些较通俗的内容则是针对大众的。传统上人们一直认为，亚里士多德还建立了第一个大图书馆，他收集了成百上千的手稿、地图和标本，并在自己的演讲中将它们用作例证。此外，他的学园制定了许多正式的活动程序，按这些程序，学园是由其成员轮流主持的。亚里士多德为这些程序作出了一些规定，例如，他规定一月一次的聚餐讨论如何进行。在这些活动场合，一个成员被指定为某个哲学观点辩护，反驳其他成员批评性的反对意见。亚里士多德作为吕克昂的领导，在这里教学和演讲共计十二三年之久。但最重要的是，他在这里形成了自己对科学分类的主要思想，建立了全新的逻辑科学，也写下了他对哲学和科学的每个主要领域的卓越见解，这一切都展示了他超乎群伦的渊博学识。

当亚历山大于公元前323年去世的时候，兴起了一股反对马其顿的浪潮，由于和马其顿关系密切，亚里士多德在雅典的处境变得岌岌可危。照苏格拉底的老例，亚里士多德又被指控为"不虔敬",但是他离开了吕克昂,逃到了卡尔西斯,据传他说这是"为了不让雅典人再次对哲学犯罪"。公元前322年他在那里死于一种慢性的消化道疾病。亚里士多德在他的遗嘱中表现出了他的人情味,慷慨周济自己的亲戚,不让出售自己的奴隶,并嘱咐要释放一些奴隶。就像苏格拉底和柏拉图一样,亚里士多德的思想有着具有决定意义的力量,影响了此后好些世纪的哲学。我们将从他的哲学所涉及的广阔领域里选出他的逻辑学、形而上学、伦理学、政治学和美学的一些部分来加以考察。

4.2 逻辑学

亚里士多德发明了形式逻辑,他也提出了分门别类的诸科学的思想。在他看来,逻辑和科学有密切的联系,这是因为他把逻辑看作一种工具,能用来在分析某门科学所涉及的问题时,对语言加以正确组织。

范畴和推理的起点

在能够逻辑地演示或证明出什么之前,我们必须为我们的推理找到一个清晰的起点。首先,我们必须确定我们所讨论的对象——我们正在处理的那种特殊的事物。除此之外,我们还得加上与这种事物相关的那些属性和原因。在这样一种联系中,亚里士多德提出了范畴的思想,这一思想解释了我们对事物的思考方式。只要我们想到某个特殊的对象,我们就想到一个主词和它的谓词,也就是说,想到某个实体和它的偶性。我们思考"人"这个词,也将"高"和"有能力"这样一些谓词和"人"这个词联系起来。"人"这个词在这里是一个实体,亚里士多德说,大概存在着九种能与一个实体相关联的范畴(就是谓词),包括量(例如"六英尺高")、质(例如"口齿清楚的")、关系(例如"两倍的")、处所(例如"在学校里")、时间(例如"上个星期")、状态(例如"站着")、所有(例如"穿着衣服")、活动(例如"服务"),以及遭受(例如"接受服务")。我们可以将实体自身当作一个范畴,因为比如我们说"他是一个人","人"(一个实体)在此就成了一个谓词。在亚里士多德看来,这些范畴代表了对科学知识所使用的概念进行的分类。它们代表了任何存在的东西存在或被认识到的特定方式。我们在思考时按这些范畴对事物加以整理,把这些范畴分为属(genera)、种(species)和个体事物。我们把个别的东西看作种中的一员,而把这个种看作是与属相关的。亚里士多德并不认为这些范畴或类别是心灵作出的人为创造。他认为它们在心灵之外、在事物之中有其实际的存在。他认为事物是由于它们自身的本性而从属于各种类别的,我们之所以将它们认作一个种或属的成员,是因为它们的确是那样的。亚里士多德认为,思想与事物存在的方式有关,而这是逻辑学和形而上学之间密切关系的基础。思想总是关涉某种具体的个别事物即一个实体的。但一个事物并不光是存在而已；它以某种方式存在，并因一个理由而存在。

有了主词（实体）就总是会有与之相关的谓词（范畴）。有些谓词是一个事物所固有的。这样的谓词或范畴属于一个事物，仅仅因为它就是其所是。我们认为一匹马有一些谓词，因为它是一匹马；它和其他的马一样，都有这些谓词。它也有其他的谓词，不是像这样固有的，而是"偶然的"，诸如颜色、处所、大小和其他影响着它和其他物体关系的规定性。亚里士多德想要强调的是，存在着一个通向"科学"的次序。这一次序首先是事物的存在以及它们的过程；第二是我们对事物及其表现的思想；最后是将我们关于事物的思想转换为语词。语言是形成科学思想的工具。逻辑是语言的分析，是推理的过程，是语言和推理相关于实在的方式。

三段论

亚里士多德提出的逻辑系统是以三段论为基础的，他将之定义为："一段论说，其中已经陈述了某些事实，而其他陈述可以由已知陈述中必然地推导出来。"三段论的一个经典例子是：

　　大前提　　　所有人都是要死的。
　　小前提　　　苏格拉底是人。
　　结　论　　　因此苏格拉底是要死的。

前两个陈述是前提，它们是第三个陈述的依据，而第三个陈述是结论。那么我们如何确定一个结论是由它的前提得出的呢？答案就在于有效的三段论论证的基本结构，亚里士多德创立了一套规则来确定什么时候结论能够由它们的前提正确地推导出来。直到19世纪，哲学家们还相信，亚里士多德对三段论的解释已经把逻辑学要谈的内容囊括无余了。最近几十年，才出现了另外一些逻辑体系，取代了亚里士多德的解释。

虽然亚里士多德的三段论理论是确定前提与结论之间关系的有效操作手段，但他的目标是为科学论证提供工具。由于这一原因，他再一次强调了逻辑与形而上学之间的关系——我们认识事物的方式与事物是什么，以及它们如何表现之间的关系。就是说，他认为各种语词与命题互相关联是因为语言所反映的事物也是互相关联的。由此，亚里士多德认识到，前后一贯地运用三段论却不必然达到科学真理，这是完全可能的。如果前提并没有建立在正确假设的基础上——就是说如果它们没有反映实在——就会发生上述情况。亚里士多德区分了三种推理，每一种都可以运用三段论的工具，但是却得出了不同的结果。这三种推理是，(1)辩证的推理，它从"被普遍接受的意见"出发进行推理；(2)诡辩的推理，它从看起来像被普遍接受的，但实际并非如此的意见出发；(3)亚里士多德演证的推理,其中推理由之开始的前提是真的、初始的。

这样,三段论推理的价值在亚里士多德看来就依赖于前提的正确。如果想要达到真的科学知识,我们所使用的前提就必须不能只是意见,甚至不能只是或然的真理。演证的推理将结论回溯到构成结论之必然起点的前提。当我们说"所有人都是要死的"时,我们事实上回到了在动物中构成其必死性的那些原因和性质。接着,我们通过将人包括进动物类中而把这些性质与人联系起来。演证推理因此必须抓住可靠的前提,亚里士多德又称之为第一原理(archai)——即任一事物、种类或者一个主题之任何特定领域的被精确定义的性质。有效推理因此就预设了真实的第一原理的发现,结论可以由之推导出来。

我们如何达到这些第一原理呢?亚里士多德回答说:我们通过观察和归纳得到它们。当我们多次观察到某些事实时,"其中的普遍性就显而易见了"。无论何时只要我们观察到任何特定的"那一个",我们就将之贮存在记忆中。在观察到许多类似的"那一个"之后,我们就从所有这些特定的"那一个"中得出了一个有一般意义的一般术语。我们通过归纳过程在特殊之中发现了普遍,这一过程最终使我们在被观察的特殊的"那一个"中发现了更多的意义。

如果我们再追问我们是否以及如何能够知道第一原理是真的,亚里士多德会回答说,我们之所以知道它们是真的,就是因为我们的心灵在某些事实的作用下活动起来,"认出"了或者说"看到"了它们的真。这些第一原理不再需要被演证。如果必须对每一个前提都进行演证,那将导致无穷后退,因为每一个在先的前提也需要被证明,这样知识就永远不可能开始。亚里士多德说:"并非所有的知识都是演证性的;相反,对于直接前提的知识就不依赖于演证。"他在此指的就是第一原理。他说,科学知识的基础是一种并不依赖科学结论所依赖的那种证明的知识。所以,"除了科学知识之外,还存在着科学知识原初的源泉,它使得我们能够认出那些定义"。

在这里,亚里士多德使用了"认出"这个词来解释我们如何认识到某些真理;这与柏拉图所使用的语词"回忆"或"记起"形成了鲜明的对照。"认出"一个真理就是对之有一个直接的直观把握,就像我们认识到2加2等于4时的情况。"认出"这一算术真理的诱因可能是把砖块或石头之类的特殊事物相加的行动。尽管如此,从这些特殊的场合中我们还是"看到"或"认出"了如下真理:特定的事物属于某个种或属,它们之间有着特定的关系,例如2加2等于4。于是,亚里士多德认为,科学建基于初始前提,我们通过理智直观(nous)①而达到它们。一旦把握了这些初始的前提和事物根本性质的定义,我们接下去就能够进行演证的推理。

---

① 括号中的 nous 为希腊词"心灵",即"奴斯",作者解作英文的 intellectual intuition(译为"理智直观")。——译者注

4.3 形而上学

在他题为《形而上学》(*Metaphysics*)的著作中,亚里士多德阐发了一种他称之为第一哲学的科学。"形而上学"①这个术语的起源不是很清楚,但至少在亚里士多德的语境中,它部分地表明了这部作品相对于他的其他作品的地位,就是说它是超越于(beyond)或者后于(after)他的物理学著作的。亚里士多德在《形而上学》中始终都在探讨一种他认为应该被最恰当不过地称作智慧的知识。这一著作以如下陈述为出发点:"求知是人类的本性。"亚里士多德说,这一内在欲望不仅仅是为了做事情或造东西而去求知。除了这些实用的动机之外,在我们身上还有着一种纯粹是为了认知而去认知某些事情的欲望。亚里士多德认为,"我们在感觉中体验到的快乐"就说明了这一点;"撇开感觉的实际用处不说,感觉自身就是为人们所喜爱的",因为我们的观看"能使我们认识事物,能揭示出事物之间的许多差别"。

存在着不同层次的知识。有些人只知道他们通过其感官所经验到的东西,例如当他们认识到火是热的时候的情形。但是亚里士多德说,我们并不把通过感官所认识到的东西称作智慧。相反,智慧类似于科学家们所拥有的知识。它们由对某些事物的观察开始,然后重复这些感性经验,最终通过思考经验对象的原因而超越感觉经验。有多少种可定义的研究领域就有多少种科学,亚里士多德研究了其中的许多种,包括物理学、伦理学、政治学和美学。除了这些特殊的科学,还存在着另外一门科学——第一哲学,我们现在称之为形而上学,它超越了其他所有科学的研究对象而考虑关于真正实在的知识。

界定形而上学的问题

各门科学力求发现特定种类的事物的第一原则和原因,诸如物体、人体、国家、诗等等。不同于具体的科学追问"如此这般的某事物是什么以及它为什么是这样?",形而上学与这些科学不同,它追问一个更加一般的问题——每一门科学最终必定也会考虑这样一个问题,即"是任何一个东西,这是什么意思?"简言之,"是"是什么意思?亚里士多德在《形而上学》中所考虑的就是这个问题,这使得形而上学对他而言成为"研究存在者(existent)之为存在者的一门科学"。因此,形而上学的问题如他所理解的,就是对存在(Being)及其"诸原则"和"诸原因"的研究。

亚里士多德的形而上学在相当大的程度上是他的逻辑学观点和他对生物学的兴趣的结果。从他的逻辑观点看,"是"的意思就是可以被精确地规定,因而可以成为谈论的对象的某个东西。从他对生物学的兴趣这方面看,他倾向于将"是"理解为被包含在一个

---

① "形而上学"(*Metaphysics*)希腊文原意为"物理学之后",中文取《周易·系辞》中"形而上者谓之道,形而下者谓之器"而译为"形而上学"。——译者注

动态过程中的某个东西。在亚里士多德看来，"是"总是意味着是某个东西。因此，所有的存在都是个别的，都有着特定的本质。亚里士多德在他的逻辑著作中处理的所有范畴（或谓词）——诸如质、关系、姿态、处所等——预设了这些谓词能够运用于其上的某种主词。所有范畴运用于其上的这个主词，亚里士多德称之为实体（ousia）。"是"因此就是一种特定的实体。"是"也意味着一个作为动态过程的产物的实体。这样，形而上学思考的就是存在（即存在着的实体）和它的原因（即实体由之而形成的过程）。

作为事物的首要本质的实体

亚里士多德相信，我们认识一个事物的方式为弄清实体究竟意味着什么提供了一条主要线索。亚里士多德再一次考虑到了范畴或谓词，并说，当我们知道一个东西是什么时，我们对它的了解，要比我们知道它的颜色、大小或姿态更多。我们将一个东西同它所有的性质区分开来，我们只专注于一个东西实际上是什么，专注于它本然的性质。亚里士多德在这里区分了事物的本然性质和偶然性质。例如说一个人有一头红发就是描述了某种偶然的东西，因为一个人并不必然或本然地有一头红发——甚或任何一种颜色的头发。但是就我作为人来说，我是会死的却是本然的。与此类似，我们也认为所有人都是人，不论他们的身材、肤色和年龄如何。在每一个彼此有具体差异的个人身上有某种东西，使得他或她成为一个人，尽管是一些独一无二的特性使得他或她成为这个特殊的个人。在这一点上，亚里士多德会倾向于同意这些特殊的性质（范畴、谓词）也存在着，也有某种"是"。但这些性质的是并不是形而上学探讨的核心对象。

形而上学的核心问题是对实体——即一个事物本然性质的研究。从这个角度看，实体就是"不陈述一个主体，而其他一切东西都陈述它的东西"。实体是我们所知道的作为某个东西基础的东西，有了实体，我们才能言说与它有关的其他东西。无论何时只要我们对某事物加以定义——比如我们要谈论一张大桌子或一个健康的人，在我们能够谈论关于它的任何东西之前，我们都得先把握它的本质（essence）。这里我们是根据它的"本质"来理解桌子或人——是什么使它成为一张桌子或一个人的，然后我们才能够将它理解为大的或健康的。千真万确，我们所能认识的只是具体的确定的事物——实际存在的个别的桌子或人。同时，一张桌子或一个人的本质或实体拥有自己在特征上区别于其范畴或性质的存在。但这并不意味着我们可以发现一个实体在事实上能够脱离它的性质而存在。然而亚里士多德相信，我们能够知道一个东西的本质，比如"桌子性"，它区别于其圆的、小的和褐色的这些特殊性质。于是他说，必定存在着桌子的一个普遍本质，无论我们在哪里看到一张桌子都能在其中发现这一本质，这一本质或实体必定独立于它的特殊性质，因为尽管每张实际存在的桌子性质各异，桌子的本质却是一样的。亚里士多德的观点是，一个东西不仅仅是它的特定性质的总和。在所有这些性质"之下"

（substance）存在着某种东西。这样，一方面，任何一个特定的东西就是许多性质的结合，而另一方面，有一个这些性质归于其上的基底（substratum）。有了这些区分，亚里士多德于是就像柏拉图那样，开始考虑这些本质或普遍的东西是如何与特殊事物发生关系的。简言之，使得一个实体成为实体的是什么东西——是作为基底的质料，还是形式？

质料和形式

虽然亚里士多德区分了质料和形式，但是他说，在自然界中，我们永远也不能发现无形式的质料或无质料的形式。每一个存在的事物都是某种具体的个别的东西，每个事物都是质料和形式的统一。因此实体总是质料与形式的合成物。让我们回忆一下柏拉图的论述，他说，像人本身、桌子本身这样的理念都有一种独立的存在，特殊的事物，比如我们眼前的桌子，是通过分有这些理念而获得它们的本质的。亚里士多德反对柏拉图对普遍理念的解释，他尤其批评这样一个论点：理念脱离了个别的事物还有其独立的存在。当然，亚里士多德认同普遍共相的存在，同意诸如人本身、桌子本身这样一些共相不仅仅是主观的思想。事实上，亚里士多德承认，没有关于共相的理论，就不可能有科学的知识，因为如果是那样的话，我们就无法对涉及一个特定种类的所有成员的事情加以谈论了。

科学知识之所以有效，是因为它确定了对象的类（比如人类的某种疾病），所以，只要一个个体被归入这个类，我们就能够设想其他的事实也与之相关。这样，这些种类就不仅仅是心灵的虚构，而是在事实上也有其客观的实在性。但是亚里士多德说，这些类的实在性是只能在个体事物本身中发现的。他问，认为普遍的理念有独立存在，这能起什么作用呢？如果说真有什么作用的话，那就是使事情更加复杂化了，因为每个事物——不仅是个别事物，还包括它们的关系——都得在理念的世界里又被复制一遍。此外，亚里士多德不相信柏拉图的理念论能够帮助我们更好地认识事物，"它们对于认识其他事物毫无帮助"。因为这些理念据说是不动的，所以亚里士多德认为，它们不能帮助我们理解我们所知道的那样一些总是在运动的事物。由于它们是非物质的，所以也不能解释我们对之有着感性印象的对象。还有，非物质的理念如何能够与一个特定的事物发生关系呢？像柏拉图那样，说事物分有理念，这并不是一个令人满意的解释："说它们是原型，而其他事物分有了它们，这只是在说些空话，打些诗意的比方而已。"

当我们使用质料和形式这些语词描述任何具体事物的时候，我们似乎是在考虑事物由以构成的东西与这东西所构成的东西之间的区别。这又使得我们倾向于认为，质料——事物由之构成的东西——一开始就存在于一种没有形式的状态中，直到它被制作成为一个东西才具备了形式。但是亚里士多德再次强调，我们无论在哪儿都找不到"原初质料"，即无形式的质料这样的东西。设想一个将要用大理石雕刻维纳斯雕像的雕刻家，他或她永远也不能找到没有某种形式的大理石。它将总是这一块大理石或那一块大理石，一块方形的或不规则形状的大理石。而他或她将总是在形式和质料已经结合在一起的一块大理石上工作。至于说雕刻家将赋予它一个不同的形式，这就是另外一个问题了。这个问题就是：一个东西是如何成为另一个东西的？简言之，变化的本质是什么？

变化的过程：四因

在我们周围的世界里，我们看到事物是不断变化着的，变化是我们经验的基本事实之一。对亚里士多德而言，变化这个词有很多意思，包括运动、生长、死亡、进化、衰落。这些变化中有一些是自然的，而另外一些则是人类技艺的结果。事物总是呈现出新的形式：新的生命诞生了，新的雕像造好了。因为变化总是涉及事物获得新的形式，所以，我们可以就变化的过程问几个问题。对于任何事物，我们都可以问四个问题，即（1）它是什么？（2）它是由什么做成的？（3）它是通过什么方式被做成的？（4）它是为什么目的而做成的？对于这些问题的四种回答，代表了亚里士多德的四种原因，虽然如今人们使用原因这个词主要是指先于一个结果的事件，但在亚里士多德那里，它是指一种解释。因此，他的四个原因就代表了对一切事物进行总体解释的具有广泛效力的原型或结构。以一个艺术品为例，它的四个原因可能是：（1）它是一座雕像，（2）由大理石做成，（3）由一个雕刻家制作，（4）是为了装饰。除了人类技艺制作出的事物之外，还有自然产生的事物。根据亚里士多德的看法，虽然自然在"动机"的意义上没有什么"意图"，但在有其内在的活动方式这个意义上，自然的确在任何地方总是有其"目的"。由于这一原因，种子发芽，根部向下生长（不是向上！），而长出植物。在这个变化过程中，植物朝向其"目的"即它们的各种不同的功能和存在方式运动。在自然中，变化也将涉及同样的四个要素。亚里士多德的四因因此就是：（1）形式因，它规定了一个事物是什么，（2）质料因，一个事物是由什么构成的，（3）动力因，一个事物是被什么造成的，（4）目的因，它是为了什么"目的"而构成的。

亚里士多德以一个生物学家的眼光考察生命。对他来说，自然就是生命。所有事物都处于运动之中——处于生成和消亡的过程之中。在他看来，繁殖的过程就是一个非常清楚的例子，说明所有的生物都有内在的力量，能产生变化，繁衍后代。亚里士多德总结他的诸因说："所有生成的事物都是受某种力量支配而从某种事物生成为某物的。"亚里士多德从这个生物学的观点出发，详细阐述了形式和质料从不分离存在的思想。在自然中，新一代的生命首先需要一个具有某种具体形式的个体，后代也会具有这个形式（父本）。然后还得有能够作为这个形式载体的质料（这个质料是由母本提供的）。最终，一个有着同样的具体形式的新个体由此而形成。亚里士多德用这个例子来说明，变化并不是将无形式的质料和无质料的形式结合到一起。恰恰相反，变化总是发生在形式和质料已经结合在一起的事物中，这事物正在成为新的或不同的东西。

潜能与现实

亚里士多德说，一切事物都处于一个变化过程之中。每个事物都有一种力量，使它要成为它的形式已经设定为其目的的东西。所有事物中都有一种努力要追求它们"目的"的动力。这种努力有些是指向外在对象的，比如某人建造一座房屋的时候。但还有另外一种努力，是要达到属于一个人的内在本质的目的，例如我们通过进行思考而实现我们作为一个人的本质。这一自身所含目的（self-contained end）的思想使亚里士多德考虑潜能与现实之间的区别。他使用这一区分来解释变化和发展的过程。如果一粒橡子的目的是成为一棵树，那么在某种意义上，橡子只是潜在地是一棵树，而不是当下就现实地是一棵树。因此，变化的一个基本类型是从潜能到现实的变化。而这一区分的主要意义在于，亚里士多德以此论证现实相对于潜能的优先性。就是说，虽然一个现实的事物是从潜能而来的，但如果不是首先有某种现实，那么就不可能有从潜在到现实的运动。一个小孩潜在地是一个成人，但在有这一潜能的孩子能够存在之前，必须先存在着一个现实的成人。

因为自然界所有的事物都类似于孩子与成人的关系，或者橡子与橡树的关系，亚里士多德进而在自然中发现了存在的不同层次。如果所有事物都处于变化之中——处于产生和衰亡之中——那么所有事物都将具有潜能。但正如我们已经看到的，要有某种潜在的东西就必须已经有某种现实的东西。为了解释潜在事物的世界的存在，亚里士多德认为，有必要设定某种高于潜在的或可毁灭的事物的现实性。这导致了一种纯粹现实的存在的思想，这种存在不具有任何的潜在性，处于存在的最高层次。由于变化是一种运动，所以亚里士多德将可见世界看作是由处于运动中的事物构成的。但是运动作为一种变化涉及潜能。事物潜在地处于运动中，但是它们必须被现实地处于运动中的某种东西所推动。

不被推动的推动者

对于亚里士多德来说，不被推动的推动者是自然界中所有变化的最终原因。然而，这一概念与第一推动者并不完全相同，好像运动可以被回溯到一个运动开始的时刻似的。他也没有将不动的推动者理解为后来神学意义上的造物主。亚里士多德从他对潜能与现实的区分得出结论，解释变化或运动如何可能发生的唯一途径，就是假定某种现实的东西逻辑地先于任何潜在的东西。变化的事实暗示了某种现实性的东西的存在，这个东西没有任何潜能的混杂而是纯粹现实的。根据亚里士多德的说法，这个推动者不是一个正在发挥其威力的强大力量这种意义上的动力因。那样的活动将意味着潜能，就像我们说上帝"曾经想要"创造世界一样。这就会意味着，在上帝创造世界之前，他曾经潜在地能够或想要创造世界。

亚里士多德关于不被推动的推动者的思想之核心在于，它是对运动这一事实进行解释的一种方式。自然界充满了努力实现其特定目的的事物。每一事物都想要完善地实现自身的可能性和目的，也就是要成为一棵完善的树、一个完美的好人等等。所有这些努力的总和构成了世界秩序的宏大进程。这样，所有的实在都处于一个变化过程中，从其潜能和可能性出发向这些潜能的最终完善运动。为了解释这个包罗万象的总的运动，亚里士多德把不被推动的推动者当作运动的"理由"或"原则"。因此，不被推动的推动者代表了运动的现实的——因为这里没有任何潜在性——和永恒的原则。因为对运动的这一解释暗示了一个永恒的活动，所以决不可能有过一个不断变化的事物世界本身还不存在的"时刻"。出于这个原因，亚里士多德也不承认时间中有什么"创世"。

为了谈论一个不被推动的推动者，亚里士多德不得不使用一种隐喻式的语言。在解释一个不被推动的推动者如何能够"导致"运动时，他将之比作一个被爱着的人，此人仅仅作为爱的对象，发出吸引力而不是靠强力"推动"着爱他的人。亚里士多德还有一种更巧妙的解释方式，把不被推动的推动者看作形式而把世界看成实体。根据他的四因的观点，亚里士多德认为这个不被推动的推动者是目的因，就像成人的形式就在孩子之中那样，它指引着变化的方向朝向一个最终的目的——一个确定的、恰当的目的。作为目的因，不被推动的推动者也就成了世界的动力因。它以其吸引力激励事物努力追求它们的自然目的。虽然亚里士多德的不被推动的推动者是作为运动的科学原则和世界的内在形式而发挥作用的，但它的弦外之音的确带有某种宗教意味。许多世纪之后——尤其是在13世纪的阿奎那手里——这一思想被改造为对基督教上帝的哲学描述。

4.4 人的地位：物理学、生物学和心理学

在等级分明的自然界中，亚里士多德把人置于一个迥然不同于无生命事物和动物的地位上。在自然序列中，首先有简单的物体、植物和动物。与椅子、桌子这些人造物不同，自然事物是这样的一些事物，"它们中每一个都在自身中有运动和静止的原则"。这种内在的运动是事物中起关键作用的一方面，因为亚里士多德以这种运动解释了事物生成和毁败的整个过程。

物理学

如果我们只限于谈在自然界中各种事物是如何产生的，那么对此亚里士多德思考的

起点是原初质料的概念。我们已经说过，亚里士多德否认纯粹的形式和纯粹的质料能够独立存在。并不存在独立自在的原初质料。亚里士多德用"原初质料"是指存在于事物中的能够变化、能够成为其他实体或事物、能够呈现出新的形式的基底。因此自然的过程就是质料从一个形式到另一个形式的持续转化。当雕刻家制作一个雕像时，他的材料，比如说大理石，已经有了某种形式，接着他就要对之加以改变。同样，亚里士多德说，也存在着自然由之造出各种事物的某种原材料，他把这些原材料称作简单物体，也就是气、火、土、水。他说，所有的事物都能以这样或那样的方式被归结为这几样东西。而这些物体互相结合，就形成新的实体。但与雕像不同的是，这些新形式的起源是自然本身的产物，因为这些物体自身之中含有"运动和静止的原则"。由于这一原因，火倾向于上升而成为气，水倾向于下降而成为土，固体倾向于成为液体，潮湿的倾向于成为干燥的。无论如何，说事物变化，就是说这些基本的简单物体由于它们内在的运动原则和其他事物的推动，在持续不断地转化为各种事物。

生物学

是什么赋予了某些种类的物体以生命？亚里士多德通过对灵魂本质的思考，解释了从无机物到有机物的转变。他说，所有的物体都是由基本的元素结合而成的，但有些物体有生命而另一些则没有。亚里士多德所说的生命是指"自我养育、自我生长（也包括与之相关的衰亡）"。质料并非生命的原则，因为物质实体只是潜在地有生命。质料只是潜在性，形式才是现实性。一个现实的有生命的物体是从现实性即从形式获得它的生命的。灵魂就是一个有机体的形式。不论是灵魂还是身体都不能离开对方而存在，但它们也不是同一的，"所以我们完全无须考虑灵魂和身体是否同一：这样的问题就如同问蜡和印在它上面的形状是否是同一的一样，是没有意义的"。亚里士多德将灵魂定义为"一个自然有机体最起码的现实性"。一旦一个物体成为了"有机的"，它的各部分就会自己设定自己的运动，因此在一株植物中，"叶子的作用就是保护果皮，果皮的作用就是保护果实，而根的作用就类似于动物的嘴……起吸收养分的作用"。灵魂乃是"决定一个事物本质的结构"。只要一个特定种类的物体——即那种"在自身中含有令自己自动地运动和静止的力量"的物体——存在，灵魂就存在。灵魂和身体不是两个分离的东西，而是同一个统一体的质料（身体）和形式（灵魂）。"由此我们可以很清楚地看到，灵魂与身体是不能相分离的。"没有身体，灵魂也不存在，就像没有了眼睛就没有视力一样。

为了说明身体可以被有机地组织起来的三种方式，亚里士多德区分了三种灵魂。他称之为营养灵魂、感觉灵魂和理性灵魂。它们代表了身体活动的各种能力。第一种仅仅具有生存活动的能力，第二种既有生存能力又有感知能力，第三种则兼具生存、感知和思想能力。

心理学

我们在动物这一层次上就可以发现感觉灵魂。它主要的特点在于具有吸收事物的性质和形式而无须摄入它们的质料的能力。这与更低级的营养灵魂形成对照，后者摄入质料（例如食物）但是却不能够吸收它的形式。基本的感觉是触觉，它可以吸收所有的物体都共同具有的东西。而其他的感觉，亚里士多德说："每一种感觉都有一种它辨别的对象，从不会弄不清在它面前的是色彩还是声音。"此外，感觉灵魂只吸收形式而不吸收质料，"就像一块蜡上只留下戒指的印子而不会留下铁或金……类似地，感觉受到有色彩、有味道、有声音的东西的影响，它却不关心每种情况下的那种实体是什么"。

亚里士多德使用了潜能的概念来解释感觉灵魂是如何感知事物的。感觉器官必定能够感知各种不同的形式。因此，它们必定有能适应任何性质的潜能。例如眼睛必定是由这样的质料构成的，它潜在地能够成为蓝色的，而且事实上当看到某种对象时，它就的确变成了蓝色。眼睛的这种中性的质料必定潜在地具有一切色彩和形状。我们其他的各感官都有着针对其他性质的类似的潜能。此外，五官还以某种方式将各自获得的信息结合成为一个整体，反映出一个单一的客体或世界，而那些"可感内容"就是来自这个客体或世界。甚至在我们不再直接知觉一个对象时，我们所感知到的性质也能继续保持下去。亚里士多德用记忆和想象来解释这一现象。我们所记得的许多东西都能让我们联想起其他事物，这表明，不论是感知还是记忆都不是随意乱来的行为，而是要复现出的确在现实世界中存在的东西。从记忆和想象的能力中最终产生了更高级的灵魂，即人的灵魂或理性灵魂。

人的理性 人的灵魂包括其他所有较低级的灵魂形式——营养灵魂和感觉灵魂——除了这些之外，人还有一个理性灵魂。理性灵魂具有科学思维能力。我们的理性能够对不同种类的事物加以区分，这就是分析的能力，它理解事物相互之间的关系。除了科学思维，理性灵魂还能够深思熟虑。我们在此不仅能发现事物本性中的真理，还能找到人类行为的指南。

此外，在亚里士多德看来，灵魂是身体的确定形式。没有身体，灵魂既无法存在，也无从发挥其功能。亚里士多德说，身体和灵魂共同构成了一个实体。这与柏拉图认为身体是灵魂的囚牢的说法形成了鲜明的对照。柏拉图将灵魂和身体分离开来，所以他可以谈论灵魂的前世存在。他也可以将认知或学习描述成一个灵魂回忆起它在前世存在中已经知道的东西的过程。还有，柏拉图可以谈论个体灵魂的不朽。与之相反，亚里士多德则认为灵魂与身体是密不可分的，所以如果身体死亡了，灵魂这个身体的组织原则也就随之消亡。

人们的理性灵魂就像感觉灵魂一样，是以具有潜能为其特征的。眼睛有能力看见一个红的物体，但只有在确实遇到了一个红的物体时，眼睛才真的看到了它。我们的理性灵魂也正如此，它有能力理解事物的真正本性。但是理性只是潜在地具有知识；它必须推导出它的结论。简而言之，人的思维是一种可能性，而不是一种连续不断的现实性，这是因为，如果说人类心灵有可能获得知识，那么它也同样有可能得不到知识。因此，人类思想就在现实地知道和潜在地知道之间陆续交替。真理在人类理智中永远不可能连续不断地出现。

世界的连续性暗示了真理的连续性。作为潜在知识而为人类心灵所拥有的东西，必定在某种心灵中是完善的、连续不断的知识。亚里士多德谈到了不被推动的推动者，认为它是世界的心灵（奴斯）和可理解的原则。在他的《论灵魂》中，亚里士多德谈到了积极理智。他说，"奴斯并非在此一时活动，在彼一时就不活动了。"这里他似乎把个体的人的理智（它只能断断续续地进行认知）和主动理智（它在某种意义上独立于特定的人，并且是永恒的）相比较。如果这个理智确实是纯粹主动的，那么它就不具有任何潜在性。而亚里士多德在前面就正好是把不被推动的推动者描述成这样的东西。不动的推动者的独特活动就是纯粹的活动，这是与实在整体的真理完全吻合的心灵活动。于是，作为一切事物的可理解结构而被把握的整个形式系统，就必定构成不动的推动者或积极理智所拥有的连续知识。这个理智是不朽的，而根据我们消极的潜在的理智对任一真理的认知程度，消极理智也在一定程度上具有积极理智一直都知道的东西。在我们死后依然不朽的东西就属于主动理智，但是由于这并不是我们所具有的部分，因此，随着身体这个质料的死亡，我们的个体灵魂作为身体的形式也就消亡了。只有纯粹的活动是永恒的，而我们的实体则因为混杂有潜在性，而不能免于一死。

4.5 伦理学

亚里士多德的道德理论是围绕着他的如下信念展开的：人类和自然界中所有其他事物一样，也要达到自己与众不同的目的，实现自己的功能。他的《尼各马可伦理学》开篇即说："一切技艺、一切研究，以及一切行动和追求，都被认为以某种善为目标。"如果情况确实如他所说，那么伦理学的问题就是，"人类行为所追求的那个善是什么？"柏拉图已经回答了这个问题，他说，人类追求的是对善的理念的知识。在他看来，这一善的最高原则是与经验世界、与个体事物相分离的；我们通过从可见世界上升到理智世界而达到它。而在亚里士多德看来正好相反，善与正当的原则植根于每一个人的内心。并且，这一原则可以通过研究人的本性而发现，也可以通过日常生活中的实际行为来达到。不过，亚里士多德提醒他的读者，在伦理学的讨论中不要指望太大的精确性，以致超出了"这一主题所能达到的限度"。话说回来，虽然在这个主题上很容易出现"变化和错误"，但这并不意味着正当和不当的观念"只是作为约定俗成的东西而存在，并不存在于事物的本质之中"。亚里士多德就是抱着这样的看法，开始着手在人类本性的结构中寻找道德的基础。

"目的"的类型

亚里士多德预先用了一个例证来说明他的伦理理论的基本构架。他已经指出，所有行动都是要达到某个目的，现在他要区分两种主要的目的：（1）工具性目的（其行动是作为达到其他目的的手段）和（2）内在目的（其行动以自身为目的）。这两种类型的目的可以在比如与战争有关的活动中得到阐释。亚里士多德认为，当我们一步一步地考虑整个战争行动涉及什么时，我们发现，其中有一系列特殊种类的活动。首先有马勒制造者的技艺。马勒做好后，他就实现了他作为马勒制造者的目的。而马勒对于骑兵来说又是一种用来在战斗中驾驭马匹的工具。还有，木匠建造一座兵营，建造完工时，他也实现了自己作为木匠的功能。而兵营在为士兵们提供住所时也实现了它的功能。但是这里由木匠和建筑物所实现的那些目的不是在它们自身中的内在目的，而只是工具性的目的，是为了安顿好士兵直到他们采取下一步行动。同样，在船只成功地出航时，造船者实现了他的功能，但是这个目的又只是一个手段，是要把士兵们运送到战场。一个医生维护了士兵的健康，在此意义上，他实现了自己的功能。但在这个例子中，健康的"目的"是要成为"手段"以利于有效地作战。在战斗中指挥官的目的是胜利，但是胜利是和平的手段。虽然和平有时被误以为本身就是战争的最终目的，但它其实是创造某些条件的一种手段，有了这些条件，人们才能够实现他们作为人的功能。当我们发现人们的目的不是当木匠、医生或者将军，而是要成为人的时候，我们就达到了一种以自身为目的的行动，其他所有活动对它来说都只是一种手段，亚里士多德说，这个目的"必定是人性的善"。

我们应该如何理解善①这个词呢？就像柏拉图先前的做法一样，亚里士多德将"善"这个词与一个事物的特殊功能联系起来。一把锤子如果能够做到人们期望一把锤子能够做到的事情，它就是善的。如果一个木匠实现了他作为一个建造者的功能，那么他就是善的。这对于所有的技能和职业而言都是对的。但是亚里士多德将一个人的技能和职业与他作为一个人的活动区分了开来。例如，亚里士多德感到做一个好医生与做一个好人并不是一回事。我可以是一个好医生同时并不是一个好人，而是一个邪恶的人。这里有两种不同的功能：医疗的功能和作为一个人而行动的功能。亚里士多德说，要发现一个人应该朝向的善，我们就必须发现人类本性的各种功能。根据亚里士多德的看法，一个善的人就是这样一个人，他实现了他作为一个人的功能。

---

① "善"（good），下面有时也按中文习惯译作"好"。——译者注

人的功能

亚里士多德问："我们是否得假设，木匠和鞋匠都有特定的工作和行动方式，而作为人本身的人却没有，而是被自然遗弃在无所作为的状态？"或者说，如果"眼睛、手、脚——总之，身体的每一个部分——显然都有一种功能，我们是否可以认为，人也有一种不同于所有这些功能的功能呢？"人当然也有一种独特类型的活动，但它是什么呢？为了找到人的独特的活动，亚里士多德分析了人的本性。首先，人的目的"不仅仅是生存"，因为很显然连植物都会这样，而亚里士多德说，"我们想要知道的是人类特有的东西。"其次，人类还有着能进行感觉的生命，"但是很明显马、牛及任何动物也一样有"。现在就只剩下了"属于某个要素的一种主动的生命，这个要素具有一个理性的原则"。他进一步主张，"如果人的功能就是灵魂的活动（这种活动遵循着或意味着一个理性的原则）……那么人类的善当然就是与德性相一致的灵魂活动。"

既然一个人作为人的功能就是灵魂的正当运作，亚里士多德就试图描述灵魂的本质。人的灵魂是人的身体的形式。这样一来，灵魂关系到的就是整个人。因此，亚里士多德说，灵魂有两个部分，非理性的部分和理性的部分。非理性的部分是由两个更小的部分构成的。首先，像植物一样，它有一个营养的部分，使我们能够吸收营养维持生理的生命。其次，像动物一样，它又有一个欲望的部分，使我们能够感受欲望，复又推动我们四处活动以满足这些欲望。灵魂的这两个非理性的部分都有反对和抵抗理性部分的倾向。人的理性成分与非理性成分的冲突导致了关于道德的问题。

道德必然涉及行动。因此亚里士多德说，"在奥林匹克比赛中，赢得桂冠的并不是最健壮的人，而是那些参加了比赛的人，因为获奖者是从这些参赛者中产生出来的。在生活中也是如此，在那些可敬而善良的人们中，能当之无愧地获得奖赏的，是那些身体力行的人。"而这种特殊类型的行动在此意味着灵魂的理性部分对非理性部分的支配和引导。不仅如此，一个人行善于一时一地，并不成其为一个善人。善人必须终其一生都是善的，"一燕之来或一日之晴都不足以成春，同样，一个人也不是只凭着朝夕之功就可以成为一个幸福的人的。"

作为目的的幸福

人类行动应该指向正当的目标。人们无处不在追求愉悦、财富和荣誉。虽然这些目标有某种价值，但它们不是人所应追求的首要的善。要成为一个终极目的，一个行动必须是自足的、终极的，"是自身就值得欲求的，决不是因为要追求他物而值得欲求"，而且它必须能够被人们追求到。亚里士多德确信，所有人都会同意，唯有幸福这一目的可以完全满足对人类行动的终极目的的一切要求。事实上，我们之所以选择愉悦、财富和荣誉就是因为我们认为"以它们为手段可以获得幸福"。幸福就是善的代名词，因为幸福和善一样是我们独特功能的实现。正如亚里士多德所说："幸福……就是灵魂按照美德或德性活动。"

灵魂如何得到幸福呢？道德的普遍规则是"根据正当的理性去行动"。这就意味着灵魂的理性部分应该控制非理性的部分。很明显，考虑到灵魂的非理性部分的构成及其运作机制，它有必要被加以引导。当考察我们的欲望时，我们首先发现它受到了自我之外的人或物的影响。灵魂的这个欲望的部分以两种基本的方式对这些外部因素作出反应——这就是爱（沉迷于情欲的激情）与恨（暴躁的激情）。爱使我们对事物或人产生欲求，而恨则使我们躲避或者破坏他（它）们。很明显，这种爱和恨的激情如果放任不管，很容易就会"失去控制"。它们在自身之中并不包含任何权衡的原则。一个人应该欲求什么？欲求多少？在何种情况下才可做如此欲求？我们该如何处理我们与各种事物、财富、荣誉，以及他人的关系？

在这些事情上我们并不是自动地就正确地行动的。正如亚里士多德所说，"没有什么道德上的品性是一生下来就出现在我们身上的；因为没有什么天生就有的东西可以形成一个与它的天生本性相反的习惯。"道德与习惯的形成有关，这些习惯是正确思考的习惯、正确选择的习惯和正确行为的习惯。

作为中道的德性

人的激情可以激起从不足到过度的各种各样的行动。且看我们对于食物的欲望。一方面我们有可能由饕餮无度任意摆布。另一方面我们也可能食欲不振直到饿死。恰当的行为方式——也就是有德性的行为方式——是过度和不足之间的中间道路式方式。我们应该找出我们所有激情的这个中间状态，例如害怕、自信、情欲、愤怒、怜悯、快乐和痛苦的中间状态。在我们没有达到这一中间状态时，我们就会陷入过分或不足的过恶中。我们通过灵魂的理性力量来控制我们的激情，形成各种符合德性的习惯，这些习惯自动地引导我们遵从中间路线。例如，勇敢的德性是两种缺点——怯懦（不足）和鲁莽（过度）——之间的中道。德性乃是一种存在的状态，"这种状态倾向于深思熟虑的选择，处于相对的中道，由理性来作出决定，就像一个有实践智慧的人那样作出决定"。因此，德性就是根据中道来进行选择的习惯。

对于不同的人来说，中道是不一样的，对不同的行为来说也是如此。由于每个人所处条件不同，中道对每个人来说是相对的。以吃饭为例，适当的食量对一个成年运动员和一个蹒跚学步的小孩来说显然是不一样的。但是，对每个人来说依然存在着一个符合比例的或者说相对的中道，这就是节制（temperance）的德性。它处于两种极端的缺点之间，即暴饮暴食（过度）和饥饿（不足）之间。与此类似，当我们花钱时，大方就是有德性的中庸，它处于挥霍和吝啬的缺点之间。至于花多少钱才是大方，并不存在一个固定的数目；钱数要视我们的资产而定。虽然有大量的德性处于两个极端的过恶之间，但是也还有一些行动无任何中道可言。它们的本质已经意味着恶，例如轻侮、嫉妒、通奸、盗窃和谋杀。这些行为本身——而不是它们的过度或不足——就是坏的。所以如果我们做这些事就总是错误的。

因此，道德品性就在于培养会自动地使我们按中间路线行动的习惯——或者就是不去做偷盗、谋杀之类的坏事。柏拉图曾经列举出四种主要的德性（后来被称作"基本的"德性），亚里士多德也认可它们，这就是勇敢、节制、正义和智慧。除了这些，亚里士多德还讨论了慷慨、宽宏、友爱和自尊的德性。

慎思和选择

在理性灵魂中存在着两种理性。第一种是理论理性，它给予我们关于确定原则或哲学智慧的知识。另一种则是实践理性，它为我们在自己所处的特定情况下的道德行动提供理性指导，这就是实践智慧。理性所起作用的重要性在于，如果没有了这一理性的要素，那么我们将没有任何道德能力。此外，亚里士多德强调，虽然我们有着正确行为的自然能力，但是我们并不是天生地就能正确地行动。我们的生活有着无数种可能性。善在我们身上只是潜在地存在。一棵橡树会结出橡子，这几乎有一种机械的必然性。但是对于人来说，我们要认识到我们必须做什么，对之深思熟虑，并实实在在地作出选择去行动，这样才能将我们潜在的东西转变成现实。柏拉图和苏格拉底认为，认识到善就足以去行善。亚里士多德则不同，他意识到，除了有知识，还必须有深思熟虑的选择。因此，亚里士多德说："道德行动的起源——它的致动因而不是目的因——乃是选择，而选择（的起源）乃是带有一个目的考虑的欲望和理性。"

自由选择和人类责任之间有着重要联系。例如，假设你的头脑里长有一个肿瘤，使你产生不可遏制的暴力冲动。如果你的暴力行为真的是你无法控制的，那么你对你的作为并不负有道德责任。因此，亚里士多德——还有其他许多道德哲学家们——主张，人们要对自己的行为负责，从而也主张，道德行为乃是自愿的。但是并非我们所有的行动都是自愿的。存在着一些例外，因为亚里士多德说过："对于自愿的行为我们可以赞扬和指责，而对于非自愿的行为，我们只能宽容，有时它们只能令人怜悯。"对亚里士多德而言，自愿行为和非自愿行为的主要区别在于：非自愿的行为是一个人无须为之负责的行为，因为他们这么做（1）是出于特定情况下的无知，（2）是外部强迫的结果，或者（3）是为了避免更大的恶。而自愿的行为是一个人要为之负责的行为，因为当他这么做时，上述三种情有可原的情况并未发生。

沉　思

对亚里士多德而言，人类本性不仅仅在于理性，它涵盖了植物灵魂、欲求灵魂和理性灵魂。德性并不意味着否定或排斥这些自然能力中的任何一种。道德的人运用他身体的和心灵的所有能力。与人类本性的这两大部分相对应，理性也有着两种功能，道德的功能和理智的功能，它们有着各自的德性。我们已经了解了亚里士多德对道德德性的解释，这就是那些有助于我们在面对自然欲望时遵循中道的习惯。与之相对照，理智的德性关注我们理智的本性而不是身体的本性；理智德性中最主要的是哲学智慧（sophia），它包括科学知识和把握第一原理的能力。

亚里士多德在他的伦理学主要著作的最后讨论了哲学智慧和沉思理智真理的活动。如果说幸福是我们根据自己独特的本性行动的结果，那么我们很有理由认为，当我们按照自己最高本性行动时，也就是在沉思时，我们是最幸福的。亚里士多德说，这个活动是最好的，"因为不但理性在我们身上是最好的，而且理性的对象也是可以知道的对象里最好的"。不仅如此，沉思"是最持久的，因为我们可以比做任何事情都更长久地沉思真理"。最后，我们认为幸福伴有愉悦，但是哲学智慧的活动毫无疑问是最令人愉悦的有德性的活动。

4.6　政治学

亚里士多德在《政治学》（*Politics*）中就像在《伦理学》（*Ethics*）中一样强调目的这一要素。就像人一样，国家自然地就被赋予了某种独特的功能。亚里士多德将这两种思想结合了起来，说："很明显，国家是自然的产物，而人则天生就是政治的动物。"人类本性和国家密切相关，所以"一个不能生活在社会中的人，或者一个由于自足而无需他人的人，要么是头野兽，要么是个神"。不仅人的本性使我们倾向于生活在一个国家，而且国家就像任何别的社群一样，"是出于一种要达到某种善的考虑而建立"、为了某个目的而存在的。家庭的存在主要是为了延续生命。国家的出现起初是为了延续家庭和村社的生命，家庭和村社从长远来看是不能光靠自身存在下去的。但是国家的功能还在于确保人民的最高利益，即我们的道德的和理智的生活。

与柏拉图不同，亚里士多德没有描绘出一个理想国家的蓝图。虽然亚里士多德把国家看作使人民能够达到他们作为人的终极目标的机构，他还是意识到关于国家的任何理论都必须注意几个实际的问题。例如，我们必须确定"什么样的政体适用于一个特定的国家"，哪怕一个最好的国家通常是达不到的。还有，我们必须确定"如何在既定的条件下组建一个国家"，如何维护它。在亚里士多德看来，"政治学家们虽然有着出色的思想，但他们却通常并不务实。"由于这些原因，他很难接受柏拉图那些非常极端的思想。他嘲笑柏拉图废除保卫者阶层的家庭并把他们的后代交由公共抚养的主张。在亚里士多德看来，如果采取这种主张，"那么所谓的父亲就没有任何理由照顾儿子，儿子也没有任何理由照顾父亲，兄弟之间也是如此"。财产的公有同样也会破坏人们的一些基本享受，还会产生低下的效率和无尽的纷争。

国家类型

亚里士多德承认，在适当的条件下，一个社会可以把自己组织成三种形态的政体。它们之间最基本的差异是每种政体的统治者的数目。一种政体的统治者数目可以是一个、少数几个或者多个。但是其中每一种政体又都分别可以有一种常态和一种变态。当一种政体运作正常时，它是为了所有人的共同利益而进行统治。当政府的统治者只谋求自己私人的利益时，这个政体是反常的。亚里士多德认为，各种政体常态分别是君主政体（一人统治）、贵族政体（少数人统治）和共和政体（许多人统治）。与它们相应的变态政体分别是僭主政体（一人统治）、寡头政体（少数人统治）和民主政体（许多人统治）。亚里士多德自己最推崇的是贵族政体，这主要是因为就算我们再努力，杰出的人总还是少数。在一个贵族政体中，统治者是一群这样的人，他们优秀的程度、他们的成就和拥有的财富使他们有责任心、能干，领导有方。

差异与不平等

由于亚里士多德严重依赖对事物的那种逸闻轶事式的观察，所以他不可避免地犯了一些错误。最明显不过的例子就是他关于奴隶的观点。他观察到奴隶都是强壮魁梧的，于是就下结论道，奴隶制是自然的产物。亚里士多德说："很明显，有些人天生自由，而有些人天生就是奴隶，对那些天生为奴的人来说，奴隶制既是合宜的又是正当的。"当然，亚里士多德非常注意区分那些天生就是奴隶的人和那些由于军事征服而沦为奴隶的人，他接受前一种人为奴而反对后一种人为奴。亚里士多德反对通过征服而使别人沦落为奴隶的理由相当充分：征服了别人并不意味着我们在本性上就高他们一等。此外，强力的使用究竟有无正当理由也很难说，这样一来，成为奴隶很有可能是一个非正义的行动的结果。同时，谈到"对奴隶的正当对待"时，他提议："鉴于他们提供的服务，应该可以随时给他们以自由，这是很有好处的。"事实上，在他的遗嘱中，亚里士多德提出要释放他的一些奴隶。

亚里士多德也相信公民权是不平等的。他认为获得公民权的基本资格在于一个人所具有的参与统治和服从统治的能力。一个公民有权利也有义务参与正义的管理。既然公民们必须出席会议、参与法庭审理，那么他们就必须既要有充足的时间又要有适当的性情和品格。由于这一原因，亚里士多德不相信劳动者可以成为公民，因为他们既没有时间，心智也没有得到适当的发展，况且参政的过程对他们并无益处。

好的政体和革命

亚里士多德一再强调国家的存在是为了每个人道德和理智的完善。他说："国家的存在是为了好的生活，而决不仅仅是为了生活。"类似地，"国家是家庭和村社在一种完满自足的生活中的联合，这是一种幸福高尚的生活。"最后，"我们的结论就是，政治组织的存在是为了高尚的活动，而不仅仅是为了交朋结党。"然而，一个国家是否带来了好的生活，这要取决于它的统治者如何行事。我们已经看到，亚里士多德区分了政体的变态和常态，好的统治者力求为所有人谋利益，而变态政体中的统治者则为他们自己谋私利。

不论政府采取哪种形式，它都建立在某种正义观念和相称的平等观念的基础之上。但是这些正义的概念可能引起纷争，并最后导致革命。亚里士多德认为，民主政体就产生于这样一个假设，那些在某个方面平等的人在所有方面都是平等的："因为人们在自由上是平等的，他们就宣称他们是绝对平等的。"另一方面，亚里士多德说，寡头政体是基于如下思想："那些在某个方面不平等的人在所有方面都是不平等的。"因此，"由于他们在财产上不平等，他们就以为他们是绝对不平等的。"由于这些原因，只要民主政府或寡头政府落到了少数人手里，而责任政府的执政原则"并不符合他们先前设想的理念，（他们）就会激起革命……这时革命就喷涌而出了"。

亚里士多德的结论是："革命情绪普遍的和主要的原因是要求平等，人们要求与那些所拥有的资源比自己多的人平等。"他没有忽略其他一些原因，诸如蛮横、贪婪，以及恐惧和蔑视。亚里士多德说，针对这些革命的原因，每种形式的政府都可以采取一些预防步骤。例如，君主必须避免独断专行，贵族政府应该避免由少数富人为了富裕阶级的利益来进行统治，一个共和政府应该让那些更能干的成员有更多时间来参与统治。亚里士多德大声疾呼，最重要的是，"没有什么东西比守法的精神更值得加以精心维护的了"。归根结底，人们在一个国家中的生活条件使他们能够达到幸福，达到他们认为的好的生活时，他们才不会批评这个国家。

4.7 艺术哲学

亚里士多德对艺术有比柏拉图更加同情的关注。不论柏拉图还是亚里士多德都认为，艺术在本质上就是对自然的模仿。柏拉图认为艺术作品至少与真理隔着三层，所以他对某些艺术门类很轻视。人类真正的实在是人的永恒理念。这一理念的拙劣摹本就是任何一个具体的人——比如说苏格拉底。苏格拉底的雕像或画像就是摹本的摹本。柏拉图特别关心艺术的认知方面，他感到艺术会歪曲知识，因为它与实在隔了好几层。而亚里士多德则相信普遍的形式只存在于具体的事物中，他感到，当艺术研究事物并将它们转化为艺术的形式时，艺术直接地就是在和普遍的东西打交道。因此，亚里士多德肯定了艺术的认知价值，他说既然艺术的确模仿自然，那么它也传达了关于自然的信息。

在《诗学》中，亚里士多德通过比较诗歌与历史强调了诗歌认知的方面。历史学家只关心特定的人或事件，诗人却不是这样，他们处理的是基本的人性，因而是普遍的经验。它们之间真正的区别在于：历史考虑的是已经发生的事情，而诗歌考虑的则是可能发生的事情。"因此诗歌比历史更富有哲学性，比历史更高；因为诗歌力图表现普遍的东西，而历史表现的则是特殊的东西。"亚里士多德所谓普遍性的意思是，"根据可能性或必然性的规律，一个属于某种类型的人在某个场合会有怎样的言行"。"诗歌的目标就是达到这种普遍性。"

在亚里士多德看来，艺术除了认知的价值外还有可观的心理意义。一方面，艺术反映了人类本性中使人区别于动物的深层方面，这就是人类天生的模仿本能。事实上，人从婴幼儿时期起就通过模仿来学习。除了这个本能，当人们面对艺术作品时也能感到愉悦。因此，"人们乐意看见真实东西的拟似物，其原因就在于，人们在沉思它时发现自己是在进行学习或推断，并且或许会说：'哈，这就是它。'"

亚里士多德对史诗、悲剧和喜剧进行了细致的分析，分别指出了它们的构成和功能。他对悲剧的论述在后代人的思想中引起的共鸣尤为强烈。他特别强调悲剧的情感方面，其论述的核心是关于净化（catharsis）——对不愉快情感的清洗——的思想。亚里士多德说：

> 悲剧就是对一个严肃行动的模仿，这一行动有一定长度，因而自身是完整的；带有一些令人愉悦的对语言的附属修饰，各种修饰分别适用于作品的不同部分；它的表达形式是戏剧性的而非叙述性的；它带着能够引起怜悯和恐惧的情节，以此来完成它对这些感情的净化作用。

"净化"一语是否暗示，我们通过悲剧"去除"了我们的感情？或者，它是否意味着给了我们一个机会，以一种间接的方式来表达或释放我们内心深处的感情？不论是哪种情况，亚里士多德的意思似乎是说，对深重痛苦的艺术再现在观众心中唤起了真实的恐惧和怜悯，也就由此在某种意义上净化了观众的精神。因此，亚里士多德说："悲剧是对一个行动的模仿……通过怜悯和恐惧使这些感情得到了真正的净化。"

总　结

　　亚里士多德的写作差不多覆盖了几乎全部的哲学主题。在逻辑学中，他列出了十大范畴，也就是用于主体的各种谓述。它们是：实体、量、质、关系、处所、时间、状态、所有、活动以及遭受。在逻辑论证上，他发展了三段论的观念，对此的一个例子是：（1）所有人都会死；（2）苏格拉底是人；（3）因此，苏格拉底会死。根据亚里士多德的观点，最好的论证是以第一原理作为其前提的那些，也就是规定了事物属性的那些。

　　对于亚里士多德来说，形而上学的主题涉及对于某物而言，存在意味着什么，并且是对一个事物本性的探问。形而上学研究包含几个重要的区分。首先是一个事物的本然属性和偶然属性之间的区分，拿一个红发女人为例：对于她，作为人类是一个本然属性，而拥有红发则是一个偶然属性。第二是质料和形式之间的区分。所有对象都是由形塑为某种形式的某种物质材料组成。与柏拉图相信理念独立于物质对象存在不同，亚里士多德认为形式和质料无法独立存在。接下来是他对四因的区分。对于一个雕像，有形式因（雕像的形式本身）、质料因（大理石）、动力因（雕塑家的动力）和目的因（用于装饰）。接下来则是潜能和现实之间的区分，例如，一颗橡子之中有长成一棵橡树的潜能，而树本身即是对潜能的实现。最后，在亚里士多德的形而上学中，有一个不动的动者的观念，它是宇宙中所有运动的根源。它不是一个动力因，而是一个目的因，促使宇宙中的万物自其潜能向现实运动。

　　接下来转向亚里士多德的人性观，他认为是灵魂将生命与非生命区分开来。他认为灵魂无法脱离身体而单独存在，二者的联系就如形式之于质料。有生命物的灵魂有三个等级。营养灵魂见于植物和动物中，负责自我养育。感性灵魂只见于动物，并包含感觉和运动的能力。理性灵魂只见于人类，并赋予我们各种推理的能力，比方说科学推理和关于道德选择的慎思。他主张，人类的思维过程，永远不能达到完整的知识，因此有时处于潜能的状态，有时则是现实。然而，不动的动者的心灵则是完全的现实，亚里士多德称之为主动理智。

　　说到伦理学，亚里士多德坚持最高的人类善是实现我们作为理性存在者的功能，这反过来又涉及使用理性来约束我们感性灵魂的欲望。我们通过发展美德来约束我们的欲望——也就是说，培养良好的习惯——防止我们以极端和有害的方式行动。有品格的行动是极端的过剩和缺乏之间的中道。例如，勇敢的美德意味着在怯懦（一种缺乏）与鲁莽（一种过剩）的恶德之间取中道。在政治哲学中，亚里士多德主张，人类就其本性而言就是社会的动物，并因此自然而然地形成社会和政府。在各种形式的政府——君主制、贵族制、民主制之中——亚里士多德青睐贵族制。自然指派给我们社会中的不同角色，有些人生来是统治者，其他人则生而为奴。在艺术哲学中，亚里士多德认为艺术模仿自然，并因而教导我们有关自然的事情。悲剧的诗歌和戏剧尤其具有一种宣泄情绪的功能，读者和观众借此有机会宣泄其负面感情。

研究问题

1. 亚里士多德的范畴有关于我们在语言中所使用的语法谓述的种类，也有关于现实世界中从属于事物的性质的种类。有没有什么范畴是亚里士多德遗漏却应当在他的列表中的？
2. 在互联网上搜索"雅典学派"，看一看意大利艺术家拉斐尔那幅著名湿壁画的图片。柏拉图和亚里士多德在中间，柏拉图向上指，而亚里士多德向下指。解释一下这象征了他们两个的哲学之间的何种不同。
3. 柏拉图主张形式可以脱离质料而存在，而亚里士多德主张不能。解释他们的观点，以及你相信谁更接近真理。
4. 亚里士多德用雕像的例子解释他的四因。举一个你自己的例子，并将其关联到四因中的每种原因。
5. 在对现实和潜能的论述中，亚里士多德写道："尘土潜在地是一个人类吗？不是，只有当它已经成为种子时才是，或许到那时也不是。"（《形而上学》，第九卷，第七章）解释这段引文，以及某物处于一个潜能的状态是什么意思。
6. 解释不动的动者如何导致万物的运动（而不是那些运动的动力因）。
7. 根据亚里士多德，就像形式无法脱离质料，灵魂也无法脱离身体。解释这个观点，并说说你是否同意。
8. 在对美德意义的论述中，亚里士多德写道："美德难有的原因在于，难以从任何事物中发现意义，例如，并非每个人，而是只有科学的人才能发现一个圆的意义或圆心。"举一个例子，说明发现美德意义时的困难。
9. 亚里士多德主张，人们对于非自愿的行为并不负有道德上的责任，因为他们（1）出于特定情况下的无知；（2）受外部强迫而做；或者（3）为避免更大的恶而做。解释你是否同意这些中的每一条可以免除一个人的道德责任。
10. 解释亚里士多德天生奴隶的概念，并说说你觉得他错在哪里。

第二部分

希腊化时期和中世纪的哲学

▲斯多亚——芝诺讲学的柱廊，斯多葛学派成立之地（美国古典研究所）

◀圣博格斯大教堂，13世纪开始建造，完成于约1300年。

▼卢克莱修在庞贝城的房子内部壁画（罗马国家博物馆）

◀爱比克泰德（纽约公共图书馆图库）

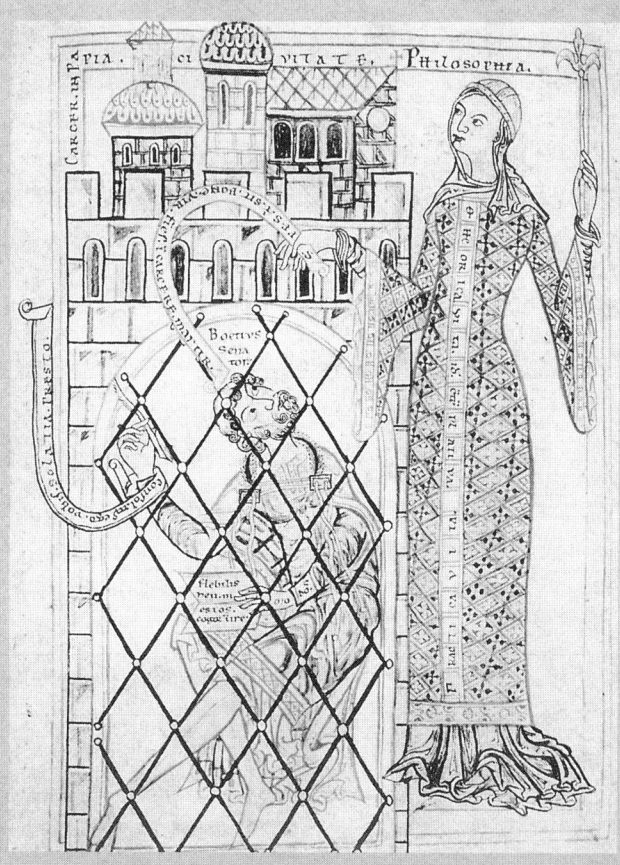

▶在监狱里接受哲人拜访的波爱修斯（纽约农人珍藏室）

◀剑桥大学埃曼纽尔学院一座教堂内的彩绘玻璃,右边是爱留根纳。

◀奥古斯丁(纽约阿里纳利艺库)

◀拉斐尔的巨幅壁画《雅典学派》中的普罗提诺(局部放大)

▲托马斯·阿奎那（科比斯·柏特曼图库）

▲安瑟伦，法国雕版图，1584年（纽约农人珍藏室）

▲波那文都像。波那文都被视为圣方济各之后又一位举足轻重的神学家。

第五章

亚里士多德以后的古代哲学

5.1 伊壁鸠鲁主义
5.2 斯多葛主义
5.3 怀疑主义
5.4 普罗提诺

在亚里士多德完成了他的宏大的思辨体系之后,哲学转向了一个新的发展方向。四个哲学家群体对形成这种新的研究方向起了推进作用,这四个哲学家群体分别是伊壁鸠鲁学派、斯多葛学派、怀疑论学派和新柏拉图主义。当然,他们都受到其先行者的巨大影响。因此,我们看到:伊壁鸠鲁学派依据的是德谟克利特的原子论的自然理论,斯多葛学派运用了赫拉克利特的渗透万物的火的实体概念,怀疑论学派建立了某种基于苏格拉底式的怀疑形式的问答方法,而普罗提诺则大量地吸收了柏拉图的思想。然而,使得他们的哲学不同于前人的与其说是哲学的主题,不如说是哲学的取向和重点。他们哲学的重点是实践的,而其取向则是以个体为中心的。由于强调生存技艺,哲学的实践性加强了。当然,这些新的思想运动中的每一个都确实包含了对宇宙构造的思辨性描述。与柏拉图、亚里士多德详细拟订理想社会之蓝图,而且使个人顺应大的社会和政治组织的做法不同,这些新哲学家引导人们首先去思考其自身,思考作为个体他们如何才能在更大的自然系统中获得最为令人满意的个人生活。

这些新的哲学取向在很大程度上是历史条件的产物。在伯罗奔尼撒战争和雅典陷落之后,古希腊文明也随之衰落了。随着小的希腊城邦的崩溃,作为个体的公民丧失了那种认为自己拥有重要地位的感觉,对把握自己的社会和政治命运也感到无能为力。因为他们被吸收到不断壮大的罗马帝国之中,人们更日益感受到个人无力支配自己在共同体中的生活。当希腊成为只不过是罗马的一个行省时,人们对探求有关理想社会的思辨问题失去了兴趣。人们所需要的是一种能在不断改变的环境中对人们的生活给予指导的实践哲学。在诸多事变让人们疲于应付的时代,想要改变历史似乎是徒劳的。然而,即使人类控制不了历史,但是他们至少还能在某种程度上成功地经营自己的生活。所以,哲学转到了新的方向,日益关注属于个体的那个更加直接的世界。

伊壁鸠鲁主义者致力于一种他们所谓的"不动心"(ataraxia)——或者说灵魂宁静——的生活的理想;斯多葛学派试图控制他们对不可避免的事件的反应;怀疑论者则希望通过对那些其真理性值得怀疑的理想不作任何基本的承诺来保持个人的自由;最后,普罗提诺则在一种与神的神秘结合中允诺拯救世界。他们都希望哲学提供一种人的生存意义的根据。而且毫不奇怪的是:他们的哲学,特别是斯多葛学派的哲学,后来和宗教一起竞相要求人们效忠。他们希望找到使个体的人能够在一个并不友好且到处充满了诸多陷阱的世界中成功地获得幸福和满足的道路。在寻求意义的过程中,当时被称为"调和派"的一些哲学家吸收了几个不同哲学学派的观点。每种方法都给出了对人的本性的深刻洞见,不论这些洞见被理解为是针对个人的还是针对集体的。

5.1 伊壁鸠鲁主义

伊壁鸠鲁大约于柏拉图去世后的五六年——当时亚里士多德42岁——即公元前342或341年出生在爱琴海上的萨摩斯岛上。十几岁时，他接触到德谟克利特的著作，后者有关自然的思想对他自己的哲学有着持久的影响。当雅典人被赶出萨摩斯时，他来到了小亚细亚。在小亚细亚，他在几个学校任教。大约在公元前306年，他迁到了雅典，并在那里建立起他自己的学园，学园集会的地方是他的院子。当时他的学园和柏拉图的学园、亚里士多德的吕克昂学园以及芝诺的柱廊齐名，成为古代有影响的学园之一。在那里伊壁鸠鲁吸引了一个由友人组成的关系密切的团体。这些人都因为对伊壁鸠鲁怀有深厚情感和敬意而追随他，互相之间也因为深爱有教养的谈话而倾心相与。尽管他的大量的富有创造力的著述佚失了，然而，从这个学园中仍然产生出一种明确的探讨哲学的方法，这方法并未因伊壁鸠鲁在公元前270年逝世而随之消亡。伊壁鸠鲁思想持久的影响力表现在这种影响力在雅典不断显示并向罗马传播。在罗马，诗人卢克莱修（公元前98年—公元前55年）在他的名诗《物性论》（*De Rerum Natura*）中生动地表达了伊壁鸠鲁的主要思想，该书存留到现在。

伊壁鸠鲁是一位实践哲学家。他认为，观念对生活的控制作用理当与医药对于身体健康的作用一样大。实际上，他把哲学看成是灵魂的医药。他没有探讨像"世界是由什么构成的？"之类的那些问题，受德谟克利特影响，他认为万物都是由虚空中的叫作"原子"的微粒所构成的。伊壁鸠鲁所考虑的是：如果这些东西就是构成世界的东西，那么能由之引出些什么与人类行为有关的结论来呢？

对伊壁鸠鲁来说，人类生活的主要目的是快乐。但是，令人啼笑皆非的是，直到现在人们还把他的名字与那种放纵吃喝的人联系在一起。因为没有什么比把快乐等同于吃、喝及作乐这个三一式的说法离伊壁鸠鲁的学说更远的了。相反，伊壁鸠鲁却煞费苦心地对快乐的各种类型作了区分。例如，有些快乐是强烈而不持久的，有些快乐虽然不那么强烈但却是天长日久的，有一些快乐带来痛苦的后果，而另一些快乐则给人一种宁静而安详的感觉。他试图把快乐原则提升为行为的基础。

物理学与伦理学

使伊壁鸠鲁转向快乐原则的是来自德谟克利特的"科学"或物理学。这种科学对于神创万物以及人的行为应当遵守源自神的原则等思想具有消解作用。基于这种"原子论"，伊壁鸠鲁断定，存在着的万物必定是由永恒不变的原子所构成，而原子是一些细小的、不可毁坏的、坚硬的物质微粒。除了这些原子团外，没有别的东西存在。这就意味着如果上帝或诸神存在，他们也必定是一些物质的存在物。最为重要的是，神不是任何事物的来源或创造者，自身反而倒是一种无目的的随机事件的结果。

伊壁鸠鲁用原子没有开端这种思想来解释万物的起源。原子永远存在于空间之中，像雨滴一样，它们同一时间分别从空间中下落，而且由于它们没有遭遇到阻碍，所以它们相互之间总是保持着相同的距离。在这种垂直的下落中，伊壁鸠鲁认为，有一个原子离开了完全直线的下降路径而产生些微的朝向一边的松动——也就是某种侧向的"偏斜"。于是，这个原子运动到了迎面而来的原子的轨道上与之发生碰撞，结果这种碰撞迫使这些原子都进入别的原子的轨道之中，因而在运动中造成了整个一连串的碰撞，直到这些原子形成许多个原子团。而这些原子团或原子的排列就是我们一直到现在所看到的事物，包括岩石、花朵、动物、人类。简言之，整个世界，由于有无限多的原子，所以必定有无限多的世界。无论如何，人类不是由神来产生或支配的、被创造出的有目的的秩序的一个环节，而是原子碰撞的偶然产物。

神和死亡

根据对人类起源的这种解释——以及他对包括"神圣的存在者"在内的所有存在者构成的物质的解释——伊壁鸠鲁认为：他把人们从对神和死亡的恐惧中解放了出来。我们不再被迫害怕神了，因为神并不控制自然或人类的命运，而且也无力干预人们的生活。至于说到死亡，伊壁鸠鲁说，它不会使任何人感到烦恼，因为只有活着的人才有痛苦或快乐的感觉，人死了之后，就没有感觉了。这是因为构成我们的身体和心灵的原子散开了。于是，不再有具体的身体和心灵，有的只是一些不同的原子，复归到原初的物质库中，以继续新的形成的循环。只有物质存在，而且，在人的生命中，我们所知的一切只不过是这种肉体以及这种经验的当下一刻。人的本质的成分包括各种大小和形状的原子。那些较大的原子构成了我们的身体，而那些较小的、较光滑的和较敏捷的原子则解释了感觉和思想的存在。要解释人的本性，无需任何别的本原，也无需神，当然也就无需来世。把人从对神和死亡的恐惧中解放出来，这为那种完全处于个人自己控制之下的生活方式铺平了道路。

这是道德哲学中的一种新取向，因为它把注意力集中到了个人及其对肉体的和精神的快乐的直接渴望上，而不是集中在正当行为的抽象原则上，或者是对神的命令的思考上。正如他的物理学理论使个体的原子成为一切存在的终极基础一样，伊壁鸠鲁也拣选出个体的人作为道德事业的活动场所。

快乐原则

伊壁鸠鲁以一种机械论的方式描述了万物的起源，而且他把人安排到万物的体系中，使人就好像是另一台其本性引导我们去追求快乐的小机器一样。然而，伊壁鸠鲁为人们保留了调整我们的欲望的大小和方向的能力和责任。虽然伊壁鸠鲁把人们从对神的天命的恐惧中解放出来，但他却无意借此打开情欲和放纵的闸门，他确信快乐是善的标准，然而他同样确信并非一切快乐都具有同等的价值。

如果我们问伊壁鸠鲁，他怎么知道快乐是善的标准，他将简单地回答说：所有人都能直接感受到快乐与痛苦之间的区别，也都能直接感受到，快乐是令人称心如意的。他写道："我们认识到快乐是我们之中与生俱来的第一位的善。我们对行为的取舍，其出发点和归宿都是快乐。"伊壁鸠鲁说，感受（feeling）是善与恶的直截了当的试金石，正如感觉（sensation）是真理的判断标准一样。对于我们的感官来说，痛苦总是坏的，快乐总是好的，正如观察告知我们某个东西是否在我们跟前一样。

进而，为了把人们引向最幸福的生活，伊壁鸠鲁强调各种快乐之间的区别。很显然，有一些欲望既是自然的，又是必要的，比如对食物的欲望；有一些欲望是自然的，但是不必要的，就像在某些类型的性快感的情况中那样；还有一些欲望既非自然得到的，又非必要的，例如，无论何种奢侈或名望。正是因为他可以对这些作出明确的区分，所以他得出结论说：

> 当我们坚持认为快乐是目的时，我们并不是指挥霍浪费的快乐，或肉体享受的快乐，像那些无知或不赞成或不理解我们的人所设想的那样，我们所说的快乐指的是身体的无痛苦和心灵的无纷扰。快乐不是连续不断地饮酒作乐，也不是淫欲的满足，更不是盛宴中的鱼和别的美食佳馔的享用。快乐源自冷静地推理，这种推理会寻求取舍的动机，并且排除那些导致精神纷扰的意见。

伊壁鸠鲁并非要谴责肉体快乐，相反，他的意思只不过是强调，对这些快乐的过度关心既是不自然的，也毫无疑问会导致不幸和痛苦。某些种类的肉体快乐永远也不可能得到充分满足。而且，如果这种快乐要求连续不断的放纵的生活，那么就会导致追求这些快乐的人必定永远得不到满足，也就会不断地遭受某种痛苦。例如，如果他们想要更多的金钱，或者是更多的公众的喝彩，或者是更难吃到的食物，或者是更高的地位，他们就会永远不满足于他们现有的状况，就会遭受某种内心的痛苦。但与此相反，一个聪明的人，是能够确定什么是他或她的本性所需要的最低限度的东西，而且能够轻而易举地很快满足这些需要的。当这些需要得到满足时，一个人的体质就处于均衡状态之中。聪明人的粗茶淡饭的饮食，比起讲究吃喝的人的过量的高档食品，似乎可以带来多得多的幸福。因为聪明人不仅学会了消费少而且需要得少——后者是关键所在。

人的本性所寻求的终极的快乐是宁静（repose）。伊壁鸠鲁所说的宁静指的是身体的无痛苦和心灵的淡泊松弛。这种意义上的宁静可以通过减少我们的欲望，克服无用的恐惧，尤其重要的是通过转向精神上的快乐——因为这种快乐具有最高等级的持久性——

最为成功地得到。在某种意义上，这些心灵上的快乐也是身体的快乐，因为它们具有防止在肉体的事情上的放纵从而防止随之而来的痛苦的作用。

快乐与社会正义

伊壁鸠鲁以对个人快乐的考虑为出发点，并将其推而广之来解释社会交往和社会正义。伊壁鸠鲁尽力想让自己摆脱和别人的牵连，特别是和那些缺这缺那、困境重重的穷人的牵连，正如他力图摆脱和那些享用山珍海味的僭主的牵连一样。然而，我们不可避免地要和别人打交道，这也会对我们的幸福产生实实在在的不可忽视的影响。首先，友谊的建立是我们的幸福的一个关键要素，尤其是当我们的朋友与我们趣味相投且富于思想魅力的时候。其次，文明社会的一个主要功能就是制止那些要把痛苦施加给个人的人。伊壁鸠鲁的物理学理论排除了像我们在柏拉图的理念论里发现的那种支配事物的更高的理性秩序。但是，他的趋乐避苦的思想还是蕴含着建立自然正义的一个牢固基础：人们同意不彼此伤害。他写道："从来就没有什么绝对正义之类的东西，只有人们在不同时间不同地点经过互相协商达成的约定，其中规定禁止折磨和伤害。"这种社会约定的具体细目是因地制宜，各不相同的，但伊壁鸠鲁认为这种社会约定的作用是显而易见的，因此各种社会无一例外地都会加以采用。

5.2 斯多葛主义

斯多葛主义作为一种哲学学派，包括了一些最卓越的知识分子。斯多葛学派是由基提翁城的芝诺（Zeno of Citium，公元前334年—公元前262年）所创立。他让他的学派在斯多亚（stoa）（这是希腊文的柱廊一词，因而有斯多葛学派一说）集会，这一哲学运动吸引了雅典的克莱安西斯（Cleanthes，公元前303年—公元前233年）和阿里斯顿（Aristo）。后来，在罗马，它又吸引了诸如西塞罗（Cicero，公元前106年—公元前43年）、爱比克泰德（Epictetus，60—117）、塞涅卡（Seneca，公元前4年—65年），以及罗马皇帝马尔库斯·奥勒留（Marcus Aurelius，121—180）这样的拥护者。这种影响有助于把斯多葛哲学的压倒一切的重点锁定在伦理学上，虽然斯多葛学派论述了由亚里士多德学园所构建的哲学的三大部分，即逻辑学、物理学和伦理学。

相对于快乐的智慧和控制

在他们的道德哲学中，斯多葛学派的目标也在于幸福。但是与伊壁鸠鲁派不同，他们并没有期望在快乐中找到幸福。相反，斯多葛学派通过智慧去寻求幸福。这是一种对人类力所能及范围内的事情加以支配，对无可奈何的事情则以一种不失体面的顺应来加以接受的智慧。芝诺在年轻时就被从容无畏地面对死亡的苏格拉底的伦理学说和生活所激励。苏格拉底的这种面对着对自己的存在的极度威胁——死亡的威胁时极好地控制情感的榜样，为斯多葛学派的生活提供了一个真正的模范。几个世纪之后，斯多葛学派的爱比克泰德说："我不能逃避死亡，难道我还不能逃避对死亡的惧怕吗？"他以一种更一般的形式发展这一论题。他说："不要要求事情像你所希望的那样发生，而要希望它们像实际发生的那样发生，这样你就会好好过下去。"我们不可能控制所有的事情，但是我们能够控制我们对所发生的事情的态度。害怕未来会发生的事情，这是毫无用处的，因为它们无论如何都是要发生的。然而，通过意志的活动去控制我们的害怕却是可以做到的。所以，我们不应当害怕事情发生——在某种真正的意义上，我们"除了害怕本身之外，没有什么可害怕的"。

这种道德哲学具有一种朴实简洁的特点，然而它毕竟还是一种思想精英的哲学。"控制我们的态度"这目标是足够简单的了。然而，斯多葛学派到底是如何以哲学的方法达到这一目标的呢？他们是通过创造一种关于世界必定是什么样子，以及人类如何顺应这个世界的精神图像来做到这一点的。他们说，世界是一种有序的安排，在世界中，人和自然事物按照目的原则而活动。他们在全部自然中到处都看到了理性与法则的作用。斯多葛学派依靠一种特殊的神的观念去解释这种世界观，因为他们认为神是一种理性的实体，它并不存在于某个地方，而是存在于整个自然之中，存在于万物之中。正是斯多葛学派所说的这种神——理性的一种无处不在的实体性形式，而这种理性控制和安排了自然的整体结构——决定了事件的发展过程，而道德哲学的基础就在这里。但是斯多葛学派的思想在其中推进这些主题的取向，则是被他们的知识理论所设定的。

斯多葛学派的知识理论

斯多葛学派以非常详细的方式解释了我们是如何能够获得知识的。尽管他们的说明并不完全成功，但是他们的知识理论却仍然是重要的。这至少有两个理由：(1)这种知识理论为他们的唯物主义的自然理论打下了基础；(2)这种关于知识的理论也为他们的真理或确定性的观念提供了基础。

斯多葛学派知识论的结论，全都源自他们对观念起源的说明。他们说，语词是表达思想的，而思想则是某些对象影响心灵的结果。心灵在出生时是一片空白的，当它受到对象的影响时，它建构起观念的存储器。这些对象通过感官的渠道在我们的心灵上留下印象，例如，一棵树，通过视觉器官把它的形象印在了我们的心灵之上，就像一封印章把它的印迹留在了蜡上一样。正是一次又一次地暴露在由事物构成的世界面前，增加了印象的数量，发展了我们的记忆，而且给了我们形成超越我们直接面对的对象的更一般的观念的能力。

斯多葛学派真正面对的难题是如何解释这最后一点的问题，也就是如何解释我们的诸如善和美的一般观念的问题。为此他们必须揭示出我们的思想是如何和我们的感觉相关联的。证明我们关于树的观念来自我们关于树的视觉，这是一回事，但是，我们又如何能够说明那些涉及我们的感觉之外的事物的一般观念呢？斯多葛学派答复说，一切思想都以某种方式和感觉相联系，即使是那些表达判断和推理的思想也是如此。一种关于某物是好的或真的的判断或推理，是印象的机械性过程的产物。我们的一切形式的思想都开始于印象，而我们的思想中有一些是基于那种开始于我们之中的印象的，例如身体感觉就是这种印象。所以，身体感觉可以给我们知识，它们是"不可抗拒的知觉"的来源，这种不可抗拒的知觉又是我们的确定性意识的基础。正如怀疑论者后来指出的，这种解释或许不能把我们提出的反对它的所有批评意见都顶回去。但是不管怎么说，通过这种理论，斯多葛学派不仅在其中建立了真理的基础，而且还赋予了他们的一般哲学一种独特的倾向。正如他们所做的那样，论证所有的思想都源于对象对感官的冲击，就是断言除了具有某种物质形式的东西之外，没有什么东西真正存在。斯多葛学派的逻辑把斯多葛学派的哲学塑造成了唯物主义的形态。

作为一切实在之基础的物质

这种唯物论给斯多葛主义提供了一种具有独创性的关于物理世界和人类本性的观念。斯多葛学派勾画出来的关于物理自然的广阔图景得自于他们的这样一种观点，即一切实在的东西都是物质的，因此，整个宇宙中的每一事物都是物质的某种形式，然而世界并不就是惰性的或被动的物质的堆积——世界是一种能动的、变化着的、结构性的和有序的安排。除了惰性的物质，还有动力或能力，它们在自然中都代表着主动定形和建立秩序的要素。这种主动的能力或动力不是不同于物质的东西，而是物质的另一种形式。它是一种永恒运动着的精巧的东西，像气流或呼吸那样。斯多葛学派说它就是火，这火蔓延到所有的事物，赋予它们活力。这种物质的火具有合理性的属性，而且由于它是存在的最高形式，所以，斯多葛学派把这种合理性的力理解为神。

万物中的神

斯多葛主义的核心思想是"神在每一事物之中"。当我们说神在每一事物之中——像火，或者力，或者逻各斯，或者合理性一样——我们指的是自然中的一切都充满了理性的原则。斯多葛学派以某种更详细的方式说到物质的可渗透性，他们这样说的意思是，各种不同类型的物质被混合在一起。他们说，神的物质性实体和那些本来不会运动的物质混合在一起，物质以这种方式活动，是因为在它之中存在着理性的原则。自然律就是物质按照这一原理的连续活动，它是事物本性的法则或原则。因此，对斯多葛学派来说，自然有它在神——一切事物的温暖的火的母体——中的起源，并且万物都直接被打上神的建构性理性的印记。万物就一直按照它们被安排的样子活动下去，由此我们可以看到斯多葛学派是如何发展出他们有关命运和天意的概念来的。

命运和天意

对斯多葛学派来说，天意意味着事情以它们应有的方式发生，因为一切事物和一切人都处在逻各斯或者说神的支配之下。整个世界的秩序是基于它的所有部分的统一，而使物质的整体结构形成一体的东西是火的实体，这种火的实体渗透到一切事物之中。在宇宙中没有什么会"格格作响"，因为没有什么东西是松动的。最后，斯多葛学派在这种完全被控制的物质世界背景的基础上建构了他们的道德哲学。

人的本性

斯多葛学派知道，要建构一种道德哲学，必须对"人的本性是什么"这个问题有一个清晰的看法。他们把那些曾用于描述自然整体的观念径直搬用到对人类的研究之中，形成了他们关于人的本性的观点。正如世界是一种被称之为理性或神的火的实体所渗透的物质体系一样，一个人也是一种被这同样的火实体所渗透的物质存在。斯多葛学派正是由于说人自身中包含了一分神性而闻名于世。他们这样说的意思是：在一种实在的意义上，人包含了神的实体的一部分。神是世界的灵魂，而每一个人的灵魂是神的一部分。这点神性是一种渗透到一个人的肉体之中，使它运动并具有一切感觉能力的精细纯粹的物质实体。这种纯粹的物质性的灵魂通过身体方面的途径被父母转移到孩子的身上。斯多葛学派认为，灵魂之中心在心脏，具体来讲，它是通过血流而循环的。灵魂加在身体上的东西是说话的能力和繁殖的能力，以及五官的精巧装置。但是，由于神是理性的逻各斯，而人的灵魂植根在理性之中，因而人的人格（个性）在它的理性中找到它的唯一的表达。然而，对斯多葛学派而言，人的理性并非仅仅意味着人能够对事物加以思想或者进行推理。正相反，人的理性意味着人的本性参与到理性的结构和整个自然的秩序之中。人的理性代表了我们对事物的实际秩序以及我们在这种秩序中的地位的意识，它使我们意识到，万物都遵循法则。斯多葛学派的道德哲学主要关心的就是把人的行为和法的秩序联系起来。

伦理学和人的戏剧

根据爱比克泰德的说法，道德哲学以一种简单的洞见为基础，按这种见解，每个人都是一出戏剧中的一位演员。当爱比克泰德运用这样一个比喻时，他的意思是说：一个演员不能选择某个角色，相反，是戏剧的作者或导演选人去扮演各种角色。在世界这出戏剧中，正是神，或者理性的原则，决定每个人将会成为什么样的人，以及他或者她将在历史中处于何种地位。斯多葛学派说，人的智慧在于认识到在这部戏剧中我们的角色是什么，并把这个角色扮演好。有些人只是"跑跑龙套"，而另一些人则被分派演主角。"不论神高兴你扮演一个穷人，或扮演一个残疾人、一个统治者还是一个普通公民，你都一定要演好。因为扮演好给你的角色是你的本分。"演员要学会不去操心他或者她不能控制的那些事，例如，舞台布景的样子和形式，别的演员将会如何，等等。演员尤其无法控制戏剧故事或者说它的情节。但是，有一样东西演员可以控制，那就是他们的态度和情绪。我们可以因为扮演一个小角色而闷闷不乐，或者当别人被挑选扮演主角时因嫉妒而耗精劳神，或者因为化妆师给你一个特别丑陋的鼻子而感觉蒙受奇耻大辱。但是，生气、嫉妒以及自感受辱都绝不可能改变我们是演小角色，而不是演主角，并且必须戴上那个丑陋的鼻子这一事实。这些感情只不过是剥夺了演员的幸福而已。如果我们能不受这些感情的困扰，或者能够达到斯多葛学派称之为"不动心"的那种状态，那么我们将会得到作为一个聪明人的标志的宁静和幸福，聪明的人是知道他或她的角色是什么并欣然接受的人。

自由的问题

在斯多葛学派的道德哲学中，还存留着一个问题，这个问题关系到人的自由的本性。我们可以很容易地理解斯多葛学派关于自然被上帝的理性所固定和安排的看法，特别是当我们把这宏大的设计想象为一出宇宙戏剧时。演员可能确实不能挑选他们的角色，但是挑选你在戏剧中的角色是一个方面，而选择你的态度则是另一个方面，在这两者之间有什么区别呢？如果你在选择其一时是不自由的，那么你在作别样选择时又怎么可能是自由的呢？神很可能不仅选择让你做一个穷人，而且还分派你当一个特别不满意的穷人。难道态度会自由地漂浮在四周等着鱼贯而过的人们去加以选择吗？或者它们像眼睛的颜色一样是人的一部分吗？

斯多葛学派顽强地坚持他们的看法，认为态度是我们可以控制的，而且坚持认为，通过意志的活动我们可以决定我们将如何对事件作出反应。但是他们从未对这样的事实提出一个令人满意的解释，即既然天意支配一切，那么为什么天意却并不同时支配我们的态度呢？他们最接近一种解释的说法，是暗示虽然在整个世界中一切事物都是遵照神的法则而行动，但根据他们对法则的认知而行动却是人类的一大特点。例如，水由于太阳的加热而蒸发，后来又以雨的形式凝结并落了下来。但是一滴水决不会对另一滴水说："我们又回到这里来了"，就好像对自己被迫与大海脱离流露出抱怨一样。当我们开始衰老并面对死亡时，我们经历了一个同样的变化过程。然而，除了衰老这个机械过程，我们还知道我们正在发生着什么变化。增加再多的知识也改变不了这样的事实，即人总是要死的。不过，斯多葛学派把他们的整个道德哲学建立在这样一种确信上：如果我们懂得了严格的律法而且理解到我们不可避免要担任我们的角色，我们就不会拼命去反对这种必然性，而是会欣然跟随着历史的步伐前进。幸福与其说是选择的产物，不如说是存在的一种性质，幸福产生于对不得不如此的事情的接受。所以自由不是改变我们命运的力量，它只不过是没有情绪上的纷扰而已。

世界主义和正义

斯多葛学派还发展了一种强有力的世界主义的思想——也就是所有人都是同一个人类共同体的公民。把世界的进程看成是一部戏剧，也就是允许每一个人在其中都扮演一个角色。斯多葛学派把人的相互关系看成是具有最大意义的事，因为人都带有一点神性。使人们相互联系起来的东西是每一个人都有一种共同的成分这一事实。这就好比说，逻各斯是一根主要的电话线路，而所有的人都在开一个电话会议，这样就把神和所有的人连贯起来而所有的人之间又相互联系，或者像西塞罗所说的：

> 因为理性既存在于人之中也存在于神之中，人和神共同具有的第一个东西就是理性。但是那些具有共同理性的人也必定具有共同的正当理性。而且由于正当理性就是法，所以我们必须相信，人和神一起共同具有法。进而，那些分有法的人还必定分有正义，而且那些分有这些东西的人应当被视为同一个共同体的成员。

四海之内皆兄弟和关于正义的普遍的自然法的理论是斯多葛学派对西方思想所作出的令人印象最为深刻的贡献之一。他们把这些基本的论题注入到思想的河流中去，以至于它们在即将到来的世纪，特别是在中世纪的哲学中产生了决定性的影响。

虽然斯多葛主义与伊壁鸠鲁哲学有着许多共同的特点，但是它也作出了某些重要的创新。和伊壁鸠鲁派一样，斯多葛学派把他们的主要重点放在了属于伦理学的实践问题上，把自我控制看成是伦理学的中心；以唯物论的观点来看待自然中的一切，并且把追求幸福作为目的。斯多葛学派注入的最有意义的变化是：他们不是把世界看作偶然事件的产物，而是看作建立秩序的心灵的产物，或者说是理性的产物。这种观点使斯多葛学派对人类智慧能达到的可能性持高度乐观的态度。然而，正是对关于智慧的这种论断——即认为我们能够详尽认知世界运行的诸多细节的论断——的反对，产生出了怀疑论派的批判哲学。

5.3 怀疑主义

我们今天所说的怀疑主义者指的是这样一些人，他们的基本态度是怀疑的态度。但是在古希腊的语词中，skeptics 是从 skeptikoi 派生出来的①，这词有很不同的意义，是指"探求者"或"研究者"。怀疑论学派也确实是一些怀疑者。他们不相信柏拉图和亚里士多德已经成功地发现了世界的真理。他们也同样怀疑伊壁鸠鲁和斯多葛学派在这方面的成就，但是尽管怀疑这怀疑那，他们仍然是一些探求者，探求一种获得平静生活的方法。埃利斯的皮罗（Pyrrho of Elis，公元前361年—公元前270年）是怀疑派这个特殊学派的创始人，这个学派对后来的许多世纪的哲学都具有某种特殊的意义以及深远的影响。他的这一特别的观点以他的名字命名为"皮罗主义"而流传于世。在皮罗引来他的追随者的同时，一个与之相竞争的怀疑主义学派产生于柏拉图的学园之中，此学派的崛起，要特别归功于阿凯西劳斯（Arcesilaus，公元前316年—公元前241年）的领导，他是学园的领袖，大概比柏拉图晚一两代。他们有"学园派"之名，但却拒绝柏拉图的形而上学，而且复活了苏格拉底的辩证的方法，他们用这种方法来悬置判断。皮罗没有写什么东西，其思想主要是通过第二手的历史资料和论述才得以存留下来。古希腊怀疑主义残存下来的主要的文本是通过塞克斯都·恩披里可（Sextus Empiricus，160—210），一个皮罗主义传统的追随者留下的。在他的《皮罗主义纲要》（*Outlines of Pyrrhonism*）的开篇中，塞克斯都对怀疑主义观点的目的和意义给出了一个富有启发性的说明。

寻求心灵的安宁

是什么导致怀疑主义？塞克斯都说，怀疑主义起源于对获得精神上的平和或宁静的期望。他说人们曾经被事物中的矛盾所纷扰，被他们到底应当相信对立观点中的哪一个所困扰。一个哲学家告诉我们一个东西，另一个哲学家则告诉我们正好与之相反的东西。那么，在怀疑派看来，如果他们能够通过研究排除错误确定真理，那么他们也就可以得到精神上的宁静。然而，怀疑派注意到，不同的哲学家提出的真理概念是不同的。他们还注意到，那些寻求真理的人们可被分为这样三种：（1）那些认为他们已经发现真理的人们（怀疑派称这些人为独断主义者），（2）那些承认他们没有发现真理且断言真理不可能被发现的人们（怀疑派认为这也是一种独断论的观点），以及（3）那些坚持不懈地寻求真理的人们。和前两种人不同，塞克斯都说，"怀疑派坚持不断的探索"，怀疑主义并不否认找到真理的可能性，也不否认人类经验的基本事实，它不如说是一种持续研究的过程。在这个过程中，对经验的每一种解释都要受到相反经验的检验。塞克斯都说，怀疑主义

---

① 这两个希腊词的含义是"怀疑者"和"探求者"。——译者注

的基本原则是每个命题都有一个与之相当的相反命题。他说，这个原则的结果就是，"我们以消除独断而结束"。

怀疑派对这样的事实印象极为深刻，那就是，同样的"表象"在那些经验它们的人中产生出各种各样不同的解释。塞克斯都说，他们发现，相互反对的论证似乎同样有力。也就是说，不同的解释似乎有着不相上下的正确概率。因此，怀疑派被导向悬置判断，避免否定或肯定任何东西。他们希望由这种对判断的悬置而获得一种无干扰的、宁静的心理状态。

明显的事情和不明显的事情

显然，怀疑派并没有放弃富有活力的思考和辩论的事业，他们也没有否认明显的生活事实——例如，人们会有饥渴，如果走近悬崖，处境会很危险。怀疑派认为人们显然应该在行动中小心仔细。他们并不怀疑他们生活在一个"真实的"世界之中，他们只是想知道这个世界是否已经得到了正确的描述。塞克斯都说，没有人会质疑对象有这种或那种表象，问题是"对象实际上是否像它们表现出来的那样"。所以，虽然怀疑论拒绝独断式的生活，但是他们也并不否认与经验有关的明显事实。塞克斯都说，"我们对现象给予了应有的尊重。"对怀疑派来说，日常生活似乎要求小心地认知四个方面的问题，塞克斯都称这四方面问题为：（1）本性的引导，（2）感觉的制约，（3）法和习惯的传统，（4）技艺的教育，这四个方面中的每一个都对成功而宁静的生活作出了贡献。而且对它们中的哪一个都无须作任何独断的解释或评价，只须加以接受就是。于是，正是通过本性的引导，我们才本能地具有感觉和思想的能力；也正是通过我们的感觉的力量，饥饿驱使我们去进食，干渴促使我们去饮水。而正是法和习惯的传统在日常生活中约束我们，使我们相信虔诚是善，不虔诚是恶。最后，塞克斯都说，正是借助于技艺的教育，我们从事那些我们选择参与其中的技艺。

因此，毫无疑义，怀疑论者决不否认感性知觉到的明显事实。塞克斯都说，确实，那些说怀疑派否定表象的人们"似乎并不熟悉我们学派的说法"。他们质疑的不是表象而只是"对表象的解释"。塞克斯都举例说，蜂蜜表面上似乎是甜的，而且"我们同意这一点，是因为我们通过感官知觉到它是甜的"，但问题是它是否真的在本质上是甜的。因此，怀疑派阐述自己关于现象的论证，不是要否定现象的实在性，而是为了指出"独断论者"的轻率。塞克斯都从这种关于感官对象的论述中得到的教训是：如果人的理性可以如此容易地被表象所欺骗的话，"如果理性是这样的一个骗子，以至于他几乎能从我们眼皮底下攫走表象"，那么在那些并不明显的事情上，为了不草率行事，我们遵循起理性来岂不更是要特别小心吗？

那些并不明显的事情在柏拉图、亚里士多德和斯多葛派的宏大哲学体系中占有中心地位。怀疑派在此发现了许多精心建构的理论，特别是关于自然事物之本性的理论。然而物理学理论——它是对不明显的事情的一种研究——又何以能够给我们可靠的真理呢？怀疑派对物理学研究采取了一种双重态度。一方面他们拒绝对物理学加以这样的理论化：仿佛要这样来发现"对物理理论中任何事物的牢固而坚定的观点，以支撑起坚定不移的理论"似的。然而，他们"为了让每一种论证都有一个与之相反的同等论证，也为了精神宁静的目的"，又确确实实谈及了物理学。他们对关于伦理学和逻辑学的问题的看法是与此相似的。无论在哪种情况下，他们对精神宁静的追求都不是一种消极的方法，也不是一种拒绝思考的做法，而是一种积极的方法。他们的"悬置判断"的方法要求在对立面中设定事物的积极性。正如塞克斯都说的，"我们用表象反对表象，或者用思想反对思想，或者用表象反对思想。"

因而，塞克斯都区分了两种类型的研究，也就是涉及明显事情的研究和涉及不明显事情的研究。那些明显的事情，比如现在究竟是白天还是黑夜，是不会产生知识方面的严重问题的。为达到社会和个人安宁的那些明显的要求，也是属于这个范畴的，因为我们知道，是习俗和法维持着社会的团结统一。而不明显的事情，例如，自然的元素是否由原子或某种火的实体所构成这类事情，则会产生理智上的争论。只要我们一走出那些人的经验中显而易见的东西的范围之外，我们对知识的探寻就只能在创造性怀疑的影响下继续。因此，如果我们问我们是何以知道世界是什么样的，怀疑派就会回答说：我们尚不知道。他们说，人们或许可以获得真理，但是他们也可能陷入错误，而我们不能确定他们到底是得到了真理还是处在错误之中，因为我们没有一个可靠的标准去确定不明显事情中的真相。

感官是欺惑的 塞克斯都论证说，如果我们的知识来自经验或感觉印象，那么就更有理由怀疑所有知识的恰当性。因为事实是：在不同的时间和不同的环境之下，对同一对象我们的感觉给我们不同的信息。例如，隔着某个距离看过去，一座方形的建筑物好像是圆的，一处风景在一天中不同的时间去看也显得不同，蜂蜜让某些人觉得是苦的，剧场上的绘景让人觉得真的有门窗在那儿，其实那只不过是画在平面上的一些线条。我们拥有印象，这是确确实实的，例如，我们确实是"看到"了水中的一支弯曲的桨，但是我们永远不能确定的是：事实上这桨是否是弯的。虽然我们可以把桨拿出水面，而且发现知觉的错误，但是，并非每一种知觉都有这样一种简单易行的办法来检验其精确性和真实性。我们大部分知识都是基于知觉的，但是我们对这些知觉却没有判断真假的标准，怀疑论的结论是：我们不可能确定我们关于事物本性的知识是真的还是假的。

道德法则产生怀疑 和物理对象一样，道德观念也是怀疑的主题。不同社会的民众有着不同的关于什么是善和正当的观念。每个社会的习惯和法都不同。就是同一个社会，时代不同习惯和法也不同。斯多葛学派说，有某种为所有人共同具备的普遍理性，它引导所有人达成关于人的权利的普遍共识。怀疑派在理论和事实上都对此加以质疑，他们说，没有证据证明所有人都能够赞同普遍道德原则之真理。进而，他们论证说，也没有证据说明民众在实际上显示过这种普遍同意。事实是：民众的意见是各不相同的。再说，那些看法不同的人们全都可以用同样强有力的论证来支持他们自己的观点。在道德问题上，没有绝对的知识，只有意见。斯多葛学派曾论证说，在某些问题上，检验真理的标准是"不可抗拒的知觉"。怀疑派则答复说，可悲的是，一种意见无论多么强硬地坚持，它毕竟还只不过是一种意见。而且我们也可以用与它同样多的证据去支持一个与它正好相反的意见。当人们采取了独断论的立场时，他们的结论在他们自己看来总是不可抗拒的。但是这并不能保证他们的认识是真实的。

塞克斯都以一种格外系统化的方式来坚持他关于道德的怀疑论。他收集了人和社会对于最基本的道德价值抱有相互冲突态度的一个又一个例子。由于这些冲突，我们应当意识到，没有什么东西就其本质而言是好的或者坏的，并因此悬置在给定的社会价值下对自然道德特征的判断。他将这些例子分为五类。第一是人们采取的个人的行为准则，比如古希腊犬儒哲学家所采取的第欧根尼的那种生活方式。第二是法律，即违反者会受到惩罚的成文法，比如关于通奸的法律。第三，包含得到了普遍接受的惯例的社会习俗，对此，违反者不会必然受到惩罚，比如同性之间的性行为。第四，关于那些从未发生过的事情的神秘信念，比如诸神之间的矛盾。第五是得到哲学家的论证支持的、由教条式的意见组成的理论，比如灵魂不死的观点。根据塞克斯都，在每个类别中，我们的道德价值都相互冲突。就法律而言，他写道："在斯基泰的陶利卡人中，拿陌生人献祭给阿尔忒弥斯是一条法律，可对于我们，在靠近神殿的地方杀人是非法的。"就社会习俗而言，"来自印度的人们公开与女人交媾，可其他大多国度的人都会觉得可耻"。就宗教神话而言，"有人说灵魂永生，有的说它终有一死"。进而，他主张，这些类别中任何一个的价值都会与其他类别中的价值相龃龉："在波斯人中，同性之间的性行为是习俗，但在罗马人中，这样做是被法律禁止的。"类似地，我们关于众神触犯通奸的神秘信念与我们禁止通奸的法律是不一致的。同时，有些哲学家抱持这样的教条观点，乱伦是道德上被许可的，但遭到多个国家法律的禁止。因此，无论我们怎样想象道德价值——作为个人的生活方式，或者法律，或者习俗，或者宗教神话，或者哲学教条——我们都会发现我们的价值之间冲突不断。这表明我们不能说一个给定的道德价值是"天然地具有这样或那样的特点，而是约定俗成和相对而言的问题"。最终，我们必须悬置我们关于道德价值的客观本性的信念："因此，看到实践的极大多样性，怀疑论者对于任何或好或坏或一般而言要去做的事情的天然存在悬置判断。"

这种对我们关于事物本性的知识以及我们关于道德真理的知识的怀疑态度，其结果就是我们有权怀疑这种知识的有效性。由于我们没有确定的知识，那么最好的办法就是不要对道德的真实本性作出判断。然而伦理学实在是一个人们很难对之不下判断的领域。

当一个关系到行为的问题摆在我们面前时，我们总会想知道做什么样的事情才是正当的，而这就需要关于"正当"的知识。所以，批判怀疑派的人会认为：怀疑论者已经使伦理学成为不可能，而且使人们的行为失去了指导。

没有理智确定性道德是可能的 然而怀疑派认为，要明智地行动，无须具有知识。他们说，只要有合乎理性的自信就足够了，或者只要有他们所说的或然性也就足够了。从来没有什么绝对的确定性，但只要我们的观念有极大可能把我们引向一种幸福而宁静的生活，那么我们信从这些观念就是合理的。我们从日常的经验出发就能够区分出不清晰的观念和具有高度清晰性的观念。当有关正当的观念有某种高度的清晰性时，它们就在我们之中产生出一种强大的信念，相信它们是对的，而要引导我们去行动，这就足矣。由于这个原因，习惯、国家的法律以及我们基本的欲望，大体来说就是可靠的指导。然而就是在此怀疑派也还是要求保留一种谨慎态度，这样我们才不会错把现象当成实在，尤其是能避免狂信和独断论。虽然我们即便没有一个真理的标准也可以满怀热情去行动，但是我们心理上的安全要求我们让研究的渠道保持敞开。应当采取的唯一安全的态度是，怀疑包括道德信念在内的任何观念的绝对真理性。一个能够在这种怀疑态度下保持冷静的人，才最有可能获得幸福的生活。

如果我们问怀疑派是否有一个"体系"，塞克斯都会回答说，如果我们所说的"体系"指的是"对一定数量的既相互依赖又依赖于现象的教条的坚持"——这里我们用"教条"一词指"对一个没有证据的命题的同意"——的话，那么怀疑派"没有体系"。但是，如果我们说的体系指的是"某种程序，它和现象相一致，遵循一定的推理路线，并指出如何可能过上看起来正当的生活"，那么怀疑论也确实有一个体系。因为塞克斯都说："我们遵循一条推理的路线，这条路线为我们指出一种生活，这种生活和我们国家的习惯，它的法律和制度，以及我们自己本能的感觉相一致。"

5.4 普罗提诺

站在古代哲学顶点的是普罗提诺（Plotinus，204—270）这样一位有影响的人物。他生活的时代，没有哪一种令人信服的哲学理论能满足人们对那个年代的特殊问题的关切。极其繁多的宗教派别的出现，说明罗马帝国开国后的第二和第三世纪里人们不顾一切地想要掌握一种对生活和命运的解释。这是一个各种学说融合的时代。这个时代的观念来自各种不同的起源，合在一起就形成了各种哲学和宗教。对埃及的伊希斯[①]的信仰把希腊

[①] 伊希斯（Isis），古埃及管生育和繁殖的女神。——译者注

和埃及的诸神的观念结合在一起；罗马人发展了帝国的信仰而且崇拜他们无论是活着还是死去的皇帝。密特拉教[①]的信徒们崇拜太阳，弗利吉亚人则崇拜诸神之母。基督教这时仍然被视为一个小宗派，虽然基督教的某些思想家已经产生，诸如殉教士查士丁（Justin Martyr，100—165）、亚历山大的克雷芒（Clement of Alexandria，150—220）、德尔图良（Tenullian，160—230），以及奥利根（Origen，185—254）。他们都希望让基督教信仰系统化并具有理智上的基础。奥利根试图为基督教提供一种柏拉图主义和斯多葛主义的理论构架，此前，克雷芒也试图把基督教的思想和哲学思想结合起来。但是，直到奥古斯丁使基督教与柏拉图思想的混合成形，基督教神学才算是羽翼丰满了。在古代哲学和奥古斯丁之间的关键性过渡是普罗提诺的著述。但是普罗提诺的著作中并没有提到过基督教。他的创造性的贡献包含了柏拉图哲学的一种新形式，并因此而被称为新柏拉图主义。

普罗提诺的生平

普罗提诺大约于204年出生在埃及，他是亚历山大的阿摩尼乌斯·萨卡斯（Ammonius Saccas）的学生。这时亚历山大是古代世界各种思想的荟萃之所。在这里普罗提诺潜心钻研了包括毕达哥拉斯、柏拉图、亚里士多德、伊壁鸠鲁，以及斯多葛学派的思想在内的古代哲学。在这许多的哲学流派之中，他选择了柏拉图主义作为真理最可靠的起源，并且以他对柏拉图思想的理解作为标准对别的哲学进行了批判。在40岁时，他从亚历山大到了罗马，那时罗马在道德和宗教上正是一片混乱，在社会和政治上也动荡不安。在罗马，他开办了自己的学校，把城市里的一些精英吸引到学校中来，其中包括皇帝和他的妻子。他一度计划建立一个基于柏拉图《理想国》的理论之上的城邦，称之为"柏拉图城邦"。但是这个计划从未实现过。他写了五十四篇论文，这些文章没有一定的先后次序，其文风也没有他在说话时那么精彩雄辩。这些论文在普罗提诺死后由他最能干的学生波斐利（Porphyry）收集在一起，他把这些文章编排成九章，每章六篇，这也就是现在人们所说的《九章集》（Enneads）。普罗提诺是一个才华横溢的演说家，同时还是崇尚精神的理想主义者。确实，他那与理智上的严密性结合在一起的道德的和精神的力量，不仅影响了他同时代的人，而且还特别影响了奥古斯丁。奥古斯丁后来说，普罗提诺只要改动少数几个语词就会成为一名基督教徒。不管怎么说，普罗提诺的思想成了大多数中世纪哲学中的主流思想。

普罗提诺哲学不同于他人之处在于，他把对实在的思辨性描述和关于救赎的宗教理论结合在一起。他不仅描述了世界，而且说明了它的起源，还说明了我们在世界上的地位以及我们如何在其中克服道德上和精神上的困难。简而言之，普罗提诺发展了一种认

[①] 原文为Methraicism，指罗马帝国时期的一个秘传宗教。——译者注

为神是万物之起源也是人的必然归宿的理论。在构建他自己的思想时，普罗提诺先后分析和驳斥了斯多葛学派、伊壁鸠鲁学派、毕达哥拉斯学派以及亚里士多德的观点，认为它们都不完善。他对这些思想流派的驳难中有一条在于他确信：他们不理解灵魂的真正本性。斯多葛学派把灵魂描述成一种物体——一种物质性的"气息"。普罗提诺论证说，同为唯物主义者的斯多葛学派和伊壁鸠鲁学派，都没有理解灵魂对物质性身体的独立性。同样，毕达哥拉斯学派的人，他们说灵魂是身体的"和谐"，所以他们不得不承认：当身体不是处在和谐状态时，它就没有灵魂。最后，普罗提诺驳斥了亚里士多德的思想。亚里士多德认为，灵魂是身体的形式，因而没有身体灵魂就不能存在。普罗提诺认为，照此看来，如果身体的某部分失去了它的形式，这将意味着在某种程度上灵魂也会受损，而这将使身体成为首要的了。因而，普罗提诺说，灵魂才是首要的，而且是它给了作为整体的身体以生命。普罗提诺认为，一切都取决于对人的本质的准确理解。

为了理解人的本性，普罗提诺奉行柏拉图在他那些生动的神话和寓言中建立起来的思想路线。他被柏拉图的关于实在的全面论述所打动，其中包括柏拉图关于造物主德穆革用物质铸造世界的解释，关于善的理念犹如从太阳中射出的光线的理论，以及柏拉图关于灵魂在进入肉体之前就已经存在，它是身体中的囚徒，努力想挣脱这种囚困，返回到它的起源的思想，最后，还有柏拉图对我们只能在精神世界而不是物质世界中发现真正实在的确信。普罗提诺采用了这些基本的思想，特别是作为核心的柏拉图关于只有精神是真实存在的思想，他把柏拉图的这些思想重构成一种新型的柏拉图主义。

作为太一的神

普罗提诺认为，有着多种多样事物的物质世界，不可能是真正的实在，因为物质世界总是在不断地变化。真正不变的实在是神。关于神，除了他是绝对地超越于或存在于世界万物之上这一点外，无法对其进行具体的描述。因此，神不是物质的，也不是有限的或可分的，它没有特殊的形式——也就是说，既不是物质、灵魂，也不是心灵——这些东西中的每一个都处于变化之中。神不可能被限制在理智的任何一个或多个观念之中，而且因此也不可能在任何人类语言中得到表达。他不为任何感官所感知而只能在一种神秘的迷狂中接近，而这种神秘的迷狂是独立于任何理性的或感觉的经验的。由于这个原因，普罗提诺把神说成是太一（One），以此意指在神之中是绝对不存在任何复合的，而且神确实是绝对的一。进一步说，太一意味着神是不变的。神是不可见的、单一的、不被创造的，而且是绝对不可变更的。

普罗提诺认为，太一不可能是特殊事物的总汇，因为正是这些有限存在的东西需要解释和起源。因此，太一"不可能是任何存在着的事物，而是先于任何存在物的"。对于太一来说，不存在任何我们可以加以描述的肯定的属性。因为我们关于属性的观念都是产生于有限的物理事物。因而，说神是这样而不是那样，是不可能的，因为这种做法就给神加上了限制。因而，说神是一就是肯定神存在而且超越于世界之上。这就是说，他是单纯的，没有任何二元性、潜在性或者物质的有限性，而且他超越于一切差别之上。在这种意义上，神也不可能从事任何自我意识的活动，因为那就会意味着由于思考先后出现的特殊思想而具有复合性，也因此而意味着变化。神决不和人相类似，他确实是单纯的太一，绝对的统一。

流溢的隐喻

如果神是太一，他就不可能创造，因为创造是一种活动，而活动意味着变化。那么我们怎么能够说明世界中的许多事物呢？为了前后一贯地坚持神是太一这个思想，普罗提诺是通过这样一种说法来解释事物的起源的。他说，事物来自神，但不是通过自由的创造活动，而是通过必然性。为了表达出他所说的"必然性"是什么意思，普罗提诺运用了一些隐喻，特别是关于流溢的隐喻。事物流溢——它们从神那里流溢出来——的方式就像光线从太阳那里射出来一样，或者水从泉眼里流出来一样。太阳是永远不会枯竭的，而且它不"做"任何事，它只是存在。而且太阳因为是其所是，就必然发射出光来。神就以这样的方式成了一切事物的起源，而且一切事物都体现了神。但是没有什么东西和神是同等的。任何流溢物都落在了纯存在（也就是神本身）和完全的非存在之间的区域内。因而，普罗提诺并不像一个严格意义上的泛神论者——即主张神和作为整体的自然同一的人。虽然整个世界由神和它的流溢所构成，不过在自然中也还存在着一种等级安排，正如离太阳最近的光也就最亮一样，存在的最高形式也就是第一次流溢。普罗提诺把这种从太一中出来的第一次流溢描述为心灵（奴斯），它最像太一，但它又不是绝对的，因而可以说有某种具体属性或特征。这种奴斯是思想或普遍理智，而且它代表着作为世界之基础的合理性。这种合理性从本质上讲是不受时间和空间的限制的。不过合理性确实暗含了多样性，因为思想中包含了关于一切具体事物的观念。

世界灵魂　正如光从太阳中发射出来后其强度逐渐减弱一样，流溢物离神越远其完满性程度也越低。然而，每一个接着发生的流溢物都是下一个更低的流溢物的原因，就好像有某种原则在起作用，要求每一种本质都要产生比它低一级的东西一样。这样一来，奴斯就又是下一种流溢物的原因了。普罗提诺把这下一种流溢物称为灵魂。世界的灵魂有两种朝向，向上看，它似乎朝向奴斯或纯粹理性，这时灵魂努力沉思万物的永恒观念；向下看，它又进一步地每次流溢出一种事物，并为自然之全体提供生命的原则。因而它跨越了事物的观念（在奴斯中）和自然世界的领域之间的鸿沟。灵魂的活动说明了时间的现象，因为现在有事物出现了，事物的相互联系就造成了事件，而事件是一个接着一个发生的，事件之间的这种相继关系，就是我们所说的时间。确实，太一奴斯以及世界灵魂都是永恒共在的，所以它们都在时间之外。在世界灵魂之下的有自然和特殊事物的领域，它通过时间来反映变化着的永恒观念。

人的灵魂 人的灵魂是一种来自世界灵魂的流溢物。像世界灵魂一样，它也有两个朝向。朝上看，人的灵魂分有奴斯或普遍理性；朝下看，人的灵魂和肉体相联系——但不是相同一。在此，普罗提诺重申了柏拉图的人的灵魂预先存在的理论。他相信，灵魂与肉体的结合是一种"堕落"的产物。而且，肉体死后人的灵魂还活着，并且可以想象它进入到了从一个肉体到另一个肉体的不断轮回之中。由于它是精神性的从而是真实的存在，人的灵魂并没有被消灭，而是再次和所有别的灵魂一起进入到世界灵魂之中。而在肉体中，正是人的灵魂提供了理性的力量、感觉以及生命的能力。

物质的世界 在存在等级的最低层次上，也就是说，在离太一最远的地方的是物质。在流溢物中，有某种原则在起作用，它要求较高级的存在的流溢要与下一个可能性的领域一致。因而，在观念和灵魂之后，就有一个物质性的物体的世界，它显示出某种机械的秩序。这个秩序的运作或运动是理性在发挥作用，它使所有的物体都服从原因与结果的法则或规则。物质世界又表现出一个较高的和一个较低的方面，其较高的成分是它对运动的法则的敏感性，而较低的方面也就是它的赤裸裸的物质本性，它是感觉迟钝的物质的黑暗世界，它带着惰性的不和谐，无日的地朝着冲撞和灭绝运动。普罗提诺把物质比作是光的最暗淡和最遥远的区域——光的末端的边界——其实就是黑暗。显然，黑暗是光明的反面。同样，物质是精神的反面，因而也是太一的反面。强调一下，就物质存在于和精神——无论这种精神是个人的灵魂还是世界的灵魂——的结合中而言，在这个范围内物质还不是完全黑暗的。但是正如光最终总要射到完全黑暗的地方一样，物质因而也就处在无的边缘上，并在那里向着非存在消逝。

造成恶的原因 通过流溢理论，普罗提诺论证说，神为了尽可能多地分出他的完满性而流溢出来。由于神不可能完满地复制他自身，所以，他这样做的唯一可能的方式就是借助流溢物来代表完满性的所有可能的等级。这就必然不仅有奴斯，而且有最低层次的存在，也就是物质。然而，在这最低层次中，我们发现各种各样的恶：痛苦、持续不断的情欲的冲突，最后还有死亡和悲哀。万物归根到底是流溢自太一的，而完满的太一又怎么能够允许这种不完满存在于人类之中呢？普罗提诺以各种不同的方式解释了恶的问题。他说，一方面，恶以自己的方式在完满性的等级中占有一个地位。如果没有恶，在万物的体系中就会缺少某种东西。恶就像一幅肖像的阴影部分，它极大地增强了这个形象的美。另外，像斯多葛学派早先所论述的那样，一切事件的发生都有严格的必然性，因而好人不把它们看成是恶，而坏人则可以把这看作是正义的惩罚。但是，普罗提诺发现对恶的最好的解释还是在他对物质的说明之中。

对于普罗提诺来说，物质是必然的，而且是从太一而来的流溢物的终极界限。正如我们曾经看到的那样，流溢物的本性是高层次必然向低层次运动，太一生成奴斯，而最终个体灵魂生成物质肉体。然而，赤裸裸的物质仍然在继续着流溢的过程，就好像阳光离太阳越远就越暗那样，离太一也越来越远。因而物质有一种脱离灵魂活动——或者是使自己与灵魂活动相分离——的倾向，以及进行某种不受理性支配的运动的倾向。再者，当物质仰面朝上时，它看到灵魂和理性的原则。对于自然中的物体而言，这表现为它们井然有序的运动，对于个人而言，它意味着身体在理性、感受性、欲望以及活力各层面上都是响应着灵魂的活动的。但是物质的本能倾向是俯身向下，这是由于流溢物的向下的惰性所致。由于自己有向下的趋势，物质碰到了黑暗本身，正是在这一点上，物质与合理性相分离。

灵魂和物质身体的结合为解释道德上的恶的问题提供了线索。尽管灵魂有理性的特征，它还是必须和肉体作斗争。而肉体的物质本性使得它向下运动而且摆脱理性的控制。当肉体到达低于合理性的层次时，它就陷入有无数种可能方式的运动。正是情感的作用使得身体对各种欲望作出回应。因而恶也就是在灵魂的正确意向与它的实际行为之间的不一致。这就是灵肉（soul-boby）安排上的不完满性；这种不完满性的原因主要被归结为物质身体的非理性的运动。

在物质是流溢的边缘这个意义上，物质或肉体是恶的原则，理性的缺失在此导致了无形式和完满性的最低程度。然而由于在一切都源自太一流溢的意义上，物质也是源自神的，所以可以认为，神是恶的来源。而且，在普罗提诺看来，恶并非是一种有肯定性存在的破坏性力量。它并不是一个"魔鬼"，或者与善神斗争的敌对的神祇，像某些琐罗亚斯德教①的哲学家们所认为的那样，是具有同等力量的光明与黑暗之间的竞争。在普罗提诺看来，恶只不过是某种东西的缺乏。它是完满性的缺乏，是物质肉体的形式的缺乏，而物质肉体本身实质上却并不是恶。所以，一个人所进行的道德上的斗争不是一场反对某种外部力量的斗争，而是一场反对内部的败坏、无序和情欲失控等倾向的斗争。而且恶不是事物，而是秩序的缺乏。肉体本身并不是恶，恶是物质缺少形式，就像黑暗是缺少光明一样。在整个分析中，普罗提诺既试图论证灵魂要为它的活动负责，又认为所有事件都是被决定的。只不过这两种观点怎么能够一致起来，这一点却并不十分清楚。同时，普罗提诺的感染力有很大部分来自他对救赎的承诺，他认为他的哲学能提供这种承诺。

---

① 即"查拉图斯特拉教"，由查拉图斯特拉创立于公元前7世纪—公元前6世纪的波斯，又称"拜火教""祆教"。——译者注

救 赎

普罗提诺由对流溢的哲学分析进而提出宗教色彩浓厚的神秘的关于救赎的设想。他那个时代的神秘崇拜让个人想和神结合在一起的愿望立即就得到满足。相反,普罗提诺把灵魂上升到与神的合一描述为一种困难和充满痛苦的使命。这种上升要求一个人要依次发展出伦理的和理智的德性。由于肉体和自然世界本身并未被看成是恶,所以无须一味排斥它们。普罗提诺的核心看法是:世界上的物理事物决不应使灵魂偏离它的更高目的。我们应当放弃世俗生活以便推进灵魂上升到理智活动,就像在哲学和科学中那样。我们必须在严格和正确的思维中锻炼我们自己。这种思维提升了我们,使我们超越了自己的个体性,而且一旦有了关于事物的广博知识,我们就很容易把自我和世界的整体安排联系起来。这个知识阶梯上的所有台阶引导人们最终在一种迷狂状态中达到自我与太一的合一,在那里不再有任何与神相分离的自我意识。这种狂喜是正当行动、正确思考,以及恰当处置感情的最后结果。

普罗提诺意识到:达到这种结合可能要求每个灵魂多次投生。最终灵魂在爱中得到提炼和净化,而且,像柏拉图在他的《会饮篇》中所说的那样,要能够最彻底地交出自我。在这一点上,流溢的过程被完全颠倒过来了,而自我再一次融合在太一之中。对于许多人来说,普罗提诺的新柏拉图主义具有宗教的全部力量,而且相当于是基督教的一个强有力的替代物。虽然新柏拉图主义错综复杂的思想体系妨碍了它的广泛传播,但它给当时正在产生的基督教神学以相当大的影响。奥古斯丁在普罗提诺的《九章集》中发现了一种对恶以及由于有序的爱而得救的问题的崭新解释。通过奥古斯丁的中介,新柏拉图主义成为了中世纪对基督教信仰进行理智表达的一个关键要素。

总 结

出现于亚里士多德之后的希腊化时期的哲学家专注于如何获得幸福的问题。伊壁鸠鲁哲学,由伊壁鸠鲁创始于早先留基波和德谟克利特的原子论之上:存在的一切事物都是由一些微小、坚不可摧、叫作原子的永恒的坚硬物质组成的。在真空中,每个原子都会下落,并且,带着偏转的能力,它们互相碰撞,形成团簇,并最终形成我们周围看到的所有东西。对伊壁鸠鲁而言,他主张幸福的关键是减少痛苦并增加快乐。通过认识到众神对于我们的生活并没有兴趣也没有影响,可以消除从对众神的畏惧而来的心理学痛苦。通过认识到没有来生,人们无法从中经验任何东西,来缓解对于死亡的恐惧,因为恐惧我们无法经验的东西毫无意义。在追求快乐时,我们需要看到,并非所有的快乐都是相等的,我们应当偏爱自然和必要的那些。正义是人们借以达成不伤害彼此的社会协定。

由基提翁城的芝诺建立的斯多葛主义坚持，我们通过控制我们对于发生之事的态度，并将我们自己交付给命运来发现幸福。斯多葛的知识理论认为，所有思想来自客体对我们感官的作用。他们的实在观是唯物主义的，除了某些占据物质形式的事物之外无物存在。他们还认为，神之理性内嵌在自然中的一切之中，并且反映在支配万物的自然法则中。这样的后果是，根据自然法则和神之理性，万物都是命定的。斯多葛哲学家爱比克泰德主张，神之命运为我们每个人分配了生活中的角色，而我们每个人必须执行它，并依此调整我们的态度。尽管我们无法控制什么会发生在我们身上，可我们可以调整我们的态度并接受它。斯多葛主义发展了世界主义的观念，即所有人是同一个人类共同体的公民。

由埃利斯的皮罗建立的皮罗主义的哲学怀疑论学派认为，我们通过悬置对于万物的判断而获得安宁。不过，尽管怀疑论者拒绝对所有事物的判断，然而他们却并不否认关于经验的显著事实，比如我们所感知到的东西、它们的自然倾向、道德约定，以及求生所需的技能。他们照常生活，但不评判他们所经验到的东西的实在性。根据怀疑论者，悬置判断的根本理由是，关于同一个对象，我们的感官在不同的时间、不同的环境下给予我们不同的信息。我们对于实在有着相互冲突的解释，因此我们无法给予其中的某种解释超出其他几种的权威性。对于道德而言也是如此：我们在不同的文化中经验到不同的道德习俗，不能喜欢某种多于其他几种。

最后，普罗提诺发展了各个层次的实在从叫作"太一"的最高实在流溢而来的观点。他深受柏拉图物理王国和理念王国的区分，以及柏拉图将"善"比附于太阳及其光线的影响。根据普罗提诺，神的实在有三个层次。第一，"太一"就像太阳的中心，是不可描述的、纯粹未分的实在。第二，心灵（奴斯）如同最靠近太阳的光线。第三，世界灵魂是进一步的流溢，创造了物质世界。物质世界是实在的最外层的边界，距非存在只有一步之遥，而它与"太一"的距离是其不完美的原因。我们人类生活在这一领域，可我们的精神渴望从这种物质状态中释放出来，并与"太一"相结合。

研究问题

1. 伊壁鸠鲁主张，一旦我们死了，我们就无法再经验到任何东西了，而畏惧我们无法经验的东西是毫无意义的。讨论他的论证，并说说你是否同意。
2. 根据伊壁鸠鲁，并非所有快乐都是相同的，我们应当偏爱某些种类而非另外一些。解释是什么使得某些快乐比其他的更好，并说说你是否同意。
3. 对比伊壁鸠鲁式和斯多葛式的对于获取幸福的建议，讨论你认为其中哪些更好。
4. 解释每个人中都有神性光辉的斯多葛式观点，并说说你是否同意。

5. 对斯多葛主义的一个常见批评是说它持有两个不一致的观点：命运控制了一切发生之事，而个体却可以控制他们自己对于发生之事的态度。解释这个批评，并讨论对于这个问题是否有好的解决办法。
6. 皮罗主义的怀疑论认为，怀疑论式的怀疑导向一种平静的心理状态，进而导向幸福。用一个例子来描述这个观点，并讨论相比于伊壁鸠鲁式和斯多葛式的目的，这是否是一个获取幸福的更佳途径。
7. 怀疑论者主张，对于一个人持有的任何信念，例如我面前的这张桌子是方的，视持有这个信念之人的特定情况，同时可以给出同样有力的支持和反对的论证。讨论是否有任何信念不会被支持其反命题的有力论证所驳倒。
8. 对怀疑论的一个常见批评是说，一个人无法在正常生活中像一个怀疑论者那样来行为。怀疑论者辩称他们正常地生活，就像塞克斯都的"四规则"一样，但他们并不评判他们所经验到的事物的实在性。讨论怀疑论者的这种回应，以及你认为它是否充分应对了那个批评。
9. 普罗提诺的许多观点都基于柏拉图的哲学。讨论柏拉图对普罗提诺"太一"、从"太一"的流溢、物理世界的本性，以及人类本性的肉体-灵魂二元论这些观点的影响。
10. 解释普罗提诺对恶的解释，并讨论你是否同意。

第六章

奥古斯丁

6.1 奥古斯丁的生平
6.2 人类知识
6.3 上　帝
6.4 被造世界
6.5 道德哲学
6.6 正义
6.7 历史和两座城

6.1 奥古斯丁的生平

奥古斯丁十分关注自己的个人命运，这为他的哲学活动提供了推动力。从很小的时候开始，他就苦于一种道德上的深刻困扰。这种困扰激发了他内心对智慧和精神上的宁静的毕生追求。354年，他出生在非洲努米底亚省的塔加斯特城。虽然他父亲不是基督徒，但是他母亲莫尼卡却是这个新信仰的虔诚信徒。16岁时，奥古斯丁在迦太基开始学习修辞学。迦太基是一个生活放浪成风的港口城市。虽然他母亲向他灌输了一些基督教思想和行为的传统，但是他抛弃了这种宗教信仰和道德，而且在这时与一位女子同居，和她生活了十年，还生了一个儿子。同时，强烈的求知欲推动着他严谨治学，并在修辞学的研习上成绩斐然。

他个人的一系列经历把他引上了一条研究哲学的独特途径。奥古斯丁在19岁时读了西塞罗的《霍滕修斯》①，该书是一本倡导获取哲学智慧的读物。西塞罗的话语激发了他从事研究的热情，但是他陷入了一个难题：在何处才能找到理智的确定性呢？基督教的思想似乎不能使他感到满足。尤其是道德上恶的问题一直挥之不去，困扰着他。我们如何才能解释人类经验中恶的存在？基督徒说上帝是万物的创造者，而且上帝是善的。那么，一个由全善的上帝所创造的世界又怎么能产生出恶来呢？因为奥古斯丁从年轻时所学到的基督教中找不到答案，所以他转向了一个名为摩尼教的团体。摩尼教徒对基督教的很多看法抱有同情的态度，但由于自认为在理智上更胜一等，他们不接受《旧约》中的基本的一神论理论，以及人类的创造者和救赎者是同一个神的观点。相反，摩尼教教导一种二元论的理论，根据这种理论，在世界中有两个基本本原，一个是光明或善的本原，另一个是黑暗或恶的本原。他们认为这两个本原同样是永恒的，而且相互之间是永远冲突的。他们相信，这种冲突在人的生活之中，就表现为由光明所构成的灵魂和由黑暗所构成的肉体的冲突。乍看起来，这种二元论的理论似乎对恶的问题提供了一个完满的回答，它克服了在一个善的上帝所创造的世界中却存在着恶这一矛盾。奥古斯丁现在可以把他的感性的欲望归为外在的黑暗的力量所致。

虽然这种二元论似乎解决了神创世界中关于恶的矛盾，但是它引发了新的问题。其一，我们如何理解自然中会有两个相互冲突的本原？如果不能给出令人信服的理由，理智的确定性又何以可能？更加严重的是，奥古斯丁意识到，说恶全都是由某种外在的力量所产生无助于解决他在道德上的困扰。强烈情欲的存在并没有因为对它的"谴责"被转向了某种它自身之外的东西而不再令人困扰。而起先曾经把他吸引到摩尼教去的，是他们夸口可以给他能够讨论并能变得明白易懂的真理，这种真理无须像基督那样"先信仰

---

① Hortensius 是西塞罗以古罗马一位雄辩家的名字为题写的著作，据说涉及真善美的问题，已亡佚。——译者注

而后理解"。因此，他与摩尼教断绝了关系。他认为："那些被称为学园派（也就是怀疑派）的哲学家，比起其他的哲学家来更为明智，因为他们认为我们应当怀疑一切，而且没有可以为人类所理解的真理。"他这时被怀疑论所吸引，虽然同时他也保留了某种对上帝的信仰。他坚持了一种关于事物的唯物论观点，而且据此怀疑非物质实体的存在以及灵魂的不朽。

因为想在修辞学方面取得更大的成就，奥古斯丁离开了非洲来到罗马，很快又到了米兰。384年他成为米兰的一位修辞学教授。在此，他受到安布罗斯的深刻影响。安布罗斯当时是米兰的主教，让奥古斯丁有些始料未及的是，从安布罗斯那里他得到的主要不是修辞学的技巧，而是对基督教的更大的认同。在米兰期间，奥古斯丁喜欢上了另一位女子，而他已经把他的第一个情人留在了非洲。也正是在米兰，奥古斯丁接触到某些形式的柏拉图主义，尤其是在普罗提诺的《九章集》中建立起来的新柏拉图主义。在新柏拉图主义中有许多引起他注意的东西。其中，首先有新柏拉图主义关于非物质世界是一个和物质世界完全分离的世界的观点。其次是有关人们具有某种能使他们认识神和非物质世界的精神性知觉的思想。第三是从普罗提诺那里奥古斯丁得到了恶不是肯定的实在，而是一种缺乏（也就是善的缺乏）的思想。最重要的是，新柏拉图主义克服了奥古斯丁先前的怀疑主义、唯物主义以及二元论思想。通过柏拉图的思想，奥古斯丁可以理解到并非所有活动都是物理活动，精神的实在和物理的实在一样，也是存在的。他看到了世界的统一性而无须设想在灵魂和肉体的背后有两个本原。因此他信从普罗提诺对实在的描绘，把实在看成是一个单一的等级系统，在其中物质只不过是处在最低层次上。

从理智上看，新柏拉图主义提供了奥古斯丁曾经寻求的东西，但是也留给他有待解决的道德问题。他现在需要的是与他的理智上的洞见相配的道德力量。他在安布罗斯的布道中找到了这种力量。新柏拉图主义最终使得基督教在他看来成了合理的东西，而且现在他也能践行信仰的活动，由此得到了精神力量而并不感到自己正陷入某种迷信之中。他的戏剧性的皈依发生在386年，那时他"真正同意"放弃修辞学教席的前途，把他的生命完全献给哲学的追求，而对他来说，这种哲学意味着关于上帝的知识。他现在认为新柏拉图主义和基督教事实上是一个东西。在新柏拉图主义中他看到了基督教的哲学表达，所以他说："我确信，在柏拉图主义者中我将找到和我们的宗教不相反对的教导。"所以，他着手从事他称之为获取智慧的"我的整个计划"。他说："从这一刻开始，我决心永不脱离耶稣基督的权威，因为我发现没有什么比这一权威更强大了。"不过，他依然强调说："我必须以最大的理性精密性来追随这种权威。"

奥古斯丁著述之丰简直令人难以置信，由于成了天主教会的著名领袖，他作为信仰的捍卫者和异端的反对者而埋头写作。396年，他成为希波主教，希波是邻近他的出生地塔加斯特的一个海港城市。裴拉鸠（Pelagius）是他的许多反对者中的一个，奥古斯丁和他展开了一场著名的争论。裴拉鸠认为，所有的人都具有获得某种正当生活的自然能力，因而否认关于原罪的观念。原罪的观念认为，人的本性生来就是堕落的。奥古斯丁认为，裴拉鸠错误地理解了人的本性，因为他设想我们人的意志靠自身就能得到拯救，因而把神恩的作用贬低到了无以复加的地步。

这一争论完全昭示了奥古斯丁的思想方法，因为这场争论再次表明，他坚持认为，关于一切问题的所有知识，除了运用哲学的视角之外，必须顾及《圣经》的启示真理。因为一切知识的目的都在于帮助人们理解上帝，这种宗教的维度在他的反思中显然占有优先地位。因此后来阿奎那这样谈起他："奥古斯丁对柏拉图主义者的学说烂熟于心，一旦在他们的著作中找到任何和信仰相一致的东西时，他就予以采纳，而凡是他发现与信仰相反之处，就予以修正。"但不管怎么说，正是柏拉图主义把奥古斯丁从怀疑论中拯救出来，使得基督教信仰对他来说成了合乎理性的东西，而且激发了他的著述活动，这些著述堪称哲学和神学的伟大成就之一。430年，当汪达尔人兵围希波城时，奥古斯丁去世，享年75岁，死时还保持着诵忏悔诗的姿态——整个这一幕仿佛正象征着他动荡不宁的一生。

6.2 人类知识

信仰与理性

奥古斯丁与贯穿中世纪始终的有关信仰与理性的关系的长期争论有密切关系。这里的中心议题是要判定：重要的哲学和宗教信念究竟是建立在信仰还是理性的权威之上，抑或建立在两者的某种结合之上？以宇宙的起源为例，关于这个问题，无论哲学家还是神学家们，都是从古以来就提出了各种不同的观点：也许世界是自然而然地产生于原始物质的旋涡运动；也许它是原子的偶然碰撞的结果；也许它是由一个或许多神创造的。在一一归纳这些可能性的时候，我们所倚为向导的究竟是信仰还是理性呢？选择信仰，就需要抱一种建立在天启基础上的信任态度；选择理性则反是，它所需要的信念要以有条不紊的演证为基础。

在讨论信仰和理性的问题时，早期的基督教神学家德尔图良坚决地倒向了信仰一边，这可以从他的两句名言里看出来。首先，他运用借代手法，问道："雅典和耶路撒冷究竟有什么关系？"——他的意思是，理性（雅典）和信仰（耶路撒冷）全不相干。其次，在面对基督教道成肉身概念的矛盾时，德尔图良说："正因为它荒谬，我才相信。"——他的意思是：信仰是如此截然不同于理性，以致成了非理性的。他争论道，宗教信仰不但反乎理性，而且高于理性。奥古斯丁在信仰与理性关系问题上的立场要温和得多，但他仍然认为信仰先于理性。对他而言，信仰照耀着理性，没有信仰就没有理解。《旧约》里的先知以赛亚声称："除非你信，否则不会理解。"而受他的启发的奥古斯丁的观点可以概括为"信仰寻求理解"（fides quaerens intellectum）。

奥古斯丁认为，没有信仰和理性以这种方式的结合，就无法设想真正的哲学。要理解人类存在的具体状况，我们就必须从基督教信仰的角度对我们自己加以考虑，而这也就会要求从信仰的更高角度来考虑整个世界。在奥古斯丁看来，神学和哲学之间不可能有什么判然划分。事实上，他相信除非我们人类的意志已经得到转化，否则我们是无法进行正确的哲学思考的，而且清晰的思想只有蒙上帝的神恩才是可能的。所以，讨论奥古斯丁的哲学不可能不同时考虑他的神学观点。事实上，奥古斯丁并没有写过现代意义上的纯哲学著作。在这个意义上，奥古斯丁为中世纪基督智慧确立了主导方向和主要风格。

克服怀疑论

奥古斯丁曾一度认真地接受了怀疑派的思想——特别是学园派的怀疑论——而且同意他们的"人类不可能理解任何真理"这一观点。但是，在他皈依基督教以后，他的问题就不再是人们是否能够获得确定性的问题，而是人们如何能够获得它的问题了。因而，奥古斯丁力求回答怀疑派的问题。为此，他首先揭示出人的理性确实拥有关于各种事物的确定性，尤其是人的理性对矛盾律的认识是绝对确定的。我们都知道，一个东西不可能同时既在又不在。运用这个原则，我们可以确定这样一些事情：比方说，要么有一个世界，要么有多个世界；如果有多个世界，那么它们的数量要么是有限的，要么是无限的。我们在此所知道的只不过是两个相反的东西不可能同时都是真的，而这并非什么实质性的知识。但是，对于奥古斯丁来说，这意味着我们并没有毫无希望地彻底迷失在不确定性中。我们不仅知道两个相反的东西不可能同时为真，我们还知道事情永远是如此。再者，他说，就是怀疑派也不得不承认怀疑活动本身就是某种形式的确定性，因为一个怀疑的人是确信他在怀疑的。于是就会有另一种确定性——我存在的确定性。因为如果我怀疑，我必存在。不论我如何怀疑一切，但我总不能怀疑我在怀疑。怀疑派认为，一个人可能睡着了，而且仅仅是梦见他看到某些东西或者是意识到自己。然而对奥古斯丁来说，这不是一个可怕的论证。因为他回答说，"无论他是睡着了还是醒着"，任何有意识的人都确定他自己存在着，他活着，而且他能思想。奥古斯丁说："因为我们存在着，而且我们知道我们存在，我们还热爱我们的存在和我们关于它的知识。……这些真理可以毫无惧色地直面（怀疑主义的）学园派的争辩。"17世纪，笛卡尔在他的经典陈述"我思故我在"中，构造了一个相似的论证，接下来还把它作为他的哲学体系的基础。然而奥古斯丁则仅仅满足于用它来驳斥怀疑派的基本观点。奥古斯丁不像笛卡尔那样去证明外界事物的存在，而是设定这些事物是存在的，他谈及这些事物主要是为了描述我们是如何获得有关事物的知识的。

知识与感觉

当我们感觉到物体时，我们从感觉活动中获得了某种知识。但是根据奥古斯丁的说法，这种感觉方面的信息是最低层次的认知。不错，感觉确实给了我们某种知识。但是，由于感性知识给予我们的确定性是最少的，所以它处于认知的最低层次。这种缺乏确定性的情况有两个原因：（1）感觉对象总是在变化之中；（2）感觉器官也会变化。因此，感觉不仅因时而异，而且因人而异。同样一个东西，一个人尝起来觉得甜，另一个人觉得苦，一个人觉得暖和，另一个人却觉得冷。不过，奥古斯丁相信感觉本身是准确的。他说，希望或者要求从感觉中得到比它们所能提供的更多的东西，这是不公正的。例如，当水中的桨在我们看来变弯了的时候，我们的感官并没有什么错。相反，如果那桨看起来是直的，那倒是有点问题了，因为在这种情况下桨就应该看起来是弯的。问题出现在我们不得不对桨的实际情况作出某种判断的时候。如果我们同意说桨在实际上是弯的，那我们就上当了。奥古斯丁说，为了避免这种错误，"除了关于表象的事实之外，不要赞同更多东西，这样你就不会被欺骗了"。就这样，奥古斯丁既肯定了感觉的可靠性，同时也认识到它们的局限性。至于感觉如何给我们知识，奥古斯丁则是通过分析感觉的本性或机制的方式来加以解释的。

当我们感觉到一个对象时，究竟发生了什么？奥古斯丁依靠他对人的本性的柏拉图式的解释来回答这个问题：人是灵魂和肉体的结合。他甚至暗示肉体是灵魂的监狱。但是，当他描述灵魂是如何获得知识时，他却离开了柏拉图的回忆说的理论。他认为，知识不是一种回忆的活动，它是灵魂自身的一种活动。当我们看到一个物体时，灵魂（心灵）在它自己的实体中形成一个物体的图像。由于灵魂是精神性的而不是物质性的，物体不可能在心灵上形成一个物理的"印象"，像戒指留在蜡上的痕迹那样。因此，正是心灵本身产生了一个图像。不仅如此，当我们看见一个物体时，我们不仅感知到了一个图像，而且作出了一个判断。假如我看到一个人而且说她很漂亮，那么在这种判断活动中，我不仅用我的感官看到了这个人，而且把她和一个标准进行了比较，而我的心灵能在其中得到这个标准的这个领域，是不同于我在其中感觉到那个人的那个领域的。同样，当我看到7个小孩和3个小孩时，我知道可以把他们加到一起，得到10个小孩。正如别的自然事物是可变的一样，这10个小孩并不会长生不老，最后也会离世。但是我能够把数字和小孩分离开来，并发现7和3这两个数字是独立于小孩或任何别的东西的，而且当它们加在一起时就必然得到10。

因而，感觉给我们某种知识，但是它的主要特征是它必然指向感觉对象之外的东西。

我们被推动着从对一支桨的感觉出发去思考直和曲；从对一个非常漂亮的人的感觉出发，我们想到一般而言的美；从对小孩的感觉出发，我们想到了关于数的永恒真理。关于我们人的本性的问题也随着这些推理而一再被提出来，因为对感觉机制的解释，导致了对肉体和灵魂的区分。就为了感知事物需要某种肉体器官而言，感觉必然涉及身体，然而，和动物不同的是，人并不是仅仅感觉事物，而且还具有某种关于事物的理性知识，并且作出关于它们的理性判断。当有理性的人作出这种判断时，他们不再仅仅依靠感觉，而是使他们的心灵指向别的对象，比如说美和数学的真理。所以，细致的分析表明，人的感觉活动至少包括了四种要素，它们是：（1）被感觉的对象；（2）感觉所依靠的身体器官；（3）在形成物体图像的过程中心灵的活动；（4）非物质的对象，也就是像美这类对象，心灵在形成有关被感知对象的判断时要用到它们。从这种分析中可以看出，人类在感觉活动中遇到两种不同类型的对象，也就是说，身体感觉的对象和心灵的对象。运用身体的眼睛人们可以看见事物，而运用心灵我们可以把握永恒的真理。这些不同的对象说明了不同等级的理智确定性。当我们使我们的可变的感觉器官指向变化的物理对象时，我们将难以有可靠的知识。相反，当我们不依赖感官而沉思永恒的真理时，知识将会更加可靠。感觉只是达到知识之路的开端，这条道路最终会导向发生在我们之中的一种活动，而不是导向我们之外的东西。知识从被感知的事物的层次出发，推进到一般真理的较高层次。在奥古斯丁看来，知识的最高层次是关于上帝的知识。感觉在获得这种知识的过程中起到了它自己的作用，它指引我们的心灵向上运动。因此，奥古斯丁说，我们"从外在向内在，从低级向高级"，而走向上帝。

光照论

在他对感觉和知识之间联系的说明中，奥古斯丁还有一个问题没有解决，那就是：我们的心灵何以能够作出涉及永恒必然真理的判断？是什么使我们知道7加上3——我们最初是联系具体事物才看出它们来的——永远而且必然得10？在这点上，究竟为什么还会有问题呢？这问题就在于，迄今为止他对人类知识所作的说明中，知识所涉及的所有要素都是可变的或不完满的，因而也是有限的而非永恒的。被感知的对象是可变的，身体的感觉器官也是要变化的，心灵本身是一个被造物因而也是有限的而非完满的。那么，这些东西以某种方式安排后怎么就可以产生出高于它们自身之不完满性和可变性的东西，并揭示那些我们对之毫不怀疑的永恒真理呢？这种永恒真理使我们面对确实性的难以抗拒的力量，它们大大优越于我们的心灵仅凭自己的力量所能产生出来的东西，以致我们必须去适应它们或者和它们相一致。柏拉图在回答这个问题时运用了他的知识通过回忆获得的理论，即，灵魂通过回忆而记起它在进入肉体之前曾经知道的东西。相反，亚里士多德则主张，永恒的普遍的观念是理智从特殊事物中抽象出来的。这两种解决办法奥古斯丁都不接受。但是，他确实遵循了柏拉图的另一种见解，即关于（1）可见世界中的太阳和（2）理智世界中善的理念之间的类比的思想。

较之观念的起源问题，奥古斯丁更关注的是对我们的某些观念的确定性的觉知。由于拒绝了回忆说和某种形式的天赋观念，奥古斯丁的思想更接近于某种抽象说。奥古斯丁说，实际上，人本身的构造方式决定了：当我们用肉眼去看一个物体时，只要物体是沐浴在光照之下，我们就能对这个物体形成图像。同样，只要永恒的对象也沐浴在与它们相适合的光照之下，那么我们的心灵也可以"看到"永恒的对象。正如奥古斯丁所说，我们应当相信，"理智心灵的本性就是这样的：通过自然而然地从属于只能用理智理解的世界，根据造物主的安排，它就能在某种唯一的非物质性的光中看见这些真理（例如数学的真理），就像肉眼在有形的光线之下看见周围的东西一样。"简言之，如果人的心灵想"看见"永恒的和必然的真理的话，它就需要光照。没有光照我们不能"看见"理智理解的对象或理智的真理，就像没有阳光我们不能看见世界上的事物一样。

当奥古斯丁说"在'我们'之中存在着永恒的理性之光，在这种光中我们可以看到不变的真理"时，他是以简洁的方式陈述了他的光照论。他通过这一理论所要说的东西并不十分清楚。然而对奥古斯丁来说很明显的是，光照来自上帝，这就像光由太阳发射出来一样。如果我们严格地运用这种类比的话，那么神圣之光必定会照亮某种已经存在于那里的东西。通过太阳光，我们可以看到树和房子，如果神圣之光起同样的作用，那么这种光也必定照亮某种东西——我们的观念。这种光与其说是我们观念的来源，还不如说是我们据以认识到真理的特质和我们观念中的永恒性的条件。简言之，神圣光照不是一种把观念的内容灌输进我们心灵之中的过程，相反，正是我们判断的这种光照使得我们能够看出某些观念包含着必然的和永恒的真理。上帝，作为这种光的来源，是完满的和永恒的，而人的理智是在上帝的永恒观念影响下运作的。这不是说我们人类的心灵可以认识上帝，但是这的确意味着，神圣光照允许我们去克服由自然物体的可变性和我们心灵的有限性所造成的知识的局限。因而，运用这种理论，奥古斯丁自感满意地解决了人类理智何以能够超出感觉对象之外并作出关于必然的和永恒的真理的判断的问题。

6.3 上　帝

奥古斯丁对关于上帝存在的单纯神学思辨并不感兴趣。他关于上帝的哲学反思是他强烈追求智慧和精神之宁静的产物。他那沉溺于感官快乐之中的经历戏剧性地证明了灵魂不可能在肉体的快乐或感觉中找到宁静。同样，在他对知识确定性的追求中，他发现，由事物所构成的世界是充满变化和暂时性的。他还发现，他的心灵是不完满的，因为它有犯错误的可能。与此同时，他有认知某些确定而永恒的真理的经验，他能够把沉思真理的经验和享有快乐和感觉的经验加以比较。在这两种经验中他发现，心灵的活动能够提供更持久程度也更深的宁静。他考虑到了一个技术性问题：有限的人的心灵何以能够获得超出其心灵能力的知识？他得出的结论是：这种知识不可能来自他之外的有限事物，也不能完全由他自己的心灵所产生。因为这种他能够获得的知识是永恒的，因此不能来自他的受限制的或有限的心灵，于是他被引向这样的信念：不变的真理必定在上帝中有其起源。人的知识的某些特征和上帝的属性之间的某种相似性使他得出这个结论，而这两者的相似性就在于它们都是永恒的和真实的。某些永恒真理（some eternal truths）的存在对奥古斯丁来说意味着永恒真理本身(the Eternal Truth)的存在，这种永恒真理本身也就是上帝。奥古斯丁就这样通过各种不同层次的个人经验和精神追求，走向了那种等于是对上帝存在之"证明"的东西。

由于上帝是真理，因而在某种意义上，上帝是在我们之中。但是由于上帝是永恒的，他又超越于我们。然而，通过描述的方式，一个人对上帝还能说些什么呢？实际上，和普罗提诺一样，奥古斯丁发现，说上帝不是什么比界定他是什么要容易得多。然而，说上帝超越于有限事物毕竟是迈出了最主要的一步。按照《圣经》所说，上帝报给摩西的名，也就是"我是自有永有的"，奥古斯丁对此的解读是：这意味着上帝就是存在自身。而这样的上帝就是最高存在。这和普罗提诺的没有存在的太一①不是一回事。相反，"它是某种无与伦比的最好和最崇高地存在的东西"——这句话在几个世纪后影响到安瑟伦，使他提出他的本体论证明。作为最高存在，上帝是完满的存在。这意味着他是自在的、不变的、永恒的存在。因为完满，他也是"单纯的"，无论把何种复多的属性归之于他，结果都是同一的。这也就是说，他的知识、智慧、善和力量全都是一，而且构成他的本质。进而，奥古斯丁还推论说：日常事物所构成的世界反映了上帝的存在和活动。虽然我们看到的事物都会逐渐消亡因而都是可变的，然而只要它们存在，它们就有某种确定的形式，而这种形式本身是永恒的，而且是对上帝的反映。的的确确，奥古斯丁是把上帝视为整个存在之源泉，只要各种事物毕竟还有任何存在的话。

但是，正如奥古斯丁所说，上帝不同于世界上的事物，他"并不存在于空间的区间或范围之中"，同样也"不存在于时间的区间或范围之中"。简言之，奥古斯丁把上帝描述成纯粹的或最高的存在，这就暗示了，在上帝之中既没有从非存在到存在的变化，也没有从存在到非存在的变化。上帝是"自有永有的"。再次提醒一下，这条思想路线的基本力量在于它与解决奥古斯丁关于精神方面的问题有关——虽然奥古斯丁确信这种推理具有充分的哲学上的严密性。作为存在和真理的源泉和纯一的永恒实在，上帝对奥古

---

① 普罗提诺的"太一"比"存在"更高，不能用"存在"来描述，所以是"没有存在的"（beingless）。——译者注

斯丁来说，现在成了思想和情感两者的正当对象。由于上帝，心灵得到了启迪，意志获得了力量。并且，由于上帝是真理的标准，所有别的知识才是可能的。上帝的本质就是存在，存在也就是活动，活动也就是认知。由于是永恒的和全知的，上帝总是知道在创世过程中对自己加以反映的所有途径。因此，世界得以被形成的各种形式总是作为理想的样本存在于上帝之中，所以万物都是上帝永恒思想的有限反映。如果说上帝的思想是"永恒的"，那么当人们说到上帝"预知"将要发生的事时，在我们的语言中就会产生困难。然而对奥古斯丁来说，重要的是世界和上帝是密切相联的，而且世界反映了上帝的永恒思想，虽然上帝并不与世界同一而是超越于世界的。因为存在着上帝和世界之间的这种联系，所以知道了其一，也就在某种程度上知道了其二，这就是为什么奥古斯丁要如此确信：对上帝知之最多的人可以最为深刻地理解世界的真实本性，特别是人的本性和人的命运。

6.4 被造世界

奥古斯丁得出结论说：上帝是思想和情感最合适的对象，而物质世界不可能给我们真正的知识和精神上的宁静。但尽管他强调精神王国，他对物质世界还是给予了相当的注意。毕竟，我们必须生活在自然界，所以为了建立自己和自然界的恰当联系，我们需要理解这个世界。从他已经提出的有关知识的本性和关于上帝的种种说法中，可以看出，奥古斯丁相信世界是上帝的创造。在他的《忏悔录》中，奥古斯丁说，无论我们朝哪儿看，万物都在说："我们没有创造自身，是永生的他（He）创造了我们。"也就是说，有限的东西要求应当有某种永久的存在来解释它们何以能够开始存在。在他独特的创世论中，奥古斯丁所解释的就是上帝是如何与世界相关联的问题。

从无中创世

奥古斯丁独树一帜的理论是：上帝从无中（ex nihilo）创造万物。这和柏拉图对世界的说明相反。柏拉图认为，世界不是"创造出来的"，而是造物主把理念和容受者（receptacle）结合在一起而产生的，而这两个东西本身是永恒独立存在着的。奥古斯丁也离开了普罗提诺的新柏拉图主义，普罗提诺把世界解释成源自神的流溢物。普罗提诺说：在神之中有一种流溢的自然必然性，因为至善必然要扩散自身。而且，普罗提诺的理论还认为，就世界只不过是神的扩展而言，在神和世界之间有某种连续性。奥古斯丁反对所有这些思想，他强调：世界是上帝自由行为的产物。他从无中创造出构成世界的万物。因而，万物的存在都归因于上帝。然而，在上帝和他所创造的事物之间是有明显的区别的。普罗提诺把世界看作是神的流溢物因此也是神的延续，而奥古斯丁却说上帝创造了存在物，也就是创造了以前未曾存在过的东西。上帝不能从某种已经存在的物质中创造世界，因为物质，即使是在其最原始的形式中，也已经是某种东西了。说无形式的质料实际上就是指无。实际上，根据奥古斯丁的说法，每一事物，包括物质，都是上帝创造性活动的产物。即使是有某些无形式而可以被赋予形式的质料，它们也必定在上帝之中有它们的起源，而且也必定是被上帝从无中创造出来的。物质从本质上看实际上是善，因为它是由上帝创造出来的，而且上帝不可能创造任何恶的东西。正如我们将会看到的，物质的本质上的善在奥古斯丁的道德理论中起了十分重要的作用。

种 质

奥古斯丁特别注意到这样一个事实，即在自然的各个不同的物种中从未产生过新物种。马生马，花生花，就人而言，也是人的父母生人的子女。这一切之所以深深吸引住了奥古斯丁，是因为它和一般的因果性问题有关。虽然在某种意义上父母是子女的原因，老花是新花的原因，但是这些东西都不能把新的形式引进到自然之中。在被造物的秩序中，存在着的事物只能促使已经存在着的形式变成完成了的存在。奥古斯丁从这一事实（在这点上他显然没有决定性的经验支持）中得到一个结论，即万物形成的背后的原因是上帝的理智，在事物中没有初始的作为原因的力量能够形成新的形式。那么，事物、动物以及人又何以产生出任何东西呢？奥古斯丁的回答是：在创世活动中，上帝已经把种质（rationes seminales）植于物质之中，因而也就把所有会出现的物种的潜能安放在了自然之中。这些种质是事物的胚芽，它们是看不见的，但具有作为原因的力量。因而所有的物种都携有一种看不见和潜在的能力，这种能力能够使它们成为它们现在尚不是的东西。当物种开始存在时，它们的种质——也就是它们的潜能——就得到了实现。现实的种质也就是这样把固定物种的延续从潜能转化为现实。一开始，上帝在一次完满的创造行动中就已经给所有物种提供了发育的本原。

奥古斯丁用这种理论解释了物种的起源，把它们的原因放在了上帝的心灵之中，种质就来自上帝的心灵。奥古斯丁认为，种质论还可以解决《圣经》上的一个难题。在《圣经》"创世纪"这一书卷中说，上帝在六天中创造世界，它似乎和奥古斯丁关于上帝的观点不一致，因为奥古斯丁认为上帝应该是逐步创造出事物的。而且关于"六天"在此意味着什么也是一个问题，特别是，太阳是直到第四天才被"创造"出来的。种质论使得奥古斯丁能够说，上帝是一次创造所有事物的，这也意味着他把种质同时植入了所有物种之中。但是，由于这些胚芽是潜在性的本原，它们是那些将要存在的然而尚未"发育成熟"的事物的载体，因此，虽然所有的物种都是一次创造的，但是它们并不以充分成形的状态同时存在，它们依照时间点的顺序依次实现它们的每一个潜能。

6.5 道德哲学

由奥古斯丁发挥出来的每一哲学观念，都以这种或那种方式指向人的道德状况的问题。所以，对他来说，道德理论并不是某种特殊的或孤立的主题。每一事物在道德中达到了顶点，道德阐明了达到幸福的必由之路，而幸福则是人的行为的终极目标。于是在形成他的道德观点的过程中，奥古斯丁花了很大精力说明了他关于人的知识的本性、上帝的本性，以及创世的理论的主要观点。依托这些观点，他集中探讨了人的道德结构的问题。

我们人类的道德追求是一种特殊的和具体的条件的结果。这个条件就是：我们被创造出来的方式决定了我们要追求幸福。虽然古希腊人也曾把幸福看成是善的生活的顶点，但是奥古斯丁的理论对什么是真正的幸福以及如何才能得到幸福的问题提出了一种新的看法。其他哲学家也曾主张幸福是我们生活的目标，比如亚里士多德就说，当人们通过和谐有序的生活而实现了他们的自然功能时，他们就获得了幸福。然而，奥古斯丁则主张，真正的幸福要求我们越出自然之外达到超自然的东西。他以宗教的和哲学的两种语言来表达这一观点。在《忏悔录》中他写道："上帝啊，你为了你自己创造了我们，以致我们的心不得安宁，直到它们在你之中找到了它们的安宁。"他还用更有哲学性的语言表达了同样的观点：人的本性是如此被造成的，以致"它自己不能成为使它幸福的善"。简言之，没有纯粹的"自然"的人。奥古斯丁说，之所以没有完全自然的人的原因在于：自然并不产生人，人是上帝创造的。因此，人的本性总是带有被造的标记。这就意味着，和别的事物一样，在人和上帝之间存在着某些永恒的联系。我们追求幸福，这并非是偶然的，相反，这是我们的不完满性和有限性的必然结果。我们只有在上帝之中才能找到幸福，这也决不是偶然的，而是因为上帝使得我们只能在上帝中找到幸福。通过爱的理论，奥古斯丁详尽阐述了人的本性这个方面。

爱的作用

根据奥古斯丁的看法，我们不可避免地爱。爱就是走出我们自身之外，而且把我们的感情加之于某个爱的对象之上。也正是我们的不完满性促使我们去爱。人们可以选择的爱的对象具有一个很宽广的范围，它反映了人们是以各种不同的方式成为不完满的。我们可以爱（1）物理对象，（2）其他的人，或者甚至是（3）自己。所有这些事物都会给我们某种程度的满足和幸福。而且，在某种意义上，所有这些事物都是爱的正当对象。因为没有什么东西本身是恶的——正如我们已经知道的，恶不是一种肯定的东西，而是某种东西的缺乏。我们的道德问题主要并不在于爱或我们爱的对象。真正的问题在于我们依恋这些爱的对象的方式，以及我们对这种爱的结果的期望。每个人都希望获得幸福，希望从爱中得到满足。然而我们却是痛苦的、不幸的、不安的。为什么会是这样？奥古斯丁将之归咎于"失序的"爱——即，我们对具体事物的爱的程度超出了这种爱所应有的程度，而同时，我们没有把最终的爱奉献给上帝。

恶与失序的爱 奥古斯丁相信，我们人有不同的需要，这些需要产生不同的爱的行动。实际上，在人的不同需要和能够满足它们的对象之间有某种相互联系。爱是使这些需要和它们的对象和谐一致的一种活动。除了那些促使我们去爱事物、爱他人和爱自己的世俗需要之外，我们还有一种促使我们去爱上帝的精神需要。奥古斯丁对这个问题的详细论述多少用到了定量的方式，每个爱的对象都只能提供如此多的满足而不能是更多。人的每一种需要也同样具有可以量度的量。显然，满意和幸福要求爱的对象包含足量的用来实现和满足特别需要的东西，我们爱食物，而且我们消费与我们的饥饿程度相当的东西。但我们的需要并非都是这种原始意义上的物质需要。我们爱艺术的对象，是因为它们能够给我们审美的满足。在一个更高的层次上，我们需要人们之间的爱。其实，这种感情层次的爱所提供的快乐和幸福，比起对纯物质的东西的爱所能提供的，数量要更多，质量也更好。由此可以明白，人的某些需要的满足不可能通过替代物来得到。例如，我们对人类友谊的深切需要，除了通过和别人的联系之外不可能由任何别的方式来满足。物不可能是人的替代物，因为物本身并不包含人的个性的独特成分。

因此，虽然每个事物都是爱的正当对象，但是，除了它特有的本性所能提供的之外，我们一定不要希望从它那里得到更多的东西。对我们的精神需要来说尤其是如此。奥古斯丁说，上帝造人就是让人去爱上帝，而上帝是无限的。因而，我们以某种方式被造，以致只有上帝这个无限者，才能给我们最终的满足和幸福。奥古斯丁说："当作为居间物的善的意志坚守着不变的善时，……人们就在其中发现了幸福的生活。"因为"幸福的生活就是爱上帝"。因而，爱上帝是幸福生活不可或缺的要求，因为只有无限的上帝才能满足我们心中实际上是对无限的特殊需要。如果说爱的对象是不可替换的——例如，物不能代替人——那么任何有限的事物或人也都不可能替代上帝。然而我们全都满怀信心地期望，我们只限于爱物品、爱他人、爱自己就可以获得真正的幸福。这些东西都是有限的爱的正当对象，然而当我们为了寻求终极幸福去爱这些东西的时候，我们对它们的爱就是失序的。所谓"失序的爱"就在于我们期望从一个爱的对象那里得到的东西超过了它所能提供的限度，而这一点导致了人类行为中的各种反常现象。正常的自爱变成了骄傲，而骄傲则是让人的行为的方方面面都受到影响的最主要罪过。骄傲的本质是认为人是自足的。

然而，人的本性的不变事实恰恰是我们无论物质上、情感上还是精神上都不是自足的。我们的骄傲使我们背离上帝，把我们引向各种形式的放纵，因为我们试图用有限的存在物去满足无限的需要。因此，我们对那些事物的爱已经超出了正当的限度，这个限度本来是取决于这些事物本身所能起到的作用的大小的。我们对他人的爱有可能变成实际上对他人有害的东西,因为我们总是试图从那种友谊中得到比它所能提供的更多的东西。欲望纷出,激情迭起,结果人们就不顾一切地想通过满足所有欲望来获得宁静。我们变得失常,从而表现出嫉妒、贪婪、猜忌、诡计、恐慌,以及一种无法摆脱的不安。不需多长时间这失序的爱就会产生一个失序的个人,而失序的个人又会产生一个失序的社会。不重构每一个人而想重构一个有序的或安定的社会或家庭是不可能的。严峻且不变的事实是:个人的重构和得救只有通过对爱进行拨乱反正(reordering love)才有可能——也就是说,只有通过恰当的方式去爱恰当的事物才可能。事实上,奥古斯丁认为:只有首先爱上帝,我们才能恰当地爱一个人,因为唯有如此我们方能不期望从人类的爱中得到那种只有从我们对上帝的爱中才能得到的东西。同样,只有当我们把自己放在上帝之下时,我们才能恰当地爱我们自己,因为没有其他办法来克服由骄傲所造成的破坏性后果,除非消灭骄傲本身。

作为恶的原因的自由意志

柏拉图说,恶仅仅是出于无知,奥古斯丁不同意这个说法。的确,在有些情况下,我们不知道终极的善,因而也没有意识到上帝。不过奥古斯丁还是认为,"即使是不信神的人"也有"对人类行为中的各种事情加以恰当的赞扬或谴责的能力"。在此最重要的事实是:在日常行为中我们之所以懂得赞扬和谴责,仅仅是因为我们已经知道我们有某种责任做值得赞扬之事,不做应受谴责之事。在这些情况下,我们的境况就不是无知的,而是面临着选择的可能性。我们必须选择是转向上帝还是背离上帝。简言之,我们是自由的。我们无论选择何种道路,都是怀着追求幸福的希望。我们有能力指导我们的感情仅仅朝向有限的事物、他人或者我们自己,并且因此而背离上帝。奥古斯丁说:"这种背离和转向都不是被迫的,而是自愿的行为。"

根据奥古斯丁的看法,恶或者罪,是意志的产物。它不像柏拉图说的那样是无知,也不像摩尼教徒所说的是渗透到身体之中的黑暗本原的作用。尽管有原罪,我们仍然具有意志的自由,然而这种意志的自由(liberum)和精神的自由(libertas)不是一回事。因为真正的精神自由在今生是不可能完全得到的。今生我们可以运用自由意志作出错误的选择。但是,奥古斯丁认为,即使当我们作出正确选择时,我们也不具有去做我们所选择的善事的精神力量。我们必须有上帝神恩的帮助。尽管恶是由自由意志的活动所造成,德性却是上帝神恩的产物而不是我们意志的产物。道德法则告诉我们必须做什么,而归根到底它真正揭示给我们的是我们不能靠自己力量去做的事。因此,奥古斯丁得出结论说:"律法的建立是为了使人追求神恩;有了神恩,律法就可以实现。"

6.6 正义

对奥古斯丁而言，公共的或政治的生活和一个人的个体的或个人的生活是受同样的道德法则支配的。对于这两个领域来说，其真理的来源只有一个。而且他认为这个真理是"完整的、不容破坏的，而且不受人类生活中的变化的影响"。所有的人都认识到这个真理，而且都认为它就是自然法或自然正义。奥古斯丁把自然法看成是我们的理智对上帝真理的分有，也就是对上帝的永恒法的分有。奥古斯丁对永恒法的看法在斯多葛学派那里已经有了先声。那是在他们说到理性原则贯穿于自然中的一切时说的。这样一来，他们就赋予了这种理性支配万物的作用和力量。他们的理论是：心灵（奴斯）作为理性的原则，构成了自然法。所以，斯多葛学派是把自然法看成是世界中理性原则的非人格化力量的作用，而奥古斯丁则把永恒法解释为一个人格化的上帝的理性和意志。他写道："永恒法是上帝的神圣理性和意志，它命令维护（遵从）事物的自然秩序，而且禁止打乱它。"因为永恒法是上帝支配秩序的理性，我们的理智所领会到的永恒原则就被称为自然法。奥古斯丁说，当一个政治国家制定法律时，这种世俗法必须要和自然法的原则相一致，而自然法则是派生于永恒法的。

奥古斯丁关于法和正义的主要论点是：政治国家不是自主的，而且在制定法律时，这个国家不仅仅是在体现它的立法权。因此，国家也必须遵循正义的要求。而正义是一种标准，是先于国家的并且是永恒的。奥古斯丁论点的独特之处在于它对正义的意思的新的解释。他接受了柏拉图的提法，即"正义是一种把每个人应得的分配给他的美德"。然而，他问道：对于每个人来说，什么是"应得的"呢？他不接受那种认为正义是不同社会的不同习惯问题的想法。在他看来，我们是在与上帝相关联的人的本性的结构中发现正义的。因此，他说，正义是"灵魂的习惯，它将属于每个人的尊严给予每个人，……它源自本性……这种正义的观念不是个人意见的产物，而是被某种先天的力量植入的东西"。要求国家遵循这样一个标准，显然是给政治权力加上了很有分量的道德限制。确实，奥古斯丁论证说，如果国家的法律不和自然法以及正义和谐一致，那么它们将不成其为法律，而这国家也将不成其为一个国家。

由于把正义和道德法则联系在一起，奥古斯丁认为，正义并不仅仅限于人与人的关系。在正义中，首要的关系是个人和上帝的关系："如果人不服务于上帝，可以设想在他们之中还有什么正义呢？"而且，集体的正义是不可能和个人的正义分离开的，因为"如果在一个人中找不到这种正义，那么在整个一大群这样的人中也一样找不到。所以，在这样的人群中也将找不到对那种会让大家变得正义的法律的认同"。服务于上帝也就是爱上帝，而这也意味着爱我们的人类同胞。因而，全部伦理都基于我们对上帝的爱，以及对他人的爱。爱是正义的基础。

奥古斯丁相信，根据上帝的法律，宗教所处的地位要高于政治机构。不过他确实把运用强制性权力的权利让渡给国家。国家是人的本性的有罪状况的产物，因而它是作为必要的控制力量而存在的。尽管如此，奥古斯丁从未承认强力的原则高于爱的原则。因为他说：

> 一个社会要建立得符合理想，就只能在信仰与和谐的基础上由信仰与和谐的力量建立起来。在那里，爱的对象是普遍的善，这种普遍的善按其最高的和最真实的特征来说就是上帝本身；在那里人们以最彻底的真诚在上帝中相爱，而他们相互之间爱的基础是上帝的爱。他们爱的精神不可能瞒过上帝的眼睛。

虽然世俗国家的力量赶不上爱的创造性力量，它还是有其重要功能。具体说来，国家的活动至少可以减轻某些恶："当坏人被剥夺了为害的力量时，他们的行为举止将更有节制。"

6.7 历史和两座城

奥古斯丁使对上帝的爱成为核心的道德原则。他也通过他的失序的爱的理论来解释恶。由此他得出结论，人可以分成两类：一类是那些爱上帝的人，另一类是那些爱他们自身以及俗世的人。由于有两种根本不同的爱，因而也就有两种相反的社会。奥古斯丁把那些爱上帝的人称为"上帝之城"，把那些爱自己和爱万物的人称为"世俗之城"。

奥古斯丁并没有把这两个城分别等同于教会和国家。他强调，构成一个社会的决定性因素是它的成员的占主导地位的爱，然后他指出，那些爱俗世的人既可以在国家中找到，也可以在教会中找到。但并不能因此而得出结论说，教会包含了被称为上帝之城的那整个社会。同样，在国家之中也有爱上帝的人。所以这两个城在教会和国家之中都是交错在一起的，同时，又以某种看不见的方式有它们自身的独立存在。因此，凡是那些爱上帝的人存在的地方就会有上帝之城，凡是存在爱俗世的人的地方就会有世俗之城。

在两个城之间的冲突中，奥古斯丁看到了通往一种历史哲学的线索。他所说的历史"哲学"指的是历史具有某种意义。希腊早期的历史学家除了王国的兴衰以及不断重复的历史循环之外，看不出人类事务中还有别的模式。大家可以回顾一下，亚里士多德曾认为历史几乎不可能教给人们任何有关人性的重要知识。根据亚里士多德的说法，历史不同于戏剧，它所涉及的是个别的人、国家以及事件，而戏剧所涉及的则是普遍的状况和问题。但是奥古斯丁认为，所有戏剧中最伟大的戏剧是人类历史。在很大程度上的确如此，因为历史的作者是上帝。历史开始于创世，中间点缀着许多重要事件，诸如人类的堕落，上帝的道成肉身，等等。现在历史则陷入到上帝之城和世俗之城之间的紧张状态之中。没有任何事情的发生是与上帝的最终天命无关的。奥古斯丁认为：他自己那个时代的政治事件尤其如此。

当野蛮的哥特人于410年洗劫了罗马时，许多非基督徒据此谴责基督徒，说他们过分强调了爱上帝和服务于上帝，淡化了爱国主义而且削弱了国家的防卫。为了回答这种指责和许多别的指责，奥古斯丁于413年写了他的著作《上帝之城》(The City of God)。在书中他论证说，罗马的衰落并非因为基督徒的颠覆活动，相反，是因为整个帝国中无处不有的猖獗恶行，而基督教的信仰和对上帝的爱可以防止这种恶。罗马的衰落在奥古斯丁看来恰好是上帝有目的地干预历史的另一个例证，他以此来力求建立上帝之城以限制世俗之城。奥古斯丁相信，我们全都能发现历史戏剧中的现实意义，因为我们人类的命运不可避免地和这两座城以及上帝的活动联系在一起。对人的存在和世界来说，有一种囊括一切(all-embracing)的命运，而且它将在上帝认为合适时和对上帝的爱占统治地位时实现。奥古斯丁用这些观点来理解他认为不如此理解就纯属杂乱无章的人和事，而且给这些人和事某种总体意义、某种"历史哲学"。

总　结

通过结合古希腊哲学家的观点和宗教教旨，中世纪的思想家发展出了一个哲学的新传统。像大多中世纪哲学家一样，奥古斯丁也在与是否有信仰的权威或理性的权威或二者的某种结合为宗教信念奠基这种问题缠斗。奥古斯丁认为，信仰照亮了理性，并且没有信仰就不会有理解，这个观点可总结为一条陈述："信仰寻求理解。"对他来说，整个世界可以从信仰的优点加以考虑。与怀疑论者相反，奥古斯丁认为，借由人类理性，我们可以获得关于许多事物的确定性，比如说矛盾律。我们同样也对我们自己的存在抱有确定性，因为即便我要怀疑，为了去怀疑，我首先也得存在。他承认，由于感觉对象和感觉器官的变化，我们关于人类的感觉和知觉缺乏确定性。不过，通过理解感觉如何运作，我们至少可以获得可靠的知觉知识：存在一个感觉对象，被身体的感觉器官所感知，心灵对此形成了图像，并随后比照永恒的对象和真理（也就是说柏拉图式的理念）。我们有限的心灵要把握这些永恒的对象和真理，我们的心灵就需要被圣光启迪。

对奥古斯丁来说，当我们想到我们拥有关于永恒真理的知识时，我们就开始意识到了上帝的存在：我们有限的心灵无法单独把握它们，它们对于人的心灵而言既是永恒的又是真的，它们要求某种来源，这也就是上帝。上帝是最高的存在，就其本身是自我存在、永恒不变的。他主张，世界是上帝自由行为的产物，从中他将万物拉入存在，并组成了世界。在创世的行动中，上帝将种质原则植入了质料，将使得所有物种得以出现的潜能设定给自然。

在道德哲学中，奥古斯丁主张有道德的人类生活建立在对事物恰当的爱之上。尽管许多东西是爱的正当对象——比如食物、艺术，以及人类情感——但我们不能指望这些中的每一种提供多于其独一无二的特性所能提供的东西。我们最高层次的爱必须聚焦于上帝，因为只有上帝满足了我们对于无限的特殊需求。由此，恶行是失序之爱的后果，我们对客体爱得太多，在一个强烈的层次上，它们有限的本性如何可以实现我们的需要无法得到辩护。他主张，对不同的事物奉献多少爱在我们可知的能力之内，因此，恶行是我们意志的结果。不过，我们依然需要上帝的恩典来帮助我们按照我们知道我们应当去行为的方式来行为。在政治哲学中，奥古斯丁认为，政府必须遵守正义的要求，这些要求是永恒的，并因此构成了让国家去遵守的自然法。又及，真正的正义牵扯到对上帝恰切的爱，据此，宗教处于一个优越于政制的地位。人类可以分为爱上帝的人和爱自己与世界的人。这创造了两个对立的社会。爱上帝的人组成了上帝之城，而爱自己和世界的人组成了世俗之城。

研究问题

1. 解释奥古斯丁"信仰寻求理解"的观念，并与德尔图良对于信仰和理性的观点做比较。
2. 奥古斯丁拒斥怀疑论，并主张我们可以在某些领域获得确定性，比如矛盾律和我们自己的存在。解释他的论证，并说说你是否认为它们成功了。
3. 解释柏拉图的理论对奥古斯丁的知识理论的影响，并讨论奥古斯丁的宗教版本是否是对柏拉图的改进。
4. 解释奥古斯丁神圣光照的理论，并讨论你是否认为每种知识都要求这种光照，包括数学真理，抑或仅仅某些种类要求这种光照，比如道德和宗教真理。
5. 与大多数古希腊的哲学不同，奥古斯丁的哲学是彻底宗教的。选取一种更为世俗的希腊哲学（柏拉图的、亚里士多德的、斯多葛主义的，或怀疑论的），并讨论奥古斯丁的宗教进路是否应对了其中的某些严重不足。
6. 讨论奥古斯丁对上帝存在的论证，并解释你是否认为它成功了，以及为什么。
7. 解释奥古斯丁种质原则的观念，是否有任何当代生物学能够支持他的理论。
8. 失序之爱的观念是奥古斯丁道德哲学的关键。解释这个区分以及它为何是恶的来源，并讨论你是否同意。
9. 解释奥古斯丁的正义概念以及它如何与自然法相联系。
10. 奥古斯丁区分了上帝之城的人和世俗之城的人。解释这二者之间的区分，以及这如何与教会和国家之间的关系相联系。

第七章

中世纪早期的哲学

7.1 波爱修斯
7.2 伪狄奥尼修斯
7.3 爱留根纳
7.4 解决共相问题的新方法
7.5 安瑟伦的本体论证明
7.6 穆斯林和犹太思想中的信仰和理性

罗马帝国在476年的崩溃，宣告了一个理智的黑暗时期的到来。摧毁罗马政治权力的野蛮人也捣毁了西欧的文化制度。学术研究陷于停滞，因为实际上整个古代文献都流失了。在接下来的五六个世纪里，哲学得以维系是靠着基督教的学者们，他们成了古希腊著作传到西方的渠道。早期三个有影响的思想家是波爱修斯、伪狄奥尼修斯和约翰·司各脱·爱留根纳。

9世纪，神圣罗马帝国的查理大帝雄心勃勃地打算复兴古典学术。而且随着爱留根纳的系统性巨著《自然的区分》(The Division of Nature)的问世，我们本可以期望哲学在这个思想压抑的时期产生出来，而且重新在整个西欧繁荣光大起来。然而这个早先曾经出现过的持续复兴的前景，由于几个历史事件的发生而没能及时变成现实。在查理大帝死后，帝国也就分裂为几个封建邦国。罗马教皇的统治进入了一个道德上和精神上的衰弱时期。而且僧侣们在他们专有的教育和学术领域里没能进行有效的领导。而蒙古人①、撒拉逊人以及斯堪的纳维亚人的入侵加大了这种阻碍力量，促成了文化的黑暗。在几乎100年的时间里，也就是10世纪的大多数时间里，几乎没有进行什么哲学活动。然而哲学确实在下一个世纪复兴起来，而且从1000年到1200年它集中讨论了共相、上帝存在之证明、信仰和理性的关系等问题，在对这些问题进行讨论的过程中，哲学的几个源头都被发掘出来，希腊的、基督教的、犹太的和穆斯林的思想被结合到了一起。

7.1 波爱修斯

波爱修斯的生平

中世纪早期最著名的哲学人物之一是意大利的罗马和帕维亚的安尼修斯·曼留斯·塞伏林·波爱修斯(Anicius Manlius Severinus Boethius，480—524)。他生长在基督徒狄奥多里克(Theodoric)的王国里。早年他被送到雅典，在那里他掌握了希腊语，并接触到了亚里士多德主义、新柏拉图主义和斯多葛主义。510年，他被提升到狄奥多里克宫廷宰相的位置上，后来也备极尊荣。然而，尽管声望素著，官阶显赫，他还是因严重的谋逆罪嫌疑而被剥夺了各种荣誉，受到了长期监禁，最后在524年被处以死刑。波爱修斯是中世纪早期把希腊思想特别是亚里士多德的某些著作传到西方的最重要的中介者。

---

① 原文如此。但蒙古军西征发生在公元13世纪，与西欧10世纪的哲学黑暗时期无关。——译者注

因为对希腊语学有所成，波爱修斯最初打算把柏拉图和亚里士多德的著作翻译成拉丁文，而且揭示出他们之间表面上的差异何以能被调和起来。虽然这个雄心勃勃的计划未能实现，但他确实留下了很可观的哲学遗产，其中包括亚里士多德某些著作的译文，对这些著作以及波斐利（Porphyry）和西塞罗（Cicero）的著作的评注。此外，他还写了神学著作和论述所谓四种人文学术——算术、几何、天文和音乐——的论文。他把这四门学科称为四大高级学科（quadrivium），以区别于另外三门人文学术即中世纪学校中的三学科（trivium）——语法、逻辑和修辞学。在他自己原创的论文中，波爱修斯引证了许多作者的著作，表现出他对柏拉图、亚里士多德、斯多葛学派、普罗提诺、奥古斯丁以及其他哲学家都很熟悉，不过很显然，对他产生了最重要影响的还是亚里士多德。他的著作获得了经典的地位，而且后来被包括托马斯·阿奎那（Thomas Aquiuas）在内的重要哲学家作为阐释古代作家和基本哲学问题的权威著作来引用。

哲学的慰藉

在帕维亚监中服刑期间，波爱修斯写出了他的名作《哲学的慰藉》。这本书在中世纪广为流传，而且影响持久，连乔叟[①]也翻译了此书，而且他的《坎特伯雷故事集》有一部分就是以此书为蓝本的。《哲学的慰藉》是一本对话集，是作者自己和一个作为哲学之化身的人之间的对话。对话涉及上帝、命运、自由，以及恶这些主题。在该书的头几页中，波爱修斯对哲学作了一个寓言式的描绘，这个描绘我们如今仍然能在欧洲的许多大教堂的雕刻门面上看到。他之所以用这种寓言性的方式看待哲学，最初起因是当他在狱中饱受煎熬时，试图靠写诗来克服他的忧郁。这时，他自己凭借强大的想象力所制定的新的哲学形象让他深受触动。哲学现身为一位贵妇人向他走来，这个女人有着一双极其敏锐的眼睛，暗示哲学有着高于人的本性的力量；这女人给人的印象是看不出她的具体年龄，这表示哲学是青春常驻的；在她的长袍上能看见一个希腊字母Φ，象征着实践哲学，还有一个θ[②]，象征着理论哲学。在它们中间有一架梯子表示向智慧攀登的阶梯。当波爱修斯从哲学发现，世俗的善和快乐决不能给他真正的幸福，一个人必须转向最高的善，而哲学是引向这种善的学问时，他就从哲学那里得到了安慰。但是，除了这种寓言性的解释外，波爱修斯还给哲学下了一个更专门的定义，称哲学为"对智慧的爱"。"智慧"这个词负载了这个定义的整个内容，对波爱修斯来说智慧意味着一种实在，某种自身存在的东西，智慧是产生万物的有生命的思想。在爱智慧的过程当中，我们爱的是思想和产生万物的原因。归根到底，对智慧的爱也就是对上帝的爱。在他的《哲学的慰藉》中，他

[①] 乔叟（Geoffrey Chaucer，1340—1400），英国诗人，《坎特伯雷故事集》的作者。——译者注
[②] Φ为希腊词ψρονησιs（意为"实践智慧"）的第一个字母；θ为希腊词θεωρια（意为"理论"）的第一个字母。——译者注

没有谈到基督教,而是系统地表述了一种基于人类理性自身能够提供的东西之上的自然神学。

共相的问题

共相的问题决非一个新的问题。它之所以作为一个基本问题对中世纪思想家产生深刻影响,乃是因为根据他们的判断,思想的事业很大程度上有赖于对这一问题的解决。这个问题的核心在于如何把人类思想的对象和存在于心灵之外的对象联系起来。心灵之外的对象是个别的和杂多的,而心灵之中的对象则是单一的和普遍的。例如,在通常的讨论中,我们使用"树"和"人"这样的词,但是这些词指的是我们用感官感觉到的实际的、具体的树和人。看见一棵树是一回事,思考它则是另一回事。我们看见的是特殊,而我们思考的则是普遍。当我们看到一个特殊事物时,我们把它放到某个种或属之中。我们从未看到过"树"或"人",只看到"这棵栎树"或"约翰"这个人。树在我们的语言中代表所有实际存在的树,包括栎树、榆树等,而"人"也包括约翰、珍妮以及其他每个具体的人。那么,在这些一般语词和这些具体的树和人之间的联系是什么呢?"树"仅仅是一个词,还是指存在于某处的某个东西?如果"树"这个词指的是在这棵具体的栎树中的某种属于所有树的东西,那么这个词就是指普遍的东西。因而,共相也就是一般性名词。而存在于我们的心灵之外的对象则是单个的或特殊的和具体的。如果共相仅仅是在我们心灵中的观念,那么我们思想的方式与我们心灵之外实际存在的特殊对象之间是什么关系呢?我的心灵又是如何着手形成一个普遍观念的呢?在心灵之外有任何与我的心灵中的普遍观念相应的东西吗?

波爱修斯翻译了波斐利的《亚里士多德"范畴篇"导论》(*Introduction to Aristotle's Categories*),在该书中他发现了依据波斐利提出的某些问题而进行的关于共相问题的讨论。这些问题探讨的中心是一般观念和具体观念之间的关系。简言之,类[①]和具体对象之间的关系是什么?波斐利提出这样三个问题:(1)类在自然中是真的存在,抑或仅仅是我们心灵的构想?(2)如果它们是实在的,那么它们是物质的还是非物质的?(3)它们是脱离可感事物而存在,还是以某种方式存在于它们之中?然而波斐利并没有回答他自己的问题,而波爱修斯则主要依据亚里士多德对这个问题的看法对此提出了系统的解答。

波爱修斯意识到这个问题的巨大难度。如果问题在于要发现人类思想是否符合我们心灵之外的实在,那么我们很快就会发现,在我们心中的有些观念并无与之对应的外部对象。我们可以想到半人半马的怪物,但是这种人和马的结合物并不存在。或者我们也

[①] genera 本来是"属(genus)"的复数形式,但实际上在波爱修斯的原文中既谈到了"属",也谈到了"种",都是相对于具体可感事物而言的,其实说的就是一般或共相,为了避免造成读者狭隘的理解,在此译为"类"。——译者注

可以想到一条如几何学家所设想的那样的线，但是我们在任何地方也找不到这样的线。半人半马的怪物的观念和线的观念之间有什么不同呢？人们会说，关于半人半马的怪物的观念是虚假的，而关于线的观念则是真实的。波爱修斯在此要说明的是：我们形成概念有两种基本不同的方式，即组合（把马和人拼凑到一起）与抽象（从一个特殊的对象中抽出它的某种属性）。他想说的是，普遍的观念，例如类，是被心灵从实际的个别的事物中抽象出来的，因此是真实的观念。

关于共相是从个别事物中抽象出来的说法使得波爱修斯得出这样的结论：类存在于个别事物之中，而且当我们思想它们时，它们就变成共相了。共相以这种方式同时存在于对象之中和我们心灵中——在事物中实存，在我们的心灵中被思想。虽然波爱修斯把他的分析仅限于类，但这种共相不仅包含类，而且还有别的性质，诸如公正、善、美等。两棵树之所以都成为树，是因为作为对象，它们由于包含使它们存在的普遍基础而互相类似。同时，我们可以把它们两者都想象成树，因为我们的心灵发现在它们之中有同样的普遍要素。因而，这就是波爱修斯对第一个问题——即共相存在于自然中还是仅仅存在于我们心中这个问题——的回答。在他看来，它们是既存在于事物之中又存在于我们的心灵之中的。对第二个问题——共相是物质的还是非物质的——他现在可以说，它们既是具体地存在于事物之中，又是非物质地或抽象地存在于我们的心灵之中。同样，他对第三个问题即共相是和个别对象分离开来还是在它们之中被现实化的回答是，它们是既在事物之中，又和事物分离开来而存在于我们的心灵之中。

7.2 伪狄奥尼修斯

在500年左右，一部新柏拉图主义的著作集在西欧流传，这个集子被认为是使徒保罗在1世纪时的一位名叫狄奥尼修斯的弟子所作。他是古希腊雅典最高法院的法官。然而，因为这些著作收录了由较晚的思想家普罗克洛（Proclus，410—485）所发挥的思想，学者们现在认为这些论文大概写于接近500年的叙利亚，而作者用的是一个化名。因此，这些著作的作者被冠以"伪狄奥尼修斯"这个名字。伪狄奥尼修斯的论文试图系统地把基督教思想与新柏拉图主义联系起来。这些著作由《神圣名称》《天国等级》《教会等级》《神秘神学》以及《书信十札》所组成。它们频频被译成拉丁文，而且有人为它们写了一些评注。在整个中世纪，伪狄奥尼修斯的影响是非常大的。关注完全不同的问题的哲学家和神学家们相当大量地使用了他的著作。神秘主义者对他关于存在物之等级的精巧理论大加利用，因为它为描述灵魂上升到上帝的过程提供了丰富的思想资源。阿奎那说明存在巨链以及人类与上帝之间的类比关系时也运用了他的理论。最重要的是，他是最有力的新柏拉图主义思想来源之一,影响了世界的起源、对上帝的知识,以及恶的本性等问题的哲学思考。

对上帝的知识

狄奥尼修斯对世界和上帝的关系给出了一个说明,在其中他把新柏拉图主义的流溢论和基督教的创世说结合到了一起。他希望避免潜在于新柏拉图主义理论中的泛神论思想,因为新柏拉图主义认为,万物都是由上帝流溢出来的。与此同时,他又希望确立凡是存在的东西都来自上帝的思想。虽然他显然也没有认为上帝的创世活动是一种自由意志的活动的明确观念,但是狄奥尼修斯仍然论证说:世界是上帝天意的产物。上帝在他自己和人类之间设置了一个存在物的实质性的阶梯或等级,这些阶梯或等级被称之为天使(heavenly spirits)。从存在物的最低等级到最高等级——上帝处在顶峰——有各种存在的等级。因为这种连续的存在阶梯或链条,狄奥尼修斯确实接近于泛神论和一元论了。他有时把这种阶梯描述为一束光线,他还以此来反对关于事物的多元论观点。上帝是所有被造物的目标,他以他的善和他所激起的爱把万物吸引到他自身那里去。

狄奥尼修斯认为,我们可以以两种方式达到对上帝的知识:一种是肯定的方式,一种是否定的方式。当我们采用肯定的方式时,我们把通过研究被造物所发现的所有完满的属性归之于上帝。我们可以把善、光、存在、统一、智慧以及生命这些名目给予神圣的东西。狄奥尼修斯说,这些名目在它们的完满情况下都是属于上帝的,仅仅只是在某种派生的意义上才根据被造物分有这些完满性的程度而属于人类。狄奥尼修斯认为,在一种十分严格的意义上,这些属性是存在于上帝之中的,因为上帝毫无疑问就是善,是生命,是智慧,等等。与之相比,人类只能在较低的程度上具有这些属性。但不管怎么说,上帝毕竟是更像人而不是更像比如石头那样的东西,因为对石头我们不能说它是善的、智慧的和有生命的。

虽然我们确实可以通过肯定的方式获得关于上帝的知识,但是狄奥尼修斯认为,否定的方式更为重要。狄奥尼修斯意识到,人们不可避免地会提出关于上帝的拟人化的观点,因此他着手从上帝那里除去所有被造物的属性。在他看来,很显然,上帝的特点正在于他没有有限被造物的那些属性。他一步一步地从上帝的概念中除去我们用来言说被造物的一切东西。以否定的方式,我们通过否定那些最不可能和上帝相容的东西——比如"迷醉和狂怒"——来考察上帝的本性。然后我们通过"排除"的方法,把各种范畴的属性从上帝的概念中除去。因为我们所知道的一切都是属于被造物世界的,所以"排除"的否定性方法,不是把我们引向一个关于上帝的清晰的概念,而是仅仅引向一种"无知的黑暗"。这种方法的唯一的肯定方面是:它能够确保我们知道上帝不是什么样子。因为上帝决不是对象,那他就是超越于可知事物的。这种观点对后来的神秘主义者有很大的影响，这些神秘主义者相信，当人上升到接近上帝时，人类通常形式的知识就被过强的上帝之光所造成的失明所湮灭。

根据新柏拉图主义的思想，伪狄奥尼修斯否认恶的积极的存在。如果恶是某种积极的东西，有某种实体性的存在，我们就会被迫沿着它追溯到上帝，把上帝当作恶的原因，因为所有的存在物都源自上帝。对于伪狄奥尼修斯来说，存在和善是一个意思，因为凡是存在的东西都是善的，而且如果某物是善的，它显然首先必须存在。在上帝之中，善和存在是完全同一的，因此，凡是来自上帝的东西都是善的。但是，这种说法的推论即恶和非存在是同义的却并非必然为真，不过，存在的缺乏会造成恶，因为它意味着善的缺乏。恶人在他们拥有积极存在的所有意义上都是善的，只是在不论哪方面缺乏某种形式的存在的情况下才是恶的，特别是在运用他们意志的过程中。在物质自然中，丑陋和疾病被称为恶和道德领域里的行为被称为恶都是出于同样的理由，即，它们在形式上有缺陷或者缺乏某种存在。失明是光的缺乏，而非某种恶的力量的出现。

7.3 爱留根纳

爱留根纳的生平

在波爱修斯和伪狄奥尼修斯的时代过去3个世纪之后，西方又出现了另一位哲学大家。此人是一位不同凡响的爱尔兰僧侣，名叫约翰·司各脱·爱留根纳，他建立了中世纪第一个完备的哲学体系。810年他出生在爱尔兰，在一个修道院上的学，是他那个时代少有的几个掌握了希腊文的学者之一。无论从何种标准看，爱留根纳都是一个才华出众的希腊学者。他可以随心所欲地运用他那时的哲学资料，由于有了这个条件，他所写的系统著作使他脱颖而出，成为他那个世纪最杰出的思想家。

大约在851年，爱留根纳离开爱尔兰而出现在秃头查理的宫廷之中。那时候，他主要是投身于对拉丁文作者，特别是奥古斯丁和波爱修斯的研究。他为波爱修斯的《哲学的慰藉》写了一本评注。应秃头查理的要求，爱留根纳于858年将希腊文本的伪狄奥尼修斯的著作翻译成拉丁文，而且还为这些著述写了评注。他还翻译了早期神学家忏悔者马克西姆斯（Maximus）和尼斯的格利高里（Gregory of Nyssa）的著作。在翻译了这些著作之后，爱留根纳写作了他自己的名著《自然的区分》。这本以对话形式写作的书大约写于864年。在这本书中，他承担了一个复杂的任务，那就是根据伪狄奥尼修斯的新柏拉图主义来表述基督教的思想和奥古斯丁的哲学观点。虽然这本书成为中世纪思想中划时代的著作，但是它却未能引起爱留根纳同时代人的注意。而许多后来的著作家则求助于这本书去印证异端理论，比如泛神论。这导致在1225年2月25日教皇洪诺留三世（Pope

Honorius Ⅲ)对爱留根纳的《自然的区分》进行谴责，并下令将该书焚毁。尽管如此，还是有一些手抄本存留到现在。

自然的区分

爱留根纳的《自然的区分》一书中的复杂论证是围绕着他对该书书名中的两个关键词的特殊理解进行的。首先，爱留根纳认为"自然"一词指的是"存在着的一切"。在这个意义上，自然包括了上帝和被造物。其次，当他说到自然的"区分"时，他考虑的是对整个实在——上帝和被造物——加以区分的一些方法。此外，区分这个词还有一种特殊意义。爱留根纳说，有两种理解实在之结构的方法：一个是通过区分，另一个是通过分析。区分的意思是从较普遍的东西推进到普遍性少一些的东西。例如当一个人把实体区分为有形的和无形的时候就是如此。再往下，无形的又分为有生命的和无生命的，如此等等。另一方面，分析则是把区分的过程颠倒过来，让从实体中区分出的要素又回到统一的实体之中去。作为爱留根纳区分的和分析的方法之根基的是他对我们心灵的活动与形而上学的实在相一致的确信。当我们在作"区分"和"分析"时，我们的心灵并非仅仅在和概念打交道，我们正在描述事物是如何现实地存在和活动的。如果上帝是终极的统一，那么事物和世界就是这个作为基础的统一所区分出的各部分。而分析则是事物又返回到上帝那里去的过程。根据爱留根纳的说法，思想的法则是和实在的法则相一致的。

根据心灵中的这些区分，爱留根纳论证说：仅仅只有一个真实的实在，所有别的事物都依靠它，而且都返回到它那里去。这个实在就是上帝。在自然的全部实在中，可以作出四重区分，即：（1）创造的而非被造的自然；（2）被造的而且创造的自然；（3）被造的而非创造的自然；（4）既非创造也非被造的自然。

创造的而非被造的自然　爱留根纳的这种自然指的是上帝。他是万物的原因而他自身却无须被任何原因所产生。他无中生有地创造了所有被造物。按照伪狄奥尼修斯所作的区分，我们关于上帝的知识是否定性的，这是因为我们从经验对象中得到的属性，在严格意义上都不适用于上帝，上帝以他的无限性而具有一切完满性。为了确保即使像智慧和真理这样仿佛很适合上帝的属性未经认可也不能归到上帝身上，爱留根纳在它们之上都加上了一个"超"字，因此我们在说到上帝时，要说他是超智慧的、超真理的。亚里士多德的谓词或范畴都不适用于上帝，因为这些谓词都假设了某种形式的实体——例如，"量"意味着范围——而上帝并不存在一个可以限定的地方。爱留根纳沿着奥古斯丁的思路讨论了几个问题，诸如上帝的本性和由无中创世的思想等。然而当他继续讨论上帝与被造物的关系这个问题时，他的新柏拉图主义思想似乎占据了支配地位。而且对爱留根纳来说，很难不得出在上帝和被造物之间没有清晰的区别的结论。爱留根纳说："当我们听说上帝创造万物时，我们只应当理解为，上帝存在于万物之中。"之所以这么说，是因为只有上帝才是"真实存在",因此,凡是存在于事物中的都是上帝。

被造的而且创造的自然 这种划分指的是神圣的理念(divine Forms)[①]。它们是所有被造物的原型。它们是所有被造物所模仿的原因。根据爱留根纳的说法,说它们是被造的,并不是说它们自某一时间点开始存在。他所考虑的是一个逻辑的而非时间先后的顺序。在上帝之中,有关于万物的知识,包括万物原始原因的知识。这些原始原因就是神圣的理念和事物的原型。在所有的被造物都"分有"它们这个意义上,这些理念也进行着创造的活动。例如,人类智慧分有超智慧。虽然他在此用了创造这个词,但起决定作用的还是他的新柏拉图主义思想,这尤其是因为,在爱留根纳看来,创造并不是发生在时间之中,而是上帝的理念和被造物之间的一种永恒的联系。

被造的而非创造的自然 这是我们经验到的事物的世界。如果用学术名词来表述,它指的是原始原因的外在结果的集合。这些结果,无论是无形体的(如天使或理智),还是有形体的(如人和物),都是对神圣理念的分有。爱留根纳强调:这些事物——存在物的这种完备的等级排列——包含了作为其本质的上帝,尽管具体事物给人们以它们是个体事物的印象。他把事物的这种表面上的复多性比作光在孔雀羽毛上的各种反光。每一种颜色都是实在的,但是它却依赖于羽毛,因此,归根到底颜色不是一种独立的实在。在被造的世界中,每一个体之成为实在的,都是凭着它的原始原因,原始原因存在于上帝的心灵之中。然而上帝如果是什么东西的话,他就是一个统一体,而说理念、原型以及范型都在他心中也只是一种比喻的说法,因为这些东西一起构成一个统一体。由于这个原因,世界也是一个统一体,就像孔雀的羽毛一样,而世界和上帝又构成一个更加包罗万象的统一体,因为上帝是在万物之中。在爱留根纳看来,神圣理念处在上帝和被造物之间,就好像它们能够向"上"仰视上帝,向"下"俯视这些被外在化了的理念一样。但到最后,他的新柏拉图主义导致他抹去了理念、上帝和被造物之间的空间,把它们全都融合成一个统一体,而且最终成为了一种泛神论。

既非创造也非被造的自然 这最后的一重区分指的还是上帝,不过这时的上帝是作为被造物秩序的目标或目的的上帝。由于万物产生于上帝,它们也全都回归于上帝。运用亚里士多德的比喻,爱留根纳把上帝比作一个被爱者,他没有运动,但却吸引着爱他的人们。凡是从某种本原开始的东西都将再次回归到这同一本原,而这样一来,万物的原因把由它产生的各种事物都引向它自身。由于这种回归,所有的恶都将有一个终结,而人们也将找到他们与上帝的结合。

[①] Forms 可译为"理念",此处从本书柏拉图章译为"理念"。——译者注

7.4 解决共相问题的新方法

正如我们看到的，中世纪关于共相的问题最初是由波斐利详细论述，而由波爱修斯加以回答的。这个问题在将近500年后又被讨论，而且造成了接下来持续几个世纪的激烈争论。虽然对这些问题的讨论颇受局限而且似乎显得不那么重要，但是参与者意识到一些重要的哲学的和神学的结论都要依争议的结果而定。关于共相的问题，至少有三个主要观点被提了出来，它们是：极端实在论、唯名论和概念论。

奥多和威廉姆：极端实在论

共相问题后来集中为一个简单的问题，即共相到底是不是一种实在事物的问题。那些认为共相实际上是实在事物的人们被称为极端实在论者。这些人说，类概念是真实存在，而个别事物则分有这些共相。然而，他们并没有走得像柏拉图那样远，柏拉图认为共相是理念，而且是脱离个体事物而存在的。实际上，实在论者认为，例如，"人"存在，但是它存在于许多人之中。

这种形式的实在论为什么会显得如此重要？我们在陶奈的奥多（Odo of Taurnai）的著作中找到了答案。奥多是一位著名的思想家，他曾任教于图尔的天主教经院。该经院建立在圣马丁修道院中。奥多是坎布雷的主教，1113年死于安钦修道院。在他看来，实在论是某种传统神学教义的基础。例如，根据他的说法，原罪说要求对人的本性进行实在论的描述。实在论认为，存在着某种普遍的实体，它被包含在某一物种的每一个成员之中。他说，如果我们想准确理解人类本性的状况，我们就必须认识到：在亚当和夏娃的罪中，"人"的普遍实体被感染，以致所有的后代都继承了他们行为的后果。如果我们否认实在论，那么亚当夏娃所做的事就会仅仅属于他们自己，如果情况是这样，那么原罪概念所具有的力量就会丧失。

另一个极端的实在论者是威廉姆·香浦（Guillaume de Champeaux，1070—1121），他详细论述了两种不同的观点。起初，在他的同一性理论中，他认为，共相在它的所有成员中都是同一的，比如说"人"这个共相，在所有的人中是同一的。这个共相的全部实在性都包含在每一个人之中。区分珍妮和约翰的东西只不过是他们的本质或实体的次一级的或偶然的变形。阿伯拉尔（Abelard，1079—1142）对这条推理路线加以嘲笑说，如果每个人都是整个"人"的种，那么"人"也就存在于罗马的苏格拉底和雅典的柏拉图之中了。如果苏格拉底出现在凡是有"人"的本质的地方，而"人"的本质既在罗马又在雅典，那么苏格拉底就必须既在罗马同时又在雅典。阿伯拉尔说，这不仅荒谬，而且还导致泛神论。由于这种以及别的批评，威廉姆被迫采取了第二种理论，也就是"不区分论"（indifferentism），也就是一种反实在论的观点。根据他的新观点，一个物种的许多个体之所以是同种东西，不是由于它们的共同本质，而是因为在某些方面它们并无区别（not different），也就是说它们"不显区分"（indifferent）。

洛色林：唯名论

对极端实在论的一个最难以对付的批评是洛色林（Roscellinus 或 Roscelin）的批评。他出生在贡比涅，而且曾到英国、罗马以及图尔去游历。他在塔谢、贡比涅以及贝桑松任过教，是阿伯拉尔的老师。他的核心论点是：自然中只存在个体事物，类概念不是实在的事物。像"人"这样的类概念并不指示任何东西，它只是一个词（voces）或一个名称（nomen），由字母所组成而且表现为一种声音的传播，所以，只不过是空气而已。由于这个原因，关于共相的讨论成了关于语词而不是关于实在事物的讨论。洛色林希望从他的论证中引出一些明显的结论，尤其是三位一体中的三个位格是三个相互分离的存在，他们所共有的是一个词而非任何真正实质性的东西，因而他们可以被看成是三个神。因为这些观点，他被1092年举行的索松宗教会议指控犯了三神论的错误。当受到被革出教会的威胁时，他否认了这一学说。尽管这样，洛色林在关于共相问题的历史中仍起到了至关重要的作用。特别重要的是，他拒斥极端实在论，拒斥把共相变成一个事物的企图。

阿伯拉尔：概念论或温和实在论

洛色林在他的唯名论中似乎和另一方在实在论中一样，也是在走极端。这两者都属于极端的观点。阿伯拉尔所提出的观点则是力图避免这两种极端。1079年，他出生在巴莱的一个军人家庭。在他动荡的一生中，他和他的老师进行争论，和爱洛伊丝有过一段有名的罗曼史。他是布列塔尼修道院的院长，在巴黎则是一个著名的讲师，因为他的异端学说而受到英诺森二世的谴责，最后在克吕尼隐居，并于1142年在那里去世。

阿伯拉尔说，在共相问题上，普遍性必须首先归于语词。当一个词被用于许多个体时它就是一个共相。"苏格拉底"这个词不是共相，因为它只能用于一个人。而"人"这个词是共相，因为它可以用于所有的人。阿伯拉尔说，一个普遍性名词的功能在于它以特殊的方式指称个别事物。于是问题就在于：我们是如何构想出这些普遍性名词的？阿伯拉尔对此的回答是：一定的个体事物，由于它们存在的方式，使得任何观察到它们的人都会认为在所有这些个体事物中有某种相似性。这种所谓的相似性不是实在论者称之为"本质"或"实体"的东西，它的意义仅仅在于：事物在这些相似的方面是一致的。当我们经验一个个体事物时，我们既看它，也思考它或理解它。和眼睛不同，眼睛需要对象，而我们的心灵并不需要一个物质对象，因为它能够形成认识。因此，我们的心灵有做两件事的能力，其中一件就是形成关于个别事物的概念，比如"柏拉图"或"苏格拉底"，另一件就是形成共相的概念，比如"人"。关于个体事物的认识是清晰的，而关于共相的认识是模糊的。即使我们事实上知道共相指的是什么，我们也不可能清晰地把注意力集中在共相的精确意义上。作为心灵的认识，共相是和个体可感事物分离而存在的。但是作为被用于那些个体事物的语词，它们仅仅存在于这些物体之中。同一个词能够同时被用于好些个体，是因为每个个体已经以这样一种方式存在，使得它和别的与它相似的个体能够以同样的方式被设想。因此，共相是从个体中抽象出来的。这种抽象的过程告诉我们应当如何理解共相，却没有告诉我们共相是如何实存的。只要我们从事物中抽象出它们确实具有的那些属性，我们就恰当地理解了事物。因此阿伯拉尔得出结论说，共相是一个语词和概念，它代表了某种为该概念提供依据的实在。这依据指的是类似的事物存在并触动我们心灵的方式。就此而言，共相有一个客观的基础，但这个基础不是像实在论者所认为的那样是某种像事物一样实在的东西。阿伯拉尔也不同意极端唯名论者所说的，共相仅仅是一个没有客观依据的主观的观念或语词。阿伯拉尔关于共相的理论战胜了极端实在论和极端唯名论，赢得了时人的赞同。

7.5　安瑟伦的本体论证明

安瑟伦在思想史上之所以著名，主要是因为他对上帝存在的证明。它在近几个世纪以来被称为"本体论证明"。安瑟伦1033年出生于皮埃蒙特（Piedmont），后来加入本尼迪克特僧团，最后成为坎特伯雷的大主教，并于1109年在此逝世。对于安瑟伦来说，哲学与神学之间没有清晰的界线。与在他之前的奥古斯丁一样，他特别关心为基督教教义提供理性支持，而且他已经把这些教义当作信仰的事接受下来了。他确信：信仰和理性会得出相同的结论。安瑟伦还相信，人的理性可以创立一种自然神学或形而上学，这种学说具有理性的一致性，而且并不依靠除理性之外的任何别的权威，然而这并不意味着安瑟伦否认自然神学和信仰之间的联系。正相反，他的观点是：自然神学在于给被信仰的东西一种理性的说法。这方面他是彻头彻尾的奥古斯丁主义，说他并不企图单凭理性去发现关于上帝的真理，而是希望运用理性去理解他一直信仰的东西。所以，他的方法是"信仰寻求理解"。"我并非为了相信而去寻求理解，"他说，"而是为了理解而相信。"他更是一清二楚：倘若他不是已经相信了上帝，他证明上帝存在的那桩事业是无从开始的。安瑟伦承认，人的心灵不可能参透上帝的奥秘。然而，从对上帝存在的理性证明来看，安瑟伦怀着一个有限的期望："我仅仅希望对我的心灵所相信和热爱的真理有些许的理解。"

安瑟伦的实在论

在他设计出现在他的《宣讲》一书中的本体论证明之前，在更早的一本名为《独白》

的书中，他系统地表述了另外三种证明。这三个论证反映了他的总体哲学取向，也就是他接受实在论，拒绝唯名论。他的实在论思想表露在他的这样一种信念中，他相信：语词不仅仅是声音或语法习惯，而是代表我们心外的实在的事物。简而言之，他的早期的三个论证是：第一，人们力图享有他们认为是善的东西。因为我们可以对那些多少具有善的事物加以相互比较，而这些事物必定分有一个且是同一个善。这个善必定是自身为善的，而且因此就是最高的善。人们可以以同样的方法去论证伟大。因此必定存在着某种在所有善和伟大中最善和最伟大的东西。第二，每一存在着的事物，要么由于某物而存在，要么由于无而存在。显然，它不能产生于无，因此，剩下的选择就只能是二者之一：一个事物要么是被某种别的事物所产生，要么是被它自己所产生。它不可能被它自己所产生，因为在它存在之前它是无。说它被某种别的东西所产生，将会意味着事物之间相互产生，但这也是荒谬的。因此，必定有唯一一个是来自自身且使其他万物得以存在的东西，而这就是上帝。第三，有各种等级或层次的存在，因而动物有比植物更高的存在，人比动物又有更高的存在。用类似于第一条论证的推理线索，安瑟伦提出结论说：如果我们不想继续向上运动到经过无限多的层次的话，我们就必定达到一种最高和最完满的存在，没有比它更完满的存在了。

所有这三个论证都是从一个存在着的有限物出发，然后沿着一个等级序列上溯，直到它们达到存在序列的顶点。安瑟伦的实在论在这里很明显是受到柏拉图和奥古斯丁的影响。他自始至终设想：当一个有限事物分有了我们的语言称之为"善""伟大""原因""存在"等的东西时，这些语词指的就是某种存在着的实在。因此，有限的事物不仅分有一个语词，而且分有了存在。而这种存在以其最大的完满性而存在于某处。和极端实在论者奥多和威廉姆一样，安瑟伦也感觉到，实在论的问题具有重要的神学含义——特别是对三位一体教义来说。如果我们否认一个具有同一性的实体存在于几个成员之中，那么三位一体说就会成为三神论，每一个成员就会是一个完全独立、互不相同的存在。按照安瑟伦的说法："谁不能理解许多人何以会在种上是一个唯一的人，他也不可能理解几个位格的每一个都是上帝，加在一起又是唯一的一个上帝。"

本体论论证

安瑟伦意识到：他的上述三个关于上帝存在的证明都不具有数学证明的那种明晰性和力量。而且，他的修道士同仁们都想知道他是否能够把这些论证加以简化。因此，在对这问题作了深思熟虑后，安瑟伦说，他已经发现一个单一的、清晰的、堪称完美无缺的证明方式。他把这种证明发表在他的《宣讲，或信仰寻求理解》之中。关于这个证明，值得注意的第一件事是：安瑟伦的思想产生于他的心灵内部，而并不从这样一种假设出发，即每一种证明都必须开始于某种经验的证据，而心灵从这种经验证据出发方能合乎逻辑地推出上帝。安瑟伦追随奥古斯丁的神圣光照说。这种学说给了他直接通向某些真理的捷径。确实，在开始本体论证明之前，安瑟伦要求读者"进入到你心灵的内室之中"，而且"把那些除上帝以及有助于追寻上帝的东西之外的一切全都关在外面"。显然，安瑟伦在开始他的证明之前，是确信上帝存在的，因为他的说法是"除非我信，否则我将不会理解"。

这个证明本身的推理是简洁利落的。安瑟伦说，我们相信，上帝是"无法设想比他更伟大的存在的存在"——或者更简洁地说，上帝是可以想象得到的最伟大的存在。那么，问题就在于：可以想象得到的最伟大的存在是真实地存在着的吗？有些人否认上帝的存在。安瑟伦引用了"诗篇"第14篇第1行的话："愚顽人心里说：没有上帝。""愚顽"这个词在这段话中是什么意思？它指的是：那个否定上帝存在的人陷入了一种明显的矛盾之中。因为当这个愚顽人听到"可以设想的最伟大的存在"时，他理解了他所听到的，而且他所理解的东西可以认为是存在于他的理智之中的。但是，某种东西存在于理智之中是一回事，把它理解成某种实际存在的东西是另一回事。例如，一个画家，事先想到他打算画的东西。这时，在他的理智中有了对他要画的东西的一种理解。但不是把那幅还没被画出来的画理解为实际存在的。但是，当他后来画好了这画时，他就既在他的理智中有了这幅画，而且把这幅他画好了的画理解为实际存在着的。根据安瑟伦的看法，这里所证明的是，某物甚至能够在我们知道它实际存在之前就存在于我们的理智之中。所以，在愚顽人的理智之中有对"可以设想的最伟大的存在"这句话所指的东西的理解，即使这个愚顽人未必理解到这种存在确实存在。它存在于他的理智之中，因为当这个愚顽人听到这句话时，他便理解了它，而凡是我们理解了的东西都因此而存在于我们的理解之中。因而，即使是愚顽人也知道：至少在他的理智之中有一个可以设想的最伟大的存在。

这就把安瑟伦带到他的证明的要点上来了。我们将问我们自己下面这两个概念哪一个更伟大一些。(a) 一个"可以设想的最伟大的在现实中存在的存在"；(b) 一个"可以设想的仅仅存在于我们心中的最伟大的存在"。答案必定是(a)，因为根据安瑟伦的看法，对于任何给定的存在来说，实在的存在比起想象的存在要伟大一些。现在，上帝被定义为"可以设想的最伟大的存在"。如果上帝仅仅存在于我们心灵之中，他就还可以成为更伟大的，也就是说，上帝就会成为"可以成为更伟大的最伟大的可能存在"，而这种说法就是一个矛盾。因此，为了避免这个矛盾，"可以设想的最伟大的存在"必定在现实中存在。在一个作为结论的祈祷中，安瑟伦感谢上帝："因为通过你的神圣光照，你慷慨的礼物，我现在才真正理解了我先前所相信的东西。"

高尼罗的反驳

在靠近图尔的马蒙梯尔（Marmontier）修道院中，另一位本尼迪克特派的僧侣高尼罗，出面为"愚顽人"进行了辩护。高尼罗并非要否认上帝的存在，只是想证明安瑟伦并没有构造出一个充足的证明。一方面，高尼罗论证说，"证明"的第一部分是不可能获得的。它要求在理解中有一个上帝的观念，这样愚顽人在听到这个语词的时候就能得到一个"无与伦比的伟大的东西"的概念。但是高尼罗说，愚顽人不可能形成这样一种存在的概念，因为在他经验到的别的实在中，不存在能从中形成这种概念的东西。确实，安瑟伦自己已经证明没有像上帝那样的实在。实际上，如果人的心灵能形成这样一个概念，那就没有证明的必要了。因为如果那样的话我们就已经把存在联系到一个完满存在物的某一方面了。高尼罗的另一个主要反驳是：我们常常想到某些实际上并不存在的东西，例如，我们能够想象一个"可以设想的无与伦比的最大岛屿"，但无法证明这样一个岛屿的存在。

安瑟伦对高尼罗的回答

安瑟伦作出了两点回答。第一，他说：我们，包括愚顽人在内，可以形成一个"可以设想的无与伦比的伟大存在"的概念。只要我们比较事物中的不同程度的完满性，而且上升到最大的完满性，即那种没有比它更完满的东西，我们就能做到这一点。第二，他认为高尼罗提出一个完满的岛屿的说法表明他误解了这个论证的要点所在。"可以设想的无与伦比的岛屿"的整个概念作为概念来说是有缺陷的。这是因为"岛屿"根据它的本性是有限的或被限定了的，因此它不可能以无限（或"可以想象的无与伦比的伟大"）的方式存在。只有"存在"的概念才能在实际上超越有限的界限而以"可以想象的无与伦比的伟大"的方式存在。我们不妨说在这一点上安瑟伦胜了：在本质上有限的"岛屿"和潜在的无限的"存在"之间不存在真正的可比性。因而，本体论的论证经受得住高尼罗的批评，它有待后来各个世纪的哲学家来提出更加确实可信的批评。

7.6 穆斯林和犹太思想中的信仰和理性

大多数中世纪的思想都试图调和哲学和神学两大领域——也就是说，调和理性和信仰两大领域。而起主导作用的作者是基督徒，他们的著作在神学中混合着哲学。他们的宗教取向源于基督教传统的主流，因此大体而言是一致的。然而，他们的哲学取向则十分歧异，因为在不同的时代和不同的地方，他们受到不同哲学家的影响。就是在他们依托同一个哲学家——例如，亚里士多德——时，他们也受到对其著作的不同阐释的影响。穆斯林的哲学家在中世纪是十分重要的，因为他们撰写的对亚里士多德著作的评注产生了重大的影响，许多基督教的著作家正是凭借这些评注来理解亚里士多德的思想的。结果，这些对亚里士多德思想的穆斯林解释不仅提供了关于亚里士多德的许多知识，而且也导致了协调信仰和理性两大领域时的许多严重困难。

在穆罕默德（570—632）的领导下，曾有一个庞大的穆斯林帝国得以建立，而其文化中心在波斯和西班牙，9世纪—12世纪期间，在那里发生了具有重大意义的哲学活动。在这几个世纪中，穆斯林世界关于希腊哲学、科学以及数学方面的知识远远超过基督教世界。而且，穆斯林世界比西欧早几个世纪得到亚里士多德的主要著作。许多希腊哲学家的文献被翻译成了阿拉伯文。而后来西方的拉丁文译本都是从这里来的。到了833年，巴格达的哲学已经名声大振，在那里还建立了一座经院，既是为翻译希腊哲学和科学的手抄本文献，也是为了进行创造性的学术活动。一代又一代卓越的思想家在这里工作，尤其是阿维森纳（Avicenna，980—1037）。穆斯林文化的另一个集中地是西班牙的科尔多瓦。在那里，另一位最重要的穆斯林哲学家阿威罗伊（Averroes，1126—1198）写下了他的许多哲学著作。虽然阿维森纳和阿威罗伊用阿拉伯文写作，而且是穆斯林，但是他们不是阿拉伯人。阿维森纳是波斯人，而阿威罗伊则是西班牙人。

阿维森纳和阿威罗伊都写下了对亚里士多德哲学的重要评注，而某些基督教作者把这些解释作为亚里士多德自己的观点接受了下来。因为这些阐释表现出亚里士多德学说与基督教的教义不符，有些中世纪的作者，例如波那文都（Bonaventura），认为必须拒斥亚里士多德的学说以避免谬误。因此，穆斯林哲学家有双重意义：一方面他们是把亚里士多德和别的希腊思想家的思想传到西方的传播者；另一方面，他们也是对亚里士多德加以解释的著作家，而这些解释成为中世纪哲学争论的基础。

阿维森纳

阿维森纳980年生于波斯，是一位了不起的学者。他学习了几何学、逻辑学、法理学、《古兰经》、物理学、神学和医学，16岁时就开业行医。他写了许多著作，虽然他的思想以亚里士多德为核心，但是他也表现出受到新柏拉图主义的影响，并能创造性地阐述问题。

阿维森纳对创世说的系统表述是特别重要的。在这个问题上，他把亚里士多德主义和新柏拉图主义的观点结合到一起，得出了一种在13世纪引起热烈争论的理论。阿维森纳首先给出一个对上帝存在的证明，他说：凡是开始存在的东西（就像我们经验到的一切事物那样）必定有一个原因。需要一个原因的事物被称为可能的存在。原因如果也是可能的存在，那它肯定也是被先前的存在所产生的，而这先前的存在也必定有一个原因。但是不可能有这样的一个无限的原因系列。所以，必定有一个第一原因，其存在不是可能的而是必然的，其存在在其自身之中而不是来自于一个原因，而这种存在也就是上帝。阿奎那后来大力运用了这种推理路线。

上帝处于存在的顶峰，没有开端，永远处在活动之中（也就是说永远在表达他的完满存在），因此，他总是在创造。因而根据阿维森纳的说法，创世既是必然的也是永恒的。这个结论在13世纪时让波那文都大吃一惊，认为这是一个严重谬误，而且还和《圣经》中的创世学说相冲突。根据波那文都的说法，创世的两个主要特点就是：它是上帝自由意志的产物，不是必然的；另外，创世发生在某一时间点上，不是永远都在进行的。

如果说阿维森纳的形而上学使基督教哲学家遭受困难是因为他的创世理论的话，那么他的心理学甚至引起了更严重的关切。在他的心理学中，阿维森纳特别希望说明人类的理智活动。他的理论的核心是关于可能的理智和主动的理智的区分的问题。为了说明这种区分，阿维森纳运用了他的新柏拉图主义的存在物等级性的观点。他把人置于最低层次的有天使性质的存在物或者理智之下。也就是说，上帝创造了一个单一的结果，这个结果被称为理智，这种理智是最高的天使，但这种理智又产生出较低的理智。在这一下降的序列中有九个这样的理智，每一个都创造（1）一个低于它的理智，以及（2）相继领域的灵魂。因而第九个理智创造第十个也是最后一个理智，即主动理智，正是这个主动理智创造了世界的四元素以及人的个体灵魂。主动理智不仅创造人的灵魂或心灵，它还向这些被造的心灵"放射形式"。

阿维森纳在此所说的是，由于一个人的心灵有一个开端，所以它是一种可能的存在。所以，一个人具有一种可能的理智。在此，阿维森纳在存在和本质之间作出了明确的区别，他说那是在被造物中的两种不同的东西。也就是说，因为我的本质不同于我的存在，我的本质不是自动实现的，它并不因自身而获得存在。人的心灵的本质是认知，但是它并不总是知道。理智有认知的能力，它的本质是认知。但是它的认知仅仅是可能的。理智被创造时不具有任何知识，而是具有获得知识的本质或可能性。知识在人理智中的存在需要两个要素，也就是（1）我们借以能够向外感知到可感事物的身体感官，以及在记忆和想象中内在地保存物体印象的能力；（2）在个体事物中通过抽象发现本质或共相的能力。但是——这也是阿维森纳的独特观点——这种抽象不是由人的理智而是由主动理智来进行的。主动理智照亮我们人的心灵使我们能够去认知，因而它也就把存在加在了我们心灵的本质之上。因为主动理智是所有人的灵魂的创造者，又是人类知识中的能动力量。所以，在全体人之中只有一个主动理智，它为全体人所分有。

波那文都也反对阿维森纳的心理学理论，理由是它威胁到每个人的分离的个体性的概念。阿维森纳的本意不是要做这样的推论，因为他实际上有一种每个个体灵魂不死的学说，也就是说，每个灵魂都将回归到它的来源之处，即回归到主动理智中去。但是，基督教的作者们往往容易在主动理智学说中看出个体灵魂的毁灭。他们还批评说，这种理论从根本上把人和上帝分离开了，因为是主动理智而不是上帝给人类理智以光照。个体的人的存在只是就物质被塑成肉体，灵魂成为肉体的形式而言的。然而，理智的主动的部分不是属于他们的。阿维森纳以这些方式给中世纪哲学注入了某些引起争议的论题。它包括：（1）创世的永恒性和必然性；（2）一种存在物的等级序列的分等和流溢；（3）关于那种既创造人类灵魂，又照亮可能理智的主动理智的学说；（4）与可能存在和必然存在相关联的本质与存在的区分。

阿威罗伊

和他之前的阿维森纳一样，阿威罗伊是一位极其渊博的学者。他于1126年出生在西班牙的科尔多瓦，在那里，他学习了哲学、数学、法理学、医学和神学。在和他父亲一样当了一阵法官之后，他成为了一名医生，但是他花了许多时间去写他那著名的评注。由于这个原因，在中世纪他被称为"评注者"。他在摩洛哥度过了他的晚年，并于1198年在此去世，享年72岁。

阿威罗伊认为亚里士多德是所有哲学家中最伟大的，甚至说自然之所以产生亚里士多德是为了树立一个人类之完满性的典范。由于这个原因，阿威罗伊围绕着亚里士多德的文本和观点来建构他的所有著作。在某些方面他不同意阿维森纳。一方面，虽然阿维森纳认为创世是永恒的和必然的，阿威罗伊却全然否认创世的思想。他说，哲学可不知道这种说法，这种说法只不过是一种宗教的信条。阿威罗伊也拒绝在本质和存在之间作出区分，认为在它们之间没有实在的区分（而这种区分导致阿维森纳作出了可能的理智和主动的理智的区分）；相反，在本质和存在之间只有一种为了进行分析而作的逻辑上的区分。而且，阿威罗伊认为：一个人的形式是灵魂，然而灵魂是一种物质的而非精神的形式。因此，物质的灵魂和肉体一样是有死的，所以死后没有什么东西能活下来。而人之拥有不同于其他动物的特殊地位，是因为与低等的动物不同，人类通过知识与主动理智结合起来。我们已经看到，阿维森纳说，每个个体都有一种可能理智，因此都有一种独特的精神力量，然而对于所有的人来说，他们只有一个且是同一个主动理智。阿威罗伊否认人有分离的可能理智。因此，他明确认为人类知识就在普遍的主动理智中，而且否认灵魂不朽的学说。毫不奇怪，基督教的思想家认为他的学说是不虔诚的，但是他的影响是巨大的，阿奎那常常引用他的著作。阿威罗伊不怎么看重神学，而且不遗余力地去区分哲学和神学、信仰和理性各自的领域。

阿威罗伊学说中"最恶名昭彰"的是后人所称的"双重真理说"。此说的最极端形态认为两个互不相容的断言——比如，关于宇宙创生的互不相容的宗教和科学断言——可以同时为真。尽管阿威罗伊可能并不持这种极端看法，他的批评者们还是把这观点归到他名下。其实他的真正立场的出发点倒是够清白的。阿威罗伊说，哲学和神学各自都有其功能，这是因为有它们分别为之服务的各种不同类型的人。他设想有三种人。靠想象而不是靠理性生活的大多数人，他们奉行道德是由于雄辩的传教士所灌输的恐惧心理。相反，哲学家不需要受到威胁，他们的行为是出于他们的知识。虽然宗教和哲学一般说来是为了同一个目的而发挥作用，但是它们所传达的是不同的内容，从而在这个意义上传达的也是不同的真理。这些真理并不必然相互矛盾，它们仅仅属于不同的种类而已。因此，第一群人是由那些更多地被激动人心的观念支配而不是被理性支配的人们所组成的。第二群人由神学家所组成。他们不同于第一群人的地方只在于，虽然他们有着与第一群人同样的宗教信仰，但他们打算为了他们的称义而谋求理智的支持。但是，由于他们把思想置于一些僵化的假设之上，而使思想有失公允，所以即便他们对理性的力量有所认识，也还是不能达到真理。第三群人也是最高的一群人由哲学家所组成。他们只是极少数。他们能够欣赏那些笃信宗教的人们和理性的神学家所追寻的真理，但是他们看不出有什么理由非得通过拐弯抹角的宗教视角去领略这种真理。哲学家是直接地认知真理的。实际上，阿威罗伊认为，宗教具有某种社会功能，因为它使哲学真理能够进入到那些不具哲学思维能力的头脑里去。然而，他认为，神学家和一般民众比起来应当更加明智，不要把繁复深奥的推理能力运用到宗教这样的主题上，而宗教的本性是与理性相偏离的，虽然它并不一定与理性相反。

摩西·迈蒙尼德

摩西·本·迈蒙尼德1135年出生于科尔多瓦，和阿威罗伊是同时代的人，而且阿威罗伊也出生在那里。后来他被迫离开西班牙，先去了摩洛哥，后来去了埃及，在埃及以行医为业。1204年，他死于开罗，享年69岁。他的主要著作是他的名为《迷途指津》的书。在这本书中，他着手来证明，犹太教义与哲学思想是一致的，并且《圣经》的思想提供了某些单凭理性不能发现的确凿见解。为了达到这个目的，迈蒙尼德引用了数量惊人的文献，不过，主要是亚里士多德的著作。

除了陈述那些别人也研究和教导过的亚里士多德观点，迈蒙尼德还提出了某些独特的看法，我们在此列举其中的几个。第一，迈蒙尼德相信在神学、哲学和科学之间——也就是信仰和理性之间——不可能有根本冲突。他的《迷途指津》基本上是向那些研究过哲学家的科学而被宗教的律法（Torah）字面含义给弄糊涂了的信教的犹太人宣讲的。他认为，哲学是一类不同于来自宗教律法知识的知识。虽然这两者并不冲突，但是它们的范围和内容还是不同的。由于这个原因，并非每一种宗教学说都会有一种理性的或哲学的解释。

第二，创世的学说是一个宗教信仰的问题。虽然亚里士多德的哲学暗示了世界是永恒存在的——没有时间中的创世——迈蒙尼德却指出：在这个问题上，哲学的证明并无决定性的力量，也就是说，从哲学上证明和反对创世学说是同样有力的。

第三，迈蒙尼德认为，信仰和理性之间的冲突产生于两个原因，即，宗教的拟人化的语言和思想糊涂的人用来讨论信仰问题的混乱方法。我们必须一步步从数学和自然科学推进到对律法的研究，然后进到形而上学或专门的哲学神学。有了这种方法论的训练，就更容易理解《圣经》中大量说法的寓言性质。但要发现宗教语言中的这种拟人化要素，人们还必须受到科学范畴和哲学概念方面的训练。

第四，迈蒙尼德同意阿维森纳关于人的本性的结构的说法。像阿维森纳一样，他接受了主动理智是一个人的实质性知识的来源的理论。每个个体都只有一个可能的或被动的理智，这个理智只属于他或她。每个人都获得一个能动理智，它要么就是一种主动理智，要么按照每个人优越性的程度而在不同程度上来自主动理智。到死的时候，作为肉体形式的人的灵魂也就消灭了，唯一存留下来的要素是能动理智这一部分，它来自主动理智而且现在又复归于它。如果这是一种灵魂不死的学说，那么在这样的一种学说中每个个体的独一无二的特征已经被大大削弱了。

第五，迈蒙尼德提出了几种对上帝存在的证明。他利用亚里士多德形而上学和物理学中的某些部分，证明了第一推动者的存在，一个必然存在物的存在（这也是建立在阿维森纳的基础上）以及一个第一原因的存在。迈蒙尼德认为，无论世界是从无中创造出来的，还是永恒存在的，都不影响自然神学的事业。但是在证明了上帝存在之后，迈蒙尼德否认了言说上帝是什么样子的可能性。没有任何肯定的属性能被归于上帝，只能说上帝不是什么样子，从而把否定的属性归于他。

第六，人类生活的目标是获得专属于人类的完满性。迈蒙尼德说，哲学家已经弄清楚，一个人能够获得的完满性有四种。按照上升的次序排列，它们分别是：（1）占有的完满性，（2）身体结构和形状的完满性，（3）道德德性的完满性，最后是（4）最高的完满性，即理性德性的获得。迈蒙尼德说，所谓理性德性，"我指的是可知事物的概念，它所教导的是有关神圣事物的真实看法。那是真的实在中的终极目的，因而是给个人以真正完满性的东西"。这种对人类完满性的理性的说明在信仰中也有它的对应物，因为迈蒙尼德得出结论说："先知也曾经解释了自身同一（self-same）的概念——就像哲学家已经对它做过了解释一样。"信仰和理性是协调一致的。

总　结

波爱修斯是首位系统探索共相问题的中世纪哲学家，他根据三个疑问来处理这个问题。第一，"树"这个词仅仅是一个词，还是指称外在于我的心灵的某种东西？他的回答是，"树"只存在于个体事物之中，而当我们思考个体的树时，"树"就变成了共相。第二个疑问是，共相是物质的还是非物质的。他的回答是，它们物质地存在于事物之中，而非物质地存在于我们的心灵之中。第三个疑问是，共相是否脱离个体对象而存在。他的回答是，它们既存在于事物之中，又脱离事物存在于我们的心灵之中。

伪狄奥尼修斯以多种方式受到了新柏拉图主义的影响。追随新柏拉图主义自太一流溢的观念，他认为存在着存在物的层级结构，上帝在顶端，人类接近底端，其间是各种各样的天使。追随新柏拉图主义对上帝的否定描述，他主张我们从肯定描述中开始对上帝的理解，比如上帝是善和智慧。我们继而通过否定这些对上帝的积极的、人类样的归属来进行否定。通过这种方式，我们知道上帝不像是什么。最后，受新柏拉图主义对恶的解释的影响，他主张恶就其本身并不是一个实质性的性质，而是说，某物是恶的是因为它缺乏善。通过论证万物从上帝创世的层级结构而来又复归上帝，爱留根纳进一步将新柏拉图主义扩展到基督教哲学。他主张，在自然的全部实在之中，存在着四种事物。第一，创造而非被造的自然，这是上帝。第二，既是被造又创造的自然，这是神圣的理念。第三，被造但不创造的自然，这是事物的世界，包括天使和人在内。第四，既不创造也非被造的自然，这是所有被创造的事物向上帝的复归。

对共相的思索在奥多和威廉姆的极端实在论中延续：共相在实在中存在，个体事物共有它们，不过这些共相并不是理念。洛色林采取了唯名论立场，认为对共相的谈论仅仅是语音传播，而阿伯拉尔采取了概念论立场，认为共相是我们在我们的心灵中形成的概念。

安瑟伦提出了对上帝存在的最伟大的证明之一，现在被称作"本体论证明"。用最简略的形式表述，这个论证是这样的：（1）我们将上帝理解为可设想的最伟大的存在物；（2）存在于实在比仅仅在想象中存在更伟大；（3）因此，作为可设想的最伟大的存在物，上帝必定在实在中存在。一个叫作高尼罗的安瑟伦的同代人批判了这个论证，根据是可以设计一个平行的论证来表明最伟大的可能岛屿的存在。安瑟伦回应说这两个论证并不是真的平行：最伟大的可能岛屿的想法是内在矛盾的，但最伟大的可能的存在者并不如此。

在中世纪的穆斯林哲学中，阿维森纳主张，在上帝之下，有九个层次的理智，其中最后一个叫作主动理智，它创造了自然世界的四种元素和人的灵魂。主动理智还启迪了我们的心灵，使我们能够认识事物。同样在穆斯林哲学的内部，阿威罗伊主张，神学服务于借助想象生活的大众，而哲学服务于借助理性生活的受过教育的少数人。由于神学和哲学服务于不同种类的人们，它们以不同的方式表达真理，有时表现得相互冲突。在犹太哲学中，迈蒙尼德主张，信仰和理性之间的冲突是《圣经》中拟人和比喻语言的结果，辨识出这种用法要求特殊的训练，从而避免按字面意思来谈论它们。

研究问题

1. 讨论波爱修斯对波斐利关于共相的三个问题的回答，并说说你是否同意波爱修斯的亚里士多德主义的立场。
2. 伪狄奥尼修斯是一个泛神论者吗？查阅泛神论的定义，解释他的哲学中的新柏拉图主义的面向，并讨论它们是否算是泛神论。
3. 解释伪狄奥尼修斯描述上帝的肯定和否定方式，并讨论这一进路的充分性。
4. 解释爱留根纳对实在的四重划分以及其新柏拉图主义的元素。
5. 比较奥多、威廉姆、洛色林和阿伯拉尔的共相理论，并说说你最同意哪一个，以及为什么。
6. 安瑟伦在创作他有名的本体论证明之前还构造过三个证明上帝存在的证明。选取这三个论证中的一个，解释并讨论它是否成功。
7. 解释高尼罗的最伟大的可能岛屿论证是否成功平行于安瑟伦的论证，并讨论安瑟伦对高尼罗的批评是否正确。
8. 讨论阿维森纳对主动理智的解释，以及它与其他的创世理论有何区别，比如柏拉图的、普罗提诺的，或者奥古斯丁的。
9. 解释极端形式的双重真理学说以及与阿威罗伊的实际理论有何不同，并讨论如果极端形式下有东西出错会怎样。
10. 评价迈蒙尼德对于信仰与理性之间的关系的观点，并讨论你是否同意他。

第八章

阿奎那和他的中世纪晚期的继承者

8.1 阿奎那的生平
8.2 哲学与神学
8.3 上帝存在的证明
8.4 对上帝本性的知识
8.5 创 世
8.6 道德和自然法
8.7 国 家
8.8 人的本性和知识
8.9 司各脱、奥卡姆和艾克哈特

托马斯·阿奎那（Tomas Aquinas, 1225—1274）的伟大成就在于，他将古典哲学和基督教神学的各种洞见结合起来了。虽然他从柏拉图和斯多葛主义那里吸收了古典哲学的论题，但阿奎那哲学之所以出类拔萃，还是在于它以亚里士多德为根基。阿奎那也意识到基督教作者们所造就的宏大思想视野，还有穆斯林和犹太哲学家所作的贡献。到他开始从事著述的时候，柏拉图和亚里士多德的大部分著作已经可以在西欧得到了。奥古斯丁曾经系统地建构了哲学与神学的早期结合，这种结合是把基督教信仰和他在新柏拉图主义者普罗提诺的著作中发现的柏拉图思想的一些因素结合在一起。奥古斯丁之后不久，波爱修斯（480—524）在6世纪第一次用拉丁文译介了亚里士多德的部分著作，因而再次引发了哲学的思辨。大约从7世纪到13世纪，有好几条思想发展的线索导致了柏拉图主义者和亚里士多德主义者之间的分歧和争论。

这种冲突以奥古斯丁主义者和托马斯主义者（托马斯·阿奎那的追随者）之间的争论的形式延续到13世纪之后，这是因为奥古斯丁和阿奎那是分别围绕着柏拉图和亚里士多德来建立各自的思想的。在这两派形成的这些世纪中，中世纪的思想家们殚精竭虑于哲学与神学的关系问题，他们将之表述为信仰和理性的关系问题。此外还有共相的问题。共相问题不仅反映出柏拉图和亚里士多德的不同观点，而且还为基督教信仰带来了许多重要的纠葛。通过厘清所涉及的问题，承认由不同的权威所提供的解决办法，回答对他的亚里士多德－基督教的解决办法的主要诘难，阿奎那对所有这些问题的讨论都产生了决定性的影响。以这种方式，阿奎那完善了"经院哲学的方法"。

这里所说的"经院哲学"这个词来源于在中世纪大教堂的学院中进行的理智活动，其倡导者被称为"经院博士"。后来经院哲学演变为专指那些经院博士创立的最有影响力的思想体系以及他们教授哲学时所运用的特殊方法。经院哲学企图把传统思想组合成一个首尾一贯的体系，而不是追求真正的创见。这种体系的内容大多是基督教神学和希腊哲学——柏拉图特别是亚里士多德的哲学——的融合。在经院哲学中，特色最鲜明的是它的方法。这种方法是这样一种进程：它主要依靠严格的逻辑推演，呈现为一种复杂的系统并以一种辩证的或辩论的形式加以表达，而在这种辩论中神学支配着哲学。另外，阿奎那完善了波爱修斯——"第一个经院学者"——作为关于神学主题的"学术性的"观点而建立起来的东西。波爱修斯极力主张"你应当尽可能地把信仰和理性结合起来"，而阿奎那则把信仰和理性的结合提升到了它的最高形式。在接受启示和传统神学真理的同时，他力图提供理性的论证以使这些启示的真理成为可以理解的。

8.1 阿奎那的生平

阿奎那于1225年出生在那不勒斯附近。他的父亲是阿奎诺（Aquino）的一位伯爵，他希望他的儿子有一天会取得基督教会中的高级职位。因此，阿奎那5岁时就被送到蒙蒂·卡西诺（Monte Cassino）修道院去当修童。在随后的9年中，他在这个属于本尼迪克特教团的修道院中进修他的学业。14岁时，他进入那不勒斯大学，然而在这个城市中，阿奎那被附近一个修道院中的某些多米尼克僧团的修道士的生活所强烈吸引住了，而且决定加入他们的修会。因为多米尼克僧团的成员特别专注于教学，所以，阿奎那在加入他们这个僧团之后，就决心献身于宗教和教学事业。4年之后，也就是1245年，他进入巴黎大学，在那里他受到一位杰出学者的影响，这位学者凭借自己巨大的理智上的成就而赢得了"大阿尔伯特"和"全能导师"的美称。在巴黎和科隆两地，在长期和亲密协助阿尔伯特的过程中，阿奎那的思想在各个关键的方面形成了。

阿尔伯特认识到哲学对于确立基督教信仰之基础和在发展人类心灵的能力方面的重大意义。在别的神学家以狐疑的目光看待世俗学术的时候，阿尔伯特就得出结论说：基督教思想家必须掌握各类哲学和科学知识。他尊重所有的理智活动，而且他的著作表明他学养深厚且学识广博多样。可以说他熟知所有古代的、基督教的、犹太的以及穆斯林的著作家。然而他的头脑是百科全书式的而不是创造性的。不过，正是阿尔伯特认识到哲学和神学之间的根本区别，比他的先行者更加准确鲜明地划清了它们二者之间的界限。阿尔伯特认为，像安瑟伦和阿伯拉尔这样的一些学者把太多的能力归之于理性，而没有认识到，严格说起来，他们归之于理性的东西，大多实际上属于信仰的问题。阿尔伯特特别想让亚里士多德学说成为所有欧洲人能够清楚理解的东西，希望把亚里士多德的所有著作都翻译成拉丁文，他把亚里士多德看成是所有哲学家中最伟大的哲学家，亚里士多德思想在13世纪能占统治地位，很大程度上要归功于他。正是在这样的氛围中，他的学生阿奎那也将看到，在亚里士多德的学说中有着对基督教神学最有意义的哲学支持。

阿尔伯特对他所引用的哲学家的著作未做任何的改变，阿奎那则不同，他对亚里士多德哲学的运用更富创造性和系统性，而且对亚里士多德思想和基督教信仰之间的一致性有着更为具体的认识。1259年到1268年间他中断了教学活动而托庇于罗马教廷，后来，阿奎那重返巴黎，并卷入了一场与阿威罗伊的追随者们的著名争论。1274年，罗马教皇格利高里五世召他到里昂去参加一个宗教会议。途中，他在那不勒斯和罗马之间的一个修道院里去世，时年49岁。

阿奎那留下了大量的论著，当我们想到，它们全是在短短20年时间中写成的时候，这些著作的数量之巨就更加突出了。在他的基本著作中，有对亚里士多德许多著作的评注，还有辩驳希腊人和阿威罗伊主义者谬误的细心论证，早期的一部论本质和存在的卓越著作，一部论统治者的政治论文集，然而他最有声望的著作成就却是他的两部主要的神学著作，它们是《反异教大全》和《神学大全》。

波那文都和巴黎大学

要想理解推动阿奎那哲学的那些争论，重要的是先要理解他在其中写作的中世纪大学的背景情况。第一批大学源自所谓的"大教堂学院"。巴黎大学就是由圣母（Notre Dame）大教堂学院发展而来的，其正式的组织和运作制度是1215年由教皇的代表加以批准的。起初，像所有早期的大学一样，巴黎大学由教师和学生构成，丝毫没有我们今天一想到大学就联想起的那些特殊的建筑或别的特征，例如图书馆和基金——这些是在14世纪和15世纪才添上去的东西。但是在那里并不缺最重要的要素：具有求知热情的教师和学生。既然本来就是教会机构，大学就和教会一样有着神学上的地位。这也意味着，四大专科——神学、法学、医学和艺术——中的神学学科具有无可争议的最高地位。

除了以神学为主导之外，巴黎大学兼收并蓄了广泛的知识。这也就解释了亚里士多德哲学之所以在巴黎被逐渐接受和取得胜利的原因。然而，很明显，亚里士多德主义的引入将会给正统派的学说造成难题。这里不仅有对亚里士多德哲学冲击基督教思想的忧虑，而且还有一个严重问题，就是穆斯林哲学家对亚里士多德的解释是否忠实和准确。此外，奥古斯丁和柏拉图主义在牛津取得了胜利。这种思想虽然在巴黎并未占据支配地位，然而在此时的巴黎，与阿奎那同时代的波那文都强烈地表现了这种思想。波那文都批评亚里士多德学说，他认为，由于否定柏拉图的理念论，亚里士多德的思想一旦被结合到神学中去，就会导致严重的谬误。例如，否定柏拉图的理念就会意味着上帝在自身内并不具有万物的理念，因而对具体的和特殊的世界是无知的。接下去，这也会否定上帝的天意或者说他对世界的支配。这还意味着事件的发生要么靠机遇，要么通过机械的必然性。

更为严重的是，波那文都指责说，如果上帝不思想世界的理念，他就不可能创造这个世界。在这个问题上，阿奎那和教会的权威们后来都遇到严重的困难，因为根据亚里士多德的学说，阿奎那发现没有决定性的理由否认如下观点：世界是永恒存在的，而不是在某一时刻被创造的。但是，波那文都说如果世界是永恒存在的，那必定有无限多的人存在过，这样的话，要么就有无限多的灵魂，要么像阿威罗伊认为的，只有一个灵魂或理智，它为一切人所共有。如果阿威罗伊的这种论证被接受，它将取消个人灵魂不朽的理论。这种观点为13世纪主要的阿威罗伊主义者西格尔所极力主张。他说：仅仅有一个永恒的理智，而且当个别的人出生和死亡时，这个理智依然保持着，而且总是找到别的人，在其中去完成它的组织身体和进行认知的功能，简言之，只有一个理智，它为所有的人所共有。

波那文都反对亚里士多德哲学，认为它引起所有这些错误，故而对基督教信仰构成了威胁。他提出奥古斯丁和柏拉图主义的观点与之对抗。然而，因为亚里士多德的思想是如此难以应付、如此具有系统性，特别是在关于自然和科学的问题上，所以它的向前推进是不可抗拒的，而且它的胜利最终也是不可避免的。如果大学中的大部分人都倾向于亚里士多德的思想，那么神学家们也不可能不向这位不朽的思想家让步。如果亚里士多德被接受，神学家们的特殊使命就是使他的哲学和基督教相协调，也就是说，使亚里士多德"基督教化"，而这正是阿奎那打算去做的事，同时他还要和波那文都的奥古斯丁主义和西格尔的阿威罗伊主义进行论争。

8.2 哲学与神学

阿奎那是作为一个基督徒来思考和写作的，他首先是一个神学家。与此同时，在写作他的神学著作时，他又在极大程度上要仰仗亚里士多德的哲学。他把哲学和神学集合在一起，这并不意味着他混淆这两种学科，正相反，他的观点是，在我们寻求真理的过程中，哲学和神学所起的作用是相互补充的。像他的老师大阿尔伯特一样，阿奎那花费极大力气去描述信仰和理性之间的界限，指明哲学和神学各自能提供什么和不能提供什么。13世纪思想中占支配地位的宗教取向涉及我们的上帝知识的重要性，阿奎那把哲学和宗教的洞见结合起来处理这个问题。关于上帝的正确知识之所以如此至关重要，是因为在这个主题上的任何基本的错误都可能影响一个人的生活方向——引导一个人或者朝向、或者背离上帝，而上帝是我们的终极目的。哲学产生于被人类理性所发现的原则，而神学则是对得自权威启示的原则所做的理性整理，并被认作是信仰的问题。阿奎那的哲学大部分包含在他认为可以得到理性论证的那部分神学之中——这种神学也就是后来几个世纪的哲学家所说的自然神学。

信仰与理性

阿奎那看到了哲学与神学——理性与信仰之间的具体区别。一方面，哲学开始于感觉经验的直接对象，通过推理而上升到更一般的认识，最后，像在亚里士多德那里一样，我们把握住最高的原则或存在的第一原因，最终达到上帝的概念。另一方面，神学则开始于对上帝的信仰，而且把万物说成是上帝的创造物。在此有一个方法上的根本差异，因为哲学家是从他们对事物之本质的理性描述中得出他们的结论的。相反，神学家则把他们的证明放在启示知识的权威的基础之上。神学和哲学两者并不相互矛盾。然而，并非哲学所讨论的一切对于一个人的宗教目的而言都是有意义的。神学所涉及的是人们为了得救所需的知识，而且为了确保这种知识，这种知识必须能通过启示而得到。有些启示的真理永远不可能通过自然理性被发现。而启示真理中别的部分，虽然单独通过理性就可以得知，但是为了确保我们真正熟悉这些真理，还是要靠启示。

由于这个原因，在哲学和神学之间就有某种重叠。但大体而言，哲学与神学是两门相互分离的独立学科。凡是理性有能力认知某物的地方，严格说来就不需要信仰，而只有信仰通过启示才能认知的东西，单靠自然理性也是不可能认知的。哲学与神学都涉及上帝，但是哲学家只能推断出上帝存在而不能通过对感觉对象的反思去理解上帝的本质属性。然而，在哲学和神学的目的之间还是有着某种联系，因为它们都和真理有关。亚里士多德曾认为，哲学是对第一原则和原因的研究，是对存在及其原因的研究。这就会引向一位第一推动者，他把这种第一推动者理解为宇宙中真理的基础。这就是以哲学的方式去述说神学家设定为他的知识对象的东西，也就是上帝的存在，以及由此而启示出的关于被造世界的真理。为了发现阿奎那哲学的主要方面，我们必须从他的大量神学著作中选取那些在其中他试图以纯理性的方式来证明真理的部分。他的哲学方法在他试图论证上帝存在的过程中是特别明显易见的。

8.3 上帝存在的证明

阿奎那系统地阐述了论证上帝存在的五种证明或方法。这些证明表面看似很简短，每一个只有一段话。然而，某些重要的假设隐藏在它们的简洁性的背后。更为重要的是，他的方法是和安瑟伦的本体论证明相反的。安瑟伦是从"可以想象的无与伦比的伟大存在"的观念开始的，由此他推论出那个存在的实存。然而阿奎那说：所有的知识都必须开始于我们对感觉对象的经验。他不是从具有完满性的天赋观念开始，相反，他的五种证明全都以那些我们凭着感官经验到的日常对象的观念为基础。

从运动、致动因以及必然存在出发的证明

前三个证明都运用了同一种策略，这些证明后来被称为"宇宙论证明"。它们都以在世界中观察到的某个事实为起点，然后沿着所有的联系环节一直追溯到这个事实的最初来源。这个联系的链条很显然不能被追溯到无限远的过去，于是这个链条一定有一个最初的开端，我们便称之为上帝。

第一个证明是从运动出发的。阿奎那认为，我们能确定世界上有事物在运动，因为这对我们的感官来说是显而易见的。同样清楚的是，一切运动之物都是被他物所推动的。如果一物处于静止状态，那么除非被他物推动，否则它是不会运动的。当一物静止的时

候，它只是潜在地处于运动状态。当潜在地处于运动中的一物受到推动而现实地处于运动中时，运动就发生了，因此运动是潜在性向现实性的转化。可以想象一列彼此相接的多米诺骨牌：当它们成列而立的时候，我们可以说它们是潜在地处于运动状态，虽然是现实地处于静止状态。现在考虑其中的某张骨牌，它的潜在性就在于，在被相邻的骨牌推倒之前它是不会运动的；唯有被现实地在运动的某物推动时，它才会运动。阿奎那由此推出一个普遍结论：任何事物都不可能在一个同样仅仅处于潜在状态的事物的推动下走出潜在状态——正如一块骨牌不可能被另一块直立不动的骨牌所碰倒。潜在性意味着某种东西的缺乏，所以潜在性是"无"。因此，一块骨牌的潜在的运动不能推动相邻的骨牌，因为潜在的运动是"无"，而我们不能从不运动中得出运动。这正如阿奎那所说的："一切事物除非受一个处于某种现实性状态的事物作用，否则是不能被还原到现实性的。"此外，同一个东西——例如一块骨牌——不可能同时既在运动的潜在性中又在运动的现实性中：现实地处于静止中的东西不可能同时又在运动。这就意味着一块骨牌不可能既被推动而同时又是那个推动者。潜在地处于运动中的某物不可能自己推动自己，被推动者都一定是被他物所推动的。最后一块倒下的骨牌原先是潜在地处于运动中的，但倒数第二块原先也是如此。每块骨牌都是被前一块骨牌推动之后，自己才成为推动者的。我们在此碰到了阿奎那的关键论点：要解释运动，我们就不能采取无穷回溯的办法。要是我们说，这个序列中的每个推动者原来又是被先前的推动者所推动的，那我们就永远不能找到运动的始源，因为那样一来，每个推动者就都只是潜在地处于运动中了。就算这个序列可以无穷回溯，每个运动者也仍然只是潜在的，从中绝不可能发生现实的运动。然而，事实却是，的确存在运动。所以，必然存在一个能够推动他物而无需被他物推动的推动者，这个推动者，阿奎那说："每个人都将其理解为上帝。"

关于这个证明有两点应加以注意。首先，阿奎那的运动概念并不限于多米诺骨牌之类的东西，也就是说，并不限于位置移动。他所想到的是运动的最广义，也包括"生成"和"创造"的概念。其次，对阿奎那来说，第一推动者并不就是一个漫长的原因序列的第一个原因，仿佛这样一个推动者与其他的推动者是一样的，唯一的区别就是它是第一个而已。很显然，其实不是这么回事，因为这样的话这个推动者也就会只是潜在地处于运动中了。所以第一推动者必须是毫无潜在性的纯粹的现实性，因此它不是处于那个序列中，而是处在现实性中。

第二个证明是从致动因出发。我们经验到各种各样的结果，而且在每一种情况中我们对每种结果都归因于一个致动因。一座雕像的致动因是雕刻师的工作，如果我们取消了雕刻师的活动，就不会有作为结果的雕像。然而有一个致动因的秩序：雕刻师的父母又是雕刻师的致动因；采石场的工人是这块大理石之所以能被提供给雕刻师的致动因。总之，有一个可以在序列中加以追溯的错综复杂的原因秩序。之所以需要这样一个原因序列，是因为没有什么事物能成为它本身的原因：雕刻师不能产生他自己，雕像也不能产生它自己。原因先于结果，这样，就没有什么东西能先于它自己，于是万物都需要一个在先的原因。每个在先的原因一定有它自己的原因，就像父母一定有自己的父母一样。但是不可能无穷后退，因为这一序列里的所有原因都依赖于一个使其他所有原因成为现实的原因的第一致动因。于是就一定有一个第一致动因，这个第一致动因"每个人都称之为上帝"。

第三个证明是从必然存在出发。在自然界中我们发现万物都是既可能存在，也可能不存在的。这些事物是可能的或者说偶然的，是因为它们并不是一直都存在而是有成有毁的。例如，曾经有某段时间一棵树不存在，然后这棵树存在，最后它又会不再存在。说这棵树的存在是可能的，必然意味着它不存在也是可能的。这棵树不存在的可能性有两方面：其一，这棵树可能从来就没有开始其存在；其二，一旦这棵树存在了，它也就有将来不再存在的可能性。于是，说某事物是可能的，就必然意味着在其存在的两端——即它存在之前以及消亡之后——它是不存在的。可能的存在有这么一个根本特点，即它有可能不存在。它不存在的可能不仅是在它已经存在之后，更重要的，是在它被创生、引起或推动之前。因此，某个有可能不存在的可能事物，事实上"在某个时候的确不存在"。

所以，一切可能的事物，在某个时候的确都曾经不存在，它们将存在一段时间，最后又不再存在。一旦可能事物开始存在，它们就会导致其他类似的可能事物产生出来，就好像父母生出儿女等情形一样。但是阿奎那作出了如下论证：可能事物自身中或其本质中并不含有其存在；而如果现实中的一切事物都只是可能的——也就是说，如果我们对每个事物都能说，在它存在之前和之后它都是可能不存在的——那么就会有某个时候任何事物都不存在。但如果有一个什么东西都不存在的时候，那么什么东西也都无法开始其存在了，甚至直到现在也不会有任何东西存在，"因为不存在的东西只有通过某种已经存在着的东西才能开始存在"。但既然我们的经验已经清清楚楚地向我们昭示了各种事物的存在，这就必然意味着：并非所有的存在物都只不过是可能的。阿奎那由此得出结论："一定存在着某物，其存在是必然的。"于是他说，我们就必须承认，"某个自身就具有其自身的必然性，并且不是从他物那里得到这必然性，而是在他物中产生这必然性的存在者的存在。这个存在者所有人都称之为上帝"。

从完满性和秩序出发的证明

后面的两个证明建立在不同的策略之上。阿奎那的第四个证明是从我们在事物中看到的完满性等级出发的证明。我们在经验中发现，有些事物更善、更真、更高贵，有些事物则不那么真、善和高贵。但是，对事物进行比较的这种或那种方式仅仅是因为事物以不同的方式相似于某种极限的东西才成为可能的。必定存在某种最真、最高贵、最善的东西。同样，关于事物，我们可以说它们有或多或少的存在，或低或高的存在形式，就像我们在比较一块石头和一种理性的创造物时那样。因此，也必定有"某种最多存在的东西"。因而阿奎那论证说，在任何属中，体现最大值的东西是那个属中的每一事物的原因。就像火，火是最大的热，是所有热的东西的原因。由此出发，阿奎那得出结论说："也必定有某种东西，对于所有的存在物来说，它是它们存在的原因，它们的善的原因，以及别的完满性的原因，而这种东西我们称之为上帝。"

最后，阿奎那构造了一个基于我们在世界中看到的秩序而提出的对上帝存在的证明。我们看到那些作为自然界之一部分的事物，或者是作为人的身体器官的事物，它们并不具有理智，然而它们却以某种有序的方式活动。它们以特有的和可以预言的方式去实现某些目的或功能。但是，这些缺乏理智的事物，像耳朵或肺这样的东西，如果没有得到某种具有理智的东西的指导，是不可能完成某种功能的，这正如一支箭射向何方要由弓箭手决定一样。阿奎那得出结论说："有某种理智的存在物存在，所有的自然事物都依靠它指导而朝向它们的目的，而这种存在我们称之为上帝。"

8.4 对上帝本性的知识

对上帝存在的证明并没有确定地告诉我们上帝是什么。传统的神学都说：在人类知识能力与上帝本性的无限性之间有一道巨大的鸿沟。阿奎那时常意识到这道实质上不可逾越的鸿沟。他说："神圣的实在是超乎人们对它的所有构想的。"然而这五种证明中的每一个都把某种东西加在了对上帝的构想之中：作为第一推动者，上帝被看成是不变的因而是永恒的；作为第一因，上帝被看成是有无所不能的创造力的；说上帝是一种必然的存在而非可能的存在，也就是说上帝是纯粹的现实性；作为终极真理和善，上帝是自身完满的；作为宇宙的安排者和设计者，上帝是支配事物的最高理智。

否定的方式

虽然五种证明给了我们某种有关上帝的信息，但这些知识与其说是直接的，不如说是间接的。我们知道，我们所知的关于上帝的知识仅仅是以一种否定的方式得到的，也就是通过知道上帝不是什么而得到的。这种证明只不过表示：上帝是不被推动的，因此他必定是不会变化的。这必定意味着：上帝不在时间之中，因而是永恒的。同样，为了说明运动，就必须有某种不具有潜能的东西——具有潜能的是具体物质——所以，在上帝之中不存在物质性的东西。上帝是纯粹的活动，是非物质性的，因为在上帝之中既没有物质也没有潜能，所以他是单纯的，没有任何复合。这种上帝的单纯性的观念不是通过我们直接领悟而得到的，而是通过否定的方式得到的，通过这种方式我们把复合性、物质性等观念从上帝概念中除去。从哲学上看，上帝的单纯性意味着和那种既具有潜能又具有实在性的被造物不同，上帝只不过是纯粹的活动。因而，一个被造物有其存在，而上帝则就是其存在。在被造物中，存在和本质是两个东西，而上帝的存在就是他的本质。然而即便是上帝的这些听起来像是肯定性的属性，归根到底也是在说上帝不是什么，即，上帝不同于被造物。

类比的知识

人类所有的语言都不可避免地来自我们对我们已经感知到的世界中的事物的经验。由于这个原因，就像阿奎那已经认识到的，我们用于上帝身上的那些名目，和我们描述人类以及事物的名目是一样的。这些名目，如智慧或爱，一方面用于有限的人，另一方面用于无限的上帝时，确实不可能指的是同样的东西。然而，如果这些名目和语词在我们把它们分别用于描述被造物和上帝时，对我们来说指的是不同的东西的话，那么关键问题就是：从我们关于被造物的知识中我们到底能否得知任何属于上帝的东西。

阿奎那区分了我们人的词汇与上帝的联系的三种可能的方式。第一种可能的联系方式是单义的。在这种情况中，像智慧这样的语词，用于上帝和用于人类将会是指完全相同的东西，而且这暗示了上帝和人在本性上是相同的，这显然不是事实，因为上帝和人是不相同的，上帝是无限的，而人类是有限的。第二种可能的联系方式是阿奎那所说的多义的联系。在这种联系中，语词在运用于上帝和运用于人类时，各自指的是完全不同的东西，这意味着上帝和人是根本不相同的。这样的话，我们关于人的知识将不会给我们带来任何关于上帝的知识。然而，阿奎那坚持认为，由于我们是上帝的创造物，所以我们必定在某种程度上哪怕是不完满地反映了上帝的本性。第三种也是最后一种可能的联系方式是人和上帝既非完全相同，又非完全不相同。他们的联系是一种类比的联系，在这个意义上，它是单义和多义之间的中间道路。当智慧这样的词用于描述上帝和人时，并不是说上帝和人之为智慧的意义是完全相同的，也不是说他们之为智慧的意义是完全不同的。

对阿奎那来说，"类比"是一个本体论术语——也就是说，是一个与事物之存在或本性有关的词。"类比"这个概念指的是存在于上帝之中，也存在于人类之中的。这就不只是单纯的隐喻或直喻关系了。说在上帝和我们之间有一种类比关系，也就是说我们与上帝相似，"相似"在这里的意思是：我们在某种程度上是只有上帝才是的东西。例如，阿奎那说，人有某种程度的存在，而另一方面，上帝就是存在。因而，形成上帝和我们之间的类比关系的，是这样的事实，即我们是由与上帝共有的属性而和上帝联系起来的。

人的本性从上帝那里获得其存在。这个事实说明在上帝和人之中有共同的要素。当我们使用诸如"智慧"这样的词的时候，我们指的是在上帝之中得到完满实现（对此我们并不完全理解），而在人类之中只得到部分实现的一种属性。智慧是某种既存在于上帝之中也存在于我们之中的东西。人的智慧的不同之处在于，我们的心灵居于我们的物质身体之中，而且要依赖我们的感官，当我们思考、言语时，我们一次只能说出一个语词或想到一个观念，因此是零碎散乱的。作为纯粹活动的上帝没有物质性的实体，他同时知道万物。所以在这里"类比"就意味着，我们知道上帝所知道的东西，但并非知道上帝所知道的一切事物，也不是以上帝知道它们的方式知道。再说一遍，这种类比关系之所以可能，是因为上帝的创造物具有与上帝的相似性。类比意味着我们同时既像上帝又不像上帝。认知到人是什么样子，也就具有了某种程度的关于上帝的知识。由于这个原因，人们首先造出来的人的那些名目和语词在运用于上帝时也有某种意义，只是在每种场合中的意义都要加以调整，以反映那种把上帝和人区分开来的不同存在等级和存在类型。

8.5 创 世

在阿奎那对上帝存在的证明和上帝本性的整个讨论中，他都以创世的概念作为先决条件。根据对上帝存在的五种证明，我们的感觉对象不可能从它们自身中得到存在，而必须从第一推动者、第一原因、必然存在、完满存在以及宇宙的安排者那里得到其存在。然而，阿奎那看出了创世论中的特有的哲学问题。

被创造的秩序是永恒的吗？

根据《圣经》的启示，创世发生在某一时间点。然而，哲学的推理又何以能支持这种信条呢？阿奎那认为，不可能以一种哲学的方式去确定世界到底是永恒存在的还是在某一时刻创造出来的。世界是被创造的，这一点必然是我们由启示而知的上帝本性所决定的。作为纯粹的活动和自由，上帝愿意进行创造。阿奎那区分了作为自由活动的创造和像普罗提诺所说的那样一种必然的流溢。然而，由于上帝是一种纯粹的活动，所以他可以实施在永恒中创造世界的活动。简言之，说上帝创世和说上帝永恒地创世并没有矛盾。如果我们认为上帝在时间中创世的话，就有一个会引起矛盾的更加严重的问题，因为这可能意味着上帝中的潜能——也就是说，上帝在创世之前就潜在地是一个创世者。阿奎那在这点上有些不确定，这导致了对他的学说之正统性的质疑。然而他坚持认为，亚里士多德认为上帝是从永恒中创世的，这是无可反驳的观点，尽管波那文都想加以反驳。最后，阿奎那接受启示的权威来解决这个问题，他得出结论说，这两种解决方法中的任何一种从哲学上看都是可能的。

从无中创世

说上帝从无中（ex nihilo）创世，是什么意思？再者，阿奎那认为，如果上帝是万物的起源，那么就不可能有任何别的存在之起源。简言之，在这点上把上帝和一个艺术家相提并论是没有用的。艺术家是重新安排已经存在的物质，就像一个雕刻家雕刻一座雕像时一样。创世之前只有上帝存在，上帝不是在任何已经存在的物质的基础上行动的，因为不存在这样的原初物质。最初只有上帝存在，而且开始存在的东西是从上帝那里得到它的存在的。因而，每个事物都是上帝的创造物，因为它最终来自上帝，而且除了上帝之外没有别的独立的产生存在的来源。

这是最好的可能世界吗？

哲学家们经常沉思，现在的世界是否确实是上帝所能创造的所有可能世界中最好的世界？根据阿奎那的看法，要回答这个问题，我们需要在心里记住两件事。第一，和无限的上帝不一样，我们是有限的，所以我们的完满性将不及上帝的完满性。第二，宇宙不可能比被造物依据其本性所能成为的东西更好，或者说与后者不一样。在整个这种讨论中，阿奎那强调，整个宇宙之中必然到处都有某种限定，这只不过是因为创造某种类型的存在就限制了别的存在，世界只是在这样的意义上是最好的，那就是世界包含了那些已经被创造的事物的可能的最好安排。

作为缺乏的恶

如果上帝是全能的和善的，那为什么还有苦难发生？这个问题在我们考虑到一切事物的存在都是来自上帝时变得更加突出。因为在世界上存在着恶，那么恶似乎也得来自上帝。然而，阿奎那接近于奥古斯丁对恶的问题所提出的解决办法，即是说恶不是任何肯定意义上的东西。上帝不是恶的原因，因为恶不是一个事物，自然的恶也就是由自然力所产生的苦难所表现出来的在某种东西中的缺席（或缺乏），而这种东西若不是因为有了这种缺乏，其本身是善的。例如，失明在于视力的缺乏，同样，道德上的恶——也就是具有意志的人的选择所造成的苦难——也包含某种缺乏，因而不是一种肯定意义上的东西。在这个意义上，缺乏是由一类不适宜的行为所构成，虽然这种行为本身不是恶。阿奎那说，通奸者的行为是恶的，不在于这行为的肉体方面，而在于使它成为通奸的东西，也就是说在于恰当的行为的缺乏。但是，在道德领域中，好像有些人选择了纵情去做那些明显是邪恶的行为。阿奎那像柏拉图那样论证说，就对自己行为的意愿而言，人们总是希望他们的行为产生出某种善来，不论这些行为看起来会是多么穷凶极恶。通奸者决不愿意他或她的行为完全是一种恶，而是认为这种行为的某一方面是善的而且带来快乐。

然而，为什么上帝允许在物质的自然和人的道德行为中存在缺陷这个问题却还是没有解决。对此，阿奎那回答说，世界的完满性要求各种类型的存在物存在，这包括易腐蚀的和不易腐蚀的存在物，结果这就为缺陷和苦难造成了存在的可能性。由于已经创造了易腐蚀之物，所以腐蚀也将存在。在道德的秩序中，首要的事实是人有自由。没有自由，我们就不可能去爱上帝。有了自由，我们也就具有了选择或是拒斥上帝，也就是选择或拒斥正当、正义以及善的能力。恶是作出错误选择的可能性，这种可能伴随着一个人的自由。虽然上帝愿意人有自由，可上帝并不希望这种可能性实际发生。恶的可能性是更大的善的不可避免的必然结果，而这种更大的善来自我们热爱并侍奉上帝的自由。因此，阿奎那得出结论说，上帝不是恶的原因，尽管通过创造具有自由的人类他允许了恶的可能性。道德上的恶在这些情况下是意志的产物，在这种意志活动中本质上善的要素由此就缺乏它真正的目的。

被创造的存在的等级排列：存在之链

阿奎那把宇宙描述成包含着一个由事物构成的完备的序列，或者等级系统——就好像存在着一个巨大的存在之链。在种上和存在等级上，这些存在物都相互区别。存在物的这种完备的序列是必需的，所以上帝的完满性才能被最恰当地表现在全部被造的秩序之中，因为单个的被造物不可能恰当地反映出上帝的完满性。上帝创造了许多层次的存在，它们叠合在一起，在存在的结构上没有间隙。因而，低于上帝的是天使的等级，阿奎那称他们为理智，而且说他们是非物质的。我们之所以能够知道他们的存在，既是由于理性，也是由于天启。为了说明存在物从最低到最高的完备的连续性而不留任何不可解释的空隙，理性也要求他们的存在。低于这些天使的是人的存在，人的本性既包括物质的也包括精神的方面。再往下就是动物、植物，最终是气、土、火、水四元素。至于说到启示，《圣经》中以各种不同的语词说到这些天使，诸如本原、力量以及撒拉弗①。

阿奎那指出，在各种层次的存在物之间没有间隙，它们像一条链子上的环一样联结在一起。例如，动物中最低的物种和最高形式的植物重叠在一起。而最高形式的动物相当于最低形式的人的本性，而人中的最高成分（理智）则与构成天使的独特成分是一致的。区分所有这些层次的存在物的是它们特有的复合本性，或者是它们的形式与质料的联结方式。在一个人中，灵魂是形式，而身体是物质性的实体。天使没有物质性的实体，

---

① 撒拉弗（seraphim）是犹太教、基督教和伊斯兰教经籍中所载的一种天使。据基督教传说，撒拉弗是级别最高的天使。——译者注

而因为它们不具有这类质料——即那种把特定的属性归属于特定的个体的质料，所以每个天使就是它自己的种。因而，每个天使在存在的等级制中占有一个独立的等级，在它的存在的等级或量上不同于别的天使。最高级的天使是最靠近上帝的天使，而最低级的天使则最接近于人。低于我们人的是动物、植物以及单个的元素，这些等级全体表现了被造物的完备的序列。

8.6 道德和自然法

道德的构成

阿奎那的道德学说是建立在亚里士多德的伦理理论之上的。与亚里士多德一样，他把伦理学看成是一种对幸福的追求。进而，以亚里士多德为榜样，阿奎那论证说，幸福是和我们的目标或目的紧密联系在一起的。为了得到幸福，我们必须实现我们的目标。然而，亚里士多德设想的却是一种自然主义的道德，根据这种道德，人们可以通过实现他们的自然能力或目的而获得德性与幸福。阿奎那则在此之上增加了他关于人的超自然目的的概念。作为一个基督徒，阿奎那认为，人的本性在上帝之中既有它的起源，又有最后的归宿。由于这个原因，人的本性之内并不包含它自己的实现标准。对我们来说，为了得到完满的幸福，仅仅作为人以及仅仅实践我们的自然功能和能力是不够的。而亚里士多德则认为这样的一种自然主义的伦理学是可能的。阿奎那同意这种说法的大部分内容，只是进一步指出，亚里士多德的伦理学是不完备的。所以阿奎那认为，对于道德而言，有一种双重的层次，它对应于我们的自然目的和超自然目的。

我们的道德经验的要素是由人的本性所提供的。一方面，我们具有身体的事实使我们倾向于某些类型的活动。我们的感官成为欲望和情感的工具。我们的感官也提供某种程度的关于可感对象的知识，以致我们被吸引到某些对象之上，这是因为我们认知到这些对象是可以使人愉快的和有好处的（爱欲）；我们也抵制某些对象，这也是因为我们认知到这些对象是有害的、令人痛苦的，或者是坏的（恶欲）。这种吸引和拒绝是我们的爱和快乐、恨和惧怕等能力的基础。

在动物中，这些恶欲和爱欲直接支配和引导它们的行为。然而，在人类中，意志要在理性的共同作用下，完成人的活动。意志是使一个人倾向于获得善的力量。也就是说，我们的所有欲望都寻求得到满足，而满足过程要求我们在可供选择的对象之间作出取舍。我们必须在理性的指导之下通过意志作出这种选择。如果我们作出了正确的选择，那么我们就获得了快乐，但是并非每一种选择都是正确的选择。由于这个原因，意志凭自己不可能总是作出正确的行为选择；而必须导之以理智。理智也不是知识的终极来源，因为我们的超自然目的要求上帝的神恩以及启示的真理。不过，意志仍然代表着我们对善和正当的欲求，而理智则具有理解什么是善的一般或普遍意义的功能和能力。理智是我们的最高的能力，而自然目的要求理智以及别的能力追求它的适当对象。理智的适当对象是真理，而完全的真理是上帝，当理智指导意志时，它帮助意志选择善。然而，理智知道，有某种善的等级，而且有些善是有限的，一定不能将其误解为我们最适当的和终极的善。财富、快乐、权力以及知识都是善，而且是欲望的正当的对象。但是它们不能使我们得到最深远的幸福，因为它们并不具有我们灵魂所追求的普遍的善的特征。完满的幸福在被造物中是找不到的，只能存在于上帝之中，而上帝则是最高的善。

道德的构成包括感觉、欲望、意志和理性。赋予一个人道德属性的是一些作为自由行动的组成成分的要素。如果我被我的欲望以某种机械的或严格决定的方式所推动，那么我的行为就不是自由的，而且不可能从道德的角度来加以考察。自由不仅是一个行为被看作是道德行为的先决条件，而且阿奎那还认为，一个行为只有当它是自由的时，它才是人的行为。因为只有有了对可选择行为的知识以及进行选择的意志能力，才可能有自由。德性或者善，就在于作出正确的选择，也就是在极端之间的中庸。阿奎那同意亚里士多德的这种看法：当欲望被意志和理性所恰当地控制时，自然人的德性也就达到了。占支配地位的或"主要的"自然德性是勇敢、节制、正义以及审慎，除了这些特殊的德性之外，我们的自然目的通过我们关于自然法也就是道德律的知识而得以进一步实现。

自然法

道德，如阿奎那所认为的，并非是任意的一套行为法则。毋宁说，道德责任的基础首先是在人的本性（nature）中找到的。各种倾向，诸如维持生命的倾向，繁殖物种的倾向，以及因为人是有理性的，所以还有追求真理的倾向，都是人的本性之中的部分。基本的道德真理只不过是"行善避恶"。作为一个理性存在，我有维持我的生命和健康的基本的自然责任，自杀和不爱护自己都是错误的。第二，繁殖物种的自然倾向形成了夫妇结合的基础，而对于这种关系来说，任何别的基础都是错误的。第三，因为我们追求真理，所以，我们只有和所有别的也致力于此的人在社会中和平共处，才能把这件事做好。为了确保一个有序的社会，人类制定了法律，以便指导共同体的行为。在人类法律管辖之下的所有维持生命、繁殖物种、形成有序社会的活动，再加上对真理的追求——所有这一切都与我们本性的层次相关。道德律建立在人的本性之上，建立在朝向特定类型的行为的自然倾向之上，也是建立在辨别行为的正确方向的理性的能力之上的。因为人的本性有某些固定的特征，所以对应于这些特征的行为规则被称为自然法（natural law）。

亚里士多德已经在很大程度上建立了这种自然法的理论，在他的《伦理学》中，亚里士多德区分了自然正义和约定正义。他说,某些形式的行为,只是在规范这样的行为的法律已经制定之后才是错误的。例如,以某种速度开车是错误的,只是因为限制速度的法规已经设立,但是在自然中并不存在要车辆以某种速度行驶的要求。所以,这样的法律不是自然的,而是约定的。因为在该法律被通过之前,以超出现在所限的速度行驶并无什么错误可言。另一方面,有些法律是源于自然的,所以它们所规范的行为总是错的,谋杀就是一个例子。但是阿奎那并没有把他对自然法的论述仅仅限制在这样的看法上,即人的理性以某种方式能够发现人类行为的自然基础。相反,他推论说:如果人的存在和本性只有在理解了和上帝的关系时才能被充分地理解,那么,自然法就必须以哲学的和神学的方式来加以描述,就像斯多葛学派和奥古斯丁曾经做过的那样。

阿奎那说,法律首先和理性有关,人类的理性是我们行动的标准。因为指导我们的整个行为去达成我们的目的,这是理性的事。法律由人类行为的这些规则和尺度所构成,因而它是基于理性的。但是,阿奎那认为,因为上帝创造了万物,所以人的本性和自然法最好理解为上帝的智慧或理性的产物,从这种立场出发,阿奎那区分了四种法。

永恒法　这个法指的是这样的事实:"整个宇宙的共同体都被神的理性所支配,因此,在宇宙的统治者上帝之中,支配事物的思想就具有了法的本质。而且,由于神的理性对事物的认识不受时间影响,而是永恒的……所以这种类型的法必须被称为永恒的。"

自然法　对阿奎那来说,自然法是永恒法专属于人的那部分。他的推理是:"万物由于印记在它们之上的永恒法,而在某种程度上分有永恒法……"万物由此"得到它们各自的倾向性,倾向于它们的恰当行为和目的"。这点特别适用于人,因为我们的理性能力"也分有永恒理性的一部分,因而它有一种自然的倾向,倾向于它恰当的行为和目的"。阿奎那还说,"这种在理性的被造物中对永恒法的分有被称为自然法",而且他强调"自然法无非就是理性被造物对永恒法的分有"。我们已经提到过,自然法的基本准则是保存生命,繁殖和教育子女,追求真理和一个和平的社会。因此,自然法由大量的一般原则所构成,这些原则反映了上帝在创世时为人所作的打算。

人为法　这指的是政府的具体法令。这些法令或人为法派生于自然法的一般准则。正如"我们从本能地知道的不证自明的原则中得出各种科学的结论"一样,"从自然法的准则出发……人的理性也需要继续推进到关于特定问题的更为具体的决定上去"。而"这些由人的理性所制定的具体决定,被称为人为法"。人为法这个概念的深远意义在于:它驳斥了这样一种看法,即认为法之所以为法仅仅是因为统治者颁布了它。阿奎那认为,给一条规则以法的特征的是它的道德维度,它和自然法准则的相符,以及它与道德律的一致。阿奎那采纳了奥古斯丁的"凡是不正义的东西,根本就不像个法的样子"的说法,他说:"每种人为法在多大程度上来自自然法,就在多大程度上具有自然法的性质。"但是,他又说:"如果它在任何一点上偏离了自然法,那么它就不再是法,而是对法的歪曲。"像这样的法当然也就不再具有良心上的约束力了，而人们有时也遵守它，只是为了防止某种更大的恶。阿奎那比那种简单地对人为法所具有的违反自然道德法的特征加以否定的说法要进了一步，他说，这样的一个法令，不应当被遵守。他说，某些法"可能是由于和神的善相违背而是不公正的：这些就是导致偶像崇拜，或者导致和神法相违背的任何别的东西的暴君之法"。他得出结论说："这种法一定不能遵守，因为……我们更应当服从神而不是服从人。"

神法 阿奎那说，神法的功能是指导人达到他们的恰当目的。因为我们注定除了世俗的幸福之外，还要达到永恒幸福的目的，所以，必定有一种法能够引导我们达到这种超自然的目的。阿奎那在此与亚里士多德分道扬镳了，因为亚里士多德只知道我们的自然目的和目标，而且对于这种目的而言，人类理性所认知的自然法被视为一种足以胜任的引导。但是人也被规定要达到永恒的幸福，而阿奎那说，这种永恒的幸福"是与一个人的自然能力成比例的"。所以"除了自然法和人为法之外，人应当由神所给予的法来指导其达到他们的目的，这是完全必要的"。因而，神法对我们来说，是通过启示而得到的，而且它也可以在《圣经》中找到，它不是人的理性的产物，而是由上帝的神恩给予我们的。这种神恩保证我们全都知道我们必须去做什么事，从而既实现我们的自然目的，更要实现我们的超自然的目的。自然法与神法之间的不同正是在于这样一点：自然法代表的是我们关于善的理性知识，通过这种知识，理智指导我们的意志去控制我们的欲望和情感，而这又引导我们通过获得正义、节制、勇敢和审慎这些基本美德去实现我们的自然目的。另一方面，神法则通过启示直接来自上帝，而且是上帝神恩所赠，通过它，我们被指导去达到我们超自然的目的，从而获得信、望、爱的神学德性。这些德性是由上帝的神恩注入人的本性之中的，它不是我们自然能力的结果。阿奎那以这种方式完成而且超越了亚里士多德的自然主义伦理学。他揭示了人想认知上帝的自然欲望何以是确实无疑的，以及启示何以成为理性的向导。他还描述了我们的最高本性如何被上帝的神恩所完善。

8.7 国　家

阿奎那说，国家是一种自然的机构。它来自人的本性。在这点上，阿奎那与亚里士多德的政治理论是一致的，从亚里士多德那里，他接受了这样的说法："人天生是社会的动物。"但是因为阿奎那对人的本性有不同的看法，所以他必定会有一种多少有些不同的政治哲学。这种不同表现在对国家的作用或任务的两种看法上。亚里士多德设想，国家可以为所有的人提供人们所需要的东西，因为他只知道我们人的自然需要。而阿奎那相信，除了我们的物质的或自然的需要之外，我们还有一个超自然的目的。国家并不是为了处理这种更为终极的目标而准备的。指导我们去达到这个目标的是教会。但是阿奎那并没有简单地把人类事务的这两个领域划分出来，一归国家，一归教会。相反，他从上帝创世这方面来考察国家并说明它的起源。

根据这种观点，国家是上帝所意愿的，有上帝所赋予的功能，这种功能涉及人性的社会成分。对阿奎那来说，国家不是像奥古斯丁所认为的那样，是人的罪性的产物。相反，阿奎那说，即使是"在无罪的情况下，人也应当生活在社会之中"。然而即便如此，"一种共同的生活也只有处在某个关注共同的善的人掌控之下，才能存在。"国家的作用在于通过种种途径来保障共同的善：维护和平，组织公民们的活动使他们的追求相互协调，还提供维持生命的资源，尽可能防止对善的生活的妨害。这最后一项即关系到对善的生活的威胁，它不仅给了国家一种和我们人的最终目的相关联的功能，而且也说明了在和教会的联系中国家的地位。

国家是从属于教会的，这样说并不意味着阿奎那把教会看成是一种超级国家。阿奎那看到，说国家有一个在其中它有其正当功能的领域，同时说国家必须使自己从属于教会，这两种说法之间并没有矛盾。在它自己的领域内，国家是自主的，但是人类生活中还存在带有超自然目的的方面，所以国家决不能恣意设置障碍来妨碍我们的精神生活。教会并不挑战国家的自主权。它只是说国家并不是绝对自主的，在它自己的领域内，国家是阿奎那称之为"完满的社会"的东西，有它自己的目的和达到目的的手段。但是国家像一个个人，无论是国家还是个人都不是只有一个自然的目的。按阿奎那的说法，我们人的精神性目的"不能依靠人的力量，只有依靠神的力量"才能达到。此外，像阿奎那讲的那样，由于我们的命运是和精神上的幸福联系在一起的，国家必须认识到人类事务的这一方面。在提供公民的共同善的过程中，统治者必须带着对我们精神目的的意识去追求共同体的目的。在这种状况下，国家并不是变成教会，而只是说，统治者"应当安排那些引导到天堂至福的事，并尽可能防止那些与之相反的事"。阿奎那以这种方式肯定了国家的合法性以及它在自己的领域内的自主性。国家只是在为了保证我们最终的精神目的得到考虑这方面应当服从教会。

由于国家通过法律规范其公民的行为，因而国家被公正法律的要求所限制。阿奎那在描述制定人为法或成文法的标准时，最清楚明白地阐明了他对国家绝对自主权的反对。我们已经分析过法的不同类型：永恒的、自然的、人为的和神的。国家尤其是人为法的来源。每一个政府都面临这样的任务：根据它自己所处的时间和空间上的具体条件，来制定规范它的公民行为的具体法律。然而，法律的制定决不应是一种任意的行为，而必须在自然法的影响下进行，而自然法就包含着人对上帝的永恒法的分有。人所制定的法必须由来自自然法的一般原则的特殊法则所构成。任何违反自然法的人为法都失去了法的特征而成为对"法的歪曲",而不再具有对人类良心的约束力。立法者立法的权威来自上帝,而且对上帝负责,如果统治者违背上帝的神法制定了一种不公正的法,那么,根据阿奎那的说法,这种法"一定不能遵守"。

政治统治者具有来自上帝的这种权威,而且这种权威的目的是提供共同的善。权威决不能被当作目的本身或者为了自私的目的而运用。但共同善也决不能被解释为:在集体的整体性中我们忽视了个人。共同善必须是具体的人们的善。因此,阿奎那说:"法的恰当作用就是引导服从法律的人达到他们恰当的德性,……使这些人具有法律向他们所颁布的那种善。"立法者唯一的"真正立足点"是确保"共同善按照神的正义得到规定"的意图,因此"法的作用是使人为善"。所以,共同善这个词对于阿奎那来说,除了造成个人善的结果之外没有别的意义。与此同时,阿奎那说:"任何部分的善都会在与整体的比较中加以考察。由于每一个人都是国家的一部分,除非和共同善相适应,否则一个人想成为善的是不可能的。"社会的整个框架以及它的法律,都是以其中的理性成分为其特色的。阿奎那说:"法律本身是一种为了共同善的理性的法令,它由关心共同体的统治者所制定和颁布。"因此,虽然统治者有权威和权力,但是法律绝不能毫无节制地去反映这种权力,而应受理性的教化,并以共同善为其目标。

8.8 人的本性和知识

人的本性

阿奎那对人的本性有一个明确的概念。他说,人的本性是一种有形的实体。使得这个概念有其独到之处的是阿奎那坚持人的本性的统一性。柏拉图曾经说,灵魂是被囚禁在肉体之中的。同样,奥古斯丁认为,灵魂是一种精神实体。亚里士多德认为灵魂是肉体的形式,但却没有像阿奎那那样认为人的灵魂对肉体的依赖程度和肉体对灵魂的依赖程度是一样的。像阿奎那那样说一个人是一个有形实体,也就是强调了人的本性的实体统一性。人是一个灵肉统一体,没有灵魂,肉体将没有形式;没有肉体,灵魂将没有它获得知识所需要的感觉器官。作为一个有形实体,我们是由灵魂和肉体组合而成。天使是纯粹的理智,他们没有肉体,人虽然也是理性的被造物,但是我们特有的属性却在于:只有当灵魂和肉体结合在一起时,我们才作为人而存在并发挥功能。因为灵魂授予我们的肉体以形式,所以正是灵魂给我们人以生命、理解力,以及特殊的物理特征。灵魂也解释了我们人的感觉能力和理智与意志的能力。我们人的最高能力就在理智之中,它使得我们成为理性的动物,并授予我们对上帝进行沉思的方法。

知 识

阿奎那遵循亚里士多德的知识理论，而给他最深刻印象的是亚里士多德对那些怀疑我们人类心灵能够在任何问题上获得确定性的人们的回答。有些古代哲学家论证说，由于人类知识被限制在感知觉的范围内，而可感世界中的物体处在流变之中，所以不可能有确定性。柏拉图同意对感性知识的这种评价，说感性知识不能给我们确定性。但是柏拉图设定有一个分离的世界、理智的世界，把它和可见世界相对照，来避免理智上的悲观主义。在柏拉图看来，存在着具有永恒存在而且为知识提供基础的理念。奥古斯丁调整了柏拉图的理念论以适应基督教思想，认为理念存在于上帝的心灵中，由于这些理念通过神圣之光照亮了我们的心灵，所以人类具有了认知真理的能力。然而，阿奎那接受了亚里士多德的观点，认为人的心灵在与实际具体对象的遭遇中，知道自己在做什么。我们的心灵能够把握可感事物中的不变的和稳定的东西。当我们感知到了物或人时，我们知道它们的本质——例如，树的本质和人的本质——即使它们处在变化的过程之中。这些事物确实是处在流变之中的，但是我们并不怀疑它们是什么。因而，我们的理智在特殊的事物中看到了普遍的东西，我们从特殊的东西中抽象出普遍的东西。和亚里士多德一样，阿奎那称这种精神能力为主动理智。

阿奎那否认共相与特殊的具体的对象相分离而存在。例如，不存在与个体的人相分离的"人"。有的只是为我们的主动理智所把握的抽象概念，但它不是独立存在的理念。所以在阿奎那看来，没有感性经验，我们就不可能有知识，因为凡是存在于理智之中的，无不首先存在于感觉之中（nihil in intellectu quod prius non fuerit in sensu）。

大体而言，阿奎那在关于共相的问题上是一个温和的实在论者。和阿维森纳和阿伯拉尔一样，他认为共相存在于（1）事物之外（ante rem），但仅仅作为神圣概念存在于上帝的心灵之中；（2）事物之中（in re），即作为具体的个别的本质而存在于一个种的所有成员之中；（3）心灵之中（post rem），即作为从个别事物中抽象出来的普遍概念而存在于心灵之中。关于共相的问题在中世纪还有一种论述，那就是在这一时期由奥卡姆的威廉提出的一种不同的解答。

8.9　司各脱、奥卡姆和艾克哈特

阿奎那最重要的成就是把神学和哲学融合到一起。到下个世纪，对他的著作最有意义的反应来自那些企图把神学与哲学再次分离开来的人们。在此，关键的人物是约翰·邓司·司各脱（John Duns Scotus, 1265—1308）、奥卡姆的威廉（William of Ockham, 1280—1349）以及约翰·艾克哈特（Johannes Eckhart, 1260—1327）。这些思想家并非对阿奎那所说的全都不同意。其实，在许多问题上他们大体上还是一致的。然而，他们中的每一个人都提出了一种基本的批评。这种批评使得哲学与神学——信仰与理性——之间出现了裂隙。为了反对阿奎那关于理性的最高地位的思想，司各脱论证了上帝的意志（而不是上帝的理性）的至上性。这种学说被称为唯意志论。为了反对阿奎那关于共相至少有某种实际存在的思想，奥卡姆论证说共相仅仅是语词，这种观点被称为唯名论。为了反对阿奎那对宗教观念的高度理性的和学术化的表述，艾克哈特认为宗教需要一种通过神秘主义的精神活动而达到的与上帝更直接的相遇。

唯意志论

为什么这三种新的思想会起到分离哲学与神学的作用？当我们考察唯意志论的某些结论时，这个问题就变得清楚明白了。阿奎那论证说，对于人和上帝来说，意志都是服从理智的，理性引导或决定意志。司各脱不接受这种说法。如果上帝的意志服从于他的理性，或者为永恒真理所限制，那么上帝自身也会受到限制。这样一来，上帝就不可能想做什么就做什么，因为某种隐约出现在他之上的在先的理性标准就会束缚他或者决定他的行动。所以，如果上帝的自由有任何意义的话，那么他必定有一种绝对自由的意志。所以，上帝的支配能力在于他的意志而不是他的理性。19世纪，这种观点根据拉丁文 voluntas（意思是"意志"）而被叫作"唯意志论"（voluntarism）。

说上帝的意志是第一位的，超过他的理智，这就有一个重要的道德结论：上帝的活动和道德命令是意志的行动，因而本身是非理性的。上帝的道德法则并不反映他坚持理性的标准，而是反映他不受强制的意志。因此，上帝可以意愿任何他所选择的道德法则。严格地说，即便谋杀和通奸，如果上帝愿意它们是道德的，它们也会成为善的行动。直截了当地说，道德似乎就是由上帝作出的任意选择的结果。而且，如果道德标准是出自上帝的任意命令，那么，对上帝而言，由于我们违反了这些命令而惩罚我们或宣判我们下地狱，也将同样是任意的。如果上帝是绝对自由的，那么，他就可以挑选任何行为来加以奖赏或惩罚。对司各脱来说，道德的基础不是在理性之中而是在意志之中。所以，道德不可能是理性与哲学研究的课题，而仅仅是信仰和接受的问题。

唯意志论的一个意义更广泛的结论是：不可能有自然神学。而正是依靠自然神学，人类理性才发现了神对宇宙的一切理性命令。也就是说，根据这种观点，我们不能发现在经验世界和上帝之间的任何理性联系，上帝存在的证明充其量不过是或然的证明，而上帝存在的问题成了一个信仰的问题，而不是一个哲学发现的问题。所以，理性知识只限于经验世界，一般来说，宗教知识成了神圣光照或启示的产物。这样一来，哲学和神学的主题就分离开了。

除了唯意志论，还可以选择一种被称为唯智主义的观点——这种观点认为，上帝的理性比他的意志重要，而且上帝的选择实际上是被理性的标准所指导的。当阿奎那说我们是通过我们通常保存在良心中的自然之光而认识道德原则时，他所持的就是这种观点。根据这种观点，由于善的原则能够被理性地发现，所以道德能对人进行理智的训练。而且，从一个更广泛的视角看来，上帝创造的整个宇宙实际上都反映了上帝的理性心灵和选择。作为哲学家，我们可以看到创世中的理性秩序，而且可以作出有关上帝存在及其本性的逻辑上可靠的推论。司各脱以后的几个世纪，最伟大的神学家和哲学家都要在唯意志论-唯理智论的争论中采取某种立场。

唯名论

和司各脱一样，奥卡姆也是一个唯意志论者，他关于此主题的某些更为激进的说法在天主教会的教阶组织中给他带来了麻烦。但奥卡姆最为人所铭记的或许是他的唯名论学说。这种观点认为，普遍性的名词例如"人"是单纯的符号或名称，这些符号或名称所指的是一些我们在观察特殊事物时形成的思想概念。此外，关于共相的核心问题是：像"人"这样的名词是否指除了具体的人如詹姆斯和约翰之外的任何实在？除了指那些特殊的人之外，还有一个为普遍名词"人"所指的实体存在吗？对奥卡姆来说，只有具体的个别事物存在，而且当我们运用普遍名词时，我们只不过是在以一种有序的方式思想特殊的事物。像"人"这样的普遍的名词既指詹姆斯，同样又指约翰，但并不是因为有某种为詹姆斯和约翰参与或分有的"人"的真实实体存在，而是因为作为詹姆斯的本性和作为约翰的本性是相似的，因而人的理性被限制在个别事物的世界之中。奥卡姆的观点是货真价实的经验论。他说，我们的心灵只能认识个别事物和它们的属性，虽然我们能够运用普遍概念，但这些概念只不过是个别事物的类别名称。最重要的是，普遍的概念并不是指具体个别事物的世界之外的一个实在领域。奥卡姆关于唯名论的论证之一是基于一种被称为"奥卡姆的剃刀"的简单化原则的："能用较少的原则解释的，就无需更多的原则。"这样一来，我们在一个存在领域就够了的情况下，便无须假设有两个存在领域。实在论者实际上提出了三个存在领域：（1）个别事物；（2）它们所共同具有的独立存在的属性；（3）我们关于这些的思想概念。而根据奥卡姆的说明，只有两个存在领域：（1）个别事物；（2）我们用语言表达的关于这些事物的思想概念。

和阿奎那关于共相问题的论述相比较，这种看法有什么不同呢？在大部分问题上，他们的观点之间并不冲突。阿奎那说，共相是在特殊事物中发现的（in re）；是从事物中抽象出来的（post rem），是在我们对它们的经验之后。然而，阿奎那相信，共相存在于上帝的心灵之中（ante rem），因而具有相对于个别事物的形而上的优先地位。如果共相存在于上帝的心灵之中，那么，两个人之所以是相像的，就是因为他们共同分有了这个上帝心中的形而上的实在。当我们思想共相时，我们的心灵也以某种方式分有上帝的思想，而这正是奥卡姆和阿奎那分道扬镳之处。他也拒绝了司各脱曾经拒绝的神圣的理念的理论，理由和司各脱一样：上帝的意志是高于上帝的理性的。人之所以成为人，是因为上帝选择使他们成为那个样子，而不是因为他们反映了存在于上帝心中的永恒的原型。

如果我们的思想被限制在经验中的个别事物中，那么，我们关于这些事物的知识就不会引向经验之外的任何实在。实在论者相信，普遍的词项指向个别事物之外的某种东西，因而他们认为，我们对这些词项的运用给了我们关于超出经验背景的实在的知识。而且如果我们进一步设想共相是上帝心中的观念，那么我们就可以得出结论说，关于个别事物的哲学推理可以引向各种神学真理，因此，就可以有某种自然神学存在。但是奥卡姆对共相的精确解释产生了使哲学与形而上学分离的结果，而从哲学中得出了某种更像是科学的东西。神学和宗教的真理不可能通过哲学和科学获得。实际上，他的观点引出了"双重真理"说：一种真理可以通过科学或哲学得到；另一种真理则通过启示获得。第一种真理是人类理性的产物，而另一种真理则是信仰的事情。而且，一种真理不可能影响另一种真理。双重真理论的最终结果是：神学的真理和哲学的真理不仅是各自独立的，而且也不能相互派生，相反，这两种不同的真理甚至可能相互矛盾。这就是为阿威罗伊的追随者所坚持的明确的看法。例如，他们论证说，没有个人的灵魂不死，这在哲学上是真的，然而对于神学来说，这种理论则是错误的。在分离信仰和理性方面，奥卡姆并没有走得那么远。然而他为思考经验事实的经验的和科学的方法开辟了道路。他的唯名论产生了分离科学与形而上学的结果，对自然事物的研究变得越来越独立于形而上学和神学的解释了。

奥卡姆也拒斥阿奎那自然神学的印象系统，后者从我们周围世界中的因果联系追溯到第一因。相反，对于知识，奥卡姆发展了一种严格经验的，并且在某种意义上是怀疑主义的观点。他主张，"从知道某个事物存在中，推不出其他事物存在"。说某些事物被其他事物所导致，无法给我们根据去论证，上帝是自然秩序的原因。奥卡姆从中总结道，单枪匹马的理性无法发现上帝。相反，对于上帝的知识是被赠与的恩典，并由信仰的行为得到保证。

神秘主义

由于受到新柏拉图主义的强烈影响，艾克哈特提出了一种处理神学的神秘主义方法。这种方法把重点从理性转移到感情。阿奎那在我们对有限事物的经验的基础上建构他的上帝存在的证明，艾克哈特却力主人们超越感性知识，因为这种知识毕竟是被限制在物质对象之中的。虽然他极为详尽地考察了诸如关于上帝本性、创世以及人的本性等的许多传统神学问题，但他基本上是一个神秘主义者，希望和别人一起分享他的与上帝合一的丰富经验。他相信，这种结合，只有通过把自己从世间万物中解放出来才有可能达到。

然而他相信，和上帝的结合不能通过人的努力来达到，相反，只有通过上帝的神恩和光照这种结合才能圆满实现，而且只有在我们灵魂所及的最深之处，我们才能充分地领会上帝。艾克哈特说，当这种情形发生时，人就和上帝合二为一了，因为"我们完全被转化为神，而且是以与圣餐中饼转化为基督肉身同样的方式转化为神"。我们与上帝的神秘的结合是一种超理性的体验，而且艾克哈特感到只能用"旷野"和"黑暗"这样的词来表达这种神秘的结合。他相信，上帝既超越存在物，也超越知识，因此，人们惯常的概念和范畴不适用于上帝。因此，我们必须求助于对上帝的隐喻的描述以及我们对他的体验。

艾克哈特的神秘主义并没有取代阿奎那所提倡的更为理性的神学方法。然而，他以一种新的方式表达了伪狄奥尼修斯等人的较早的新柏拉图主义观点，而且给了他之后的神秘主义传统以巨大的影响。

总　结

阿奎那认为，尽管有些真理只可能被信仰发现，另有一些只能被理性发现，但还是有一组重要的宗教信念可以同时被信仰和理性发现。这包括对于上帝的存在和本性的知识。众所周知，他主张有五种方式来证明上帝的存在。前三种，我们现在称作"宇宙论论证"，从对世界中的某些事实的观察出发，认识到其来源不可能被追溯到无限，从而得到结论，即引向这个事实的序列必定有一个初始者。他的第四种方式宣称，我们在世界中看到不同程度的完满，而这要求存在某种是终极完满的事物，也就是上帝。他的第五种方式宣称，非理智的事物，比如植物，展现出一种功能或目的，而这要求智能的存在者将它们推向那个目的。这五种证明给了我们关于上帝本性的某些知识，比如他是永恒的，并且是一个智能的设计者。但对阿奎那来说，上帝的根本特点是他的单纯性：他同时据有潜能和现实，是纯粹的行为。关于宗教语言的一个关键问题在于，一般的人类语词，包括"智慧""善"，如何可以有意义地施用于一个无限的上帝之上。阿奎那主张，有三种方式来理解日常语言和宗教语言之间的关系。它们有可能是单义的，这时语词意指完全相同的事物；也有可能是多义的，这时它们意指截然不同的事物；还有可能是类比的，这时它们某种程度上具有相同的意义。他拒斥了同义和多义的进路，但接受类比的进路。

阿奎那主张，世界并非自亘古就一直存在，而是在时间中的某个节点被创造出来；而我们只能从信仰而非哲学推理中得知这一点。他接受奥古斯丁的观点，认为恶只是善的缺少，而非某种正面就其自身如此的东西。进而，他主张，恶是更高善的一个不可避免的后果，从我们对上帝的爱和敬奉的自由而来。他认为，创世展示出了我们现在叫作存在巨链的东西，从中上帝充满了以上帝为顶端的层级结构中的所有存在物，它们依次是天使、人类、动物、无生命的东西。

在道德哲学中，阿奎那主张，我们通过同时实现自然和超自然的目的来获得幸福。跟随亚里士多德的观点，我们的自然部分受欲望驱使，而我们通过美德的发展来控制它。跟随斯多葛和亚里士多德的观点，他还主张恰切的行为是由自然法奠基的，自然法的主要原则是上帝植根于人性的，即存续生命、繁殖和教育后代、追求真理和一个和平的社会的原则。人为法同样奠基于自然法，立法者拥有根据上帝和共同善来立法的权威。

阿奎那之后，有三位中世纪哲学家格外重要。司各脱捍卫了唯意志论的立场，认为上帝的意志，而非上帝的理性，是至高无上的。在道德上，这意味着道德原则是上帝自发意志的创造，独立于理性的标准，上帝只要愿意，就可以改变任何道德标准。奥卡姆捍卫了唯名论的立场，认为共相只是语词，并不真实存在于我们的心灵之外。艾克哈特反对阿奎那对宗教概念的高度理性和技术化的阐释，他辩护了神秘主义的观点，认为宗教涉及经由精神经验和上帝的更为直接的相遇，而非通过对宗教观念的理性分析的经院式强调。

研究问题

1. 比较阿奎那和奥古斯丁在信仰和理性关系上的进路，并为其中一个辩护。
2. 选取阿奎那对上帝存在的五个证明中的一个，解释并讨论它是否成功。
3. 我们说苏格拉底是智慧的，也说上帝是智慧的。这两种对"智慧"一词的使用彼此之间有什么关系吗？解释并评价阿奎那对这一问题的类比解决。
4. 这是所有可能世界中最好的一个吗？讨论阿奎那对这个问题的回答，并说说你是否同意。
5. 解释阿奎那道德涉及达致我们自然和超自然目的的观点，并讨论美德起到的作用。
6. 描述永恒法、自然法、人为法和神法在阿奎那的道德哲学中的关系。
7. 同时拥有一个以上的配偶是道德上错误的吗？试想阿奎那基于他的自然法理论和我们应当存续生命、繁殖和教育后代、追求真理和一个和平的社会的基本原则会如何回答这个问题。
8. 奥古斯丁说，"一个不正义的法根本就不是法"。讨论阿奎那是否会同意这一点。
9. 根据司各脱的唯意志论，上帝仅凭出于意志的行为就颁布了道德原则，并且还能在他愿意的时候撤销。解释这个立场，并讨论这是否破坏了道德原则的普遍本性。
10. 对比艾克哈特对宗教真理的神秘主义进路与阿奎那的经院式进路，并讨论哪个更可取——如果有某个更可取的话。

第三部分

近代早期的哲学

▲笛卡尔时代的巴黎大学教室（纽约斯纳克国际艺库）

◀蒙田(科比斯·柏特曼图库)

▼乔治·贝克莱在罗德岛(耶鲁大学艺术馆)

◀笛卡尔（斯托克·蒙太奇公司）

▼斯宾诺莎在荷兰海牙的故居，从1670年直至去世，斯宾诺莎一直在这里过着隐居生活。

◀休谟（斯托克·蒙太奇公司）

▶约翰·洛克最重要的作品《人类理解论》（*An Essay concerning Human Understanding*）的第四版，1689年底出版于伦敦。

◀德国宫廷画家卢卡斯·克拉纳赫笔下的马丁·路德。克拉纳赫是路德的忠实支持者。

▶《鹿特丹的伊拉斯谟》,小汉斯·荷尔拜因(Hans Holbein the Younger)绘。

◀伽利略(1564–1642)(科比斯·柏特曼图库)

▶意大利画家塞迪·第·提托(Santi di Tito)为马基雅维利画的肖像。(Scala/Art Resource, N.Y.)

第九章

文艺复兴时期的哲学

9.1　中世纪的结束
9.2　人文主义和意大利文艺复兴运动
9.3　宗教改革
9.4　怀疑论和信仰
9.5　科学革命
9.6　培　根
9.7　霍布斯

9.1　中世纪的结束

对于中世纪的大多数哲学家来说，天宇低垂，暗示着天国和人世的密切结合，也就是哲学与神学的结合。在这个时期，哲学实际上是神学的婢女，它为神学的各种教条提供了一种由推理得出的说明。柏拉图和亚里士多德以前曾关注过人的日常事务何以能够且应当与实在的永恒不变的结构以及神发生联系的问题。但是，中世纪神学与哲学的融合是一种不牢固的融合。一方面，在亚里士多德的非一神论哲学和基督教对人格化的上帝的信仰之间的相容性上存在着一些严重的问题。此外，亚里士多德的许多思想在这段时期是通过穆斯林的思想家才为人所知，而这些思想家理解亚里士多德的方式很难为基督徒所接受。阿奎那试图重新解释亚里士多德的思想并使之基督教化，以克服这种不相容性。然而，哲学现在发现，在很大程度上它正在做着一件它起初并不打算做的事，那就是为启示的宗教提供一种理智的和形而上学的根据。哲学以前也没有受到过一个像中世纪教会那样的机构的压制。当然，就算是那些最早的哲学家，在他们的学说威胁到现状时，也曾身陷道德上的风险之中。毕竟，苏格拉底就是因为这个原因而被处以死刑的，而亚里士多德离开雅典也就是为了不让他的同胞们"第二次对哲学犯罪"。但不管怎么说，古代哲学还是或多或少自由地向真理的追求引导它去的任何地方推进。由于仅仅把自己限于进行人的推理活动，哲学就可以仔细研究人的本性、伦理、宇宙、上帝以及政治权威等方面的问题。相比之下，中世纪哲学精神突出的不同点则在于：它的出发点牢牢地固定在基督教神学教义上，而且整个文化氛围都受到教会统治的影响。

中世纪末期，宗教与哲学之间的中世纪的联姻变得紧张起来，而在文艺复兴时期，这二者之间出现了决定性的分裂。文艺复兴——字面上的意思是"再生"——是指发生在15世纪和16世纪的古希腊学术的复兴。许多古代哲学家和别的伟大著作家的著作再一次成为人们能够得到的东西。中世纪的学者往往只是间接地熟知像柏拉图这样的古希腊的思想家，他们是在普罗提诺和奥古斯丁的著作中读到有关这些希腊思想家的内容的。然而，在文艺复兴时期，希腊文原稿从雅典被带到了意大利，于是这些文本现在可以直接接触到了。例如，在佛罗伦萨，美第奇①建立了一个学园，柏拉图的哲学在那里成了主要的研究科目。这种学术的影响力，被那不勒斯和罗马的类似的学园所增强，进一步削弱了亚里士多德思想和经院哲学方法论的支配地位。对文本的直接接触也产生了一种对语言的深深热爱。

古希腊和罗马文献的发现产生了一个结果，那就是鼓励了一种新的写作风格，这种文风没有中世纪作者的文本那么正规，而且它的表达日益以本国语言的形式出现。随着

---

① 美第奇（Cosimo de'Medici，1389—1464），曾经统治佛罗伦萨的美第奇家族主要支系的创始人。——译者注

本国语言的运用，这些文献越来越成为民众的财产。威克里夫[①]把《圣经》翻译成本国语言的做法，由于使民众得以直接接触《圣经》的内容，终于在宗教思想中造成了广泛影响。谷登堡[②]的活字印刷术的发明最为有力地促成了文化的广泛传播。它使书籍成为容易得到的了，变得更小、更容易携带，价钱也便宜了。印刷厂很快在巴黎、伦敦、马德里以及意大利的苏比亚科（Subiaco）修道院出现了。书籍的制作和本国语言的运用不可避免地影响到哲学写作的方式，隐含在这些活动之中的解放的意义导致哲学家们更多地去进行原创性的思想构建，而不是仅仅对权威思想家的思想加以评注。最后，近代的哲学家们将以他们自己民族的语言来撰写他们的论著，因而洛克和休谟用英语写作，伏尔泰和卢梭用法语写作，康德则用德语写作。

随着对柏拉图哲学重新开始关注，人们也重新燃起了对伊壁鸠鲁、斯多葛主义甚至怀疑论的兴趣。一种新的哲学也诞生了，这就是人文主义哲学，它着重研究古典著作家以及人的理性在发现真理和构成社群方面的核心作用。人文主义哲学家并不拒绝宗教，而只是断言，通过并非直接得自宗教的方法和假设，可以对人的本性进行卓有成效的研究。文艺复兴期间发生在思想方面的其他变化也影响到哲学。欧洲许多国家开始进行一场反对罗马天主教会统治的宗教改革运动。科学家从一种非宗教的观点出发研究物理世界的构成。在这一章中，我们将探讨人文主义、宗教改革、怀疑主义和科学革命等方面的哲学主题。

9.2 人文主义和意大利文艺复兴运动

文艺复兴运动最初是在意大利开始的一种艺术运动。整个中世纪时期的艺术为宗教象征主义所充斥，它通常被看成主要是对那些不识字的教区居民宣讲《圣经》故事和教义的一种工具。绘画和雕塑远不是对它们题材的真实写照。中世纪早期的艺术几乎不传达任何现实的意义，相反却试图唤起某种来世的精神品质。中世纪后期艺术逐渐转向对世界的精确的描绘，吸收了三维艺术的技巧和对人体解剖学的研究。这就推进了向文艺复兴艺术作品的过渡，这些作品通过对风景和人体形象的精确描绘而高扬了自然。我们在当时意大利最著名的两个艺术家的作品中可以看到这一点。米开朗基罗（1475—1564）虽然用他的艺术天才服务于教会，但仍然强有力地表现了栩栩如生的形象。他在西斯廷

[①] 威克里夫（John, Wycliffe, 约1330—1384），英格兰神学家，宗教改革的先驱者之一，曾主持将《圣经》译成英语。——译者注
[②] 谷登堡（Johann, Gutenberg, 约14世纪90年代—1468），德国发明家，欧洲活字印刷术的发明者。——译者注

教堂所画的亚当是一幅关于人体美和力量的震撼人心的作品。达·芬奇（1452—1519）透过表层的美而注意到人体解剖的更加具体而微的要素，我们在他的《蒙娜丽莎》中就能看到这一点。

和艺术作品一样，意大利文艺复兴的文学也对人性给予了特别的关注。一个主要的代表人物是诗人和历史学家彼得拉克（1304—1374），他常常被认为是人文主义运动的奠基者。他的诗作着重表现了我们日常体验到的作为人的欢乐和悲伤。作为古典学术的翘楚，他在历史方面的著作试图鲜明生动地展现古罗马的历史事件。在他的其他著作中，他抨击了中世纪的亚里士多德主义传统，而提出了一种斯多葛主义的生活观。他的著作《论好的和坏的命运之疗救》强调了节制的重要性，以及避免观看角力之类的无意义的消遣活动。

皮 科

文艺复兴时期人文主义特色最鲜明的代表人物或许是皮科（Pico della Mirandola，1463—1494）。早年，皮科接受了所有可以想象得到的古典学科方面的教育，其中包括希腊的、穆斯林的以及基督教的传统教育，甚至还有犹太人的神秘主义的教育，而他的哲学著作则把所有这些成分结合在了一起。他最著名的作品是《关于人的尊严的演讲》，这是他在1486年撰写的一篇简短的演讲。这一讨论的哲学背景是"存在巨链"的经典理论。从亚里士多德到整个中世纪的哲学家们都相信在世界中有一个事物的自然等级系统。在这个存在之链的最底端是岩石以及别的无生命的物质。在它们之上是植物，然后是简单的动物种类，例如蠕虫和飞虫，在此后有老鼠那样的小动物，以及像马那样的大动物，进一步向链条的上方去是人，人之上是天使，接着是上帝。在这个等级系统背后，是中世纪时的一种设想：所有的事物都被固定在它们特定的位置之上，而且正如亚里士多德所主张的，自然事物的目的是根据它在这个体系中所占的位置来确定的。

皮科的《演讲》以这样一个提问开始：是什么使得人性如此特殊呢？对这个问题的一个典型的回答是：因为上帝把我们放在了存在之链的独一无二的位置上，它恰好在动物之上，天使之下。在这个位置上，我们可以经验到我们周围的物质世界，同时我们也能把握永恒天国的精神真理。尽管这个答案听起来冠冕堂皇，但是皮科对它并不满意。为了提出可以替代这种说法的理论，皮科沉思了上帝创世时的意图："他把生气勃勃的灵魂赋予天体。他以各种动物来填充作为残余部分的下界。"事实上，上帝在存在之链中的每一个可以想象的合适位置上都填充了某种被造物，然后，到了创造人类的时候，上帝就发现每一个空隙都被某种东西占满了。于是上帝的解决办法就是允许人类在伟大的存在之链中选择一个属于他们自己的位置。上帝告诉亚当说："你可以堕落到低等动物的形式之中，或者通过你的灵魂的理性攀升到一个更高的神圣的本性上去。"那么，到底是什么使人性如此特殊？答案是：我们有一种独一无二的选择自己命运的能力，而且和动物甚至天使不同的是，我们并没有被限制在任何界限之内。皮科的看法确实是真知灼见。实际上，人可以不顾他们的理性和教养而堕入最低层次的动物式生存，在犯罪行为中我们对此是屡见不鲜的。然而，人也可以养成道德上无私忘我的最高境界，像甘地所做的那样，或者把科学知识推进到它的最高极限。所以，根据皮科的说法，我们并没有像他的中世纪前辈们所假定的那样，被僵硬地固定在预先规定好的人的存在的概念之中。皮科说，我们应当以拥有选择我们作为人的命运的能力而骄傲，而且把它运用到最好。

马基雅维利

尼科洛·马基雅维利（Niccolò Machiavelli，1469—1527）虽然不能从学术上说是一个人文主义者，但是他仍然是意大利文艺复兴的产儿。他是一位意大利律师的儿子，当伟大的传教士萨伏那洛拉[①]在佛罗伦萨的影响力如日中天时，马基雅维利是一个年仅20岁的青年人。萨伏那洛拉在佛罗伦萨曾建立起一个非常成功的民主政府。但是，尽管他素有懿行美政，他还是与政教官员们产生不和，最终被处以死刑。这样一位有影响的人物落得这样一个悲惨下场，这件事给马基雅维利上了最初的一课，使他认识到社会中善恶力量的对比。当他自己在政府和外交部门工作时，他花了相当多的时间去思考政治行为的规则或原则。他的这些思考记录在两本书中，一本是《论李维的前十书》，另一本是《君主论》。两本都写作于1513年，而且都是在他死后出版。在《论李维的前十书》中，马基雅维利赞扬了罗马共和制，表达了他对自治和自由的热情。然而，在《君主论》中，他却强调，需要一个有绝对权力的君主。

理解马基雅维利思想的一个线索在于：弄清是什么理由导致了他在这两本书中明显的不一致。虽然在《君主论》中他表达了对专制君主的一种偏向，但他并不想否认他在《论李维的前十书》中如此赞赏的自治政府是值得追求的。毋宁说，他感到当时意大利在道德上的腐化不允许有以罗马共和国为典范的那种民众的政府。马基雅维利认为，人的恶实在是显而易见的。他在政治和宗教当局的每个层面上都看到腐败的现象。甚至当时的教皇都恶名昭彰，以致马基雅维利这样写道："我们意大利人之所以变得如此不虔诚、如此道德败坏，应当归咎于罗马教会，归咎于它的那些神父们。"一个从根子上都腐败了的社会需要一个强有力的政府。他相信，君主专制——或者说一个人的统治——是一种最可取的政府形式，因为共和制很少建立起良好的秩序。

使得《君主论》千古留名的，是它建议统治者应当掌握欺诈之术，并且只要是维持自

[①] 萨伏那洛拉（Girolamo Savonarola，1452—1498），意大利传教士、宗教改革家，曾一度组建佛罗伦萨民主政府，后遭教皇绝罚并被政敌处死。——译者注

己的政治生命所必需的事情，可以无所不为——哪怕是背弃传统道德美德也在所不惜。他相信，只有那种最精明和最狡猾的人，才能成功运用灵活多变的统治术。他的思想以对同时代人的实际行为的切实考察为基础，所以他很快就得出结论说：把政治行为当成道德的事情，就是把自己暴露在聪明的敌手所制造的全部危险之下。因此之故，对关于道德的主张，他漠然置之。基督教的道德强调谦恭和谦卑，而古希腊罗马的宗教道德却强调"灵魂的崇高"和"身体的强健"。他对基督教伦理学的主要批评是它使人变得软弱，而且使他们很容易牺牲在那些有恶意的人手下。马基雅维利设想了一种双重的行为标准：一重是对统治者而言的，另一重则是对民众而言的。他相信，大众需要遵循基督教伦理，这是作为一种保障社会和平的必要手段。马基雅维利提出的是一种实用主义的宗教观，只考虑宗教的社会效用而不考虑它的真理性，在后来的几个世纪中，许多哲学家都将采纳这种观点。

他认为，和一般大众的道德相反，统治者必须能自由地调整他们的行为以适应任何情况的需要，而不受任何客观的道德法则的束缚。马基雅维利认为，民众的态度是在不断变化的，而这种不一致性要靠统治者的精明和敏捷的适应能力才能应付得了。他写道："人是忘恩负义的、反复无常的、虚伪的、胆小懦弱的、贪婪的，一旦你获得成功，他们就都完全服从于你。"但是，当统治者真正需要他们帮助时，"他们马上转过来反对你"。因此，马基雅维利厌恶一切要求对统治者进行道德教化的思想。他认识到，并没有像阿奎那所宣扬的那种更高的法律，而极力主张要有一种完全世俗的探讨政治学的方法。他认为，诡计的价值高于道德信念；统治者应当只选择那些能确保实际达到目标的手段。考虑到人是不道德的和自私自利的，如果统治者要想成功的话，道德必须让位于纯粹的权力。只有当讲道德能实现统治者的最大利益时，他才应该讲道德。然而，就是在统治者为了生存而背弃传统道德的时候，他也必须"把这一点加以精心掩盖，要演技高超，伪装有术"。因此，尽管统治者无须具有所有德性，"他也必须看起来具有这些德性"。甚至残忍无情也有它的一席之地，而且马基雅维利为此提供了一个例证。博尔吉亚（Caesar Borgia）是意大利北部地区罗曼吉那的一位专制君主，由于他的属下奥尔科（Ramiro d'Orco）所制定的不得人心的政策而有失去其臣民支持的危险。为了克服这种损害，博尔吉亚处死了奥尔科，且将其暴尸于城里的广场，"斩首用的垫头木和血淋淋的刀子就放在他身边"。根据马基雅维利的说法，"这种惨状所表现出来的残忍很快使民众感到既满意又惊愕"。

这里有一个问题，即《君主论》是否在任何意义上是作为一种政治哲学而写出来的。由于它产生于马基雅维利那个时代的特殊环境，人们也许可以说，它主要是活动在当时的统治者们的一种实用的行动方案。然而，在这部著作中好像含有一种更具普遍意义的信息，那就是，最有用的行动路线实际上也就是正当的行动路线。他的观点影响如此之大，以致"马基雅维利主义"这个术语很快就成为了政治学语汇中的一部分。所谓马基雅维利主义，就是指这样的观点：为了得到政治权力，领导人可以无可非议地运用无论多么不道德的手段。

9.3 宗教改革

1517年10月31日，当一位名叫马丁·路德（1483—1546）的德国神父把一份抗议书钉在了维滕堡大教堂（Wittenberg Castle）的门上时，也就发动了新教宗教改革运动。令路德感到愤怒的是罗马天主教许多产生于中世纪、到文艺复兴时期已经成为主流的政策。他相信，教皇的权威已经失控无度。为了筹钱，教皇按例签署了售卖赎罪券的文件。一个人可以为自己买，也可以代表已经死去进了炼狱的所爱的人买。多年来路德以外交手段来抗议这种权力的滥用。当这种努力失败之后，路德在德国教会内领导了一场完全断绝与罗马天主教教阶制联系的运动。这个运动蔓延到别的欧洲国家，因而一个"新教"的基督教教会团体由此诞生。宗教改革对哲学产生了深远的影响，特别是在这些新教国家中。许多新教哲学家除了抛弃天主教的权威之外，也抛弃了天主教的整个中世纪思想传统，代之以复兴了的古希腊理论，以及他们自己创造的新的哲学。

路 德

马丁·路德受到两个伟大的中世纪哲学家的深刻影响。这两个哲学家是奥古斯丁和奥卡姆。奥古斯丁认为罪基于人的意志的束缚，而不在于无知或理性不发达。所以能超越我们的罪性的是信仰而不是理性。事实上，路德说："信仰的特性就是要拧断理性的脖子。"所以，在理性看来不可能的事情对信仰来说却是可能的。奥卡姆认为我们要发现上帝不可能单凭运用理性和对上帝存在的所谓证明。毋宁说，我们对上帝的知识是通过信仰得到的，信仰是上帝自己的神恩给我们的赠礼。路德毫无保留地接受了这种立场。除了拒绝阿奎那的自然神学之外，他还谴责了亚里士多德全部的形而上学体系。说到这位伟大的哲学家时，他认为，"因为我们的罪，上帝把他作为一种瘟疫送给我们"。

根据路德的思想，人类理性的困难在于：理性作为有限的东西，倾向于把一切都归之于它自己的有限的视野之下。当自然理性去沉思上帝的本性和能力的时候，尤其如此。因为在这种情况下，人的理性把上帝限制在人关于上帝是什么以及能够做什么的严格评价上。路德尤其被亚伯拉罕所面对的理智困境所打动。这种困境是在上帝许诺他会让其不孕的妻子撒拉给他生下子女时发生的。"毫无疑问，"路德说，"关于这件事，信仰和理性在亚伯拉罕的心中相互恶斗，然而最后是信仰占了上风，战胜和扼杀了理性——这个上帝的最残忍和最致命的敌人。"

路德关于基督徒生活的看法不仅起到挑战中世纪经院神学体系的作用，而且也挑战了那种认为个人和社会的完满在于善业的乐观主义观点。路德说："所有形式的事功，哪怕是沉思默想和灵魂所能做的一切事，都毫无用处。"对于正直、自由和基督徒的生活来说，只有一件东西是必需的，"这就是上帝最神圣的话语"。如果有人问："那么，上帝的话语是什么呢？由于上帝的话语如此之多，我们又如何用它呢？"路德回答说："使徒在《罗马书》的第一章第17节中解释说'义人必因信得生'……那么很显然，基督徒在其信仰中就有他所需要的一切，而不需要称义的事功。"

路德在宗教事务上对信仰的强调在他的政治思想中有其相应的部分。在路德看来，政府是由上帝设立的。由于这个原因，政府的主要功能就是"维护和平"。我们有罪的本性使我们狂妄悖逆，而这又导致需要一个强有力的统治者："上帝使他们服从于刀剑，以便即使他们想作恶，他们也不能将其付诸实践。"对路德来说，在政治领域中的忠顺在许多方面与宗教领域中的信仰的功能相似。不管统治者发出何种命令，个人都必须服从，因为统治者的意见总是指向维护和平和秩序的。如果没有统治者的权力，以自我为中心的民众将产生出无政府状态，"而世界因此将退回到一片混乱的状态"。如果我们处在一个腐败残忍的暴君的统治之下，那么我们又该怎么办呢？我们是否有反抗的权利？在路德看来，答案是"没有"。尘世的生活不是我们最重要的考量，最重要的是我们灵魂的得救。一个统治者或最高权力者无论做什么，都不可能损害到人的灵魂，而只能损害到肉体和财产。而且对上帝来说，"世俗权力只是区区小事"。因此，我们也不会被统治者烦扰到要去违抗他们的程度。在路德看来，"受到不公正待遇并不会毁坏我们的灵魂，而且它还会改善我们的灵魂，虽然它使我们的肉体和财产受到损失。"这公开表达了与托马斯·阿奎那所系统阐述的中世纪观点不同的看法。阿奎那认为，如果人为法曲解了自然法，我们就无须遵守国家的人为法。

伊拉斯谟

伊拉斯谟（Desiderius Erasmus，1466—1536）是一个重要的人物。他既是一个人文主义者，又是一个宗教改革家。他于1466年出生在鹿特丹，是一个神父的私生子。他虽然是中世纪经院哲学的反对者，但却无意拒绝基督教的信仰。凭着他的人文主义学养特别是他对希腊语言的精通，他企图揭示出基督教纯粹的和简单的要素，因为他认为这些要素已经被经院学说的过度理性主义所掩盖和模糊了。他最早的教育是在一个名叫"共同生活教友会"的学校中接受的。后来从那里进入到斯特恩的奥古斯丁派的修道院。对伊拉斯谟来说，修道院里的生活是痛苦的。因为无论在精神上、肉体上，还是在气质上，他都对那种不提供任何肉体上的快乐和事实上没有理智自由的制度感到不适。由于好运，他应坎布雷主教的邀请成为他的拉丁文秘书。主教又送他到巴黎的孟太古学院学习了一阵。在那里，他只能再次对经院的教育方法产生蔑视。然而，也正是在那里，他对古典文献的热情被激发起来，并且开始了他第一部著作的写作。该书后来成为他的多卷著作之一，那是一本名为《千年谚语集》(Adagiorum Chiliades)的箴言类的著作。1499年，伊拉斯谟访问了英国，在英国，他很快受到约翰·科利特①——此人是一位研究《圣经》的学者——以及托马斯·莫尔(Thomas More)的影响。令他感到惊奇的是：没有希腊文的知识，科利特却讲授《圣经》。所以，他着手熟悉和精通这种语言，最后出版了一本为人们广泛接受并附有拉丁文译文的希腊文《新约全书》。1511年，伊拉斯谟第二次访问英国时，他成为了剑桥学术团体的成员之一。在剑桥，他被委任为剑桥大学神学讲座教授。他不那么尊敬他的同事，所以称他们为"淫荡的公牛和食粪者"(Cyprian bulls and dung-eaters)。他对英国的啤酒和天气也没说什么好话。几年之后，他来到巴塞尔定居，于1536年在此去世，享年70岁。

伊拉斯谟对文艺复兴的精神作出了多种贡献。他对古典文献的热情在当时有着决定性的影响。他意识到：随着印刷术的发明，通过大量生产有知识的读者能够买得起的价格低廉的读物，古代经典的普及已经成为可能。这些书籍展现了古典学术的新世界，而这些古典学术在中世纪是得不到的。伊拉斯谟不仅仅是一个编纂者，虽然他在普及希腊文和拉丁文版本的经典这方面所做的工作也足以确保他在思想史上的名望和地位了。更重要的是，他在为发展一种新的文字表达风格方面所作的贡献。伊拉斯谟喜欢语词，他花了大量工夫去选择正确的语词或短语来表达他的看法。就像画家会展示他在色彩运用上的天才一样，作为毫无生气的经院话语的长期死敌，在形成一种以处处措辞优雅为标志的新的纯净文风的过程中，伊拉斯谟得到了极大的快乐和自由。

伊拉斯谟之所以批评经院式的行话，不仅仅是因为它不优雅，更重要的是因为它让福音的真正教导变得模糊不清了。在伊拉斯谟看来，伟大的古典作家的思想和福音书基本上是一致的。他特别注意到了柏拉图哲学与耶稣教导之间的密切相似性。他意识到在耶稣的朴实教导和罗马教廷的奢华与自大之间的深深的不一致。这促使他写作了讽刺作品《拒绝尤里乌斯》(Julius Exclusus)。在其中，教皇尤里乌斯二世被圣彼得禁止进入天堂的大门。他自己早年在修道院的生活经历推动他写了一本批评教士的著作，名为《愚人颂》(Praise of Folly)，路德在他和教会的决定性的论战中就用了其中许多内容。但是，伊拉斯谟既不是一个宗教怀疑论者，也没有成为路德教派的一员。他与天主教会的争论是善意地为了天主教好，主要是希望教会的教义能够和新的人文主义的学说相一致。

伊拉斯谟的《愚人颂》是一部既尖锐讽刺又严肃论述了制度化了的宗教和学术中的

---

① 科利特(John, Colet, 1466/67—1519)，英格兰神学家，曾邀请伊拉斯谟到牛津任教。——译者注

各种愚人的著作。他首先抨击的是神父，反对他们对灵魂居住在炼狱中的精确时间的错综复杂的推测。他嘲笑神学家们之间的纷争，这些人就道成肉身、三位一体以及圣餐中的化体等教条而奋力争斗。他主要的指责是，宗教的整体观点已经丧失，重点被过多地放在了琐碎的和不相干的细节上，特别是在修道院中，穿着的问题以及教规的细枝末节，使人们偏离了基督教的核心目的。在想象这些教士们将如何在最后审判面前炫耀他们的所有善功而谋求进入天堂时，伊拉斯谟再也按捺不住要痛加斥责了，他描写道，一位教士强调了"祈祷者大量的供奉，另一方面却夸口说，如果不戴至少两双手套，他是不会碰一分钱的"。对于所有这些，耶稣基督回答说："我只留给你一条命令，那就是相亲相爱，我没有听到任何人声明他已经忠实地尽到了这条义务。"与这种对修道院生活的批评密切相关的，是伊拉斯谟对经院学说吹毛求疵的逻辑的长期不满。与这些他加以谴责的教士中的愚人相反，他赞扬了那单纯信仰的所谓愚人。他认为，真正的宗教是一件属于心而不属于脑的事情。这种观点是新教改革者所持的核心观点。而且这种观点后来又由帕斯卡再次作了强有力的表达，他写道："人心具有理性并不知道的道理。"

　　如果说路德成为了一个富有激情的改革者的话，伊拉斯谟则始终只是一位批判者。在他温和的《论自由意志》（*Essay on Free Will*）一书中，伊拉斯谟表达了文艺复兴的一种思想，即我们有完善道德的巨大能力。路德在对该书的回应中把他看作是一个"胡言乱语"的人，一个"怀疑论者"，或者"来自伊壁鸠鲁猪圈里的另一头猪"而不屑一顾。在这场争论中，伊拉斯谟是文艺复兴精神的伟大倡导者。因为抱定了乐观主义的态度，他一直相信，教育最终会战胜愚昧和无知。他对古典文献和哲学的兴趣并没有使他去系统阐述一种新的经院哲学，或者使基督教信仰从属于柏拉图哲学。不如说，他是用他的古典语言知识去发现福音书的真正含义。他说："如果有任何新希腊文要掌握，我宁可当掉我的大衣也不愿得不到它，特别是如果它是某种属于基督教的东西，就像希腊文的赞美诗或福音书那样的话。"

　　如果说伊拉斯谟回顾旧物是为了发掘古典文化的宝藏，那么宗教改革者们，特别是路德，回顾原始基督教团体则是为了寻找基督教本原的精神。这样，文艺复兴和宗教改革都集中体现了对过去的复兴。伊拉斯谟和路德在他们的相互攻击中却可以对16世纪的基督教现状中的诸多问题取得一致意见。然而，尽管伊拉斯谟能够平衡古典人文主义学说和基督信仰，但路德对信仰的高扬导致的结果却是，人类理性引领人类得救的能力受到了严重的怀疑。

9.4 怀疑论和信仰

文艺复兴时期最重要的哲学进展之一是古希腊怀疑主义的复兴,特别是皮罗的怀疑主义传统的复兴,这种怀疑主义被塞克斯都·恩披里可(Sextus Empiricus,公元前200年)所提炼并加以系统化。在文艺复兴时期,塞克斯都的著作到处都可以得到,而且许多读者都感受到了他所鼓吹的怀疑主义式宁静的魅力。也有些人反感塞克斯都对人类理性的攻击,不得不起而抨击他的观点。因此,在以后的几个世纪中,哲学的很大部分都陷入到了怀疑主义和非怀疑主义的思想较量中。

蒙　田

在著名的《论文集》(Essays)中,米歇尔·蒙田(Michel de Montaigne,1533—1592)表述了一种令人倾倒的古典怀疑论观点。在古代怀疑论的著作中,蒙田发现了一种观察日常生活的新方法。"怀疑论"这个词经过了许多世纪,一直以来,主要是指某种怀疑的态度,它常常伴随着对生活事件动向的漠不关心。但是,这些并不是古典怀疑主义或蒙田思想的主要特征。古典怀疑主义的核心是与过一种完善的、值得仿效的人类生活的欲望结合起来的探索氛围。这也是蒙田主要关心的东西。他特别为这样一种生活方式所吸引,即在允许他不断地发现新的视野的同时,又可以享受到他作为一个人所具有的一切力量。蒙田写道:"皮罗并没有希望把自己变成一块石头,他希望使他自己成为一个活生生的人,一个在谈话、推理、享受一切快乐和自然之趣,在有条不紊地、恰当地运用他所有的肉体和精神的器官的人。"

蒙田把自己看成是"一个无意而成的哲学家"——一个在理智上没有为他的思想和生活必须在其中得以表达的那一套僵硬观念所限制的人。如果他专心致力于他的理论的话,他过一种幸福生活的愿望就不可能实现,因为人们可以对他的理论提出某种完全合理的诘难。他意识到有许多问题并没有明确的解答。这指的是有关事物之本性的问题。它们是前苏格拉底哲学如此专心致力解决的问题。蒙田接受了怀疑论者的判断。怀疑论者说:存在的状况可能是:"这不是真的,那也不是真的。"然而这种怀疑论的公式并不是想否认常识告诉我们的是事实。对蒙田来说,怀疑主义是一种解放的力量,使他摆脱了别的哲学体系的僵硬理论。而且,特别吊诡的是,怀疑论使他摆脱怀疑论本身!要真正成为怀疑论者,那么我们必须怀疑我们正在从事的怀疑的过程,因而避免被它自己的理论的力量所动摇。我们永远不应形成对任何理论的持续不变的信仰,相反只能永远采取一种询问的姿态。蒙田说,只有在我们获得了一种心灵的宁静时,我们才有可能感到满意。搅乱我们的这种宁静的东西是那种想超越我们日常经验而洞察事物的内在本性的企图。所有这些情况中最可悲的情况是:我们发现有些人正在系统地阐述着他们对某些问题的终极答案，而这些问题因为过于微妙易变，是不能这样来处理的。这种企图最终导致的愚行是狂信和独断的态度。

蒙田深知狂信的可怕结果。他一生中看到过战争和残酷的宗教迫害。他写道，他的"邻人长这么大一直都处在动乱之中"，所以他怀疑他的社会能否继续维持不瓦解。他写道："我看到了如此残暴的司空见惯的行为，特别是在暴行和背叛中，以致我一想起这些就会吓得脸色惨白。"他把这种情况归咎于狂信的凶焰。他意识到：心灵宁静的丧失将会迅速表现为社会动乱。蒙田真诚地相信，建设性的怀疑主义态度可以防止残酷行为的大爆发。在真正的怀疑主义的态度下，人的活力将被引导到他们可以驾驭的问题和目的上，而不是在那些关于宇宙及其命运的莫名其妙的事情上相互斗争。蒙田愿意劝导人们通过反思身边的事情来开始他们的生活哲学。

蒙田说，一个好的起点，是从一个人的个人经验开始思考："每一个人在其自身之中都带有人性状况的整体。"由于这个原因，蒙田确信，凡是证明了对一个人自己有用的也可能对别人有用。秉持着文艺复兴的真精神，蒙田寻求某种对人的最自然的和正常的行为的公开明白的表达，反对专业行话的模糊不清。他写道："我的助手和人做爱，而且知道他自己在做什么。可你要是给他读埃伯勒①或者菲其诺②的书，虽然这些书中说到爱的行为和思想，他对此却完全不知所云。"蒙田埋怨说："当我日常所做的大多数的事出现在亚里士多德的书里时，我不明白它们是怎么回事。为了便利那些学究，它们被另一层外衣掩饰起来或遮蔽起来了。"蒙田认为，我们所要求的是"像使艺术成为自然的那样，付出同样多的努力使自然成为艺术的"。他说："生活的艺术就是认识到做人意味着什么，因为，没有什么事情会比恰如其分地演好人这个角色更让人赏心悦目了。在我们所有的弊病中，最坏的就是轻视我们自己的存在。"没有什么比自高自大更损害人的本性了。凡是这种情况发生时，蒙田说："我总是看到了高到天外的观念和低到地下的行为之间奇特的一致。"凡是人"不肯面对自己和逃避做人时，（他们）就是在做蠢事。他们没有使自己变成天使，相反倒是使自己变成了禽兽"。

对于蒙田来说，怀疑主义也不是指作为一种态度或行为规则的悲观主义。正相反，他在怀疑主义中看到了对人类生活的所有方面的积极肯定的源泉。虽然他看到了技术理性能力的严重局限性，但是他却褒扬了人类的批判性判断的能力。他认为，在最深层意义上，做人也就是要具有充分自觉的经验 根据这种经验，我们自觉地权衡各种选择并判断来控制我们的行为。他用这样一个公式表达了古典怀疑论的看法："我停了下来——我进行考察——我以世道常情和感觉经验为我的向导。"我们的感觉给了我们足

---

① 埃伯勒（Leo Hebraeus），当时的意大利作家，《爱情对话录》（1535）的作者。——译者注
② 菲其诺（Marsilio，Ficino，1433—1499），意大利哲学家、柏拉图主义者。——译者注

够可靠的关于我们自己以及外部世界的信息，它确保了我们的肉体生存和真正的快乐。而世道常情不管它们客观上的正当性或真理性如何，也都具有价值。法律和宗教是有关世界的确定的事实，否认和拒绝这些事实实际上就像说一个人站在悬崖边上没有危险一样。至于说到政治学，好的判断要求我们接受各自国家的国情和组织形式，而且通过对我们周围的观察，我们能够区分那些对我们生活的限制是恰当还是不恰当的。怀疑主义不应把我们引导到革命或无政府主义的行为上去。蒙田自己就是一个地道的政治保守主义者，他相信，社会变化决不应是突然的。由于没有绝对的真理，也就不存在社会必须被迫达到的特定终点。因此，习惯就获得了很强的力量，要求民众在政治上的忠诚。在宗教的问题上也是如此，一个具有良好判断力的人将会尊重传统的权威，因为他看到，在有组织的宗教共同体中具有进行持续探究的条件，而这在无政府状态下将会成为不可能。

因此，蒙田想提醒他同时代的人，智慧就在于接受生活的本来面貌并认识到确切地认知任何事物是何等的困难。他特别希望人们注意到人类生活的丰富性，而正是对人类能力的尊重与接受使这种丰富性成为可能。在这方面，他是文艺复兴主要思潮的真正代表。

帕斯卡

帕斯卡（Blaise Pascal，1623—1662）是受到当时复兴的怀疑主义强烈影响的另一位思想家。虽然他正式地表明他与怀疑论学派保持距离，但是他仍然相信：人的理性是不可能获得最重要的人生真理的。帕斯卡是作为一位数学家和自然科学家而出名的。他奠定了微积分的基础。1639年，在他16岁的时候，他就写了一篇关于圆锥截面的论文，不久他发明了加法器——一种机械计算器。他还试图证明托里切利（Evangelista Torricelli，1608—1647）关于真空的实验性发现。

当帕斯卡31岁的时候，他经历了一场深刻的宗教体验，这种体验影响到他作为思想家的后半生。虽然他一心一意地信仰上帝，但这没有使得他放弃对科学的兴趣。帕斯卡并不把科学活动看得过于世俗化，因而认为比起宗教来它们没什么意义，而是把这两种活动看成相辅相成的工作，虽然它们并非总是在同等的层次上。在他的名言"心具有理性并不理解的道理"中，我们发现他对新的思想方法的表述。看来帕斯卡是以感性或情感的要素取代理性或严密的思考。因此，对于帕斯卡来说，真理的向导是心。他对什么是"心"没有作出精确的界定，但是从他运用这个语词的各种方式来看，很清楚，帕斯卡所说的"心"指的是直觉的力量。他确信，在我们的思想中某些基本的命题是不可能加以证明的，我们是通过一种特殊的洞察达到这些原则的。事物的真假取决于我们观察它们时的背景和视角。因而"我们不仅通过理性，也通过心去认识真理"。正是通过心，我们才知道梦境和醒来时的生活之间的区别。在此,"心"这个词指的是"对真理的、直觉的、直接的、无须推理的领悟"。在几何学中,我们对原理有一种直接的领悟。在伦理学中,我们对正确与错误有某种自发的和直觉的领悟。在宗教中,信徒对上帝有一种爱的领悟,这种领悟决非依靠自然神学的理性证明。

尽管别的哲学家提出通过理性论证来证明上帝的存在,帕斯卡却要求我们设想从赌徒的观点来看待上帝存在的问题。他说,每个赌徒都是为了某种不确定的获利而冒险。如果在两边有同样多的机会,你赌的就是同样的赔率。这时,你拿来赌的东西的确定性和你有可能赢得的东西的不确定性相等。生活中,你用来下注或者拿来冒险的东西是你的永生和幸福,和它们相比较的是你有限的生命和痛苦。当我们说有某种永生时,这就是一种承认上帝存在的方式。然而,我们是如何知道上帝存在的呢?我们只能说不知道,因而这个问题就成了一次赌局。打赌可能出现四种情况,它们具有完全不同的结果:(1)如果上帝存在,而且我们相信他,那么我们所得的回报,将会是无限大的;(2)如果上帝存在,而我们不信上帝,那么这无限的回报我们就会全部损失;(3)如果上帝不存在,而我们信仰他,那么我们无所得也无所失;(4)如果上帝不存在,我们也不信上帝,那么我们仍然是无所得失。通过衡量这些结果,帕斯卡认为,从心理学的角度看,我们将被迫信仰上帝,因为它许诺了更大的可能的奖赏。帕斯卡并不认为我们可以从数学上计算出我们确信宗教信仰的方法,而是认为,我们的计算至少会使我们开始走上信仰之路。我们可能通过无意识地压制我们的情感开始去接受宗教的德性以及遵循宗教的习惯。他坚持认为,在我们沉浸于宗教传统中后,一种真正的对信仰的献身精神就会自然地形成。

9.5 科学革命

文艺复兴时期开始了一场科学革命。它实际上对知识的各个分支都产生了势不可挡的和持续的冲击。与中世纪的思想家大多都是从事对传统文本的阅读不同,近代早期的科学家最为看重的是观察和假说的建构。观察的方法意味着两种东西:第一,对于自然的传统解释应当从经验上加以证实,因为这些解释很可能是错误的;第二,如果他们能够深入到事物表面现象的背后,这些科学家就可以得到新的信息。人们现在开始以新的态度考察天体,他们不仅希望找到对《圣经》中所说的神的创世的确证,而且也希望发现描述物体运动的原则和规律。观察不仅指向星体,而且要循着相反的方向指向物质实体的最小的组成成分。

新的发现和新的方法

科学革命有两个突出的要素：即（1）新的科学发现和（2）进行科学研究的新方法。为了提高观察的精确性，科学家们发明了各种科学仪器。1590年，第一台复合显微镜问世，1608年发明了望远镜。托里切利发明了气压计，居里克（Otto von Guericke，1602—1686）发明了空气泵。空气泵能形成真空，其巨大重要性在于，它从经验上证明了，所有的物体，不论它们的重量和大小，在没有空气阻力的情况下，都是以同样的速度下落的。运用这些仪器以及富有想象力的假说，新的知识开始呈现出来了。伽利略（Galileo Galilei，1564—1642）发现了环绕木星的卫星，而列文虎克（Anton Leeuwenhoek，1632-1723）发现了精子、原生动物和细菌，哈维（William Harvey，1578—1657）发现了血液循环。吉尔伯特（William Gilbert，1540—1603）写作了论磁石的专门著作。而化学之父玻意耳（Robert Boyle，1627—1691），则系统阐述了他著名的关于温度、体积和大气压的关系的规律。

那个时代更戏剧性的发现是新的天文学的概念。中世纪的天文学家相信，人是上帝创世活动的焦点，因此，上帝确实是把我们放在严格意义上的宇宙中心。文艺复兴时期的天文学家把这种观点打得落花流水。波兰天文学家尼古拉·哥白尼（Nicolaus Copernicus，1473—1543）在他的《天体运行》（*Revolutions of the Heavenly Spheres*，1543）一书中阐述了新的假说，该书说：太阳是宇宙的中心，地球每日自转，而且每年围绕太阳公转一次。哥白尼是一名忠实的基督徒，他从未想反对任何传统的《圣经》教义。他的著作不如说是表达了他建立一种与已有证据相符合的天体理论的难以抑制的欲望。第谷·布拉赫（Tycho Brahe，1546—1601）作出了进一步的和经过校准的观察，而且他的年轻的助手开普勒（Johannes Kepler，1571—1630）系统地阐述了行星运转的三条重要规律。其中他加上了数学方程式来支持单纯的观察。为新的天文学提供了最大的理论精确性的是伽利略，在这一努力的过程中，他系统地阐述了加速度和动力学的重要规律。

科学革命的第二个贡献主要是新的科学方法的提出。中世纪的科学方法是基于亚里士多德的演绎逻辑。有几个文艺复兴时期和近代早期的科学家们提出了一些体系来替代它，而这些体系相互之间又往往大不相同。我们现今所遵循的科学方法在许多方面是对这些早期理论的直接继承，特别是对弗朗西斯·培根（Francis Bacon，1561—1626）方法的继承，培根的方法强调了观察和归纳推论的重要性。当数学的新领域被开拓出来时，科学方法论取得了新进展。哥白尼运用了双重的方法：第一，对运动物体进行观察的方法；第二，对空间中的物体运动的数学计算方法。

由哥白尼所开始的工作后来被开普勒，特别是被伽利略所改进。伽利略强调了直接观察的重要性，而避免使用仅仅从传统和书本中的那些彼此对立的推测而得到的第二手信息。这使得他发现围绕着木星的许多卫星。他写道："为了向我的反对者证明我的结论的真理性，我曾不得不用各种实验去证明它们。"在给开普勒的一封信中，他反思了他那个时代的旧派天文学家们的顽固态度："我亲爱的开普勒，在此你应当对那些学者们说些什么呢？他们满脑子毒蛇般的顽固，就是不肯用望远镜去看上一眼。对此我们该做些什么？我们到底是该笑还是该哭？"除了对观察的强调之外，伽利略还希望给天文学以几何学的精确性。由于把几何学的模式用于他对天文学的推理，所以他认为，只要他能够制定一些能演绎出结论的基本公理，就像人们在几何学中那样，他就可以证明他的结论的精确性。进而，他还设想，经验事实是和几何学的公理相对应的，或者说，思想所系统阐述的公理对应于可以观察到的运动物的实际特征。依据几何学去思想，也就是去认识事物是如何实际活动的。特别需要指出的是，伽利略第一次系统地给出了物体运动和它们的加速度的几何表达。

科学研究中的数学成分被牛顿（Isaac Newton，1642—1727）以及莱布尼茨（Gottfried Wilhelm Leibniz，1646—1716）所进一步发展。他们各自独立地发明了微积分。当时，观察以及数学运算的方法成为近代科学的标志。这些思想家中的大多数都有这样的共识：任何在他们的研究工作中运用了适当方法的人都可以得到有关事物本性的知识。无须回顾传统或者古代权威的证言，个人就可以直接得到关于自然的真理：把握通过观察而得到的信息，并将之组织到一个公理系统之中，这是发现真理最可靠的途径。

近代原子论

在这个时代的科学家和哲学家中，一个正在成熟的设想是这样一种观点：宇宙以及它所包含的一切都是由物质实体所组成的。根据这种想法，每个事物都以有序的和可以预见的方式活动。在上的天体和在下的最小分子全都展示出同样的运动法则，这表明一切事物都遵循某种机械模式。进而，哲学家们还试图以机械的方式来解释人的思想和行为，而这些思想和行为被较早的伦理学家描述为自由意志的产物。

早在公元前5世纪，德谟克利特就把宇宙中所有的事物都还原为运动中的原子——也就是说，还原为物质。后来卢克莱修（Lucretius，公元前98年—公元前55年）揭示了假象何以能够存在。他描述了这样一种现象：一个站在山谷这一边的人何以可能把山谷那边的东西看成好像是一片白云，而只有走过去才会发现这所谓的"云"只不过是一群羊而已。同样，伽利略也强调了现象与实在之间的不同。现象是由第二性质形成的，而实在则由第一性质所构成。他相信，我们不能希望把现象当作是达到真理的可靠途径。例如，我们基于现象的观念把我们领向一个错误的结论——太阳围绕着地球旋转。同样，一棵树或一块岩石看起来是一个单一的固体，但是实际上它们是由大量的原子所组成。

对我们来说，可以得到的最精确的知识产生于对运动物体的数学分析，不仅天文学是如此，近在手边的物理学也是如此。

考察过第一和第二性质之间的区别之后，伽利略确实给了人们一个深刻的印象：只有那些属于物体或物质的性质才具有真正的实在性。第一性质，诸如大小、位置、运动以及密度是真正实在的，因为它们能够以数学的方法加以处理。相反，第二性质，诸如颜色、气味、情感以及声音，就"仅仅存在于意识之中；如果有生命的被造物没有了，那么，所有这些性质也都一扫而光不复存在了"。一个人可以被界定为一个具有物质器官的身体。然而当一个人被界定为一个个人时，结果，他之成为个人的大多数特征都是由第二性质来体现的。这将意味着，要么这些第二性质也必须以数学的方式来加以解释——就像在物质的第一性质的情况中那样——要么第二性质在实在的领域里根本没有一席之地。在这两种情况的任何一种中，人独一无二的尊严、价值或者在自然中人所特有的地位都被严重削弱了。

牛顿接受了自然是由"微粒和物体"所组成的观点。他表达了这样的愿望，即所有的自然现象都能"由源自机械论原理的同一种推理来解释。因为我有许多理由怀疑它们全都来自某种力量、分子和物体……要么被这种力量推动并凝聚在一个规则的形状之中，要么就被其推动而相互远离"。因此，牛顿在他的巨著《数学原理》（*Principia Mathematica*，1687）中完善了有关运动法则的早期阐述。这部著作对以后的几代人产生了巨大的影响。虽然牛顿仍然认为上帝是自然这个机器的创造者，但是在解释自然现象时，却越来越不必借助上帝了。新的科学方法的整体趋势是朝向一个关于人、自然和整个人类知识机制的新概念前进。

正如宇宙现在被看成是运动中的物体的一个系统一样，自然之中所有别的方面现在也都被描述成运动中的物体。人的本性和人的思想不久也被以机械论的方式来看待。如果所有的东西都是由运动中的物体所构成，那么，对这种机械活动据说就必定能够作出数学的描述。因此，产生于文艺复兴时期的观察和数学的运用又成为了科学思维的新方法的组成部分。人们认为：运用这种方法就能发现新的知识。文艺复兴时期的科学家的观点是：中世纪的思想家仅仅是为我们已知的东西弄出了一套解释体系，并没有为发现新的信息而提供方法。这种发现精神生动地体现在哥伦布对新大陆的发现中，也体现在艺术、文学和人的尚未运用的官能和能力中对新天地的发现，现在在推动着科学家们去揭示自然结构中的新世界中。而且，正是这种新的科学态度对近代哲学的发展起着最直接的影响，尤其是对弗朗西斯·培根和托马斯·霍布斯的哲学，我们现在就着手来论述他们。

9.6 培根

弗朗西斯·培根为自己设定的任务是复兴他那个时代的哲学和科学，他最主要的批评是认为学术已经停滞不前了。科学已被等同于学术，而学术则是指对古代文本的阅读。例如，研究医学，主要是研究书本，而且是由诗人、修辞学家以及教士们来做，他们之所以有从事这种工作的资格，在于他们有引用希波克拉底和盖伦的话语的能力。哲学仍然被柏拉图和亚里士多德所统治，而他们的学说被培根斥为"幻影"和"幽灵"。虽然培根说过"知识就是力量"的名言，他却尤其忿忿于传统学术的"无用"。这种学术之所以不行，是因为科学与"迷信"、与毫无头绪的思辨以及神学混在了一起。培根反对这种搞科学的方法，批评它不适于作为发现自然及其运行的真相的方法。他真心尊敬的一个古代思想家是德谟克利特，并采纳了其唯物论的思想。然而，他把中世纪经院学者的学说看成是亚里士多德哲学的"退化了的"变种。他们的著作不是从事物的实际本性中获得实质证据，而是在那里制作他们自己的想象物。他们像蜘蛛，生产出"学术的蜘蛛网，蛛丝和工艺的细致足可博得欣赏，但毫无实质内容或益处"。

培根主张用一种新的方法来整理和解释事实，把人类的知识推倒重来。他确信他已经发现了这种方法，它将揭开自然的所有秘密。他知道别人纠正传统学术之不足的尝试，尤其是吉尔伯特、哥白尼和伽利略修正亚里士多德的物理学的尝试。然而，他印象最为深刻的是伽利略对望远镜的设计和运用。他把这个事件看成是天文学史上最重要的事件之一，因为它使得学术的真正进展成为可能。例如，古代人并不知道"银河"的构成，而望远镜证明它是遥远的星球的集合。培根把心灵视为一块玻璃或一面镜子，它被情感的自然倾向和传统学术的谬误弄得粗糙不平。在这种情况下，心灵不可能精确地反映真理。培根的方法，以及他的希望，使心灵的镜面变得清晰平滑，而且提供给它新的管用的工具，以便它能精确地观察和理解宇宙。为了达到这个目的，他不得不让科学摆脱根深蒂固的传统学术。这意味着把科学的真理和神学启示的真理分离开来，而且形成一种建立于对自然的新的观察方法和新的解释的基础上的新哲学。

培根的生平

由于出身和教养，培根命定以某种适合于上层社会的方式去生活、工作和思考。他1561年出生，是尼古拉斯·培根的儿子，尼古拉斯后来成了掌玺大臣。培根12岁进入剑桥大学。16岁时被允许以一个相当高的地位进入到格雷英（Gray's Inn）① 法学界。随后的若干年，他被伊丽莎白女王和詹姆斯一世任命为英国下议院议员、上议院议员，同时

---

① 英国伦敦具有律师资格授予权的四个法学团体之一。——译者注

成为司法部副部长、掌玺大臣，最后成为大法官。考虑到培根要全身心地投入到法律和政治生涯中，我们就更加叹赏他的哲学天才了。他的哲学著作是意义深远的，而且也是不朽的。这些著作中最著名的是《学术的进展》（*Advancement of Learning*）和《新工具》（*New Organon*）。他意识到他的政治生活影响到他成为思想家的首要目标，说"我认识到，当我一直忽视能够使我自己成为一个有益的人的东西时，我绝不是在履行自己的义务。"他的晚年愈加不幸，在被任命为大法官后不久，他就被控收受贿赂，并因此而被判罚款和短期监禁，而且永远不能再担任政府官员。1626年他的生命走到了尽头，当时，出于对实验的热情，为了弄清冰冻是否能使鲜肉不腐，他在大冷天到室外，把雪填充到鸡肚子里去。由于受寒严重，几天之后他就去世了，享年65岁。

培根的基本目标，如他所说，是"对科学、艺术和人类所有的知识进行全面重建"，他称之为他的"伟大的复兴"。但是在他能够着手从事他的创造性工作之前，他要针对牛津、剑桥和一般大学进行猛烈的批评，也要针对占统治地位的哲学学派加以批评，指责他们食古不化。因此他号召与亚里士多德哲学的绵延不断的影响相决裂。

学术的病状

培根攻击了过去的思维方式，把它们称之为"学术的病状"并给这种病状开出了一个处方。他把这些学术命名为三种：异想天开的学术、好争辩的学术，以及脆弱不堪的学术。在异想天开的学术中人们参与争论，强调文本、语言和风格，而且"对文字的探求超过对问题的探求，对用词造句的探求……超过对问题重要性的探求"。他说，好争辩的学术甚至是更坏的学术，因为它以以前思想家的固定立场或观点为起点，在争论中这些观点总是被作为出发点来加以运用。最后还有脆弱不堪的学术，其中著作家声称自己拥有的知识比能够证明的知识多，而读者也就当他们真有他们自称的那么多知识而接受下来。例如，亚里士多德就是被作为科学的"独裁者"来接受的。他说：为了让心灵摆脱它们所产生的谬误，这三种弊病必须加以治疗。

心灵的假相

同样，人的思维是被假相所败坏的。培根指出有四种假相，他以隐喻的方式称这四种假相为：种族假相、洞穴假相、市场假相以及剧场假相。这些假相，或者说"虚假的幽灵"，是心灵的扭曲，就像从一个不平的镜子反射回来的光线的扭曲一样。"因为从一面清洁平整的镜子反射回来，其中事物的光束就应当根据它们真实的入射角来反射，而现在这面镜子则大为不同，毋宁说是一面魔镜，其中充满了迷信和欺诈。"要纠正这种任意妄为的思想，办法只有一个，那就是通过观察和实验——也就是通过归纳的方法。这些假相，或者说"虚假的意见""教条""迷信"以及"谬误"，以各种不同的方式歪曲着知识。

种族假相包含我们的一些偏见，它们来自"人的感觉是事物的尺度这一错误的论断"。在此培根想要说明的是，单纯观看事物是不能保证我们看到事物的本来面目的，我们把我们的希望、恐惧、偏见以及焦虑都带到事物之中，因而影响了对事物的理解。洞穴假相是培根取自柏拉图的比喻，并再次暗示了没有经过训练的心灵的局限性。心灵被封闭在由它自己的习惯和意见背景所构成的洞穴之中，它反映了一个人所读的各种书籍、一个人看重的各种观念，以及一个人所服从的理智权威。

第三种假相被恰当地称为市场假相。因为它象征着人们在日常生活的交际活动中所使用的语词，这些语词就是日常交际中的通用货币。尽管语词有其用处，但语词也可以削弱知识，因为它们创造得并不准确精密，而是为了让普通人能理解它们的用法。就连哲学家也被这些假相所误导，因为他们经常给那些仅仅存在于想象之中的东西取名字。此外，他们还为一些抽象的东西造一些名称，诸如"火元素"或者沉重、珍奇或密集这样一些"性质"。最后，剧场假相是指庞大的系统化了的冗长的哲学论著的教条。这些教条表现了他们"模仿一种不真实的布景模型而创造的世界"。培根在此指的不仅有完整的体系，而且包括"由于传说、轻信和疏忽而被接受下来的"科学中的诸多原理和公理。

归纳的方法

在适当警告了他同时代的人们，说人的理解力有可能被这些假相所扭曲之后，培根描述了获取知识的新方法。他说，"为了深入到自然的内部和深层"，我们必须"以一种更加确定的和有保障的方式"从事物那里得到我们的观点。这种方法包括除掉我们自己的偏见和考察事物的本来面貌。"我们必须把人们引导到特殊事物本身上去。"为了给我们的观察以帮助，我们必须纠正我们的错误，"与其说是用仪器不如说是用实验，因为实验的精巧是远远超过感觉本身的"。培根的实验概念和他的观察方法是基于归纳的概念之上，也就是基于从对特殊之物及其系列和秩序的简单观察中得到的"规律"之上的。他所严厉批评的与此相左的观点是亚里士多德的演绎。亚里士多德关于演绎论证的经典例证是：（1）所有的人都是有死的；（2）苏格拉底是人；（3）所以，苏格拉底是有死的。培根认为这种方法的问题在于，我们所推出来的结论只不过使已经包含在前提之中的错误永远维持下去而已。而我们需要的是一种给我们新信息的论证策略，我们能够根据这些新的信息推出新的结论。归纳所要做的正是这件事。

培根知道"简单枚举法"的局限性，例如，由于所数到的18匹马都是黑色的，就得出结论说所有马都是黑色的。培根相信，解决之道是寻找作为基础的本质或"形式"，我们在我们所观察的特殊物中发现这些东西的体现。他给他的归纳法所提出的例子是发现热的本质。第一步是列一个我们能在其中看到热的所有例证的表，诸如"太阳的光"，他把这个表称为"本质与存在表"。第二步我们必须编制另一个表，这个表包括那些和第一个表中的那些情况相似，但却不具有热的例子，如"月亮和星星的光"。第二个表被称为"差异表"。第三是"比较表"，体现的是一种通过分析在不同事物中发现的热的不同程度来发现热的性质的进一步的企图。"例如，烧红着的铁就比酒精的火焰要热得多，毁灭的力量亦大得多。"

第四步是排除的过程，也就是动手开始"归纳的工作"。我们试图发现某种"本质"，即凡是有热它就存在、凡是无热它就不存在的本性。热的原因是光吗？不是，因为月亮是明亮的却无热。这种排除的过程是培根科学方法的核心，而且他把这个过程称为"真正归纳的基础"。他设想："一个事物的形式应该在事物本身必定在其中被发现的每一个以及所有的例证中发现。"把这个设定运用到关于热的问题上，培根得出结论说："热本身，它的本质和精髓不是别的，就是运动。"对"本质"的强调有一种亚里士多德的意味，而且暗示了培根与亚里士多德的决裂并不彻底。不过，这最后一步却有一种近代特性，因为培根希望通过与他的表中的所有项目相对照来验证他的结论。

9.7 霍布斯

霍布斯的生平

托马斯·霍布斯一生的91年——从1588年到1679年——都是多事之秋。他出生在英国马默斯伯利附近的威斯波特（Westport），父亲是一名教区牧师。他在牛津所受的教育激起他对古代文献的强烈爱好。然而亚里士多德逻辑学的灌输使他厌倦。1608年，他离开牛津大学，而且十分幸运地成为了德文郡伯爵（Earl of Devonshire）威廉·卡文迪什（William Cavendish）的家庭教师。与卡文迪什家族的关系对霍布斯后来的发展有很大影响。因为它为霍布斯提供了周游欧洲大陆列国，和许多著名思想家及当时名士会面的机会。在意大利，他会见了伽利略，在巴黎他和笛卡尔的敬慕者梅森（Mersenne），以及笛卡尔的反对者伽桑第建立了终生友谊。他是否会见过笛卡尔本人，这还存在疑问，不过他经过细致推理的对《沉思》的诘难，显示霍布斯对笛卡尔哲学是非常熟悉的。在英国，大法官培根十分欣赏霍布斯。他喜欢和霍布斯谈话，而且"在戈兰伯利的美妙的散步过程中"把他的思想讲给霍布斯听。霍布斯早年对古典文献的兴趣使他去翻译修昔底德①的著作。在他40来岁时，他的兴趣转向了数学和分析。这是由于他发现了欧几里得的《几

---

① 修昔底德（Thucydides，约公元前460年以前—前404年以后），希腊历史学家，著有《伯罗奔尼撒战争史》。——译者注

何原本》(*Elements*)。"这本书使他爱上了几何学。"在他思想发展的下一阶段——这一阶段包括他整个后半生——他看到了自己卓越的哲学著作的出版,其中最著名的是他的《利维坦》(*Leviathan*)。

几何学对霍布斯思想的影响

虽然《利维坦》基本上是一本关于社会和政治哲学的著作,但是霍布斯却无意将他的注意力限制在这个主题之上。由于置身方兴未艾的科学发现大潮之中,霍布斯被科学的精确性,尤其是被科学知识的确定性所深深打动。16世纪和17世纪的思想氛围已经经历了一个彻底的改变,各个研究领域一个接一个地转而采用科学的探究方法。霍布斯抓住了这种时代精神。霍布斯最初对数学的迷恋源自他与欧几里得学说的遭遇。他加入到人数不多但很雄辩的思想家的团体之中,这些人在几何学中看到了研究自然的钥匙。由于他的智力极其敏锐,又由于一种激情使他夸大了这种方法的可能性,霍布斯开始着手凭着他的单一方法来重塑知识的全部领域。霍布斯认为,不管研究的对象是什么,通过观察的方法以及从公理出发进行演绎推理的方法(公理也来自观察),他就能获得精确的知识。因此,他制定了一个雄心勃勃的计划,这个计划将改造对自然本性的研究、对人类本性的研究,以及对社会的研究,而且全都用同样的方法来进行。1642年他出版了《论公民》(*De Cive*);1655年出版了《论物体》(*De Corpore*);1658年出版了《论人》(*De Homine*)。最后,正是他的政治哲学使他闻名于世,因为正是在政治哲学中,他的严密逻辑和科学方法的运用产生了惊人的新成果。

作为一名政治哲学家,霍布斯常常被称为近代极权主义之父,虽然这样说不是很准确。他的著作《论公民》和《利维坦》,读起来像是关于服从的入门初阶一样。他以这样极端的语词来描述公民和统治者之间的关系,无怪乎会给他自己招来如此广泛的批评。霍布斯之所以如此阐述他独特的政治义务理论,主要有两种考虑:第一是他那个时代的政治动乱,此时,克伦威尔准备把他的民众引向残酷的国内战争之中。这种暴力的经历产生于对政治问题的深刻分歧,在霍布斯的心中,这种情况与人们在数学和科学问题上很快达成一致意见的情况形成鲜明对比。第二,霍布斯把政治哲学看成是物理科学的变形。他设想:从一种彻底的唯物主义的人性观出发——在这种人性观中,人的行为可以仅仅依据运动中的物体来加以解释——就能够形成一种精确的政治哲学。他希望:如果政治理论能够以逻辑的严密性来加以系统阐述,人们之间就更有可能达成一致意见,因此也就可以达到霍布斯最渴望得到的和平与秩序了。至于霍布斯在他系统的政治哲学中是否在逻辑上首尾一贯,这还存在问题,而且他认为人们在相互关系中能保持有序,仅仅是因为他们得到了一个协调行动的逻辑方案,这一设想甚至存在更大的问题。但无论如何,他关于人和社会的理论实现了一个新的转向,这主要是因为他按照机械论的模式建构了它，这种模式的主要成分是运动中的物体。由于霍布斯的政论理论如此多地依赖于他独特的知识理论和他关于实在的数学模式，所以我们应当把他的哲学的这些方面看成是其政治共同体观点的背景而加以详细考察。

运动中的物体：思想的对象

根据霍布斯的看法，哲学主要关心的是物体的原因和特性。有三种主要类型的物体：自然物体，如石头；人体；以及政治物体。哲学和这三种类型的物体都有关系，它考察它们的原因和特性。有一种基本的特性是所有物体共有的，单单这种特性使得理解它们如何得以存在、如何活动成为可能，这种特性就是运动。在霍布斯的思想中，运动是一个关键概念。同样重要的是，霍布斯认定，只有物体存在着，可知的实在仅仅由物体所构成。他不愿承认天使或上帝之类事物的存在，如果这些名词指的是一些没有形体的存在物，或者是精神性的存在物的话。关于上帝的存在，霍布斯写道："通过世上可见的事物及它们值得赞赏的秩序，一个人可以设想有一个有关它们的原因，人们就把这个原因称为上帝。然而在他的心中并没有一个关于上帝的观念和形象。"霍布斯愿意承认上帝的存在，但认为人们并不知道上帝是什么。说可能存在某种具有非物质性实体的东西，就像神学家们描述上帝一样，这对霍布斯来说是没有意义的。他认为，实体，只能是有形的，而且由于这个原因上帝应当具有某种形式的身体。但是霍布斯无心探讨神学的精义。他在此论及上帝的性质，仅仅是为了阐明一个更一般的观点，即凡是存在的都是有形的。哲学的范围被限制在对运动中的物体的研究上。

霍布斯企图把物质的和心理的事件都解释为只不过是运动中的物体而已。霍布斯说："运动就是连续不断地放弃一个位置得到另一个位置。"任何运动的事物都在不断地改变它的位置。同样，凡是被推动的东西也都改变它的位置。如果某物是静止的，它就总是处在静止状态，除非有某种东西推动它。只有一个运动着的物体才能使一个静止的物体运动。因为运动的物体"通过努力进入静止物的位置而使它不再保持静止状态"。同样，一个运动着的物体，除非它以外的别的物体阻止它运动，它就倾向于永远运动。对运动的这种说明好像只限于位移。因为像惯性、力、动力、阻力以及努力这些概念——这些是霍布斯用来描述运动的概念——似乎全都是适用于在空间中占有或改变其位置的事物的。但是，由于霍布斯是从只有物体存在这个前提出发的，他就必然借助于运动的物体来解释所有的实在和所有的过程。因此，运动不仅仅是简单意义上的位移，而且也是我们看作是变化过程的东西，事物之所以变得不一样，是因为在它们之中的什么东西被别的东西所推动，而且这不仅仅是指物理的变动，也指心理的变动。

霍布斯指出两种专属于动物或人的运动，那就是生命的运动和自发的运动。生命的运动开始于出生的过程，并在整个一生之中持续。它包括这样一些运动，如脉动、营养、排泄、血液流动和呼吸的过程。"这些运动是无须借助想象力的。"而自发的运动，包括走动、说话以及我们的肢体有意的运动等。首先是我们心灵的运动，而且"因为走动、说话以及类似的自发运动总是依赖于对是否做、以何种方式做，以及做什么的预先思考，所以很明显，想象是所有自发的运动最初的内在开端"。想象是自发运动的原因，但想象本身以及我们称之为思想的人类活动也被解释为在先原因的结果——解释为先前运动的结果。

关于人的思想的机械论观点

人的心灵以各种方式进行活动，从感知、想象、记忆到思想。所有这些类型的心理活动基本上都是同一种活动，因为它们全都是在我们身体之中的活动。对霍布斯来说，尤其显而易见的是：感知、想象和记忆都是相似的。所谓感知，他指的是我们"感觉"事物的能力，是我们基本的心理活动，而其他的活动都是"从这个原初的活动派生出来的"。人类思维的整个结构和过程被解释为运动中的物体，而且精神活动的变化由于循着一条可描述的因果链条而指明每种类型的精神活动的位置而得到说明。因此，当一个外在于我们的物体运动起来并造成我们内部的运动时，思想的过程就开始了。就像我们看见一棵树那样，看见树就是知觉或感觉。当我们观察一个对象时，我们也就看到霍布斯称之为影像的东西。一个影像也就是外在于我们的对象所形成的内在于我们之中的映像。知觉并不是对运动的感觉，或者是对一个对象实际具有的精确性质的感觉。我们看到绿色的树，但是绿色和树是两个影像——一种性质和一个对象——而且这些表象是我们经验到由外在于我们的物体所形成的运动的方式。一个外在对象对我们所造成的最初印象，不仅产生我们的直接感觉，而且也产生更为持久的后果，正如在海上，风停而"浪不止"一样。而"这种情况也发生在人内部器官中的运动中，就是在对象已经不在，或者眼睛已经闭上之后，我们仍然保留着已看到的东西的映像，虽然比起我们看见它时要模糊一些"。这种在对象已经消除以后保留在我们之中的映像，就是霍布斯所说的想象。因此，想象是一种滞后的——或者是如霍布斯所说的衰减的——感觉。到后来当我们希望表达这种衰减，以及揭示出这种感觉正在淡忘时，我们称它为记忆，"所以想象和记忆只不过是一个东西，因为从各种考虑出发就会有各种不同的名称"。

就像我们互相交谈时那样，思想看来是某种完全不同于感觉和记忆的东西。在感觉中，我们心灵中的映像的次序是由发生在我们身外的事物所决定的，而在思想中，我们以什么方式把观念放在一起似乎是随心所欲的。然而，运用他的机械论的模式，霍布斯以和他解释感觉时同样的说法来解释思想，以致对他来说，思想只不过是感觉的变形。思想中观念前后相继，是因为一开始在感觉中它们就是前后相继的。因为"那些在感觉中相互直接接续发生的运动，在感觉之后也同样是连在一起的"。我们的观念相互之间有一种稳定的联系，因为在任何形式的连续运动中——思想也是这样一种运动——"由于内聚力，所以一部分紧随着另一部分"。但是思想的机械论并非全都那么完满，而且人们总是以某种并非精确反映他们过去感觉的方式进行思考。霍布斯意识到这一点，但是他试图解释说，这种连续的打破是更占优势的感觉侵入到想象和记忆的潮流中的结果。例如，关于国内战争的思想可能使他想起一种个人经历，因而也就打破了他的记忆中国内战争的那些事件的链条。他希望确定这样一种观点：发生在思想中的东西，无不可以通过感觉和记忆来加以解释。

然而，在动物的心灵和人的心灵之间有某种不同，虽然两者之中都有感觉和记忆。使它们相互区别的东西是人能够形成符号或名称去标示他们的感觉。通过这些名称我们可以回忆起有关它们的感觉。进一步说，科学和哲学之所以可能，乃是因为人具有系统构造语词和句子的能力。因而，知识采取了两种不同的形式：一种是关于事实的知识，另一种是关于结果的知识。关于事实的知识只不过是对过去事件的记忆，而关于结果的知识则是假定的或有条件的知识，但仍然是基于经验的。因为这种知识肯定，如果 A 是真的，B 也应当是真的——或者用霍布斯的例证来说："如果展示出来的图形是一个圆，那么通过圆心的任何一条直线都将把圆分成相等的两半。"科学知识或广义上的哲学之所以是可能的，乃是因为人有运用文字和语言的能力。虽然霍布斯认为符号和名称是一些"随口说出的用来作为标记的语词"，但是这些词表达了我们的经验，语词和句子指出了事物活动的方式。因此，用语词进行推理就不同于语词游戏。因为一旦语词的意义被确定，关于它们如何运用就会有确定的结果，这些结果反映出在它们的帮助下我们的想象所回忆起来的实在。

因此，说一个人是一个有生命的被造物这种说法是一个真命题，有两个理由：第一，"人"这个词已经包含了有生命的观念；第二，"人"这个词是我们看见一个实在的人时所得到的感觉的标记。语词相互之间的关系是以语词作为表象所代表的事件之间的关系为基础的。因而，推理"只不过是计算——也就是加减，亦即对一般名词的结果进行加减"。即使"人"这个词并不是指任何一般的或普遍的实在，而仅仅是指特殊的人，霍布斯也仍然坚持认为，我们有可靠的知识，虽然经验"并不能下普遍的结论"，但是基于经验的科学却的确可以"下普遍的结论"。这集中体现了霍布斯的唯名论思想，这种思想导致他说像"人"这样的普遍语词只不过是语词而并不指向一般的实在。这也表现出他的经验论，这种经验论导致他论证说：由于我们在经验中对某些人的认识，我们就能认知有关所有人的情况。

政治哲学与道德

当我们转向霍布斯的政治哲学时，我们发现他在这个主题上尽可能多地运用了他的关于运动的理论和逻辑，以及几何学的方法。正如他试图用运动和物体的概念去描述人的本性——特别是描述人类知识——一样，他也借助运动着的物体来分析国家的结构和本性。而且，他对国家的说明是他的哲学思想中令人印象最为深刻的例证。因为如果哲学是一种"计算的事情，也就是说是一般名词结果的加减"，那么在他的政治哲学中，他所展示出来的运用语词的意义的技巧和严密性是十分卓越的。

霍布斯的国家理论给我们造成的首要印象是：他不是从历史的观点出发，而是从逻辑和分析这种居高临下的位置出发去探讨这个主题。他并没有问："公民社会是何时产生的？"而是问："你如何解释社会的产生？"他希望发现公民社会产生的原因，而且为了要和他的一般方法相一致，他通过描述物体的运动来着手解释国家产生的原因。他关于政治哲学的思想与几何学方法的相似性仅仅在于，他从类似公理的前提中演绎出它的政治理论的所有结果或结论，而且这些前提大多数以他关于人类本性的观念为核心。

自然状态

首先，霍布斯描述了出现在他所谓的"自然状态"之中的人。自然状态是存在于任何国家或公民社会之前的人的状态。在这种自然状态中，所有的人都是平等的，而且他们也平等地对他们看来是他们生存所必需的东西拥有权利。在这里，平等指的仅仅是人们具有伤害其邻人，以及为了自保想拿什么就拿什么的能力。力量上的差异早晚会被克服，而且弱者也可以毁灭强者。在自然状态中通行的"所有人对所有人的权利"并不是指一个人有某种权利，别的人就有与之相应的义务。在赤裸裸的自然状态中，"权利"这个词是指一个人"做他想做的事，反对他认为应当反对的人，占有、利用和享受他想要的一切，或者他可以得到的一切"的自由。驱动一个人的力量是生存的意愿，蔓延在所有人之中的心理状态是恐惧——对死亡的恐惧，特别是对暴力造成死亡的恐惧。在自然状态中，每个人都毫不留情地为确保他们的安全而无所不为。我们所得到的关于这种自然状态的图景是人们做相互反对的运动——都是运动中的物体——或者是霍布斯所说的"一切人反对一切人的战争"的无政府状态。

为什么人们以这种方式行动？霍布斯分析了人的动机，他说，每个人都有两种动力，那就是欲望和厌恶。这两种动力解释了我们趋向或远离他人或对象的活动，而且这两种动力具有和"爱"以及"恨"这样的语词相同的含义。人们被吸引向那些他们认为将有助于他们生存的东西，他们恨那些他们判断对他们构成威胁的东西。善恶这两个词具有人想要给予它们的任何含义，人们会把他们喜欢的任何东西称之为善，把他们憎恨的任何东西称之为恶，"没有什么东西是单纯和绝对的善或恶的"。我们从根本上说是利己主义的，因为我们所关心的主要是我们自己的生存，并把善等同于我们自己的欲望。因此，似乎对人们来说，在自然状态中没有尊重他人的义务，或者说没有在传统意义上的善和正义方面的道德。一旦给定了这种利己主义人性观，我们也就似乎没有创造一种有序的与和平的社会的能力了。

但是，霍布斯论证说，有一些逻辑结果或结论可以从我们对我们生存的关心中演绎出来，在这些结果中就有霍布斯称之为自然法的东西。即使在自然状态之中，人们也知道这些自然法，它们在逻辑上与我们对自身安全的极大关切是相一致的。霍布斯说，自然法"是一种准则或一般的法则，是通过理性发现出来的"，它告诉我们应当做什么和不应当做什么。如果大前提是我要生存，那么即使在自然状态中，我也可以从逻辑上演绎出某些有助于我生存的行为法则来。因此，第一条自然法则是每个人都应当"寻求和平、信守和平"。这条迫使我去寻求和平的法则是自然的，因为它是关心我们的生存的一个逻辑上的延伸。很显然，如果我出力创造一个和平的环境，那么我将有更好的生存机会。因此，我对生存的渴望，将推动我去寻求和平。从自然法的这个首要的和基本的法则中派生出第二条法则，这条法则说："在别人也愿意这样做的条件下，当一个人为了和平与自卫的目的认为必要时，他愿意放弃对一切事物之权利，而仅仅满足于他对别人所拥有的自由和他允许别人对他所拥有的自由一样多。"简单一点说，那就是如果别人放弃反对我们的权利，我们也愿意放弃反对别人的权利。

自然状态中的义务

如果我们认识到自然状态中的这些和那些自然法，我们是否就有遵守它们的义务呢？霍布斯回答说，这些法则是永远具有约束力的，无论是在自然状态中还是在公民社会中。但是他区分了自然法适用于自然状态的两种方式。他说："自然法在内心范围中（in foro interno）是有约束力的，也就是说，它们只要出现便对一种欲望有约束力。但在外部范围中（in foro externo），也就是把它们付诸行动时，就并非永远如此了。"因此，并不是说，在自然状态中似乎就没有义务了，而只是说，在自然状态中并不总是能出现让人们遵循自然法而生活的条件。人们在自然状态中对一切具有权利并非因为没有义务，而是因为如果一个人谦恭、温顺且信守其诺言，那么"在别的人并不这样做的时候和场合（他）就只能使自己成为别人的捕获物，使他自己遭受毁灭。这是违背一切自然法的基础的，因为自然法倾向于自然的保存"。而在我们为了保存我们自己而行动时，我们也并没有摆脱理性的自然法，因为甚至在自然状态下我们也应该根据一个好的信念而行动，即"如果任何人自称某物必然有助于他的自我保存，但连他自己都并不确信如此，他就可能违背自然法"。

霍布斯意识到：无政府状态是那些只考虑自己如何最好地生存的利己主义的个人必然产生的逻辑结果。在这种状态中将出现一种可怕的情况，即："没有艺术，没有文学，没有社会，最糟糕的是人们总是处于死于暴力的恐惧和危险之中。人的生活孤独、贫穷、肮脏、粗野而短寿。"因此，我们应当在力所能及的范围内避免这种无政府状态。导致这种状态的主要原因是那些利己主义的个人判断间的冲突。通过遵循自然法的命令，我们将寻求和平，放弃我们的某些权利或自由，进入到一种社会契约之中。因此，我们将创造一种人造的人——伟大的利维坦——它被称为公民社会或者国家。

社会契约

我们避免自然状态和进入公民社会的契约是一种个人之间的协议，"就好像每一个人对每一个人说，我承认并放弃我支配自己的权利，把它授予这个人或这些人的会议，但条件是：你也放弃你的权利，也把它授予他，而且以同样的方式认可他的一切行为"。在这个契约中，有两点是很突出的。第一，订立契约的各方是相互许诺放弃他们自己支配自己的权利，把它交给主权者，它不是主权者和公民之间的契约。主权者具有绝对的支配权，而且决不服从于公民。第二，霍布斯清楚地说明，主权者要么是"这个人"，要么是"这个集体"。这暗示，至少在理论上，他关于主权的观点并不等同于任何一种具体形式的政府。这很可能是因为，他偏爱具有绝对权力的单个人的统治，然而他又认识到他的统治权的理论有可能和民主制相协调。但是，无论最高主权者采取何种形式，很明显，霍布斯确保了统治权从人民手中转移到了绝对的不可改变的主权者的手中。

霍布斯特别急于以逻辑的严格性来证明主权是不可分割的。由于已经揭示出在自然状态中无政府状态是独立的个人判断的逻辑结果，他得出结论说：克服这种无政府状态的唯一办法就是把多个公民团体形成为一个单一的团体。这唯一的方法就是把多数人的意志转变为一个单一的意志，这也就是承认最高统治者的单一的意志和判断代表了所有公民的意志和判断。实际上，这就是在人们同意放弃他们支配自己的权利时契约所要说的东西。现在，主权者的行为不仅代表了公民，而且似乎也体现了公民的意志——这就肯定了主权者的意志和公民的意志之间的同一性。一个公民反抗主权者的做法在两方面是不合逻辑的。首先，这种反抗将等于是反对他自己；其次，这种反抗也就是要退回到独立判断的原始状态，也就是退回到自然状态或无政府状态。因此，为了确保秩序、和平和法律，主权者的权力必须是绝对的。

民法对自然法

法律仅仅开始于有主权者存在的时候，这在逻辑上是不言而喻的。因为在司法意义上，法律被定义为主权者的命令。这就得出这样的结论：没有主权者的地方就没有法律。的确，霍布斯肯定：即使在自然状态下，人们也有关于自然法的知识，而且在某种特定意义上，自然法甚至在自然状态中也一直有着约束力。但是，只有在有了主权者之后，才可能有某种法律秩序，因为只有到那时才有法律机关。在这种法律机关中，强制性权力是核心。霍布斯说，没有强制性权力，契约也就是"一纸空文"。霍布斯把法律与主权者的命令相等同，他还补充一点说："不可能有不公正的法律。"

在主张不可能有不公正的法律的时候，霍布斯极端独裁主义的思想以最令人震惊的方式表现了出来。看起来正义和道德开始于主权者，而且没有先于且限制主权者行为的正义和道德原则。霍布斯在一段名文中断言了这一点："制定一个好的法律是主权者所关心的事。但是，什么是好的法律？我所说的好的法律，不是指一个公正的法律，因为没有不公正的法律。"之所以说没有不公正的法律，霍布斯提出了两条理由：第一，因为正义就意味着遵守法律，而且正义只是在法律制定之后才存在，它自身不可能成为法律的标准。第二，当主权者制定一个法律时，这也就像是民众自己在制定法律一样，而民众所同意的东西不可能是不正义的。确实，霍布斯所说的第三条自然法则说的就是"人们应当履行他们订立的契约"，而且他还说这是"正义的基础"。因而，信守你同意的服从最高统治者的契约，这就是霍布斯哲学所说的正义的本质。

很明显，霍布斯强迫读者认真对待他的每一句话，而且"断定"所有的"结论"都能由之推演出来。如果法律指的是主权者的命令，如果正义就意味着遵守法律，那么就不可能有不正义的法律。但是，可以有坏的法律。因为霍布斯又吸收了足够的亚里士多德思想，他认识到主权者具有确定的目的，"正是因为这个目的，他被委以统治的权力，也就是说他被委派来保证民众的安全。自然法责成他负有此项义务，对此他要向上帝作出交代。"但是，即使在主权者已经制定了一个"坏的"法律的情况下，这种判断也不是公民们能作的，也不能以此证明他们可以对这个法律不予遵守。只有主权者才有对什么是有助于民众安全的事作出判断的权利。如果民众不同意统治者，他们就会回到无政府状态中去。如果统治者从事不公正的行为，这是统治者与上帝之间的事，而不是公民与统治者之间的事。出自对无政府状态和无序的深深恐惧，霍布斯把他的服从的逻辑推进到这样的地步：使宗教和教会服从于国家。对那些认为主权者的命令违背了上帝的律法的基督徒，霍布斯没有给予任何的安慰，而是坚持认为，如果这种人不能服从主权者，那么他就必须"去为耶稣基督殉道"。

由于这些大胆的做法，霍布斯改变了哲学的方向。他是首先把科学方法运用于研究人的本性的人之一，他对人类知识和道德行为提出了新的解释，并把它们和中世纪的自然概念区分了开来，最终达到了一种高度独裁的主权观念。虽然霍布斯在他那个时代没有赢得广泛的赞同，在他的哲学中甚至还有许多值得怀疑和批评的地方，然而他对哲学问题系统阐述的严密性保证了他的哲学的持久影响力。

总　结

　　文艺复兴哲学与一组不同的智识运动相联系，后者是对中世纪世界观的回应。其中之一就是人文主义，它强调对古典作家的研究，以及人类理性在发现真理和构建共同体上的核心作用。皮科主张，人类并没有被困在存在巨链的固定位置上，相反，我们可以选择自己的位置。马基雅维利主张，统治者如果想要生存，他们就必须做好抛弃传统的道德美德的准备，并在必要时欺骗民众。路德拒斥理性主义的经院系统及其对上帝的证明，并主张在追寻宗教真理时，信仰胜过理性。伊拉斯谟批评了中世纪的众多宗教传统，相反，他主张接受一种简单的信仰。

　　受古希腊皮罗怀疑论学派的影响，蒙田主张我们不应该诉诸任何教条，而是应该保持一种持续探询的态度。他说，这将我们从狂热主义和教条主义中解放出来，并给予我们安宁；它甚至通过让我们拒斥极端观点并遵从久经考验的风俗而帮助我们避免社会冲突。帕斯卡也质疑了理性主义哲学的许多论断，而更青睐心的直觉引导，最终引向信仰。他主张，理性无法证明上帝的存在，不过我们应该押注对上帝的信念，因为如果我们不这样做就会错失可能的上天的奖赏。带着这种动机，我们应该仪式性地随从宗教传统，这将适时引领我们真正地投身信仰。

　　科学革命同时带来了新的科学发现和进行科学探究的新方法。重要的新发现开始于哥白尼在天文学中的发现，并通过牛顿得到了扩展，牛顿还发展了前苏格拉底的原子论，试图根据天体的运动来解释自然世界。至于科学方法，培根拒斥由亚里士多德和中世纪的思想家提倡的演绎的研究系统，而是发展了一种全新的归纳方法。他主张，一个正确的研究有四种常见的障碍：人性的偏见（种族假相）；我们有局限的经验的偏见（洞穴假相）；语词的偏见（市场假相）；以及对哲学家的接受的偏见（剧场假相）。

　　霍布斯抱持物质主义的观点，认为只有物理物体存在，哲学的任务则是解释三种主要的物体及其各自的运动：自然物体、人类身体以及政治物体。作为人类身体的一部分，人类心灵本质上是物理的，因此其所有功能——感知、想象、记忆、思想——都能根据运动来解释。从一部分紧随着另一部分的意义上来说，思想也不过是感觉的一个变种。然而，不像动物，人类用语词思想，而这是推理的基础。在政治哲学中，霍布斯试图辩护政府的起源并辩护其存在。他猜想，在政府被创造出来前，人们生活在为所欲为的自然状态中，他们互相攻击、互相侵占。这是一场一切人反对一切人的自我主义的战争，人们的生活"孤独、贫穷、肮脏、粗野而短寿"。他提出若干自然法来使我们摆脱这种处境，最重要的是，寻求和平作为一种生存的方式，一个人应当放弃他的敌意，如果其他人也这样做。为了保证我们人人都能遵从这项协议，我们就要建立一个有着绝对权威的政府，它有权力去惩罚这项协议的破坏者。

研究问题

1. 解释皮科对于人类在存在巨链上位置的观点，其与中世纪阿奎纳的观点有何不同，并说说你认为哪个观点最好。
2. 解释马基雅维利对于统治者应当如何进行统治的观点，并与柏拉图、亚里士多德、奥古斯丁或阿奎纳的更传统的理论作比较。
3. 讨论路德在信仰和理性上的立场，并说说他对中世纪亚里士多德的形而上学的批评是否有理据。
4. 描述蒙田哲学怀疑论的方面，并说说你认为他的怀疑论进路是否有理据。
5. 解释帕斯卡的赌注，并讨论它是否可用作对上帝存在的证明。
6. 在培根看来，演绎有什么错，为什么归纳是一种更好的科学探究方式？
7. 霍布斯主张，自然状态是一种人们的生活"孤独、贫穷、肮脏、粗野而短寿"的战争状态。在霍布斯看来，是关于人性的什么使得自然状态如此可怕，你同意他对人性的描画吗？
8. 霍布斯描述了若干使我们摆脱无政府自然状态的自然法。一步步讨论霍布斯的意见，以及你认为他是否成功。
9. 当霍布斯论及"自然法"时，他与阿奎纳对于"自然法"的观点意指不同的东西。解释这两种观点的根本不同。
10. 文艺复兴哲学大多试图背弃中世纪经院主义，并复兴古希腊柏拉图、伊壁鸠鲁、斯多葛主义和怀疑论的理论。讨论本章中对中世纪思想的批评，想想那些批评是否是有理据的。

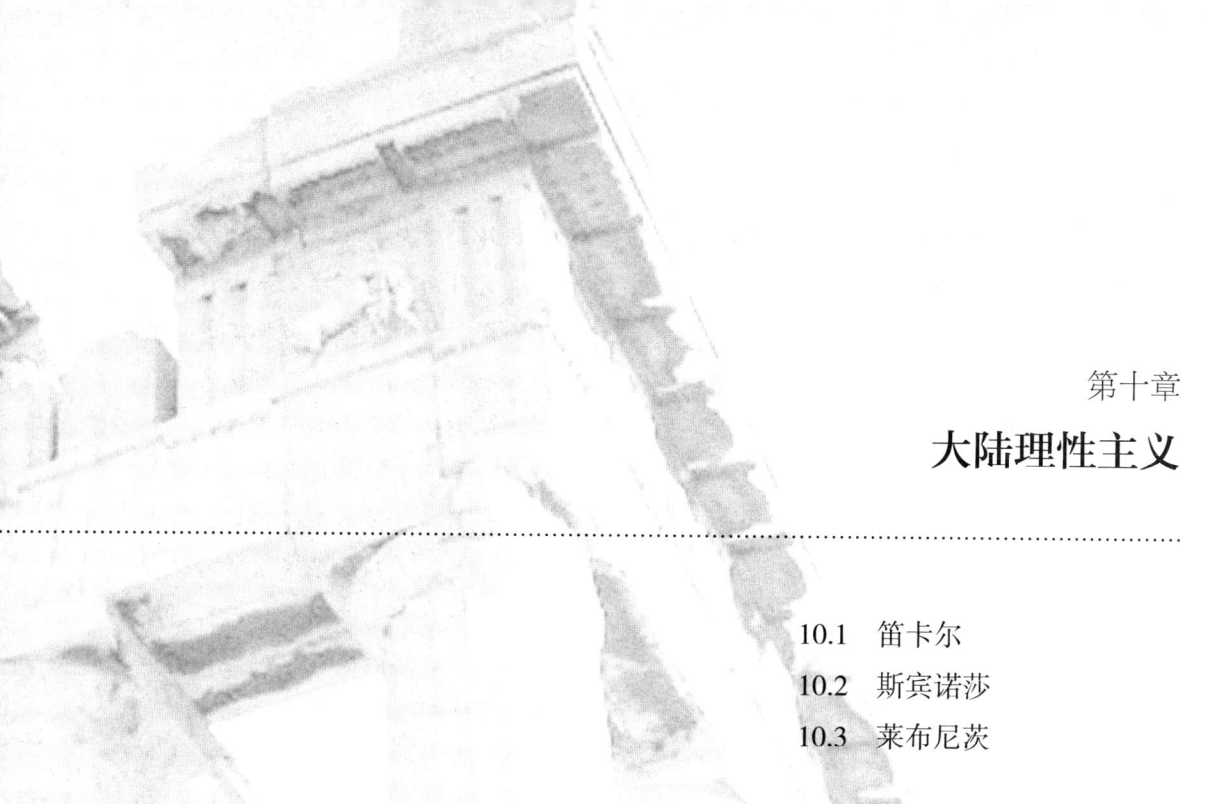

第十章

大陆理性主义

10.1　笛卡尔
10.2　斯宾诺莎
10.3　莱布尼茨

虽然哲学很少以极其突然的方式改变自己的方向，但有因为新的关注和新的重心而把自己与刚刚过去的时代清晰地区别开来的时候。这就是17世纪大陆理性主义的情况，它的创立者是笛卡尔，而它的新方案开始了所谓的近代哲学。在一定意义上，大陆理性主义者想做的很多事情都已经由中世纪哲学和培根与霍布斯尝试过了。但笛卡尔、斯宾诺莎和莱布尼茨形成了一种新的哲学观点。由于受到科学进步的影响，他们试图给哲学以数学的精确性。他们企图制定能够组织进入一个真理系统中去的清晰的理性原则，从其中能够推演出有关世界的精确信息。他们强调人的心灵的理性能力，他们把这种能力看作既是有关人的本性的，也是有关世界的真理的源泉。虽然他们并不拒斥宗教的断言，但他们的确认为哲学的推理是某种独立于超自然的启示的东西。他们认为主观感觉和激情作为发现真理的手段没有多少价值。相反，他们相信遵循适当的方法，就可以发现宇宙的本质。这是对于人的理性的乐观主义观点，这种观点与那些复活古代怀疑论的近代企图，特别是在蒙田那里的这种企图是针锋相对的。理性主义者认定凡是他们能够以他们的心灵清晰地思考的，就是现实地存在于他们的心灵之外的世界中的。笛卡尔和莱布尼茨甚至论证说，某些观念内在于心灵，并且如果给以适当的诱发，经验就会使这些内在的真理变得自明起来。理性主义的这种高度乐观主义的方案并没有完全成功，它的那些主要倡导者们的观点众说纷纭，就表明了这一点。的确，所有的理性主义者都认为一切自然事件都是决定论的，对自然界按照物理学的机械论模式加以解释。但笛卡尔把实在描述为一种由两种基本实体——即思维和广延——所构成的二元结构。斯宾诺莎提出了一种一元论，说唯有一个单一的实体——那就是自然。莱布尼茨是一个多元论者，他认为存在着许多不同种类的基本实体，它们组成了世界。

10.1 笛卡尔

笛卡尔的生平

勒内·笛卡尔（René Descartes）1596年生于托莱。他的父亲约阿西姆·笛卡尔是布里坦的地方议会的议员。自1604年到1612年，幼小的笛卡尔在耶稣会的拉弗来施公学学习，他在那里所受的教育包括数学、逻辑和哲学。在这几年给他印象最深的是数学的确定性和精密性，与之形成对照的则是传统哲学，它一律导致怀疑和争辩。有一段时间他曾是巴伐利亚的马克西米廉军队中的一名军人。游遍了欧洲之后，他在1628年决定移居荷兰，在这里笛卡尔写出了他基本的哲学著作，包括《方法谈》(*Method*，1637)、《第一哲学沉思集》(*Meditations on First Philosophy*，1641)、《哲学原理》(*Principles of Philosophy*，1644)和《心灵的激情》(*The Passions of the Soul*，1649)。1649年他应克利斯蒂娜女王的邀请去瑞典，女王希望笛卡尔在哲学上给她以指导。由于女王只能在早上5点钟接见他，在这个时刻所受的酷寒带来的不适应轻而易举地使他成为了疾病的牺牲品。几个月内他受到发烧的折磨，在1650年2月逝世，终年54岁。

对确定性的追求

笛卡尔最关心的是理智的确定性问题。如他所说的，他是"在欧洲最著名的学校之一中受教育的"，然而他还是发现自己为"许多怀疑和错误"所困扰。回顾他的学习，他认为古典文献给他提供了诱人的故事，这些故事对他的心灵有激励作用。但这并不能引导他的行动，因为这些故事所描绘的那些人类行为的典范完全是超出人的行动力量的。他亲切地谈到了诗歌，他说诗人是用"想象的力量"带给我们知识，甚至让真理比在哲学家那里"放射出更多的光彩"。然而，诗是心灵的一种天赋而不是学习的成果；因此它给予我们的不是有意识地揭示真理的方法。虽然他尊重神学，但他断言神学的"启示的真理"完全是超越人的理智的，并且如果我们要有成效地思考它，"那就必须从高处得到某种超凡的援助，而不仅仅只是一个人"。他并不想否认这种真理，因为他直到最后显然还是一个虔诚的天主教徒。然而，他并没有在神学中发现一种方法，可以使这些真理全凭人的理性能力而达到。他在学校里所学的哲学对于这一点也没有任何更多的帮助，因为"在其中发现不了任何一个没有争端的问题和不容置疑的结论"。

笛卡尔对确定性的追求把他从所读的书本转而引向了"世界这本大书"，在那里他通过旅行遇到了"各种不同气质和身份的人"，并收集到"各种各样的经验"。他的想法是，通过和世人广泛接触，他将发现更多精确的推理，因为实际的生活与学术活动不同，推理错误会有很严重的后果。但是他说，他在实践的人们中发现了与在哲学家们之间同样多的意见分歧。从读"世界这本大书"的这种经验中，笛卡尔决定"不再过于相信我仅仅通过榜样和习惯所确信的任何东西"。他执意继续自己对确定性的追寻，并且在一个值得纪念的夜晚，1619年11月10日的夜晚，做了三个梦，这三个梦使他确信，他必须把真知识的体系唯一地建构在人的理性能力之上。

笛卡尔与过去决裂并给了哲学一个新的起点。特别是，由于他的真理体系必须从他自己的理性能力中引申出来，他的思想就不应当再依赖过去的哲学家，也不应当仅仅因为是由某个权威人士说出来的就把任何思想当作真理接受下来。无论是亚里士多德巨大声望的权威还是教会的权威都不足以产生出他所追求的那种确定性。笛卡尔决定在他自己的理性中发现理智确定性的基础。因此，他由于只使用那些他通过自己的力量能够当作其他一切知识的基础来知晓的真理,而为哲学提供了一个新起点。他完全意识到他在哲学史上独一无二的地位,他写道:"虽然在我的原理中分门别类的所有这些真理是一切时代和一切人都知晓的,但据我所知,直到现在还没有一个人采用它们作为哲学的原理……作为关于世上的一切其他事物的知识的源泉。这就说明了,为什么还得由我来证明它们是这样的原理。"

他的理想是达到这样一个思想体系,它的各条不同的原理不仅仅是真的,而且以这样一种清晰的方式联结起来,以致我们能够很容易地从一条真实的原理推进到另一条真实的原理。但为了得到这样一套有机联系起来的真理,笛卡尔感到他必须使这些真理"遵守一个合理的规划"。借助于这个规划,他就不仅能够使现有的知识组织起来,而且能够"指导我们的理性去发现那些我们所不知道的真理"。所以他的第一个任务就是要制定出他的"理性的规划"——这就是他的方法。

笛卡尔的方法

笛卡尔的方法在于利用一套特殊的规则来驾驭心灵的各种能力。他坚决主张方法要有必然性,要系统地和有序地进行思维。他对那些漫无目的地追求真理的经院学者感到吃惊,并且把他们比作这样一些人,他们"满心燃烧着利令智昏的寻宝欲望,不停地在大街上徘徊,想拾到一个过路人没准儿会掉下的什么东西"。他接着说:"非常肯定的是,这一类毫无章法的探讨和混乱的反思只会惑乱自然之光并蒙蔽我们心智的力量。"但仅凭我们内心的能力也有可能把我们引入歧途,除非这些能力受到悉心规范。所以方法就在于能够指导我们的直观和演绎能力有序运作的那样一些规则。

数学的例证 笛卡尔把数学看作清楚精密的思维的最好例证。他写道:"我的方法包括所有把确定性给予算术规则的东西。"实际上,笛卡尔是想把一切知识都做成一种"普遍数学"。他确信数学的确定性是一种特别的思维方式的结果。如果他能够发现这种方式,他将会得到一种方法来发现"处于我的能力范围内的对任何事物的"真知识。数学本身并不是方法,它只是展示了笛卡尔所要寻求的方法。他说,几何与算术只是他的新方法的"例证"和"外部包装"而非"构成要素"。那么,数学中究竟有什么东西引导笛卡尔在其中找到他自己的方法基础呢?

笛卡尔在数学中发现了有关心智活动的某些基础性的东西。特别是,他紧紧抓住了心智对直接的和清楚可靠的基本真理的领会能力。他不太关注对于我们如何从经验中形成观念的这种机制作出解释。相反,他想断言的是这样一件事情:我们的心智有能力以绝对的清楚和分明来知晓某些观念。此外,数学的推理表明了我们如何按照一种有序的方法从我们所知道的东西前进到我们所不知道的东西。例如,在几何学中我们从线和角的概念开始,并从中发现了那些更复杂的概念,像一个角的角度之类。为什么我们不能把这同一种推理方法也运用到别的领域中去呢？笛卡尔确信我们能够这样做，他还声称这种方法包含"人类理性的根本基础"，而且他可以借此引出"不论在哪个领域中的真理"。以他的眼光看来，所有各种不同的科学都只不过是同一个推理能力和同一种方法被运用的不同方式而已。在任何场合下这都是对直观和演绎的有序运用。

直观和演绎　笛卡尔把知识的全部大厦都置于直观和演绎的基础之上，他说："这两种方法就是获得知识的最可靠的路线。"他还说，任何其他的进路都将"因有错误和危险之嫌而遭拒斥"。简言之，直观给我们提供了基本的概念，而演绎则从我们的直观中引出了更多的信息。笛卡尔把直观描述为一种理智的活动，或是一种如此清晰以至于在内心中不容怀疑的眼光。我们感觉的动摇不定的证据和我们想象的不完善的创造物都让我们陷入混乱；而直观却给我们提供了"一颗不受蒙蔽的专注的心如此周到而分明地给予我们的概念，以至于我们完全摆脱了对我们所理解的东西的怀疑"。直观不但给了我们清楚的概念，也给了我们一些有关实在的真理，例如"我思""我在"，以及"一个球体只有一个面"——这些都是基本的、单纯的、不可化约的真理。此外，我们凭借直观还把握了一个真理和另一个真理之间的关联——比如这个公式："如果 A=B，并且 C=B，那么 A=C。"

笛卡尔把演绎描述为"从确定地知道的事实中作出的任何必然性推断"。使直观和演绎相似的是，这两者都涉及真理。通过直观，我们完整而直接地把握到一种简单的真理；而通过演绎，我们经过一个过程，即一个"连续而不间断的心灵活动"，而达到真理。由于如此紧密地把演绎和直观联系起来，笛卡尔对直到他那个时代仍被人们与名为三段论的推理类型等同起来的演绎给出了一种新的解释。按照笛卡尔的描述，演绎是不同于三段论的。一个三段论涉及概念之间的相互关系，而演绎在笛卡尔看来则涉及真理之间的相互关系。像在三段论中那样从前提进到结论是一回事，但从一个不容置疑的事实中推出有关那个事实的结论，即笛卡尔所说的我们必须凭演绎来做的结论，则是另一回事。笛卡尔强调的是出自一个事实的推理和出自一个前提的推理两者之间的差异，因为他的方法的核心之点全系于此。笛卡尔对以前哲学和神学的批评在于，其结论是根据三段论，要么从不真实的前提，要么从仅仅基于权威的前提中推理出来的。然而，如果我们从事实出发，那么通过恰当的演绎，我们结论的真理性就有了保证。笛卡尔想要把知识建立于一个在个体自己心目中具有绝对可靠性的出发点上。所以知识要求运用直观和演绎，在这里，"第一原理是单独由直观给出的，而间接结论则……仅仅由演绎所提供"。而这也就是笛卡尔方法的关键成分。他的方法的另一个成分包括指导直观和演绎的规则。

方法的诸规则　笛卡尔的规则的主要之点就是为心灵的运作准备一套清楚而有序的步骤。他所确信的是："方法完全在于我们精神的眼光如果想找到任何真理都必须指向的那些客体的秩序和特性。"我们必须从一种简单的和绝对清楚的真理开始，并且必须一步步不失清晰性和可靠性地沿着这条路推进。笛卡尔花费了许多年来完成制定具体规则的任务。在其《指导心灵的规则》中可以找到21条规则，下面是其中一些最重要的：

规则3：如果我们打算研究一个主体，"我们的研讨就不应当指向别人思考过的东西，也不应当指向我们自己所猜测的东西，而应当指向我们能够清楚明白地看到并可靠地推演出来的东西"。

规则4：这是一条要求其他规则都必须严格服从的规则，因为"如果一个人严格地遵守它，他就永远也不会把本是虚假的东西当作真实的，并且永远也不会把自己的心思花费在无意义的事情上"。

规则5：我们应当精确地遵照这个方法来做，如果我们"把复杂的和晦涩的命题逐步化归成那些更简单的命题，然后从对所有这些绝对简单的命题的直观领会出发，试图遵循严格相似的步骤上升到一切其他的知识的话"。

规则8："如果在有待考察的事情上我们到达了这一步，我们的理解能力尚不足以对这一步所属的那个序列形成一个直观的认识，那么我们就必须在那里止步。"

以类似的方式，笛卡尔在他的《方法谈》中制定了四条准则，他相信这四条准则是完全够用了的："只要我立下坚定不移的决心，决不在任何情况下不遵守它们。"用笛卡尔自己的话说，这些规训是：

> 第一，决不把任何我还没有清楚地认识其为真的东西当作真的而接受下来；……在我的判断中不包含别的任何东西，只包含清楚明白地呈现在我心灵之前，让我根本无从怀疑的东西。第二，把所考察的每个难题分解成尽可能多的部分，直到可以必然地使这些难题得到适当的解决。第三，按照这样一种次序引导我的思想，以便我从可以最简单也最容易知悉的对象开始，一点一点地，也就是逐步地上升到更为复杂的知识。……最后，无论何时都要尽量列举出一切情况，尽量普遍地加以审视，以至我可以确信无一遗漏。

比起培根和霍布斯来，笛卡尔的方法甚少重视在获得知识时的感觉经验和实验。笛卡尔问道，那么，我们又将如何知道那些本质的属性，例如蜡块的本质属性呢？蜡块有时候是硬的，有一定的形状、颜色、体积和香气。但当我们把它凑近火焰时，它就消融了，它的香味就消失了，它的形状颜色也失去了，而它的体积则增大了。在蜡中还留下什么让我们仍然可以认为它是蜡的东西呢？笛卡尔认为："这不可能是任何我凭借感觉所觉察到的东西，因为一切尝到的、闻到的、看到的、摸到的和听到的都已经变化了，然而蜡却还是那块蜡。"所以"只是我用以设想它的理解力……只是单凭我的心灵所进行的考察"就使我能够知道蜡的真实属性了。并且，笛卡尔还说："凡是我在这里关于蜡所说的话也可以适用于在我之外的其他一切事物。"他几乎总是依靠包含于心灵中的真理，

"（不要）把真理从另外的源头中引出来，而要从天然存在于我们心灵中的真理发源地中引出来"。笛卡尔认为在这种意义上，即在我们"生来就有某种确立它们的气质或倾向"这种意义上，我们具有确定可靠的天赋观念。由于我们能够知道这些真理，我们就可以有保证地为我们的演绎奠定可信赖的基础。笛卡尔相信他能够从这个开端出发，通过仅仅诉诸他自己的理性能力并根据他的规则引导这些能力，而反思和重建全部哲学。因此他试图表明，他不仅能够拥有关于数学概念的知识的可靠性，而且还能够拥有关于实在本质的知识的可靠性。

方法上的怀疑

笛卡尔运用怀疑的方法来为建构我们的知识找到一个绝对可靠的出发点。由于他在《规则》中宣称我们决不能接受我们能够对之抱有怀疑的任何东西，于是笛卡尔试图怀疑每一件事情。他说："因为我希望彻底献身于对真理的追求，我认为对于我来说，有必要对任何我可以设想有哪怕再小不过的一点理由加以怀疑的东西都当作绝对错误的而加以拒绝。"他的意图很明显，因为他就是要清除自己以前的一切观点，"好让这些观点以后要么被另外的更好的观点所接替，要么还是被同样的观点所接替，但我们已经使这同样的观点与理性规划的齐一性相一致了"。

凭借这种怀疑的方法，笛卡尔表明我们的知识，哪怕对那些看来最明显不过的事情的知识都是如何的不可靠。有什么能比"我在这里，坐在火炉边……在我手里拿着这张纸"更清楚的呢？但是，当我睡着了，我也会梦见我坐在火炉边，而这就使我意识到，没有什么最终的标志能够借以使清醒时的生活与睡眠区别开来。我也不能肯定物的存在，因为我说不清究竟我何时在想象、何时在认知现实："我懂得了（我的）感官有时会误导我。"但算术、几何或那些涉及各种事物的科学肯定是必须包含某种可靠性的，因为"不论我醒着还是睡着了，2 加 3 总会得出 5 这个数来"。在这里笛卡尔用到了他长期保持的信念，即有一个能够做任何事的上帝。但是，他追问他如何能够肯定是上帝"造成了既没有地，也没有天，也没有有广延的物体的情况呢？"不论他关于他周围世界的印象如何自明，有这样一种可能性——不管这种可能性多么小——即这一切都是神性干预的幻觉。或许他所经验的每件事都是上帝在欺骗他！

这时，笛卡尔说："如果我有足够的幸运能找到哪怕一条确定的不可怀疑的真理"，那就会足以推翻怀疑并建立起一种哲学来。就像阿基米德只要求一个不动的支点以推动地球离开其轨道，笛卡尔也在寻求他的唯一的真理，而且正是在怀疑的行动中找到了它。我怀疑我的身体的存在，或是怀疑我醒着，简言之，怀疑一切都是幻觉或假相。但还是留下了一件我根本不可能对它加以怀疑的事情，这就是我存在。笛卡尔在哲学史上最著名的篇章之一中阐述了这个论点：

  但我曾被说服相信在整个世界中无物存在，没有天，没有地，既没有心灵也没有任何物体；那么，我不是也同样被说服了相信我不存在吗？根本不是；我自己的确存在，因为是我说服我自己相信些什么东西。但是有某个欺骗者或一个另外的极强大极狡猾者不断地在用他的足智多谋欺骗着我。那么即使在他欺骗我的时候我也无疑是存在的，并且他尽可以任意欺骗我，但只要我想到我是某种东西，他却永远不可能使我什么也不是。

  在笛卡尔看来，即使上帝以任何可能的方式欺骗我，我也由此知道我存在，因为我通过怀疑的这种完全是精神性的活动而肯定了我自己的存在。笛卡尔用这样一句话来表达这一点："我思，故我在。"（拉丁文为 cogito ergo sum）

  首先，由"我思，故我在"这一真理而得到证实的只是我的思维的存在，而不是别的。对我自己的身体的存在和除了我的思维以外的其他任何东西，我仍然保留着怀疑。说"我思，故我在"，就是肯定我的存在；"但究竟什么是我？一个进行思维的东西。什么是进行思维的东西？这就是一个在怀疑、在理解、在肯定、在否定、在意愿、在拒绝，并且也在想象和感觉的东西。"笛卡尔始终认定：因为思维是一个事实，所以也就必须有一个思维者，"一个在思维的东西"。这个"东西"不是身体，因为"我知道我是一个其全部本性都是思维的实体，而且它的存在不需要任何位置，它也不依赖于任何物质的东西"。于是看起来可以绝对肯定的是，我，一个自我，存在着，"因为没有任何思维能够离开一个进行思维的东西而存在，这一点是肯定的"。但这样一来，思维者就是一个孤独的鲁滨逊①，被封闭在自己的观念中了。

上帝和外部事物的存在

  笛卡尔为了超越他自己作为一个思维之物而存在的确定性，又问道，我们如何知道某物是真的？他问："在一个命题中为了成为真的和可靠的需要什么？"是什么使得命题"我思，故我在"成为可靠的？"我得出了这样的结论，即我可以把'凡是我十分清楚和分明地想到的东西全都是真的'设想为一条普遍的规则。"在这一语境中，"清楚"意味着"它出现了，并且对于关注的心灵是显而易见的"，就好像物体清楚地呈现给我们的眼睛一样。"分明"则是指"那种如此精确且如此区别于一切其他对象的东西，以至于它在自身中只包含清楚的东西"。于是"我思，故我在"这一命题为真的理由就纯粹在于它对于我的心灵来说是清楚分明的。这也是数学命题为真的理由，因为数学命题是如此清楚分明，以至于我不得不接受它们。但是，为了保证我们清楚分明的观念的真理性，笛卡尔必须证明上帝的存在，以及上帝并不是一个使我们把虚假的事物想成是真的骗子。

---

① 鲁滨逊（Robinson Crusoe），英国作家笛福的小说《鲁滨逊漂流记》中的主人公。——译者注

笛卡尔不能利用阿奎那对上帝存在的证明，因为这些证明都是建立在仍然遭到笛卡尔怀疑的那些事实之上的，也就是建立在像自然事物中的运动和原因这样一些外部世界的事实之上的。相反，笛卡尔必须完全凭着对他自己的存在与内部思想的合理意识来证明上帝的存在。因此他通过考察经过他的心灵的各种观念而开始他的证明。

关于这些观念，他注意到了两点：（1）这些观念是有原因的，以及（2）按照其内容它们相互之间是有明显区别的。这些观念是些结果，而它们的原因则必须去发现。我们的观念中有些看起来是"与生俱来的"，有些是由我们"制造出来的"，而另外一些却"来自于外部"。我们的理性告诉我们，"无不能生有"，而且"较完满的东西……不可能是……较不完满的东西的结果"。我们的观念具有不同的实在性程度，"但自然之光表明，在起作用的总体的原因中的实在性至少必须与结果中的一样多"。我们的有些观念按其实在性程度来看，可以在我们自身中有其起源。但上帝的观念包含如此多的"客观实在性"，以至于怀疑我能否由自身中产生出这一观念。因为"在上帝的名下我理解到一个实体是无限的、自主的、全知的、全能的，并且我自己和任何别的东西——如果任何别的东西存在的话——都是由其创造出来的"。我这样一个有限的实体如何能够产生出一个无限实体的观念来呢？事实上，除非我能够把自己与一个完满存在的观念相比较，否则我怎么能知道自己是有限的呢？这个完满性的观念是如此清楚和分明，以至于我确信它不可能出自我的不完满的本性。即使我潜在地是完满的，完满性的观念也不可能来自那种潜在性，因为一个现实的结果必须出自一个现实存在的存在者。于是，笛卡尔认为：（1）观念具有其原因；（2）原因必须至少具有与结果一样多的实在性；（3）他是有限的和不完满的。由这三点他就得出结论说，他关于一个完满的和无限的存在者的观念来自他的外部——来自一个存在着的完满的存在者，来自上帝。另外，笛卡尔得出结论，上帝不会是一个骗子，"因为自然之光告诉我们，欺诈和蒙骗必然出自某种缺陷"，这种缺陷根本不可能归之于一个完满的存在者。

除了这个自因果性证明上帝存在的论证之外，笛卡尔还步安瑟伦的后尘，提出了他的本体论证明的翻版。笛卡尔在这个证明中试图通过探讨上帝观念中所隐含的意义来论证上帝的存在。他说，如果"我所清楚分明地知道的一切与这个对象有关的东西实际上确实是属于这个对象的，难道我就不可能从中引出一个证明来论证上帝的存在吗？"如何可能从对一个观念的分析中推出上帝存在的确定性呢？

笛卡尔说，我们的有些观念是如此清楚分明，以至于我们立即就察觉到它们包含着什么。例如，我们不可能思考一个三角形而不同时思考它的边和角。虽然我们不可能思考一个三角形而不同时思考它的边和角的属性，这却并不必然得出思考一个三角形就意味着这个三角形存在。正如一个三角形的观念包含着某些属性一样，上帝的观念也包含有一些属性，特别是存在这个属性。上帝的观念是指一个完满的存在者。但正是这个完满性的观念包含着存在。谈论一个不存在的完满性必然会陷入矛盾之中。我们不可能前后一贯地设想一个存在者在一切方面都是最大完满的而同时却又不存在。笛卡尔说，正如我们不可能思考一个三角形的观念而不同时意识到它的属性，同样我们也不可能思考上帝的观念而不意识到这个观念清楚地包含着存在属性。笛卡尔认为："我们清楚分明地理解到的那个属于任何事物的不变的真实本性的东西，即它的本质或形式，事实上都可以肯定属于那个事物。但既然我们以充分的精确性考察了上帝的本性，我们就清楚而分明地理解到存在应属于上帝的真正本性。因此我们可以真实地断言上帝存在。"笛卡尔的批评者伽桑第反对这种推理方式，他说，完满性并不包含存在，因为存在并不是完满性的一个必要的属性。他认为，缺乏存在并不包含对完满性的损害，它只意味着缺乏实在性。正如我们将会看到的，康德更详细地批评了这些证明上帝存在的企图。

笛卡尔由他自己的存在证明了上帝的存在。按照这种方式他也确立了真理的标准，并以此为数学思维和一切理性活动提供了基础。现在，笛卡尔又来考察物理世界，考察他自己的身体和别的事物了，并询问他是否能肯定它们的存在。我是一个思维者，这本身并不证明我的身体存在，因为我的思维本身"是完全和绝对地不同于我的身体的，并且可以没有身体而存在"。那么，我如何能够知道我的身体和其他自然事物的存在呢？

笛卡尔回答说，我们对改变自己位置、四处运动以及各种活动，都有着清楚分明的经验，这些经验暗示着有一个身体或者他所称的"一个有广延的实体"。我们也接收到视觉、声音、触觉的感官印象——甚至往往违背我们的意志，而这些印象引得我们相信它们来自不同于我们自己的物体。而这样一种相信这些印象"是由物质客体传达给我"的不可抗拒的倾向必然来自于上帝；否则，"如果这些观念是由不同于物质客体的原因所产生的，上帝就不可能免于行骗的指责。所以我们必须承认物质客体存在"。于是在笛卡尔看来，对自我的知识先于对上帝的知识，而自我和上帝这两者又先于我们对外部世界的知识。

心灵和身体

笛卡尔现在推翻了他的一切怀疑，并使自己绝对地相信他自己、事物和上帝的存在了。他作出结论说，存在着思维的东西和有广延、有维度的东西。既然一个人既有心灵又有身体，那就还有一个确定身体和心灵如何相互联系的问题等着笛卡尔来回答。笛卡尔思想的全部要旨都在于这种二元论倾向——即在自然中有两种不同种类的实体这一观点。我们知道一个实体是通过它的属性，而既然我们清楚分明地知道两种完全不同的属性，即思维和广延，则必然也有两种不同的实体，即精神和物质、心灵和身体。因为笛卡尔把实体定义为"一个除了自身存在之外什么也不需要的存在之物"，他就把每个实体都看作是完全独立于另一个实体的。所以，为了对心灵有所认识，我们不必涉及身体，同样，肉体也可以不对心灵有任何涉及而被彻底地理解。这种二元论的结果之一是，笛卡尔借此把神学和科学分离开来了，并认为在它们之间不必有什么冲突。科学对物理自然的研究将与其他训诫了无干系，因为物质实体拥有自己的活动领域，并能够按自己的规律得到理解。

如果思维和广延是如此不同并且互相分离，我们又如何能够解释有生命之物呢？笛卡尔推论道，因为生命体具有广延，它们就是物质世界的一部分。所以生命体按照支配物质秩序中的其他事物的同一个机械和数学规律来活动。例如说到动物，笛卡尔认为它们是一些自动机，他说，"我们从幼年时代保留下来的一切成见中最大的成见就是相信兽类能思维。"他认为，我们之所以以为动物思维，只是因为我们看到它们偶尔会做出人那样的行为，比如，狗会演杂技。因为人有两条推动原则，一条是物质的，而另一条是精神的，我们就设想当动物做出了类似于人的行为时，它们的身体运动是由它们的精神能力所导致的。但笛卡尔看不出把心理能力赋予动物的理由，因为它们的一切活动或行为都能单凭机械论上的考虑就得到说明。这是因为，是"自然在它们中按照它们器官的特性而活动，正如一只仅仅由齿轮和钟摆组成的钟一样"。所以动物是机器或自动机。但人又如何呢？

笛卡尔说，人的身体的许多活动都像动物的活动一样是机械的。这些身体行为如呼吸、血液循环和消化都是自动的。他认为人的身体的作用可以被还原为物理学。每件身体的事情都可以由对机械原因或者亚里士多德所说的"动力因"的考虑而得到恰当的说明；在描述身体的自然过程时就不需要考虑目的因了。此外，笛卡尔相信宇宙中运动的总量保持不变。这导致他断言人的身体的运动不可能源自人的心灵或灵魂；他认为灵魂只能影响或改变身体中某些因素和部分的运动方向。心灵如何能够做到这一点？这就很难作出准确的解释了，因为思维和广延——心灵和身体——在笛卡尔看来是彼此迥异且相互分离的实体。他争辩说心灵不是直接推动身体的那些不同部分的，相反，"灵魂的主要原则在大脑里"，即在松果腺中，它首先与"生命的精气"相接触，而灵魂通过它们与肉体互相作用。显然，笛卡尔试图给人的身体一个机械的解释，而同时又想保持灵魂通过意志活动对人的行为发生影响的可能性。因此，人与动物不同，他是能够进行好些种类的活动的。我们能够从事纯粹的思想，我们的心灵能够受身体感觉和知觉的影响，我们的身体可以由我们的心灵支配，而我们的身体又是由纯粹的机械力所推动的。

但是笛卡尔严格的二元论在描述心灵和身体如何能够相互作用上给他造成了困难。如果每个实体都是完全相互独立的，那么心灵居住在身体中，就必然会像珍珠在珠蚌中一样，或者用笛卡尔自己的比喻说，如同领港员在船里一样。经院哲学曾把人描述为一个统一体，在其中精神是形式，而肉体是质料，并且说没有其一就不可能有其二。霍布斯曾把精神归结为运动的物体并以这种方式达到了人的统一。但笛卡尔却以他对"思维"

的新定义加剧了心灵和身体的分裂。这是因为，他把传统上一直被归于身体的某些经验，即感官知觉的全部范围，例如"身体感觉"，都包括进思维活动中了。当笛卡尔把"我所是的东西"定义为"一个进行思维的东西"时，他并没有提及身体，因为对他来说一切实质性的东西都被包括在"思维"中了。一个进行思维的东西就是一个进行怀疑、理解、肯定、否定、意愿、拒绝的东西，也就是进行想象和感觉的东西。这个自我想必可以不需要身体而感觉到热。但显而易见，笛卡尔在此不可能完全接受他自己的二元论。他承认："自然也通过痛苦、饥饿、口渴等这些感觉来教导我说，我并没有像一艘船的领港员一样住在我的身体里，相反，我是非常紧密地联系在身体上的，并且可以说，是如此与身体混为一体，以至于我似乎是与它组成了一个整体。"虽然他企图把心灵定位于松果腺中，但也还是留下了关于相互作用的技术难题。如果有相互作用，也就必须有接触，而这样心灵也就必须是有广延的。在这个问题上，他的方法规则并没有把他引向任何清楚分明的结论。

10.2 斯宾诺莎

斯宾诺莎的生平

巴鲁赫·斯宾诺莎（Baruch Spinoza）是最伟大的犹太哲学家之一。他因自己的非正统观点而被阿姆斯特丹犹太教堂所驱逐，而这激发了他思维的原创性。他拒绝接受海德堡大学的哲学教授席位，这进一步表明他渴望保持追求自己的思想的自由，无论这种对真理的追求会把他引向何处。虽然他甘于过简朴的生活，通过磨透镜来清寒度日，他作为思想家的名声却广泛传播，既激起了赞美也引起了谴责。斯宾诺莎1632年在阿姆斯特丹出生于一个从西班牙的宗教迫害中逃出来的葡萄牙犹太人家庭中。他受的是《旧约圣经》和塔木德①研究的训练，并且通晓犹太哲学家迈蒙尼德的著作。1663年他被迫离开阿姆斯特丹而去到海牙（The Hague），在那里进行著述活动，其中《伦理学》（*Ethics*）是他登峰造极的著作。1677年他死于肺结核，终年45岁。

斯宾诺莎受到笛卡尔的理性主义、他的方法和他对哲学主要问题的选择的影响。但他们的兴趣甚至术语上的相似性并不说明斯宾诺莎就是笛卡尔的一个追随者。在许多观点上斯宾诺莎给笛卡尔所开创的大陆理性主义带来了新的东西。

---

① 塔木德（Talmud），犹太教先知的经典。——译者注

斯宾诺莎的方法

与笛卡尔一样，斯宾诺莎认为我们遵循几何学的方法就能获得有关实在的精确知识。笛卡尔制定了这种哲学方法的基本形式，他从那些清楚分明的第一原理出发并试图从中推演出全部知识内容。斯宾诺莎对笛卡尔的方法所增添的东西是对各种原理和公理的一个高度系统化的整理。如果说笛卡尔的方法是简单的，那么斯宾诺莎则几乎是打算写出一部地地道道的哲学几何学，就是说，一整套完备的公理或定理（大约共有250条），它们将以几何学解释事物的关系和运动的方式来解释实在的整个体系。在几何学中结论是推演出来的，而斯宾诺莎相信我们关于实在的本性的理论也能够被推演出来。霍布斯怀疑斯宾诺莎把他的大量公理和定理整理为一个知识系统是否能有任何成效。霍布斯认为，从公理中引出许多彼此一贯的结论的确是可能的，但由于构成这个公理的无非是任意的定义，它们并不能告诉我们关于实在的什么东西。斯宾诺莎则不会同意说这些定义是任意的，因为他像笛卡尔一样相信我们的理性官能有能力形成反映事物的真实本性的观念。斯宾诺莎说："每个定义或清楚分明的观念都是真的。"于是，这就必然会得出，对真观念的一个完备而系统的安排将给我们提供一个真实的实在图景，因为"观念的秩序和关联与事物的秩序和关联是一样的"。

事物的这种秩序也为哲学家应该用来整理他的题材的那个秩序提供范本。至为重要的是，如果我们必须精确理解自然的各个方面的话，我们就要小心地遵守这种秩序。例如，如果我们认为事物出于其本性而依赖于上帝，那么我们在能够理解事物之前必须首先尽我们所能地知道有关上帝的一切。由于这个原因，在斯宾诺莎看来，弗朗西斯·培根的方法没有多少价值，这种方法是由对可见事物的观察材料加以列举以及从这些观察材料中通过归纳引出结论而构成的。他也不会去利用阿奎那的方法，即通过首先分析我们对事物和人的日常经验的本性来为上帝存在说明理由。在这一点上斯宾诺莎还拒绝了笛卡尔的做法。笛卡尔从他自己存在的清楚分明的观念和"我思，故我在"的公式出发，继而推演出他的哲学的其他部分。而斯宾诺莎则由于在事物的真实本性中上帝是先于任何其他事物的，就相信哲学必须首先阐述有关上帝的观念。然后，关于上帝的观念又会具体落实到影响我们所引出的那些关于人的本性、行为的方式和心物关系之类问题的推论。而由于斯宾诺莎关于上帝说了这样一些新的东西，他就不可避免地也会对人的本性说出新的东西来。因此，斯宾诺莎是从上帝的本性和存在这个问题开始他的哲学的。

上帝：实体和属性

斯宾诺莎提出了一个尤为独特的上帝观念，他把上帝和整个宇宙看作同一的——我们现在称之为"泛神论"。他的著名的公式是上帝或自然（Deus sive Natura），就好像说这两个词是可以互换的。我们也许会在《圣经》对上帝的这些描述中找到泛神论的暗示，即"我们活在上帝里面，行在上帝里面，并在他里面有我们的生命"。然而，斯宾诺莎通过强调上帝和人之间的根本统一性而不是它们之间的关系，剥除了以往意义的上帝观念。他说："不论什么都在上帝中，而且任何东西都不可能在上帝之外存在或被设想。"理解斯宾诺莎独一无二的上帝概念的线索是在他的如下定义中找到的："上帝，我理解为一个绝对无限的存在，就是说，一个包含无限属性的实体，这些属性中的每一个都表达了永恒无限的本质。"斯宾诺莎的特殊的思想就是围绕着实体以及属性这两个观念而展开的。

通过一系列复杂的连续论证，斯宾诺莎得出了实在的最终本性就是单一的实体的结论。他把实体定义为"在本身中并且通过本身而被设想的东西：我指的是这样一种东西，对它的设想不依赖于对任何其他事物的设想"。因此，实体并不具有外部的^①原因，而是在自身中有自身的原因。到此为止，实体还只是一个设想，一个自因的无限实体的观念。然而，这个观念所包含的不仅是这个实体是怎么样的，而且也包含着它存在。这个实体观念本身包含着实体的存在，是因为"存在属于实体"，并且，"因此从实体的单纯定义中实体的存在可以被推论出来"。这就类似于安瑟伦的本体论证明，而且又引起了和本体论证明同样的问题。但斯宾诺莎仍然确信我们可以有把握地从我们关于这个完善的实体的观念进到它的存在，他说："如果有人说他有一个关于实体的清楚分明的，也就是真的观念，同时却怀疑这样一个实体是否存在，这就像一个人说他有一个真观念却怀疑这个观念是否是假的一样。"从斯宾诺莎为实体所给出的前述定义中推出的是：这个实体是一，并且是无限的。因此存在着一个具有无限属性的单一实体。

斯宾诺莎说：属性是"被理智理解为构成实体的本质的东西"。如果上帝被定义为一个"由无限属性所构成的实体"，那么上帝的本质就会有无限多的方面了。然而，由于我们是从我们人类的有限视角来考察上帝的，所以我们只能理解上帝这一实体的两种属性，即思维和广延。笛卡尔认为这两种属性显示的是两种截然不同的实体的存在，这就把他引向了对身心二元论的肯定。然而斯宾诺莎把这两种属性看作表现单一实体的活动的两种不同方式。因此，上帝就是被理解为无限思维和无限广延的实体。由于无限地存在，上帝包含一切。

世界作为上帝属性的样式

斯宾诺莎并没有把上帝和世界对立起来，仿佛它们像原因和结果那样是有区别的且截然不同的——仿佛上帝是非物质的原因而世界是物质性的结果那样。他已经确立的

---

① 原书中为"eternal"（永恒的），但在此处如说"实体并不具有永恒的原因"，实在令人莫名其妙，故此"eternal"疑为"external"（外部的）之误。——译者注

是，只有一个实体，并且"上帝"这个词和"自然"这个词是可以互换的。但是斯宾诺莎确实区分了自然的两个方面，为此他采用了两个表达方式："创造自然的自然"和"被自然所创造的自然"①。第一个短语"创造自然的自然"，是指上帝中的能动与生命的原则，有了这个原则，他就能通过他的各种属性的活动而产生变化。而那个伴生的概念"被自然所创造的自然"，则是一个被动的概念，指的是上帝已经创造了的东西。这个关于上帝的被动概念中包含了世界上存在的一切"样式"或特性——包括静止和运动等的普遍自然规律，以及石头、树木、人等单个事物。

由于世界是由上帝属性的诸样式组成的，所以这个世界中的每件事物都是按照必然性而活动的——就是说，每件事物都是被决定的。所以，思维和广延借以取得在这个世界上的形式的那些样式是由上帝的实体所决定的。如斯宾诺莎说的，这些样式体现了"从上帝本性的必然性中随之而来的一切东西"。斯宾诺莎给我们提供了一幅严密的宇宙图景，在这里每件事情都按它发生的唯一可能的方式而展开。他写道："在事物的本性中没有什么可以被承认为偶然的，而是一切事物都被神的本性的必然性所决定，从而按照一定方式存在和发生作用。"上帝是自由的，这有一种特别的意义：虽然他必须创造的正是他所创造的东西，他却不是被某种外在的原因强迫做这件事的，而只是凭他自己的本性。另一方面，人则连这种自由也没有，因为我们是被决定去存在并按照上帝的实体而行动的，人性就是实体属性的一个样式。上帝属性的一切样式向来都是固定了的，因为"事物本来就不可能被上帝以任何不同于它们已被产生的那种方式或秩序而产生出来"。我们所经验到的一切事物"都无非是上帝（自然）属性的变形，或是这些属性以某种确定的和被决定了的方式得以表现出来的样式"。因此，任何事物都是紧密相关的，无限实体规定了一种贯穿万物的连续性。那些特殊的事物只不过是上帝的属性的各种变形或各种样式。

因为每件事物永远都是它必然是的那个样子，又因为特殊事物只不过是实体的有限变形，所以就不存在事物运动所趋向的方向。没有目标，没有意图，没有目的因。从我们人类较高的观点出发，我们试图把事情解释为某种历史目的要么实现要么受挫的过程。斯宾诺莎说，目的的观念源自我们按照所确定的目标来行动的倾向。由于这种习惯，我们倾向于把宇宙看作似乎也有某种目的。但这是一种看待宇宙的错误方式，实际上也是看待我们自己的行为的错误方式。因为不论是宇宙还是人都并不追求什么目标；它们只是在做它们必然要做的事。这个"真理也许永远不会被人们所知——如果不是数学不管什么目的因，而只管事物的本质，从而给人们提供了另一种真理标准的话"。而真相则是，一切事情都是单纯存在着的永恒实体之各种变形的一个连续的和必然的系列。于是

---

① 原文为拉丁文 natura naturans and natura naturata。——译者注

斯宾诺莎把生物学的东西还原为数学的东西。

知识、心灵和身体

斯宾诺莎如何能够宣称知道实在的最终本性？他区分了知识的三个层次，并描述了我们是如何从最低的层次推进到最高的层次的。我们是从我们最熟悉的事物开始的，并且斯宾诺莎说，"我们越是更多地理解个别事物，就越是更多地理解上帝。"通过将我们关于事物的知识加以提炼，我们可以从（1）想象推进到（2）推理，最后再推进到（3）直观。

在想象的层次上，我们的观念导源于感觉，就像我们看到另一个人时那样。在这时我们的观念是非常具体而特殊的，而且心灵是被动的。虽然我们的观念在这个层次上是特殊的，但它们却是模糊不清的和不充分的，因为我们只是凭着事物影响我们感官的方式而认识它们。例如，我知道我看见了一个人，但此时我凭单纯的看还不知道什么是这个人的本质。我通过看到几个人可以形成像"人"这样一个一般的观念，从经验中形成的这种观念对于日常生活是很有用的，但它们并不能给予我真知识。

知识的第二个层次超越想象而达到了推理，这就是科学的知识。每个人都可以分有这种知识，因为这正是凭借分享实体的属性即上帝的思维和广延才成为可能的。凡是在一切事物中有的在人性中都有，并且既然这些共同特征之一是理智，人的心灵①也就分享着那种整理事物的理智。在这一层次上人的心灵可以超出直接的特殊物而处理抽象的观念，就像它在数学和物理学中所做的那样。知识在这个层次上是充分的和真的。如果我们问斯宾诺莎，我们怎么知道理性和科学的这些观念是真的，他实际上会回答说，真理证实自身，因为"一个拥有真观念的人，他同时就会知道他拥有真观念，他也不可能怀疑这件事的真实性"。

第三个也是最高的知识层次就是直观。通过直观我们可以把握自然的整个体系。在这个层次上，我们能够以新的方式理解我们在第一个层次上所遇到的那些特殊的事物，因为在那个最初的层次上我们把别的物体看成彼此分离的，而现在我们把它看作这个完整系统的一部分了。这种认识是"从有关上帝确定属性之形式本质的充分观念出发而进到事物本质的充分知识的"。一旦我们达到这一层次，我们就获得了越来越多的对上帝的意识，并从此更为完善和有福，因为通过这种眼光我们把握到了自然的整个体系，并看到了我们在其中的位置，这连同自然也即上帝的完满秩序，给我们以一种理智上的魅力。

笛卡尔留下了一个困难的问题，即解释心灵如何与身体相互作用。这个问题在他那里实际上是无法解决的，因为他断定心灵和身体代表两个截然不同的实体。然而对斯宾

---

① "心灵"（mind）亦译作"理智"，此处依不同的语境而采取不同的译法。——译者注

诺莎来说，这根本就不是个问题，因为他把心灵和身体看作单一实体的两个属性。只存在一个自然秩序，身与心两者都隶属于它。人构成了一个单一的样式。我们谈及身体，这只是因为我们能够把人看作广延的一个样式，或者我们谈及心灵，这也只是因为我们能够把人看作思维的一个样式。这里不可能有心灵和身体的分裂，因为它们是同一事物的两个方面。每个身体都有相应的观念，而总的来说斯宾诺莎认为，心灵是身体的观念，这就是他描述心灵对身体的关系的方式。心灵和身体在其中运作的这个结构是同一个结构。所以，人的存在就是上帝的有限的变体，因为它是思维和广延这两种上帝属性的一个样式。对人和上帝两者的这种解释使斯宾诺莎的独特伦理学理论成为可能。

伦理学

斯宾诺莎对人类行为的描述的核心特点是，他把人当作自然的一个不可或缺的部分来对待。斯宾诺莎认为他看待"人的行动和欲望就像处理线、面、体那样精确"。他的观点是，人的行为可以像任何其他自然现象一样精密地用原因和结果以及数学的关系来解释。虽然人们认为他们是自由的并且能够作出选择，但他们是错觉的受害者，或者说，只有人的无知才使我们认为我们具有意志自由。人们喜欢认为他们以某种特殊的方式而置身于原因和结果的严格控制之外——即虽然他们的意志可以成为行动的原因，他们的意志本身却不受先前原因的影响。但斯宾诺莎却主张全部自然的统一性，人也是自然的一个内在部分。因此，斯宾诺莎发展出了一种自然主义的伦理学，其中一切人的行动，不管是心理的还是身体的，都被说成是由在先的原因所决定了的。

作为其本性的一部分，所有的人都具有继续和保持他们自己的生存的动力，这种动力斯宾诺莎称之为自然倾向（conatus）。当这种自然倾向涉及心灵和身体时，它就叫作欲望（appetite），而当欲望被意识到时，就叫作愿望（desire）。当我们意识到更高程度的自保和完善性时，我们就体验到愉快，而由于这种完善性的减少，我们就体验到痛苦。我们的善恶观念是与我们对愉快和痛苦的理解相关的。如同斯宾诺莎说的，"我在这里用善来理解各种愉快，不论它是由什么导致的，尤其用来理解那种满足我们的强烈愿望的东西，不论它会是什么。我用恶来理解各种痛苦，尤其用来理解那种阻碍我们的愿望的东西。"这就不存在固定的善或恶。当我们愿望某物时我们就把它称为善的，而当我们讨厌某物时就把它称为恶的。善和恶反映了一种主观的评价。但因为我们的愿望是被决定了的，所以我们的判断也是被决定了的。

如果我们的一切愿望和行动都是被外部力量所决定了的，那么怎么还可能有任何谈道德的余地呢？在这里斯宾诺莎类似于斯多葛学派，后者也认为一切事件都是被决定了的。斯多葛学派提倡顺从和认同事件的发展趋势，他们说，虽然我们不能够支配事件，但我们可以支配我们自己的态度。以类似的方式，斯宾诺莎告诉我们说，我们通过自己关于上帝的知识可以达到"最大可能的精神认同"。因此，构成道德的是通过从混乱和不充分的观念层次朝直观的第三层次的提升而对我们知识的改进，这时我们就有了关于一切事物在上帝中的永恒完善的安排的清楚分明的观念。只有知识能够引导我们达到幸福，因为只有通过知识我们才能够从我们的激情的束缚中解脱出来。当我们的愿望被系于易朽的事物，而我们又没有充分理解我们的情感时，我们就被激情所奴役。我们越是理解我们的情感，我们的欲望和愿望就越是不会过分。并且，"当心灵把一切事物都理解为必然的时，它就有更大的力量克服情感而越少受其束缚"。

我们不仅要研究我们的情感，而且必须研究整个的自然秩序，因为只有从永恒的角度看我们才能真正理解我们自己的具体的生活，因为这样一来我们就通过作为原因的上帝观念来看待一切事件了。斯宾诺莎说，精神上的不健康总是可以追溯到我们"对某些东西的过分爱好，这些东西受许多变化因素的影响，而我们永远也不可能做它们的主人"。但我们本性上就具有获得更高程度完善性的愿望和能力，而且我们凭借我们理智的机能来达到完善性的各种层次。激情只有当我们缺乏知识时才奴役我们。但"从这种知识中必然会产生对上帝的理智的爱。从这种知识中会产生由作为原因的上帝观念所伴随的愉快，就是说，对上帝的爱；这并不是因为我们把上帝想象为就在面前，而是因为我们理解到上帝是永恒的；这就是我称为对上帝的理智之爱的东西。"这种对上帝的爱当然不是对一个神圣人格的爱。相反，这更接近于当我们理解了一条数学公式或是一项科学工作时所感到的精神上的愉快。斯宾诺莎愿意承认，这里所描述的这种达到道德的途径是"极其艰难的"，但他补充说："一切优秀的事物有多么珍贵就有多么困难。"

10.3 莱布尼茨

莱布尼茨的生平

从幼年时代起，哥特弗里德·威廉·莱布尼茨就明显崭露出一颗灿烂的思想明星的迹象。他13岁时就像其他孩子读小说一样轻松地阅读经院学者的艰深的论文了。他提出了无穷小的微积分算法，并且他发表自己的成果比伊萨克·牛顿爵士将他的手稿付梓早三年，而后者宣称自己第一个作出了这项发现。莱布尼茨是一个世故的人，取悦于宫廷并得到知名人士的庇护。他与斯宾诺莎有私交，后者的哲学给他以深刻的印象，虽然他断然与斯宾诺莎的观念分道扬镳了。莱布尼茨与哲学家、神学家和文人们进行着广泛的通信交往。他在其宏大计划中曾尝试达成新教和天主教之间的一个和解以及基督教国家之间的联合，这种联合在他那个时代将意味着欧洲联邦。他还做过后来成为普鲁士科学院的柏林科学协会的第一任会长。

莱布尼茨1646年出生于莱比锡，并且15岁就进入了那里的大学。在莱比锡大学他学习哲学，接着到耶拿学习数学。后来到阿尔多夫，在那里他修完了法学课程，并在21岁获得了法学博士学位。他以超乎寻常的精力积极地活跃于行动和思维这两个世界中。他是一系列意义深远的著作的作者。他的《人类理解新论》(*New Essays on Human Understanding*) 系统地检阅了洛克的《人类理解论》。他的《神正论》(*Essays in Theodicy*) 讨论了恶的问题。他也写了一些短篇的哲学作品，包括《关于形而上学的对话》(*Discourse on Metaphysics*)、《自然新系统和实体的交互作用》(*The New System of Nature and the Interaction*)，以及《单子论》(*The Monadology*)。他曾服务于汉诺威宫廷，但当乔治一世成为英格兰国王时，莱布尼茨没有被邀请同去，也许是由于他与牛顿的争端。他的公众影响力下降了，而在1716年，他在无人注意，甚至被他所创立的学会忽视的情况下去世，终年70岁。

实　体

莱布尼茨不满于笛卡尔和斯宾诺莎描述实体本性的方式，因为他感到他们歪曲了我们对人的本性、自由和上帝的本性的理解。像笛卡尔所做的那样，说有两个相互独立的实体——思维和广延——这就必然在解释作为身体和心灵的这两个实体无论在人中还是在上帝中如何可能相互作用时，陷入不可能摆脱的进退维谷的困境。斯宾诺莎试图通过主张只有一个实体，但带有两个可以认知的属性即思维和广延这种说法来解决这一困难。但是把一切实在性都归结为单个实体，这就会失去自然中各种不同要素之间的差异性。的确，斯宾诺莎谈到了世界由许多样式所组成，在这些样式中表现了思维和广延的属性。然而，斯宾诺莎的一元论是一种泛神论，在其中上帝是每一个事物，而每一个事物都是其他每个事物的组成部分。对莱布尼茨而言，这种实体概念是不充分的，因为它抹杀了上帝、人和自然之间的差异，而莱布尼茨想让这三者彼此都保持分离。

广延相对于力　莱布尼茨向笛卡尔和斯宾诺莎赖以建立自己的实体理论的基本假定，即广延意味着三维尺寸和形状的假定提出了挑战。笛卡尔认为广延是指一个在空间中扩延着的，并且不可分割为更基本的东西的物质实体。斯宾诺莎也认为广延是上帝或自然的某种不可还原的物质属性。莱布尼茨则不同意。由于观察到我们通过感官所看到的物体或事物都是可以分割为更小的部分的，莱布尼茨问道：为什么我们不能认为一切事物都是复合的或聚合起来的呢？他说："既然有复合的实体，则必定有单纯的实体，因为复合的东西只不过是单纯实体的集合或聚合。"

单子　说事物必须由单纯实体所构成，这里面并没有什么新东西，因为德谟克利特和伊壁鸠鲁在许多世纪以前就论证过一切事物都由原子构成的观点了。但莱布尼茨拒绝了这种原子的概念，因为德谟克利特把这些原子描述为有广延的物体，即不可分解的物质微粒。这样一种物质微粒必然会被认为是无生命的和惰性的，并且必须从自己外部的某种东西得到自己的动力。莱布尼茨拒绝了原始物质的观念，认为真正单纯的实体就是单子，单子是"自然的真正原子……事物的基本要素"。单子与原子的不同在于，原子被看作有广延的物体，而莱布尼茨则把单子描述为非三维性的力或能。所以莱布尼茨说，物质不是事物的原始组成部分。相反，单子连同其力的要素构成了事物的本质性实体。

莱布尼茨想要强调实体必须包含有生命或一种动力。如果说德谟克利特的物质原子必然会靠从自身外部而来的推动以便运动起来或成为一个更大集团的一部分的话，那么莱布尼茨则认为，单纯实体，即单子，是"有活动能力的"。他补充说："复合实体是单子的集合。单子（Monas）是一个希腊词，它代表单一体，或者那种作为一的东西……简单实体、生命、灵魂、精神都是单一体。所以全部自然都是充满生命的。"

单子是无广延的，它没有形状和大小。一个单子是一个点，不是数学或物理学的点，而是形而上学地存在的点。每个单子都独立于另一个单子，而且单子相互也没有任何因果关系。很难想象一个不具有任何形状或大小的点，但莱布尼茨想说的正是这样的点，以便把单子与物质原子区分开来。实际上他在这里的思想类似于那种把物理粒子归结为能量、认为粒子是能量的特殊形式的现代观点。实质上莱布尼茨说的是，单子是逻辑上先于任何有形实在的形式的。所以真正的实体是单子，而这些单子莱布尼茨也称之为灵魂，以强调它们的非物质本性。每个单子都和其他单子不同，而每个单子都具有自己的活动原则和自己的力。莱布尼茨说："有某种充分性使单子成为了它们内部活动的源泉，并且可以说，使它们成为了非有形实在的自动机。"单子不只是互相独立互相区别的，它们也在自身中包含有它们的主动性的源泉。此外，为了强调宇宙的其余部分不影响单子的行动，莱布尼茨说单子"没有窗口"。但在组成宇宙的所有单子之间必须有某种关系——必须有某种对它们的有秩序的活动的解释。这种解释莱布尼茨在他的前定和谐的观念中找到了。

前定和谐 每个单子都按照它自己被造的目的而行动。这些没有窗口的、各自都遵循着自己的目的的单子形成了这个有秩序的宇宙的统一体。虽说每个单子都是与另一个单子相互孤立的，它们的目的却形成了一个巨大规模的和谐。这就如同几个不同的时钟因为它们精准无误的走时而全都在同一时刻敲响。莱布尼茨把所有这些单子比作"各自分开进行表演，并且被安排得相互看不见甚至听不见的几支乐队或合唱队"。莱布尼茨接着说，然而他们"由于每个人都注意他自己的音符而保持着完美的配合，以这样一种方式使倾听这个全体的人在其中发现一种和谐，它妙不可言，而且比在他们中有任何联通的情况要令人震撼得多"。所以，每个单子都是一个分离的世界，但是每个单子的所有这些活动却在与其他单子活动的和谐中发生。以这种方式，我们就能够说每个单子都反映着整个宇宙——但却是从各自独特的视角。如果任何事物"被去掉或是被认为是另一个样子，这个世界上的一切事物就都会不同于"它们现在的这个样子。这里这样一种和谐不可能是单子的某种偶然协调的产物，而必定是上帝活动的结果，因此这种和谐就是前定的。

上帝的存在

在莱布尼茨看来，一切事物的普遍和谐这个事实提供了"关于上帝存在的一个新的证据"。他在很大程度上接受了以前证明上帝存在的那些尝试。他谈到这些尝试时说："几乎一切曾用来证明上帝存在的手段都是好的，也都是可以用的，如果我们将它们完善的话。"但特别给他以深刻印象的是"如此众多的相互没有交往的实体的这种完美的和谐"。他相信这种和谐以"令人惊奇的清晰性"指示了上帝的存在，因为许多没有窗子的实体的和谐"只可能来自一个共同的原因"。这就类似于设计论论证和第一因论证，虽然莱布尼茨用他的充足理由原则对这种出自原因的论证做了修正。

充足理由律 莱布尼茨认为，任何事件都可以援引在先的原因来解释。但这个在先的原因本身又仍然必须援引更早的原因来解释。所以理论上说，我们可以找到一个各种有限原因组成的、追溯至无限的连续链条。那么，当我们追寻任何事件的最终原因时，在这个无限链条中挑出任何个别原因来是无济于事的，因为总是会有另一个原因在它的前面。在莱布尼茨看来，解决办法是要认识到有某种原因是存在于这个因果序列之外的。就是说，它必须存在于宇宙本身的复杂组织之外。这个原因必定就是一个其存在是必然的实体，它的存在不需要理由或进一步的解释，它是一个存在者，"其本质包含存在，因为这就是一个必然存在着的东西所意味着的东西"。因此我们在事实世界中所经验到的日常事物的这个充足理由处于一个在明显原因系列之外的存在者中——处于一个其一切本性或本质都是他自己存在的充足理由的存在者中，它不需要一个在先的原因，而这个存在者就是上帝。

恶和一切可能世界中最好的世界 这个世界的和谐引导莱布尼茨去论证的不只是上帝预先规定了它，而且是上帝在做这件事时创造了一切可能世界中最好的世界。要么这个世界是最好的，要么甚至连一个好的世界都是成问题的，因为其中有无序和恶。实际上，19世纪的德国哲学家叔本华认为，如果世界还是个什么东西的话，那么这个世界是一切可能世界中最坏的世界，所以我们最终并没有理由证明上帝存在或这个世界连同它一切的恶都是某个善的上帝的创造。莱布尼茨意识到恶和无序的事实，但他认为这是可以与一个仁慈的创造者的概念相容的。上帝在他的完善的知识中能够考虑到他所能创造的一切可能种类的世界，但他的选择必须与道德的需要相一致，即这个世界应当包含善的最大可能的总量。这样一个世界将不会是没有不完美之处的。正相反，这个创造出来的世界包含有限的和不完美的事物，"因为上帝不可能把一切都给被造物，除非他把被造物变成上帝；所以必然也需要有……一切的局限性"。恶的来源不是上帝，而毋宁说是上帝所创造的那些事物的本性，因为这些事物是有限的或受限制的，所以它们是不完满的。所以恶不是什么实体性的东西，而只是完满的缺乏。对莱布尼茨来说，恶是缺乏。这就是为什么莱布尼茨能够说"上帝要把善作为前件而要把至善作为后件"，因为上帝所能够做得最多的就是创造这个最好的可能世界，不管他多么善意。最终，莱布尼茨承认，如果我们仅仅考虑个别的恶的事物或事件的话，我们就不可能有权利评价恶。有些本身显得是恶的事物结果被证明是善的必要条件，如"甜的东西如果我们不吃任何别的东西的话就变得无味了；辣的、酸的甚至苦的东西必须和它结合起来，这样才激发味觉。"再者，我们生活中的事件如果单就其本身来看，并不是一个恰当的角度。莱布尼茨问道："如果你去看一幅很美的图画，它全部都被覆盖起来只留下一个很小的部分，那么无论你如何彻底地审视这个部分，它呈现给你的，除了一大堆混乱的色彩毫无选择毫无技巧地涂在上面之外，又还有什么呢？然而如果你移开这覆盖物，并从正确的视角来看这整幅画，你将会发现那本来显得是漫不经心地乱涂在画布上的东西其实是画家用极其了不起的艺术创作出来的。"

自由 在莱布尼茨所描绘的，上帝通过将特殊目的注入各个单子而预先定下一种秩序安排的这个被决定了的世界中，如何能够有任何自由呢？每个单子都必须按其被置入的目的而发展，而"一个单纯实体的每个当前状态自然都是它的在先状态的结果，这种方式使它的当前也包含着它的将来"。每个人的同一性都集中围绕着一个支配单子，他或她的灵魂必须从这样一个机械的角度来展开一种一开始就定好了的生命。然而，由于这样一个人的基本本性是思维，他或她一生的发展历程就在于克服混乱思想而达到真观念，这种真观念以含混的潜能形式存在于我们所有人之中，同时又追求成为现实的。当我们的潜能成为现实的，我们就会把事物看作它们实在地所是的那样，而莱布尼茨说，所谓"成为自由的"就是这个意思。在他看来自由并不意味着意志自决力——选择的权利——而毋宁说意味着自身发展。这样，虽然我被决定了以特殊的方式行动，这却是我自己内在的本性决定我的行为而非外在力量。自由在这种意义上是无阻碍地成为我被注定要成为的东西的能力。它也意味着我的知识借以从混乱而达到清晰的那种存在的性质。我在多大程度上知道为什么我做我所做的事，我就在多大程度上是自由的。沿着这条思路，莱布尼茨认为他成功地使他的自然决定论观点和自由相调和了。

莱布尼茨是否成功地调和了他的单子世界和自由概念，这当然是可以质疑的。虽然他在一方面用"我们意志的选择"这种术语谈论自由，并说"自由与意志自愿是指同一件事"，但他主要强调的似乎还是在决定论这方面——在一个机械式的宇宙概念或一种精神机器方面。实际上，莱布尼茨在描述宇宙时并没有使用机械论的模式，因为如果他这样做，他就不得不说这个宇宙的各个不同的部分是按照每个其他部分而行动的，就像一个钟的各部分影响每个其他部分的运动一样。在某种意义上，莱布尼茨的解释甚至比机械论模式的主张更加具有严格的决定论色彩。因为他的单子全都是互相独立的，并且互不发生影响，但却按照它们从一开始就通过上帝的创造而接受到的原始目的而行动。这种决定论之所以更严格，是因为它不依赖外部因果联系的变化莫测，而是依赖每个单子被给定的并且是永远固定的内部本性。

知识和自然

这种自然决定论的观点在莱布尼茨的知识论那里进一步得到了支持。例如，一个人在莱布尼茨看来相当于一个语法意义上的"主词"。对于任何真句子或命题来说，谓词已经被包含在主词中了。所以，知道主词就等于已经知道一定的谓词了。"一切人都是要死的"是一个真命题，因为谓词"要死的"已经包含在"人"的概念之中了。因此莱布尼茨说，在任何真命题中"我都发现每个谓词，不论是必然的还是偶然的，是过去的、现在的还是将来的，都包括在主词的概念中了"。同样，在事物的本性中，一切实体都可以说是主词，而它们的一切所作所为则是它们的谓词。正如语法上的主词包含它们的谓词一样，存在着的实体也已经包含着它们将来的活动。于是莱布尼茨得出结论道："当说到亚当的个体性概念包含着将要对他发生的一切事情时，我的意思不是别的，只是一切哲学家在他们说谓词就在一个真命题的主词之中时所指的意思。"莱布尼茨的实体论和形而上学是按照他的知识论或逻辑的模式而构建的。处于他论证的核心的是他对真理概念的特殊处理方式。

莱布尼茨区分了推理的真理和事实的真理。我们知道推理的真理纯粹是凭借逻辑，而我们知道事实的真理则是凭借经验。对推理的真理的检验是矛盾律，而对事实的真理的检验则是充足理由律。一个推理的真理是一个必然真理，因为否定了它就必然会陷入矛盾。另一方面，事实的真理是偶然的，而它的对立面是可能的。一个推理的真理之所以是必然的真理，是因为所用术语的真正意义和那种类型的人类理智都要求某些东西是真的。例如一个三角形有三条边，这是真的，因为有三条边是一个三角形所意指的。说一个三角形有四条边则很明显会陷入矛盾。2加2得4，A是A，A不是非A，热的就是不冷的——所有这些命题都是真的，因为否定它们的真理性将会自相矛盾。推理的真理是同义反复，因为在这样一些命题中谓词纯粹是重复着已经包含在主词中的东西。一旦主词被清楚地理解了，关于谓词的真理性的进一步的证明也就不需要了。推理的真理并不要求或断言命题的主词存在。例如说，一个三角形有三条边，这是真的，哪怕并不涉及任何具体存在的三角形。推理的真理告诉我们什么东西在任何涉及某个主词（在这里就是三角形）的情况下都将是真的。这些真理处理的是可能性的领域。一个三角形是方的，这是不可能的和自相矛盾的，所以不能是真的。

数学是推理的真理的一个很明显的范例，因为它的命题一旦通过了矛盾律的检验，就是真的。所以莱布尼茨说："数学的伟大基础是矛盾原则……就是说，一个命题不可能同时既是真的又是假的。"他下结论说："这个单一的原则足够推演出算术和几何的每个部分。"简言之，推理的真理就是自明的真理。它们都是分析命题，其谓词已经包含于主词之中，并且否定谓词就必然陷入矛盾。

事实的真理又怎么样呢？这些真理是通过经验而知道的。它们不是必然的命题。它们的反面可以被认为是无矛盾的、可能的，并且由于这个理由，它们的真理是偶然的。"玛丽存在"这个陈述不是一个推理的真理；它的真实性不是先天的。在主词"玛丽"中没有什么是必然含有，或是可能让我们推演出谓词"存在"的。我们只是通过后天——就是说，按照经验——才知道她"存在"这个谓词。这个事实的真理，和一切事实的真理一样，是建立在充足理由律之上的，这条规律说："没有任何事物的发生是没有它为什么要这样而不是那样发生的理由的。"如果这一点成立，"玛丽存在"这一命题是偶然的，就取决于一些充分理由。在缺乏任何充足理由时，说"玛丽不存在"也就会正好同样是真的。如果现在有一个充足理由，则另一个命题也有真理性的基础，所以我们说"如果A，那么B"。A的这一假说性质表明，虽然在A和B之间可能会有一种必然的关联，A存在这一点却不是绝对必然的。A的存在是偶然的，就是说，是可能的。它事实上是否会存在取决于为了它的存在是有还是将会有一个充足的理由。对于我们所接受的每一个事实的真理，我们都可以看出它们的对立面是可能的、没有矛盾的。

当我们考虑到有关事实的命题所暗含的一切可能性时，一种限制性原则就浮现出来了。虽然某些事件纯粹作为另一些事件的对立面来说，可以被看作可能的，但是，当另一些可能的事件成为现实时它们就不能是可能的了。就是说，有些可能的东西是与某些事件共存的，虽然与另外一些事件不是这样。所以莱布尼茨说："虽然宇宙如此伟大，但并非一切可能的种都是共同可能地存在于宇宙中的，而且这不仅对同时存在的那些事物成立，也对有关事物的整个先后系列成立。"

事实的宇宙，据我们所知只不过是某些共同可能的东西的集合，就是说，一切存在的可能东西的集合。可能的东西可以有不同于我们这个现实的宇宙所包含的联合方式的另外的联合方式。各种不同的可能东西的相互关系要求我们理解这种把每个事件与另一个事件联系起来的充足理由。然而，自然科学与数学不同，不可能是一个演绎的学科。数学的真理是分析的。但在有关事实的命题中，主词并不包含谓词。支配着事实的真理的充足理由律要求这些真理被证实。但这种证实总是部分的，因为事件的因果之链中每个在前的事件也必须得到证实。然而，没有人能够说明原因的无限序列。如果A的原因是B，那么又必须要说明B的原因，并且要回溯到如此之远，直到开端。关于宇宙的第一个事实正像任何其他事实一样；就人的分析能力所能够发现的限度而言，并不包含任何明显必然的谓词。要认识它的真理,就要求我们发现它所是的那种存在的充足理由。

莱布尼茨说,对世界的最终的解释就是:"为什么某些事物而不是另外一些事物存在的真正理由,是来自神圣意志的自由天命。"事物像它们存在那样存在是因为上帝意愿它们以那种方式存在。通过意愿某些事物是它们之所是,上帝限定了其他可能的东西的数目,并决定哪些事件是共同可能的。上帝本来可以愿意有另外的宇宙,以及可能东西的另外的联合。但他既已意愿了这个宇宙,现在就在特殊的事件中存在着某些必然的关联。虽然从人的理性的角度来看,有关事实世界的那些命题都是综合的,或者说,如果我们想知道它们的真理性,那就要求有经验和证实;但从上帝的角度来看,这些命题都是分析的。只有上帝能够推导任何实体的一切谓词。而且只是因为我们的无知,我们才不能在任何具体的人那里看到与那个人相关的一切谓词。归根到底,事实的真理在莱布尼茨看来也是分析的。一个人已经包含了他或她的一切谓词,所以如果我们真正领会了一个人的完备概念,我们就能够推导出这些谓词,例如"附属于亚历山大大帝身上的国王性质"。

所以,对莱布尼茨来说,逻辑是形而上学的一把钥匙。从命题的语法规则中他推论出了有关实在世界的结论。归根到底,他主张一切真命题都是分析的。由于这个理由,莱布尼茨认为实体和人格与一个分析命题的主词是可以等量齐观的,他说它们实在地包含着它们的一切谓词。他还把连续律运用于他的实体概念,以便进一步证实他的这个理论,即每个实体都以有序的和(从上帝的角度看来)可预见的方式来展开自己的诸谓词。连续律宣称"自然不作飞跃"。在被创造的事物中,每个可能的位置都被占据了,以至于一切变化都是连续的。按照连续律,静止和运动都是对方的一个方面,通过无限小的变化而融入对方,"所以静止的法则应当被看作运动的法则的一个特例"。所以没有窗口的单子在自身中包含着它未来的一切活动。并且由于每个单子都是这样,所以已经被包含在这个世界中的那些事件的一切联合和可能性也包含了这个世界的整个未来,而这个秩序的充足理由就是"那至上的理由,它以最完满的方式做出了每一件事"。虽然人的心灵不可能像上帝那样知道全部实在,但莱布尼茨说,我们知道某些天赋的观念、自明的真理。一个孩子并不是一下子就知道这些真理,而必须等到时机成熟,等到经验中特殊的机缘把这些观念唤起的时候。这些观念只是在实质上是天赋的[①],因为我们要靠特殊的机缘才知道它们。然而,这个天赋观念的学说仍然与莱布尼茨对逻辑与实在的关系的一般论述一道,带有理性主义传统的鲜明特征。他乐观地评价理性认知实在的能力,并认为我们能够从天赋自明的真理中推演出可观的知识。

[①] 原文的 virtually 是用的斜体字,在此译为"实质上",并且前面加上"只是"来限定和强调,以表明莱布尼茨的天赋观念与笛卡尔、斯宾诺莎的不同,并不是一开始就是清楚的、现成的。——译者注

总　结

　　理性主义是强调人类理性不借助感觉经验把握关于世界的根本真理的能力的哲学观点。笛卡尔的哲学由对确定性以及获得它的方法的追寻所驱使。他相信，数学演绎为获得真知提供了最好的模型，并且这一方法可以拓展到在所有领域去获得知识。为了达到这个目的，他设计了四条一连串的规则：(1)只接受无需怀疑的清晰明确的观点；(2)将难题分成尽可能多的部分；(3)从最简单的客体开始，然后处理更复杂的；(4)回顾以确保没有东西被遗漏。

　　对笛卡尔来说，感觉经验并没有为获得确定性提供一个良好的起点，他用一个怀疑论论证来表明这一点：或许我经验到的一切只是上帝植入我心灵的虚拟现实，其中无一是真正真实的。他继续说，即便如此，他仍然清楚分明地知道他存在，因为他必须存在才能被欺骗。这一被简写为"我思故我在"的真理，是所有其他知识从中推演而来的根基。他继续推演出了上帝的存在，上帝并不是一个欺骗者，清楚分明是真理的可靠指标，外部世界存在。他还推演出，人类是由一个物理身体和一个精神灵魂共同构成的，这两个部分通过将传遍身体的感觉信息传送到大脑中的松果腺，从而传入非三维的精神而协同运作。

　　斯宾诺莎沿袭了笛卡尔推导真理的数学模型，甚至用几何书的演绎风格来写就他的哲学。斯宾诺莎哲学的核心特征是其泛神论：宇宙和其中的一切都是上帝的一部分。用斯宾诺莎的术语来讲，上帝是宇宙中的单一实体。而上帝具有无限数量的属性，其中两个是三维的物理物质和非三维的精神。他认为，我们周围世界的所有分明特征——石头、植物、房子、人——都是上帝的"样式"，也就是说，是思维和广延这两种更大属性中的小属性。上帝，作为自然世界的总和，遵循严格的物理和精神法则，从而他所做的一切都是完全决定的。继而，我们人类，作为上帝的微小部分，同样也是被严格决定的，并且没有自由意志。最高层次的知识，斯宾诺莎称作直观，在当我认识到我只是一个更大的机械自然世界，也就是上帝中的一小部分时发生。伦理学在于达到那种直观。

　　莱布尼茨哲学的枢要观点是，上帝以最完满的可能方式创造了世界。宇宙中没有虚空的空间：它完全被物料填满。以及，组成事物的微粒，他称之为"单子"，是无限小的——尺寸是数学的点。由此，宇宙的整体，是由各个方向的无限小的单子形成的。单子协同调整它们的显像，以成为在我们周围看到的物理世界中的事物。它们在显像上的改变并非因为受到外部的强力，在这种意义上它们是无窗口的。与之相反，它们的变化是在每个单子内部产生的。基于上帝对它们确立的一种和谐，借此，它们每一个都完全反映了宇宙的计划。尽管我们周围的世界中表现出来恶，这已然是上帝可能创造出的所有可能世界中最好的一个了。确乎存在着的恶也还是前定和谐中的一部分，某些恶的出现对于创造出更大的善有所贡献。哲学家们通常区分本可能不是这样的综合真理（例如，约翰有棕色的头发）和不可能本不是这样的分析真理（例如，所有单身汉都是未婚男子）。根据莱布尼茨，从上帝和他的伟大计划的视角来看，即便是综合真理也是必然的，尽管我们带着我们有限的知识无法理解其必然性。

研究问题

1. 讨论笛卡尔的探求原则，以及它们是否是发现新真理的有效方法。
2. 在其方法论的怀疑过程中，笛卡尔考虑了上帝在所有事情上欺骗他的可能，除了笛卡尔自己存在的信念，这还可能被怀疑吗？请解释。
3. 根据笛卡尔的观点，我们具有辨识出诸如2+2=4这样的真信念的心理能力，当它们"清楚分明地"出现在我们心中时。讨论这一观点，以及我们是否真的具有这样一种能力。
4. 笛卡尔的心身理论有时被叫作"交互二元论"，物理领域的大脑活动与精神领域的心理状态交互。对笛卡尔而言，大脑中的松果腺是这两个领域用来交互的地点。他的松果腺理论有什么不对的地方吗？
5. 西方文明中只有少数哲学理论被归为泛神论，诸如巴门尼德、普罗提诺、爱留根纳和艾克哈特的理论。选取其中一种并与斯宾诺莎版本的泛神论做比较。
6. 斯宾诺莎死后，其哲学时常被称为"无神论"，因为他将上帝的概念还原为机械的自然世界。讨论斯宾诺莎的理论是否真的是无神论。
7. 根据斯宾诺莎，没有什么东西是本质上善或者恶的，我们说某个东西善只是因为我们愿望它，如果不喜欢它则会说它恶。这个观点有何错误之处吗？
8. 莱布尼茨终其一生都在用他的单子论对抗原子论的拥护者。这两个理论之间区别的重点是什么，对于对当代科学一无所知的人来说，哪个更可取？
9. 讨论莱布尼茨自由意志的有限概念，以及他的理论是否容许这样一个更强的构想，即作为不这样做的能力的自由。
10. 讨论莱布尼茨对恶的问题的解决，以及这是否是一个令人满意的解决。

第十一章

英国经验主义

11.1 洛　克
11.2　贝克莱
11.3　休　谟

虽然经验主义学派是以不事张扬的方式出场的,但它还是注定要改变近代哲学的航向和关注点。如果说培根的目的是"一切人类知识的……整体重建"的话,英国经验主义哲学的奠基人约翰·洛克所定的目标则更为审慎,即"做一点地基的清理工作,并且扫除一些挡在知识道路上的垃圾。"但在"清理"和"扫除"的过程中,洛克却弄出了一种对心灵如何运作的大胆而独创的解释,并据此描述了我们可以从心智中期望的知识的种类和范围。

洛克说,我们知识的范围被限制在我们的经验中。这并不是一个新见解,因为在他之前有其他人已经说过差不多同样的话。培根和霍布斯曾极力主张知识应当建立在观察的基础上,并且就此而言他们也应该被称作经验主义者。但不论是培根还是霍布斯都没有对人类的理智能力提出批判性的疑问。他们两位都揭露并拒斥那些在他们看来是无用和谬误的思想类型。然而,他们却不加怀疑地接受了这样一个总的观点,即:只要我们运用适当的方法,我们就能获得确定的知识。同样,笛卡尔也认为,如果运用了正确的方法,就没有人类理性不能解决的问题。这就是那个被洛克纳入到批判性的疑问中来的假定,亦即:相信人的心灵有能力做到使人发现宇宙的真实本性。大卫·休谟进一步推进了这个批判性的观点,并质问任何可靠的知识在根本上是否可能。英国经验主义者——洛克、乔治·贝克莱和休谟——以各自不同的方式,不仅向他们的英国先驱者们,而且也向大陆理性主义者们提出了挑战,后者以对我们理性能力的乐观主义观点开创了近代哲学,但这种观点却是经验主义者所不能接受的。

11.1 洛 克

洛克的生平

约翰·洛克(John Locke)1632年生于萨默塞特郡的威灵顿,72年后于1704年去世。他是在清教徒的家庭长大的,培养了勤劳的美德和对朴素的爱。在威斯敏斯特学校受到全面的古典教育之后,洛克成了一名牛津大学的学生,在那里取得了学士和硕士学位,并被委任为高级研究生,继而是道德哲学方面的学监。他一生中有30年是在牛津市度过的。虽然他继续着他的关于亚里士多德逻辑和形而上学的研究,他却逐渐被吸引到了实验科学新近的发展上,在这方面,他尤其受到罗伯特·玻意耳(Robert Boyle)的影响。他的科学兴趣引导他从事医学研究,1674年取得了医学学位并获得了行医执照。当他考虑他的职业将朝向什么方向时,在当医生和当牛津导师的考虑上又加上了一个选择:外交官。他实际上从事过多种工作，最后成了伦敦的政要之一莎夫茨伯利伯爵的私人医生和枢密顾问。但早先所受的那些影响——其中包括他在牛津时对笛卡尔著作的研读——更坚定了他把自己的创造力都用于为困扰着他这一代人的某些问题制定一种哲学理解方式的愿望。他写作的主题如此多种多样，如《基督教的合理性，一篇关于信仰自由的论文》(The Reasonableness of Christianity, An Essay concerning Toleration)和《降低利率和抬高币值的后果》(The Consequences of the Lowering of Interest and Raising the Value of Money)，显示了他对他那个时代的公共事务的积极参与。

1690年，当他57岁时，他出版了两本将给他带来哲学家和政治理论家名声的书：《人类理解论》(An Essay concerning Human Understanding)和《关于国民政府的两篇论文》(Two Treatises on Civil Government)[①]。虽然在他之前的其他哲学家也写过关于人类知识的书，洛克却是第一个对人类心灵的范围和限度进行了一种全面详尽的探究的人。同样，别的人也写过关于政治理论的重要著作，但洛克的《两篇论文》的第二篇来得正是时候，使得它能够塑造一个时代的思想并影响后来事件的进程。《两篇论文》和《理解论》展示了洛克是如何把实践上和理论上的兴趣和能力结合起来的。《两篇论文》是为了阐明1688年革命的正当性而特意写的。其中有些思想对后世产生了强有力的影响，以致书中的一些提法——例如，我们大家"都是平等和独立的"并且具有对"生命、健康、自由和财产"的自然权利——被写进了《独立宣言》并对美国宪法产生了影响。至于他的《理解论》，他告诉我们这本书产生于在距出版差不多20年的一次经历。那一回，五六个朋友聚在一起讨论一个哲学观点，不久他们就陷入了无可救药的混乱，而"丝毫也没有接近于解决这些困惑着我们的疑难"。洛克确信这场讨论走错了方向。在我们能够谈论道德和启示宗教的那些原则以前，我们首先需要去"考察我们自己的能力，并且看清什么样的对象是我们的理智宜于或不宜于处理的"。根据这种考察，洛克最后写成了他的《人类理解论》，该书成为了英国经验主义的奠基之作。

洛克的知识理论

洛克开始"探讨人类知识的起源、确定性和范围"。他认为，如果他能够描述知识由什么组成又是如何获得的，他就能够规定知识的界限并判定是什么构成了理智的确定性。他的结论是，知识是被限定在观念(ideas)上的——不是理性主义者的天赋观念，而是由我们所经验的对象所产生出来的观念。在洛克看来，我们的一切观念无一例外地都是通过某种经验而给予我们的。这就意味着每个人的心灵在一开始都像一张白纸，随后只有经验能够在它上面写下知识。在他能够详尽发挥这个结论之前，洛克感到他必须先

[①] 中译本名为《人类理解论》和《政府论》。——译者注

驳倒天赋观念论,这种观点认为,在某种意义上我们与生俱来就都有一套内置于心灵的观念。

反天赋观念 很明显,如果洛克打算说一切观念都来自经验,他就必须拒绝天赋理论。他指出:"在有些人中有一种牢固的观点,认为在理智中存在着某些天赋的原则……在人的心灵上打上了印记,它是灵魂一开始就接受下来了的,并且是与生俱来的。"洛克对此不仅是作为非真理而加以拒绝,而且他认为这种学说在那些可能会误用它的人的手中是一种危险的工具。如果一位有手腕的统治者能够使人民相信有某些原则是天赋的,这就可能"使他们脱离对他们自己的理性和判断的运用,把他们推给信仰,使他们保持信任而无须作进一步的解释"。并且,"在这种盲目轻信的状态中他们就可以更容易统治了"。但有些对天赋观念论感兴趣的人并不是这样心存歹念的。

拉尔夫·卡德沃思(Ralph Cudworth,1617—1688)就是这种情况。他是所谓剑桥柏拉图主义思想学派的成员,这个学派追随柏拉图,坚持理性是知识的最终标准。卡德沃思在1678年出版了他的《宇宙的真实的理智系统》(*True Intellectual System of the Universe*),这恰好是在洛克试图清理他在这个问题上的思想的时候。卡德沃思采取了这样的立场:对上帝存在的推演依赖于一个前提,即某些原则是天赋于人的心灵中的。他进一步争论说,那条著名的经验论公式,"凡是存在于理智中的无不先在感觉之中"会导致无神论。在卡德沃思看来,如果知识单由在心灵之外的对象提供给心灵的信息所构成,外部世界就是在有知识以前就存在着的。在这种情况下,知识就不可能是这个世界的原因。洛克不同意这种观点,他说,实际上有可能不求助于天赋原则的概念而证明上帝的存在。他特别关心的是揭示天赋观念的主张没有根据,以便在偏见、激情和臆断这方面与知识这方面之间划定清楚的界限。因此,他开始进行一系列的论证来反对这种天赋观念的主张。

那些为天赋观念论辩护的人这样做的根据在于,人们普遍接受各种理性原则的真理性。其中就有"存在者存在"这条同一性原则,以及"同一事物既存在又不存在是不可能的"这条不矛盾原则。但这些原则是天赋的吗?洛克否认它们是天赋的,虽然他并不怀疑它们的可靠性。这些原则之所以可靠并不是由于它们是天赋的,而是因为只要我们考虑到事物如其所是的那个本性,我们的心灵就不会让我们以别的方式思维。并且,即使这些原则被每个人所接受,这也并不证明它们就是天赋的,假如能为这种普遍的赞同提供一种另外的解释的话。此外,他还论证说,是否存在着有关这些原则的普遍的知识也是成问题的。洛克说,这样一种普遍的原则"在印第安人的小屋里是很少提及的,在儿童们的思想中就更少见了"。如果可以争辩说,这样一些原则只有在心智成熟以后才能够被领会,那么,为什么把它们称作天赋的?如果它们真的是天赋的,它们就必须从来就是已知的，因为"没有什么命题可以被说成存在于心灵中，却从来也没有被心灵所知悉、从来也没有被心灵意识到"。照洛克对这个问题的看法，天赋观念说是多余的，因为它不包含任何他不能用他对观念起源的经验性解释加以说明的东西。

简单观念和复杂观念　洛克认为知识可以通过发现它由以造成的原初材料而得到说明。关于这些材料，他是这样说的："那么让我们设想心灵像我们所说的是一张白纸，不带任何记号，没有任何观念：它是如何获得那些观念的呢？……它是从何处获得理性和知识的全部材料的呢？对此我用一句话来答复：是从经验中得来。"经验给我们提供了观念的两个来源：感觉和反省。从感觉中我们接受到我们心灵中来的是各种不同的知觉，借此我们熟悉了我们之外的对象。这就是我们为什么会拥有黄、白、热、冷、软、硬、苦、甜和一切其他可感性质的观念的原因。感觉是"我们所拥有的大部分观念的巨大源泉"。经验的另一方面是反省，即心灵的一种活动，它通过注意先前由感觉提供的观念而产生出一些观念来。反省包含有感知、思考、怀疑、信念、推理、认识、意愿等所有这些心灵活动，它们所产生的观念与我们从影响感官的外部物体所获得的那些观念同样分明。我们所有的一切观念都可以追溯到感觉或反省，而且这些观念要么是简单的，要么就是复杂的。

简单观念构成了我们的知识由以形成的那些原材料的主要来源。这些观念是心灵通过我们的感官而被动接受下来的。当我们看到一个对象时，各种观念就单纯不杂地依次进入我们的心灵。甚至当一个对象拥有各种混杂在一起的不同性质时也是如此。例如，一朵白色的百合花不可分离地拥有白色和芳香的性质。我们的心灵却是分离地接受白色和芳香的观念的，因为每个观念都是分别通过一个不同的感官，也就是视觉和嗅觉而进来的。有时候不同的性质也通过同一个感官进来，例如冰的硬和冷都是通过触觉而来的。在这种场合下，我们的心灵在它们之间作出区分，因为这里实际上涉及两种不同的性质。所以，简单观念首先发源于感官。但有些简单观念也发源于反省。就像我们的感官受到对象的影响一样，我们的心灵也以同样的方式意识到我们所获得的这些观念。与通过感觉所获得的这些观念相联系，我们的心灵也能够通过推理和判断来得到另外的简单观念。这样，反省的简单观念可以是愉快或痛苦，或者是由观察自然事物相互作用而获得的因果性力量的观念。

另一方面，复杂观念不是被动地接受下来的，毋宁说是被我们的心灵作为简单观念的复合而集合到一起来的。在这里强调的是我们心灵的主动性，它采取了三种形式：心灵（1）联结观念；（2）把观念放到一起但保持其分离状态；（3）进行抽象。于是，我的心灵就把白、硬和甜联结而形成了糖块的复杂观念。我的心灵也把这些观念放到一起，但保持着它们的分离状态以思考各种关系，例如当我们说草比树更绿时，就是这样。最后，我的心灵能够把一些观念"与在这些观念的实际存在中总是与之伴随的所有其他观念"分离开来，如当我们把"人"的观念与约翰和彼得分离开来时那样。以这种抽象的方式，"就形成了观念的一切普遍规律"。

第一性的质和第二性的质　为了更详细地描述我们是如何得到观念的，洛克转而关注观念如何与产生它们的那些对象发生关系这个问题。我们的观念是精确地复制我们所感到的对象的吗？例如，如果我们考虑一个雪球，那么这个雪球在我们心中所造成的观念和这个雪球的真实本性之间是什么关系呢？我们有圆的、运动的、硬的、白的和冷的这样一些观念。为了说明这些观念的原因，洛克说对象具有各种性质，并且他把性质定义为"（一个对象中的）在我们心中产生任何观念的能力"。所以，这个雪球具有一些性质，它们具有在我们心中产生观念的能力。

洛克在这里作出了对两类不同性质的重要区分，以回答观念如何与对象相联系这个问题。他把这些性质分别称为第一性的质和第二性的质。第一性的质是"真正存在于物体本身中的质"。所以我们由第一性的质所引起的观念是严格相似于这些不可分地属于对象的性质的。雪球看起来是圆的，并且确实是圆的，显得在运动，并且确实是在运动。另一方面，第二性的质在我们心中产生的观念在对象中并没有精确的对应物。当我们接触雪球时我们有冷的观念，当我们看它时我们有白的观念。但在雪球中并没有冷性或白性。存在于雪球中的都是性质，是在我们中引起冷和白的观念的能力。所以第一性的质是指坚固性、广延、形状、运动或静止及数量——或者说，一切属于对象的性质。第二性的质像颜色、声音、味道和气味，它们不属于也不构成物体，而只是在我们中产生这些观念的能力。

洛克对第一性的质和第二性的质之区分的重要性在于，通过这种区分，他试图在现象和实在之间作出划分。这种区分不是洛克首创的。德谟克利特早就表示过类似的意思了，他说，无色的原子是基本的实在，而颜色、味道和气味则是这些原子的特殊组合的结果。笛卡尔也把第二性的质与他称之为广延的基本实体划分开来。洛克的区分反映了他对新物理学的兴趣以及"明断的牛顿先生无与伦比的书"给他的思想造成的影响。牛顿把白的现象解释为看不见的微小粒子的运动。所以实在并不存在于仅仅是一个结果的白性之中，而只存在于作为原因的某个东西的运动之中。洛克关于第一性的质和第二性的质的讨论始终认定了，存在着能够具有这些性质的某个东西，而他把这个东西称作实体。

实体　洛克是从他认为是常识的那种观点出发来处理实体问题的。不假定有某种东西——某种实体——是这些性质固存于其中的，我们又如何能够具有关于性质的观念呢？如果我们问是什么东西具有形状和颜色，我们的回答是某种固体的和有广延的东西。固体的和有广延的都是第一性的质。而如果我们问它们固存于什么里面，洛克的回答是：实体。无论实体的观念对常识来说是如何的不可避免，洛克却无法对它作精确的描述。他承认："如果任何一个人想在涉及自己的一般纯粹实体的概念方面检查一下自己，他就会发现他根本就不具有关于实体的别的观念，而只有一个假定，即对一个他所不知道的支撑着能在我们之中产生出简单观念来的那些性质的东西的假定。"但洛克仍然在实体概念中找到了对感觉的解释，他说感觉是由实体引起的。同样，是实体包含着给我们的观念以规则性和一致性的能力。最后，洛克坚持是实体构成了感性知识的对象。

洛克是被事情的这种简单逻辑所推动的：如果有运动，则必须有某种运动的东西。各种性质绝不可能没有某种东西把它们保持在一起而到处漂浮。我们有物质的观念和思维的观念，但"我们永远也不能知道是否有某种单纯物质的存在者在思维着"。但如果有思维，则必定有某种思维着的东西。我们也有关于上帝的观念，它正如一般实体观念一样，并不是清楚和分明的。然而，"如果我们考察我们所拥有的关于不可理解的至上存在者的观念，我们将发现我们是以同样的方式得到它的，我们所拥有的不论是关于上帝的还是关于分离的精神的复杂观念，都是由我们从反省中所获得的简单观念造成的"。上帝的观念正如实体的观念一样，是从其他简单观念中推断出来的，并且不是直接观察的产物，而是推演的产物。然而实体这个"我不知道它是什么的某物"的观念却对洛克提出了一个问题，即我们的知识能扩展到多远并且具有多大的有效性。

知识的各种等级 在洛克看来，我们的知识扩展到多远及具有多大的有效性取决于我们的观念相互之间所具有的关系。事实上，洛克最后把知识定义为不外是"对我们的任何观念之间的联系与符合或是不符合与相冲突的知觉"。我们的观念依次进入我们心中，但一旦它们进来了，它们就可能以多种方式发生相互关系。我们的观念所具有的某些相互关系取决于我们所经验到的对象。在别的时候，我们的想象有可能重新整理我们的简单或复杂的观念来适应我们的幻想。我们的知识是幻想出来的还是确实有效的，这取决于我们对我们的观念相互之间的关系的知觉。有三类知觉，即直观的、推演的和感性的，而每一种都引导我们达到对实在的知识的不同等级。

直观的知识是直接性的，不会让人怀疑的，并且是"人类的微薄力量所能达到的最清楚最确定的知识"。这样一种知识"就像阳光迫使心灵一旦把自己的目光转向那个方向就直接地觉察到它"。我们立刻就知道圆不是方，或6不是8，因为我们能够觉察到这些观念相互的冲突。但除了这些形式的和数学的真理以外，直观还可以把我们引向关于存在的东西的知识。由直观我们知道我们存在："所以经验使我们确信，我们拥有关于我们自己存在的直观知识，以及关于我们存在的内在的确定无误的知觉。"

推演的知识出现在我们的心灵试图通过唤起对另外一些的观念的注意来发现某些观念间的一致或不一致的时候。在理想情况下，推演的每一步都必须有直观的确定性。在数学中尤其是这样，但洛克又认为推演是知觉的一种类型，它引导心灵获得对某些形式的存在着的实在的知识。所以"人们借助于直观的确定性知道，纯粹的虚无是不能产生任何实在的存在的，就如同纯粹的虚无不能等于两个直角一样"。洛克从这个出发点来论证，既然实际上有存在着的、在时间中开始和结束的事物，既然"一个非存在不可能产生出任何实在的存在，则一个自明的推论就是，自无始以来就有某种东西存在"。通过以这类方式推理，他得出结论说，这个无始以来的存在者就是"最有知识的"和"最有力量的"，并且"在我看来很明白的是，我们对于上帝的存在的知识要比我们的感官没有直接向我们揭示的任何东西的知识更加确定"。

感性的知识不是严格意义上的知识；它只是"以知识的名义出现而已"。洛克并不怀疑我们之外的事物存在，因为要不是这样的话，我们又从何处获得我们的简单观念呢？但感性的知识并不给予我们可靠性，而且也不能推广得很远。我们感觉到我们看到了另外一个人，而且并不怀疑他的存在，但当他离开我们时，我们就不再能确定他的存在了。"因为如果我看到像通常被称之为人的这样一个诸简单观念的集合体在一分钟以前还和我一起存在，而现在却只有我一人了，我就不能确定同一个人现在还存在，因为他一分钟以前的存在与他现在的存在之间没有任何必然的关联。"因此，"当我一个人写下这件事的时候，我对此并没有我们严格意义上称作知识的那种知识；尽管它的极大可能性可以让我忽略我的怀疑"。既然经验只是让我们觉察到那些性质，所以我们对这些性质之间的关联是没有把握的。尤其要指出，感性的知识并不能向我们保证那些看起来是相关的性质实际上是必然关联着的。我们只是感觉到事物像它们所是的那样，而正如我们永远也感觉不到实体一样，我们从感觉中永远也不知道事物实际上是怎么关联着的。不过，感性的知识还是给我们提供了某种程度的知识，只是不能提供确定性。直观的知识给我们提供了我们存在的确定性，推演的知识表明了上帝的存在，而感性的知识使我们确信别的自我和事物的存在，但只是如同我们经验到它们时它们所是的那样。

洛克的道德和政治理论

伦理和法律 洛克把我们有关道德的思想置于推演的知识的范围内。在他看来道德能够具有数学的精密性。他写道："我大胆地认为道德是能够推演的，正如数学也能够推演一样：因为道德语词所代表的事物的精确的实在本质是人们能够完全地知道的，因而那些事物本身之间的一致或不一致是可以完全地发现出来的。"伦理学中的关键词即"善"是能够被完全地理解的，因为每个人都知道"善"这个词代表着什么："事物是善的还是恶的只涉及愉快或痛苦。我们称之为善的那种东西容易引起或增加愉快，或是减少我们的痛苦。"某些行为会带给我们愉快，而另一些则会带给我们痛苦。所以，道德与对善的选择或意愿有关。

作为对伦理学的进一步的规定，洛克认为："道德上的善或恶因而就只是我们的自愿的行为与某种法则的一致或不一致。"他谈到了三种法则，即意见的法则，国民的法则和神的法则。这里的实质性的问题在于追问洛克如何知道这些法则存在，以及他如何看待所有这三者之间的相互关系。要记住，在洛克看来，推演出上帝存在是毫无困难的，所以他现在想从这种推演的知识中进一步引出一些推论：

> 一个在力量、善意和智慧方面都无限的至高存在者，我们都是他的作品并都依赖于他。他的观念和我们自己作为理智的理性存在者的观念，对我们来说都是清清楚楚的，如果适当地对之加以考虑和探求的话，我料想将会为我们的行动的责任和规则提供这样一个基础，使道德可以像各门科学一样成为能够进行推演的一门科学：我毫不怀疑，在这门科学中，从和数学中一样无可争辩的自明原理出发，通过同样无可争辩的必然推论，判断正确和错误的标准将会明白地呈现给任何一个把他在研究其他科学时所运用的那种一视同仁的和全神贯注的态度运用于自己身上的人。

洛克在此暗示，通过自然之光，也就是通过我们的理性，我们能够发现符合上帝法则的道德规则。他没有把这个计划详细发挥为一个伦理学体系，但他的确暗示了这些不同种类的法则应当具有什么样的相互关系。意见的法则代表了一个社会对什么样的行动将导致幸福所作的判断。对这条法则的符合就叫作善（virtue），虽然必须注意不同的社会对于善所包含的东西有不同的观念。国民的法则是由全体国民建立起来的，并且是由法庭强制施行的。这条法则倾向于遵循第一条法则，因为在大多数社会中法庭施行的这些法则都体现了人民的意见。神的法则是我们要么通过我们自己的理性，要么通过启示而可以知道的，它是人的行为的真实的法规。洛克写道："上帝提供了一条人们应当据以进行自我管理的法规，我想没有人在这里会愚蠢到否认这一点。"而"这就是道德正直的唯一真正的试金石"。因此，从长远看，意见的法则以及国民的法则都应当成为与神的法则这个"道德正直的试金石"相一致的。在这三种法则之间有某种不一致，其原因就是人们任何时候都倾向于选择当下的愉快，而不是选择那些具有更持久的价值的愉快。无论这个道德理论在我们看来显得多么含糊不清，洛克却相信这些道德法则是永远为真的，并且依靠从神的法则中引出的那些洞见，他建立了自己的自然权利理论。

自然状态 在《关于政府的第二篇论文》中，洛克像霍布斯所做的那样，以对"自然状态"的论述来开始自己的政治理论。但是他以完全不同的方式来描述这种状态，甚至拿霍布斯作为他评论的靶子。在洛克看来，自然状态并不像霍布斯的"一切人对一切人的战争"的情况。相反，洛克认为"人们相互按照理性来生活，在地上没有一个具有权威的共同主宰在他们之间进行裁判，这才是真正的自然状态"。按照洛克的知识理论，人们甚至在自然状态中也能够知道道德法则。他说，"理性就是那样的法则，它教导一切唯愿听从理性的人类：一切人都是平等和独立的，没有人有权损害另一个人的生命、健康、自由和财产。"这种自然的道德法则不是单纯利己主义的自保法则，而是积极承认每个个体由于他或她作为上帝被造物的身份而来的德性都具有作为人格的价值。这种自然法则包含着带有相应责任的自然权利，而在这些权利中洛克特别强调的就是私有财产权。

私有财产 在霍布斯看来，一种财产权只能是按照法定秩序建立起来的。洛克则认为，私有财产权先于国民的法则，因为它是基于自然的道德法则之中的。私人所有制的正当理由是劳动。既然一个人的劳动是他自己的，无论他通过他自己的劳动而把那些最初的劳动条件转换成了什么，那都成为了他的，因为这种劳动现在已经与这些东西结合在一起了。正是通过他的劳动与某种东西的这种结合，一个人占据了原先是共同财产的东西，并使之成为了他的私有财产。所以，也就有了对一个人所能积累的财产总量的某种限制，就是说，"谁能在一件东西败坏之前尽量用它来供生活所需，谁就可以在那个限度内以他的劳动在这件东西上确定他的财产权。"洛克还认为，一个人可以继承财产，这也是自然权利，因为"每个人生来就具有……一种权利，先于任何其他人而与自己的兄弟一起继承父亲的财物"。

国民政府 如果人们具有自然权利并且也知道道德法则，为什么他们会愿意告别自然状态呢？对这个问题洛克的回答是，"人们联合成国家并促使自己服从政府的最大的和主要的目的是保护他们的财产"。洛克用"财产"（property）这个术语所指的是人们的"生命、自由权和产业，我用一个总的名称叫作财产"。的确，人们在自然状态中知道道德法则，或不如说，如果他们用心考虑这个问题的话，他们就能够知道。但是由于冷漠和疏忽他们并不总是去发扬这种知识。此外，当争论发生时，人们倾向于以他们自己的偏好来作出判定。因此，就应该有一套成文法并且有一个独立的判决者来对争端进行决断。为了达到这些目的，人们创立了一个政治的社会。

洛克最为强调的是人权的不可剥夺的性质，而这一点引导他去证明，政治社会必须以人们的同意为基础来建立，因为"所有人都是生而自由、平等和独立的，不经同意，任何人都不能被剥夺财产和被迫屈从于他人的政治权力"。但人们同意的是什么呢？他们同意由社会制定和施行法律，但是由于"没有一个理性的被造物能够被设想为具有使自己的状况变得更糟的意向"，所以法律的制定是为了保障人们生而具有的权利。他们也同意受到多数的约束，因为"物体应当运动到更大的力把它推向的那个方向，这是必然的，而这就是多数的同意"。由于这个原因，洛克认为绝对君主制"根本就不是任何一种国民政府"。我们是否事实上在某个时候订立了一种契约，这在洛克看来是无足轻重的，因为重要是，从逻辑上看，我们的行为表明我们已经表示了自己的同意，这就是洛克所谓的"默许"。因为如果我们享受着公民身份的权利，占有和交换着财产，信赖警察和法庭，那我们实际上也就认可了公民身份的责任并同意了接受大多数人的统治。一个人尽可以离开本国前往异邦，却还是留在自己的国家里，这一事实进一步证实了他的同意。

国家主权 洛克给了我们一幅不同于我们在霍布斯那里看到的关于社会中的主权的图景。霍布斯的主权者是有绝对权力的。洛克承认必须有一个"至高无上的权力"，但他小心地把这个权力置于立法机关的手中，实际上也就等于置于大多数人的手中。他强调分权的重要性，主要是为了保证执法和司法者不要也来制定法律，因为"他们也许会使自己免于服从他们所制定的法律，并在立法和执法过程中让法律服务于他们的私利"。因此执法机关要被"置于法律管辖之下"。甚至立法机关也不是有绝对权力的，虽然它是"至高无上的"，因为立法的权力是来自一种信托，因而只是一种受委托的权力。所以，"在人民手中还保有一种至高无上的权力来撤销或变更立法者，如果他们发现立法者的行为与被寄托于他的信任相冲突的话"。洛克决不同意说人民自己的权力转移给了主权者就不可收回了。起义的权利被保留了，虽然起义只有在政府瓦解时才是正当的。在洛克看来，政府瓦解不仅仅是在它被外部敌人所推翻时，而且也在内部发生了立法机关的变故时。主权的立法部门可能会被改变，例如，如果执法者用自己的法律代替立法者的法律，或是立法者拒不执行正式法律，在这些情况下起义反对就是正当的。如果说霍布斯把主权置于上帝的裁断之下的话，洛克则宣称"人民会作出裁断"。

11.2 贝克莱

贝克莱的生平

乔治·贝克莱1685年生于爱尔兰。他在15岁时进入都柏林的三一学院（Trinity College），在那里他学习数学、逻辑、语言和哲学。他在取得文学学士学位后没几年就成为了这个学院的研究员，并且还被任命为英国教会的牧师，1734年成为主教。20岁出头他便开始了其负有盛名的著述生涯，他最重要的哲学著作包括他的《视觉新论》（*Essay towards a New Theory of Vision*，1709）、《人类知识原理》（*A Treatise concerning the Principles of Human Knowledge*，1710）和《西利斯和斐罗诺斯的三篇对话》（*Three Dialogues between Hylas and Philonus*，1713）[①]。他到过法国和意大利去旅行，并且在伦敦成为斯梯尔、阿底松和斯威夫特的朋友。在伦敦时他曾试图说服国会支持他在百慕大创建一个学院的计划，这个计划旨在"改革英国人在我们的西半球种植园的作风，并在美洲野蛮人中传播福音"。1728年，他带着新婚的妻子航行到美洲，并在罗德岛的纽伯特待了三年，为他的学院制订规划。由于他的学院的资金始终没有筹集到，贝克莱回到伦敦，通过与约拿丹·爱德华的频繁联系在美洲的哲学中留下了他的影响。在那以后不久，他回到爱尔兰，在那里当了18年的克莱因主教。在65岁时他偕妻子与全家定居牛津；一年后的1753年他去世了，被葬于牛津基督教教堂墓地。

---

① 中译本名为《西利斯》。——译者注

存在的本质

具有讽刺意味的是，洛克对哲学的常识立场竟然影响贝克莱去制定一种初看起来是如此违背常识的哲学主张。由于否认在每个人看来最明显的东西，他成了人们严厉批判和嘲笑的对象。贝克莱企图否定物质的存在。萨缪尔·约翰逊[①]曾踢了一块大石头一脚，并且说到贝克莱："我这就是反驳他。"这想必是表达了许多人对贝克莱的反应。

贝克莱的令人震惊和带有挑衅性的公式是"存在就是被感知"（esse est percipi）。显然，这将意味着如果有某物没有被感知，它将不存在。贝克莱完全意识到他这个公式中潜在包含着的荒谬之处，因为他说："这并不能说成是我取消了存在。我只是宣示了我所理解到的这个词的意义。"但不管怎么说，当说到某物的存在依赖于它的被感知时，这的的确确就向我们提出了一个问题，即它在没有被感知时是否存在。在贝克莱那里这全部的问题都在于我们如何解释或理解存在这个词："我说我写字的这张桌子存在，这就是说，我看见它并摸到它；而如果我走出我的书房，我还会说它存在，这话的意思是如果我在我的书房中我就会感知到它，或是某种另外的精神在现实地感知到它。"在这里贝克莱认为，存在这个词无非意味着包含在他的公式里的那个意思，再没有别的，因为我们找不到任何一个场合，在其中我们使用"存在"这个词而不同时设定有一个心灵在感知着某物。对于那些主张物质事物不与其被感知发生任何关系也有某种绝对存在的人，贝克莱答复说："这在我看来是难以理解的。"他认为，的确，"和以前一样，马在马厩里，书在书房中，甚至我不在那儿时也是如此。但既然我们不知道有任何不被感知而事物也存在的例子，则桌子、马和书，甚至当我没有感知它们时也存在，就是因为有某个感知者确实在感知它们"。

贝克莱怎么会提出这个新观点来呢？在《视觉新论》中他论证说，我们的一切知识实际上都依赖于视觉和其他的感官经验。贝克莱具体论证道：我们从来也没有感到空间和体积；当我们从不同的视角来看事物时，我们所有的不过是对事物的不同视觉或感知。我们也没有看到距离，对象的距离是由我们的经验所暗示的。所有我们看到的东西都是我们的视觉机能能够感觉到的对象的性质。我们没有看到一个对象的"近"，我们只是在向它移动或者远离它时，对它具有不同的视觉。贝克莱越是考虑我们自己心灵的活动并对他的观念如何与他心灵之外的对象发生关系感到不解，就越是肯定，他绝不可能发现任何不依赖于他的观念的对象。他说："当我们尽全力去想象外部物体的存在时，其实一直都在沉思我们自己的观念。"想象公园里有树，书橱里有书而并没有人看见它们，这对我们来说好象是再容易不过的了。但贝克莱说，这一切其实不过就是"在你的心灵中制定出某些你称之为书和树的观念。……但这时不正是你自己一直都在感知它们或思考它

[①] 约翰逊（Samuel Johnson，1709—1784），英国作家，著有《诗人传》等。——译者注

们吗？"他下结论说，除非想象它们与某个心灵发生关系，否则对任何事物的思考都是不可能的。我们从来也没有经验过像我们的"近"或"远"的观念所可能暗示的存在于我们之外并与我们分离的某物。在"外面"没有什么我们并不对之有所感知的东西。

物质和实体

正是洛克的哲学导致贝克莱对事物的独立存在——对物质的实在性——提出了怀疑。洛克并没有能够把他自己的知识理论推进到贝克莱视为不可避免的结论。当洛克说实体是"我们不知道是什么的东西"的时候，他离贝克莱明确说出的"实体是无"就只有一步之遥了。洛克在处理观念和事物之间的关系时，是认为在第一性的质和第二性的质——对象的体积、形状等为一方面，颜色、味道和气味等为另一方面——这两方面之间有着实在的差别。他认为一方面颜色只作为观念存在于心灵之中，另一方面体积却与对象的实体有关。而"实体"在洛克看来就是在像颜色这样的第二性的质的"后面"或"底下"存在着的实在，因而是独立于心灵的。

然而，贝克莱论证说，"从一切性质中抽象出来的"体积、形状和运动"是不可设想的"。例如，什么是樱桃？它是软的、红的、圆的、甜的和香的。所有这些性质就是樱桃有能力通过感官在心灵中所产生的观念。这样，我们就摸到了它的软性，看到了它的颜色，既摸到又看到了它的圆性，尝到了它的甜味，并闻到了它的芳香。而这一切性质的存在都在于它们被感知。而除去这些性质，则没有被感到的实在——简言之，再没有任何东西。因此，樱桃就是由我们所感知的所有性质所组成的；樱桃（以及一切事物）代表了诸感觉的一种复合。假设我坚持有某些第一性的质不能被感官所感知到，如体积和形状之类，贝克莱就会回答，甚至把形状和体积设想为不依赖于感知因而不依赖于第二性的质的，这也是不可能的。他问道：难道"哪怕是在思想中"可以把第一性的质和第二性的质分开吗？他又说："那我就可以同样容易地把一个事物和这个事物自己分离开来，……实际上，对象和感觉就是同一个事物，因而是不可能把一个从另一个中抽出来的。"所以，一个事物就是它的被感知的性质的总和，正是因为这个理由，贝克莱才认为，存在就是被感知。既然实体或物质是永远也不被感知或感觉到的，所以不能说它们存在。如果实体不存在，如果只有被感觉到的性质是实在的，那么就只有思想或如贝克莱所说的精神性的存在者存在。

除了把洛克的经验论哲学引向他认为是显而易见的结论之外，贝克莱还不得不处理一系列的疑难问题。在他的《人类知识原理》中，他把这些作为"在科学中的错误和困难的主要原因，连同怀疑论、无神论和反宗教的根据……来展开考察"。引起一切困难的正是那个物质概念。因为如果一种惰性的物质实体被承认为是实在地存在的，那么在这样一个宇宙中哪里会有精神性的或非物质的实体的存在余地呢？而且，一种基于从事物的活动中引出的一般观念的科学知识，不是会给我们提供一种不需要上帝观念的完备哲学并导致那"可恶的无神论学说"吗？这并不是要说，贝克莱因为这些神学上的后果而武断地谴责物质观念。相反，他提供了附加的理由来坚持他相信本身就是正确的观点。

物质是一个无意义的术语　洛克曾说实体或物质支撑着我们所感到的性质，或者说是它们之下的一种"基质"。在贝克莱的《西利斯和斐罗诺斯的第一篇对话》中，西利斯表达了洛克的观点："我发现必须假设一个物质的基质，没有它就不能设想（性质）是存在的。"斐罗诺斯回答说，"基质"这个词的含义对他来说是不清楚的，他想知道"你在这个词中所指的是什么意思，不论是字面上的意思还是非字面的意思"。但西利斯承认他不可能对"基质"这个词指定任何确切的意义，他说："我承认我不知道该说什么。"由此引出的结论是："无思想的（物质的）事物的绝对存在是无意义的说法。"这并不是说感性事物不具有实在性，而只是说感性事物只有当它们被感知时才存在。这其中的应有之义是只有观念存在，但贝克莱又说："我希望把一个事物称作'观念'不会减少其实在性。"

贝克莱意识到他的唯心主义可能会遭到嘲笑。他写道："那么太阳、月亮和星辰会变成什么呢？我们必须怎样思考房屋、河流、山脉、树木、石头，甚至我们自己的身体呢？所有这些难道是些幻想出来的怪物①或假相么？"他说，根据他的那些原理，"我们并没有因此而失去自然中的任何一个事物。我们看到、摸到、听到，或是以任何方式想到和理解到的一切，都与以往一样可靠、一样实在。这里有的是一种'自然事实'（rerum natura）②，而实在的东西和怪物的区别仍保留着它的全部效力"。如果是这样的话，为什么又说只有观念存在而不是事物存在呢？贝克莱说，为了消除物质这个无用的概念，"我并没有要反对任何一个我们能够加以领悟的事物的存在，无论是通过感觉还是通过反省来领悟，……我否定其存在的唯一事物是哲学家称之为物质或有形实体的事物。而这么做对其他人并没有造成任何损失，而我敢说，人们是决不会不理解这一点的。"

科学和抽象观念　因为当时的科学，特别是物理学的情况是如此的倚重物质概念，贝克莱不得不与科学的那些假设和方法打交道。科学假定我们能够也必须把现象与实在区别开来。大海看上去是蓝的但实际上不是。贝克莱对科学家提出质疑，要求他们看看是否有任何不同于可感世界的实在。在这一分析中贝克莱遵循的是经验主义的原则并试图使这一原则精致化。他说，物理学家由于在他们的理论中容纳了形而上学，结果把科学的面貌弄得模糊不清了。他们使用这样一些词，如"力""吸引力""重力"，并且认为它们指向某些实在的物理实体。甚至谈论那些以其运动引起了颜色性质的微粒，这就必须进行理性分析而不是经验分析。最使贝克莱不满的是科学家们使用那些一般的或抽象

---

① "怪物"原文为 chimeras（喀迈拉），指希腊神话中狮头、羊尾、蛇身的怪物。——译者注
② 原文为拉丁文。——译者注

的术语，仿佛这些术语确实归于实在的实体，特别是归于一个作为基础的物质实体一样。贝克莱坚持认为，我们在任何地方都不会遇到这样的实体，因为实体是一种抽象的观念。只有被感觉到的性质是真实存在的，实体的概念则是从被观察到的性质中误推出来的："由于观察到好几个这种性质彼此相随，它们就被用一个名称来标记，于是就被称为一个'事物'。这样，例如一定的颜色、味道、气味、形状和坚硬性就被一起观察到了，这就被认为是一个独特的事物，用'苹果'这个名称来表示；另外一些观念的集合构成了一块石头、一棵树、一本书和诸如此类的可感事物。"同样，当科学家们观察到事物的活动时，他们运用"力"或"重力"这样一些术语，就好像它们就是事物或在事物中有某种实在的存在似的。但"力"只不过是描述我们对事物的活动的感觉的一个词，给我们的知识并不超出感觉和反省所给予我们的。

贝克莱的意思并不是要摧毁科学，同样，他也不想否认"事物本性"的存在。他真正所想要做的就是澄清科学语言是怎么回事。像"力""重力"和"原因"这样一些术语所涉及的只不过是我们的心灵从感觉中所获得的一束束观念。我们经验到热使蜡融化了，但我们从这一经验中所知道的一切只是：我们称之为"在融化的蜡"的东西总是与我们称之为"热"的东西相伴随。我们并没有关于"原因"这个词所代表的任何单个事物的知识。其实，我们唯一拥有的知识就是关于个别经验的知识。但尽管我们不具有关于一切事物的原因的第一手知识，我们的确还是知道这些事物的秩序。我们经验到 A 由 B 所跟随着这一秩序，虽然我们并没有经验到这为什么会发生。科学给我们提供了一个关于物理作用的描述，而许多力学的原理都可以从我们的观察中精确地形成，这对于作出预测是有用的。于是贝克莱愿意让科学原封不动，但他却要澄清科学的语言，这样就没有人会认为科学给了我们比我们从可感世界中所能获得的还要多的知识了。而这个可感世界展示给我们的既没有实体也没有因果性。

上帝及事物的存在　既然贝克莱没有否定事物的存在或它们在自然中的秩序，那么对他来说就必须解释事物怎样在我们的心灵之外存在——甚至在我们没有知觉到它们时也如此，以及它们是怎样得到它们的秩序的。于是，通过详尽地阐述他的"存在就是被感知"这一主题，贝克莱认为"当我否定可感事物在心灵之外的存在时，我指的并不是我这个特殊的心灵，而是一切心灵。现在很清楚，它们有一个在我的心灵之外的存在，因为我通过经验发现它们是独立于我的心灵的。因此在我没有感知它们的这段时间中，就有它们存在于其中的另外的心灵"。而因为一切人类的心灵都会间歇性地离开事物，所以"就有一个无所不在的永恒的心灵，他知道和理解一切事物，并以这样一种方式，即按照他自己制定的这样一些规律把它们显示在我们的眼前，这些规律被我们称为自然法则"。因此事物的存在就依赖于上帝的存在，上帝是自然中的事物的有序性的原因。

再说一遍，贝克莱并不想否认，例如甚至当他离开房间时，蜡烛仍然会在那里，而当他经过一段时间转回来时，蜡烛可能已经烧完了。但这在贝克莱只不过意味着经验有一定的规则性，使得我们有可能预测我们将来的经验会是什么样子。说蜡烛甚至当我不在房间里时还在燃烧，这并不证明物质实体独立于一个心灵而存在。对贝克莱而言，说我能够知道蜡烛的情况只是因为我现实地经验到对蜡烛的感知，这似乎是一个常识问题。同样我知道我自己存在，因为我意识到我自己的心灵活动。

那么，如果我试图以我的经验来描述和解释实在，我首先就会达到这样一个结论，即存在着像我一样具有心灵的其他人。由此就可以设想，就像我拥有观念一样，另外的人同样也拥有观念。除了我的有限的心灵和别人的有限的心灵，还有一个类似于我的更伟大的心灵，这就是上帝的心灵。上帝的观念构成了自然的有规则的秩序。存在于我们心灵中的那些观念就是上帝的观念，是上帝传达给我们这些观念，所以我们在日常经验中所感知到的对象或事物并不是由物质或实体引起的，而是由上帝引起的。上帝也使一切有限心灵的经验协调起来，保证经验中的规则性和可靠性，这种规则性和可靠性又使我们能够以"自然法则"的形式来思考。于是，观念在上帝的心灵中的这种有序安排就被传达给了人的有限心灵或精神——当然，还得考虑到上帝的心灵和有限的心灵之间在能力上的差别。所以，那种终极的实在就是精神的（上帝），而不是物质的，而对象在我们没有感知它们时的继续存在，是由上帝对它们的持续感知来解释的。

如同贝克莱那样说人的观念来自上帝，这暗含着对因果关系的一种特殊的解释。强调一下，贝克莱并没有否认我们对因果关系有某种洞察；他只是坚持说，我们的感觉材料并没有向我们揭示一种独特的因果力量。例如，当考虑水如何并且为什么会结冰时，我们并没有在寒冷中发现任何迫使水成为固体的力量。然而，我们的的确确通过我们的心理活动来理解因果关系。例如，我们意识到我们的意志力；我们可以有意移动我们的手臂，或者，这一点在此更为重要，我们可以在我们心中产生想象的观念。我们产生这种观念的能力暗示被感知的那些观念也是由精神的力量所导致的。但想象出来的观念是由有限的心灵所产生的，而被感知的观念却是由无限的心灵创造出来并使之存在于我们心中的。

贝克莱确信，通过他对"存在就是被感知"（esse est percipi）这一公式的讨论，他已经有效地打击了哲学唯物主义和宗教怀疑主义的立足点。洛克的经验主义，就他坚持知识建立在感性经验之上而隐藏在现象之后的实体或实在永远不可知而言，不可避免地包含着怀疑主义。贝克莱为上帝的和精神存在者的实在性所作出的论证是否成功地反驳了唯物主义和怀疑主义，仍然是成问题的，因为他的论证包含有与他在唯物主义者身上所抓到的一样的破绽。但他的影响仍然是意义深远的，只不过对后世产生持久影响的是他的经验主义而不是他的唯心主义。贝克莱在洛克经验论的基础上阐明了这样一个关键论点，即人的心灵仅仅是并且永远是就特殊的感性经验进行推理——抽象的观念并不指向与之对等的实在。休谟这位将让经验主义得到最充分表达的人,曾说贝克莱是"一个伟大的哲学家,(他)质疑了被接受到这种个别性中来的意见,并断言一切普遍观念都无非是个别观念。……我把这看作是近年来在学术界中作出的最伟大和最有价值的发现之一"。

11.3 休 谟

休谟的生平

大卫·休谟汲取了洛克和贝克莱哲学中的纯正的经验主义要素,而从他们的思想中排除了残留的形而上学,并且给了经验主义以最清楚最严格的系统阐述。他1711年生于爱丁堡,父母都是苏格兰人。他的早年兴趣是文学,这种兴趣不久就向他家里表明,他不会按照他们为他制定的计划成为一名律师。虽然他上了爱丁堡大学,他却没有毕业。他是一位性情温和但很有主见的人,对"增进我们文学才干以外的目的都不屑一顾",并且"除了对哲学和一般学问的探求之外,对每件事情都感到一种不可克服的厌恶。"他1734—1737年在法国漫游,在"节衣缩食"的条件下写成了他的《人性论》(*Treatise of Human Nature*)。当他的书在1739年出版时,休谟对它所受到的冷遇颇感失望,后来他评论说:"没有任何著述的尝试比这更倒霉的了,"因为这本书"从印刷机上一下来就是个死胎"。他的下一本书《道德政治论》(*Essays of Moral and Political*)出版于1741—1742年,是较为成功的。接着休谟修改了他的《人性论》中的主题并且以《人类理智研究》(*An Enquiry concerning Human Understanding*)为题将它出版。除了他关于英国历史的内容广博的著作之外,休谟还写了三本其他的可以使他名声远扬的书,这就是《道德原则研究》(*An Enquiry concerning the Principles of Morals*,1751)、《政治论文集》(*Political Discourses*,1752),和在他身后出版的《自然宗教对话录》(*Dialogues concerning Natural Religion*,1799)。

休谟还参加政治生活,1763年他作为英国大使的秘书到了法国。他的书让他在欧洲大陆声名广播,而他在欧洲大陆的朋友之一就是哲学家让-雅克·卢梭。1767年到1769年他担任副国务大臣,1769年回到爱丁堡,他家成了当时社会名流的聚会中心。这时他"十分富足",所以往来于朋友和仰慕者——其中就有经济学家亚当·斯密——之间,过着宁静而怡然的生活。1776年他在爱丁堡逝世。

休谟想运用物理学的方法建立一门人性科学。他对文学的广泛了解向他表明,读者是何其频繁地在一切问题上碰到相互冲突的观点。他认为这种观点的冲突兆示着一个严重的哲学问题:我们如何能够知道事物的真正本性?如果手段高明的作者能够引导读者接受有关道德、宗教和物理实在的真实本性的那些互相冲突的观念,那么,究竟是这些观念同样为真，还是有一些方法可以用来发现这些观念互相冲突的理由呢？休谟同样有他那个时代的乐观想法，这种乐观主义在科学方法中看到了解决世界上一切问题的手段。他相信这样一种方法能够引导我们达到对人的本性尤其是对人的心灵活动的清楚理解。

结果，休谟发现，对使用科学方法来描述人的思想机制的可能性的这种乐观看法不可能有合理的根据。他早先对理性的信仰最终导致了怀疑主义。因为当他追溯观念在心灵中形成的过程时，他大吃一惊地发现人的思维的范围是多么的有限。洛克和贝克莱两人都已经走到了这一点，但他们谁都没有足够严格地采用自己对观念起源的解释从而把自己的整个认识论都置于这一基础之上。他们仍然求助于人的"常识"信念，这种信念是他们不愿意完全放弃的。虽然他们认为我们的一切观念都来自于经验，但他们还是确信，经验可以在很多题材上给我们以知识的确定性。相反，休谟的结论却是，如果我们严格地接受这个前提即我们的一切观念都来自经验的话，我们就必然会承认这种对观念的解释迫使我们接受的那种知识的有限性，而不管我们的习惯性信念会说些什么。

休谟的知识理论

休谟认为，要解决在"晦涩问题"上的争执和玄想引起的难题，只有一种方法，那就是"严格探究人类理智的本性，并从对人的力量和能力的精确分析中表明，没有什么办法使它适合于如此陌生和晦涩的主题"。据此，休谟仔细地分析了一系列引他达到怀疑论的结论的主题，而这始于他对心灵内容的一种说明。

心灵的内容 休谟说，没有什么看起来比人的思维更加无拘无束的了。虽然我们的身体被束缚于一个星球上，我们的心灵却能够到宇宙中最遥远的地方去漫游。心灵似乎也不受自然或实在的界限束缚，因为想象力能够毫无困难地设想最离奇古怪和最不合情理的幻象，如飞马和金山之类。但是，虽然心灵看来具有这种广阔的自由，休谟却认为，它"实际上却被限制在非常狭窄的界限之内"。归根到底，心灵的内涵全部都可以被归结为由感官和经验所给予我们的材料，这些材料休谟称之为"知觉"。心灵的知觉有两种形式，休谟将其区分为"印象"和"观念"。

印象和观念构成了心灵的全部内容。思想的原始素材就是印象（感觉或情感），而观念则只是印象的摹本。在休谟看来，一个印象和一个观念的区别只是它们的鲜明程度不同而已。原始的知觉就是印象，如当我们听、看、触、爱、恨、欲求和意愿时。这些印象在我们拥有它们时是"生动的"和清晰的。当我们思考这些印象时，我们就有了关于它们的观念，而这些观念是对原始印象不那么生动的翻版。感到痛是一个印象，而对这个印象的回忆就是一个观念了。在任何具体情况下，印象与其相应的观念都是相似的，区别只在于它们的鲜明程度。

除了在印象和观念之间作出区分，休谟还认为没有印象就不可能有观念。因为如果一个观念只不过是一个印象的摹本，那么结论就是，有一个观念，就必须有一个在先的印象。然而，并不是每个观念都反映了一个与之精确相应的印象，因为我们从来也没有见到过一匹飞马或一座金山，尽管我们有它们的观念。但休谟把这样一些观念解释为心灵"对感觉和经验提供给我们的材料进行组合、变换或削减的机能"的产物。当我们思考一匹飞马时，我们的想象力结合了两个观念，即翅膀和马，这两个观念我们原来是通过我们的感觉而作为印象得到的。休谟说，如果我们怀疑一个哲学术语的使用是没有意义或没有思想内容的，我们"只需查问一下：那个被假定的观念来自什么印象？而如果不可能指给它任何印象，这就足以证实我们的怀疑了"。休谟甚至也以此来检验上帝的观念，并且得出结论说，它是由于我们对自己心灵活动的反省把我们从人那里经验到的善与智慧等品质作了"无限的推论"而产生的。但如果我们的一切观念都来自印象，我们如何能够解释我们称之为"思维"的事情，或解释观念用来把自己集合在我们心灵中的那些模式呢？

观念的联想 我们的观念相互发生关系并不完全是凑巧。休谟说，必定有"某种结合的纽带、某种联想的性质，由此一个观念才自然而然地引出另一个观念"。休谟将之称为"一种经常占优势的温和的力量，它向每个人指出最适于结合成一个复杂观念的那些简单观念"。这并不是心灵把一个观念与另一个观念联结起来的一种特殊的机能，因为休谟并不具有对心灵的构造性装置的印象。但是根据对我们实际思维方式的观察和对我们观念的集合的分析，休谟认为他发现了对观念的联想的一种解释。

他的解释是：只要观念中具有确定的性质，这些观念就是相互被联想的。这些性质分为三类：相似、在时间和空间中的接近，以及原因和结果。休谟相信一切观念相互之间的联系都能够由这三种性质来解释，并提供了如下例子来解释它们如何起作用："一幅画自然而然地引导我们想到那个原物（相似）；提及一个建筑物中的一个房间自然而然地就引导人们去考察……另一个房间（接近）；而且如果我们想到一个伤口，我们几乎不可避免地反省到由它所带来的痛苦（原因和结果）。"心灵没有任何活动原则上是不同于观念联想的这三个例子之一的。但其中，原因和结果的概念又被休谟看作是知识的核心要素。他采取的立场是，因果律是一切知识的有效性所赖以成立的基础。如果因果律有任何缺陷，则我们就不可能有知识的确定性了。

因果性 休谟最具独创性和影响力的思想是关于因果性问题的。洛克也好，贝克莱也好，都没有挑战因果律这一基础。虽然贝克莱说我们不能发现结果在事物中的致动因，他的意图却是追寻现象的原因，从而在上帝的活动中追寻可预测的自然秩序。

在休谟那里，因果性的整个概念都是可疑的，而他探讨这个问题是通过发问："因果观念的来源是什么？"既然观念是印象的摹本，休谟就是问什么印象给了我们因果性观念。他的回答是，并没有与这个观念相应的印象。那么，这个因果性观念又是如何在心灵中产生的呢？休谟说，肯定是这样，即因果性观念是在我们经验到对象之间的一定的关系时在我们心灵中产生出来的。当我们谈论原因和结果时，我们的意思是说 A 引起了 B。然而，是怎样一种关系造成了 A 和 B 之间的这样一种现象呢？经验提供给我们两种关系：（1）接近关系，因为 A 和 B 总是紧密靠在一起的；（2）时间中的在先性，因为 A 这个"原因"总是先于 B 这个"结果"的。但还有另外一种关系是因果观念提供给常识的，就是在 A 和 B 之间有一种"必然的关联"。但无论是接近也好还是在先也好，都并不包含对象之间的"必然"关联。休谟说，如果我们个别地考虑各种对象的话，没有什么对象包含有另一个对象的存在。对氧气无论观察多少次都不能告诉我们当它与氢混合时就必然会给我们带来水。我们知道这一点只是在我们看到它们在一起之后："因此我们能够从一个对象推断出来另一个对象的存在，这只是通过经验。"虽然我们的确拥有接近的、在先的和经久联结的印象，我们却并不具有任何必然关联的印象。所以，因果性并不是我们所观察到的对象中的性质，毋宁说是一种由于 A 和 B 的随时重复而在心灵中产生的"联想的习惯"。

由于休谟认定因果律是一切知识的核心，他对这一原则的攻击破坏了一切知识的合理性。他看不出有什么理由可以把"无论什么存在者要存在都必须有一个存在的原因"作为一条直观的或是可演证的原则而接受下来。最后，休谟把思维或推理看作"一种特殊的感觉"，而作为这样一种感觉，我们的思维是不可能扩展到超出我们的直接经验之外的。

什么存在于我们之外？

休谟的极端经验论导致他认为，物体或思维在我们之外具有连续的和独立的存在是没有理性合法性的。我们的日常经验使人想到，在我们之外的事物是存在的。但如果我们严格接受我们的观念是印象的摹本这一看法，哲学的结论就必然会是：我们所知道的一切都是印象。印象是内部主观的状态而不是对外部实在的清晰的证据。可以肯定，我们总是那样行动，好像的确有一个实在的外部的事物的世界似的，而且休谟愿意"以我们的一切理性承认"事物当然是存在的。但他想要探讨的是我们为什么会认为有一个外部世界的理由。

我们的感官并没有告诉我们事物独立于我们而存在，因为，我们如何知道甚至当我们中断了我们对它们的感觉时它们还继续存在呢？并且其至当我们感觉某物时，我们也决不具备一种我们能够借以把事物与我们对事物的印象区别开来的双重眼光；我们所有的只有印象。心灵没有任何办法超越印象和印象使之成为可能的那些观念："把我们的想象推移到天边，或是一直到宇宙的尽头；我们永远也不会超出我们自己一步，除了已经显现在那个狭窄范围内的知觉，我们也不可能构想出任何别的存在。这就是想象的宇宙，除了在这个宇宙中产生出来的观念，我们也再没有任何别的观念。"

恒定性和一贯性　休谟认为，我们相信事物在我们之外存在，是我们的想象力在处理我们的印象的两种特殊性质时的产物。从印象中，我们的想象力意识到恒定性和一贯性。事物的排列有恒定性，例如，当我向我的窗外看去时：那里有山、房子、树。如果我闭上我的眼睛或是转身离开，然后再来看同一片景色，那排列还是一样的，而正是我的印象内容中的这种恒定性导致我的想象力断言说，不论我想到还是没想到它们，山、房子和树都存在着。同样，我在离开房间之前放一根木柴在火炉上，而当我转回来时它已经几乎烧成了灰。但是虽然在火炉中已发生了巨大的变化，我却习惯于在类似的情况下发现这类变化："这种……在其变化中的一贯性是外部对象的特征之一。"在山的例子中，有我们的诸印象的一种恒定性，而在火炉的例子中，我们的印象与变化过程有一种一贯性的关系。由于这些原因，想象力引得我们相信某些事物是连续地具有外在于我们的独立存在的。但这是一种信念而不是一种理性的证明，因为假定我们的印象与事物相关联"是没有任何推理为基础的"。休谟把这种怀疑论的推理思路推广到对象和事物以外，而去考虑自我、实体和上帝的存在。

自我 休谟否定我们对"自我"有任何观念。如果"我"说我并不拥有一个对我自己的观念，这看起来好像是悖谬的。然而在这里休谟又要考察一下我们所说的"自我"是什么意思，他问道："从何种印象中能够产生出这个观念来？"有任何能产生我们对自我的观念的连续而同一的实在吗？我们有任何一个印象不变地与我们的自我观念联结着吗？休谟说，"当我最亲切地体会我所谓的我自己时，我总是会碰到这个或那个特殊的知觉，如热或冷、爱或恨、苦或乐。任何时候我总不能抓住一个没有知觉的我自己，除了知觉之外我也不能观察到任何事物。"休谟否认连续的自我同一性的存在，并且说，自我"除了一束或一堆不同知觉之外什么也不是"。那么，我们如何解释我们认为是自我的东西呢？这就是我们的记忆的力量，它提供给我们连续同一性的印象。不过，休谟认为，心灵是"一种舞台，各个知觉在这个舞台上相继出现"然后又消失。

实体 导致休谟否定以某种方式保持着自己在时间中的同一性的连续性自我存在的，就是他对任何形式的实体的存在的彻底否定。洛克还保留了作为那种具有颜色或形状和其他性质的某种东西的实体观念，虽然他把它们说成是"某种我们不知道是什么的东西"。贝克莱否认作为各种性质的基础的实体，但却保留了精神实体的观念。休谟否认了实体以任何形式存在或具有任何连贯的意义。如果"自我"所意味的东西是某种形式的实体，那么休谟认为没有这样一种实体能够来源于我们的感官印象。如果实体的观念是通过我们的感官而被传达给我们的，休谟问道："是哪种感官，并且按照何种方式？如果是通过眼睛的知觉，那它必定是有颜色的；如果是通过耳朵，那就有声音；如果是通过味觉，就有滋味……因此我们不具有与特殊性质的集合的观念不同的实体观念。"

上帝 休谟的"我们的观念超不出我们的经验"这一严格前提不可避免地会使他对上帝的存在提出怀疑论的质疑。大多数推演上帝存在的尝试都依赖于某种形式的因果性。

其中，设计论论证一直有力地影响着宗教信徒们。休谟意识到这一论证的力量，但他敏锐地区分开了这个问题的各个要素，让这一证明减少了它通常所具有的力量。

由设计论论证而来的证明开始于对自然界美丽秩序的观察。这种秩序与人的心灵能够加之于无思想的物质之上的那种秩序相似。从这一预备性的观察出发，我们就推断不能思想的物质自身中并不包含有秩序的原则："把大量的铁片扔在一起，没有形状或形式，它们永远也不会自行组成一只表。"所以人们认为，秩序需要某种心灵即某个安排者的活动。我们的经验告诉我们，一只表也好，一栋房子也好，离开钟表匠或建筑师，是不可能形成的。由此推出，自然秩序类似于人为形成的秩序，并且，正如表需要一个进行安排的原因，宇宙的自然秩序同样也需要一个这样的原因。但休谟说，这样一个推断"是不可靠的；因为这件事完全超出了人的经验范围"。

如果这全部设计论论证都基于"宇宙中的秩序的那个或那些原因很可能带有某种与人的理智的间接的类似性"这一命题，那么，休谟认为，这个论证所能证明的东西就没有它声称的那么多。休谟对因果性观念的批判在这里有着特别的力量。我们从对两个事物的多次重复的观察中引出了原因观念。那么，当我们根本没有把宇宙作为与我们可能认作原因的任何事物相关的来经验到时，我们怎么能够为宇宙指定一个原因呢？运用类比不能解决问题，因为在一只表和宇宙之间的类比是不精确的。为什么不把宇宙看作植物生长过程的产物而要看作有理性的设计者的产物呢？并且，即使宇宙的原因是某种类似于理智的东西，又怎么能把道德特性归之于这样一个存在者呢？此外，如果必须运用类比，应当挑选哪一个类比？房子和船通常是由一群设计者设计出来的，我们应当说有许多上帝吗？实验模型的建造有时是在不具备对最终完成的形式的现成知识时进行的，宇宙是一种实验模型还是最终的设计？借助于这条探索的思路，休谟希望强调的是，宇宙的秩序只是一个经验的事实，我们不可能从它去推断上帝的存在。这并不必然导致无神论——虽然休谟本人看起来像一个无神论者。他只是像检验我们的自我观念和实体观念一样，用同一种严格经验主义的方式，来检验我们的上帝观念。他最终的确是一个怀疑论者，但他最后吐露的观点却意味深长："无论一个人把他的思辨原则推进到多远，他都必须和其他人一样行动和交谈……要保持彻底的怀疑论，或者把怀疑论体现到行动中去哪怕只是几个钟点，都是他不可能做到的。"

伦理学

休谟的怀疑论并没有妨碍他严肃地对待伦理学。正相反，在他的《人性论》第三卷的开篇中，休谟写道："道德是一个比一切其他事物都更让我们感兴趣的主题。"他对伦理学的兴趣是如此强烈，以至于他希望为这个主题做伽利略和牛顿为自然科学所做的事。为了这个目的，他在其《道德原则研究》的第一节中说："道德哲学的处境正如……哥白尼时代以前的天文学一样。"旧的科学连同其抽象一般的假说必须让位给一种更具实验性的方法。于是这样一个时代也就来到了，休谟写道，这时哲学家们"应该尝试在一切道德探究中作一种类似的改革，并拒绝一切不是建立在事实和观察之上的伦理学体系，无论它们如何精妙和新颖"。

在休谟看来，伦理学的核心事实是，道德判断不仅仅是凭理性而形成的，而是要通过情感。无疑，理性在我们讨论道德决定时起了相当重要的作用。但休谟认为，理性"并不足以单独产生出任何道德谴责或道德认可"。限制理性在伦理学中的作用的是，理性作出的判断涉及经验性的"事实的事情"和分析性的"观念的关系"的真假。道德评价不是有关任何事情的真假判断。相反，道德评价是情感反应。

例如，为什么我们判断谋杀是一桩罪恶呢？或者用休谟的话来说，"哪里有我们在这里称作罪恶的那种事实的东西？"假定你描述这个行为，它发生的准确时间，所使用的武器，简言之，你搜集了有关这件事的一切细节资料。但理性的机能仍然不能挑出那件可以贴上"罪恶"标签的事实。毕竟，这个行为不可能总是并且在一切情况下都被看作一桩罪恶。同样的行为可以被称为自我防卫或明正典刑。作出善或恶的判断，是在一切事实都已知"之后"。一个行为的善或恶并不是一件由理性所发现或推演出来的新事实。道德评价也并不和数学判断相似。从有关一个三角形或圆形的少数事实中就可以推断出另外的事实和关系。但善就像美一样，并不是由理性推断或演绎出来的一个另外的事实。休谟说："欧几里得完备地解释了圆的一切性质，但在任何一个命题中都对它的美不置一词。理由很清楚。美不是圆的一种性质。美并不处于其每一部分都与一个共同中心等距的一条线的任何一部分中。美只是那个图形在心灵上所产生的效果，心灵特有的组织结构使其易于受这种情感的影响。"

为了强调这点，休谟请我们"看看是否能发现那种你称之为'恶'的事实性东西或实在的存在"，他认为："不论你以何种方式理解它，你只能发现某些欲望、动机、意志和思想。在这件事中没有别的事实性的东西。……你永远不可能发现它，直到你转而反省自己的内心，并发现在你心中产生了对这种行为的不认可的感情为止。这里有一种事实的东西；但它是感情的对象，而不是理性的对象。它处在你自己之中，而不是在对象之中。"

在休谟看来，道德评价涉及对我们在观察到某个人的行为的后果时所经验到的愉快和痛苦的同情感。例如，如果我的邻居遭到了抢劫，我会为他感到同情的痛苦，而这种痛苦就构成了我对抢劫犯的行为的道德谴责。如果我看到某人帮助一位老妇人过街，我就会为这位老妇人感到同情的愉快，而这种愉快就构成了对于那位帮助她的人的道德认可。休谟意识到，把伦理学体系建立在情感能力上必须冒着将伦理学归结为趣味问题的风险，那样道德判断就成了主观的和相对的了。此外，把情感或感情指为赞赏和谴责的根源就意味着我们的道德判断来自于我们对自利和自爱的一种算计。休谟拒绝了这些假设，他肯定道德感情是一切人心中都可以发现的，人们赞赏或谴责的是同样一些行为，而这些赞赏或谴责并不来源于狭隘的自爱。休谟写道："由敌方所做出的一种仁慈、勇敢、高尚的行为使我们不得不认可；而就其后果而论，这种行为也许被认为是对我们的特殊利益有损害的。"而且，我们所经验到的同情感并不限于我们眼前所看到的事。相反，我们把一种"对道德行为加以赞扬"的本能的能力"运用于离我们非常遥远的时代和国度；在那里想象力再怎么细致也不会发现任何自身利益的迹象，或发现我们现有的幸福及安全与离我们如此遥远的事件有任何关联"。

在人身上究竟有哪些性质会触发我们对道德赞同的同情感呢？按照休谟的意思，这些性质——或德性——包括"给观者带来愉快的认同情感的一切精神活动或性质；恶则相反"。这些性质包括"判断力、谨慎、进取心、勤劳、节俭、机智、精明和洞察力"。他还认为，甚至在最玩世不恭①的人中，对"节制、清醒、容忍、坚定、周密、沉着、思维敏捷和措辞得体的优点，事实上也有普遍的赞许"。这些引起我们赞赏的性质是怎样一些性质呢？休谟说，这些性质是有用的和令人惬意的。但对什么有用？休谟回答说："肯定是对某些人的利益。究竟对谁的利益呢？不仅是对我们自己的，因为我们的认可经常扩展得更远。所以这必定是那些被赞赏的特性或行为所服务的人的利益。"

休谟在这里的方法是彻底经验主义的。首先，经验告诉我们道德评价涉及情感，而本身不是理性判断。其次，经验告诉我们，我们在对人们拥有的许多道德品质作出反应时，有对愉快和痛苦的同情感。最后，经验告诉我们，所有这些道德品质都有一个共同点：它们对那些受到我们行为影响的人来说是有用的或惬意的。在对道德评价的这种经验主义的分析中，我们发现在休谟心里有一个清晰的道德判断标准：道德的行为就是对这些行为所影响的人有用或使之惬意的行动。用休谟的话来说，"一个人的优点完全在于拥有对他自己或对别人有用或使之惬意的精神性质。"

休谟对道德的经验主义态度有其直言不讳的批评者。许多人认为，道德需要被确定为永恒的和绝对的，而休谟却把道德的整个规划都建立在人的不稳固的机能和情感中。此外，批评者们还认为，我们在休谟的描述中完全找不到上帝的作用。所以，他的全部立场都站不住脚，而且是无神论的。然而，休谟理论的那些让批评者感到不安的特色，也正是对另一些人的吸引力所在。在读完休谟的道德理论后，杰里米·边沁写道："我感到仿佛眼中的翳障去掉了一样。"边沁自己在对道德作非宗教立场的探讨，道德被建立在经验事实的基础上，而不是神秘的理性直觉上。边沁很注意休谟的这个论点，即我们评价行为是基于它们的有用性——或者像休谟也曾表述的那样：它们的"效用"。这一点成

---

① "玩世不恭"原文为 cynical，指古希腊的昔尼克派（又叫犬儒派）哲学，以玩世不恭、愤世嫉俗为特点。——译者注

为了边沁和其他许多思想家所拥护的，持续于整个19世纪并一直延续至今的功利主义道德理论的基础。

总　结

经验主义是这样的理论，它主张经验是一切知识的来源，并且知识无法单独从理性的运用中得到。洛克的哲学开始于对我们思想来源的考察，他的立场认为，不存在天赋观念，一切观念最终都来自我们的经验。我们的心灵接受到的第一批观念有两类：（1）感觉的简单观念，比如说基本颜色、形状和声音，以及（2）反省的简单观念，我们的心灵见证了它自己对思考、推理和意愿的心理运作。然后，我们的心灵通过重组这些简单观念形成更复杂的观念。对洛克来说，紧接着的问题是外部对象的性质寓居何处。第一性的质是那些存在于对象本身的性质，比如玫瑰的形状；第二性的质仅仅存在于观察者的心灵中，比如玫瑰的红性。洛克相信像玫瑰这样的外部对象是有实体的，但要精确描述这种实体是什么几乎不可能。在伦理学中，他主张我们把能够增长愉悦的事物称作善的，而把减少愉悦的事物称作恶的；意见的法则告诉我们何种行动会带来幸福。在政治哲学中，洛克主张，在自然状态中，人们是平等的，拥有生活、健康、自由和财产等基本自然权利。我们通过融合我们的劳动和某些人们共有的东西来创造财产，比如用森林里的一棵树来打造一把椅子。为了有助于保护我们的财产，我们创造出一个社会并赋予一个政府维护和平和惩罚罪犯的权力。不过，对洛克而言，如果这个政府在这项任务上失败了，我们可以解散或反抗这个政府，并以新政府取而代之。

贝克莱辩护了观念论的立场，认为不存在三维的物质世界，存在着的一切都是精神-心灵及其思想。例如，当我感知到一棵树时，上帝将它的形状、颜色、质地植入我的心灵中的一种虚拟现实之中。贝克莱将他的观点浓缩进一句格言中："存在就是被感知。"支持这一立场的一个论证是说，所谓的第一性的质与第二性的质一样依赖于观察者。另一个论证是说，关于"物质"和"实体"，我们所能说的一切都导源于仅仅取决于观察者的可感性质。他主张，物理学家通过使用诸如力、吸引力、重力这些具有超出我们实际经验的形而上学预设的概念而遮蔽了科学。贝克莱考虑了这样的问题，像椅子这样的可感对象，当我们不再在房间中感知它时，它发生了什么。它消失了吗？他的回答是，上帝永远在他的心灵中感知这些事物，因此它们继续在那里存在。

休谟将洛克和贝克莱的经验论推进到其极端和怀疑论的结论。他开始于基本的经验论立场，认为我们的所有观念都是感觉印象或对印象反省的摹本。由此，任何观念的意义都可以从那个观念由之而来的印象中找到；如果我们无法定位这样一个印象，那么那个观念就是无意义的。根据休谟的观点，观念在流入我们的心灵时，就像我们在做白日梦时，它们或许看起来是任意的，但它们全都与三条联想原则相关：相似、接近、原因和结果。休谟通过运用上述对意义的检测来检视了因果性的观念。如果我们认为因果性是某种使 B 跟着 A 出现的外部力量，那么我们找不到这样的印象。他总结道，因果性并不是外部对象本身的属性，只是由反复看到 B 跟着 A 出现产生的一种连接的心理习惯。当我们检视外部世界的观念时，类似的问题出现了：我们没有对其的印象，只有心灵的习惯。而当我们检视在时间中持续的个人自我的观念时，又一个类似的问题出现了：我们没有持久同一的印象，只是经验到各种转瞬即逝的知觉。休谟继续用他的怀疑论式的分析批判了上帝存在的宇宙论和设计论论证。在伦理学中，他否认道德评估是关于客观道德真理的理性判断。相反，他主张，对于对错的评估只是当我们看到一个人帮助或伤害其他人时产生共情经验对愉悦和痛苦的感受。

研究问题

1. 评估洛克反对天赋观念的论证，并说说你是否同意。
2. 洛克将"实体"描述为"我不知道是什么的某种东西"。解释他这句话的意思，并说说你是否同意。
3. 比较霍布斯和洛克对自然状态和政府权威的构想，并指出你认为哪个更好。
4. 贝克莱论证说，所有所谓的第一性的质也只不过是依赖于观察者的第二性的质。解释他的推理并说说你是否同意。
5. 贝克莱的主要观点是，断言一个物质世界的存在是得不到辩护的，并且任何解释"物质"最终由什么构成的努力都将是不融贯的。试着反驳贝克莱，并推测他可能会如何回应你的批评。
6. 讨论休谟的联想三原则，想想他是否遗漏了什么，以及他对于人类思想的整个机械化进路是否是受误导的。
7. 休谟对于因果性的观点，用最简单的形式来说，是说有某种像第二性的质（即通过反复看到 B 随着 A 发生而形成的心理习惯）而非第一性的质（外部世界的一部分中的力量）的东西。解释他对这一立场的论证，并说说你是否同意。
8. 讨论休谟对上帝存在的设计论论证的批评，并说说你是否认为他成功。
9. 休谟对于道德的观点是说道德是由人类心理学而非自然法则或普遍真理奠基的。讨论他的理论，以及他的纯粹心理学进路是否将道德的本质廉价化了。
10. 使用来自不同哲学家的例子，比较上一章的理性主义与本章中各种经验主义的基本特征。讨论你认为哪种进路是最好的。

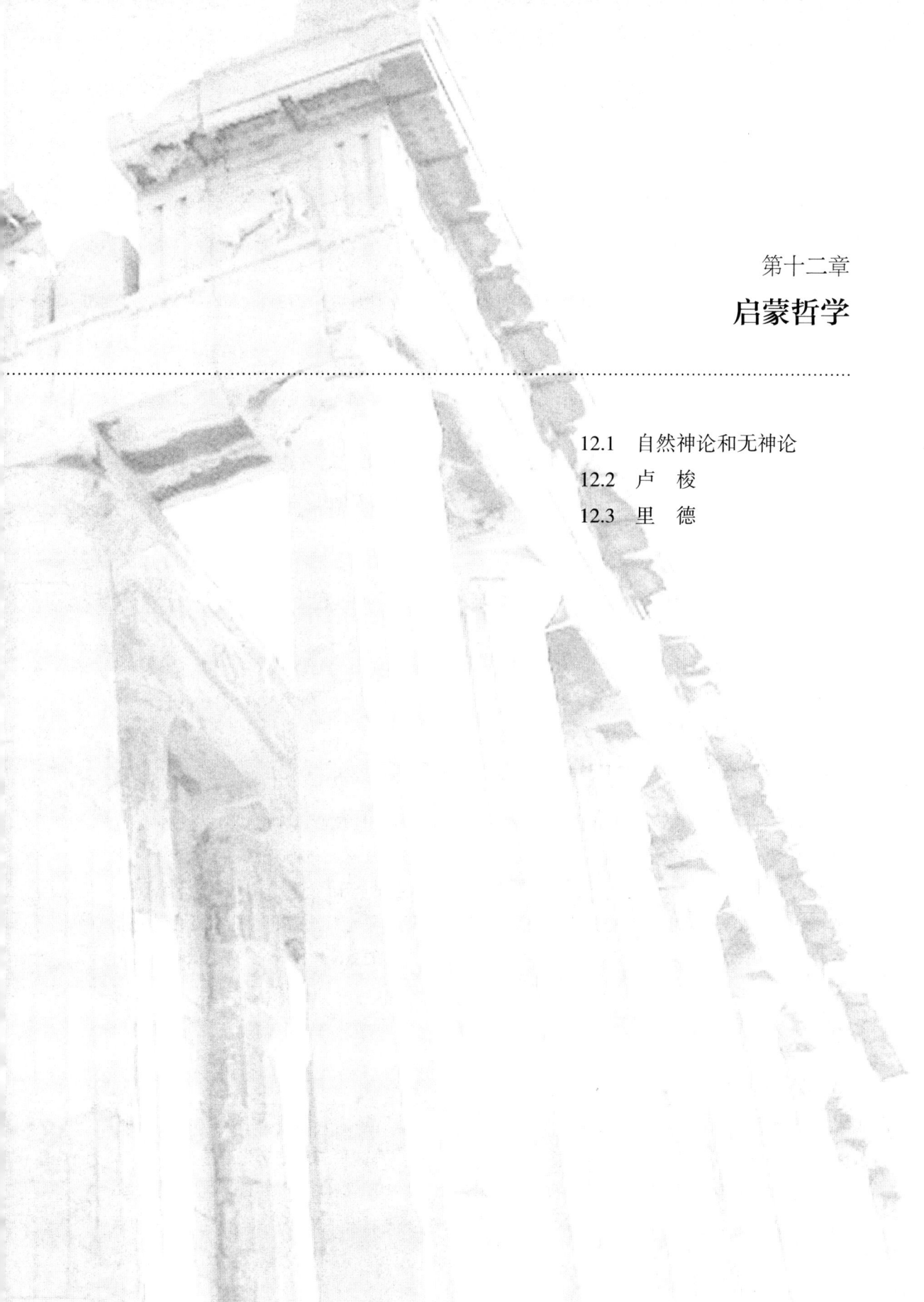

第十二章

启蒙哲学

12.1　自然神论和无神论
12.2　卢　梭
12.3　里　德

欧洲在18世纪经历了一场被称为"启蒙"的思想运动，这一运动发出了振奋人心的呼声：人类在致力于包括科学、政治、宗教、美学和哲学等在内的一切领域时，都应该以理性为指导。科学的飞速进步让启蒙思想家们深受鼓舞，他们自信通过对理性的运用，就能揭开宇宙的奥秘，使社会走上新的高度进步的发展方向。这种对理性的信念在文艺复兴中就已经有所体现，它迎来了科学的革命和人们对古希腊思想家们几乎被遗忘的著作所重新焕发出的兴趣。同样，17世纪那些理性主义的大哲学家们——笛卡尔、斯宾诺莎、莱布尼茨——也鼓励人们运用理性去破解关于人性和周围世界的那些亘古之谜。然而，启蒙运动之强调理性，有其独特之处，即：它关于伦理、政府权威和人类心理的理论都具有毫不掩饰的世俗性，而与带有宗教色彩的各种传统人性观分道扬镳了。洛克认为人心生下来是一块白板，由于通过感官接受了经验才形成观念，这大大地促进了启蒙运动的人性观念的建立。休谟则以怀疑主义对上帝、奇迹、来世生活等信念发起攻击，进一步推动了启蒙的进程。本章中我们将探讨其他一些对启蒙哲学居功至伟的关键人物，即：自然神论者、让－雅克·卢梭和托马斯·里德。

12.1 自然神论和无神论

自然神论是指这样一种观点：上帝创造了世界，但此后就听其自然了。按这种观点，上帝并不通过天启来干预这个世界：那些异象、奇迹、预言、藉神启而写下的经书，通通都是子虚乌有。上帝很像个钟表匠，制造了一台精密的机器，使之能自动维持其运行，一俟钟表售出，这匠人就退居幕后，不再拨动指针了。我们对上帝和我们彼此之间道德责任的知识，都是通过运用人的理性而得之于我们自身的。有些自然神论者仍然相信有来世生活，那时上帝将根据我们的所作所为对我们施以赏罚，但即便这一点也是我们通过理性发现的，而不是通过启示。

英国自然神论

大不列颠自然神论之父是切尔布利的爱德华·赫伯特（Edward Herbert of Cherbury 1583—1648）。他是个贵族，从过军，也当过外交官。在其最有名的著作《论真理》（*On Truth*，1624）中，赫伯特阐明了一个哲学体系，它以这样一种理论为基础：我们的心灵包含本能的、普遍为真的"共同观念"。这些观念有的使得我们对周围世界如此这般地进行感知，有的使得我们在科学问题上如此这般地进行推理。而有一组共计五个这样的共同观念则构成了宗教的基础：（1）有一个最高的神；（2）我们应当崇拜他；（3）敬神的最好形式是正当的道德行为；（4）我们应该为我们不道德的行为而忏悔；以及（5）来世我们将因此生的作为而受赏或受罚。以上列出的这几条本身并不包含什么可争议的内容，而它之所以具有颠覆性意义，是因为赫伯特坚称，这些原则就是真正的宗教的唯一基础。没有什么天启的经书；神的真正训示就是以这五条原则的形式，通过自然的理性传达给我们所有人的。要是我们发现一种宗教的任何教义超出了这五条，那就应当把那些无关乎这五条的教义视作教主们为谋取私利而编造出来的东西。进而言之，基督教作为一种宗教也并没有什么天然的优越性，因为我们在世界上其他的宗教体系中也能发现这五条原则。

后来赫伯特又有一部题为《一位教师与学生的对话》（*A Dialogue between a Tutor and His Pupil*）的著作，他在其中讲到了我们如果要反对像基督教那样占统治地位的宗教的教主，将会面临何等的挑战。这篇对话里的学生相信，宗教问题取决于理性而不是信仰，但让他感到沮丧的是，"我们的神学家们想让我首先信仰，然后再开始运用理性"。老师赞同他的观点，认为宗教如无理性基础而全凭信仰，则"价值甚微，或许会被认为不过是有关圣迹的传奇故事或是寓言化了的历史"。赫伯特接着说道，不幸的是，教主们"无处不在叫我们要摒弃他们以外的一切信仰，由此还想让我们把一切他们所不曾教给我们的教义一下子全都忘掉"。赫伯特认为，这种做法明显是不合理的，尤其是因为即使占统治地位的宗教，也有很多教义是疑点重重的。教主们还急于诅咒有其他信仰的信徒们下地狱，但我们不应被这些威胁所吓倒。如果我们从严格理性的角度来考察这个问题，就会发现真正的宗教的基础就只在于那五条原则。所以，倘若"任何国家的神学家要你拒绝其他一切信仰，只信他的"，这时，老师认为，这学生就应当回答，这种限制是"专横而不义的"，因为这妨碍了他发现真理。

赫伯特告诉我们，要探求宗教的真谛，就得在这五条原则在一切信仰中出现时把它们发现出来，对那些与此无关的教义则不予理会：

> 你不妨注意一下流传在异邦人士中的所有虔诚的信条——只要它们也以普遍理性为基础，也包含我们的教会所教导的那种对（道德上）善的生活的观念。然而他们那种不可思议的讲道方式也许会让你产生疑虑。不过，要是所讲的教义被加上了与虔诚和德性不符的东西，或者加上了有可能是教士为谋私利而编造出来的东西，那我就希望你先把它撇开，直到你所受的教诲足以让你分辨孰真孰伪以及可信度的大小。

照赫伯特看来，伊斯兰教就是一个明显的例证，说明异国的宗教也反映出这五条原则。当然，也会有一些宗教彻头彻尾是教主们臆造出来的。即便如此，按赫伯特的解释，这些人也并未被神所抛弃。此时,神便另辟蹊径,通过他们的哲学家和立法者来把宗教的真理传播到这些文化中,而这些人是在他们自身以及他们所处的自然界的范围以内发现宗教的那些原则的。

追随赫伯特自然神论观点的英国著作家不乏其人,马修·廷德尔(Matthew Tindal, 1657—1733)是其中恶名最著者之一。赫伯特还小心翼翼地避免直接攻击基督教,甚至不提"基督教"这个名称,而廷德尔的说法就没那么拐弯抹角了。他最著名的那部作品,其题目本身就是在发难:《与创世一样古老的基督教,或作为自然宗教之再现的福音书》(*Christianity as Old as Creation, or the Gospel, a Republication of the Religion of Noture*, 1730)。在这本书里廷德尔认为:基督教的一切要素已经出现在年代要早于《圣经》成书的自然宗教中。赫伯特得出自然神论还要以"天赋观念"为基础,廷德尔采用的则是洛克的更有经验论特点的方法,把人的经验用作论证自然宗教的手段。廷德尔写道:"有了'自然宗教',我就理解了关于上帝存在的信念,也理解了我们对所担负的那些义务的认识和践履,这一切都来自我们通过理性而获得的(1)关于他①和他的完满性的知识;(2)关于我们自身和我们的不完满性的知识;以及(3)关于我们与他以及与其他被造物的关系的知识。于是,自然宗教便把一切建立在理性和事物本性基础上的东西都包括在内了。"在廷德尔看来,基督教的目的应该是把迷信从宗教中清除出去,重新成为一种纯粹的、自然的宗教。要做到这一点,我们就应当服从理性的指导,而不是经书的权威。

法国哲人派

英国自然神论者激进的宗教观在法国后继有人,受到一个名为哲人派(philosophes)的独特的思想家群体的热烈欢迎。他们发表的多是些离经叛道的观点,对有关宗教、政府和道德的传统思想提出挑战。由于相信人的理性是人生最可靠的指导,他们提出:"理性之于哲人,恰如神恩之于基督徒。"那名为《百科全书》(*Encyclopédie*,1751—1780)的杰作即是以此为主题的,其中包含了一望而知属于哲人派的那些思想。这部宏伟巨著由丹尼斯·狄德罗(Denis Diderot,1713—1784)和让·勒隆·达朗贝尔(Jean Le Rond d'Alembert)主编,到1780年已经出版了35卷。在"百科全书"一章中,狄德罗写道:"只有在一个哲学的时代,人们才会有心去编纂一套百科全书",原因在于"这样的著作所需要的胆识之大,远非在爱好平庸的年代里所能有的。一切都要毫无例外地、毫不带感情色彩地加以考察、论证和研究"。那些古老的小儿之见应当置之不理,那些羁绊理性的障碍应当打翻在地。狄德罗继续写道:"我们对一个理性时代的需要已非一日,那时人们要探求法则将不再引经据典,而会去考察自然。"《百科全书》的很大部分是关于各门技艺

---

① 指上帝。——译者注

和行当的"怎么做"的条目。这些技术指南在今天当然是不足为奇了,然而在当时的社会,把业内人士竭力保守的绝学秘技公之于众,却堪称革命性的创举。狄德罗写道:"有的时候,工匠们对自己的一身家数守口如瓶,要把它们学到手,最便捷的办法是由自己或者托心腹人出面,去向他们拜师学徒。"狄德罗确信自己对全人类负有责任,应当使那些机巧秘学广为人知,使全世界人民的生活都得以改善。

因为要与审书吏反复周旋,《百科全书》中哲学怀疑论的成分被冲淡了,但这部著作还是立志要与迷信、不宽容以及教条主义进行斗争。不仅如此,许多撰稿人还表达了唯物主义和决定论的世界观,这些观点在他们自己的著作中得到了更充分的论述。

《百科全书》的一位更著名的撰稿人是弗朗索瓦-玛利·阿鲁埃(François-Marie Arouet)——人们更为熟知的是他的笔名伏尔泰(Voltaire,1694—1778)。1765年,他出版了一部名为《哲学辞典》的著作,发展了哲人派的许多伦理和宗教观点。这本书里的一个特别有煽动性的条目是"无神论与自然神论",该条目批评了无神论,而对自然神论表示赞赏。伏尔泰承认,无神论者多为饱学之士,但他们并不专治哲学,因此他们就创世、恶的起源以及导致他们认为上帝并不存在的其他事情所作的推理都并不高明。不过,伏尔泰认为,导致无神论者否定信仰的,归根到底不是别人,而恰恰是那些宗教信徒们自己,即"那些统治我们灵魂的唯利是图的暴君,他们要尽花招,令人生厌,使得那些意志不坚者放弃了对上帝的信仰"。这些信徒们想叫我们相信"驴说了话;鱼吞下了一个人,而且三天之后又把他毫发无伤地扔到了岸上;主宰宇宙的上帝会叫一位犹太先知吃下粪便 —— 我们对此也得深信不疑"。伏尔泰声称,这些观点是如此荒诞不经以至令人作呕,也无怪乎那些意志薄弱者会得出结论说上帝并不存在了。但伏尔泰相信上帝确实存在,他还认为,相信上帝存在对于文明社会来说实在是至关重要,所以即便真的不存在上帝,那也得造出一个来。他认为,所幸的是,自然本身已经清清楚楚地向我们昭示了上帝的存在。传统的宗教体系是基于对启示的迷信观念的,我们应该加以拒斥,但同时我们也应该接受自然神论的观点。伏尔泰写道:"自然神论者坚决相信有一个既是善的又是强有力的最高存在者,他创造了一切有广延的,能认识、能思想的存在;他使他们的种族得以延续,他膺惩罪恶但不失之于残酷,奖掖德性而必佐之以良善。"要而言之,自然神论就是没有被启示所误导的健全理智,其他宗教虽然本来也是健全理智,但其中已经充斥着迷信。

《百科全书》的另一位重要撰稿人是保尔-亨利·迪特利希(Paul-Henri Dietrich),也就是人们熟知的霍尔巴赫(Baron d'Holbach,1723—1789)。他为《百科全书》撰写了376个条目,其中大多是有关科学方面的课题的。在他的《自然的体系》(*A System of Nature*,1770)和《健全的思想》(*Common Sense*,1772)两书中,霍尔巴赫把法国怀疑论哲学推到了极致。霍尔巴赫不同于提倡自然神论的伏尔泰,他彻底否认上帝的存在,认为关于一个神的存在的观念是不可理解的："我们真能设想自己诚心诚意地相信有那么一个其本来面目我们不得而知，其自身为我们的感官所不能及，其性质我们又绝对无法捉摸的存在物吗？"他认为，宗教是在古时候产生于那些野蛮蒙昧的族群的，后来那些掌权人物发现它是对人们加以控制的便利途径，于是通过制造恐惧心理来加强其威力。于是，宗教信仰就父子相传，代代相袭了："人的大脑，尤其是幼年时期的大脑，就像一块软蜡，无论压上什么印记，它接受起来都是愉快的。"这样一来，父母的宗教观点也就牢牢地占据了他们子女的心灵。

按霍尔巴赫的看法，自然的真正体系，与各种宗教迷信毫无瓜葛，而完全是物质性的：是那些确定的自然规律在支配着物质的运动和结构。人类也是在地球上事物发展的自然进程中出现的，并且，尽管霍尔巴赫不愿去玄想人类究竟是怎么来的，他仍然坚持认为：人类并没有高于其他生物的特权。所有的生物都是靠着各自物种所特有的"精气"（energies）来生息繁衍的。如果我们人类自以为在自然界占据了一个独一无二的尊荣地位，那不过是由于我们受了无知和自恋的误导而已。

霍尔巴赫认为，我们的物理性的身体和心理性的机能作为自然的产物，也都完全是由物质材料构成的，而关于人的非物质的精神的概念是无法令人理解的。他写道："像现在这般的关于精神性实在的教条，给出的都是些模糊不清的思想，或者不如说根本毫无思想。这个精神实在除了一个我们的感官决不能让我们对其性质有所认识的实体外，还能让我们想到什么吗？说实在的，我们真能把自己想象成一个既无大小又无组成部分，既要作用于物体、却又与之毫无联系、绝不类似的存在者吗？"一旦认识到我们完全是由物质材料所构成的，很快就能推出：我们的一切行动都是被决定的。我们的每个动作都是产生于自然向它所统辖的万物颁布的不可更易的规律。每个人"的出生都是不经他自己同意的。他的身体组织也不是他自己决定的。他的念头也是不由自主地产生的。他的习惯则是由那些使他产生这些习惯的因素的力量所支配的。他不断地为或显或隐的原因所改变，这些他都无法控制，并且这些决定了他的思维方式，决定了他的行为表现"。于是照霍尔巴赫的看法，我们在生命中的任何一刻都不是自由行动的，要看清这一点，最好是去考察那促使我们产生出某种行为的特定动机：我们总会发现这些动机是我们不能控制的。只是因为个人的能力有限，"无法把他自己这台机器的复杂运动过程分析清楚，才导致有人以为自己是自由的行动者"。

12.2 卢 梭

卢梭的生平

当让-雅克·卢梭（Jean-Jacques Rousseau）踏入法国哲人们生气勃勃的思想氛围中时，他所拥有的资历让他看起来在学界将难以立足。然而，尽管卢梭几乎没有受过正规教育，他提出的关于人性的思想却有着动人心魄的力量，最后终于胜过了当时那些最伟大的思想家。

卢梭于1712年出生在日内瓦。他出生才几天，母亲就去世了，10岁那年，当钟表匠的父亲也远走他乡，把卢梭托给姑妈抚养。他先在一所寄宿学校上了两年学，后来他在自传《忏悔录》(*Confessions*) 中说，在这里"我们得把被冠以教育之名的毫无意义的垃圾货色都学个遍"，之后在他12岁时，卢梭被领回到姑妈家里，他所受的正规教育也就到此结束了。后来，他又跟着一个给钟表匣子雕花的工匠学徒，没多久，他就离开了日内瓦到处流浪，途中他遇到的有些人对他施以援手，让他能粗茶淡饭勉强度日，有的则把他引见给那些能指望上的资助人。一路上他读书不辍，并且培养了自己的音乐技能。最后，他漫游到法国，受到一位贵族妇女德·华伦夫人的关照，这位夫人想让他继续接受正规教育，结果以失败告终，于是设法为他安排工作。他干得最久的工作是抄写乐谱，但也在里昂市长德·马布利侯爵那里为他的孩子们当过家庭教师，后来还当过法国驻威尼斯大使的秘书。卢梭早慧，很小就开始读书。到了二十几岁时，他已读了柏拉图、维吉尔、贺拉斯、蒙田、帕斯卡、伏尔泰的部分经典著作，这些著作内容宏富，对他的想象力产生了强烈影响。他带着马布利家的介绍信，离开里昂来到巴黎，遇到了一些在京城里最有影响力的人物。在巴黎，富有的贵族和劳苦的工匠，巍峨壮观的大教堂和读着伏尔泰的异端思想的主教，沙龙里的轻快情调和拉辛剧作的悲剧主题——这些鲜明对比都让卢梭铭记在心。尽管他结识了狄德罗等许多名流，出入法国上流社会圈子也愈加频繁，卢梭却一直保持着童年时代的那种腼腆——尤其是对女性，他最后在1746年和一位叫特勒丝·勒瓦瑟尔的没念过书的女仆结成了终身伴侣，并在1768年娶她为妻。

卢梭的著述生涯始于他的获奖论文《论艺术与科学》(*Discourse on the Arts and Sciences*，1750)。文中他以强烈的情感力量指出，道德腐化是因为科学代替了宗教，因为艺术中的感官快乐，因为文学中的秽淫放荡，因为牺牲了情感来鼓吹逻辑。这篇文章让卢梭一举成名，以致狄德罗说"像这样的成功，真是史无前例"。接着在1752年他写了一出歌剧《山村卜者》(*Le Devin du village*) ——此剧曾在枫丹白露宫为国王及其朝臣演出——还有一出喜剧《纳西斯》(*Narcisse*)，在法兰西剧院上演。1755年他有两部重要著作面世，即：《论人间不平等的起源——这种状况是天经地义的吗？》(*What Is the*

Origin of the Inequality among Men, *and Is It Authorized by Natural Law?*)以及载于《百科全书》中的《论政治经济学》(*Discourse on Political Economy*)。1761年卢梭出版了一部爱情小说《新爱洛伊丝》(*Julie*, *ou La Nouvelle Héloïse*),此书跻身18世纪最著名的小说作品之列。他在1762年出版的《爱弥儿》(*Émile*)一书详尽地提出了一种新的教育方式,其中的"萨伏依牧师关于信仰的忏悔"颇令人为之一振,因为此节即使在极力倡言宗教对人类的重要性之际,仍不忘对教会体制下的宗教予以抨击。同年,卢梭出版了他最负盛名的著作《社会契约论》(*The Social Contract*),在本书中他力图对从"自然状态"发展到文明状态的过程加以描述,并阐明支配着人的那些律则为什么是正当的。

由于健康恶化并罹患妄想症,卢梭的晚年十分不幸。教会和政府当局严厉抨击他的著作,以至下令要"把卢梭逮送到高等法院监狱[the Concierge prison in the Palace (of Justice)]法办"。卢梭成了逃犯,期间曾接受休谟的邀请到英国去拜访他,在英国逗留了16个月。由于感到他的敌人密谋诋毁自己,卢梭又回到了法国。当有人告诉他伏尔泰已在弥留之际的时候,他说:"我们生命是连在一块儿的,我也多活不了几时了。"1778年7月,卢梭逝世,终年66岁。在他身后,出版了他以非凡的坦率写下的详尽自传——《忏悔录》。

学问的悖论

当卢梭读到第戎科学院(the Academy of Dijon)就"艺术与科学的复兴是否有助于敦风化俗"进行征文,并将给最优者颁奖的启事时,想到要做这样一篇文章,他不禁激情澎湃。他在回顾这一刻时说:"只觉有千道璀璨光芒炫我心目。成群结队的鲜活思想涌入我的脑海,强烈有力,又彼此纠结,令我沉浸到一种不可名状的激动中。"他那时已38岁,已经博览了古今典籍;游历了瑞士、意大利和法国;考察了不同文化的模式;在巴黎的社交界也历练有时,但对这个机心重重的社会圈子,他除了蔑视,别无感情。他接着说道:"只要我能把自己所见所感的写出四分之一,那对我们社会制度中的矛盾都会是一个多么鲜明的揭露!"他力图揭示"人的本性是善的,只是我们的社会体制败坏了它"。这最终成了卢梭此后的著作所包含的基本主题。但在此文中,对这个主题的处理还欠准确和清晰,原因在于,就像卢梭自己承认的,"尽管充满了力量和火样的激情,(这第一篇论文)却无疑是逻辑不严、次序凌乱的……是我写的作品中推理最薄弱的一篇"。因此,卢梭的《论艺术与科学》极易招致批评。他那种认为文明导致不幸,研习艺术和科学使社会腐化的议论,也看似不经之谈,殊难令读者接受。

卢梭的论文一开头先对人类理性的成就高唱赞歌,说:"人类任一己之力,一无所傍而卓然鹄立,以理性之光,将人类生而蒙蔽于其中之重重阴霾,尽行驱散——此等景象,真是雄奇瑰美,蔚为壮观。"仅仅几句话之后,他就笔锋一转,开始对艺术、文学和科学大张挞伐了，他说，这些东西"抛掷花环于人类所戴枷锁之上，终致人类"在日常生活中"不堪重负"，而且"窒塞人心，将人类生而追求之本真自由感加以扼杀"。卢梭清楚，人类的本性在过去一点也不比现在更好，但他提出：艺术和科学带来了一些值得注意的变化，这些变化使人们变坏了。卢梭认为，当艺术和文学还没有对我们的行为造成重大影响，还没有让我们的激情学会一种矫揉造作的表达方式的时候，我们的道德尽管粗鲁，却不失自然。而现代的教养使得每个人的言谈举止、穿着打扮都互相雷同，只是追随潮流而不是出自本性，于是我们都不再有勇气以真面目示人。芸芸众生，所作所为都难分彼此，结果我们即使与友人相处，也不知究竟在与何人来往。现今的人际关系充满尔虞我诈，而过去人们彼此一看就透，使得很多恶行止于未发。

卢梭也把攻击的矛头指向奢华之风和那些把政治中的经济层面拿来大讲特讲的政要们。他提醒时人"古之为政者，其言终不离道义与美德二事；今之为政者，舍通商、财利之外无以为辞"。他反对奢华的理由是，奢华能使社会光鲜一时，却决难长久，因为虽然金钱"可致万物，但唯独道德与公民非金钱所能收买"。艺术家与音乐家如果追求奢华，就会把他们的才华降低到一时流俗的水平，以取宠于当下。这就是研习艺术和科学带来的恶果，其时道德再也没有正当的地位，趣味也受到腐化。卢梭谈及了这个问题的一个解决之道，那就是要重视女性的作用，因为"男子之为何状，盖由女子择而使为之。故欲男子高贵有德，必先使女子知灵魂之伟，德性之宏"。但卢梭又说，人们关心的已经不再是一个男子是否诚实，而是他是否机灵，不在乎一本书是否有用，而在乎它写得好不好。人们对才智不吝奖赏，对美德却不以尊荣加之。

卢梭援引史实来佐证他关于艺术和科学的进步会使道德败坏社会衰朽的观点。他说，埃及乃"哲学和艺术之母；旋即为冈比西斯①所征服，后又相继臣服于希腊人、罗马人、阿拉伯人，最终落入土耳其人之手"。与此相似，曾经英雄辈出的希腊，如今"未尝一日无学，未尝一日不美，亦未尝一日不为奴，虽屡历鼎革，所得无非新主代旧主而已"。以此之故，如今在希腊"即使倾狄摩西尼②之口才，亦万难令此元气已为奢华与艺术淘尽之身重现生机"。当罗马是一个蛮夫武卒组成的民族时，她开创了一个庞大的帝国，但当她废弛了斯多葛式的纪律，而沉湎于伊壁鸠鲁式的淫乐时，就招致了他国的讥笑，甚至被蛮族所嘲弄。行文到此，卢梭于是把爱国主义尊为至上美德，把对艺术、艺术家、科学和学者都加以排斥的斯巴达作为最理想的国家。

看到卢梭在启蒙运动的高潮中竟然对无知加以褒扬，不免令人大感惊异。但他的意思并不是说哲学和科学毫无价值。他颇有同感地引用了也赞扬过无知的苏格拉底的

---

① Cambyses，波斯皇帝、居鲁士之子，公元前525年率军攻破当时埃及首都孟斐斯，生擒法老。——译者注

② Demosthenes，古希腊著名演说家。——译者注

话——雅典的智者、诗人、演说家和艺术家都夸说自己有知识，但他们其实所知甚少，而苏格拉底说："我至少确知自己无知。"卢梭担心的是，意见相左、众说交难所引起的思想混乱会对伦理和社会形成威胁。要是让每个人都去形成自己有关道德的思想——甚或哪怕是有关科学真理的思想——势必会造成严重的意见分歧。如果人们发现到处都是不同见解，那么用不了多久，深重的怀疑主义思潮就会在全体人民中泛滥开来。

一个稳定的社会是建立在一套被大多数人奉为思想和行为规范的见解——或称价值观——的基础上的。卢梭认为，有好几个原因使这些为人们所坚信的见解受到了哲学和科学的破坏。一方面，任何社会都是独特的，而其独特性就在于它的一套价值观具有本地的特色。但科学和哲学力图发现普遍真理。对这种普遍真理的追求使得那种带地方性的观点在真理面前相形见绌，权威受损。更有甚者，科学极力要求给出证明过程和证据，而在最至关重要的问题上，主流意见是不可能得到确凿无疑的论证的，因而对人们失去了约束力。此外，科学要求一种怀疑的态度，而这与那种乐于接受某种观点的心态是截然相反的。能凝聚社会的是信仰而不是知识，而科学家和哲学家在对知识的追求中都把信仰搁置起来。这种把信仰束之高阁的做法，如果仅限于少数几人，危害倒还不大，但令卢梭感到不安的是，这种怀疑精神如流布于全体人民，将造成破坏性后果，而它发展到顶点，就成了怀疑主义。从怀疑主义滑向纲常废弛，又不可避免地导致公德削弱，而公德照卢梭的理解，主要就是爱国主义。正是科学精神本身将危及爱国主义，因为科学家极易成为世界主义者，而爱国主义者则对他自己所属的社群怀有强烈的依恋。为了不让社会走向分崩离析，强有力的政府是必不可少的，而这在卢梭看来，将为专制暴政扫清道路。

归根到底，卢梭所非议的，与其说是哲学与科学自身，不如说是在人民中普及这些学科的企图。对培根、笛卡尔和牛顿，他都极为崇敬，认为他们是人类的伟大导师。但是，他说："人类学术之光荣丰碑，其树立之任，唯少数人可当之。"所以，让某些人专攻艺术和科学是无可非议的。他的矛头所向，是那些为了使知识迎合大众，而不惜对其加以曲解的人，即那些"贸然毁破科学之门，引无能治学之众擅入科学殿堂之编纂家辈"。卢梭说，人们得明白，"自然护佑众民，不使接触科学，犹如为人母者不容伤人利器操于孺子之手"。普通人应该把幸福建立在那些"我们见之于本心"的道理之上。卢梭认为，美德乃是"素朴心灵之崇高科学"，因为真正的哲学就在于"听命于良知"。

社会契约

虽然卢梭把"自然状态"中的自然的人与文明社会中作为公民的人作了比较，但他承认，从前一种情况向后一种情况的转变是如何发生的，他无法予以具体的说明。因而他的《社会契约论》一书不是要描述我们是如何脱离自然状态而转变为政治社会成员的过程，而是要解答这样一个问题：为什么人们应该遵守政府的法律。所以卢梭这本书的开头就是他的这样一句名言："人生而自由，但无往不在枷锁之中。"他接着说："这个变化是怎么发生的？我不知道。这个变化为什么是合理的？这才是我认为自己能够回答的问题。"

在自然状态中，人人都活得快乐，这不是因为他们是天使，而是因为每个人都完全是为了他/她自己而活着，故而拥有绝对的独立地位。卢梭拒不接受有关原罪的教义，相反却认为，恶的起源要到人类社会发展的较晚阶段去找。卢梭认为，在自然状态中，人们的所作所为是发自"一种自然情感，这种情感使动物都知道要自我保持，而在人群中，它则受理性和同情心的引导而产生人性和美德"。相反，当人们发明社会契约时，他们也发明了种种恶行，因为现在人们的所作所为是发自"一种在社会中产生的非自然情感，这种情感使得他们都想更充分地成就自己，而超过一切他人"，而且"这种情感在人们当中激起了他们永无休止地加诸彼此的一切邪恶"，其中包括追逐名利的激烈争斗，也包括嫉妒、敌意、虚荣、傲慢和轻侮。归根结底，人不可能离群索居，因为卢梭认为，最初很有可能正是人口的稳定增长使得人们结成社会的。那么，人生而具有的独立性和人们结群而处的必然性将如何协调呢？卢梭认为，问题在于"要找到一种联合的方式，既能举众人之力来保卫每个成员的人身和利益，又能使其中的每个人在与他人联合之际，仍然只服从他自己"。解决这个问题的办法，是"每个成员把他自己连同他的一切权利都完全交给社会全体"。虽然这样的做法表面看来像是要搞专制，但卢梭确信，这是通向自由之路。

"社会契约"的思想似乎意味着：这样一个契约是在历史上的某个时候形成的。卢梭对社会契约并不是从历史角度来看的，因为他承认，无法找到证据来证实发生过这样的历史事件。对他来说，社会契约是活生生的现实，凡是有合法政府的地方就有社会契约。这种发生着效力的社会契约，乃是一个政治联合体赖以奠立的根本原则；这条原则有助于克服绝对放任自流所导致的无法无天的状态，因为人们将自愿地调整自己的行为，以与他人合法的自由权利相谐调。有了社会契约，人们失去了"天然自由"和对一切事物的无限制权利；而他们之所得，则是"公民自由"和对他们所据有的东西的财产权。社会契约的实质照卢梭看来，就在于"我们每个人都一致把自己的人身和全部权力置于公意的最高指导之下，并在我们共同的容纳范围内，把每个成员都接受为一个整体的不可分割的一部分"。社会契约中暗示，任何不服从"公意"的人，社会全体都会强迫他服从之；一句话，"这意味着，他将被强迫而成为自由的"。

公民能"被强迫而自由"，这样说的合理性何在呢？法律归根到底是"公意"的产物，而卢梭认为"公意"是"主权者"的意志。对卢梭来说，"主权者"由特定社会的全体公民组成。于是，主权者的公意就是反映了所有个体公民的意志之总和的单一的意志。公民们的众多意志之所以能被看作一个公意，乃是因为全体人民作为社会契约的各订约方（每个公民都是订约者）都已经同意对自己的行为加以引导以实现公共利益。所有公民出于对自身利益的考虑，都会认识到不应该做出那些会导致他人以自己为敌并伤害自己的行为。这样，所有公民都意识到，他们各自的利益、他们各自的自由都是和公共利益息息相关的。于是，最理想的情况就是，每个个体的意志都与每个其他个体的意志完全是同一的，因为它们都指向同一个目标，即公共利益。由于在这种理想情况下所有个体的意志都是同一的，或者至少是一致的，所以也可以说，这时只存在着一个意志，即公意。因此也可以说，如果法律是产生于主权者的公意的，那么每个个体实际上都是法律的制定者；从这个意义上说，人服从法律就是服从他自己。只有当某些人拒不守法的时候，暴力和强制的因素才会在卢梭的公式中起作用。

卢梭区分了"公意"与"众意"，他说："在普遍公意与所有人的'众意'之间往往存在极大的差异。"这两种形式的集体意志的区别在于各自想要实现的目的。如果"众意"的目的和"公意"一样，也是公共利益或正义，那么这两者将并无差别。但卢梭认为，当"众"指的是某个群体中的选民时，"众意"所追求的目标往往会与"公意"不同——哪怕他们碰巧就是大多数。这种背离公意的目的反映的是与公共利益相反的特殊的或私人的利益。这种情形下，社会就不再有"公意"，而是有多少群体或"派别"就有多少种意志。所以，公意要得以表达，国家内部就不能有任何派别或党派集团。卢梭确信，只要人们得到足够的信息并有条件去进行深思熟虑，即便他们彼此并不沟通，每个人都只想自己所想，他们最后也是会达成公意的。他们会选择以实现公共利益或正义为目标的道路，只有实现公共利益才能为实现每个公民最大限度的自由创造条件。

这时，可能会有人作出不遵守法律的选择。如果法律的制定是以公共利益或正义为念，而不是为了实现特殊利益，那法律就确实是表达了公意。投票反对法律或者选择不遵守法律的人就是在犯错误："如果与我相反的意见因此而压倒了我的意见，那就恰好说明是我错了，说明我本以为是公意的东西其实并不是公意。"提出一项法律叫人们表决，与其说是让人们去决定对这法律是赞成还是反对，不如说是让人们来判断这法律是否与公意也就是公共利益或正义相一致。只有这样看问题，我们才能说"计票而知公意"。只有具备了这些条件，强迫任何人守法才有合理性可言。其实，这些被强迫而守法的人如果准确理解了公共利益的要求是会心甘情愿地服从法律的，因为唯有公共利益的实现能给他们以最大限度的自由。卢梭认为，唯其如此，说"他们被强迫而自由"才是合理的。

卢梭一点也不幻想在现代世界中能轻而易举地准备好全部条件来制定公正的法律。一方面，他的许多思想反映的是他的故国日内瓦的情况，那是一个小城市，公民们参与政治可以采用较为直接的方式。此外，他的看法中包含某些假设，要求人们得有相当高的德性。如果想要每一个人都守法，那就得让每一个人都有权参与对这些法律的决策。

在立法过程中，这些参与决策的人必须超越特殊利益和派别之见，而以公共利益为念。卢梭还认为，所有公民都应该平等地参与立法，法律哪怕由代表来制定也是不行的，因为"即使人们愿意，他们也不可能放弃自己所拥有的这一不可交换的权利"。可是，因为现代社会规模不断增大，结构也日趋复杂——卢梭在他的时代已经看到了这个发展趋势——他提出的那些实现正义社会的假设和条件，看来更多是具有一种理想的色彩而不是能见之于当下的可能性。

整个说来，卢梭的著作抨击了启蒙运动，通过对情感的强调而触发了浪漫主义运动，并为教育提出了新的发展方向。他也鼓舞了法国革命，并在政治哲学中留下了独特影响。伟大的德国哲学家伊曼努尔·康德对卢梭有着深刻印象，将其画像挂在了自己书房的墙上，深信卢梭就是道德领域里的牛顿。

12.3 里 德

里德的生平

和卢梭一样，苏格兰哲学家托马斯·里德（Thomas Reid，1710—1796）既是启蒙运动的产儿，同时又是这一运动最严厉的批评者之一。在他进行著述的那个时代，大不列颠的许多最有影响的作家——哲学家、史学家、诗人、散文家——都来自苏格兰；这些作家的高产，使得这个时期被称为"苏格兰启蒙运动"时期。在不列颠的哲学家中，里德的影响力仅次于他的苏格兰同胞——大卫·休谟，而且他们二人许多年间一直都保持着友好的书信往来。里德身兼苏格兰两所著名大学的教授，而他的主要著作都是由他课堂讲授的内容整理而成的。他的哲学有两大最重要的主题，其一是批判性的：笛卡尔以来的哲学越来越走向怀疑主义，甚至到了其主要理论都完全沦为无稽之谈的境地。其二是建设性的：哲学的正当方法是引自理性的常识原则，这些原则是我们与生俱来的，并且塑造了我们心中关于世界的各种观念。随着他的第一部书《根据常识原则对人类心灵的研究》（*An Inquiry into the Human Mind, On the Principles of Common Sense*，1767）的出版，里德声名鹊起，并且另外几位苏格兰哲学家也采用了他的方法，由此形成了一个被称为"苏格兰常识哲学"的学派。

对观念论的批判

里德认为现代哲学的历史呈现出每况愈下的趋势。这一趋势开始于笛卡尔，他出于寻求确定性的需要，而探讨了人格同一性问题。不幸的是，他的解决方法却是先怀疑他自己的存在，然后又试图通过"我思故我在"让自己来个起死回生。但是里德认为："一个不相信自己存在的人,就像一个相信自己是玻璃做成的人一样,完全是不可理喻的。"里德认为,很显然,笛卡尔绝不可能当真怀疑他自己的存在,他的整套论证方法都是站不住脚的。洛克也试图解构人格同一性观念,他认为,我们是通过心灵的记忆机能而在时间中保持我们自身的同一性的。也就是说,今天的我和昨天的我是同一个人,乃是因为我具有对昨天发生的事情的记忆。但在里德看来,这就意味着每当我忘掉什么事情的时候,我就丧失了人格同一性。贝克莱断言物质客体并不存在,也不可能成为我们心灵中有关外界事物的观念的来源,这就对心灵作了进一步的解构。于是休谟把贝克莱的推理引向了极端的结论,根本否认我们有任何能在时间中持续的实实在在的同一性;照休谟看来,我们的有意识的心灵不过是些转瞬即逝的知觉。然而,里德指出,休谟自己承认,他无法一面否认自己的人格同一性,一面又在现实世界中生存。

里德认为,这不仅仅是人格同一性理论的问题。事实上,所有依照笛卡尔思路进行的对人类心灵的研究都"不可避免地让人一头栽进怀疑论的深渊"。笛卡尔本人"还没来得及在这一领域进行深究,怀疑主义就已经布置停当,要让他半途而废了"。笛卡尔的方法有一些内在的缺陷使得怀疑主义孕育其中。这问题的根源就在于里德所说的"观念论",它误以为我们所感知的不是真实客体的本来面目,而只是得到了对那些客体的心灵影像。假设我看着一把放在我面前的地板上的椅子,那么根据观念论,我真正看到的不是真实的椅子,而是它在我心灵中的一个复本,这复本就好像呈现在我的心灵之眼前的这张椅子的照片。这心象有可能与真实的椅子相似,但根据观念论,它们只是相似而已,我不能把两者混为一谈。

里德坚持认为,笛卡尔以来的每个现代哲学家都采取了观念论的立场;甚至休谟也在他的《人类理智研究》中明确地表示赞同观念论,说"除了影像或知觉就再没有别的东西呈现给心灵了,感官不过是这些影像传入的通道"。

这种观念论究竟有什么重大缺陷呢?不管怎么说,它难道不是对两个人为何会对同一事物产生不同感知的最佳解释吗?假设鲍勃和我都在看一个苹果,在我看来,苹果是红色的,在他看来却是蓝色的,那么根据观念论,苹果虽然是同一个,我们的心象却由于我们的视觉"摄影机"输入了这苹果的不同图像而各不相同。这个解释看上去很有说服力,但在里德看来,正是这个假设让我们不可避免地走向了怀疑主义。个中缘由在于,这一理论摧毁了我们接近外部世界的一切途径:我们所知的一切都是我们的心象,而不是客体自身。据称我们只能拥有完全被自己的视觉摄影机所产生的知识,至于任何事物的本来面目——无论是一个苹果、一把椅子,甚至就连我们自身的人格同一性——都是我们没法指望能感知到的。这样一来,我们所有的整个现实就不过是一套心灵照片,我们对世界所抱有的一切信念都来自对这些照片的比较。无论我们视觉或听觉的"摄影机"拍摄了多少外界事物的"相片",无论我们的心灵将这些感觉影像进行了多少组合、分解和联结，结果都是一样：我无法言说事物本身。我的心灵所构建出的现实就像一座被施了魔法的城堡，与外部世界没有任何联系。因此，我陷入了彻底的怀疑主义。

常识信念与直接实在论

里德对当时哲学家们的怀疑主义倾向的批评可以用一句话概括：他们违背了由人性所决定的常识信念所指示的真理。里德写道：

> 如果正像我所认为的那样，确有一些原则是我们的本质结构使得我们要相信的，并且是我们在日常生活中认为理所当然而无须给出任何理由的，那么这些原则就是我们称之为常识原则的东西；而明显违反这些原则的东西，我们就称之为荒谬。

哲学在里德看来需要与牢牢扎根于我们思维过程中的常识原则相一致。如果在哲学理论中不顾这些原则，那么我们不仅是在赞同不实之词，而且会滑入哲学上的怀疑主义，这会使得我们陷入否认外部世界存在之类的荒谬见解中。

里德认为，常识在许多方面都对我们的信念加以指导，我们在感官知觉、人格同一性、上帝、自由意志等方面的各种信念都是例证。但里德的意思不是说我们每个人都有一份清单，上面都是我们可以凭着记忆一一开列出来的经过了精确定义的本能信念。比方说，我们的脑子里并没有细小的声音在念叨着一套套的诸如"外部世界存在""看起来是红的东西确实是红的""上帝是宇宙的终极原因"之类的信念。事实上，我们常识信念的知识不是那么容易察觉的。里德认为，我们首先要考察我们在交谈时所用的语词，因为语言反映了我们日常的思维方式。所以，表明我们拥有常识信念的，主要是这样一个事实，即这些信念在我们自然的说话方式中是根深蒂固的。例如，一切语言都有表示"硬""软""重""轻"等概念的语词，这就说明这些概念是我们人类心灵的固定成分。这不是一个绝对的证明，但不失为一个强有力的证据。里德坚信，随着我们在语言中把常识信念一个个辨认出来，我们会发现它们彼此之间是相容的。也就是说，如果今天我发现一个常识信念表明"外部世界存在"，我就不会在明天又发现一个信念说"外部世界不存在"。

对里德来说，常识信念的一个显而易见的好处就在于，有了它就可以打发掉那些骇人听闻的怀疑主义理论。哪怕支持一个怀疑主义理论的推理过程听起来头头是道，我们也得拒斥这一理论，因为它反乎常识。常识信念的第二个好处就是，它们组成了人类心灵运作过程的基本构架，能帮助我们解决困扰了从笛卡尔直到休谟以后的现代哲学家们的那些难题。确切说来，里德是这样处理我们如何感知外界事物这一哲学难题的：据笛卡尔等人提出的错误理论，感官知觉中涉及三种要素——首先是外界事物，例如一棵树；其次是我关于这棵树的心灵影像或"照片"；最后还有我对这幅照片的觉察——而在里德看来，我们的常识对知觉的理解只有两个要素，即这棵真实的树和我对这棵树的觉察。这也就是说，我直接感知到真实的树而无须心灵影像作为中介者。所以，当我感知一棵树的形状和颜色的时候，我是在直接觉察这棵真实的树的内在特征。因此，里德的知觉理论就被称为"直接实在论"。

虽然里德坚持我们直接感知外界事物的理论，但他意识到，我们并不是毫厘不爽地按照事物的本来面目去感知它们的。比如我看着一棵树并感知树叶的绿时，常识并不会迫使我下结论说：那绿的颜色确确实实就在树本身之内。我知道，我对颜色的知觉依赖于光照条件和许多其他因素。但常识确实会令我不能不相信叶子中确有某种性质使我能将它们感知为绿色的。于是，我对绿色叶子的感知，实际上是对那棵树中能引起我的绿色感觉的性质的直接觉察。

总　结

自然神论是启蒙运动期间关于宗教的哲学进路，其主题是说，上帝创造了世界，但此后就听之任之了。在英格兰，赫伯特主张宗教信念应当建立在理性而非信仰之上，人类本能地知道五个"共同观念"：（1）有一个最高的神；（2）我们应当崇拜他；（3）敬神的最好形式是正当的道德行为；（4）我们应该为我们不道德的行为而忏悔；（5）来世我们将因此生的作为而受赏或受罚。他主张，有些世界宗教会展现出这些原则，而另一些宗教则是彻底的编造。在法国，伏尔泰主张自然神论是一种拒斥天启这种迷信观念的理性宗教；不过，他也主张，对上帝存在的信仰对于维持社会的稳定来说至关重要。霍尔巴赫进一步推进了自然神学的宗教怀疑论，提倡无神论并发展了彻底唯物主义的非宗教的"自然体系"。对他而言，我们的心理功能完全是物质质料的产物，并且非物质的人类精神的概念是不可理解的。

卢梭主张，艺术和科学的进步及其普及化挑战了传统的社会价值，这不可避免地导致道德堕落和社会衰败。在政治哲学中，他主张人们在自然状态中原本是自由的，并受到自我保持和对他人同情的自然情感驱使。他解释道，随着社会增长，人们变得争强好胜。解决这一冲突的方式是让人们为了更大集体的利益而放弃他们的个人权利。通过一种社会契约，人们变成了一个大整体中的部分，并追随"公意"的方向。根据卢梭，"公意"不是大多数人的意见，而是对社会的共同善来说最好的意见。

里德主张，从笛卡尔到休谟等一众现代哲学家由于接受了某个理论而误入歧途。他称其为"观念理论"。根据这种理论，我们并不感知诸如椅子这样的现实对象，而只是形似那些对象的心理摹本。对里德来说，问题在于这消除了我们通达外部世界中的真实物体的通道，并由此引向了怀疑论。他论证说，解决方法是让哲学接受在对感官知觉、人格同一性、上帝、自由意志和道德这些议题的思维过程中包含的常识原理。对感官知觉来说，常识告诉我们，当我感知一把椅子的形状和颜色时，我觉知到的是真实的椅子中的特征，而不仅仅是椅子的图像。这种知觉理论被称为直接实在论。

研究问题

1. 赫伯特主张，对于道德和宗教的五个共同观念是每个人本能地知道的。考察这五个原则，并讨论是否它们之中的每一条都如他相信的那样本能。
2. 讨论赫伯特对宗教和信仰的观点，想想像蒙田和帕斯卡这样信仰的拥护者会如何回应他。
3. 伏尔泰论证说，一个无神论的社会是不可能的。解释他的观点并讨论你是否同意。
4. 讨论霍尔巴赫反对非物质的人类精神的论证，并想想像笛卡尔这样的二元论者可能会如何回应他。
5. 解释霍尔巴赫的决定论观点以及它如何从他的唯物主义中得出。
6. 解释并评估科学和哲学的普及化会破坏传统价值，并会反过来导致道德堕落和社会衰败的论断。
7. 比较卢梭与霍布斯、洛克的自然状态的观念，并讨论你认为哪个观点更可信。
8. 在法国大革命期间，专制领导人马克西米连·罗伯斯庇尔直接援引卢梭的公意概念，宣称他就是公意。讨论卢梭的公意概念本身是否会导向暴政。
9. 里德主张，现代哲学家持有的错漏百出的"观念理论"最终导向了怀疑论。讨论里德的观点，并说说你是否同意他的评估。
10. 里德认为哲学应该基于关于感官知觉、人格同一性、上帝、自由意志和道德的本能的常识信念。讨论这一论断并解释这些常识信念可能是什么。

第四部分
近代晚期和 19 世纪哲学

▲克尔凯郭尔故居（丹麦皇家文化部）

◀康德的家乡——19世纪末的哥尼斯堡

▶黑格尔（科比斯·柏特曼图库）

◀叔本华（纽约农人珍藏室）

▶弗里德里希·尼采（科比斯·柏特曼图库）

◀杰里米·边沁（科比斯·柏特曼图库）

◀奥古斯特·孔德（科比斯·柏特曼图库）

▲约翰·斯图亚特·密尔（伦敦国家雕像馆）

▲卡尔·马克思（纽约农人珍藏室）

▲索伦·克尔凯郭尔（丹麦皇家文化部）

▲狄俄尼索斯——激情的象征，其崇拜者沉迷于狂饮和舞蹈（慕尼黑赫尔曼图库）

▲阿波罗和他的战车，象征着节制、秩序和对激情的控制（波士顿艺术馆）

第十三章
康 德

13.1 康德的生平
13.2 康德问题的形成
13.3 康德的批判哲学和他的哥白尼革命
13.4 理性思想的结构
13.5 实践理性
13.6 美学：美

13.1　康德的生平

伊曼努尔·康德（Immanuel Kant，1724—1804）活了80岁，一生都是在东普鲁士的哥尼斯堡城度过的。他的父母都不是有钱人，他们受自虔信派熏陶的宗教精神对康德的思想和个人生活产生了终生影响。他在当地的腓特烈学校开始接受教育，这个学校的校长也是一个虔信派教徒。1740年，康德进入哥尼斯堡大学，在这所大学里，他学习了古代经典、物理学和哲学。这一时期德国大学的哲学讲坛被哲学家克里斯蒂安·冯·沃尔夫（Christian von Wolff，1679—1754）所统治，他沿着莱布尼茨理性主义和形而上学的路线发展出了一个包罗万象的哲学体系，从而推进了哲学的发展。康德在哥尼斯堡大学的导师马丁·克努真也受到了沃尔夫－莱布尼茨这条哲学路线的影响，所以康德所受的大学教育也就势必非常强调人类理性在形而上学领域里按照确定性推进的能力。虽然克努真使康德的早期思想倾向于大陆理性主义的传统，但是，他也激发了康德对牛顿物理学的兴趣，而这种兴趣在康德独创的批判哲学的发展中起了非常重要的作用。在完成了大学学业之后，康德做了将近8年的家庭教师。1755年他成为哥尼斯堡大学的一名讲师，1770年被任命接替克努真的哲学教席。

虽然康德的个人生活中没有任何值得一提的大事件，因为他既没有外出游历过，也没有任何引人注目的社会或政治关系，然而，他的讲师当得是很成功的。他是一个非常风趣、健谈的人，是一个很有魅力的主人。通常他被刻画为一个老单身汉，每一个行动都经过精确的计划，以至于当他每天下午4点半走出他的屋子，在他家附近的小路上来回走上8次时，他的邻居们都可以以此来调校他们的钟表了。但是，要不是这样循规蹈矩，他也很难写出一系列出类拔萃的名著，例如他那部不朽的《纯粹理性批判》（*Critique of Pure Reason*，1781）、《未来形而上学导论》（*Prolegomena to Any Future Metaphysics*，1783）、《道德形而上学原理》（*Principles of the Metaphysics of Morals*，1785）、《自然科学的形而上学基础》（*Metaphysical First Principles of Natural Science*，1786）、《纯粹理性批判》（第2版，1787）、《实践理性批判》（*Critique of Practical Reason*，1788）、《判断力批判》（*Critique of Judgment*，1790）、《单纯理性限度内的宗教》（*Religion within the Limits of Pure Reason*，1793），以及小册子《论永久和平》（*Perpetual Peace*，1795）。

13.2　康德问题的形成

康德对近代哲学进行了一次革命。促成这次革命的是他对同时代的哲学无法成功地处理的一个问题的深刻关切。他自己的一句名言提示出了他的问题："有两样东西，我们愈经常愈持久地加以思索，它们就愈使心灵充满有加无已的景仰和敬畏：这就是我们头顶的星空和心中的道德法则。"对他而言，头顶的星空提醒我们，这个世界如同早先被霍布斯和牛顿所刻画的，是一个处于运动中的物体组成的系统。同时，所有人都体会到道德责任感，这暗示人类不同于自然的其他要素，他在其行动中拥有自由。因此，问题就在于如何调解对事情的两个似乎相互矛盾的解释——一个解释认为所有事件都是必然性的产物，另一个则认为在人类行为的某些方面存在着自由。

当康德考察科学思想的发展趋势时，他在其中看到了一种想要囊括全体实在的企图，想要将人类本性囊括在其机械模式中。这将意味着所有事物都只是一个统一的机械装置的一部分，都可以根据因果性得到解释。此外，这一科学的方法将把任何不适于其方法的元素排除出考虑之列。科学的方法非常强调将知识限制在实际的感性经验领域，限制于对可以通过这些经验归纳出来的东西的概括。遵循着这一方法，科学将无需自由和上帝这样的概念，也无须解释这样的概念。

科学知识的显著成功和持续进步给康德留下了深刻的印象。在康德看来，牛顿物理学的成功，引起了关系到他那个时代哲学的适当性的一些严重的问题。他那个时代的两个主要传统是大陆理性主义和英国经验主义，而牛顿的物理学却独立于这两个哲学体系。因为大陆理性主义建基于数学模式之上，所以这种哲学强调观念相互之间的关系，因此与事物实际的情况没有什么明确的联系。理性主义不能够产生牛顿物理学所表述的知识，而由于这一原因，它对超经验的实在的形而上学思辨就被认为是独断的。康德谈到克里斯蒂安·冯·沃尔夫（他的莱布尼茨式形而上学影响了康德的早期思想）时说，他是"最大的独断论哲学家"。理性主义和科学之间这种鲜明的对照向康德提出了一个问题，形而上学能否像科学那样增加我们的知识？通过形而上学家们在其各自的思想体系中得出的结论的多样性，例如笛卡尔、斯宾诺莎和莱布尼茨之间的差异，形而上学的独断论特性很清楚地表现了出来。但是问题的核心在于，科学家们在揭示实在的本质的同时，却越来越少关注于自由、上帝和道德真理的可能性这样一些形而上学的概念。

同时，科学的进展也独立于康德时代的另一个哲学传统，即英国经验主义。休谟最惊人的哲学论证是对传统因果性观念的攻击。既然我们所有的知识都来自于经验，而我们又并没有经验到因果性，因此我们就不能够从自己当下的经验中推断或者预言任何未来将发生的事件。休谟说，我们所谓因果性的东西，仅仅是由于我们经验到两个事件的共同发生，就将它们联结在一起的一种习惯，但是这并没有证明这些事件之间有任何必然关联的结论。因此休谟否定归纳推理。然而，科学正是建立在因果性观念和归纳推理的基础上的。因为它假定，我们关于当下特殊事件的知识给予了我们关于未来大量类似事件的可靠知识。休谟经验主义的逻辑结论就是，不存在任何科学的知识，而这就导致了哲学上的怀疑论。因此，康德对于科学抱有极大的崇敬，却由于理性主义的独断论和经验主义的怀疑论而面对着哲学上的严重问题。

虽然牛顿物理学给康德留下了深刻的印象，但科学自身也为他提出了两个主要的问题。第一个问题我们前面已经提到过，就是科学方法被应用于对全体实在的研究时，道德、自由和上帝这些观念就有被纳入一个机械宇宙中的危险。科学向康德提出的第二个问题是如何解释，或者说如何说明科学知识的合理性。就是说，科学家就"什么使他对自然的理解成为可能"这一问题给出充分的解释了吗？最终人们可以看到，这两个问题是密切相关的。正如康德所发现的，科学知识和形而上学知识是很相似的，因此，对于科学思想的证明或解释和对有关自由及道德的形而上学思想的证明或解释就是同一的。于是康德拯救了形而上学，而又并没有攻击科学。不论是在科学中还是在形而上学中，我们的心灵都从某种给定事实出发，这种事实在我们的理性中产生了一个判断。因此，康德说："形而上学真正的方法和牛顿引入自然科学并在其中产生了累累硕果的方法，从根本上说是一样的。"通过对科学和道德思想的这一解释，康德给了哲学一种新的功能和新的生命。康德的主要著作《纯粹理性批判》这一书名就暗示了这一功能，因为哲学现在的任务变成了对人类理性能力进行批判性的评价。在履行这一新的批判功能时，康德完成了他所谓哲学中的哥白尼革命。

13.3 康德的批判哲学和他的哥白尼革命

康德思想发展的转折点是他和休谟怀疑主义的遭遇。他告诉我们："我坦率地承认，是休谟的意见在许多年前首先打破了我独断论的迷梦，并且给我对思辨哲学的研究指出了一个完全不同的方向。"休谟认为，我们所有的知识都源于经验，因此，我们不能够拥有关于任何超出我们经验的实在的知识。这一论点正击中了理性主义的基础。理性主义者自信地认为，人类理性可以像人们在数学中所做的那样，仅仅通过从一个观念推进到另一个观念，就得出关于超出经验的实在的知识。理性主义者对上帝存在的证明就是一个能说明问题的例子，斯宾诺莎和莱布尼茨对于实在的结构的解释则是另外一个这样的例子。康德最终抛弃了理性主义者的形而上学，他称之为"腐朽的独断论"，但是他也没有接受休谟的全部论点，他说："我对他可远没有言听计从到同意他所达到的那些结论的地步。"

康德拒绝全盘遵循休谟的道路，这不仅仅是因为它将导致怀疑主义，而且还因为康德觉得，虽然休谟的思路是对的，但是他并没有完成解释我们如何获得知识这一任务。康德也不希望放弃与理性主义形而上学相关的一些主题，如自由、上帝，对于这些我们是不可能"漠不关心"的，虽然他会说，我们不能够拥有关于超出我们经验的对象的演证的知识。所以，康德就试图吸收他认为的理性主义和经验主义中有意义的东西，而拒斥这些系统中那些不能够得到辩护的东西。他并不是仅仅将他的前辈们的洞见结合起来，而是踏上了一条他称之为"批判哲学"的崭新道路。

批判哲学的方法

康德的批判哲学包括对人类理性构成要素的分析，他这个分析是指"根据所有独立于任何经验可以努力达到的知识而对理性能力进行的一个批判性的探究"。因此，批判哲学的方法就是追问这样一个问题："独立于任何经验，知性和理性能够认识什么，又能够认识多少？"以前的形而上学家们不断地就最高存在者之本性以及其他带着他们超越直接经验领域的主题进行一场场争论。而康德追问的则是这样一个根本问题：人类理性是否具有从事这样一个探究的能力？站在这一立场上，康德认为，形而上学家们在还没有确定我们是否单凭纯粹理性就能够把握没有在经验中给予我们的东西之前，就想建立起知识的体系，这是非常愚蠢的。因此，对康德而言，批判哲学并非是对形而上学的否定，而是对它的预备。如果形而上学与理性独自建立起来的——即先于经验的，或先天的——知识有关，那么关键的问题就在于，这样的先天知识是如何可能的？

先天知识的本质

康德肯定我们拥有一种能够无须诉诸任何经验就可以获得知识的能力。在下面这一点上他赞同经验主义者，即我们的知识始于经验，但是他补充说，"虽然我们的一切知识都开始于经验，它却并不因此就都来源于经验。"而这一点正是休谟所忽略的，因为休谟说过，我们的一切知识都是由一系列的印象组成的，这些印象是我们通过我们的感官而获得的。然而我们显然拥有一种不来源于经验的知识，即便它也是开始于经验的。例如，我们并没有经验和感受到因果性，在这一点上休谟是正确的。但是康德不同意休谟把因果性仅仅解释为将我们称为原因和结果的两个事件联系起来的心理习惯。相反，康德相信我们拥有关于因果性的知识，而且我们不是从感性经验中而是直接从理性判断的能力中，因此是先天地获得这一知识的。

更明确地说，什么是先天知识？康德回答道，"如果我们想要从科学中举出一个例子，那么我们只要看看数学中的任何一个命题，如果我们想要从知性最普通的运作中举一个例子，那么'每一个变化都必须有一个原因'这一命题就可以满足我们的目的"。是什么使得一个数学命题，或者"一切变化皆有原因"这个命题成为先天知识的？康德说，这是由于这种知识不能够由经验推导出来。经验不能够向我们表明每一个变化都必有一个原因，因为我们还没有经验到每一个变化，经验也不能够向我们表明事件之间的关联是必然的；经验唯一能告诉我们的是"一个事件是这样的，但是不能够告诉我们它不能是别样的"。因此，经验不能够给予我们关于必然性关联或命题之普遍性的知识。但是，事实上我们拥有这种因果性和普遍性的知识，因为这些正是刻画数学和科学知识之特性的概念。我们自信地说，所有有重量的东西在空间中都会下落，或者5加7在所有情况下都等于12。存在着这样的先天知识，这是很明显的，不过康德所关心的是这样的知识如何能够得到解释。简言之，我们如何回应休谟的怀疑主义？不过这不仅仅是一个先天知识如何可能的问题，而是一个"先天综合判断"如何可能的问题。要回答这一问题，康德得先搞清楚是什么构成了一个先天综合判断。

先天综合判断

康德区分了两种判断：分析的判断和综合的判断。他说，一个判断是我们借以将主词和谓词联结起来的思想活动，在这里，谓词以某种方式规定了主词。当我们说"那座建筑物很高"时，我们就作出了一个判断，因为心灵能够理解主词和谓词之间的一个联结。主词和谓词的联结方式有两种，因此我们作出的判断也有两种。

在分析判断中，谓词已经被包含在主词的概念之中了。"所有三角形都有三个角"这一判断就是一个分析判断。因为谓词已经被暗含在一个分析判断的主词中了，所以这个谓词并没有给予我们关于这个主词的任何新知识。再举一个例子，"所有物体都是有广延的"这个判断是分析的，因为"广延"的概念已经被包含在"物体"这一概念中。一个分析判断之所以是真的，仅仅是由于主词和谓词的逻辑关系。否认一个分析判断将陷入逻辑矛盾。

一个综合判断不同于分析判断之处在于，它的谓词并没有被包含在主词之中。因此在一个综合判断中谓词对主词的概念增加了一些新的东西。说"苹果是红的"，就将两个独立的概念联结了起来，因为"苹果"这一概念并没有包含"红"这一概念。同样，康德认为，"所有物体都是有重量的"也是一个综合判断的例子，因为重量这一概念并没有被包含在物体这一概念中，就是说，谓词并没有被包含在主词之中。

在此康德进行了进一步的区分，这一次是在先天判断与后天判断之间作出的区分。所有的分析判断都是先天的：它们的意义并不依赖于我们对任何特定情况或事件的经验，因为它们就像在数学中那样，不依赖于任何观察。由于"必然性和严格的普遍性是先天知识的可靠标志"，康德毫无困难地指明分析判断表述了先天知识。另一方面，综合判断绝大部分都是后天的；就是说它们是在一个经验观察之后产生的。例如，说X校所有的男生都是6英尺高，这就是一个后天综合判断，因为这个关于他们身高的命题是偶然的，它对于所有当前或未来那个学校的成员来说并不必然是真的。没有关于这个学校特定细节的经验是不能作出这一判断的。因此，所有的分析判断都是先天的，而绝大多数综合判断则是后天的。

然而，在先天分析判断和后天综合判断之外，还存在着另外一种判断，这就是先天综合判断。这是康德最关心的一种判断，因为他确信我们进行着这种判断，然而始终存在一个问题：这样的判断是如何可能的？这一问题之所以产生，是因为综合判断被定义为是建基于经验的，如果情况是这样的话，它们又如何能被称为先天的呢——因为先天暗示了它不依赖于经验？不过康德指出，在数学、物理学、伦理学和形而上学中，我们的确在进行着一些不仅是先天的而且是综合的判断。例如，7加5等于12这一判断，当然是先天的，因为它包含着必然性和普遍性的标志；就是说，7加5必定等于12，而且总是等于12。同时，这一判断又是综合的而非分析的，因为通过对7和5这两个数字的单纯分析并不能够得出12。为了达到7、5和"加"这些概念的综合，直观行为是必须的。

康德表明，在几何学的命题中，虽然主词和谓词间有着一个必然的、普遍的关联，但是谓词也没有被包含在主词中。因此几何命题就既是先天的又是综合的。例如，康德说："两点之间直线最短，就是一个综合命题。因为直线的概念并没有包含任何量的概念，而仅仅是质的概念，最短这个概念因此完全是加上去的一个东西，它不能够通过对直线概念的任何分析得出。因此在这里必须借助于直观，只有凭借直观的辅助，综合才是可能的。"在物理学中我们也发现了先天综合判断；康德说："自然科学在其自身中包含了先天综合判断作为原则。""在物质世界的所有变化中，物质的总量保持不变"这一命题是先天的，因为我们在经验所有变化之前就作出了这一判断，它也是综合的，因为永恒这一概念在物质概念中是发现不了的。在形而上学中，我们认为我们扩展或增加了自己的知识。如果情况是这样的话，那么诸如"人类可以自由作出选择"这样一些形而上学的命题，就必定是综合的，因为这里谓词给主词概念增加了新的知识。同时这一形而上学判断也是先天的，因为自由这一谓词甚至在我们经验到所有人之前就和所有人的概念相关联。

康德通过这些例子想要指出的是，我们不仅在形而上学中，而且在数学和物理学中都作着先天综合判断。如果这些判断在形而上学中产生了困难，它们在数学和物理学中也会产生同样的困难。因此康德相信，如果先天综合判断可以在数学和物理学中得到解释和证明，那么它们也会在形而上学中得到证明。

康德的哥白尼革命

通过在心灵与其对象的关系上采用一个新假说取代以往的假说，康德解决了先天综合判断的问题。在他看来，很显然，如果我们如同休谟那样假设心灵在形成它的概念时必定符合它的对象，那么这一问题就是无法解决的。休谟的理论仅仅对我们实际经验到的事物的观念有效，但是这些都是后天的判断。如果我问："我是如何知道椅子是棕色的呢？"我的回答是我能够看到它；如果我的断言受到了质疑，我将诉诸我的经验。因此，当我诉诸我的经验时，就解决了这个问题，因为我们都同意经验给予了我们一种符合事物的本性的知识。但是一个先天综合判断不能够通过经验被确证；例如，如果我说，两点之间直线最短，我当然不能够说我已经经验到了每一条可能的直线。是什么使我在事件发生之前，就能够作出普遍真的、总是可以被证实的判断？如果心灵如同休谟所相信的那样是被动的，仅仅从对象接受信息，那么心灵将只会拥有关于那个特定对象的信息。但是心灵作出的判断是关于所有对象的，甚至是那些它还没有经验到的对象，而且对象事实上在未来的活动的确是与这些判断一致的。这种科学知识为我们提供了关于事物之本性的可靠信息。但是，由于这一知识既是综合的又是先天的，它不能够由心灵符合对象这一假设得到解释。康德不得不尝试在心灵和对象关系上提出一个新假说。

根据康德的新假说，是对象符合心灵的运作，而不是相反。他有意识地仿照哥白尼的例子，以一种实验的精神达到这一假设。哥白尼在"假定全部星体围绕观测者旋转时，对天体运动的解释无法令人满意地进行下去，于是他试着让观测者自己旋转，而让星体停留在静止中，看这样是否有可能取得更好的成绩"。康德看到了哥白尼和他自己的问题有某种相似性，他说：

> 向来人们都认为，我们的一切知识都必须符合对象；但是在这个假定下，想要通过概念先天地构成有关这些对象的东西以扩展我们的知识的一切尝试都失败了。因此我们不妨试试，当我们假定我们的对象必须符合我们的知识时，我们在形而上学的任务中是否会有更好的进展……如果直观必须依照对象的性状，那么我就看不出来，我们如何能先天地对对象有所认识；但是如果对象（作为感官的客体）必须依照我们直观能力的性状，那么我倒是完全可以想象这种可能性。

康德的意思并不是说心灵创造对象，也不是说心灵拥有天赋的观念，他的哥白尼革命毋宁说在于心灵给其所经验的对象带去一些东西。康德在如下一点上是同意休谟的，即我们的知识开始于经验，但不同于休谟的是，康德将心灵看作一种主动的力量，对它所经验到的对象有着作用。康德说，心灵构造就是如此，它将自己认知对象的方式加于它的对象之上。心灵由于其本质，主动地整理我们的经验。这就是说，思维不仅包括通过我们的感官接受印象，而且也包括对我们所经验到的东西作出判断。如同一个戴着有色眼镜的人看到的每一个东西都具有这种颜色，每一个有着思维机能的人，都不可避免地按照心灵的自然构造来思考事物。

13.4 理性思想的结构

康德说:"人类知识有着两个来源,它们或许都来源于一个共同的但不为我们所知的根源,它们就是感性和知性。通过前者,对象被给予我们;通过后者,它们被思想。"因此,知识就是认知者和认知对象共同作用的事情。但是,虽然我可以将作为一个认知者的我自己和认知对象区分开来,我却永远也不能知道事物自身是怎样的,因为当我认知它的时候,我仅仅是按照我有着特定结构的心灵允许的那样认知它。如果有色眼镜永远戴在我的眼睛上,我将永远透过那种颜色去看事物,永远无法摆脱那些镜片给我的视觉施加的限制。同样,我的心灵总是将思想的特定方式带给事物,而这总是会影响我对它们的理解。心灵将什么带给了那给定的、未经加工的经验材料呢?

思想范畴和直观形式

心灵独特的活动是综合并统一我们的经验。它完成这个统一首先是给各种各样处于"感性杂多"中的经验加上特定的直观形式,即空间和时间。我们不可避免地将事物知觉为存在于空间和时间中。但是空间和时间不是由我们所经验到的事物推导出来的观念,它们也不是概念。空间和时间是在直观中直接遭遇到的,同时它们又是先天的,打个比方,它们就像透镜,我们总是透过它们才看到经验对象的。

除了专门和感知事物的方式发生关系的空间和时间外,还有一些思想范畴,它们更加专门地处理心灵统一或综合我们经验的方式。心灵通过在我们从事于解释感性世界的活动时作出各种各样的判断来完成这一统一活动。我们凭借某些固定的概念形式如"量""质""关系"和"模态"等而对我们各种各样的经验或者说"经验杂多"作出判断。当我们断言"量"的时候,我们在头脑中想的是一或者多;当我们作出一个质的判断时,我们作出的是一个要么肯定要么否定的陈述;当我们作出一个关系判断时,我们所考虑的一方面是原因和结果,另外一方面是主词和谓词的关系;而当我们作出一个模态判断的时候,我们头脑中所考虑的是某些事物或者是可能的或者是不可能的。所有这些思想的方式就是构成综合的行为,通过这些行为心灵从感性印象的杂多中建立了一个一致的单一世界。

自我和经验的统一

是什么使我们对周围世界有一个统一的把握成为可能?在分析我们的心灵活动方式的基础上,康德回答说,是心灵把给予我们感官的未经加工整理的材料转变为一个一贯的相互联系的要素集合。这使得康德说,我们经验的统一必定暗示了自我的统一,因为除非在心灵的诸活动之间存在着一个统一,否则不可能有经验知识。要想拥有这样的知识，就需要处于不同次序中的感性、想象、记忆及直观综合的能力。因此，必定是同一个自我感知一个对象，记住它的特性，并加之以空间和时间形式以及因果范畴。所有这些活动必定发生在某个单一的主体中。否则就不存在知识，因为如果一个主体只拥有感性，另外一个只拥有记忆……像这样的话，感性杂多就不可能被统一。

完成这个统一活动的单一主体在哪里？它又是什么呢？康德称之为"统觉的先验统一"——我们称之为"自我"。他使用"先验的"这一术语是指，即使这样一个统一或自我通过我们实际的经验得到了暗示，我们也不能够直接地经验到它。于是，这个自我的观念就是我们拥有的关于统一的自然界的知识的一个先天的必要条件。在统一经验的所有要素这个活动中，我们意识到自己的统一，这样我们对于一个统一的经验世界的意识和我们自己的自我意识就同时发生了。然而，我们的自我意识也受到了影响着我们对外部世界的知觉的同一机能的影响。我将同样的一套构件带到了关于自我的知识中，因此，我用同样的"透镜"来看作为知识对象的自我。正如我不知道事物离开了感知形式会是什么样子，我也不知道这个"统觉的先验统一"的本质，而只能说我意识到我拥有对经验领域的统一性的知识。我所能确信的是，任何经验知识都暗示着一个统一的自我。

现象实在和本体实在

康德批判哲学的一个主要方面就在于，他坚持认为人类知识永远被限制在它自己的范围内。这一限制有两种形式。首先，知识被限制于经验世界。其次，我们的知识被自己的知觉能力和组织经验原材料的思想方式所限制。康德毫不怀疑：向我们所呈现的世界并不是最终的实在。他在现象实在（我们所经验到的世界）和本体实在（纯粹理智的，即非感性的实在）之间作出区分。在我们经验一个东西的时候，我们不可避免地是通过我们思想的先天范畴"透镜"知觉它的。但是，当一个东西未被知觉时，它是什么样子呢？物自体是什么？很明显，我们永远也不能拥有一个非感性的知觉经验。我们所认识的所有对象都是感性的对象。然而，我们知道我们经验世界的存在不是心灵的产物。毋宁说，心灵把它的观念加于经验杂多之上，这些经验杂多源于物自体世界。这意味着存在着一个外在于我们并且不依赖于我们的实在，而我们只知道它向我们所呈现的，以及被我们整理之后的样子。一个物自体的概念并没有增加我们的知识，而只是提醒我们知识的界限。

作为调节性理念的纯粹理性的先验理念

除了本体领域这一一般概念之外，还有三个调节性理念是我们倾向于加以思考的，它们引导我们超越感性经验，但由于我们不可避免的想要统一所有经验的倾向，我们不可能对它们无动于衷。它们是自我、宇宙和上帝的理念。它们是先验的，因为在我们的经验中没有相应的对象。它们不是由直观，而是由纯粹理性单独产生的，然而在如下的意义上它们也是被经验所激发的：我们在对我们的经验完成一个综合的尝试中思考到这些理念。康德说："第一个（调节性的）理念是'我'本身，它被仅仅看作思考着的本质或灵魂……尽可能地将存在于一个单一的个体中的所有规定性、所有力量，表象为源于一个单一的基础，将所有的变化都表象为属于同一个永恒存在的不同状态，将空间中的所有现象都表现为完全不同于思想活动的东西。"我们的纯粹理性以这种方式试图将我们所意识到的各种各样的心理活动综合成一个统一体，它通过形成自我这一理念而做到这一点。与此类似，纯粹理性通过形成世界理念，试图产生经验中的诸多事件的一个综合。这样，

> 纯粹思辨理性的第二个调节性理念是一般的世界理念……诸条件序列的绝对整体……一个在理性的经验运用中永远也不能被完全认识的理念，但是它作为一个规定了我们在处理这样的序列时应该如何继续进行的规则而起作用……宇宙论的理念不是别的，它仅仅是调节性的原则，它远远不是……这种序列的一个实际的整体。……纯粹理性的第三个理念包含着一个对作为宇宙中所有序列唯一充足的原因的存在者的相应假定，这就是上帝理念。我们没有任何根据绝对地假定这个理念的对象……很明显，这样一个存在者的理念就像所有的思辨理念一样，只是阐明了理性的要求，世界中的所有联系都是根据这些综合统一的原则而得到考察的——似乎所有这些联系都源于一个单一的无所不包的存在者，它就是最高的充足的原因。

康德对这些调节性理念的运用就是他调和独断的理性主义和怀疑的经验主义的例子。康德同意经验主义者们的如下看法，我们不能拥有关于超越经验实在的知识。自我、宇宙和上帝的理念不能够给予我们任何关于相应于这些理念的实在的理论知识。这些理念的功能仅仅是调节性的。作为调节性的理念，它们为我们提供了一个处理形而上学中一直不断重现的那个问题的合理方式。在这一限度内，康德承认理性主义主题的有效性。但是，他对人类理性范围的批判分析使他发现，以前的理性主义者错误地将先验理念当作有关现实存在的观念来进行处理。康德强调："在作为一个对象而绝对地给予我的理性的东西与仅仅作为观念中的对象而给予我的理性的东西之间有着巨大的差别。在前一种情况下，我们的概念被用来规定（超验的）对象；在后一种情况下，只有一个图式，它不对应于任何直接被给予的哪怕是假定的对象，甚至一个假定的对象，它只是使我们能够以一种间接的方式，即通过它们与这个理念的关系而将其他对象在其系统统一中呈现给我们自己。于是我说，最高理智的概念仅仅是一个（先验的）理念。"

二律背反和理性的限度

因为调节性的理念没有指向任何我们能对之拥有知识的客观实在,所以我们必须将这些理念看作纯粹理性的产物。因而我们不能够将时间、空间或因果范畴这些先天形式运用于这些理念,因为它们只能被运用于感性经验的杂多。科学之所以可能,是因为所有人都拥有同样的心灵结构,都会时时处处以同样的方式来整理感性经验事物。就是说,我们都同样地将相同的知性整理能力加于被给予的感性经验之上。但是并不存在形而上学的科学,因为当我们考虑自我、宇宙和上帝理念时,并没有当我们考虑"两点之间最短距离"时那样的被给予之物。在形而上学中被给予的是想要完成对经验中各种极为不同的事件的综合的一种被感到需要,要不断将这些各种各样的事件综合于一个更高的水平,不断发现现象领域的一个更普遍的解释。

对康德而言,先天的或理论的科学知识与思辨的形而上学之间存在着一个区别。这就是我们能够拥有关于现象的科学知识,但是不能够拥有关于本体领域的科学知识,或者说,我们不能够拥有关于超验领域的知识。康德认为,我们想要完成一个形而上学的"科学"的企图注定是要失败的。我们试图讨论自我、宇宙或者上帝,仿佛它们是经验对象一样,但是心灵对这一点的绝对无能为力通过我们所陷入的康德所谓"二律背反"表现了出来。这四个二律背反向我们表明,当我们超越了经验探讨世界的本质时,我们可以用同等有力的论证来证明不同命题的两个相反方面,具体来说,即:(1)世界在时间和空间上是有限的,或者它是无限的;(2)每一个复合的实体都是由单纯的部分构成的,或者在世界上没有什么复合的东西是由单纯的东西构成的;(3)除了根据自然律的因果性之外,还存在着另外一种因果性即自由,或者不存在自由,因为世界中每一个事物都只是根据自然规律而发生的;(4)存在着一个绝对必然的存在者,作为世界之部分或作为它的原因,或者一个绝对必然的存在者在任何地方都是不存在的。

这些二律背反反映了由独断论的形而上学产生的不一致。这种不一致的发生仅仅是因为它们基于"无意义"的东西——就是说,它们想要对一个我们没有而且不可能拥有感性经验的实在进行描述。但是康德相信这些二律背反也有积极的价值。尤其是它们为下面的说法提供了一个额外证明:时空世界只是现象世界,在这个世界里,自由是一个无矛盾的一贯的理念。这是因为如果世界是一个物自体,那么它在广延和可分性上就要么是有限的,要么是无限的。但是二律背反指出,对于这两个命题的对错没有任何演证的证据。在这个意义上,因为世界仅仅是现象的,所以我们就有理由对道德自由和人类责任加以肯定。

作为调节性的理念,自我、世界和上帝的理念有一个合法的功能,它们帮助我们综合自己的经验。而谈论一个本体的领域或者物自体的领域,也是对某些被给予的经验和我们思想的倾向作出的反应。由于这一原因，我们可以以两种不同的方式来思考一个人：作为一个现象的人和作为一个本体的人。作为一个现象的人，他可以被作为一个处在时空以及因果背景之中的存在者来进行科学的研究。同时，我们道德责任的经验也暗示了，一个人的本体本质——他超越于我们对他的感性知觉之外的样子——的特点是自由。在这一情况下，自由概念如同自我或上帝概念，是一个调节性的理念。对于人是自由的或上帝是存在的，永远也不会有任何演证的证据，因为这些理念让我们去超越我们的感性经验，在那里心灵的诸范畴没有任何材料可以进行加工。

上帝存在的证明

有了这个对人类理性能力和范围的批判性评价，康德不可避免地要拒斥对于上帝存在的传统证明，即本体论的①、宇宙论的和目的论的证明。他反对本体论的证明的论证是，它只是在操弄语词。这一证明的本质就是断言，既然我们拥有最完善的存在的观念，那么，如果否认这样一个存在者的存在就会导致矛盾。这种否认之所以会是矛盾的，是因为一个完善的存在者的概念必定包含着"存在"这一谓词。也就是说，一个不存在的存在者很难被认为是一个完善的存在者。但是康德论证说，这一推理的过程"源于判断而不是源于事物和它们的存在"，上帝观念仅仅是通过把"存在"包括在一个完善的存在者的概念中的这个方式而简单地形成的概念，由此它断言上帝概念具有存在这一谓词。这一论证丝毫没有表明为什么我们必然拥有上帝这个主词。如果一个完善的存在者的确存在，而我们拒斥这样一个存在者的全能，那会导致矛盾。但是，我们通过同意一个最高的存在者的全能而避免这一矛盾，其自身并没有表明这样一个存在者的存在。此外，否认上帝的存在并不仅仅是否认一个谓词，而是抛弃这一主词从而也抛弃所有伴随它的谓词，"如果我们同样地取消主词和谓词，就没有什么矛盾了；因为再没有什么东西能够与之相矛盾了。"因此，康德概括说："笛卡尔派（本体论的）对最高存在者存在的著名论证所作的艰辛劳作都是徒劳的。一个人希望通过单纯理念来丰富自己的知识，就如同一个商人希望通过在自己的账本上添加一些零来增加自己的财富一样不可能。"

本体论的证明从一个（完善的存在者的）观念开始，而宇宙论的证明则"以经验为立足点"。因为它说，"我存在，因此一个绝对的必然存在者存在"，这是基于如下设定：如果任何东西存在的话，那么一个绝对的存在者也必然存在。根据康德的看法，这一论证的错误在于，虽然它是从经验开始的，但是很快它就超越了经验。在感性经验的领域，为每个事件推导出一个原因是合法的，但是，"因果性的原则除在可感世界中外，其应用都是没有意义、没有标准的"。这里是康德批判方法的一个直接运用，因为他论证说，我

---

① "本体论的"（ontological），即关于存在的学说的，亦可译作"存在论的"。——译者注

们不能够运用心灵的先天范畴来尝试描述超越感性经验的实在。因而宇宙论的证明并不能成功地将我们导向一个所有事物的第一原因,我们从自己对事物的经验中能够得出的充其量也只是一个调节性的上帝理念。事实上是否真有这样一个存在者、一个所有偶然事物的根据,这引起了和通过本体论的证明所引起的同样一个问题,即我们是否能够成功地跨越我们的一个完善存在者的观念和它存在的演证的证据之间的鸿沟。

同样,目的论的证明从一个很有说服力的东西开始,因为它说:"在世界中我们到处都可以发现根据一个确定的目的而安排的迹象……如果不同的事物没有被一个与潜在的理念相符合的安排的理性原则所选择和设计,它们自身不可能以如此多样的方式协同运作,从而实现确定的最终目的。"康德对于这一论证的回答是,我们对宇宙中秩序的经验很有可能暗示了一个安排者,但是世界中的秩序并没有证明世界的物质材料没有这个安排者就不存在。这一论证从设计能证明的最多只是"一个总是被自己劳作的物质材料绊手绊脚的建筑师,而不是一个让所有事物都服从于他的观念的创世者"。要证明一个创造者的存在,这会把我们引回宇宙论的证明及其因果性观念。但是既然我们不能够将因果性范畴作超越经验事物的运用,我们就只剩下了一个第一原因或者创造者的观念,这就将我们带回到本体论的证明,但它是无效的。所以康德的结论是,我们不能够使用先验观念或理论原则来证明上帝的存在,它们不能运用于超越感性经验的领域。

然而,康德对"诸论证"批判性评论的结果必然是,我们不能够证明上帝存在,同样也不能够证明上帝不存在。仅仅通过纯粹理性,我们既不能够证明,也不能够否证上帝的存在。因此如果上帝的存在不能够被理论理性有效处理,那么理性的某些其他方面就必定会被认为是上帝理念的源泉。这样,上帝的理念在康德的哲学中就还是有其重要性的,其他的调节性理念也一样。

13.5 实践理性

除了"头顶的星空"之外,使康德充满惊奇的还有"心中的道德律"。他意识到,人类不仅注视着一个事物的世界,而且也是行动世界中的参与者。因而理性交替地关注关于事物的理论和实践行为——即道德行为。但是康德说,"最终只有同一个理性,它根据其运用被区分开来",理性的目标,"第一个是理论理性知识,第二个是实践理性知识"。康德解释纯粹理论理性范围和能力的方式使他对实践理性的解释成为可能。

在康德的时代,科学思想的趋势是把实在等同于我们可以从感觉经验中、从现象中获知的东西。如果这是对实在的一个真的解释,那么知识将只包含被理解为由于因果性而相互严格地关联着的事物的各种感性经验。从而实在将被视为一个巨大的机械结构,它唯一的活动乃是先前原因的产物，而人类也将被视为这个机械的一部分。如果事实是这样，康德说："我就不能够……没有明显矛盾地谈论同一个东西如人的灵魂，说它的意志既是自由的，然而又服从自然的必然性，从而又是不自由的。"康德指出，一个人的现象自我或我们能够观察到的自我是服从于自然的必然性或因果性的，但是本体自我作为一个自在之物拥有自由。这么一来，康德就避免了上面所说的矛盾。康德以消极的方式，通过将理论理性的范围限制于感性杂多，而开辟了实践理性的积极运用："（就）我们的批判限制了思辨理性（而言），它确实是消极的，但是因为它由此扫除了实践理性运用道路上的障碍，而不是威胁破坏它，所以实际上它有一个积极的而且非常重要的运用。"

道德之所以成为可能的，是因为即使我们不能知道那些自在之物或本体领域的对象，"我们却至少可以将它们作为自在之物来思考；不然我们将陷入这样一个荒谬的结论：有现象却没有任何东西显现"。但是，"对象（如一个人）被看作具有双重意义，即作为现象和作为自在之物，如果我们的批判在这一点上没有错的话，……那么下面这一假定就没有矛盾了：同一个意志在现象中，即在可观察的行动中，必然地服从自然律，是不自由的；而作为属于一个自在之物的东西，它不服从自然律，因而是自由的"。诚然，灵魂不能够被思辨理性作为一个自在之物而认识，"但是虽然我不能够认识自由，我还是可以思考它"。所以，康德已经为道德和宗教的探讨提供了基础。具体说来，他区分了两种实在——现象实在与本体实在；然后他将科学限制于现象实在，从而证明了与本体世界相关联的实践理性的运用。

道德知识的基础

据康德说，道德哲学的任务是发现我们如何能够达到那些约束所有人的行为的原则。他确信仅仅研究人们实际的行为是不能发现这些原则的，因为虽然这样的研究将为我们提供关于人们实际如何行动的一些有趣的人类学信息，但它还是不能够告诉我们应该如何行动。但是，我们确实在做着道德判断——例如当我们说我们应该讲真话时，问题在于我们是如何达到这一行为规则的。在康德看来，"我们应该讲真话"这一道德判断在原则上与"每一个变化都有其原因"这个科学判断是一样的。使这两个判断相似的是，它们都来自我们的理性，而不是来自我们的经验对象。正如我们的理论理性将因果范畴加于可观察的对象，并以此解释变化过程一样，实践理性将责任或"应该"的概念加于任何一种特定的道德情况。我们在科学中和在道德哲学中都运用了一些概念，它们超出了我们在任何时候经验到的特殊事实。在这两种情况下，经验都是触发心灵以普遍的方式思考的机缘。当我们经验到一个特定变化的例子时，我们的心灵将因果性范畴加于这一事件。这就使得不仅在这种情况下，而且在所有变化的情况下，解释因果关系成为可能。同样，在人类关系的情景中，实践理性不仅能够断定在这个时候我们应该如何行动，而且能够断定在任何时候都应该作为我们行动原则的是什么。如同科学知识一样，道德知识也基于先天判断。康德此前发现，科学知识之所以可能是由于心灵加于经验的诸先天范畴。这里他同样说道："责任的基础不能在人的本性中，或是在人性被置于其中的世界诸条件中寻求，它先天地就在理性的概念中。"

因而对康德而言，道德是理性的一个方面，它与我们对行动规则或"规律"的意识有关，我们认为这些规则或"规律"既是普遍的又是必然的。普遍性和必然性的性质是先天判断的标志，而这也进一步证明了康德的以下观点：行为诸原则源于先天实践理性。康德不是在我们行动的后果中寻找"善"的性质，而是集中考察我们的行为的理性方面。

道德与理性

作为一个理性的存在者，我不仅问"我可以做什么"这样的问题，而且我也意识到自己必须以某种特定方式行动的责任，我"应该"做什么。这些理性的活动反映了实践理性的能力，而且我可以假定，所有理性的存在者都意识到同样的问题。因而当我考虑我必须做什么时，我也在考虑所有理性的存在者必须做什么。因为如果一个道德规律或规则对作为一个理性的存在者的我而言是有效的话，它也必定对所有理性的存在者都有效。因而一个道德善行的主要检验方法之一就是看它的原则是否能够被应用于所有理性的存在者，是否能够被一贯地运用。道德哲学就是探究适用于所有理性的存在者并导致我们称之为善的行为的这些原则的。

被定义为善良意志的"善"

康德说："在这个世界上乃至世界外，没有任何东西能有资格被思考为或称作'善'，除了善良意志。"当然他承认其他的事情也可以被认为是善的，例如对激情的节制，"但是我们很难称它们是普遍的善的……因为若没有一个善良意志的原则，它们实际上或许会成为邪恶的。一个恶棍的冷血不仅使他更危险得多，也直接使他比自己如果不冷血的时候显得更加卑劣"。康德的主要观点是，道德善行的本质是一个人意愿一个行动时所确认的原则："善良意志之所以是善的，不是由于它所导致或完成的东西，也不是它对达到某个预定目标的效用，而仅仅是因为这个意愿，就是说，它自身就是善的。"

一个理性的存在者努力去做他应该做的事情，康德将之与出于爱好或自身利益的行动区分开来。我们可以比较这些动机中的差异，因为无论是出于爱好还是出于自身利益的行动，对我们而言都显得与出于道德律的责任的行动不在同一个道德水平上。康德作出一个引人注目的断言，"善良意志之所以是善的，绝非由于它所完成的东西。"他这样说是要强调意志在道德中的支配地位。我们行为的后果符合道德律还不够；真正道德的行为是为了道德律，"因为所有这些结果——甚至是对他人幸福的促进——都可能由于其他原因而达到，所以为了这些结果本来并不需要一个理性存在者的意志"。道德价值的所在是意志，善良意志是出于责任意识而行动的意志；"出于责任的行动必定完全排除了爱好以及任何意志对象的影响，这样，能够决定意志的就只有客观的规律和对这一实践规律主观的纯粹尊重"。

责任暗示我们处于某种义务——一个道德律之中。康德说，当义务以一个命令的形式出现时，作为理性存在者的我们就意识到它。不是所有的命令都相关于道德，因为它们并不是在每个情况中都指向所有人，因而它们缺乏一个道德规则要求的普遍性。例如，存在着一些技术的命令或技巧的规则，它们要求我们做特定的事情，如果我们想要达到某个特定的目的的话。例如，如果我们想要建造一座跨河大桥，那么我们必须要使用具有一定强度的材料。但是我们并非绝对有必要造一座桥。我们可以建造一条过河隧道或使用水上交通工具到河对岸去。同样，存在着一些出于审慎的命令，例如，如果我想让自己受到某些人的欢迎，我就必须去说或做一些事情。但是我受欢迎依然不是绝对必然的。技术的和审慎的命令因而只是假言的命令，因为只有我们决定进入其运作领域时，它才命令我们。

定言命令①

不同于那些其本质仅仅是假言的技术性命令和审慎的命令，真正的道德命令是定言的。这一定言命令适用于所有人，要求"无须涉及其他目的，其自身就是必然的一个行动，即一个客观必然的行动"。它直接要求某种行动，无需任何其他意图作为条件。实际上，定言命令要求一个形成了特定选择的基础的规律。它是定言的，因为它同时适用于所有理性的存在者，它是命令，因为它是我们应该依其行动的原则。定言命令的基本表达式是，"只按照你同时也希望它成为普遍规律的准则行动"。康德曾说过："自然界的所有事物都根据规律运作。唯有理性的存在者有根据对规律的设想而行动的能力。"他想表明定言命令是我们对有关人的行为的自然律的设想，因而康德以另外一种方式表述了责任命令，"这样行动，仿佛你的行动的准则要成为一条普遍的自然律一样"。

很明显，定言命令并没有为我们提供具体的行动规则，因为它仅仅是作为一个抽象的公式而出现的。然而按康德的想法，这正是道德哲学为指导我们的道德行为而应该为我们提供的东西。因为我们一旦理解了道德律的基本原则，我们就能够将之运用于各种具体情况。为了表明定言命令是如何使我们发现自己的道德责任的，康德举了下面这个例子：

---

① The Categorical Imperative，国内过去通常译作"绝对律令"或"绝对命令"。——译者注

（一个人）在困难的逼迫下觉得需要借钱。他很清楚自己无力偿还，但事情却明摆着，如果他不明确地答应在一定期限内偿还，他就什么也借不到。他想要做这样的承诺，但他还良知未泯，扪心自问：用这种手段来摆脱困境不是太不合情理、太不负责任了吗？假定他还是要这样做，那么他的行为准则可以被表述如下：在我需要钱的时候我就去借，并且答应如期偿还，尽管我知道是永远偿还不了的。这样一条自私或利己原则也许永远都会占便宜；但现在的问题是，这样做对吗？我要把这样的自私变成一条普遍规律，问题就可以这样提出：若是我的准则成为一条普遍的原则，事情会怎样呢？我立刻可以看出，这一准则永远也不可能被当作普遍的自然规律而不同时必然陷入自相矛盾。因为，如果一个人认为自己在困难的时候可以把随便做不负责任的诺言变成一条普遍规律，那么诺言自身就成为不可能的了，人们再也不会相信向他所做的任何保证，会嘲笑所有这样的表白，将之看作欺人之谈。

　　如果我们还是要问为什么他必须说真话，或者他为什么应该避免虚假承诺所包含的矛盾呢，康德回答说，存在着关于人的一些东西使我们反对和憎恶自己被作为一个物而不是作为一个人来对待。人之为人就在于他的理性，作为一个人或一个理性的存在者，自身就是一个目的。当某个人把我们当作实现一个其他目的的工具时，比如当他向我们说谎时，我们就成为了一个物。但是不论对我们的利用有时是多么必要，我们都把自己认作具有绝对固有价值的人。个体拥有绝对价值，这成为最高道德原则的基础：

　　　　这一原则的根据是：理性的本质作为一个自在的目的实存着。所有人都和我一样想要被作为人而不是作为物来对待，这一对个体绝对价值的断言导致定言命令的第二个表达式：你的行动要把你自己人身中的人性和其他人身中的人性，在任何时候都同样看作是目的，永远不能只看作是手段。

　　绝对命令还有第三个表达式，前两个表达式已经暗示了它，但是康德想要使之更明晰。这就是，我们应该"这样行动，意志可以将自身当作同时是在以它自己的准则制定着普遍的法律"。这里康德说到了意志的自律，每个人通过他自己意志的行动制定着道德律。康德区分了自律和他律，他律是由其他人或其他事物而不是自己作出的（一个法律或行动的）规定。这样一个他律的意志会被欲望或喜好所影响甚至决定。相反，一个自律的意志是自由的、独立的，因此是"道德的最高原则"。意志自律概念的核心是自由理念，它是至关紧要的调节性理念，康德以之区分科学的世界和道德的世界——现象世界和本体世界。他说："意志是有生命的东西的一种因果性，如果这些东西是有理性的，而自由则是这种因果性所固有的性质，它不受外来原因的限制，而独立地起作用，正如物理必然性是一切无理性东西的因果性所固有的性质，它们的活动在外来原因影响下被规定一样。"此外，他还说："我主张，我们必须承认每个具有意志的有理性的存在者都是自由的，并且依从自由观念而行动。我们想，在这样的东西里有种理性，这就是实践理性，具有与其对象相关的因果性的理性。"因此，定言命令所说的就是道德律的普遍性，它确认了每一个理性的人的最高价值，并赋予意志以自由或自主。对康德来说，我们对道德律的经验暗示了某些进一步的洞见，它们相关于自由、不朽和上帝的悬设。

道德悬设

康德认为我们不可能证明或演证上帝存在以及人类意志自由。自由是由于我们对道德责任的经验而必须要假设的一个理念——就是说，"因为我必须，所以我能够"。虽然我们不能演证我们的意志是自由的，但是从理智上讲，我们不得不假定这样的自由，因为自由和道德"不可分割地联系在一起，我们可以将实践的自由规定为意志独立于任何东西而仅仅遵从道德律"。如果人们不能够或者不是自由地实现他们对道德命令的责任或响应，他们如何可能是有责任或有义务的呢？自由必须被假定，这就是第一个道德悬设。

康德的第二个道德悬设是不朽。康德是通过一系列推理而达到不朽悬设的。这个推理始于对至善（summum bonum）的设想。虽然德性是可设想的最高的善，但是只有当在德性和幸福之间存在着一个统一时，作为理性存在者的我们才会完全满意。虽然事实上并非总是如此，我们都还是认为德性应该产生幸福。康德严峻地坚持说，道德律命令我们去行动，并不是因为我们因此会获得幸福，而是因为这样做我们的行为会是正当的（合法的）。不过一个理性存在者的完满实现要求我们将至善思考为既包含德性也包含幸福。可是我们的经验表明，在德性与幸福之间并不存在必然的关联。如果我们将人类经验限制于此世，那么要完全达到至善看起来就是不可能的了。不过道德律的确命令我们为完满的善而努力，这就暗示了一个朝向这一理想的无限过程，"但这个无尽的过程只有在下面假设的基础上才有可能，即同一个理性存在者的存在和人格是无尽地持续的，这被称为灵魂不朽"。

道德的世界也使我们不得不悬设上帝的存在，它作为德性与幸福之间的必然关联的基础。如果我们所说的幸福是指"现世中一个理性存在者的这样一种状态，对他来说在自己的一生中一切都按照愿望和意志而发生"，那么幸福就暗示了个人意志与物理自然之间的一种和谐。但是人不是世界的创造者，他或她也没有能力命令自然达到德性与幸福的必然关联。但是我们的确从至善概念中得出结论说德性与幸福必须相伴随。所以我们必须悬设"整个自然的一个原因的存在，它不同于自然，并包含了这一关联的基础，即幸福与道德完全和谐的基础"。这样，"假定上帝的存在在道德上就是必需的"。这不是说没有宗教就不可能有道德，因为康德已经说，没有上帝的理念，一个人也能认识到他的道德责任，他必定仅仅是出于对道德律的敬重而服从它——"为义务而义务"。但是康德的确说过:"通过至善理念这一纯粹实践理性的对象和最终目标,道德律通向了宗教,也就是认识到所有的责任都是神圣的命令。它们不是约束或者说一个外在意志的任意命令……而是每一个自由意志自身的本质性规律。不过这必须被看作最高存在者的命令,因为只有从一个道德完备并且是全能的意志那里……我们才能指望达到最高的善,道德律使我们的责任将这最高的善作为我们努力的目标。"

不论康德是否成功地达到了他为自己新的批判哲学所设定的目标,他的成就都是不朽的。在这条道路上他所犯下的错误很可能比绝大多数人取得的成功更加重要,而毫无疑问的是,虽然我们不必接受康德说的每一句话,但是在今天我们如果不考虑他的观点,就很难进行哲学讨论。

13.6 美学:美

正如我们已经了解到的,康德提出了一套具体的道德规则,我们可以通过它判断一个行动能否被正当地(合法地)称作"善的"。这些规则适用于所有人,所以衡量道德上善的行为有一个普遍的或客观的标准。同样,康德论证说,人类心灵能够建立起可靠的科学知识,自然必定被认作是完全统一的,科学规律对所有人来讲都必定是有效的或"真的"。然而,当他转向美学问题时,康德说:"不存在任何规则让某个人根据它而必然地将一个东西认作美的。"康德说,不存在什么原因或原则表示一件衣服、一座房屋或一朵花是美的。然而,我们的确谈论着美的事物,而且我们喜欢认为,自己称作美的东西也会被别人称作美的。最后康德指出,尽管我们的审美判断是基于我们的主观感受的,美的定义却是"令人普遍感到愉悦的东西"。从我们对美的主观感受推进到美是令人普遍地感到愉悦的东西这个结论的过程,为我们提供了康德对审美经验之本质的一些关键性洞见。

作为独立的愉悦满足的美

发现我们的审美判断之本质的第一步是将之看作一个主观鉴赏的问题。当我们表达一个对象是美的这个判断时,它是主观的,因为在经验到对象的基础上,把我们对对象的感觉归于作为主体的我们,归于我们愉悦或不愉悦的感受。这一愉悦或不愉悦的感受并没有指示对象中的任何东西,它仅仅是对象影响我们的方式。康德这里的核心观点是,鉴赏判断不是关涉到概念知识的逻辑的事情。如果我想说一个对象是"善的",我必须知道该对象被意欲成为什么东西。就是说,我必须有一个它的概念。但是对我来说,要在对象中看到美,我却并没有必要有一个关于对象的概念。例如,"花朵、随意的图案、杂乱交织的线条，这些我们称作建筑物上的叶饰的东西没有任何的意指，它们不依赖于任何确定的概念，但依然是令人愉悦的"。我的审美判断、我的鉴赏只是静观的（contemplative），就是说我无须知道关于对象的任何东西，只要知道它的特性是如何影响我愉悦或不愉悦的感受的。一个审美判断不是一个认知判断；就是说，它既不以理论知识，也不以实践知识为根据。

康德坚持认为，一个审美判断若要是"纯粹的"，它必须独立于任何特殊的利害；它必须是"无利害的"。无利害当然不是无趣，它的意思是，一个对象是美的这个判断不是对一个对象赞成或反对的偏好。一座房子是不是美的必须独立于我对房屋大小的偏好以及我想拥有它的愿望。纯粹审美判断确认的是，对象的形式无关乎任何我可能在其中具有的利害而令人愉悦。当然我对一个对象可能有某种利害关系或欲望。但它是美的这一判断是无关于这个利害或欲望的。由于这个原因，康德将美定义如下："鉴赏是通过不带任何利害的愉悦或不愉悦而对一个对象或一个表象方式作出评判的能力。这样一个愉悦的对象就被称作美的。"

作为普遍愉悦的对象的美

如果一个对象是美的这个判断无关乎我个人的任何利害或偏好，那么它也不依赖于任何其他的利害，同样也不受它们的影响。我的判断是"自由的"，这时，首先我表达了一个对象是美的这样一个观点，其次我意识到，当我这样做的时候，我不依赖于任何其他的利害，也不受它们的影响——不论它们是一种嗜好、一个欲望，还是一种偏爱。因为没有任何我的个人的或特别的偏好影响我的判断，所以我有充足的理由相信像这般摆脱了他们的个人利害的其他人，也会达到同样一个美的判断。审美判断是普遍的。

康德意识到，并非鉴赏①这个词的所有使用都指向普遍的审美判断。有可能不同的人在对同一个东西的鉴赏上意见并不一致。一个人会说，"加纳利香槟是令人快适的"，但是他的朋友会提醒他应该说，"是令我快适的"。对一个人来说紫色是温柔可爱的；但对另一个人来说它是沉闷暗淡的。一个人喜欢管乐声，另一个人喜爱弦乐声。的确，在这些事情上，关于一个东西是否"令我们快适"，"每个人都有着自己独特的品味"。但是"快适"绝对不能被混同于美。因为如果一个东西只对某一个人是快适甚或愉悦的，他或她并不能将之称为美的。如康德所说，许多东西都对我们很有吸引力，令我们快适。但是如果我们把一个东西当作不一般的，并称之是美的，这就暗示我们期待所有人都会作出同样的判断，所有人在对象中都会有同样的愉快。那些作出不同判断的人可能会受到批

---

① taste，德语原文是 Geschmack，有多重含义，在不同情况下可译作"口味""品味""鉴赏"和"味觉"。——译者注

评，会被认为没有鉴赏力。在这个意义上康德说："我们不能说：每个人都有自己独特的鉴赏。这种说法将等于说，不存在任何鉴赏；就是说，没有任何可以合法地（正当地）要求每个人都同意的审美判断。"

"鉴赏"这个词含混的用法通过感官的鉴赏和反思的或静观的鉴赏之间的区分而得到了澄清。例如对食物和饮品的品味就是感官的鉴赏，它们通常仅仅是个人的。但是包含一个审美判断的鉴赏则暗示了普遍的赞同。这一审美判断并不基于逻辑，因为它没有涉及我们认知的能力；它只涉及所有主体中愉悦或不愉悦的感受。美的判断不依赖于任何概念，而是依赖于感受。因而康德以另一种方式将美定义如下："美是那没有概念而普遍地令人愉悦的东西。"

美的对象中的目的与合目的性

有两种美：(1)自由的美与(2)仅仅是依存的美。自由美没有预设某个对象应该是什么的一个概念。相反，依存美预设了对象应该是什么的一个概念，有了这个概念我们就能确定这个对象是不是完善。

一朵花的美是自由美。只要看到它我们就能够说它是不是美的。我们无须拥有关于它的更多知识。没有关联于花的任何其他诸如目的之类的概念帮助我们确定它是否是美的。花朵向我们呈现自身的方式就是合目的的。如我们所看到的花朵的形式就体现了它的"合目的性"，这一合目的性为对它的美的判断提供了基础。在我们作出这一判断时，我们的意识和知性当然有着某种活动，但这里是我们的情感力量而不是理性力量处于支配地位。因此，康德说："一个判断被称作是审美的，严格来讲正是因为它的规定性基础不是一个概念，而是对心灵诸能力活动之和谐的感受，只要它能够在感受中被经验到。"诚然，植物学家对花朵可以知道很多东西，但是这些概念与花朵是否漂亮这个判断没有任何关系。与此类似，在绘画、雕塑、园艺，甚至音乐中，构思都是根本性的东西，因而，通过其形式而使人愉悦的东西是鉴赏的基本先决条件。

但是一个男人、女人或孩子的美，一座教堂或一个凉亭的美，所有这些都预设了一个"目的"的概念，它规定着此物应当是什么。我们可以说一个人或一座建筑是美的。但是这里我们对美的判断考虑到了目的或意图的概念。此外，美的判断变得依赖于所讨论对象的适当目的是否实现。这里我们不是在作仅仅基于感受的纯粹的审美判断。相反，这里是一个概念知识的综合，它牵涉一个人的本质或目的，或一座建筑的目的或功能。例如，某个人可能判断说一座建筑并不令人愉悦，因为它的形式（虽然非常精致）对一座教堂来说并不合适。一个人或许被判断是美的，因为他或她以道德的方式行事，在这个情况下，审美判断被混同于或至少是混合了善的判断，后者是一个认知判断。如果我们关于一个人或一座建筑是美的这样的判断依赖于人类本质的目的或建筑的目的，那么我们的判断就被置于一个限制之下，不再是一个自由和纯粹的鉴赏判断。所以，康德以第三种方式将美定义如下："美是一个对象合目的的形式，如果这个形式是没有一个目的的表象而在对象身上被知觉到的话。"

必然性、共通感和美

有一些关于美的东西导致它"和愉悦（快乐）方面的某种必然关系"。康德说，这并不意味着我能够提前知道"每个人在我称之为美的那个对象上实际地感到这种愉悦"。联结审美判断与愉悦的必然性既不是理论的必然性，也不是实践的必然性。虽然我可以断言我的审美判断是普遍的，但我不能够认定每个人都会实际上同意它。事实上，因为我甚至不能够清楚地形成一个规则，它可以根据概念来规定美，所以我只有自己的美的感受，它包括我的快乐或愉悦。审美判断中要提到我的快乐，这并不意味着快乐这个要素是从美的概念中逻辑地推演出来的。康德认为，快乐被包含在美的经验之中这一"必然性"是"一种特殊的必然性"。在审美判断中被思考的必然性"只能被称作示范性的（exemplary）"。它是"一切人对于一个被看作某种无法指明的普遍规则之实例的判断加以赞同的必然性"。简言之，我的判断是一个关于美的普遍规则的示例。

如果我不能够以理性的或认知的方式形成美的原则，那么我是如何可能与他人交流审美判断的那些必然性成分的呢？2乘2对每个人而言都必然等于4。审美判断如何也能够包含必然性的要素？康德说，我必须有"一个主观的原则，它仅仅通过情感而不通过概念就规定了什么是令人愉悦或不愉悦的，但仍然是普遍有效的"。由于这个原因，鉴赏判断就依赖于我们存在着共通感这一预设。只有在这样一个共通感的预设之下，我才能够作出一个鉴赏判断。这并不意味着每个人都会同意我的判断，而是意味着每个人应该同意它。我们可以认为，当我们说2加2等于4时其他人也能够甚至必定理解这个判断的普遍正确——虽然在这个例子里我们是在处理一个客观原则。因此我们也可以假定在所有人中都存在着一种共通感，由于它我们可以交流主观的审美判断。由此康德对美下了第四个定义，"美是没有概念而被认作一个必然愉悦的对象的东西"。

如同他在《判断力批判》的前言中指出的，康德自己意识到，"解决一个问题的困难是如此地纠缠在这个问题的本质之中，这可以用来为我在解决这问题时有某些不能完全避免的模糊性作出辩解"。尽管有着康德这个坦言，黑格尔在康德的美学理论中还是发现了"有关美的第一句合理的话"。

总　结

康德的"批判哲学"基于"先天综合知识"的概念，这种直观知识（a）不基于经验（即是先天的而不是后天的），但（b）给予我们不仅仅依定义为真的新知识（即是综合的而非分析的）。在数学中，我们依赖先天综合判断，比如7加5等于12的判断，以及在物理学中比如"在物质世界的所有变化中，物质的总量保持不变"的判断。先天综合判断同样是形而上哲学的核心，比如"人类有选择的自由"的判断。

根据康德的观点，我们通过我们心灵之中自发整合我们原始经验的天赋组织结构获得对我们周围世界的知识。这一进路同时结合了理性主义（天赋的组织结构）和经验主义（原始经验）的元素。我们的心灵之中有两类主要的天赋组织结构。第一，根据三维空间以及其在时间线上的位置组织我们原始经验的"直观形式"。例如，当我经验到一棵树上的一个苹果的红性和圆性的原始杂多时，我将其作为存在于三维空间和时间上的现在来看。第二，统一我们经验的"思想范畴"。"数量"的范畴使我能够将苹果视作一个单一的物体；"关系"使我能够将苹果看作苹果树的结果。

康德主张，由于我们的心灵可以组织不同的经验，据此我们可以正当地推断，有一个统一的自我在施展这一心理组织，即便我们无法直接经验到那个统一的自我。他区分了我们经验到的现象实在和事物是其所是的终极的本体实在。我们被局限在现象实在，而无法通达本体实在。他主张，我们的心灵不可避免地形成三个给予我们经验以统一的先验理念，即，自我、宇宙和上帝的理念。但这些仍然只是我们所不知道的作为本体实在的理念。如果我们试着形而上地思索其本体实在，我们会达到自相矛盾的结论，或"二律背反"。出于这个理由，他拒斥传统对上帝存在的证明。

如前所述，人类的理论理性组织感觉经验，我们的实践理性则负责调控我们实践行为的道德义务的普遍规律。道德义务并非关乎追求自我利益，而是关乎使我们的意志符合道德法则。对于康德，这种法则以命令的形式出现。但它不是假言命令，即基于我们的个人偏好的如果……那么的陈述，比如"如果你想受欢迎，那么你就必须友善"。相反，道德律令是定言命令，即不援引我们偏好的命令。尽管康德对定言命令提出了不同的表述，其基本版本是"只按照你同时也希望它成为普遍规律的准则行动"。尽管定言命令没有列出我们的明确义务，比如"你应该仁厚"，相反，它为我们提供了在特定场合确定我们的义务是什么的公式。当我们接受道德义务的现实性时，我们在理性上被迫假定道德所需要的三个观念。道德义务需要（1）我们有自由的意志来履行我们的道德义务，（2）我们永生不死，完美的道德善将在来生实现，（3）上帝存在，保证道德义务将和谐地带给人类幸福。

在美学理论中，康德主张美的东西就是普遍令人愉悦的东西。一个对于美的判断开始于一个对象带给我愉悦的个人主观判断。我的判断必须是无利害的，我对那个对象没有特别的好恶偏见。如果我的判断当真是公正的，那么其他人同样也会达到相同的无利害的结论，由此，那将会是一个普遍的判断。他主张有些审美趣味的判断是因人而异的，例如某种紫色阴影的吸引力。但这种分歧只是关于一个对象的审美宜人性，而不在于其是否美。对于康德而言，存在着两种美。依赖性的美预设了一个对事物形式至关重要的目的或设计标准，比如一座美的建筑。相比之下，自由的美并不预设这样的目的或任何关于它的进一步的知识，比如一朵美丽的花。

研究问题

1. 康德采取了一个介于理性主义和经验主义之间的中间立场。描述这一中间立场，并说说你是否认为他的立场相比理性主义和经验主义更可取。
2. 哲学家们普遍断言诸如"5加7等于12"这样的数学陈述是"先天分析的"，也就是说依定义为真并不通过经验而知。但康德主张数学陈述是"先天综合的"，也就是不依定义为真的非经验知识。解释先天综合和先天分析之间的区别，并说说你认为数学陈述落入哪种。
3. 解释康德的"直观形式"与"思想范畴"以及它们如何自发地组织从经验而来的杂多。
4. 解释康德现象界与本体界的区分。
5. 有一种怀疑论的方式来看待康德的哲学：我们的知识局限在现象界，我们的心灵如何通过"直观形式"和"思想范畴"来组织经验。但这些仅仅是我们心灵的产物，像是第二性的质，可能与本体世界的对象丝毫不相似。康德会如何回应这一批评？
6. 根据康德的观点，当我们试着将对于自我、宇宙或上帝的推理超出我们有限的能力，进入本体领域时，二律背反就会出现。解释每一对二律背反中冲突的要点。
7. 康德主张，传统对上帝存在的证明都失败了。选取其中的一个证明，解释康德的批判，讨论你是否同意康德。
8. 康德主张，真正的道德命令无法表述为假言命令，而只能是定言命令。解释这两种命令之间的区别，并讨论与康德的主张相反，道德命令是否可以恰切地表述为假言命令。
9. 选取康德定言命令中的一个提法，展示它如何告诉我们我们有义务去帮助其他有需要的人。
10. 解释康德对美学之美的"无利害的"判断的观念，并讨论对美学之美的判断都完全是无利害的是否可能。

第十四章

德国唯心主义

14.1　康德对德国思想的影响
14.2　黑格尔
14.3　叔本华

14.1　康德对德国思想的影响

紧随康德批判哲学之后的是19世纪德国唯心主义思潮。作为一种形而上学的理论，通常的唯心主义是指这样一个观点，宇宙仅仅是由心灵的——或精神性的——东西构成的，在实在中不存在物质的东西。例如，18世纪的英国经验主义者乔治·贝克莱就认为，只存在精神性的心灵，我对这个所谓物理世界的知觉只是上帝置入我的精神性心灵的一个内心感觉之流。唯心主义在德国的道路以康德的哲学为起点。康德在理论上并没有否认物理世界的存在。但是他主张物自体的真正本质对我们而言永远是不可知的。我们心灵的构造方式使我们永远也不能超越感性经验的领域，即现象的领域。进而言之，我们对于经验世界的解释永远都被我们的心灵施加于经验的诸范畴所限定。康德相信这些范畴——诸如原因和结果，实存性和否定性，等等——是我们的心灵先于经验就拥有的概念，它们在与对象的关系中被应用，而知识之所以可能正在于此。

虽然我们被封闭在一种受到我们的感性经验和心灵结构限制的世界观之中，但是康德仍然相信存在着一个物自体的本体领域，即使我们永远也不能达到它。例如，我们只是经验到红苹果的表象——已经被我们心灵的知觉能力整理过的感性信息。但是在苹果的这个红之后必定存在着红色与之相联系的东西，或某种能够具有红色的东西，即自在的苹果自身。但是对康德而言，事实依然是我们不能够认识任何这种自在之物，因为我们的心灵范畴只适用于现象世界。

约翰·哥特利勃·费希特（Johann Gottlieb Fichte，1762—1814）是最先认识到在康德的论点中存在的明显矛盾的人之一。说某个东西存在而我们对之却一无所知，这怎么可能呢？当我们说一个东西存在时，我们不是已经知道了关于它的某些事了吗？而且，康德为了解释我们的感性经验，断言了物自体的存在，这实际上就是说，物自体是任何被给予的感觉的"原因"。但是，他已经明明白白地主张说，心灵的诸范畴，例如原因和结果，不能够用来得出关于本体世界的知识。这样，当康德说物自体是任何给定感觉的原因时，他就与他自己将范畴的运用限制于我们对感性经验对象的判断这一规则相矛盾了。

甚至说物自体存在也超越了康德为知识设下的限度。因为"存在"是在心灵以连贯的方式组织我们的感性经验时起作用的一个范畴。事实上，康德反对先前的形而上学家的一个最有力的论点就是，指出他们错误地将存在归于超越了感性经验的所谓存在者和实在。现在从他关于物自体的学说看，似乎康德保留的正是他的批判哲学应该消除的东西。不仅在康德的理论中不可能将实存范畴运用于物自体，而且，说一个东西不可知而它却可能实存，这是一个很明显的矛盾。当然，我们可以区分暂时不被知道的东西（但潜在地它们是可知的）和永远也不可能被知道的东西。但是说一个东西永远也不可能被知道，这是自相矛盾的，因为这样一个陈述暗示我们已经知道了有这个东西，在这个限度内它是可知的。这样，康德的物自体概念就崩溃了。

费希特提出针锋相对的命题：任何东西都是可知的。同时，费希特并没有企图回复到康德已经驳斥了的那种形而上学。他认为康德在哲学上取得了真实的进展，而试图将康德所开启的东西继续向前推进。因此费希特试图做的是，运用康德的方法——其中去掉了不可知的物自体的概念——将康德的批判唯心主义转化成形而上学的唯心主义。这就是说，费希特接受康德的如下理论，心灵把它的范畴加于经验，并且他将这一点转化为这样一个理论：每一个对象，从而整个宇宙都是心灵的一个产物。

其他的德国哲学家也加入了这个将康德的批判哲学转化为形而上学的唯心主义的事业，其中最突出的是乔治·威廉·弗里德里希·黑格尔（Georg Wilhelm Friedrich Hegel，1770—1831）、弗里德里希·威廉·约瑟夫·冯·谢林（Friedrich Wilhelm Joseph von Schelling，1775—1854）和奥瑟·叔本华（Arthur Schopenhauer，1788—1860）。每一个哲学家都以自己各不相同的方式推进了这一事业。但是他们都认为不存在康德所假定的不可知的物自体。此外，康德相信物自体是我们感性经验的最终根源。唯心主义者则主张，恰恰相反，我们的经验知识乃是心灵的产物。在这一章里，我们将考察两个德国唯心主义者——黑格尔和叔本华的观点。

14.2 黑格尔

黑格尔的生平

黑格尔的历史意义在于，他以出色的、体系化的彻底性完成了此前不久还被康德宣称是不可能被完成的事情。康德认为形而上学是不可能的，人类心灵是不可能达到对实在全体的理论认识的。而黑格尔则提出了这样一个普遍命题，"凡是合理的都是实在的，凡是实在的都是合理的"①，由此得出结论，一切东西都是可知的。这是一种复杂详尽的形而上学，它为思考实在的结构及其在道德、法律、宗教、艺术、历史中以及最重要的，在思想自身中的体现提供了一个新的基础。或许可以说，黑格尔哲学最后的衰落与其说是由于遭到了学术上的抨击，不如说是被抛弃了——更像放弃一座大厦而非攻克一个据点。但是若以为黑格尔的继承者们只是对他精致的形而上学体系不屑一顾，这就错误地判断了他的思想对紧随其后的一代代人的影响和支配。黑格尔思想的影响力可以拿这样一个事实来衡量，大多数现代哲学家都代表了修正或者拒斥他的绝对唯心主义的某些方

---

① 此句中"实在的"（real）一词是对德文 wirklich 之英译，中文一般译作"现实的"。——译者注

面的各种方式。

乔治·威廉·弗里德里希·黑格尔1770年生于斯图加特，他生活于德国精神生活最辉煌的时期。这一年，贝多芬刚刚出生，而"集整个文明于一身"的诗人-科学家歌德这一年也正好20岁。康德时年46岁，还没有创作出其经典的哲学著作。英国人华兹华斯也出生在这一年，他的诗歌后来成为浪漫主义的一部分，而浪漫主义也和德国唯心主义有一些共同立场。黑格尔在早年的岁月里深受古希腊作家们的影响，最终他逐渐相信，柏拉图和亚里士多德不仅是哲学的源泉，而且甚至直到现在也是给哲学以生命的根基。黑格尔在斯图加特的学校里是一个普普通通的学生，在18岁的时候，他被录取进入图宾根大学神学院就读。在这里，他与荷尔德林和谢林成为好友，他对于谈论法国大革命这一话题特别感兴趣。在图宾根的5年岁月里，他的兴趣逐渐转向哲学与神学的关系。他对哲学的兴趣最终成熟旺盛起来，是在他离开大学以后。他在伯尔尼和法兰克福做了6年的家庭教师，在这些年里他写作了一些较小的作品，但它们包含了后来成为他的哲学的核心的一些重大问题的萌芽。

唯心主义在这个时候已经在费希特和谢林那里得到了有影响力的表达。1801年，当黑格尔被任命为耶拿大学的教员时，他出版了他的第一本著作《论费希特与谢林哲学体系的差异》(*Difference between the Philosophical System of Fichte and Schelling*)，在这本书里他表达了对费希特的反感。虽然在这些早年的岁月里他更倾向于谢林，但不久以后，他独立的、原创的哲学探索在其第一部主要著作《精神现象学》(*The Phenomenology of Mind*) 中公诸于世了，据他自己说，这本书完成于1807年耶拿战役的前夜。这场战役导致了耶拿大学的关闭，黑格尔为了维持他和妻子（他们于1811年结婚）的生计，做了纽伦堡中学的校长，他在那里一直待到1816年。他在那里完成了极有影响的《逻辑学》(*Science of Logic*)，这本书为他带来几所大学的邀请函。1816年，他到海德堡大学任教，1817年，他在这儿出版了《哲学全书纲要》(*Encyclo Pedia of the Philosophical Sciences in Outline*)，黑格尔在这本书里展现了他宏大的哲学结构的三部分：逻辑学、自然哲学和精神哲学。两年之后黑格尔被授予柏林大学的哲学教席，他在那里一直工作到1831年因霍乱逝世，享年61岁。黑格尔在柏林写出了大量的作品，许多是在他身后才出版的。他在这一时期的著作包括《法哲学原理》(*Philosophy of Right*)，以及身后出版的一系列演讲，《历史哲学》(*Philosophy of History*)、《美学》(*Aesthetics*)、《宗教哲学》(*Philosophy of Religion*) 和《哲学史讲演录》(*History of Philosophy*)。

绝对精神

前面已经提到，德国唯心主义主张知识最终的源泉和内容是心灵，而不是物理对象或者什么神秘的物自体。正如黑格尔所表达的，凡是实在的都是合理的，凡是合理的都是实在的。但是哪一种"心灵"实际上产生了我们的知识？我们的确经验到了一个外在于我们的事物世界。我们将之认作独立于我们而存在，而不是我们的创造。如果我们所有知识的对象都是心灵——但并不是我们的心灵——的产物，那么就必定认为它们是一个不同于有限的个别心灵的理智的产物。黑格尔和其他的唯心主义者下结论说，知识的所有对象，因而所有对象，事实上整个宇宙，都是一个绝对的主体、一个绝对精神的产物。

在康德看来，心灵的诸范畴仅仅使知识成为可能。但是对黑格尔而言，诸范畴还有某种独立于任何个别心灵的存在。另外，对康德而言，诸范畴代表了一个个体的心灵活动过程，为康德提供了对人类知识的类型及其限度的解释。他说，范畴是在人心灵中的概念——是心灵带给经验的东西，心灵通过它们才能够理解经验世界。与康德不同，黑格尔不仅仅将范畴考虑为心灵过程，而且考虑为不依赖于进行思考的个人而存在的客观实在。更具体地讲，黑格尔认为，范畴的存在是基于绝对精神。但是正如我们将看到的，黑格尔并不是说一方面存在着范畴，另一方面存在着诸如椅子、苹果之类的事物。这样一个区分将意味着观念和事物有着相互分离的存在——正如柏拉图从事物中分离出理念一样。黑格尔不像柏拉图，他并没有将任何独立的存在归于范畴。他是说它们不依赖于个人的心灵或思想而有其实存。黑格尔想要说的是实在的世界不仅仅是人们心灵的主观概念，同时他要说的是实在就是理性或思想。

以一把椅子为例。什么是一把椅子，或者说，椅子是由什么构成的？黑格尔说，如果我们接受不可能有不可知的物自体这一结论，那么一把椅子必定是由我们对之能够拥有的观念的总和构成的。在这一基础上，一把椅子必定是由当我们经验它时在其中所发现的所有普遍的东西构成的。我们说椅子是硬的、褐色的、圆的和小的。这些都是普遍的观念，当它们以这种方式相互关联时，它们就是一把椅子。这些普遍的东西在椅子中有其存在；普遍的东西或范畴从没有单独的或独立的存在。既然椅子中不存在不可知的方面，即除了我们经验到的那些性质之外再无别的东西，那么，椅子就是我们关于它所知道的东西，而我们所知道的是，它是由普遍的东西或观念的结合所构成的。这样，说范畴和普遍的东西有客观的状态，就是说它们独立于认知主体而有其存在。与此同时，正如椅子的例子所显示的，黑格尔说思想的对象首先在于思想自身。他说，在认识与存在之间有着同一性。认识和存在只是同一枚硬币的两个面。固然黑格尔承认存在着一个主体和一个客体、一个人和这个世界。但是他的唯心主义的本质在于他的这样一个思想：我们意识的对象——我们经验和思想的事物——自身就是思想。最后黑格尔形成了这样一个见解，实在将在绝对理念中被发现。

到目前为止，我们已经提出了黑格尔的论述中的两个主要观点，即（1）我们必须拒斥一个不可知的物自体的观念，以及（2）实在的本质是思想、理性，最终的实在是绝对理念。为了指出黑格尔达到实在是思想这一结论的一些步骤，我们下面转向他的复杂的哲学体系中的几个基本要素。

实在的本质

黑格尔将世界看作一个有机的过程。我们已经了解到，对他而言真正实在的东西就是他所说的绝对。用神学的术语说，这个绝对被称作上帝。但是黑格尔想要表明的是，这里他不是指一个脱离了自然界甚至脱离了个体的人的"存在(Being)"。柏拉图在现象与实在之间作出了严格的区分，黑格尔实际上认为现象就是实在。黑格尔说，没有什么东西是不处在关系中的。因此，基于仔细的反思，我们经验为孤立事物的任何一个东西都会把我们引向与之相关的事物。最后辩证思想的过程将以对绝对的知识而告终。然而绝对并不是孤立事物的统一。黑格尔拒斥唯物主义，唯物主义主张存在着个别的、有限的和坚固的物质微粒，它们以不同的方式被组织，构成了所有事物的全部本质。黑格尔也不接受由古代世界的巴门尼德和近代的斯宾诺莎分别提出的极端的理论，即一切是一，即一个有着各种各样的类型和属性的单一本体。黑格尔将绝对描述为一个动态过程，描述为一个有着诸多部分但是被统一进一个复杂系统的有机体。因而绝对不是某种脱离了世界的实体，而就是以一种特殊的方式观察到的世界。①

黑格尔相信绝对的内在本质是人类理性可以达到的，因为绝对在自然中和人类心灵的运作中同样得到了展现。联结绝对、自然和心灵这三者的是思想自身。一个人的思想方式是并且总是被自然的结构、被事物实际的活动方式所限定的。然而，事物之所以那样活动，是因为绝对在通过自然的结构表达它自身。这样，一个人就是在以绝对在自然中表现自身的方式思考自然。正如绝对和自然是一个动态的过程一样，人类思想也是一个过程——一个辩证的过程。

逻辑与辩证过程　黑格尔非常强调逻辑。事实上，他将逻辑理解为与形而上学其实是同一个东西。这尤其是因为他相信认识与存在是一致的。不过黑格尔的观点是，通过一步步逻辑的进展并在此过程中避免自相矛盾，我们就能够认识到实在的本质。笛卡尔主张一种类似的方法，按这方法，知识中的确定性将随着从一个清晰的观念到另一个清晰观念的推进而获得。但与笛卡尔（他重点强调的是观念相互之间的关系）不同，黑格尔认为，思想必须遵从实在自身的内在逻辑。这就是说，既然黑格尔已经将理性的东西与现实的东西同一了，因此他的结论就是逻辑以及逻辑关联必定是在现实的东西之中，而不是在什么"空洞的推理"中发现的。他认为："由于哲学是对理性的东西的探究，因此它就是对显现的、现实的东西的理解，而不是对一个上帝才知道它在什么地方的超越之

---

① 此段对黑格尔绝对精神过程的描述是英语世界流行的解释，但却是错误的。黑格尔的绝对精神不是由一个经验事物到另一个相关的经验事物被相继统一进一个复杂系统之中的过程，而是概念本身能动地自我否定、外化自身（为经验事物）同时又返回自身的过程，是概念向自己内部的不断深化。——译者注

物的设立。"于是，逻辑就是一个过程，我们通过它而从我们对现实的东西的经验中推演出描述了绝对的诸范畴。这一推演的过程在黑格尔辩证哲学中处于核心地位。

黑格尔的辩证法过程展示了一个三段式的运动。辩证法的这种三段式的结构通常被描述为一个从正题到反题最后到合题的运动过程。在这个过程之后，合题成为一个新的正题。这一过程一直持续下去直到它终结于绝对理念。黑格尔在他的辩证逻辑中强调的是思想是运动的。矛盾并没有使知识中断，而是在人的推理中作为一个积极的推动力量起作用。

为了展示黑格尔的辩证方法，我们就以他逻辑学的第一个基本的三段式即存在[①]、无、变易为例。黑格尔说心灵必然总是从较普遍抽象的东西推进到特殊的具体的东西。我们对事物能形成的最普遍的概念是它们存在。虽然各种各样的事物具有特殊的、各不相同的性质，但它们都有一个共同点，即它们的存在。因此存在就是心灵能够形成的最普遍的概念。而且存在必定逻辑地先于任何特殊事物，因为特殊事物体现了那一开始没有任何特性的东西的规定或形态。于是，逻辑学（以及实在）就从无规定性开始，从"先于一切规定的原始的无规定性开始。这就是我们所说的存在"。因此黑格尔的体系是从存在概念开始的，这是正题。现在的问题是，思想如何能从这样一个抽象概念运动到任何别的概念？更为重要的是，如何能够从存在这样一个普遍的概念推演出一个别的概念呢？

黑格尔相信他在这里已经发现了一些关于思想的本质的新东西。自亚里士多德以来，逻辑学家们认为从一个范畴中不能推演出任何没有被包含在这个范畴中的东西。从 A 中推演出 B，要求 B 已经以某种方式被包含在 A 中。黑格尔接受了这一点。但他拒斥的是亚里士多德逻辑学中这样一个假定，即没有任何东西可以从一个普遍的项中推演出来。例如，亚里士多德论证说每个事物都是一个独特的东西，因此逻辑学只向我们提供特殊的普遍项，由之不能推导出其他普遍项。比如说，要么是蓝色，要么是非蓝色；我们无法从蓝色推演出其他任何颜色。如果蓝色是蓝色的，你不能同时说它是其他什么东西，一个非蓝色。这个不矛盾律在任何形式逻辑中都很重要。然而黑格尔相信，说一个普遍的东西不包含另一个概念，这是不对的。回到存在概念，黑格尔说，这里我们有一个观念，它并不包含许多具有存在的事物的任何特殊性质。存在的观念没有任何内容，当你赋予它某种内容时，它就不再是纯存在概念而是某个东西的概念。但是不同于亚里士多德，黑格尔相信从这一存在的概念能够推演出另一个概念。他论证说，因为纯存在是纯粹的抽象，因此它是绝对的否定。就是说，由于存在概念完全没有被规定，它就演变成非存在概念。只要我们试图思考没有任何特殊性质的存在，心灵就从存在过渡到非存在。当然这意味着存在与非存在在某种意义上是一样的。黑格尔意识到且并不讳言"存在与

[①] 贺麟先生译《小逻辑》一书时，将其译为"有"。——译者注

无是同一的，这个命题在想象力和知性看来是如此悖谬，以致它或许只被当作是句玩笑话"。事实上，黑格尔说，将存在和无理解为同一的，"是思想期望自身所能做的最困难的事情之一"。不过黑格尔的观点是，无是由存在推演出来的。同时无的概念很容易地将心灵引导回到存在的概念。当然黑格尔并非在暗示我们可以这样来说具体事物，说它们同时也是无。他的论证仅仅限于纯存在概念，他说，它包含了无的观念。这样，他就从存在概念推演出了无的概念。反题无被包含在正题存在中。在黑格尔的逻辑中，反题总是由正题推演出来，因为它已经被包含在正题中了。

心灵从存在到无的运动产生了第三个范畴，即变易。变易概念的形成，是因为心灵由于上述原因而理解到，存在与无是同一的。黑格尔说，变易是"存在与无的统一"。它是"'一个'观念"。因此变易就是存在与无的合题。如果我们问一个东西如何能够既存在又不存在，黑格尔会回答说，当一个东西变易时，它就能既存在又不存在。

黑格尔将逻辑学的这一辩证方法运用于他的整个庞大而错综复杂的体系。在每一个阶段，他提出一个正题，由之推演出一个反题；这个正题和反题在其统一中发现了一个更高的合题。最后，黑格尔达到了绝对理念这一概念，他根据自己的辩证方法将之描述为变易——描述为一个自我发展的过程。这样，从处于知识之最低水平的对特殊事物之性质及特性的感觉开始，黑格尔通过发现所有事物不断拓展的相互联系而努力扩展知识的领域。就这样，我们的心灵严格按照从一个概念向另一个概念的推演而运动着，而这些概念我们是作为现实中的范畴发现出来的。在黑格尔看来，单个的事实是不合理的，只有当这样的单个事实被看作整体的一个方面时，它们才成为合理的。思想由于事实所产生的每个概念的本性而被推动着从一个事实运动到另一个事实。例如考虑一台引擎的各个部分。一个火花塞就自身而言没有合理性的特性；给予它合理性的是它与引擎其他部分的关系。这样，要发现火花塞的本质，就是要发现其他部分的，最终是整个发动机的真理。于是，人类心灵辩证地运动着，持续地容纳不断增加的实在领域，只有在发现一个事物与整体的关系——即它与那理念①的关系之后，才发现了这个事物的真理。

黑格尔所说的理念在他的逻辑学中是通过从存在中产生变易的同一种方法而推导出来的。主观性范畴是从如下事实推演出来的：一个人能够拥有一个事物的观念，作出关于它的判断，能够推出诸多逻辑关联。但是从主观性我们可以推演出它的对立面，即客观性。这就是说主观性的观念已经包含了客观性的观念。说我是一个自我（主观性）就暗示了存在着一个非我（客观性）。主观性包含了在其形式意义上的思想。另一方面，客观性可以说是外在于其自身的、在事物之中的思想。描述一个人的观念的客观特性，黑格尔说，这包括机械性、化学性和目的性。例如，一个主体关于自然所知道的机械规律，

---

① 原文为 the Idea。——译者注

客体在其行为中都表现了出来。主观的东西与客观的东西的合题是它们在理念中的统一。就是说，在理念中，主观的东西（形式的东西）和客观的东西（质料的东西）是统一在一起的。但是理念包含自己的辩证过程，即生命、认识和绝对理念。这样，理念乃是自我意识的范畴；它在其对象中认识自身。因此黑格尔逻辑学的整个发展趋势就是从最初的存在概念不断运动最终直到理念概念。但是这个理念也必须被理解为处于一个动态的过程中，如此理念自身就处于一个朝向自我完善而不断自我发展的连续过程。

自然哲学 从理念我们导出了自然的领域。如黑格尔所表述的，自然表现了"外在于其自身的"理念。这一表述容易导致误解，因为它暗示理念独立于世界而存在。此外，黑格尔将"绝对自由"赋予理念，因为"它把它自己自由地外化为自然"。但是，回想到黑格尔的前提即实在的是合理的，这儿必然得出自然只是处于外在形态中的理性或理念，这类似于钟表匠的观念在外在于他的钟表中被发现。但是黑格尔的观点比钟表匠对钟表的关系所暗示的要更复杂微妙。因为黑格尔并不是真的指两种各自存在的事物，理念和自然。最终的实在是一个单一的有机体和整个的动态过程。黑格尔在所有事物"之后"的逻辑理念与自然之间作出的区分，其实只是想区分自身同一的实在的"内在的"和"外在的"两个方面。简言之，自然是理性理念（正题）的对立面（反题）。我们的思想辩证地从理性的东西（理念）运动到非理性的东西（自然）。自然的概念将我们的思想最终导向由在新的"精神"①概念中理念与自然的统一所体现的新的合题。驱使我们的思想从自然返回到精神的，是在自然概念中的辩证运动。正如逻辑学始于最抽象的概念存在，自然哲学也始于最抽象的概念，黑格尔认为，这就是空间。空间是空的（正如存在是无规定的）。这样一来，在一端，自然触及到了空无，在另一端，它深入到了精神。在空间与精神之间是具有多样性的特殊事物，这就是自然。自然展示了力学、物理学和有机体的规律。黑格尔将自然的所有这些方面又分析为它的诸辩证环节。

黑格尔关于自然所说的很多东西都被自他的时代开始的科学的发展超越了。但他的意图并非取代科学家的工作。他更关注于通过自然哲学发现一个在所有实在中的理性结构和模式。同时他试图表明自由与必然之间的差异，他说自然是必然的王国而精神是自由的。黑格尔说，自然"被视为一个诸多发展阶段的体系，这个体系的一个阶段是由另一个阶段必然地发展而来"。另一方面，自由是精神的活动。这样，在精神与自然之间、自由与必然之间就存在着一个辩证的对立。事实上，实在的"历程"、历史的目的论的运动，就体现了精神、自由的理念逐步而连续的展开。

精神哲学 在逻辑理念和自然哲学之后，黑格尔体系的第三部分就是精神或心灵哲学。这里黑格尔再次提出了其辩证法的各个要素，其中正题是主观精神，反题是客观精

---

① 德文为 Geist，译作"精神"或"心灵"。——译者注

神，合题是绝对精神。他极其详尽地把一个个三段式叠加起来，展示了绝对乃是精神，并且这个精神在个体心灵中，在家庭、市民社会、国家的社会制度中，最终在艺术、宗教和哲学中找到了它的表现。主观精神指人类心灵的内在运作，客观精神代表了外在地体现在社会和政治制度中的心灵。知识的顶峰则是艺术、宗教和哲学，它们是绝对精神的成就。

令黑格尔哲学出名的，很大程度上是它围绕客观精神概念发展出的那部分思想。这里我们看到了黑格尔思想的统一，他试图将他的道德、社会和政治思想与他的体系的其余部分连接起来。人类行为——包括个体的和集体的——的整个领域，被他描述为现实的一部分，因而从根本上是理性的。此外，作为现实的一个部分，精神的这一客观的方面被视作包含在辩证过程之中。人类行为和社会与政治组织包含或体现了精神，正如自然是绝对理念的客观体现一样。由于这一原因，黑格尔将制度不仅仅看作人类的创造，而且也看作历史辩证运动的产物，看作理性实在的客观显现。例如，谈到他的法哲学，黑格尔说它"可以说包含了关于国家的科学，它只是努力将国家作为一个本质上理性的事物来加以把握和描绘。作为一种哲学工作，它必须与那种建构一个应然国家的尝试拉开距离"。认为现实的国家与其实在的这种真正的根据是同一的，这使得黑格尔的政治理论对于那些希望以极权主义的或至少是非民主的观点思考国家的人有着蛊惑性的影响力。下面我们就转入辩证过程中的一些"环节"，黑格尔想要通过这些过程展示从个体的法的概念到国家凌驾于社会之上的权威的自然运动。这里基本的三段式运动是从法（正题）到道德（反题），再到社会伦理（合题）。

伦理学与政治学

法的概念 我们必须首先将人类行为理解为个体的活动。黑格尔说，个体意识到自由。我们表达我们的自由的最具体的形式是通过意志的行为。黑格尔将意志和理性看作实质上是同义的，他说："只有作为思想着的理智，意志才是自由意志。"我们主要地是在与物质事物的关系中表达自由的，我们占有它们、使用它们、交换它们。黑格尔说："占有实际上只是通过证明事物不是自身完成的，没有任何它们自身的意图，从而表明了我们意志对于它们的权力。"对黑格尔而言，财产权的基础是个体在占有行动中的自由意志。但是自由的人们会由于财产而"异化"他们自己，而这是我们通过"契约"做到的。一个契约是两个自由意志同意交换财产的产物。它也表明了义务的提出，契约的条款体现的就是义务。黑格尔在这里的核心观点是，在个体理性地行动的情况下，我们的自由行动与普遍的理性相符合。我们的个体意志与普遍意志相和谐。但是在自由的人们之中，诸个体意志的和谐是不稳定的。这样，就总是存在着法的对立面的可能性；对法的否定在暴力与欺诈中得到例证。"不法"在于对个体意志与普遍意志之间和谐的破坏。"法"与

"不法"①之间的辩证关系就在"犯罪的"意志的行动方式与意志为了成为普遍的而应该采取的行动方式，即理性的方式之间产生了一种张力。法和不法之间的这种张力或冲突产生了道德。

黑格尔说，道德根本上是一个在人类伦理生活中的目的和意图的问题。换句话说，"善"不只是服从法律和信守契约。道德与人们自己可以对之负责的那些事情有关。只有一个人所意图的以及构成他或她的行动的目的的那些后果，才能影响这一行为的善或恶。于是黑格尔似乎认为，道德的本质是内在地在一个人的意图和目的中发现的。这样道德责任就始于那些能够被归于一个自由意志（一个意欲进行这一行动的意志）的行动。但是，黑格尔认为，行动的这一主观方面并未穷尽道德的全部领域。毕竟人类行为总是在一个关联（context）中，尤其是在与他人从而在与其他意志的关联中发生的。因此，道德义务或责任就比个体的关注和意图更为广泛。道德义务源于使个人意志与普遍意志相同一这一要求。虽然关注自身的幸福和福利对于人们是完全合法的，但是理性原则要求我们必须以如下方式行使我们自己的意志：其他人的意志也自由地行动，也能达到他们自己的幸福和福利。道德因而就是辩证过程中的一个要素：正题是每个个体的抽象法（权利）；反题是道德，因为道德代表了普遍意志作为限定而对个体意志提出的义务。这两种意志的关系是自由与义务、主观与客观的关系。在这一伦理领域中辩证过程持续地朝向主观与客观更大的和谐运动，正是考虑到这一点，黑格尔将善描述为"自由和世界最终的绝对目的的现实化"。但对黑格尔而言，自由的现实化必须在义务的限度内发生。在这个意义上，最自由的人就是最完全地实现了他或她的义务的人。因此，黑格尔势必要在人类的具体组织中，特别是国家中找到这两方面——一方面是个体自由与法（权利），另一方面是普遍意志——的合题了。

国家　在黑格尔看来，在个体与国家之间有两个辩证的阶段：家庭和社会。家庭可以说是客观意志的第一阶段。在婚姻中，两个人为了成为一个人而在某种程度上放弃他们的个体意志。因为家庭是个单一的单元，所以它的财产成了共同所有的，尽管由于法律的原因可以说财产归丈夫所有。此外，家庭是由感情或爱的纽带联合起来的，它在逻辑上构成了普遍意志具体化的第一个环节。同时，家庭包含着它自己的反题，即那些最终将长大，离开家庭的个体，他们将进入与自己类似的诸多个体的一个更大的关联（它被称为市民社会）中。这些个体现在规划他们自己的生活，有着他们自己的目的。此时，我们需要记住，这里黑格尔是在分析国家的辩证发展，而不是对它的出现给予历史的解释。国家是家庭和市民社会的合题。家庭在这种分析中代表着体现出来的普遍性，而市

---

① "法"与"不法"采取的是黑格尔著作相关中译本的翻译。英文原文为"right"和"wrong"，分别有"正当（正确）"和"不正当（错误）"的意思。"right"作名词也有"权利"的意思。——译者注

民社会代表着特殊性,这是因为市民社会的每个个体不同于家庭成员,而是设立着他或她自己的目标。这两个要素,普遍性和特殊性,不能够独立存在,因为它们互相包含;因而它们的统一是在国家中被发现的,国家是普遍性与特殊性的合题。国家是一个处于差异中的统一。这似乎并不是一个真正的推导,但是黑格尔的确总结说,普遍的东西与特殊的东西的合题在于个别的东西之中。在这种情况下,国家被构想为一个个体,真正的个体,一个诸多个别的个体的有机统一体。

黑格尔没有将国家构想为一个从外部强加于个体的权威。他也不认为国家是公意或大多数人意志的产物。黑格尔说,国家"是绝对的理性——实体性的意志",此外,"国家是伦理理念的现实性"。黑格尔赋予国家以一个人的特性,说它代表了普遍的自我意识。他说,一个特殊的个体,在其是这个更大的自我的一部分的情况下,意识到他的自身。黑格尔说:"因为国家是客观化了的精神,因此个体只有作为国家的一个成员时,自身才有客观性、真正的个体性和伦理的生活。"一个人的精神实在也是在国家中找到的,因为如黑格尔所说,一个人的"精神实在在于他自己的本质——理性被客观地展现给他,在于它对他而言具有客观的、直接的存在"。考虑到黑格尔无意构造一个理想国家的理论,他对"现实的"国家的描述就更引人注目了,关于现实存在的国家,他说"国家是理性自由的体现",而最引入注目的是,"国家是存在于地上的神圣理念"。

所有这些对国家的溢美之词使得黑格尔看上去是在拥护极权主义的国家。但是他的确坚持国家应保护个体的自由,我们是凭借这种自由才成为市民社会的成员的。国家既没有毁灭家庭,也没有毁灭市民社会;它们继续存在于国家之内。一般来说,国家的立法和执行机关并不是武断地颁布法令的。法律是普遍的规则,它们在涉及个体的个案中有其运用,此外,法律必须是理性的而且是针对理性的人的。之所以有法律,是因为人们具有自由选择的能力,他们有能力选择对他人有害的结果。当他们的行动伤害了他人时,他们这些行动就是非理性的。因此,法律的功能就是将理性带入行动之中。一个行动之所以是理性的,乃在于它同时既达到了个人的利益又达到了公共的利益。只有一个理性的行动者才能够获得自由,因为只有理性的行动在社会中才被允许,因为只有理性的行动才能避免社会危害。因此国家的功能就不是通过颁布任意的,因而是非理性的命令来解决个人的伤害或痛苦,而是通过它的法律增加理性行为的总和。因而国家就是一个有机体,它就如同其每个个体成员一样,力求把自由理念发展到最大限度并求得客观的自由。这样,国家的法律与其说是任意的,不如说是个体若理性地行动就会自己选择的理性的行动规则。理性所允许的对个体意志所作的唯一限制就是由于其他意志的存在而要求的限制。统治者以普遍意志、理性的名义行动,而不是任意武断地行动。于是,国家"就是处于人类意志和自由的外在显现中的精神理念"。

谈到国家之间的关系,黑格尔强调每个国家的自治和绝对的主权。在黑格尔看来,两个国家之间的关系不同于市民社会中两个人之间的关系。当两个人有分歧时，国家是解决这一纷争的更高权威。但如果两个国家有分歧，就不存在解决这一矛盾的更高的权力了。每一个国家，黑格尔说："都是实体性的理性的精神，并有其直接的现实性，因而都是地上的绝对权力。"由于这一原因，"每个国家相对于其邻国都是拥有主权的和自治的。国际法的基本主张是国家之间的义务应该保留"。但是黑格尔说，"国与国在相互关系中是处于自然状态中的"，因此不存在任何约束它们的普遍意志。"国家的法只是在它的特殊意志中"，在没有凌驾于它们之上的组织力量的情况下，"才得以现实化"，在国家之间不存在任何仲裁者。

我们不清楚黑格尔为什么不继续他的辩证法运动到下一阶段，在这一阶段个别国家将被联合为一个国家共同体。他当然意识到康德已有通过国家联盟调解纷争以维护"永久和平"的思想。但是黑格尔说，这样一个安排是不会起作用的，因为那仍然会需要每个国家都愿意服从国际法庭。但是一个国家总是会以它自己的利益为意愿。事实上，黑格尔说，"利益是支配国与国之间关系的最高法律"。不存在对国家的道德限制，因为国家是"伦理实体"。于是，"如果国家间有分歧，并且它们的特殊意志不可能互相协调的话，那么问题就只有通过战争来解决"。

世界历史　在黑格尔的观点中，世界的历史就是民族国家（nations）的历史，历史的动态展开表现了"自由意识的进展"。这一过程不完全是偶然的，而是一个理性的过程，黑格尔说："理性支配着世界……世界历史因而是个理性的过程。"国家在某种特定意义上是理性的载体，因此黑格尔曾经说国家是具有外在形式的"精神理念"，是"存在于地上的神圣理念"。但是历史过程的辩证法在于国家之间的对立。每个国家都表现了一种民族精神，并在其集体的意识中表达出世界精神。诚然只有个体心灵能够有意识。但是一群特定人民的心灵发展出一个统一的精神，因此我们可以说某种"民族的精神"，每个民族精神都代表了世界精神发展中的一个环节，民族精神之间的相互影响体现了历史的辩证法。

由于历史过程是实在的内容，是自由理念的逐步展现，因而民族之间的冲突是不可避免的。诸民族被历史的大潮推动，所以在每一个时代，都会有一个特定的民族是"这个时代世界历史中占支配地位的民族"。一个民族不能选择它何时强大，因为"它能够引人注目的时刻只有一次"。黑格尔说，特定的世界历史性的人物在历史的关键性时刻作为世界精神的代表出现。这些人把国家带向一个发展和完善的新高度。黑格尔认为，对这样的个人的评断几乎不能根据一个国家正在从中走出的那个时代的道德来进行。相反，这样的人的价值在于他们对自由理念的展开作出的创造性响应。

在黑格尔看来，历史的时间过程同时也是辩证的逻辑过程。历史朝向一个有目的的终点即自由而运动。为了展示历史的辩证法，黑格尔举了很多民族的例子，他认为它们显示了自由发展中的三个环节。他认为，亚洲人对自由一无所知，只知道君主一个人能够为所欲为。虽然古希腊人和古罗马人知道公民权的概念，但他们只将之赋予一小部分人，而把其他人视作天生的奴隶。日耳曼民族在基督教的影响下形成了人是自由的这一洞见。于是，黑格尔说："东方人过去只知道，现在依然也只知道一个人是自由的；希腊人和罗马人知道一些人是自由的；日耳曼世界知道一切人都是自由的。"我们已经了解到，在黑格尔看来，当个体根据整个社会普遍的、理性的意志行动时，最高的自由就出现了。

绝对精神

黑格尔的哲学在我们对绝对的知识中达到了顶点。在辩证过程中，对绝对的知识是主观精神与客观精神的合题。因为实在是理性（思想、理念），那么在黑格尔看来，我们关于绝对的知识实际上是绝对通过人类的有限精神认识到自身。黑格尔在辩证法的最后阶段描述了绝对的自我意识这一环节是如何在人们的精神中发生的。

黑格尔说，我们依次经过从艺术到宗教，最后到哲学这三个阶段，就达到了对绝对的意识。艺术通过给予我们感性对象而提供了"理念的感性显现"。在艺术的对象中，心灵将绝对把握为美。此外，艺术对象也是精神的创造，从而包含了理念的某个方面。我们从亚细亚的象征艺术推进到希腊古典艺术，最后是基督教浪漫艺术时，这是一个对绝对的不断深入的洞察。

艺术超越自身而达到宗教。宗教不同于艺术，它是一个思想的活动，而一个审美经验则基本上是情感的问题。虽然艺术能够引导意识朝向绝对，但宗教肯定要离绝对更近，因为绝对乃是思想。同时，黑格尔说，宗教思想是表象的思想。在早期的宗教中，这一表象的要素所占比重很大。例如"希腊的神是质朴直观与感性想象的对象。它的形象因而就是人形的"。宗教的顶点是基督教，它是精神的宗教。

黑格尔把基督教看作哲学的表象性体现。他相信哲学与宗教有着同样的主题，相信它们都代表了"关于永恒的东西的知识，关于上帝是什么以及由其本质产生了什么的知识"，这样，"宗教与哲学考虑的就是同样的事情"。哲学抛开宗教的表象形式而上升到纯粹思想的层次。但是哲学并不提供绝对在任何特定的环节中的知识，因为这样的知识是辩证过程的产物。哲学自身有其历史，是一个辩证的运动，哲学的主要阶段和体系不是杂乱无章地发展的。这些哲学史上的体系代表了理念前进展开所要求的必然的思想演进。因而在黑格尔看来，哲学史就是绝对的自我意识在人的心灵中的发展。

14.3 叔本华

叔本华是黑格尔同时代的人，但他不承认黑格尔是康德的合适的或者当之无愧的继承者。叔本华十分瞧不上黑格尔，所以他说："在康德和我自己之间的这段时间里没有哲学；只有大学里假充内行的伎俩。"他对黑格尔的这一抨击与下面的评论是一脉相承的："我们从休谟著作的任何一页所学到的东西，都比从黑格尔的全部哲学著作中学到的东西要多。"但是黑格尔并不是叔本华尖刻批评的唯一靶子。在下面的判断中他表达了范围更广的轻蔑："我倒要看看，有谁能自称他的那批同代人比我更遭受困顿。"在别人看来是妄自尊大的说法，对叔本华来说，只是意味着他认识到了自己无与伦比的天禀，正如他说的，一个人对自己比一般人是更高还是更矮，是心知肚明的。因此他毫不犹豫地说："我比以前任何一个人都更高地掀起了真理的面纱。"

叔本华的生平

奥瑟·叔本华（Arthur Schopenhauer）于1788年生于但泽①。虽然他的祖先是荷兰人，但很早之前他们家族就定居在这座德国城市了，这一家族有着古老的传统，与汉萨同盟②有着许多商业往来。他的祖先地位显赫、家资富有。当俄罗斯的彼得大帝和凯瑟琳皇后访问但泽时，他们就下榻在叔本华曾祖父的住所。他的父亲是个富有的商人，希望叔本华跟着自己也做个商人。叔本华小的时候就跟着父母做了很多旅行，这使他见识到了形形色色的文化和习俗，也使他形成了一种鲜明的世界主义的视角。虽然他从在法国、意大利、英国、比利时和德国的这些旅行中获得了很多东西，但他早期系统的教育也因此被中断了。不过他的学习能力极强，使他得以很快弥补上正规教育的不足。

叔本华9岁时在法国开始上学；两年之后他回到了德国，在德国他受到的教育主要集中在经商的技能方面，很少把经典著作作为要务。但是叔本华很快就显示出很强的哲学兴趣，这令他的父亲很不高兴。他的父亲担心搞哲学只会导致贫困。在英格兰和瑞士做了更多的旅行和学习之后，叔本华回到但泽，当了一个商人的办公室职员。此后不久他父亲就去世了。他17岁的时候就独立生活，和母亲关系既不密切，也很少互相照顾。他和他母亲的脾气截然相反，她生性十分乐观，喜欢享乐，而叔本华在童年就有悲观主义的倾向。两个人之间的这种差异使得他们不可能生活在一起。后来，他的母亲移居到魏玛，她写信给叔本华谈到耶拿战争和魏玛沦陷说："我可以说些令你毛骨悚然的事情，但是我忍住了，因为我知道你是多么喜欢在任何一件事情上为人类的不幸而焦虑。"

到21岁的时候，叔本华已经充分弥补了他早年所受教育之不完全的状况，他开始对

---

① 今属波兰。——译者注
② 13—17世纪德意志北部城市之间的一个商业和政治联盟。——译者注

古典作品有了深入的研究。他在语言方面的出色天赋使他自如地学习了希腊文、拉丁文、历史，他也没有忽略数学。现在他准备从事一项新的事业，1809年他被哥廷根大学医学院录取了。不过第二年他就转到了哲学系，他被"神圣的"柏拉图和"非凡的康德"所吸引。叔本华完成了规定课程的学习，为了拿到耶拿大学的博士学位，他写了一本题为《论充足理由律的四重根》(On the Fourfold Root of the Principle of Sufficient Reason)的书，于1813年出版。诗人歌德对此书曾有好评；但是它在读者中间几乎没有引起什么注意，卖不出去。

在歌德的建议下，叔本华开始研究光的问题。歌德和牛顿对光学进行探讨的观点是很不一样的。叔本华通过研究写出了一本小册子，名为《论视觉与色彩》(On Vision and Colours)，倾向于支持歌德的观点。

《作为意志和表象的世界》(The World as Will and Idea)是叔本华的代表作，这本书是他在1814年到1818年幽居德累斯顿时写的，出版于1819年。这本书仍然没有引起什么注意，销量甚少。它包含了叔本华完整的哲学体系。他确信在这本书中自己已经作出了最具特色的贡献，并且相信自己找到了许多长期存在的哲学问题的答案。他写道："我的哲学是在人类知识的限度之内对世界之谜的真正解答。"他似乎已经准备好面对肤浅的批判以至粗暴的蔑视，他写道："一个完成了不朽著作的人是不会由于公众对它接受与否或批评家的意见如何而受到伤害的，正如一个健全人在疯人院里不会为精神病人的谴责所影响一样。"

叔本华从德累斯顿前往柏林，开始在柏林大学授课。他期望人们接受或者至少认识到他的哲学体系。他的努力失败了，这部分是由于学术界对他的观点持续的漠视，也是由于他过于自信地把自己授课的时间恰好排在伟大的黑格尔授课的同一时间。1831年，叔本华为了躲避霍乱——这场霍乱就夺去了黑格尔的生命——而离开了柏林。他定居在美茵河畔的法兰克福，写了一些书，进一步探讨并论证了《作为意志和表象的世界》的基本思想。其中有《自然界中的意志》(On the Will in Nature，1836)，在这本书里他试图为他的形而上学理论提供科学知识上的支持。1838年他因《意识的证据能否证明自由意志》一文而获得了挪威的一个科学协会授予的奖金。还有一篇关于道德之起源或基础的论文也是应征丹麦皇家科学院的作品。但即使叔本华是唯一一个提交论文的人，他还是没有赢得这笔奖金。不过这两篇文章在1841年以《伦理学的两个基本问题》(The Two Fundamental Problems of Ethics)为题出版。1851年他出版了另一本主要的著作《附录和补遗》(Parerga and Paralipomena)，它是一部涉及许多主题的论文集，包括《论女人》《论宗教》《论伦理学》《论美学》《论自杀》《论世界的苦难》和《论存在的空虚》。从这本书起，他开始广为人知。

我们发现叔本华的哲学既来源于他所专注学习的东西，同样也来源于他悲观主义的个人气质。在叔本华早年，他的一个老师建议他把自己的哲学研究集中于柏拉图和康德，我们可以在他所有的主要著作中发现这两位哲学巨擘的影响。此外，叔本华还为他的形而上学理论洞见发现了另一个强有力的然而有些不可思议的来源，即印度经典《奥义书》（*Upanishads*）。是一个叫弗里德里克·迈耶尔的研究亚洲的学者引起叔本华对这本书的关注的，这个学者写了一部《梵天或印度宗教》（*Brahma, or the Religion of the Hindus*）。这种亚洲哲学为叔本华由他的理智和气质的结合而得出的如下结论提供了支持：我们所经验到的仅仅是现象。"这就是一切吗？""这就是生活吗？"答案是一个悲观主义的"是"。叔本华的悲观主义当然是他气质的问题。但是他力图在如下两者之间作出区分：一方面是他的悲观主义，他认为这是他基于对"愚妄的客观认识"而下的成熟判断所导致的结果，另一方面是"坏人的恶毒"。他称自己的悲观主义是"一种高尚的悲情，完全是来自一种更好的本性，这种本性在起而对抗不可预料的邪恶"。他补充说，他这样的悲观主义不仅仅是针对特殊的个体的，而且是"针对所有人的，每个人都只是一个例子"。我们甚至可以说，叔本华的形而上学体系绝不仅仅是处理形而上学问题的另一种方式，毋宁说它是对生命和实在的悲观见解所作的精致的形而上学辩护。

充足理由律

和许多原创性思想家一样，叔本华在其早年就获得了他主要的哲学洞见。在他25岁时写的博士论文《论充足理由律的四重根》中，叔本华思想体系的基础就已经形成了。在这本书中，他试图回答"我能知道什么？"以及"事物的本质是什么？"如果这听起来有些大而无当的话，那么可以说，他是想对整个实在领域给出一个不折不扣的彻底说明。他是借助于充足理由律来达到这一目标的。

用最简单的形式表述，充足理由律就是，"没有什么东西是没有理由（原因或根据）的"。这一原则最明显的运用是在科学领域中，科学中物理对象的活动和相互关系以一种足以满足理性要求的方式得到了解释。但是叔本华发现，充足理由律除了科学的形式之外，还有其他多种形式。他说，这是因为除了科学所处理的对象之外，还存在着其他一些对象，它们要求这一支配性原则的独特形式来处理。

叔本华一共提出了充足理由律的四种基本形式，它们分别对应于四种不同的表象。这些思想涵盖了整个人类思想领域。存在着四种对象，它们引起了四种不同表象。

1. 物理对象　它们在时空之中实存并发生因果关系，我们通过对事物的日常经验而知道它们。它们也提供了诸如物理学之类的物质科学的研究题材。在这一点上，叔本华紧紧追随着康德的基本理论，即知识从经验开始，但不像休谟设想的那样限于被经验性地给予或呈现给我们的东西。相反，经验的要素被我们人类的心灵所整理。我们的心灵把空间、时间、因果性这些先天范畴加于经验，这些范畴就像一些透镜，我们是透过它们来观察对象的。在这一属于现象的领域里，充足理由原则解释生成或变化。

2. **抽象概念** 这些对象具有我们从其他概念抽取出来的结论的形式，比如当我们运用推理或推论的规则时所做的那样。概念与它们推出或蕴涵的结论之间的关系服从充足理由律。这是逻辑的领域，充足理由律在这里被运用于认知的方式。

3. **数学的对象** 在这儿我们遇到了例如算术与几何学之类的科学，它们与空间和时间相关。几何学建基于支配着空间各部分诸多不同位置的原则。而算术则涉及时间的诸部分，因为如叔本华所说，"所有计数都基于时间各部分的连接。"他总结说，"时空各部分根据一个规律而互相规定，我称这个规律为存在的充足理由律。"

4. **自我** "自我如何能够成为一个对象？"叔本华说，自我是意愿的主体，这个意愿主体是"认知主体的对象"。我们可以称之为自我意识。支配我们对于自我和它的意愿行动之关系的知识的原则，是"行动的充足理由律，更简洁地说，是动机的规律"。

由充足理由原则的这四种形式，叔本华得出如下引人注目的结论，必然性或决定论无处不在。他在整个对象领域中都强调必然性的事实，不管它们是物理对象、逻辑的抽象概念、数学对象还是作为认知主体之对象的自我。这样我们就遇到了物理必然、逻辑必然、数学必然和道德必然。事物之本质中的这一必然性要素使得叔本华认为，人们在日常生活中的行为受到必然性的支配。我们只是对由我们的性格所产生的动机作出反应，而不管我们是否能改变这些动机的特性。必然性的无处不在在叔本华心里引起了一种深刻的悲观主义感受，他所有关于人的生存的著作都充满着这种感觉。一旦考虑到他对人在宇宙中地位的解释，他的这种悲观主义就是可以理解的了。这一解释是他的主要著作所关注的中心问题。

作为意志和表象[①]的世界

叔本华的名著《作为意志和表象的世界》一开篇就是一句惊人之语："世界是我的表象。"这句话令人震惊的地方在于，它的每个字和这本书题目中的每个字一样，如果被赋予其普通的日常含义的话，就会传达出一种奇特的印象。叔本华用"世界"这个词所表示的意思，他对"意志"的定义和赋予它的作用，以及他对"表象"的解释，都给这些词带来了独一无二的意义，从而构成了其形而上学理论的主要洞见。

世界 对叔本华而言，"世界"这个词有着它所能具有的最广泛意义。它包括人类、动物、树木、恒星、月亮、地球、行星，事实上它包括整个宇宙。但为什么称之为我的表象？为什么不简单地说世界"外在于那里"？此前，英国哲学家乔治·贝克莱已经阐

---

① 原文是英文 idea，一般译作"观念"。它对应的德文词是 Vorstellung，中文一般译成"表象"。这里按照德文译作"表象"。——译者注

明了这样一个命题，存在就是被感知。如果一个东西要存在就得被感知，那么当你没有在知觉它时，这个东西又将如何？如果你走出图书馆，馆里的书籍还在那儿吗？但是叔本华坚持认为，一个对自己关于世界的经验进行了细致反思的人会发现，"他所认识到的并不是太阳或是地球，而永远只是眼睛，是眼睛看见太阳，永远只是手，是手触及大地。他会发现自己周围的世界只是作为表象而存在着"。叔本华说，这意味着"对于认识而言所存在的一切，因而整个世界，都只是与主体相关联的对象，是感知者的感知，一句话，都只是表象"。

作为表象的世界 "观念（idea）"这个英文词并没有传达出叔本华使用的德文词 Vorstellung 的意义，这两个词义的差别有助于解释为什么"世界是我的表象"这句话在我们听来会显得很奇怪。叔本华所使用的"表象"这个词照字面意思讲，是指一个"摆在面前"或"置于面前"的东西，是一个"显现"之物。它指任何一个被呈现于或被置于我们的意识或知性之前的东西，因而"作为表象"的世界或"我的表象"就不仅仅是指我们想到的东西（狭义上的观念），而同样也指我们听到、触到或以其他各种方式知觉到的东西。除了我们知觉到的东西，不存在其他什么客体，或者就如叔本华所说的："整个现实的世界乃是被知性规定为现实的，舍此无物存在。"世界呈现自身于人就如一个客体呈现于一个主体，而作为主体的我们只知道我们所知觉的世界，因而，"整个的对象世界是并且一直是表象，从而完全地，也永远地被主体所决定。"

有可能没有人对世界的表象是完善的，因而"我的表象"会与"你的表象"不尽相同。但由于这样一个简单的原因——即除了我知觉到的东西或被置于我的知性之前的东西，其他我一无所知——每个人都可以说"世界是我的表象"。此外，即使我不再存在了，"世界"也无疑会继续存在。但是，除了知觉到的这个世界，我并不知道一个更实在的世界。知觉是知识的基础。除了知觉之外我们还能形成抽象概念。这些抽象概念，例如"树"和"房子"的概念，有着非常实用的功能。叔本华写道："借助于这些抽象概念，知识的原材料就更容易被加以把握、勘察和整理。"抽象概念因而决不仅仅是不着边际的空想。叔本华认为，事实上，抽象概念的价值取决于它们是否建基于原始的知觉，或者说是否是从这些原始知觉"抽象"而来的（原始的知觉就是实际的经验），因为"概念和抽象如果最终并不指向知觉，就会像林中那些并不通往森林外的小路一样"。因此，说"世界是我的表象"并未暗示我对世界的表象是一个抽象的概念，除非这个概念牢牢地建基于知觉。那么，世界之所以是我的表象，是因为它是一种客观的或经验性的呈现，呈现给作为知性主体的我。

作为意志的世界 在需要对叔本华所用的语言加以澄清的种种场合中，最重要的莫过于他对"意志"一词的使用。通常，我们用"意志"指有意识地、深思熟虑地选择某种行为方式。我们将它认作一个有理性的人的属性或能力。毫无疑问，意志受到理性的影响。但这一解释并不足以使我们理解叔本华对"意志"这个术语的用法——他的这个用法别出心裁而意义重大,构成了叔本华哲学体系的核心主题或本质。

叔本华的意志概念表现出他对康德物自体理论的主要异议。康德说我们永远也不可能知道自在的事物是什么样子。我们始终在事物之外,永远也不能洞察事物自身的内在本质。但是叔本华认为他已经发现了"唯一一扇通向真理的窄门"。他说,在我们永远都处在事物之外这一点上,存在着一个重要的例外,这就是"我们每个人都有的,对于自己的意志活动"的体验或认识。我们身体的行动通常被认为是意志活动的产物。不过在叔本华看来,意志活动和行动不是两个不同的东西,而是同一个东西。"身体的活动不是别的,只是客体化了的意志活动……说意愿和行为不同,这只是一种反思。"在我们的意识中,我们对自己所知道的是,"我们不仅是一个认知的主体,从另一方面看,我们自己也属于要被认识的内在本性"。他的结论是:"我们自己就是物自体。"而这个物自体就是意志,或者像叔本华说的:"意志的行动……是物自体最贴切最分明的表现。"这样,通向真理的唯一窄门就是发现意志是每一个人的本质。虽然我们永远在其他事物之外,我们自己却属于能被认识的内在本质。这使叔本华得出结论,"从'我们自己'内部出发的这条道路实际上是为我们通向物自体所属的内在本性而敞开着的",因而"在这个意义上我教导说,所有事物的内在本性就是意志"。而既然"所有事物"构成了世界,所以叔本华就认为,我们必须将世界看作意志。

对叔本华来说,意志不仅仅属于有理性的人。在所有事物中——在动物中,甚至在无生命的事物中——都可以发现意志。事实上只有一个意志,每个事物都只是那个意志的特殊显现。叔本华将意志的作用归于一切实在,他说:"意志是所有事物中内在的、无意识的身体功能的承担者,有机体自身不是别的,只是意志。在所有的自然力中,积极的推动力就是意志。在所有我们发现有任何自发的运动或基本的力量的情形中,我们都必须将最内在的本质看作意志。意志在一棵橡树中展现自身和在一百万棵橡树中呈现的一样完全。"这样,整个自然界都存在着一种到处弥漫的力、能,或叔本华所谓的"一种盲目而持续的冲动"。此外,他还谈到意志是"无尽的努力",这种冲动在整个自然中发生作用而"不自知",而归根到底,它是"生存意志"。

悲观主义的基础

这里我们看到了叔本华悲观主义的理由。他的意志概念将整个自然系统描绘为在所有事物中的驱动力的作用下不断运动的状态。所有事物就像"受其内部的发条驱动的"玩偶。最低级的存在物(如变形虫)或最高级的存在物(一个人),都被同一种力——意志所驱动。那产生人类行为的盲目意志"和使植物生长的意志是同一个意志"。每个个体身上都带有"被强迫状态"的印记。所以叔本华拒斥如下假设:由于动物只被本能支配而人是理性的存在者，因而人比动物高级。他说，理智是被普遍意志造成的，所以，人类理智就和动物本能处于同一水平。此外，人类的理智和意志不能被认为是两种各自独立的能力。相反，在叔本华看来，理智是意志的一种属性；它是第二性的，或者在哲学的意义上说，它是偶性。理智只能在短时间里维持其活动。它的力量会衰弱，并且需要休息，归根到底，它只是身体的一种功能。相反，意志则持续不间断地延续下来并支撑着生命。在无梦的睡眠期间，理智并不起作用，而身体的有机功能则继续着。这些有机功能是意志的显现。叔本华说，其他思想家谈论着意志的自由，而"我证明了它的全能"。

意志在所有自然物中的全能对人类来说有着悲观意味。如叔本华所说："人类只是表面上被前面的东西牵引；他们实际上被后面的东西推动；决不是生命诱使他们前进，是必然性驱使他们向前。"整个自然界中最基本的驱动力是生殖。生存意志的目的只是为了维持生命的循环。叔本华将自然领域描述为一场惨烈的斗争，在这里生存意志不可避免地导致持续的矛盾和破坏。生存意志为了自然中某个成分的生存，就要对其他成分或其他参与方加以破坏。这一冲突并没有违背任何意图或目的；意志的根本驱动力必然会出现这一结果。叔本华谈到一个关于爪哇的报道，那里一眼望去都是骨骼，令人恍如置身战场。它们是大海龟的骨骼，这种大海龟有5英尺长、3英尺宽、3英尺高。它们爬上岸产海龟蛋。这样一来它们会受到野狗的攻击，这些野狗扑到它们的背上，剥去它们的硬壳，活生生地吃掉它们。叔本华说："这一悲剧年复一年地重演了千万遍。那些海龟就是为此而出生的……这里生存意志把它自身客观化了。"

如果我们从动物世界转到人类，叔本华承认问题变得更为复杂，"但基本的特征是不变的"。个体的人对自然而言没有任何价值，因为"自然所关心的不是个体而是类"。人的生命因此就决不是用来享受的天赐赠礼，"而是一个任务，一个要完成的苦役"。成千上万的人被统一为各个民族，争取着共同的利益，但千百人为了它而倒下去成为牺牲品。"是无意义的幻觉而不是引人入胜的政见激发他们去互相争斗的……在和平时期，工商业活跃，各种发明产生奇迹般的效果，大海通航，从世界的各个角落搜罗来山珍海味。"但是叔本华问，所有这些努力的目的是什么？他回答说："是为了在短暂的一段时间内维持那些转瞬即逝又痛苦不堪的个体生存。"

叔本华说，生命是一桩得不偿失的事情。人遭遇的困难和所得的回报之间不成比例，就是说，生命"为了一些没有价值的东西"而耗尽了我们的全部力量。"除了食欲和性本能的满足，或者不管什么情况下的一点点片刻的舒适"，未来是没有任何盼头的。他的结论是："生命是一场交易，它的收益远远抵不上损耗。"没有什么真正的幸福，因为幸福不过是人的痛苦的暂时间歇。痛苦又是由欲望和需求引起的，而大多数的欲望是永远也不可能得到满足。归根结底，人的生命"是毫无目的的努力"。"每个个体的生命……实际上总是一个悲剧，但是仔细考察，它有着喜剧的特征。"

有可能摆脱"意志"吗?

一个人如何可能摆脱那压倒一切的意志力量(它遍布于整个宇宙)呢?叔本华提出,至少有两条出路,一是通过伦理学,一是通过美学。从道德角度看,我们可以拒斥激情和欲望;从美学的立场看,我们可以静观艺术的美。当然,这里有一个问题,即普遍意志的力量是否强大到了这样的地步,以致无论如何摆脱它,都只能是暂时的。

使一个人的生命变得复杂并引起他的痛苦的,是持续的生存意志。生存意志以无尽欲望的形式表达它自身。欲望产生了侵略、争斗、毁坏和自我中心。如果有什么办法能让人的欲望不那么强烈,一个人就可能至少达到片刻的幸福。诚然,叔本华总是提醒我们:"人实际上是一个可怕的野生动物……决不次于老虎和土狼。"不过我们可以不时地上升到超出事物领域的思想和意识的层次。当我们对事物和他人产生欲望时,就会出现问题,因为这些欲望的对象在食色之欲的层次上刺激了我们内在的生命意志。但是当这些生物性的机能得到满足时,人还有着反抗暴力和征服以维持肉体生存的目的。叔本华说,一个人甚至还能够超越这一层次而理解他所欲望的个别特殊对象和某些普遍一般对象之间的区别。就是说,我们不仅能够认识约翰、玛丽这些个体,还能够认识普遍的人性。这会使我们能够从对一个人的强然欲望转向对全人类的同情。在此范围内,欲望就让位于一种更无偏私的爱。这时,我们认识到我们所有人都有着同样的本质,这一意识可以产生一种温和的伦理学。或者像叔本华说的:"我真正的内部存在在每个生物中和在我自己的意识中一样是直接实存的。承认这一点就会产生同情,所有无私的德性都是建基于此的,它的实践表现就是善行。对温和、爱、怜悯的呼唤都指向这一信念;因为这些让我们想起了使我们成为同类的那种东西。"

美的愉悦也能以类似的方式让我们的注意力离开那些激发我们侵略性的生存意志的对象,而集中于无关乎激情和欲望的静观的对象。当我们静观一件艺术品时,我们就成了一个纯粹的认知主体——与一个意愿主体恰恰相反。我们在艺术中,不论是在绘画还是在音乐中,所观察到的都是一般的或普遍的要素。我们在一幅人像画中看到的并不是一个特殊的人,而是我们都拥有的人性的某些方面的表象。这里叔本华所表达的思想与柏拉图的"理念"概念很类似,也表明他受到印度哲学的强烈影响。叔本华的伦理学和美学在这里也有着类似的功能,它们都试图将我们的意识从充斥着情欲的世俗奋斗提升到超越意志活动的层次。在这个层次上,最高的活动是悠闲的静观。

尽管叔本华试图借助伦理学和美学来摆脱普遍意志的限制和引导力量,但叔本华确实并没有在人类中找到一种真正自由的个体意志,他对人类行为主体的最后一言是:"我们个体的行动……决不是自由的……所以每个个体……不多不少只能做出他在那个特定时刻做了的那些事情,决不可能做出别的事情。"

总　结

德国唯心主义以发展来回应康德的哲学。根据费希特的观点，康德的这一观点，即存在一个属于物自体的不可知的本体领域是不可信的。为了应对其不足，他调整了康德关于心理范畴的观念：被感知的实在并非是我心灵中范畴的构造，而是绝对精神的表现。大多数德国唯心主义哲学都有一种泛神论倾向：所有对象，以及全体宇宙，都只不过是一个绝对精神（即上帝）的思想。

像费希特一样，黑格尔也主张，我们必须摈弃不可知的物自体观念，并认识到实在的本性是绝对的思想。绝对是一个无所不包的动态过程，就像一棵树有多个部分，但它还是统合进了一个复杂的系统之中。绝对运作的动态过程，就其牵扯进对立面的张力而言是辩证的。它以一个正题开始，再进展到一个相反的反题，然后在一个二者的合题中消解。不过这个过程会继续，因为这个合题现在变成了一个新的正题，有一个反题与之对立，并会产生出一个新的合题。这个过程会继续，直到达到绝对理念。他用存在、无、变易的观念阐述这个辩证的过程。纯粹存在的观念没有具体的内容，因而是不可定义的，并且没有任何具体的描述，因此，与无的观念紧密相关。当我们意识到存在和无是统一的时，变易的观念就出现了。

黑格尔哲学系统的所有面向都涉及这一辩证法。要说我是一个自我（主观性）意味着存在着非自我（客观性）；二者的合题就是那个最终的绝对理念。类似地，从主观精神的正题产生出客观精神的反题，然后综合为绝对精神的合题。在道德上，从法（正题）到道德（反题）再到社会伦理（合题）。在政治哲学中，则是从家庭（正题）到社会（反题）再到国家（合题）。在世界历史中，辩证过程是民族国家之间的冲突，从中自由得到发展。说到对绝对的知识，开始于美学和宗教艺术（正题），到宗教和表象的思想（反题），再到哲学和纯粹的思想（合题）。

叔本华的早期哲学是对充足理由律（没有什么事情的发生是没有原因的）的分析，结论是万事万物都是被决定的，包括所有的人类行动。在他的晚期哲学中，他捍卫了世界就是意志的观点，宇宙万物，从最低等的变形虫到人类，都受自然中一股盲目的冲动驱使，按照机械的严格性来运转。生存意志的唯一目标就是维持生命的循环，其中充满了冲突和毁灭的惨烈斗争。人类社会奋力争求共同的利益，可代价是不计其数的人为此牺牲。自然并不关心个体的人，从我们所有的个人努力中，我们什么有价值的东西也没有得到。对此，唯一的解脱是伦理学和美学。伦理学让我们约束个人的欲望，并获得一种对全人类的同情。美学将我们的注意力从激发我们侵略性的对象上转移到审美之美上来。

研究问题

1. 费希特主张，康德对于一个不可知的本体领域的观点并不可信。解释并讨论他的观点。
2. 用你自己的例子解释黑格尔关于正题、反题和合题的辩证过程。
3. 讨论黑格尔的这个观点：存在和无的概念如此密不可分，以至于一个会立即导向另一个。
4. 讨论黑格尔的这个观点：辩证过程以民族国家的冲突开始，以自由的发展结束。说说你是否同意他的基本观点。
5. 讨论黑格尔的这个观点：辩证过程从美学到宗教再到哲学。说说你是否同意他关于宗教与哲学之间异同的观点。
6. 黑格尔和贝克莱的哲学都被归为"观念论"，却有着本质的不同。这两种形式的观念论有何不同？
7. 黑格尔的哲学有时被描述为"泛神论"的。找出其泛神论的元素，并与巴门尼德、艾克哈特或斯宾诺莎的泛神论观点作比较。
8. 讨论叔本华的这个观点：自然及其所包含的一切，包括人类，都受到机械化冲动的盲目驱使。并说说你是否同意。
9. 叔本华主张，伦理学和美学是从自然的永恒争斗中解脱的唯一途径。讨论它们如何达成这种解脱，并想想是否还有其他他未曾提及的可能的解脱方式。
10. 叔本华的哲学特别悲观主义。即便我们接受他的这个观点，即自然中的万事万物都被决定并被冲突所驱使，我们能够从中得出更为乐观的结论吗？

第十五章
功利主义和实证主义

15.1 边　沁
15.2 约翰·斯图亚特·密尔
15.3 孔　德

康德、黑格尔和叔本华的观点代表了19世纪哲学为回应早先的理性主义者和经验主义者之间的争论所采取的一个方向，也就是唯心主义的方向。按照康德和他的德国同仁们的看法，传统理性主义忽视了感性印象形成我们观念的内容这一明显事实。可是，传统的经验主义者也忽视了塑造我们的经验的我们固有的精神结构。于是，康德和德国唯心主义者们强调心灵在组织经验时所起的核心作用；这种作用事实上是如此具有核心性，以至于唯心主义者们认为心灵既是我们的感性经验的来源，也是这些经验的塑造者。然而，19世纪还有另外一种不取唯心主义路线的哲学思路。有些哲学家相信，经验主义者的观点大体上是正确的，而哲学的任务是要对经验主义的方法论进行提炼。在大不列颠就有两位这样的领军人物杰里米·边沁（Jeremy Bentham，1748—1832）和约翰·斯图亚特·密尔（John Stuart Mill，1806—1873）。边沁和密尔两人都不承认理性直观在我们探索知识的过程中的作用，相反，他们使整理和评价感性经验的技术精致化了。他们在这一点上最值得铭记的贡献是在伦理学领域，特别是功利主义的理论。按照这种理论，道德的行为就是为最大多数人产生最大的善的行为。在法国，奥古斯特·孔德（Auguste Comte，1798—1857）作出了类似的努力来对经验主义进行提炼，并建立了名为实证主义的哲学路径。按照实证主义，我们应当拒斥任何不是建立在直接观察之上的研究。

　　边沁和密尔的道德和政治观点戏剧性地影响了西方哲学的方向。很少有一种思维方式像他们的功利主义理论那样如此完全地吸引了好几代人的想象力。吸引人们的是这种理论的简单性和对我们大多数人已经相信的东西——即每个人都追求快乐和幸福——的证明方式。从这一简单的事实出发，边沁和密尔论证说，道德的善包含为最大多数人实现最大量的快乐——以及减少最大量的痛苦的意思。

　　对道德善的这样一种直截了当的说明不仅因其简单性而可取，而且在边沁和密尔看来还具有科学的精密性这一优点。以往的伦理学理论或是以上帝的诫命，或是以理性的命令，或是以实现人性的目的，或是以服从定言命令的义务，来理解道德的善。这一切引起了一个聚讼纷纭的问题：这些诫命、命令、目的和绝对命令包含着些什么东西？然而，功利的原则却是用每个人都知道的标准即快乐来衡量每个行为。为了绕开神学的道德教诲和柏拉图、亚里士多德的古典理论以及新近的康德的规范伦理学，边沁和密尔沿着他们自己的同胞英国经验主义者的哲学足迹前进。

　　霍布斯已经想要构建一种人性的科学，并且背离了传统的道德思想，转而强调人对自己的快乐的自利性考虑。休谟也摒弃了传统的哲学和神学的纠缠不清的麻烦，而围绕个人建立了自己的思想体系，否定人除了能认识普遍的物理规律之外还能够对普遍的道德律有任何认识。在休谟看来，整个伦理学都与我们对同情和愉快的体验能力有关，这是所有人都具有的一种能力，我们用它来"拨动一根所有人都与之共鸣的弦"。因此，边沁和密尔在道德哲学中并没有什么创新，因为他们的先驱者们已经以一般的形式阐明了功利主义的原则。使边沁和密尔成为最著名的功利主义者的是，他们在把功利原则和他们时代的许多问题联系起来这方面，比其他人做得更有成效。为此目的他们为19世纪的英国提供了不仅是道德思想上而且也是实践变革上的哲学基础。

15.1 边 沁

边沁的生平

边沁1748年出生于伦敦汉底奇区红狮街，他很早就崭露出超凡的智力。还只有4岁时，他就已经在学习拉丁语法，8岁他就被送到威斯敏斯特学校，他后来说，那里的教育"惨不忍睹"。他12岁时进入了牛津的女王学院。在那里度过了并不特别愉快——因为他看不惯他的同学们的腐化堕落——的三年之后，他于1763年获得了文学学士学位并进入了林肯协会（Lincoln's Inn）①，按照他父亲的希望，为法律职业生涯作准备。同年他回到牛津，结果成了他的智力生涯中具有决定性意义的经历之一，因为他去听了威廉·布莱克斯通的法律讲座。这个事件之所以如此重要，是因为当他全神贯注地倾听这些讲座时，他说他"马上觉察到布莱克斯通关于自然权利的这一谬见"，而这一经历使他自己的法律理论明确化了，他在这一理论中把"自然权利"的理论当作"夸夸其谈的胡说"而加以拒斥。他于1776年获得文学硕士学位，并且又返回到伦敦，但他对法律职业从来没有产生任何好感，并且决定不当律师。相反，他投身于一种生气勃勃的著述生涯，他认为法律和由于此法律而成为可能的社会现实处于一种可悲的状态，他试图对之加以改进，使之具有秩序和道德上的可辩护性。

因此，边沁主要是一个改革家。大体而言，他的哲学方向是建立在英国经验主义基础上的。洛克开明而自由的思想给了边沁有力的武器来反对那些基于偏见的观念。边沁读休谟的《人性论》大有收获，以至于他说这本书从他看待道德哲学的眼中"就像去掉了翳障一样"。他出版于1776年的第一本书《政府片论》（A Fragment on Government）是抨击布莱克斯通的。这部《片论》也与发表于同一年的另一篇文献，即《独立宣言》，形成了对照。边沁认为《独立宣言》是一篇混乱而荒谬的语词大杂烩，它毫无根据地预设

---

① 林肯协会为英国伦敦四个具有律师资格授予权的法学团体之一。——译者注

了自然权利的概念。他后来的作品有《为高利贷一辩》(*Defense of Usury*, 1787)、著名的《道德和立法原则导论》(*Introduction to the Principles of Morals and Legislation*, 1789)、《为宪法请愿》(*A Plea for the Constitution*, 1803)和《关于议会改革的问答手册》(*Catechism of Parliamentary Reform*, 1809)。由于这些著作，以及他个人对当时的社会政治问题的介入，边沁在其漫长一生中的大部分时间里都是一个富有影响力的公众人物，直到他1832年84岁时逝世。

功利原则

边沁以这句经典名言开始了他的《道德和立法原则导论》："自然把人类置于两个最高主人的统治之下：痛苦和快乐。只有它们才能够指出什么是我们应当做的，也才能规定什么是我们将要做的。"受快乐和痛苦的支配是我们大家都承认的一个事实，我们力图趋乐避苦也是一个事实。然后他提出了他的功利原则，即"这样一条原则，它无论赞成或反对任何行为，所依据的都是那些行为所表现出来的可能增长或减少……幸福的倾向"。边沁意识到他并没有证明幸福是"善"或"正当"的基础，但这并不是一个疏忽。他认为，功利原则的全部本性毋宁说正在于，一个人不可能推演出这种原则的合法性："它能被任何方式证明吗？看来它不能，因为被用来证明每个其他东西的原则自身是不可能被证明的；一个证明的链条必须在某个地方有它的开端。给出这样一个证明，既不可能，又无必要。"

但如果说边沁不能够证明功利原则的合法性，那么他倒觉得他至少可以拒绝那些所谓的"更高的"理论。在边沁看来，这些理论要么可以归结为功利原则，要么就比功利原则还要差，因为它们不具有清晰的意义，或者不可能被一贯地遵循。边沁举出了社会契约论及它对我们服从法律的义务的解释为例。首先，这里有一个困难，就是要确定是否曾经有过这样一个契约或协定。其次，甚至契约论本身也依赖于功利原则，因为它实际上是说，最大多数人的最大幸福只有当我们服从法律时才能达成。当其他一些人说善是由我们的道德感，或知性，或健全理性，或上帝意志的神学原则所决定的时候，情况也是一样的。边沁说，所有这些都是相互类似的，并且都可以被归结到功利原则。例如："神学原则把每件事都归因为上帝悦乐这样。但什么是上帝的悦乐？上帝不会，而且显然现在也没有说给我们听或写给我们看。那么我们怎么能够知道他悦乐的是什么呢？通过观察什么是我们自己的悦乐，并且断言这就是他的悦乐。"因此，只有快乐和痛苦给了我们行为的真实价值。在私人的和公共的生活中，归根结底，我们大家关心的都是幸福的最大化。

约束 正如快乐和痛苦提供了行为的真实评价，同样，它们也构成了我们行动的原因。边沁区分了快乐和痛苦得以产生的四个根源，并且认为这些根源就是我们行动的原因，称之为约束。一个约束就是提供控制力量给行为规则或法律的东西，他把这四种约束称为物理的、政治的、道德的和宗教的约束。他对它们解释如下：

> 一个人的财产或容貌被毁于火灾。如果这事发生在他身上是由于被称为偶然的事故，这就是一场灾难；如果是由于他自己的不小心（例如由于他忘了熄灭他的蜡烛），这就可以称作物理约束的惩罚；如果这事发生在他身上是由于地方司法官员的判决，就是属于政治约束的惩罚；而那种人们通常称作"惩罚"的东西，如果是因为无人施救，因为他的邻居由于厌恶他的道德品质而拒绝给他帮助，就是一种道德约束的惩罚；如果是由于上帝生气而直接采取的行动，表明是因为他所犯下的某种罪恶……那就是一种宗教约束的惩罚。

因此，在所有这些领域内，促成行动的原因都是痛苦的威胁。在公共生活中，立法者懂得，人们只有在一定的行动带有与这些行为有关的清楚的约束时，才会感到有如此行事的义务。这种约束当公民违背立法者规定的行为模式时，就是由某种导致痛苦的形式所构成的。因此，立法者所主要关心的问题，是必须确定什么样的行为模式会有利于增进社会的幸福，而什么样的约束最有可能带来这种增进。所以边沁的约束概念给义务一词提供了具体的含义。因为义务现在并不意味着某种不加界定的责任，而是意味着当一个人不服从道德和法律的规则时将会遭受的痛苦。康德认为一个行为的道德性依据在于拥有正确的动机而不是行为的结果。边沁却采取了对立的立场，认为道德性直接依赖于结果。他承认有些动机比其他的动机更有可能增进幸福。但仍然是快乐而不是动机赋予行动以道德的性质。此外，边沁采取了这种立场：一般说来法律只能惩罚那些现实地带来了痛苦的人，无论他们的动机是什么。边沁相信道德与法律的义务在这点上以前是相似的，因为在这两种情况下，行动的外在结果都比它背后的动机更重要。

苦乐计算 每个个体和每个立法者所考虑的都是避苦和趋乐。但快乐和痛苦也各有不同，因而有不同的价值。边沁谈到快乐和痛苦的单位——或者他称之为份额，想以此来达到数学的精密性。他建议在我们行动以前，我们应当计算一下这些份额的值。它们的值就自身来看是大还是小，在边沁看来取决于快乐的强烈性、持久性、可靠性，以及它的临近性。如果我们不只是就快乐本身来考虑它，而是考虑它导致什么结果的话，我们就必须计算另外的情况。这些情况包括快乐的多产性，或者说它有更多快乐伴随而来的机会，以及它的纯粹性，或者说快乐将会有某种痛苦伴随而来的机会。第七种情况就是快乐的广泛性，就是说，它所扩展到或由这一行动所影响到的人数。

在边沁看来，我们"一方面在计算一切快乐的总值，另一方面在计算一切痛苦的总值。如果在快乐方面有结余，这种结余就会给行为带来好的趋向……如果在痛苦方面有结余，这就会带来坏的趋向"。这种计算表明，边沁感兴趣的主要是快乐的量的方面，所以，如果所有的行为都能产生同样数量的快乐，那它们就是同等程度善的。我们是否真的在进行这样一种计算，这是边沁预料到的一个问题，他的回答是：

> 也许有些人……会认为对这些规则进行那么精确的调整，完全是白费力气：因为他们会说，粗俗无知的人永远也不会为各种法则而烦恼，而激情也从不计算。但无知的危害可以矫正；并且……当痛苦和快乐这样重要的问题处于千钧一发时，如果这种痛苦和快乐达到最高程度的话，谁还会不去计算一番呢？人们确实在计算，有些计算得不那么精确，而有些较为精确；但一切人都计算。

法律和惩罚

边沁把功利主义原则运用于法律和惩罚方面，这令人印象特别深刻。既然立法者的职能是制止一些行为并鼓励另一些行为，我们应该如何把应该阻止的那些行为归入与应该鼓励的那些行为泾渭分明的一个类别呢？

反对社会契约和自然权利理论 边沁相信，功利主义应当是所有社会和政治决策的指导规则。无论什么政治议题，正确的答案都应当基于功利评估来决定。在边沁的时代，政治权威和决策的主导观点是社会契约和自然权利理论。这些概念在哪些方面符合边沁对法律和政府的愿景？他认为，尽管这些理论具有相当的影响力，但它们是没有根据的，甚至常常是有害的。

就社会契约理论而言，这一观点的捍卫者通常会作出关于统治者与公民之间所谓契约协议的假定，即统治者承诺恰切的统治，而公民承诺服从。用边沁的话说，所说的契约是像这样的东西："人民一方向国王承诺一般性的服从，国王一方承诺永远以这样一种特殊的方式来统治人民，即顺从他们的幸福。"当国王作出他的加冕宣誓时，我们就可以认为这是他与公民作出这样一个契约协议的时刻。边沁认为并非如此。国王恰切治国的职责是基于功利，而不是某种所谓的契约承诺。为了证明他的观点，边沁认为，有四种可能的情形展示了快乐而非承诺是统治职责的基础。第一，国王可以在他契约权力范围内完美行事的同时，制定一部直接违背人民幸福的法律。第二，即使遵守现有的法律，国王也可能找到让社会不快乐的方法。他写道："国王可能会在很大程度上损害他的人民的幸福，而不违反任何单独的法律。"第三，即使国王以快乐为目标，他也可能通过违反法律来达成。第四，国王的一次违规行为就不会失去公民的服从。对于边沁而言，底线是国王执政的承诺和公民服从的承诺，都是关于恰切执政的效用和服从政府的效用。

至于自然权利，这一理论的捍卫者通常认为自然权利并非是政府创造的，而是在每个人出生时由上帝赋予的。它们对世界各地的每个人来说都是一样的，尽管政府可能会侵害公民的自然权利，但这些政府无法剥夺这些权利。尽管这一立场听起来很高尚，但边沁认为，所谓的自然权利是无效的，唯一有效的权利类型是合法的权利，即政府通过立法过程颁布的法律为自己创造的权利。通过持有这一立场，边沁是"成文法"理论的早期拥护者，即认为政府制定的法律和权利是唯一存在的有效法律和权利。他对这种观点的基本理由是，合法权利是建立在具体事实——即制定权利法的立法者行动和思考的过程的基础上的。但是，所谓的"自然权利"并不以任何这种我们可以查询或调查的事实为根据。关于自然权利的说法是无稽之谈，并且，当我们加上诸如"上帝赋予的"自然权利或"不可剥夺的"自然权利这样的最高级时，这只是"高跷上的废话"。自然权利不仅是无意义的，它们也是危险的，因为实质上，它们给予一个人主张任何他想要的权利的许可。当一个人没有理据去声称自己拥有合法的权利时，他就会断言他有一项自然权利：

> 当一个人在争取一项他或者从未拥有，或者已经拥有的政治权利时，他害怕失去，他不会出于他的主张就被静默地击败；但由于缺少一项政治权利，或作为对政治权利的支持，他宣称他拥有一项自然权利……出于这个根据他就会被击败，他说他拥有一项自然权利——一项由自然女神赋予的自然权利，谁会反对谁的合法性？

当有人援引自然或上帝作为其所谓自然权利的来源时，我们无法反驳，因为他的断言中没有我们能够调查的事实。据此，"对这种权利的主张，在逻辑上是荒谬的，在道德上是有害的"。由此，边沁总结道："除了法律权利之外，没有其他权利——没有自然权利——没有先于或高于法律所创造权利的人类权利。"

法律的目的　边沁的立法方式是首先衡量"一个行为的损害"，这种损害在于后果，也就是在于由该行为所造成的痛苦或危害，而这种产生危害的行为必须被制止。边沁说，立法者所关心的既有原生的危害也有次生的危害。强盗把危害加于受害者，受害者失去了自己的财物，这就是原生的危害的例子。但抢劫也造成了次生的危害，因为成功的抢劫传递了一个信息：盗窃是容易的。这种暗示是危害性的，因为它们削弱了对财产的尊重，而财产就成了更不安全的了。站在立法者的角度看，次生的危害往往还比原生的危害更重要。因为，还是举抢劫的例子，受害者的实际损失也许远不如整个社会在稳定和安全上的损失那么大。

法律所考虑的是增进社会的总体幸福，而且它必须通过阻止那些可能产生危害性结果的行为来做到这一点。一个犯罪行为按照定义就是一个明显有损于社会幸福的行为。大多数情况下，政府会通过惩罚那些干出了被功利原则确定为有危害的违法行为的人，来完成自己促进社会幸福的职责。边沁认为政府在决定何种行为应被看作"违法行为"时只应当运用功利原则。如果他们这样做了，那么他那个时代的许多非法的行为就都会由此而变成仅仅是私人道德的问题了。所以功利主义的作用在于要求对行为重新进行分类，以确定什么行为是、什么不是适合于由政府来规范的东西。此外，功利原则给边沁提供了一个新的而且简单的惩罚理论——在他看来，这个理论比起旧的理论来不仅更容易被辩护，而且能够更为有效地达到惩罚的目的。

惩罚　边沁写道，"一切惩罚本身都是危害"，因为它使人遭受损失和痛苦。同时，"一切法律共同的目的是增进社会的总体幸福"。如果我们要从功利的观点证明惩罚是合法的，我们就必须表明由惩罚招致的痛苦会以某种方式防止某些更大的痛苦。因此惩罚必须是在达到某种更大的总体幸福上"有用"的，而如果它的效果只是徒然给这个社会增加更多的痛苦单位或份额，它就不具有合法性。功利原则将明确要求排除纯粹的"果报"或报复，因为没有什么有用的目的是靠在社会所遭受的整个损失上再徒然加上更多的痛苦来达到的。这并不是说功利主义摒弃惩罚。这只是意味着功利原则，尤其是边沁的功利原则，要求重新追问为什么社会要惩罚罪犯的问题。

在边沁看来，在四种具体情况下，不应施加惩罚。第一，如果惩罚是无根据的，它就不应当施加。例如这种情况：已经同意就一种违法行为进行赔偿，而这种赔偿的及时兑现又确有保障。第二，如果惩罚是无效的，它也不应当被施加。这里的情况是，惩罚不能够防止一种损害行为，比如一项法律已经制定但还没有颁布的时候。涉案的如果是未成年人、精神失常者或醉汉，惩罚也是无效的。第三，如果惩罚没有益处或花费太大，也不应当施加，"这时它造成的损害会比它所防止的损害更大"。最后，如果惩罚是不必要的，也不应当施加，"这时损害可以在不施加惩罚的情况下得到防止或自行停止：这样代价就更小"。尤其在那些"在义务问题上散布有害的行为准则"的案件中是如此，因为在这些情况下说服比强迫要更有效果。

某种特定的行为是否应当留给私人伦理而不是成为立法的对象，这个问题边沁仅仅凭借援引功利原则就作出了回答。如果立法程序和惩罚机关参与其事的整个过程所造成的损失比好处还多的话，这个问题就应当留给私人伦理处理。他确信，试图规范两性关系上的不检点行为将是特别无益的，因为这将需要进行十分繁复的监视。还有某些过犯也是同样的情况，如"忘恩负义或粗野，在这些事情上因为定义模糊，所以做不到放心地向法官委以惩戒之权"。我们自己对自己负有的责任很难为法律和惩罚所关注，我们更不必被强迫去乐善好施，虽然我们也可能在某些特定场合下有义务对弱者施以援手。但法律主要关心的是鼓励那些可能导致社会最大幸福的行为。于是，对惩罚的一种合法性辩护就是，通过惩罚，最大多数人的最大利益最有效地得到了保障。

除了为惩罚提供理论依据外，功利原则也给我们提供了一些线索来思考惩罚包括些什么。边沁考虑到"惩罚和违法行为之间的比例"而描述了惩罚的每个单位或份额的适当性质。为此目的，他提出了如下规则：（1）惩罚必须足够重，超过罪犯可能由他的罪行中所获得的好处。（2）罪行越大，惩罚也越重：对较大罪行的惩罚必须足以导致一个人在两种罪行的权衡中宁可选择较小的罪行。(3) 惩罚应当具有可变性和适应性，以适合各种特殊情况，虽然每个罪犯为同一罪行将得到同样的惩罚。(4) 惩罚的力度决不应大于使之生效所需要的最小量。(5) 一个罪犯越是不容易被抓住，惩罚就应当越大。(6) 如果一个罪行是属于惯犯，惩罚就必须不仅是超过这一直接罪行的所获，而且也超过那些未被发现的罪行的所获。这些规则导致边沁作出结论说，惩罚应当是可变的，以适应具体的情况。它应当是一视同仁的，以使类似的罪行遭受同样的痛苦。它应当是可通约的，以使对不同种类的罪的惩罚是合乎比例的。它应当特点鲜明，好让那些潜在的罪犯一想起来就深受震慑。它应当有节制，以防止滥施无度。惩罚应当意在改过，以纠正错误行为。惩罚应当剥夺犯罪能力，以威慑今后的罪犯。惩罚应当对受害者有所补偿。为了不带来新的问题，惩罚应当让大众觉得可以接受，并且理由充分的话，可以予以减免。

边沁的激进主义

边沁很快就发现，英国的法律和一般社会结构的诸要素与功利原则所提出的要求并不适合。他想要立法程序严格按照功利原则来运行，就好像行星服从万有引力定律一样。这就是说，他希望给系统思维的概念加上系统行动的概念。所以凡是在他发现现实的法律及社会秩序与功利原则不一致的地方，他都强烈地要求改革。他把这个法律体系中的大部分恶都追溯到那些法官，他指责说，那些法官"制定了普遍的法律。你知道他们怎么制定的吗？就像一个人给他的狗立法一样。如果你的狗做任何你想阻止它做的事，你就等着它做出来然后打它……法官们为你我立法的情形，便是如此"。在揭露了一个又一个巨大的弊端之后，边沁积极地尝试改革这些弊端，并且为此参加了一个由有类似思想的功利主义者组成的以"哲学激进派"闻名的团体。

边沁谴责当时的贵族社会败坏了功利原则。为什么即使在他推演出新的确定的行为模式能够产生"最大多数人的最大幸福"之后，社会的恶和法律体系的恶依然故我呢？他认为，答案就是，那些掌权的人不想要"最大多数人的最大幸福"。统治者考虑更多的是他们自己的利益。然而，从功利主义的角度看，每当这些掌权的人只代表一个阶级或一小群人时，他们自己的利益就会与政府的正当目的发生冲突。解决这种冲突的方式是把政府交到人民的手中。如果在统治者和被统治者之间有同一性，他们的利益就会是相同的，而最大多数人的最大幸福也就有了保障。这种利益的同一性很显然不可能在君主制下达到。君主的行为是为了他或她自己的利益，或者最好也不过是以他或她身边的那个特殊阶级的幸福为目标。而在民主制中，最大多数人的最大幸福是最容易得到实现的，因为统治者就是人民，而人民的代表恰恰是因为他们承诺要服务于这个最大利益才被选出来的。在边沁看来，功利原则的应用明确要求摒弃君主制连同其一切必然的后果。这就是说，他的国家应当不要国王、上议院和国教会，而要按照美国的模式建立一种民主秩序取而代之。因为"所有的政府都是一种巨大的恶",那么政府存在的唯一的合法理由是,必须运用恶以防止或排除某种更大的恶。

15.2 约翰·斯图亚特·密尔

密尔的生平

约翰·斯图亚特·密尔①生于1806年,在3—14岁期间,他成了他父亲詹姆斯·密尔用来进行严格的"教育实验"的对象。他的个人教育在古典文学、语言和历史方面强度如此之大,以至于"我完全可以说,由于我的父亲在我身上进行的这种训练,我在出发点上就领先于我的同时代人四分之一世纪"。但这种高强度的学习不仅强调记忆,而且也强调批判和分析的思维,让年轻的密尔付出了代价,使他在20岁时就患上了"神经麻痹症"。他倒把自己的病归咎于过分强调分析而没有情感上的平衡发展。他认为他的社会圈子里都贬低情感的表达,他指出边沁自己"以前就常说'所有的诗都是颠倒黑白'"。然而,"分析的习惯有种磨灭情感的倾向……于是就像我告诉自己的那样,我停泊在我航行的出发地,有装备精良的船和舵,但是没有帆"。他最后转向了像柯勒律治、卡莱尔和华兹华斯这样一些作家,他们对他的思想打动如此之深,他后来说:"情感的培养成了我的伦理学和哲学信条中的基本观点之一。"他与哈里·泰勒(1807—1858)有一段漫长的罗曼史,她是一位凭自己的能力而得到公认的哲学家。这段罗曼史从他25岁开始,后来他们终于结婚。这件事更进一步印证了他对于情感在人的各种机能中的作用的高度评价。他的著作成果也反映了他在人的多种多样的机能之间维持平衡的尝试,这些著作从严格的《逻辑体系》(*System of Logic*,1843)开始,包括《政治经济学原理》(*Principles of Political Economy*,1848)、《论自由》(*On Liberty*,1859)、《论代议制政府》(*Consideration on Representative Government*,1861)、《论功利主义》(*Utilitarianism*,1861),还有在他1873年67岁逝世以后才出版的《自传》(*Autobiography*)和《关于宗教的三篇论文》(*Three Essays on Religion*)。

密尔是功利主义的一个最强有力的提倡者。他的父亲就与边沁的哲学理论有密切的关系。后来,密尔在他的《自传》中写道:"我父亲的观点给边沁主义或功利主义的宣传带来了鲜明的特点。"他父亲的观念经过各种不同的途径汇入了19世纪初的英国思想,密尔说,其中的一条途径,"就是我这个唯一一个直接为他的教导所塑造的头脑,通过我而对各种各样的年轻人产生了重要的影响"。密尔不仅分享了他父亲的观念,而且通过他父

---

① John Stuart Mill,旧译作"穆勒",今改译作"密尔"。——译者注

亲而接触到当时一些风云人物的思想。他结识了并拜访过政治经济学家李嘉图，但"我见得更多的是边沁先生，这是由于他和我父亲交往密切的缘故"。密尔还说："我的父亲是英国所有著名人物中第一个彻底理解了并且大体上采纳了边沁有关伦理学、政府和法律的主要看法的。"当年轻的密尔读到边沁的有关法律和行政的基本著作《道德和立法原则导论》时，"这成了我思想发展史的一个转折点"。给他印象最深的东西就是边沁的"最大幸福原则"，它使得从自然法、正当理性、道德感或是自然正直这样一些概念中引出道德和立法的任何尝试都成为不必要了。密尔说，当他读边沁时，"一种感觉扑面而来，一切以往的道德学家都被抛到后面去了，而这里实际上是一个思想的新纪元的开端"。在读完边沁的书后，他成为了一个新人，因为"像边沁所理解的那种'功利原则'……给了我有关事物的概念一个统一性。于是我就有了一些见解、一个信念、一个学说、一种哲学，以及在这个词的最好意义上的——一种宗教；它们的反复灌输和传播可以使这个原则成为生活的外部目的"。边沁去世时密尔才26岁，但他已经建立了他自己对功利主义的某些信念——这些信念将使他的处理方式明显不同于边沁。

密尔的功利主义

密尔写作他的著名的《论功利主义》一书的意图是要捍卫他从他的父亲和边沁那里学来的功利原则。然而，在辩护过程中，他却对此理论进行了一些重要的修正，结果使得他的功利主义观点在好几方面与边沁的观点有了不同。他关于功利性的定义是与边沁的教导完全一致的，密尔写道：

> 这一信条将功利原则或曰最大幸福原则当作道德的基础，认为行为越是能增进幸福就越正当，越是能产生反乎幸福的结果就越是不当。"幸福"意指快乐，也就是无痛苦；"不幸"则意指痛苦，即快乐的缺乏。

但尽管他由以出发的那些总的观点是和边沁一样的，特别是在把幸福和快乐联系起来这一点上，密尔马上就采取了一种不同的处理方式。

质的和量的处理方式　边沁说各种快乐只是在它们的数量上有区别——就是说，不同方式的行为产生出不同数量的快乐。他也说过，"儿童游戏和诗一样的好"，意思是说善的唯一标准就是一个行为所产生的快乐的数量。这样的计算就必然会导致这样一个结论：一切类型的行为在产生同样数量的快乐时都将是同样善的，而不论这种行为是"儿童游戏"还是欣赏诗歌。边沁十分热衷于把快乐的单纯的量的衡量作为对行动的道德属性的主要测定方式，以致提出"应当有一种道德的温度计"。正如温度计测量温度的差别一样，"道德的温度计"也能够测量幸福和不幸的程度。这种类比显示出，边沁在处理善和快乐的问题时，只一味强调量的方面。因为正如不论是煤、木柴还是石油的燃烧都能够达到同样的温度一样，通过游戏、诗歌或其他类型的行为也能达到同样数量的快乐。在边沁看来，善与任何特殊种类的行为无关，而只与以他的"计算"方法测量出的快乐的量有关。功利主义者不可避免地被指责为道德相对主义者，被认为是拒斥一切道德绝对性而把一切委之于每个人对什么是善的主观意见。密尔试图在这些指控面前为功利主义辩护，但在这种辩护的过程中他不知不觉地修正了立场，改变了边沁对快乐的量的处理方式，而代之以质的处理方式。

边沁说"儿童游戏和诗一样的好"，而密尔却说他"宁当不满足的苏格拉底也不当心满意足的傻瓜"，或者说"当一个不满足的人要胜于当一头满足的猪"。密尔认为，快乐在种类或性质上互不相同，而不只是有量的不同。他采取了古代的伊壁鸠鲁派的立场，伊壁鸠鲁派也因为他们"贬低人性"而强调一切行为的目的在于快乐而遭到谴责。伊壁鸠鲁派对此的回答是，其实正是指责他们的那些人贬低了人性，因为是他们认为人能有的快乐只是猪所能拥有的快乐。但密尔说，这一看法显然是错误的，因为"人类有比动物的欲望更高级的官能，而一旦意识到这些官能，人类就不会把任何事情当作幸福，除非其中包括了对那些高级官能的满足"。

智性和想象力的快乐比单纯的感官快乐价值更高。虽然密尔发挥他的更高快乐的思想最初是为了回应对功利主义的批判，但他对更高快乐的关注却导致他对边沁的功利性观点的全部基础持批判态度。他说："如果认为对快乐的估计应当仅仅依赖于量……这将是荒谬的。"在密尔看来，当我们在各种快乐之间进行选择时，由一个行动所产生的快乐的单纯的量只有次一等的重要性。例如，想象一下，一个人了解到一种特殊的智性快乐和一种特殊的感性快乐。如果他更想要智性的快乐，那么这就表明了智性的快乐更为优越。尤其是，甚至当他知道智性的快乐"有更大量的不满足相伴随时，他也不会放弃它而追求人性所能够感到的哪怕再大的其他快乐，我们把一种质的优越性归于我们更看重的那种享受，这种优越性远远超过了量的重要性，以至于相形之下，量成了无足轻重的东西——我们这样做是完全合理的"。

密尔认为，快乐的质的方面，正如边沁全力强调的量的要素一样，也同样是一个经验事实。密尔还把各种快乐之间质的区别的基础建立在人性结构中，由此而关注人的某些官能，这些官能的充分运用就是真正幸福的标准，因而也是善的标准，这样他就进一步背离了边沁。关于这点，密尔说：

> 几乎没有哪个人性被造物会因为答应了他能得到最充分的兽性快乐，就同意把自己变成任何一种较低级的动物；没有任何有理智的人会同意变成一个傻子，没有任何受过教育的人愿意成为无知愚氓，没有任何有情感有良心的人愿意变得自私卑鄙，哪怕可以说服他们相信，比起他们来，傻瓜、愚氓、无赖对自己的命运还感到更加满足些。

照密尔看来，快乐不应当从其量来估价，而应当从其质来估价。然而，密尔关于质的快乐的观点向快乐原则的整个概念提出了一个重要的问题。如果我们必须从其质的方面来估价快乐，那么快乐本身就不再是道德的标准了。这就是说，如果唯有我们的高级机能的充分运用可以把我们引向真正的幸福，那么，行为的善的标准就与快乐无关，而只与我们人性官能的满足有关。密尔是否意识到这个问题的全部后果，这一点尚不清楚。无论如何，他试图超越单纯量的享乐主义而达到质的享乐主义，在其中生命的道德价值被建立在我们更高官能的更高快乐的基础上了。所以，如果说不满足的苏格拉底要胜于满足的猪，那么，道德性就是与我们在真正人性的生活中发现的幸福成正比，而不是与我们因为经验到快乐的量而感到的幸福成正比。所以，更高的幸福就是一切人类生活的目的，生活就是要"尽可能远地避开痛苦，而有尽可能丰富的享受"。

密尔对边沁的背离 密尔的功利主义与边沁有三点关键区别。首先，密尔更看重幸福的更高的质而不是快乐的单纯的量，从而拒绝了边沁有关快乐和痛苦可以计算或测量的核心假设。边沁把他的苦乐计算仅仅建立在量的考虑之上，认为快乐可以按照其持续性、强度或广度来量度。然而，密尔却认为快乐的量或质是无法量度的。每当我们需要在两个快乐之间选择其一时，只有我们对两种可能都有所经验，我们才能明智地表达我们的偏好。密尔问道："要靠什么手段在两种痛苦中确定何者是最严重的，或在两种快乐的感觉中何者是最强烈的？难道不是那些对两者都很熟悉的人的一般（感觉）吗？……要以什么来确定某种快乐是否值得以忍受某种痛苦为代价来换取？难道不是那些有过经验的人的感觉和判断吗？"其实人们并不是计算，而只是表示一种偏好，而除了这种偏好的态度，"别无其他裁判"。

密尔理论的第二点不同在于，我们何时应当求助于功利主义的指导原则。边沁似乎认为，对于我们所进行的每个行动，我们都应当考虑它是否会产生幸福超出不幸的最大盈余。然而这可能会变得冗长乏味，而如果我们停下来计算我们的各种行动的后果的话，我们的生活将蹒跚不前。但在密尔看来，我们很少需要考虑我们特殊行动的后果。相反，我们应该遵循一般的道德规则来生活，例如勿杀人、勿偷盗、勿说谎之类。我们可以一直相信这些规则，这是因为在人类文明的整个过程中，人们已经不断地对这些规则进行了检验以确定如果我们遵守它们我们是否会促进一般幸福。只是在极少数情况下，我们才会在遵守这些经过考验的真实的道德规则时碰到问题。例如，如果我很穷而我的家庭在挨饿，我也许会想去从附近的商店偷一块面包。我在两条道德规则之间难以取舍：(1) 养活我的家庭；(2) 勿偷盗。在这种情况下我通过确定哪种行动方式会带来最多的幸福来解决这一冲突。

边沁和密尔之间的第三种差别在于他们各自看待人的利己心的方式。边沁只是认为我们应当选择那些能为我们产生最大量的快乐的行动。他还认为我们当然应当帮助别人获得幸福，因为这样我们也会使自己的幸福得到保证。密尔接受了这一观点，但补充说，我们可以凭借各种社会机构来促进我们对他人的关心：

> 功利性要求，首先，法律和各种社会规章应当把每个个人的幸福……或利益尽可能紧密地与整体利益协调起来；其次，教育和舆论对人的性格有极大的影响力，那就应该运用这种力量，在每一个人心中建立自己的幸福和整体的善之间的不可分离的联系……这样，在每个个人那里，一个以促进普遍的善为直接目的的冲动就可能成为行动的习惯性动机之一。

证明和强化功利主义 密尔在道德义务和选择问题上的最明显的困难莫过于他提出要"证明"功利主义的问题。我们如何能证明幸福是人的生活和行为的真实的且值得欲求的目标呢？密尔回答说："要证明一个物体是可见的，唯一的证据是人们确实看见了它。要证明一个声音是可以听见的，唯一的证据是人们确实听见了它；要证明我们经验的其他来源，都是如此。同样，能证明任何一个事物值得欲求的唯一证据，就是人们确实欲求它。"所以关于为什么一般所谓幸福值得欲求，我们所能给出的理由没有别的，只能说"每个人只要相信幸福是可以得到的，就会欲求他自己的幸福"。

除了证明功利主义，密尔也讨论了我们如何能够加强这种道德确信。他指出既有外部的"约束"或动机也有内部的"约束"或动机。外部约束主要是其他人在我追求普遍的幸福时对我的赞同以及在我引起了不幸时对我的不赞同。但在密尔看来最重要的动机是内部的，它是当我违背对于作为整体的社会的责任感时的一种内疚感。我们如何培养这种责任感？密尔认为它最初是通过教育形成的，如通过我们的双亲、老师、教会和同伴们的教导。用密尔的话说，它"来源于同情心，来源于爱，而更来源于恐惧；来源于一切形式的宗教情感，来源于对童年时代和我们过去一切生活的回忆；来源于自尊，来源于得到他人尊重的愿望，偶尔甚至还来源于自卑"。如果得到适当的教养，我们就都会怀有对他人的一种让我们难以抗拒的强烈责任感。

自　由

密尔和边沁一样十分关心社会问题。最大幸福原则使得一切功利主义者考虑个人和政府的关系。边沁信仰民主制，认为它对医治社会的恶是一剂良方，因为在民主制下人民既是被统治者也是统治者。但密尔并不具有对民主制的这种无保留的信仰。虽然密尔承认民主制是最好的政府形式，但在《论自由》一书中，他揭示了民主制中固有的某些危险。他的主要告诫是，多数人的意志对少数人实行压迫是完全有可能的。此外，民主制具有一种舆论专制，这与压迫一样危险。因此，甚至在民主制下也有必要设立防护机制来对付那些可能会否定个人自由的力量。在这点上，密尔反映了边沁要把社会的恶清除干净的改革要求。他特别关注的焦点在于对政府行为设立限制以保护自由。

密尔认为，"不管作为个人还是集体，人类对任何人的行动自由加以干涉的唯一正当目的，就是自保。所以唯有为了防止对别人的侵害，对文明社会的任何一个成员施加违背其意愿的强力，才是正当的。"当然，政府在此有其正当作用，但在以下三种情况下，政府不应干预其治下之人民。第一，当个人能够做得更好时，政府不应干预。第二，虽然政府有可能比个人做得更好，但让个人去做此事却有利于个人的教育和发展时，政府不应干预。第三，当存在让政府的权力不必要地增长过多的危险时，政府不应干预。因此，密尔对自由的论证就是对个人主义的论证。让个人按照他们自己的方式去追求他们的幸福吧。即便在观念的领域，我们也必须自由地表达我们的思想和信念，因为在有机会批驳谬误时，才能最迅速地发现真理。密尔所持的立场是："一种意见因为在每次有机会反驳它时，都未遇到反驳，因而被认定是真的，与认定此意见为真以便禁止任何反驳，这两者之间有着天渊之别。"然而他认为，重要的是，真理要被认识。当密尔考虑人的存在的理想目标时，他问道："关于人类事务的任何一种状态，我们所能做的最高评价，还有能高过说这种状态使人们更接近于他们所能达到的至善之境的吗？然而，让人们达到他们所能达到的至善，这难道是政府的职能吗？"他对极权主义政府深恶痛绝，虽然他生得太早，没能看到这种政府在20世纪最丑恶的表现。

密尔的立场中最令人铭记的部分就是我们现在所说的"密尔的自由原理"：

> 唯有为了防止对别人的侵害，对文明社会的任何一个成员施加违背其意愿的强力，才是正当的。他自己的善，不论是物质上的还是道德上的，都不是一个充分的理由。……任何人仅仅在他的行动中涉及他人的那部分才需要服从社会。在仅仅涉及他自己的那部分中，他的独立性按理来说是绝对的。个人对他自己、对他自己的身体和心灵拥有最高主权。

密尔在这里说的是，政府是在我们的行为损害到别人的时候，而不是我们的行为仅仅损害我们自己的时候，才有权制止我们。所以，我们应该有从事那些危险活动的自由，甚至可以拿我们自己的生命去冒险。

15.3 孔 德

孔德的生平和时代

虽然奥古斯特·孔德被称为实证哲学的创立者，但他并没有发现这一理论，因为如约翰·斯图亚特·密尔所说的，"实证主义是这个时代的一般特质"。孔德求学的时代和地区的特色就是思想混乱和社会不稳定。1798年他生于蒙特佩里，曾就读于巴黎综合技术学校，有些年为著名的社会主义者圣西门当秘书。他在20岁出头时出版了一套丛书，其中最有名的是他的《实证的政治学体系》(System of Positive Polity, 1824)。结果这本书成了他的一部更大的著作《实证哲学教程》(Course in Positive Philosophy)的一个初期大纲，后一著作以多卷本写成于1830—1842年之间。他承认他的早期思想和后期思想迥然不同，声称自己在早期是亚里士多德——就是说，更加理性化——而在后期则是圣保罗——就是说，更加情感化。他后期的一些观点是有些异乎寻常的，甚至招致了嘲笑。他指责大学里的学者极度狭隘的专业化，因为他们拒绝给他提供科学史的教职。他靠着同为实证主义者的朋友们的捐助维持生计，在巴黎一所小房子里继续他的工作，这所房子离索邦大学里如今竖立着他的雕像的那个地方很近。孔德的另外几本主要著作就是在这种穷困的境遇中问世的：他的第二本著作《实证的政治学体系》(1851—1854)、《实证主义者手册》(Catechism of Positive Religion, 1852)和《主观的综合》(Subjective Synthesis, 1856)。在他能够完成他计划中的关于伦理学、实证的工业组织的学说的系列丛书以及其他一些哲学著作之前，他于1857年逝世，终年59岁。

孔德的主要目标是社会的整体性的改组。但他确信这个实践性的目标首先要求重建或至少是改革当时的思想界的倾向。按他对当时情况的看法，自从伽利略和牛顿的发现以来就一直在展开的科学革命并没有被其他领域，尤其是社会、政治、道德和宗教思想领域充分吸收。法兰西的科学成就——包括安培[1]和菲涅尔[2]在物理学中、谢弗勒尔[3]和杜马[4]在化学中、马让迪[5]在生理学中以及拉马克[6]、圣提雷尔[7]和居维叶[8]在生物学和动物学中的成果——已经出类拔萃。令人对他们的成果肃然起敬的是，他们的发现能够用来解决日常生活中的诸多问题。这导致了医学和外科学中的新方法，并且使新的工业技术和运输工具成为可能。科学从自己的惊人成就中获得了权威感，因而向其他思维方式提出了挑战。一系列相关问题现在表现得更为尖锐了。这些问题包括科学和宗教的关系问题，意志自由问题，形而上学的价值问题，以及发现客观的道德标准的可能性问题。

---

[1] 安培 (Andrè Marie, Ampère, 1775—1836)，法国物理学家，首创电磁理沦，制定了"安培定律"。——译者注
[2] 菲涅尔 (Augustin Jean, Fresnel, 1788—1827)，法国物理学家。——译者注
[3] 谢弗勒尔 (Michal Eeugène, Chevreul, 1786—1889)，法国化学家。——译者注
[4] 杜马 (Jean Baptiste Andrè, Dumas, 1800—1884)，法国化学家。——译者注
[5] 马让迪 (Francois, Magendie, 1783—1855)，法国医生、神经病学家。——译者注
[6] 拉马克 (Jean Baptiste, Lamarck, 1744—1829)，法国生物学家，进化论的最早提出者。——译者注
[7] 圣提雷尔 (Etienne Geoffroy, Saint-Hilaire, 1772—1844)，法国动物学家、解剖学家。——译者注
[8] 居维叶 (Baron Georges, Cuvier, 1769—1832)，法国动物学家，创立古生物学和比较解剖学。——译者注

同样在这个时代里，法国哲学的状况既受到内部政治事件的影响，也受到外部思想体系的影响。主要的内部事件就是法国革命，无论对于圣西门还是对于孔德来说它都是社会无政府状态的一个鲜活榜样。由于法国革命，法国思想家们信奉着各种不同的社会理论。有些理论是强烈反对革命的，坚持认为革命引起权力的争夺，其结果是破坏政府和教会的合法权利和权威。结果只能是进一步摧毁家庭和私有财产制度。另一些理论家认为社会以被统治者在社会契约中所表达的一致同意为基础。除了这些内部的思想分歧之外，还有逐步从其他国家引入的各种哲学。它们不仅涉及社会哲学，而且也探讨了认识论和形而上学，对这些问题的探讨激起了一种生机勃勃的争鸣气氛。法国人现在阅读的是如此各不相同的作家，如康德、黑格尔、费希特、谢林、斯特劳斯、费尔巴哈和歌德。唯物主义、唯心主义和新形而上学体系的提倡者们都榜上有名，关于人性、绝对和进步的庞大理论也纷纷登场。

为了克服政治的无政府状态和思想的无政府状态，孔德试图通过建立一种社会科学即实证主义来改革社会和哲学。孔德的问题是，当神学的信仰不再被作为政治权威的支柱来接受时，如何能够保持社会的统一。孔德相信，在信仰不再被共同坚守，思想的无政府状态造成了社会的无政府状态时，就会产生野蛮的暴力独裁。没有任何一种反对专制的通常的论据在孔德看来是令人满意的。针对那些力图恢复像革命前的那种世俗权力和宗教权力的平衡的人，孔德反驳道：使历史进程走回头路是不可能的。针对那些民主方式的提倡者们，孔德说，他们的平等和自然权利——尤其是人民主权——的概念是形而上学的抽象和独断。他宣称，只有实证主义的方法能够保证社会的统一。因此，他的重组社会的任务要求他首先发起一场思想变革，而这又导致他去制定他的经典实证主义理论。

实证主义的定义

实证主义包括消极的和积极的成分。在消极方面，它拒绝假定自然有什么终极目的，并且放弃任何揭示事物的"本质"或隐秘原因的企图。在积极方面，它试图这样来研究事实，即观察事物之间的恒常联系，并把科学规律仅仅当作各种不同现象中的恒常联系的法则而确立起来。牛顿就是以这种精神描述了物理现象，而没有超出有用的界限去问有关事物的本质的问题。在他之前，伽利略已经在对行星的运动和关系的理解上跨出了一大步，而并没有去追究它们的物理构成。傅立叶[①]发现了热传导的数学法则而没有作任何涉及热的本质的理论假设。生物学家居维叶制定了关于有生命之物的结构的一些法则，而没有就生命的本性提出任何假说。这种探索和调查精神的一个结论就是，从科学中引

[①] 指法国化学家傅立叶（Jean Baptiste Joseph, Fourier, 1768—1830），曾用数学方法研究热传导法则。——译者注

出知识这一设想也可以被用在社会领域。这就是实证主义的最诱人之处。这是因为，一方面，它保证要提供一种有效的工具来处理医学所关心的身体失调之类的物理实在，另一方面，它也涉及社会学所关心的社会科学。

孔德的一句明明白白的话显示了实证主义最初的那种严格性："任何不能被最后归结为对事实的简单阐明的命题，不论是特殊的还是一般的，都不可能具有任何实在的或可理解的意义。"密尔以实证主义者自居，并用了许多孔德自己的语言来描述实证主义的总观点：

> 我们除了关于现象的知识之外没有关于任何事物的知识，而我们关于现象的知识是相对的，不是绝对的。我们既不知道本质，也不知道任何事实产生的实际方式，而只知道它对其他事实以前后相继或相类似的方式发生的关系。这些关系是恒常的；就是说，在同样的情况下，总是一样的。这些把诸现象联系起来的恒常的相似性，以及把诸现象作为前件和后件而结合起来的恒常顺序，就被称为这些现象的法则。这些现象的法则就是我们有关它们所知道的一切。它们的本质，以及它们的最终原因，不论是致动因还是目的因，都是我们所不知道也不可思议的。

这就是孔德和他的追随者们引入社会和宗教研究中来的思想态度，认为归根到底每个主体都必须采用同一方法来达到真理。只有这样我们才能够在思想和社会生活中都得到统一。的确，这种方法也有它自己的假定，其中首要的就是，在事物的本性中有一个秩序，我们可以发现这个秩序的法则。孔德还假定，我们"把人的大脑变成反映外部秩序的一面完美的镜子"就能够克服主观性的危险。他对达成自己的目标所抱有的这种乐观态度来自他对观念史的阐释，也来自他对于各门科学的发展的研究。他相信，这些就清楚地指明了实证主义的不可避免性和确实有效性。

三阶段法则

孔德说，观念史表明思想运动很明显经历了三个阶段，每一个阶段代表了发现真理的一种不同的方式。第一阶段就是神学阶段，在其中人们依靠神的原因性力量来解释现象。第二阶段是形而上学阶段，它以非人格的抽象力量取代了以人类为中心的神性概念。第三阶段是实证主义的阶段，或者说科学的阶段，它只考虑现象之间的恒常联系，而放弃了超出我们经验之外的存在者来解释事物的一切尝试。他把这种从一个阶段到另一阶段的演进称为三阶段的法则。他相信这种法则在观念史、科学和政治领域中都起着作用。他认为，实际上社会的结构反映出一个时代的哲学方向，而在哲学思想中的任何重大变化都会在政治秩序中带来一种变化。例如，在希腊神话和传统基督教中，我们都发现诸神和上帝会频频插手干预人事。这在君权神授论的政治理论中有其对应物。但这种神学的方式被形而上学所取代了，形而上学谈的是必然的存在者，并以之解释有限事物的存在。孔德说，这个必然存在者的概念是抽象的和非人格的，虽然它超越了关于某种作用于物理世界的变化莫测的存在者的观念，但它并没有克服独断论的无效性。它在政治思想中的对应物就是制定一些抽象原则——如自然权利和人民主权之类——的企图。孔德严厉地拒斥了这两个阶段的政治结构。他认为神学的阶段产生奴隶制和军事统治的国家。形而上学阶段则必然产生自由民主的设想，以及人人平等之类无根据的教条。孔德相信这些观点必须让位给清楚的科学事实，即人民是不平等的，并在社会中发挥不同的作用。为了有效地处理这些关于政治秩序的问题，需要详细地设计出一门社会科学，孔德发现这门科学尚付阙如，因此他着手开始创建，并称之为社会学。

孔德的社会学概念例释了他对知识进化的描述。因为在他的理论中，思想的运动通常是从普遍性的减少到复杂性的增加，并且从抽象到具体的。他特别在五种主要的科学上注意到了这一点。数学是最先出现的；然后依次出现的是天文学、物理学、化学和生物学。在这一次序中他看出了从普遍性和简单性到复杂性和具体性的运动。具体说来，数学处理的是一种普遍的量。天文学在量上增加了质量和力的要素和某种吸引的原则。物理学在处理重力、光和热时，对力的各种类型作出了区分。化学对各种物质进行了定量和定性的分析。然后生物学又在物质秩序上增加了有机的和动物的生命结构。第六种科学——社会学——则处理人们在社会中的相互关系，并且它本身也是前一科学阶段的必然结果。孔德生动地描述了数学和天文学是如何很早就在古代世界中产生的，而物理学作为一门真正的科学的产生则要等到17世纪的伊萨克·牛顿。然后化学开始于拉瓦锡，而生物学开始于比沙[①]。现在轮到孔德自己来担负开创社会学这门科学的使命了。在他看来社会学是诸科学的女王、知识的顶峰，因为它利用了以往的一切资料，并把它们整合起来为一个和平有序的社会服务。

孔德的社会学和"人道教"

孔德的立场既不同于那些为社会的彻底改革而大声疾呼的革命思想家，也不同于那些规划乌托邦社会的理想主义者，他的方法是永远参照科学和历史的实际情况来描述事物。有两样东西特别在他的社会学理论中占着主导地位，这就是他所谓社会存在的静力学成分和动力学成分。静力学成分包括社会的某些稳定的要素，如家庭、私有财产、语言和宗教。因为这些实际上是永恒不变的，所以他不提倡对之进行革命性的改造。同时，他也承认某种动力学的成分，他将之理解为进步的力量。他的"三阶段法则"理论就包含有对这种动态力量的技术的详尽阐述。进步并不要求改变任何基本的社会要素。相反，它仅仅要求懂得我们应如何以最合适的方式利用这些稳定结构。恒星和星座，当我们对

[①] 比沙（Marie Francois Xaver, Bichat, 1771—1802），法国解剖学家、生理学家。——译者注

它们的运动从神学的考虑进到形而上学的考虑，最终进到科学的考虑时，并没有什么变化。所以，社会的结构在其基本要素上也不应当有所改变。例如，家庭必须保留，而且实际上，孔德相信家庭是构成社会的基本单元。然而，家庭的某些方面会有所改变，比如妇女的地位会得到提高。同样，财产的利用方式应该唤起利他主义的最高本能，而不是贪婪和嫉妒。孔德相信宗教是建立这整个系统的关键，但构成宗教的不应当是对超自然的存在者的膜拜，而应当是对人性的崇拜。所以实证主义呼吁建立一个政治组织来利用宗教的和非宗教的机构，不是让它们两者对抗，而是让它们和谐互补。

孔德经常提及中世纪，认为这个时代，社会静力学和动力学成分之间达到了最充分的相互协调。他实际上把中古社会当作他的新社会的模型。当然，他会拒绝这个阶段上的神学方面。但这一社会让他心动的是在宗教和社会之间——在思想体制和中世纪欧洲的社会结构组织之间——的密切关系。家庭、财产和政府——所有这些要素的合理性和动力都源于一套共同持守的信仰。19世纪的社会重组不应当是把旧的社会结构推倒重来。相反，它应当使社会的永恒要素适应新的时代。所以它应当通过重建宗教和社会机构之间的关系来克服当代的无政府状态。而宗教和社会之间的这种关系只能通过思想和技术的进步来重建。按孔德的看法，这个时代的无政府状态，很大程度上是因为由科学兴起而导致的神学权威的瓦解。他相信不可能在现代人身上重建以前那种神学统治。而启蒙运动留下的思想遗产是高扬每个人自己的思想和意见，它也不能导致任何的统一性。

只有一种新的宗教能够建立一切人之间以及他们的思想和生活方式之间的统一。孔德认为，中世纪有着社会组织的正确方式，但它却有着错误的思想方向。另一方面，现代欧洲在他看来拥有科学实证主义的正确哲学，但却没有一个适当的组织。虽然科学严重地动摇了神学的统治，但并没有完全消灭它。由此导致的关于科学和宗教的关系的争论也引起了理智和情感的相对地位这个特殊问题。因此，孔德的艰巨任务就是以科学的方式重新构想宗教的全部本性。他必须把这种新宗教与社会的结构结合起来，并使人的理智和情感统一起来。所以他要给每个人的行动注入一种目的性和方向感。孔德说，在着手完成这一任务时，"爱是我们的原则，秩序是我们的基础，而进步是我们的目的"。

他的这个新社会将是什么样子，这首先要看他不希望它是什么样子。虽然神学的阶段早已经过去，但由形而上学建立的新教条还在苟延残喘，而对这些教条都必须加以拒斥。为了建成新的社会，必须放弃一切旧的虚构的东西，不管是有神论的上帝还是平等和人民主权这些形而上学教条。既然心灵的作用将是反映事物真实实在的状态，则新宗教的内容就必然是从这样一种客观实在的源泉中引出来的，而在孔德看来这个源泉就是人性本身。不管怎么说，我们的所有物质的、理智的、精神的和道德的资源都是从人性中引出来的。他虽然并不想保留过去的教条，但他还是建立了其新的人道教，这种人道教仿佛是天主教的一种世俗化的翻版。孔德用人性代替了上帝，他把人性称为 Grandêtre，即至上的存在者。他自封大主教（high priest）并制定了一份圣徒名录，其中大部分是著名的科学家。他也创作了一本教义问答，在其结尾处他说"人性无疑占有上帝的地位"。他还补充说，"人性不会忘记上帝的观念所临时提供的服务"。圣礼变成了"社会性的"，而且首先是洗礼，然后是14岁时的入会式，再就是一个人在21岁被批准事奉人性时的接受式。职业的指定或选择式是在28岁时进行的，男人28岁、女人21岁结婚，退休在63岁。对于孔德抛弃罗马天主教的一切超自然要素而建立它的一个世俗化翻版的企图，密尔感到遗憾。对于孔德自封的大主教一职，密尔说："一种让人忍俊不禁的滑稽气氛"笼罩着孔德的宗教，而当"别人可能会发笑时……我们却宁可为一位伟大思想家的这种可悲的堕落而痛哭"。

从开始其系统思考时起，孔德就不容置疑地认为，他的实证科学的目的是创建一个"健康的哲学，它能够为真正的宗教提供基础"。然而，同样不容置疑的是，他后来的著作受到了他与克罗蒂特·德·福克斯，他的"无与伦比的天使"热恋之后的感情危机的影响。他们的这段纠葛持续了两年，从1844年到1846年，直到她怆然离世，这促使他认识到感情必然在生活中有其作用。此前他强调的是理智的作用，他现在为感情的至上性辩护，宣称"感情的成分支配着我们的本性……这一真理是再清楚不过的了"。在这点上，他现在的说法是：

> 凡是能举出真正的宗教在道德上的优越性的例子的地方，占第一位的都是情感。理性对情感的灾难性反叛永远也不会终结，直到新的西方教士阶层能够完全满足现代理智的要求为止。但这一点一经做到，道德的要求立刻就会再次得到一个属于它的位置，因为要建构一个真正完备的综合，自然而然都要以"爱"作为唯一的普遍原则。

鉴于情感的这种至上性，实证哲学的作用就是"使情感、理性和行为达到永久的和谐，由此形成一个体系来规范我们的私人生活和公共生活的全过程"。由于爱是道德的至上原则，所以一切思想和理智的行动就必然都服从于它，由此科学家就成为了哲学家，而哲学家就成为了教士。生活中的一切就都成为了"一场持续而热烈的礼拜"，而真正人性的道德标准就是我们应当"为他人而活"。科学家将组织和统治社会，而哲学家-教士将通过组织公共礼拜和控制教育而对社会施加其影响。孔德试图这样达成一种中世纪宗教与政治权威分离的现代形式。同样，这样一来，道德将独立于政治，但依然会对政治秩序和经济秩序发挥建设性的影响。

公民秩序也会反映出动力学进程的力量，特别是当这一过程从以军事为基础向以工业为基础转化的时候。孔德认为历史的军事性阶段与现代国家工业的实力和组织的发展有很大关系。具体说来，它迫使人们为了生存而把本来是孤立的物质资源和人类劳动集中起来。但现在工业和纪律的这种特性必须被用来促进和平、内部秩序和文明。孔德认为，一切人所致力的主要目的必然是自然秩序的改善。科学帮助我们理解自然，使我们得以对它进行改造。我们对人性这个新上帝的崇拜并非像以往的宗教那样只是正襟危坐。相反，这是一种积极的①宗教，"崇拜的对象其本性是相对的、可变的和可完善的存在者（人性）"。我们通过这样一种崇拜来获得进步，而这种进步就是"秩序在爱的影响下的发展"。孔德强调人的努力，这一点取代了关于天命或神的指导的神学理论。他声称："要找到能缓和我们命运的严酷性的唯一天命，我们必须寄希望于我们自己的不懈的能动性。"

孔德认为人的天命主要分为四类：妇女是道德的天命，教士是理智的天命，资本家是物质的天命，而工人则是普遍的天命。他说："人民代表着至上存在者的能动性，正如女人代表着它的同情心，而哲学家代表着它的理智一样。"对于资本家，孔德说：他们是"养料的贮存器，这些贮存器能发挥其社会效益的主要前提，就在于它们被集中在少数人手里"。他还说，唯有道德劝说的影响力才能约束"他们那愚蠢而反乎道德的傲慢"。孔德的社会势必会要求每个人都固守在与他或她的力量最相宜的位置上，从而实现其特殊的功能。首先，知识精英必须是至高无上的，因为只有专业人士才能懂得管理一个复杂社会的技术问题。因为这个理由，孔德认为允许大众去自由地过问社会问题和政治管理，正如让他们去就化学中的某个技术问题发表他们的意见一样，是毫无意义的。在这两个领域中大众并不具有适当的知识，因此他呼吁废除"个人思想的漫无约束的自由"。

再者，人道教的成功将要求家庭的稳定以及利他主义和爱的精神。孔德不接受先前神学关于人性堕落的评断或利他主义与人的本性不相容的思想。在孔德看来，利他主义的本能是一个科学事实。为了支持这一论点他引证了颅相学的创立者弗兰茨·约瑟夫·伽尔②的说法，此人认为在大脑中存在着某种乐善好施的"器官"。此外，妇女将在家庭中发挥她们的创造功能并将自发地奉献她们的"理性和想象机能于情感照料上"。在孔德看来，在实证主义的大旗上，人性的象征是一个带着自己的婴儿的年轻母亲——这是基督教和人道教的最后一个相似之处。

孔德越是为一门新宗教的创立而操心，他看起来就越是与实证主义原则背道而驰了。到头来，他似乎是在指示社会应当趋向的目的，而不是在描述历史实际上正在遵循的进程了。孔德的影响很快就在政治上更有魅力的卡尔·马克思的理论面前相形见绌了。但他仍不失为首先有培根、霍布斯，继而又有他之前的洛克、贝克莱、休谟等经验主义者的那一系列伟大思想家中的一位有开拓性的人物。

---

① "积极的"原文为 positive，与"实证的"是一个词，这里是双关语。——译者注
② 伽尔（Franz Joseph, Gall, 1758—1828），奥地利医生，颅相学的创立者。——译者注

总　结

　　功利主义和实证主义是19世纪延续了经验主义传统的两种哲学。边沁提出功利原则作为"无论赞成或反对任何行为的原则"。他反对诸如宗教道德这样的其他理论，因为最终它们至多是功利主义的伪装版本。对他而言，行为规则背后的约束力是惩罚或"约束"，它们在人们违反规则时会给人们带来痛苦。这些包括由政府施加的惩罚。边沁理论最有名的部分，现在被称作"功利计算"，是说行动的正确性可以通过考量关于该行为所带来快乐的七个因素来准确计算。这些因素是快乐的强烈性、持久性、可靠性、临近性、多产性、纯粹性、广泛性。他拒斥政府的社会契约和自然权利理论，坚持功利应当是法律和道德形成中的指导原则。法律的目标是既要避免主要的恶，比如盗窃行为，又要避免次要的恶，比如一个成功的强盗传达出盗窃很容易的信息。只有基于功利主义，惩罚才是正当的，因为功利主义提供有用的惩罚，而不是以报复为目的。他认为，有些行动应该留给私人道德，而不涉及政府监管的复杂性。他认为，政府应该掌握在人民的手中，以确保他们为绝大多数人的最高利益，而不是立法者的个人利益服务。

　　密尔遵循了边沁的功利主义，但作出了三处修正。第一，根据密尔，高级的心理快乐比低级的身体快乐更重要。心理上的那些快乐在质上更高级，但不像身体快乐，更高级的那些不能基于其产生的快乐的量在功利计算中得到评估。第二，密尔认为，我们应该主要使用功利原则来确立我们遵循的道德规则，而不去使用功利逐个评判每个行动。第三，不像边沁认为我们自动地将他人的快乐与我们自己的快乐联系到一起，密尔认为我们可能需要接受教育，才能将他人的快乐与我们自己的快乐联系起来。在政治哲学中，密尔主张，即便在一个民主国家，个人的自由也需要从"多数人的暴政"中得到保障。为此，他捍卫了自由原则，即当我们的行动伤害到他人而非我们自己时，政府可以正确地约束我们。

　　孔德拥护实证主义的科学理论，他主张（1）自然中没有有待发现的隐秘目的；（2）我们通过观察各种现象之间的恒常关系来制定科学法则。他主张，不仅自然科学应当遵循这一理路，对社会的研究亦应如此。由此，他被认为是社会学和社会科学的奠基人。孔德主张，纵观历史，观念有三个发展阶段：第一，人们通过援引神圣的因果力来解释事物的神学阶段；第二，宗教解释被概念的抽象力量所取代的形而上学阶段；第三，限于我们经验之中恒常关系的实证主义阶段。实证科学本身按照以下顺序逐步出现：数学、天文学、物理学、化学、生物学、社会学。他认为，社会内部存在着一些一般而言不变的静态组成部分，比如家庭、私有财产、语言和宗教。但即便是它们，也具有动态的元素，它们内部经历了某种社会变革。孔德认为，中世纪对于社会组织有着正确的方法，但也有着错误的智识导向，宗教的整体本性需要根据科学来重新加以构思。这会是一个需要家庭的稳定性、利他主义精神和爱的"人道教"。

研究问题

1. 用你自己的例子描述边沁功利计算中的七个因素。
2. 讨论在边沁看来，社会契约和自然权利理论错在哪里，并说说你是否同意他的批判。
3. 边沁主张，有四种不应加以惩罚的情境。讨论这四个要点并用例子来说明。
4. 密尔说："当一个不满足的人要胜于当一头满足的猪；宁当不满足的苏格拉底也不当心满意足的傻瓜。"解释这段引文，并说说这如何说明了密尔关于不同的快乐之间质的区别的观点。
5. 密尔的自由原则是："不管作为个人还是集体，人类对任何人的行动自由加以干涉的唯一正当目的，就是自保。所以唯有为了防止对别人的侵害，对文明社会的任何一个成员施加违背其意愿的强力，才是正当的。"用各种政府不能限制的行动为例讨论这一原则。
6. 密尔主张，我们一般应该用功利原则来确立我们遵循的道德规则，而不是说我们施行的每个行动都要去诉诸功利。这有时被描述为规则功利主义和行为功利主义之间的区别。解释密尔的观点，并说说你是否同意。
7. 密尔批评康德定言命令的说法："他（即康德）所表明的是，他们普遍采纳的后果将是没有人愿意承担的。"密尔的观点是，定言命令还原后只不过是我们不应该施行总体会导致不幸的行动的功利主义主张。讨论密尔对康德的批判，并说说你是否同意密尔的观点。
8. 定义孔德的实证主义，并讨论它是否有任何错误之处。
9. 讨论孔德思想在社会中经过三个阶段（即神学、形而上学和实证主义）发展的观点，并说说你是否同意。
10. 讨论孔德对传统宗教的批判以及他对人道教的实证主义论述。

第十六章

克尔凯郭尔、马克思和尼采

16.1 克尔凯郭尔
16.2 马克思
16.3 尼 采

在整个19世纪，康德、黑格尔和其他德国唯心主义者的观点对哲学、宗教、美学以及新的学术领域——心理学都有强烈的影响。这些哲学家们设计出精致的思想体系，引入复杂的哲学词汇，当时，许多哲学家信奉他们的观点，然而，有三位哲学家对这一潮流完全持批判的态度，他们是索伦·克尔凯郭尔（Søren Kierkegaard，1813—1855）、卡尔·马克思（Karl Marx，1818—1883）和弗里德里希·尼采（Friedrich Nietzsche，1844—1900）。尽管他们在自己的时代并不怎么出名，但是，他们每一个人都对下一个世纪的思想产生了深远的影响。克尔凯郭尔反对黑格尔的体系构建方法，认为对真理的追求是基于宗教信仰的，并且要求个人选择。马克思反对德国哲学的唯心主义方向和他那个时代的整个资本主义经济结构。他认为支配物质世界的规律最终会以共产主义社会制度取代资本主义。尼采既反对宗教价值体系又反对理性价值体系，而提出一种以个人选择为基础的道德取而代之。这三位哲学家在上帝存在之类的重要问题上观点互不相同。但是，他们有一个共同的信念，即19世纪的欧洲文化严重地功能失调。并且他们都认为，只有与主流的文化立场根本决裂，我们才能达到对人类生存和社会的正确理解。

16.1 克尔凯郭尔

克尔凯郭尔的生平

索伦·克尔凯郭尔于1813年出生在哥本哈根，他短暂的一生都奉献给了著述事业，成果辉煌。1855年42岁他去世之前，写下了大量著作。尽管他的著作在他去世后很快就被遗忘了，但是，在20世纪早期，他的著作被一些德国学者重新发现时，就开始产生巨大影响。在哥本哈根大学，克尔凯郭尔接受了黑格尔哲学的训练，但并没有对它产生好印象。当他在柏林听到谢林对黑格尔进行批评的讲座时，克尔凯郭尔同意对德国最伟大思辨思想家的这种抨击。克尔凯郭尔写道："如果黑格尔在写完了他的全部逻辑学之后说……这仅仅是一种思想实验，那么，他无疑是最伟大的思想家。但现在，他只是一个滑稽演员。"在克尔凯郭尔看来，使黑格尔显得滑稽的是，这位伟大的哲学家试图在他的思想体系中抓住全部实在，但是，在这一过程中，却丢失了最重要的要素即存在。克尔凯郭尔用存在（existence）这一术语专门指人类的个体存在。他说，存在，意味着某种个体，一个在进行奋斗，考虑不同可能性，作出选择，作出决定——最重要的是承担责任的个体。事实上，所有这些行为都没有被包括进黑格尔的哲学。克尔凯郭尔的一生都可以看作是在自觉地反抗抽象思想，努力实践费尔巴哈的忠告："不要希望成为一位哲学家而不是成为一个人……不要像思想家那样思想……要像一个活生生的、真实的存在者那样思想，……在存在中思想。"

人的存在

对克尔凯郭尔来说，从存在的角度进行思考意味着认识到我们面临着个人选择。因此，我们的思想应该处理我们自己的个人处境以及我们必须作出的重大决定。黑格尔哲学歪曲了人们对实在的理解，因为它把关注的焦点从具体个人转移到普遍概念。他要求个体去思想而不是去存在——去思考绝对思想而不是做决定和承担责任。克尔凯郭尔把旁观者和行动者区别开来，认为只有行动者置身于存在。当然，我们可以说旁观者存在，但是，存在这一术语严格说来并不属于惰性的或不活跃的事物，无论它们是旁观者还是石头。他通过比较四轮马车中的两种人来说明这种区别。一种人手里拿着缰绳却在睡觉，另一种人则是完全清醒的。在第一种情况中，马沿着熟悉的路走，不从沉睡着的人那里获得任何指令；在另一种情形中，那个人则是一位真正的驾驭者。当然，在某种意义上，我们可以说两个人都存在，但是，克尔凯郭尔坚持认为，存在必须是指个体的这样一种性质，即他有意识地参与到行动中。只有有意识的驾驭者才存在。同样，一个人只有参与到有意识的意志行动和选择中，才能真正说得上是存在。因此，虽然旁观者和行动者在某种意义上都存在，但只有行动者才置身于存在。

克尔凯郭尔对理性知识的批评是非常严厉的。他厌恶古希腊思想中对理性的强调，指责这种精神充斥了后来的哲学和基督教神学。他的具体观点是，古希腊人高度敬重数学，这一点对古希腊哲学影响过甚。尽管他不想反对数学和科学的恰当运用，但是，他拒绝这一假设，即科学所特有的思想类型可以成功地应用于理解人类本性。数学和科学中没有人类个体的位置，它们的价值仅仅是针对一般和共相的。同样，柏拉图的哲学强调共相、形式、真、善。柏拉图的整个设想是，如果我们知道了善，我们就会行善。克尔凯郭尔认为，这样一种伦理学思路歪曲了人们的真实困境。相反，克尔凯郭尔强调，即使在我们获得知识的时候，我们仍然处于不得不作出决定的困境。最终，各种哲学体系的那些宏大表述只是绕了一个更大的弯子，除非重新关注个体，否则这些体系终将一无所获。数学和科学无疑能够解决一些问题，正如伦理学和形而上学能够解决一些问题一样。但是，生活——每一个人的生活——与这种一般的或普遍的问题形成鲜明对照，它在对我们提出要求。在这些关键时刻，抽象思想是起不了作用的。

克尔凯郭尔从《圣经》有关亚伯拉罕的故事中看到了人类的典型处境：亚伯拉罕与他的妻子撒拉求嗣多年，终于生下一个孩子以撒，得偿夙愿。然后，上帝向亚伯拉罕提出，让他杀死他的儿子，作为人牲来进献。有什么知识能帮助亚伯拉罕决定是否服从上帝意旨呢？生命中最痛苦的时刻是个人的，在这些时刻，我们意识到我们自己是一个主体。理性思想模糊甚至否定这种主观因素，因为它只考虑我们的客观特性——所有人都共同具有的那些特性。但是，主观性是构成我们每个人的独一无二存在的东西。因此，客观性不能提供关于我们的个体自我的全部真理。理性的、数学的和科学的思想之所以不能够指导我们到达本真存在，原因即在于此。

作为主观性的真理

克尔凯郭尔说，真理就是主观性。这一奇怪命题的意思是，对于做选择的人们而言，并没有预先构造好的真理"外在地在那儿"。正如美国哲学家威廉·詹姆斯讲的类似观点：真理是由意志行动"制造的"。在克尔凯郭尔看来，"外在地在那儿"的只是"一个客观的不确定性"。无论他如何批评柏拉图，但他的确从苏格拉底的自称无知中找到了这种真理概念的一个好例子。他据此说："因而苏格拉底式的无知正是这一原则的表达，即永恒真理是与存在着的个体相关的，而苏格拉底始终以他个人经验的全部热情坚持这一信念。"这表明智力的培养并不是生活中唯一重要或关键的事情。更为重要的是我们的人格的发展和成熟。

在描述人类境况时，克尔凯郭尔区分了"我们现在是"与"我们应该是"。即有一个从我们的本质到我们的存在的运动。在发展这一观念时，他吸收了传统神学概念的内容，即我们的罪把我们与上帝分开。我们固有的人类本性包含一种与上帝的关系，我们的存在状况是我们从上帝异化的结果。如果我们的罪恶行动驱使我们更进一步远离上帝，那么我们的异化和绝望就会更加深重。由于认识到我们的不安全性和有限性，我们试图"做一些事情"来克服我们的有限性，但是，我们的所作所为不过是在使问题恶化，加重我们的罪恶和绝望，使我们更加焦虑。例如，我们也许会投身于人群之中，想这样来为我们的生命找到某种意义，这个群体可能是一个政治联合体，还可以是教堂里的会众。克尔凯郭尔说，无论何种情况，"本来意义上的人群都是不真实的，因为事实是，它使个体完全不知悔过和不负责任，或者至少是把个体变成一块碎屑，从而削弱他的责任感"。在人群中只会消解我们的自我，从而毁坏我们的本性。在克尔凯郭尔看来，真正的出路是把我们与上帝联系起来，而不是与人群联系起来。唯有当我们做到这一点时，我们的生命才不会充满焦虑。但是，转向上帝，常常不是能一蹴而就的，克尔凯郭尔以"生命历程的三阶段"来描述这一过程。

美学①阶段

克尔凯郭尔对"三阶段"的分析，与黑格尔关于人的自我意识的连续发展的理论形成鲜明对照。黑格尔把心灵的辩证发展过程说成是，我们通过思维的过程，从精神意识的一个阶段发展到另一阶段。克尔凯郭尔则把自我从存在的一个层次到另一个层次的发展说成是通过选择行动。黑格尔的辩证法逐渐走向对普遍的知识，克尔凯郭尔的辩证法则包含个体的逐渐实现。黑格尔用概念活动来超越反题，而克尔凯郭尔则是通过个人的承担来超越反题。

克尔凯郭尔说，这一辩证过程的第一阶段是美学阶段。在这一阶段，我根据我的本能冲动和情感行事。尽管在这一阶段我并不完全就是感性的，但是，我大体上是受我的感官支配的。因此，我对任何普遍的道德标准一无所知，没有明确的宗教信仰。我的主要动机就是要享受最丰富多样的感官快乐。我的生活除了自己的趣味以外再不受其他原则限制。我憎恶任何限制我的无限选择自由的东西。在这一阶段，我能够存在，只是因为我有意识地选择做一个感性的人。但是，在这一阶段，尽管我能达到某种存在，却是一种品质很低的存在。即使我也许会完全陷入感性生活方式中不能自拔，我仍然意识到我的生命应该包含比这更多的东西。

根据克尔凯郭尔的看法，我们必须区别我们的精神能力和我们的感性能力。他认为我们的精神能力建立在感性能力之上。能够对其他人做这种区分是一回事，但是，当我们在自己身上发觉这两种可能性时，就引发了我们自身中的辩证运动。感性冲动的反题是精神的诱导。在经验中，当我们发现我们事实上正生活在感性的"洞穴"中而且这一阶段的生命不可能达到真实的存在时，这种冲突就会导致焦虑和绝望。现在，我面临一次非此即彼的抉择：要么停留在有着致命诱惑和内在局限的美学阶段，要么就前进到下一阶段。克尔凯郭尔坚持认为，我不能单单通过思想来完成这种转变，而必须通过一种意志行动来作出一种承担。

伦理阶段

第二个阶段是伦理阶段。美学的人没有普遍的标准，只有他自己的趣味。伦理的人则不同，他认识到并且接受理性所制定的行为准则。在这一阶段，道德准则赋予我的生命以形式和一致性这些要素。并且，作为一个伦理的人，我接受道德责任对我的生活所施加的限制。克尔凯郭尔以各自对性行为的态度为例说明了美学的人与伦理的人的不同。在任何地方，只要有性吸引，美学的人就听任本能冲动的摆布，而伦理的人则接受婚姻的责任，把它视为一种对理性的表达。如果说，唐璜是美学的人的典型，那么，苏格拉

---

① aesthetic 在下文中视不同情况分别翻译成"美学的"或"感性的"。——译者注

底就是伦理的人的范例，或普遍道德律至上的范例。

作为一个伦理的人，我持有道德自足的态度。在道德问题上，我持有坚定的立场，并且我像苏格拉底所主张的那样认定，知善就是行善。大体说来，我把道德上的恶看作要么是无知要么是意志薄弱的结果。但是，克尔凯郭尔说，辩证的过程终将要开始在伦理的人的意识中起作用。我开始认识到，我所陷入的是比道德律知识不充分或意志力不足在层次上要更深的问题。我正在做的是比单纯的犯错误更严重的事情。我最终逐渐认识到，我实际上没有能力满足道德律的要求，甚至还故意违反道德律。于是，我意识到了我的过和罪。克尔凯郭尔说，罪过成了一个辩证的反题，它让我面临着一个新的非此即彼的选择。现在，我必须要么停留在伦理阶段，并且努力满足道德律，要么对我的新发现作出回应。这尤其包括发现我自己的有限性以及我正在远离那个我所从属并且从中获得力量的上帝。同样，我从伦理阶段向下一阶段的进展不能单单通过思想来完成，而是要通过承担的行为——即信仰的飞跃。

宗教阶段

当我们到达第三阶段即宗教阶段时，信仰与理性的差别尤为显著。我从美学阶段进展到伦理阶段要求一种选择和承担行为。它把我引到理性面前，因为道德律是对普遍理性的表达。但是，从伦理阶段进展到宗教阶段就大不一样了，信仰的飞跃并没有把我带到这样一个上帝的面前，似乎我可以理性而客观地将其描述为绝对并且可知的真理。正相反，我是站在一个主体的面前。因此，我不能以一种"客观的方式"探求上帝，或"客观地揭示上帝"。克尔凯郭尔说，这"永远是不可能的，因为上帝是主体，因此，在本质上只为主观性而存在"。在伦理阶段，我可能为了我理性地加以理解的伦理规律而牺牲自己的生命，正如苏格拉底所做的那样。但是，一旦碰到我与上帝的关系问题，我便没有关于这种关系的理性的或客观的知识了。

上帝与每一个个体的关系是一种独特的和主观的经验。绝不可能先于现实的关系而获得关于它的知识。任何企图获得关于这种关系的客观知识的努力都完全是一个接近过程。只有信仰行为才能确保我与上帝的个人关系。一旦我发现我在美学阶段和伦理阶段的存在是不充分的，在上帝那里实现自我的愿望就对我变得清晰起来了。我通过绝望和罪过，而被带入了生命中的关键时刻，遭遇到信仰上的非此即彼的最后抉择。我体验到我的自我异化，从中领悟到上帝的存在。当我看到上帝在一个有限的人类个体即耶稣的身上显现自己的时候，一个信仰悖论就出现了。说上帝这一无限者显身于耶稣这一有限者，这实际上是对人类理性的大不敬。克尔凯郭尔写道，这一悖论"在犹太人，会被认作障碍，在希腊人，则被认作愚妄"。然而，在克尔凯郭尔看来，要跨越人类与上帝之间的距离——一种在"时间与永恒之间的无限的质的差别"——别无他途：这不是通过思辨的理性——甚至也不是通过黑格尔的思辨理性；相反，是通过信仰，而信仰是一个主观的问题和承担的结果，并且它总是需要进行某种冒险。

克尔凯郭尔的哲学可以用他自己的话来总结："每一个人的存在都必须通过本质地占有本质上属于人的存在的东西来承担。"因此，"主体思想者的任务是把自己转变为一个工具，以在存在中清晰明确地表达一切本质上是属人的东西"。总之，每一个人都拥有一个他或她应当加以实现的本质自我。这一本质自我的确定正是由于这一事实，即人类必然无可逃避地与上帝相联系。当然，在生命历程的三阶段的任一阶段，我们都可以存在。但是，对绝望和有罪的体验，使我们产生了一种对不同类型的存在之间的性质差异的认识。我们还认识到，人的某些类型的存在要比另一些更加本真。但是，达到本真存在并不是一个理智的问题，相反，它是一个信仰和承担的问题，是一个在各种非此即彼的抉择面前不断进行选择的过程。

16.2　马克思

20世纪后半叶，马克思主义为世界上至少三分之一的人提供了官方哲学观点。若是考虑到，马克思成年以后的生活很大部分是在默默无闻中度过的，那么，他的观点对几代人产生如此巨大的影响，就更是非同一般了。他很少公开讲话，当他讲话时，也没有表现出演讲家的任何魅力和特质。他主要是一位思想家，完全潜心于阐述他的理论的复杂细节，而这一理论的大纲要目，是他还在二十几岁年纪轻轻的时候，就已经掌握了的。他很少与大众来往，虽然大众的状况是他的理论所关注的中心。虽然他著述甚丰，但是，他的著作在他生前并没有广大的读者。例如，在与他同时代的著名思想家约翰·斯图亚特·密尔的社会政治著作中，就没有对马克思的引述。马克思的观点也不是完全原创性的。马克思经济思想的很多东西可以在李嘉图的著作中找到。他的哲学可以在黑格尔和费尔巴哈的著作中找到某些前提和注脚，他的历史决定于社会阶级冲突的观点是来自圣西门，劳动价值理论则来源于洛克。马克思的原创在于，他从所有这些来源中提炼出了一个统一的思想框架，将其打造成了社会分析和社会革命的有力工具。

马克思的生平和影响

卡尔·亨利希·马克思，1818年出生在德国的特里尔，是一位犹太律师的长子，祖上世代都是犹太教拉比。尽管他有犹太血统，但在他的父亲出于实际考虑而非宗教信仰而成了一名路德宗教徒之后，他也就被作为一名新教徒来教养了。老马克思以其理性和人道主义倾向而强烈地影响了他儿子的思想发展。青年马克思还受到路德维希·冯·威斯特华伦的影响，威斯特华伦是他家的邻居，一位杰出的普鲁士政府官员，也是他未来的岳父。他激起了马克思对文学的兴趣，还有终生对古希腊诗人以及但丁和莎士比亚的崇敬。在特里尔的高中毕业后，马克思于1835年来到波恩大学，17岁时开始学习法律。一年后，他转到柏林大学，放弃法律而开始学习哲学。1841年，23岁的马克思获得耶拿大学的博士学位，博士论文题目是《论德谟克利特和伊壁鸠鲁的自然哲学的差别》。

在柏林大学，有着主导性影响力的是黑格尔哲学，马克思深受黑格尔的唯心主义以及他关于历史的动态观点的影响。他成为激进的青年黑格尔派的一员，该学派在黑格尔的哲学观点中发现了对人类本性、世界和历史的新理解的关键。黑格尔的思想是以精神（Spirit or Mind）概念为中心的。对他来说，绝对精神是上帝。上帝是实在的整体。上帝与全部自然是同一的，因而，上帝也存在于文化和文明的结构之中。历史就在于上帝按时间顺序逐渐的自我实现。自然之所以可知，是因为它的本质是精神。精神为了以完美的形式实现自己而进行着不断的斗争，这就产生了历史。因此，上帝和世界是同一的。于是，基本的实在是精神。并且，黑格尔主张，现实的政治维度——理念（the Idea），处于一个按其完善程度由低级到高级持续展开的过程中，而这就是我们所知道的历史的过程。历史是一个以三段模式运动的辩证过程，从正题（thesis）到反题（antithesis），最后到合题（synthesis）。

马克思是否曾全盘接受过黑格尔的唯心主义，尚无定论。但是，黑格尔把上帝与自然或世界同一起来的方法对他产生了强烈影响。黑格尔说："精神（上帝）就是实在。它是世界的内在存在，它本质上就存在并且本来就存在（that which essentially is and is per se）。"无论存在着什么，无论有什么被认知，它都是作为自然的世界存在。在世界及其历史以外，没有任何存在。这种观点反对那种把上帝与世界分开的旧神学，内容新颖而意义重大，使马克思为之心动。尽管黑格尔并不想以他的观点摧毁宗教的基础，但是，柏林大学激进的青年黑格尔学派却对福音书进行了"更高层次的批判"。大卫·斯特劳斯（David Strauss）写了一本批判性的著作《耶稣传》（Life of Jesus），他在书中认为，耶稣的许多教义完全是神话虚构，尤其是那些关于来世的部分。布鲁诺·鲍威尔（Bruno Bauer）则更进一步，干脆否认耶稣在历史上存在过。这些激进作家运用黑格尔上帝与世界同一的方法，摧毁了对福音书语言的字面解释，认为它的唯一价值在于它的形象化的力量而不是真实性。黑格尔主义的必然趋势是把上帝与人类同一起来，因为在自然中的所有事物，以一种独特方式体现着精神的要素。因此，这离哲学无神论只有一步之遥，黑格尔本人并没有走到这一步，但是，马克思等人则迈出了这一步。

黑格尔哲学的三种成分对马克思有直接的影响。第一是这样的思想：只存在唯一的一种实在性，而且它可以被作为世界中的理性之体现揭示出来。第二是认定，历史是一种在全部实在中，包括在物质自然界、社会和政治生活及人类思想中，由较不完善到较完善形式的发展和变化。第三是设定：任何特定时代和地方的人的思想和行为是由一个同一的精神——特定时代的时代精神——在他们中的作用引起的。尽管这些都是黑格尔主义在马克思思想中看来发生了刺激作用的一般主题，但其他一些作家的影响却使他对黑格尔哲学的某些部分加以拒斥或重新解释。例如，在马克思完成他的博士论文后不久，费尔巴哈著作的出版对激进的青年黑格尔学派尤其是马克思产生了决定性的影响。

费尔巴哈使黑格尔的观点推到极端的结论，由此批判了黑格尔主义自身的基础。为此他拒斥黑格尔的唯心主义，代之以基本的实在是物质这一观点。总之，费尔巴哈复活了哲学唯物主义，而马克思立即感到，它对人类思想和行为的解释要比黑格尔的唯心主义好得多。黑格尔把特定时代的思想和行为看作是同一的精神在所有人中的作用。相反，费尔巴哈则主张，形成人的思想的影响力是来自特定历史时期的物质条件的总和。

因此，费尔巴哈不接受黑格尔精神第一性的看法，而代之以物质秩序的第一性。在《基督教的本质》(*Essence of Christianity*) 一书中，他特别有力地阐发了这一点。他认为，人类而非上帝才是基本的实在。他说，我们分析我们的上帝观念时，发现我们并没有任何超乎人的感情与需求的上帝观念。一切有关上帝的所谓知识只不过是有关人的知识。因此，上帝就是人性。我们的各种上帝观念只是简单地反映了人类存在的不同类型。费尔巴哈就这样颠倒了黑格尔的唯心主义，所得出的唯物主义结论在马克思那里擦燃了一团火焰，为马克思哲学提供了最关键和最富特色的要素。

现在，马克思承认费尔巴哈是哲学中的关键人物。最重要的是，费尔巴哈把历史发展的焦点从上帝转移到了人。也就是说，黑格尔认为，精神在历史中逐步实现它自己，费尔巴哈却说，实际上是人正在努力实现他们自己。是人而不是上帝以某种方式从自身发生异化，而历史与我们努力克服自我异化有关。马克思认为，如果这就是实际的人类状况，那么，显然就应该改变世界以促进人类的自我实现。正是这一点使得马克思说，迄今为止，"哲学家们只是以各种不同的方式解释世界，但问题在于改变世界"。这样，马克思把他的思想置于两个主要洞见的基础之上，即（1）黑格尔的辩证的历史观与（2）费尔巴哈对物质秩序第一性的强调。现在，他准备把这些观念铸造成一个全面的社会分析工具，而最重要的是，制定出一套切实有力的行动规划。

25岁那年，马克思离开了柏林来到巴黎，和一些朋友在那里出版激进期刊《德法年鉴》(*Deutsch-Französische Jahrbücher*)。在巴黎，马克思遇到了许多激进分子、革命者和乌托邦思想家，从而接触到像傅立叶、蒲鲁东、圣西门和巴枯宁这样一些人的观点。具有深远意义的是与一位德国纺织品制造商的儿子弗里德里希·恩格斯的会见，马克思与他保持着长久而亲密的交往。在巴黎期间，除了通过他的新闻事业逐渐深入到实际的社会行动中外，马克思还非常关注法国革命为何失败的问题。他想要知道是否可能发现可靠的历史规律，以便在将来的革命行动中避免错误。就这一主题他博览群书，发现了几个颇令人期待的答案。他尤为重视圣西门对阶级斗争的论述,这使得马克思把研究集中在阶级上,并认为阶级不仅是互相斗争的派别,而且体现了决定各个阶级的生活的物质和经济实在。马克思开始看到,如果革命仅仅是一些浪漫的想法,而忽视了物质秩序的现实状况,那就不会成功。但是,马克思来到巴黎仅仅一年之后就被驱逐出了这个城市。在接下来的时间里,从1845年到1848年,马克思和他的家人居住在布鲁塞尔。在那里,他帮助组建德国工人联盟。1847年在伦敦的一次会议上,该团体与欧洲一些类似的组织联合组成了国际共产主义者同盟,第一任书记是恩格斯。同盟要求马克思起草一份原则宣言。该文于1848年发表,题为《共产党宣言》(Manifesto of the Communist Party)。

马克思从布鲁塞尔返回巴黎待了一阵,参加革命活动,但是再次被勒令离开。这一次,1849年秋,他去了伦敦,直到逝世都生活在那里。那个时候的英国还没有进行革命活动的成熟条件,因为工人群众还没有广泛地组织起来。马克思自己也成了一位与世隔绝的人物,以惊人的勤奋进行研究和写作。他每天到大英博物馆的阅览室,从早晨九点钟工作到晚上七点钟,然后回到他在伦敦梭霍廉租区的一套阴冷的两居室公寓里,继续工作几个小时。他的贫穷状况令人难堪。但是,他一心一意地要写出他的鸿篇巨著,他不能偏离这个目标而去为他的家庭提供更充足的供养。除了贫穷以外,他又害了肝病,并为痈疽所苦。在这种环境中,他六岁的儿子死去了,他美丽的妻子身体也垮了。恩格斯给了他一些接济,还有一些收入是来自他定期为《纽约每日论坛》撰写关于欧洲事务的文章所得的稿酬。

在这些令人难以置信的条件下,马克思写出了许多有名的著作,包括他称之为《政治经济学批判》(Critique of Political Economy,1859)的,他的第一部系统的经济学著作。这些著作中最重要的是他的巨著《资本论》(Das Kapital),第一卷于1867年由他自己出版,第二卷和第三卷是在他去世后由恩格斯从他的手稿中搜集整理而成,并分别于1885年和1894年出版。虽然马克思为共产主义运动提供了理论基础,但他却越来越少地实际参与其所极力主张的运动。尽管如此,他仍然怀着一个强烈的希望:大革命将要到来,他关于资本主义崩溃的预言将变成事实。但是,当他在生命的最后十年里变得闻名于世的时候,他的创作力却不如以前了。1883年3月14日,在他妻子去世后两年,他大女儿去世仅仅两个月后,卡尔·马克思在伦敦死于胸膜炎,终年65岁。

马克思经常宣称他不是"马克思主义者",并不是所有世界共产主义使用的观念和策略都可以恰当地归因于他。但是,马克思主义有一个思想核心,它构成了马克思主义哲学的本质,这个核心是马克思在19世纪中期欧洲高度激昂的思想氛围——他是其中一分子——中构想出来的。马克思主义思想的这个核心是对四个基本要素的分析,即(1)历史的主要时期;(2)物质秩序的因果力量;(3)劳动的异化;(4)观念的来源和作用。我们将依次考察这些要素。

历史的诸阶段：马克思的辩证法

在《共产党宣言》中，马克思阐述了他的基本理论，他认为这一理论在很多方面是原创性的。他说："我所做的是证明：（1）阶级的存在只是与生产发展的特定历史阶段相联系；（2）阶级斗争必然导致无产阶级专政；（3）专政本身只是构成向废除所有阶级的无阶级社会的过渡。"后来，在伦敦期间，他努力作出了极其详细的论证，他认为这一证明为他在《共产党宣言》中更具普遍性的论断提供了科学支持。因此，他在《资本论》的序言中说道："这本著作的最终目标是揭示现代社会运动的经济规律。"这一运动规律就成了他的辩证唯物主义理论。

五个时期 马克思指明，阶级斗争是与"特定历史阶段紧密相连的"。他区分了五个这样的阶段或时期。它们是：（1）原始公社阶段；（2）奴隶社会阶段；（3）封建社会阶段；（4）资本主义社会阶段；以及他预言即将到来的（5）社会主义和共产主义阶段。这大部分是对西方社会历史主要时期的一种传统的划分。但是，马克思想要做的是揭示"运动的规律"。这就不仅要说明历史已经展现出这些不同的时期，还要说明这些特定的时期如它们已经展示出来的那样发展的理由。如果他能够发现历史的运动规律，那么，他就不仅能够说明过去还能够预言未来。他想和分析物理学、生物学对象一样来分析个人和社会的行为。他认为经济学的商品和价值产品"类似于微观解剖学所处理的对象（微观要素）"。在分析每一个历史时期的结构时，他把这些结构看作是社会阶级之间冲突的结果。最后，对这种冲突本身也必须进行更仔细的分析。现在，他把历史看作是冲突的结果，并在很大程度上依赖黑格尔的辩证法概念来对之加以说明。

马克思当然是反对黑格尔的唯心主义的，但他接受黑格尔提出的历史辩证运动的一般理论。黑格尔认为，观念通过思想的运动和反动以辩证的方式发展。他把这一辩证过程描述为从正题到反题，再到合题的运动，而合题又成为新的正题，并让这一过程不断继续下去。另外，黑格尔认为，外部社会、政治和经济世界不过是人们（和上帝）的观念的体现。外部世界的发展或运动是观念先行发展的结果。马克思同样把黑格尔的辩证法概念看作是理解历史的一个最重要的工具。但是，由于费尔巴哈的巨大影响，马克思为这一辩证法加进了一个唯物主义的基础。因此，马克思说："我的辩证方法不仅仅与黑格尔的不同，而且正好与它相反。在黑格尔看来，思维的过程……是现实世界的创造者。"但是，在马克思看来："观念的东西不外是由人的头脑所反映并转化为思想形式的物质世界而已。"照马克思的看法，我们应把历史看作是由物质秩序中的冲突引起的运动，因此，历史学就是一种辩证唯物主义。

变化：量变与质变 历史显示，社会与经济秩序处于一个变化的过程之中。马克思的辩证唯物主义进一步主张,物质秩序是第一位的,因为物质是真实实在的基础。他反对那种认为存在永久不变的实在结构或"永恒的真实性"的看法。相反地,任何事物都处于辩证的变化过程之中。他认为,自然界"从最小的事物到最大的事物,从一粒沙子到太阳……到人,都处于……永不休止的运动和变化之中"。历史是按照严格无情的历史运动规律从一个阶段到另一个阶段的变化过程。

在马克思看来,变化与单纯的成长并不相同。社会的成熟并不能同小孩长大成人等量齐观。自然界也不是简单地以一个永远不变、周而复始的轨迹运动。它经历着一种真正的历史。变化意味着出现新的结构和前所未有的形式。引起变化的仅仅是事物量的改变,量的改变就产生了具有新的质的东西。例如,当我增加水的温度时,水不仅变得热起来,并且最终达到沸点,这时,这一量的变化使它从液体变成气体。反过来,当我逐渐降低水温时,我最后会把它从液体转变成固态的冰。同样,我可以震动一大块玻璃,震动的幅度随着我施加在上面的力量的增加而增加。但最终,进一步地增加力量将不再增加震动的幅度,而是导致质的变化——玻璃破碎。马克思认为,历史也展现着这种变化,经济秩序中某些量的因素最终会促使社会结构发生质的变化。正是这一过程推动历史从原始公社阶段发展到奴隶社会阶段,再依次发展到封建社会阶段和资本主义阶段。

马克思关于资本主义秩序将要崩溃的预言是基于以下观念的:资本主义中量的因素的变化将不可避免地摧毁资本主义。他不动声色地描述以上五个时期的发展,就好像在描述水是如何随着加热的过程而化为水蒸气一样。他在《资本论》中写道:"随着资本家所有者在数量上逐渐减少,贫穷、奴役、衰落、剥削,当然就会有相应的增加,但是,这同时也稳步地增强了工人阶级的作用。"于是,"生产资料的集中与劳动的社会化达到这种程度,证明它们与资本主义外壳的矛盾已不可调和。这个外壳就会炸毁了。私有财产的丧钟就会敲响了。剥夺者就会被剥夺了"。这在社会层面上就是马克思所讲的量的飞跃,"跳跃到一个新的结合状态……结果量在这里就转变成质。"

决定论或铁的规律 实验室里的水到水蒸气的转变,与社会从资本主义到社会主义的发展之间有一个基本的差别。这个差别就是我可以选择增加还是不增加水温,但是,历史却不具备这种可假设性质。我可以说"如果升高温度",马克思却不能说"如果社会秩序如此这般"。马克思主义主张"事物本质中的基本矛盾"引起辩证的运动。虽然可以延缓或加速这种事物本质的内在运动,但是,不可能阻止它的最终展开。所有事物都是互相有因果联系的,全无约束放任自流的东西是没有的。因此,无论在物质自然界,还是在人类行为中从而在历史中,都没有孤立的事件。在马克思看来,有一种确定无情的运动变化过程在起着作用,产生"历史",就如自然界是存在的这一显而易见的事实一样,是确定无疑的。

当我们像马克思那样宣称所有事物都是依据规律性与可预言性的原则行动的时候,

我们应该做一个重要的区分。例如，物理学规律描述"机械的决定论"，而历史揭示的也是决定论的规律，但不是在严格机械论的意义上。一只台球被另一只台球撞击而运动是机械决定论的典型例子。如果我们能够确定一个物体的空间位置并测量它与另一个物体的距离，并且，另一物体的速度也是可测量的，那么，就可能预言相撞的时间以及随后的运动轨迹和速率。这种机械决定论很难运用到像社会秩序这样复杂的现象，社会秩序并没有这种空间和时间上的位置。但是，社会仍然是必然因果关系和决定论作用的结果，它的新形式是可以预测的，正如虽然关于具体的粒子只有"或然"的预测，但亚微观粒子在量子力学中仍然是被决定的一样。因此，尽管不可能高度精确地预言具体个人的特殊历史，但是，我们可以精确地描述社会秩序的未来状况。马克思认为他在对各种历史时期的分析中，发现了物质世界变化的内在规律——一种事物发展的铁的内在逻辑——它导致历史以一种无情的决定论的方式，从一个时期发展到另一个时期。基于这种观点，他预言资本主义必然会被未来的社会大潮所改变，并最终被性质上根本不同的社会主义与共产主义社会所取代。

历史的终结　在马克思看来，社会主义，以及最终共产主义的出现就是历史的终结。在这里，他再次把黑格尔的理论颠倒过来加以遵循。黑格尔认为，当自由的观念完全实现时，辩证过程将到达一个终点。毫无疑问，这将意味着一切冲突与斗争的结束。而马克思认为，对立面的辩证斗争是发生在物质秩序尤其是阶级间的斗争之中的。一旦阶级之间的内在矛盾得到解决，运动与变化的主要原因将不复存在。于是将出现一个无阶级的社会，所有的力量和利益将达到完满的平衡，并且，这种平衡将是永久的。因此历史将不会有更进一步的发展，因为将不再会有任何推动历史向未来时代发展的冲突。

马克思的五个历史时期辩证发展的理论是以物质实在秩序与人类思想秩序之间的紧密联系为基础的。他确信，获得对历史的现实的理解从而在实际的革命活动计划中避免错误的唯一途径，是恰当地评价物质秩序与人类思想秩序的作用。因此，马克思在社会基础与上层建筑之间作了严格的区分。基础是物质秩序，包含着推动历史的动力，而上层建筑是人们的观念，只是物质秩序结构的反映。

基础：物质秩序

根据马克思的看法，物质世界包括全部的自然环境，这在他看来包括全部的无机自然界、有机世界、社会生活和人的意识。马克思与德谟克利特不同，德谟克利特用不可还原的微小原子来定义物质，马克思则把物质定义为"存在于人类意识之外的客观实在"。另外，德谟克利特把原子看作是"宇宙的砖头"，马克思主义的唯物主义并不接受这一观点，并不试图在所有事物中找到某种单一物质形式。马克思主义的唯物主义的主要特征是，它在物质世界中认识到广泛的多样性，而并不把这种多样性还原为某一种物质形式。物质秩序包括存在于我们意识之外的自然界中的所有事物。认为有精神实在如上帝作为超自然的东西存在于我们的意识之外，这种看法是为马克思主义的唯物主义所否定的。人类具有意识，仅仅表示有机物质已经发展到这样一种程度，大脑皮层已经成为能够进行复杂的反射行为过程的器官，这种复杂的反射行为过程就是人的思维。并且，人类意识受到作为社会存在的人类劳动的制约。因此，基于达尔文的人类进化论，马克思主义肯定物质秩序的第一性，而把精神活动看作是物质产生的第二位的副产品。最早的生命并没有精神活动，直到人类的祖先开始运用他们的前肢，学会直立行走，开始使用自然物体作为工具来获取食物和保护自己，这才有了精神活动。从动物到人类的大转变带来了制造和使用工具以及控制某些自然力如火的能力。这反过来又使食物的多样化和大脑的进一步发展成为可能。即使在今天，复杂的物质秩序仍是基本的实在，而精神领域则是派生的东西。具体地讲，物质秩序由（1）生产要素和（2）生产关系构成。

生产要素 人类生活的一个基本事实是，为了生存，人们必须保障自己的吃、穿、住。为了获得这些物质资料，人们就必须把它们生产出来。有人类社会的地方，就能发现各种生产要素，即原材料、生产工具和熟练的劳动技能，人们通过这些生产出东西来维持生命。但是，这些生产要素或生产力主要是代表着人们与这些物质东西的联系方式。更加重要的东西是在生产过程中我们相互联系的方式。马克思强调，生产总是作为一种社会活动而发生的，人们并不是作为个体，而是形成群体或社会来与自然斗争，利用自然。因而，在马克思看来，对生产要素的静态分析不如对一种进行生产的社会的人们之间的相互关系的动态分析重要。当然，马克思感到，生产要素会影响生产关系。例如，原材料的匮乏对生产过程中人们相互联系的方式有着相当的影响。总之，马克思关于物质秩序的分析集中在人们从事生产活动的方式即生产关系上。

生产关系 马克思认为，他对生产关系的解析是他的社会分析的核心。正是在这里，他认为他找到了辩证过程的动力。生产关系的关键是财产状况或它的所有权。这就是说，决定人们在生产过程中如何相互联系的是他们与财产的关系。例如，在奴隶社会，奴隶主拥有生产资料，甚至拥有并买卖奴隶。奴隶制是辩证过程的必然产物，因为它产生于先进的生产工具使得更稳定持久的农业生产以及劳动分工成为可能的时候。但是，在奴隶社会时期以及后来的社会时期，劳动者是"被剥削的"，因为他们既不拥有生产资料的所有权，也不享有劳动果实。阶级之间的基本矛盾在奴隶制社会已经出现。因为财产所有权把社会分为有财产者和无财产者两部分。在封建制度下，封建主拥有生产资料。农奴的地位要高于以前的奴隶，他拥有一部分生产工具的所有权，但仍然为封建主劳动，并且按马克思的说法，他感觉自己受到剥削并与剥削者进行斗争。比起奴隶和农奴，资本主义社会里的工人是自由的，但是，他们不拥有生产资料，为了生存，他们必须把他们的劳动力出卖给资本家。

从奴隶制的到封建的再到资本主义的生产关系的转变，不是理性设计的结果，而是物质秩序的内在运动和逻辑的产物。具体说来，求生的动力驱使人们创造出工具，然后，创造出的各种工具又影响人们相互联系的方式。所以，有些工具如弓和箭，允许独立自存，而犁则理所当然地意味着劳动分工。同样，家用纺车可以在家庭或小作坊中使用，而大机器则要求有大工厂和专门集中起来的大量工人。这一过程以决定论的方式进行，受到经济动力的驱动，其方向则是由当时的技术发展的要求所确定的。所有人的思想和行为都是由他们的相互关系以及他们与生产资料的关系所决定的。尽管在所有时期都存在不同阶级间的冲突和斗争，但在资本主义制度下，阶级斗争尤为剧烈。

在资本主义制度下，阶级斗争至少有三个特征。第一，阶级减少到基本上只剩下两个了，即所有者（资产阶级）和工人（无产阶级）。第二，阶级之间的相互关系基于这样一个基本矛盾，即，尽管两个阶级都参与了生产活动，但是，生产成果的分配模式与各阶级在生产过程中所作的贡献却是不一致的。这种不一致是因为在资本主义制度下，供给和需求的力量决定劳动力的价格，工人的大量供给使工资下降到仅仅能维持生存的水平。但是，劳动创造的产品能够以高于雇用劳动力费用的价格卖出。马克思的分析以劳动价值理论为前提，即认为产品的价值产生于注入其中的劳动量。从这一基本观点出发，由于劳动产品能够以高于劳动成本的价格卖出，资本家才从这种差价中获利，马克思把这种差价叫作剩余价值。① 在马克思看来，剩余价值的存在构成了资本主义制度的矛盾。因此，马克思认为，在资本主义制度中，剥削并不是某个地方、某一时间的孤立事件，而是由于铁的工资规律的作用而总是存在，处处存在。然而马克思并没有对这一状况作任何道德评断，他认为，如果准则就是通过劳动的供求关系来确定工资，那么事实上工人获得的就正是他所值的。他说，"劳动力维持一天只费半个工作日，而劳动力却能劳动一整天，因此，劳动力使用一天所创造的价值比劳动力自身一天的价值大一倍。这种情况对买者是一种特别的幸运，对卖者（工人）也绝不是不公平。"

在某种意义上，马克思并没有为这种局面而"谴责"资本家。这些不如说是历史中的物质力量的结果。劳动成为了一种集团组织，只是因为大规模机器要求大型的工厂，而被要求来操作这些机器的工人群众突然发现他们紧密地生活在一起。历史产生了资本主义制度是一回事，而它基于一个矛盾是另一回事。因此，马克思为资本家辩解。但是，为了科学的原因，他不得不说，由剩余价值引起的阶级冲突将推动辩证运动发展到下一个历史阶段，即社会主义和最终的共产主义。

---

① 此处对马克思阐述不确。首先，劳动力的供求关系不是工资被压低到劳动力价值的水平的根本原因，根本原因应是资本主义生产的等价交换原则，即工资本来就是作为购买劳动力的"公平交易"的报酬而付给工人的；其次，马克思的剩余价值不是产品能够高于"劳动成本"而卖出所获得的差价，而是劳动所创造的价值高于劳动力的价值的差额。本段末接下来的表述较为准确。——译者注

这种阶级斗争的第三个特征是，资本主义中工人的状况会逐渐变得越来越悲惨。穷人将越来越贫穷，且数量上越来越多，同时富人将越来越富有，且数量上将越来越少，直到工人群众接管所有生产资料。只要生产资料仍然掌握在少数人手里，阶级斗争就会无情地继续进行下去，直到矛盾解决，结束这个辩证运动。同时，由于马克思所称的"劳动异化"，工人的生活将会变得极度非人化。

劳动异化

还在二十几岁的时候，马克思就完成了他的一系列短篇手稿——《1844年经济学哲学手稿》(*Economic and Philosophical Manuscripts of 1844*)，这些手稿于1932年首次出版。这些手稿的关键概念就是异化——一个贯穿于马克思整个思想体系的主题。虽然马克思决不是第一个提出异化理论的人，但是，他关于这一主题的观点是独特的，因为这些观点是以其独特的经济学和哲学假设为基础的，这些假设构成他资本主义批判的基础。

如果人被异化了，即被疏远或被分离了——那么，他们必定是从某种东西中被异化出来的。在基督教神学里，人由于原罪和亚当的堕落而从上帝那里被异化出来。在法律意义上，异化意味着卖出或让渡某些东西，或如康德讲的："某人的财产转移给别人就是财产的异化。"随着时间的推移，几乎所有的东西都成了可买卖的东西。正如巴尔扎克所讽刺的："就连圣灵在证券交易所也有报价哩。"在马克思看来，在我们的人性中有某种至关重要的东西，是我们可以从中被异化的，这种东西就是我们的劳动。

马克思描述了异化的四个方面。我们（1）从自然中异化，（2）从我们自己异化，（3）从我们的类存在中异化，（4）从他人中异化。他首先探讨工人与他们的劳动产品的基本关系。本来，我们与我们的劳动产品的关系是非常紧密的。我们从物质世界获取材料，然后加以制作，使它们成为我们自己的。然而，资本主义迫使工人为了交换金钱而丧失他们的劳动产品，从而打破了这种关系。在生产过程中，人的劳动变成了与被加工的物质材料一样的东西，因为劳动现在是可以买卖的。我们生产的物品越多，我们个人能占有的就越少，因此，我们丧失的就越多。我本是体现在我的劳动之中的，从这一意义上讲，我与我工作于其中的自然世界相异化了。马克思说："工人把他的生命注入对象，然后他的生命就不再属于他自己，而是属于这对象了。"而这一对象为其他人所窃取和占有。人与自然的本来关系就这样被打破了。

其次，通过参与资本主义的劳动，我们从我们自己异化了。其所以如此，是因为劳动是外在于我们的，而不是我们本性的一部分，不是自愿的而是强加给我们的。我们感到痛苦而不是幸福。我们不是实现自己，而是不得不否定自己。我们不是自由地发展我们的身心能力，而是体力耗尽，精神贬低。结果，我们只是在空闲时间才感觉自己像人。最重要的是，我们从我们的劳动中异化了，因为它不是我们自己的劳动，而是为别人劳动。在这个意义上，工人并不属于他们自己，而是属于别人，我们或多或少成了出卖自己的人。结果工人"只是在他的动物机能——吃、喝和生殖上，或者最多还有在居家和个人打扮上——感觉自己是自由行动的，而在他的人的机能方面，他被降低为动物"。尽管吃、喝和生殖是真正人的机能，但当它们被与其他的人类机能分离开来的时候，这些机能就变成了动物机能。

其三，在另一层次上，人与他们的类存在相异化，即与他们的真正人类的本性相异化。任何物种的特征存在于它表现出的活动类型中。人类的类特征是"自由、有意识的活动"。与之相反，动物不能区别自己和自己的活动。动物就是它的活动。但是，马克思说，人"使他的生命活动本身成为他的意志和意识的对象"。的确，动物也可以筑巢建窝，就像蜜蜂、蚂蚁和河狸那样。但是，它们建造这些东西决不超出它们或它们的幼体的直接需要的限度。我们则以普遍的方式生产，即以一种能适用于所有人类并为所有人类理解的方式生产。另外，动物只是迫于具体的生理需要才进行生产，我们却只有在不受我们的生理需要驱使的时候，才生产我们最独特的产品。动物只再生产他们自己，而我们能生产整个世界，一个艺术、科学和文学的世界。动物的活动以它们所属物种的标准为限。我们则知道如何根据所有物种的标准来进行生产。因此，我们劳动的全部目标就是把我们的类生活——我们的自由、自发和创造性的活动施加给自然界。我们就是这样在我们创造的事物中再生产我们自己，不仅在观念领域进行精神的再生产，而且能动地在我们创造的物质世界上看到我们自己的反映。当我们的劳动被异化时，这一人类生活独有的特征就丧失了。随着我与我的劳动对象相分离，我的自由自发的能动性和创造性也被剥夺了。现在，我的意识偏离了我的创造性，而成了不过是针对着维持我的个体生存的一种手段。

这导致我与他人相异化。我与他人关系的瓦解与我从我的劳动对象的异化是类似的。在一个劳动被异化的环境中，我从工人的观点来看待他人。我把其他工人看作其劳动被买卖的对象，而不是看作完整的人类成员。于是，说我的类本质从我自己中异化了或疏离了就意味着我与他人疏离了。

马克思问道："如果劳动产品对我是异己的……那么，它属于谁呢？"在远古时代，当人们在古埃及与印度建造庙宇的时候，人们认为产品属于众神。但是，马克思说，异化了的劳动产品只能属于某些人。如果它不属于工人，那么，它必定属于某个不是工人的人。于是，作为异化劳动的一个结果，工人在他们自己与他人之间建立了一种新的关系，而这个他人就是资本家。异化劳动的最后产物就是私有财产。私有财产以资本主义企业的形式既是异化劳动的产物又是使劳动异化的工具。在私有财产所必然产生的工资制度中，劳动发现它自己不是目的而是工资的奴仆。工资的被迫增加，并不会恢复工人及其工作的人的意义和价值。作为一个最终解放的陈述，马克思总结道，社会从私有财产中解放出来包含了工人的解放，它反过来又会导致全人类的解放。

他确信，这一辩证过程不可避免地包括悲剧性的冲突。他在历史上看到了不相容力量之间深刻的紧张状态，每一种势力都竭尽全力战胜对方。革命的暴力很难避免，但是，暴力并不能让人们想要的任何一种空想性的制度成为现实。只有物质秩序的内在逻辑正在以一种决定论的方式向其推进的那种生产关系，才能成为革命的目标。即使一个社会意识到了它的最终方向，这个社会"仍然既不能通过大胆跃进来扫清，也不能通过制定法律来排除它正常发展阶段上的障碍"。那么，工人阶级革命活动的作用是什么呢？马克思说，是"缩短或减轻分娩的阵痛"。

马克思显然通过这种关于阶级斗争的严格观点而赋予物质基础以在历史的辩证发展中最重要的意义。那么，人的思想的地位和作用是什么？观念是否具有力量和重要性？在马克思看来，观念只是代表了对基本物质实在的反映，因此，他把人的思想活动描述为上层建筑。

上层建筑：观念的来源和作用

马克思说，每一个时代都有该时代占统治地位的观念。人们在宗教、道德和法律领域建构起观念。黑格尔认为，人们在宗教、道德和法律思想上大体是一致的，因为在他们中有一种普遍精神即绝对观念在起作用。相反，马克思说，每一时代的观念产生于并且反映该历史时期的实际物质条件。因此，在物质秩序已经影响了人们的精神之后，思想才出现。用马克思的话来说："不是人们的意识决定人们的存在，而是他们的社会存在决定他们的意识。"

观念的来源在于物质秩序。诸如正义、善甚至宗教的拯救观念都仅仅是各种使现存秩序合理化的方法。正义大体上表现了经济上处于支配地位的阶级的意志，以及其想要"固定"现存生产关系的愿望。在早年还是法学学生的时候，马克思对法理学家萨维尼[①]的教导印象非常深刻，萨维尼把法律定义为每一时代的"精神"。萨维尼认为，法律和语言一样，在每一个社会都是不一样的。马克思和萨维尼一样反对那种认为有普遍永恒的正义规范的思想。实际上，马克思认为如果观念仅仅反映生产关系的内在秩序，那么，每一个相继的时代将会有它自己的一套观念和占统治地位的哲学。

社会内部在某个时代的观念冲突是因为经济秩序的动态性质。辩证过程是对立面的斗争，既有物质的方面，又有意识形态的方面。社会的成员通过属于不同的阶级而与辩证过程相联系，他们的利益不同，因此他们的观念也是对立的。并且，根据马克思的看

---

① 萨维尼（Friedrich Karl von Savigny，1779—1861），19世纪德国法学界最有影响的法理学家。——译者注

法，人们最大的错误是没有认识到，在较早的时期正确地反映物质秩序的观念不再是正确的，因为实在的基础发生了变化。那些持有旧观念的人错误地以为实在仍然未变，与旧的观念是一致的。于是，他们要求颠倒事物的秩序来适应他们的观念，从而成为"反动分子"。另一方面，敏锐的观察者能够发现历史运动的方向，并且调整他们的思想和行为来适应历史发展的方向。马克思说，事实上，辩证过程必然使一些事物消亡，使新的事物产生。这就是为什么一个时代灭亡，另一个时代产生的原因，而这一过程是不可阻挡的。那些认为正义、善和公正原则有永恒的实在性的人没有认识到，这种观念是不可能适用于实在的，因为物质秩序是唯一的实在，而它处于不断的变化之中。马克思说："全部生产关系的总和构成社会的经济结构——它是有法律的和政治的上层建筑竖立于其上的现实基础……它决定社会、政治和精神生活过程的一般特征。"

由于马克思认为观念主要是物质秩序的反映，因此，他认为观念的作用和功能是有限的。当观念与经济实在无关时，它们就尤其无用。马克思对改革者、改良家和空想家强烈不满。他认为观念不能决定历史的方向，只能延缓或加速确定不疑的辩证过程。因此，马克思认为，他自己关于资本主义的观念并不构成一种道德谴责。他并不说资本主义是邪恶的或是由于人的愚蠢而导致的。它只是由"社会运动的规律产生的"。归根到底，马克思认为他是作为一名科学家来进行他的分析的，他认为他只思考客观实在，并从中抽象出运动规律。

16.3 尼 采

尼采逝世于1900年8月25日，终年55岁，留下了光辉的著作，这些著作直到20世纪才产生冲击和影响。他的一生充满了尖锐的对照。他是两任路德宗教长的儿子和孙子，但他又是发布"上帝死了"这一断言的人，并且进行了一场"反道德的战斗"。他是在一个完全由女性支配的环境中被抚养大的，但是，他的超人哲学决没有丝毫温情。他以权力意志的名义，要求充分表达人的生命力，然而却相信升华和克制是真正人的特征。他的著作写得很清晰，然而他却在绝望的精神错乱中结束了他的生命。

尼采的生平

尼采的名字[①]是照当时普鲁士国王的名字起的。1844年10月15日弗里德里希·威廉·尼采出生于萨克森州的勒肯镇。在他4岁的时候父亲就去世了，他是在一个由母亲、

[①] 指"弗里德里希·威廉"，与当时的普鲁士国王同名。——译者注

妹妹、祖母和两个未婚姑姑组成的家庭中长大的。14岁的时候，他被送到普佛塔的著名寄宿学校学习。在那里，他接受了六年的严格教育，在古典文学、宗教和德国文学上尤其出色。正是在那里，他受到古希腊思想魅力的影响，尤其在埃斯库罗斯和柏拉图那里发现了古希腊思想。1864年10月，他来到波恩大学，但是，在那里只待了一年，因为他感觉他的同学的才能一般。他决定追随他的杰出古典文学和语文学老师弗里德里希·里奇尔，里奇尔接受了莱比锡大学的教授席位。在莱比锡大学，尼采偶然发现了叔本华的主要著作，他的无神论和反理性主义在一段时间里深深地影响了尼采，更加坚定了他对当代欧洲文化的反叛，他开始把欧洲文化鄙夷为颓废文化。也正是在这里，尼采受到瓦格纳音乐的影响。他后来说："没有瓦格纳的音乐，我就不可能熬过我的青年时代。当一个人想要摆脱难以忍受的重压时，他需要大麻。唔，我需要瓦格纳。"

当巴塞尔大学物色哲学教授人选的时候，尼采的名字已经特别引人注目了。他当时还没有完成博士学位学习，但是，他已发表的一些论文因其出色的学术水平而受到关注。有了这些，再加上他的老师的热情推荐，尼采在24岁时就被聘为大学教授。在巴塞尔大学批准对他的任命后，莱比锡大学未经考试就授予尼采博士学位。1869年5月，尼采发表了他的就职讲稿"荷马与古典语文学"。在巴塞尔时期，尼采频繁地到位于卢塞恩湖畔的瓦格纳别墅造访理查德·瓦格纳。虽然这种友谊注定不会长久，但是，瓦格纳影响了尼采第一部著作《悲剧从音乐精神中诞生》（The Birth of Tragedy from the Spirit of Music, 1872）[①]中的思想。尼采与他的老同事、著名历史学家雅克布·布克哈特的友谊持续了很长时间，他与布克哈特都醉心于古希腊和文艺复兴时期的意大利。尼采身体很差，又讨厌大学里的各种职责，所以在1879年34岁时辞去了教授职位。在接下来的十年里，他在意大利、瑞士和德国漫游，寻找能使他恢复健康的地方。尽管他的身体不好，但他还是在1881年至1887年的六年间写了几本著作，包括《黎明》（The Dawn of Day）、《快乐的智慧》（Joyful Wisdom）、著名的《查拉图斯特拉如是说》（Thus Spake Zarathustra）、《超越善恶》（Beyond Good and Evil）和《道德的谱系》（A Genealogy of Morals）。

1888年，当他44岁的时候，他病了好，好了又病的长期循环中，出现了一个短暂的间歇时期。在六个月的时间里，他写出了五本著作，它们是：《瓦格纳事件》（The Case of Wagner）、《偶像的黄昏》（The Twilight of the Idols）、《反基督者》（Antichrist）、《瞧这个人！》（Ecce Homo）、《尼采驳瓦格纳》（Nietzsche contra Wagner）。此后不久，在1889年元月，尼采在都灵的街上病倒了。他被带回到巴塞尔的诊所治疗。然后又从那里被送到耶拿的精神病院，最后回到他母亲和妹妹那里，由她们照顾。在他生命的最后十一年，尼采由于脑部感染，完全疯癫了，因此，无法完成他计划的主要著作《重估一切价值》

---

① 中译本作《悲剧的诞生》。——译者注

(*Revaluation of All Values*)。尼采的著作风格异常生动活泼，充满着强烈的激情。尽管他后期的一些著作表现出一些即将发生的精神问题的征兆，但学者们普遍认为，我们不应该因为他后来的精神崩溃而低估他的著作。

"上帝死了"

尼采写作哲学著作，更多的是考虑如何激发起严肃的思想，而不是拿出一本正经的答案来回答问题。在这一点上，他更像苏格拉底和柏拉图而不是斯宾诺莎、康德或黑格尔。他没有构造形式上的体系，因为他认为，要构造体系就得假设我们已经有一些自明的真理，然后才能在其之上构造体系。他认为，构造体系是不诚实的行为，因为诚实的思想正是要质疑那些被大多数体系倚为基础的自明真理。我们必须参与辩证的过程，在适当的时候要心甘情愿地公开反对自己以前所持的意见。大多数哲学体系构造者企图充当"解答宇宙之谜的人"，一次解决所有问题。尼采认为，哲学家应该少一点自命不凡，多关注人的价值问题，而不是抽象的体系。哲学家应该不受他所处文化的主流价值的束缚，以一种勇于尝试的态度，关注当下的人的问题。尼采在许多重要问题上都采取了各种不同的立场，因此人们很容易以互相矛盾的方式阐释他的观点。并且他主要是以格言警句而不是细致地分析来表达他对问题的看法，这给人一种含糊不清、模棱两可的感觉。尽管如此，尼采还是提出了许多与众不同的观点，这些观点相当清晰地从他的著作中显露出来。

当其他人在19世纪的欧洲看到权力与安全的象征的时候，尼采却以预言家的洞察力，看到现代人所信守的传统价值支撑即将倒塌。普鲁士军队使德国成为欧洲大陆的一大强国，而科学上的惊人进步愈加激起了乐观情绪。但是，尼采却大胆地预言，强权政治和血腥战争已经注定要发生。他感觉到一个虚无主义的时代正在到来，其种子已经播下。他的预言并不是以德国军事力量或正在进一步发展的科学为根据，相反，他是这样受到一个无可争辩的事实的触动，即对基督教上帝的信仰已经完全衰落，以致他可以自信地说"上帝死了"。

尽管尼采是一位无神论者，他仍然是带着复杂的心理来思考上帝之"死"的。一旦所有人都充分地认识到上帝之死的含义，随之而来的后果令他胆寒。他既考虑到宗教信仰的衰落，又看到对达尔文物种进化的无情思想的信仰方兴未艾。这两者结合起来让他看到了人与动物的基本差别的泯灭。如果这就是我们被要求信仰的东西，那么，当未来带给我们前所未见的巨大战争灾难时，我们就不应该感到惊讶。同时，上帝之死对于尼采而言，意味着一个新时代的开始——本质上否定生命的基督教伦理会被一种肯定生命的哲学所取代。"最后，"他说道，"海洋，我们的海洋，展开在我们面前，也许从来没有如此展开的海洋。"对上帝之死的虚无主义后果的矛盾心理，使尼采转向人类价值的中心问题。在为这个上帝已经不再是人类行为的目标和界限的时代寻找新的价值基础的过程中，尼采认为，美学最有希望替代宗教，成为新的价值基础。他认为，只有作为一种美学现象，人类存在和世界才能被永远证明是合理的。古希腊人从最初就发现了人类所作所为的真实意义。他起初是从古希腊关于日神阿波罗和酒神狄俄尼索斯的观念中提取出他关于人性的基本洞见的。

阿波罗精神与狄俄尼索斯精神

尼采认为，美学价值产生于两个原则的融合，这两个原则分别由两个古希腊神祇——阿波罗与狄俄尼索斯代表。狄俄尼索斯象征动态的生命之流，它不受任何约束和阻碍，不顾一切限制。狄俄尼索斯的崇拜者会陷入迷狂，从而在更广大的生命海洋中失去自我的同一性。另一方面，阿波罗是秩序、节制和形式的象征。如果狄俄尼索斯的态度在某些类型的音乐中使放纵的激情得到了最好的表现，那么，阿波罗那种赋形的力量则在古希腊的雕塑中找到了它的最高表现。于是，狄俄尼索斯象征人性与生命的统一，个体性被吸纳进生命力量的更大实在。阿波罗则是"个性化的原则"——这种力量控制和约束着生命的动态过程，以便创造出有形的艺术作品或得到控制的人格特征。从另一个方面看，狄俄尼索斯代表灵魂中否定的和毁灭的黑暗力量，如果不受限制的话，它就会"荒淫残暴到登峰造极的地步，浑如最凶残的野兽"。阿波罗则与此相反，它代表一种对这种强大生命能量的涌动加以调处的力量，它能驾驭毁灭性的力量，并把这些力量转化成有创造性的行动。

照尼采看来，古希腊悲剧是伟大的艺术作品。它表现了阿波罗对狄俄尼索斯的征服。但是，尼采由这一阐释得出的结论是：人们并不面临在狄俄尼索斯与阿波罗之间的选择。认为我们居然会面临这样的选择是误解了人类境况的真实性质。事实是，人的生命必然包含黑暗的汹涌的情欲力量。尼采认为，古希腊悲剧表明，对这些驱动力的意识——而不是放任自己的本能、冲动和情欲泛滥——成了创作艺术作品的契机。无论是通过节制形成我们自己的性格，还是通过把形式加到那些不易驾驭的材料上来形成文学或艺术作品，情况都是这样。尼采把悲剧的诞生——即艺术的创造——看作是人的基本健康因素即阿波罗精神，对狄俄尼索斯精神的病态迷狂的挑战所作的应答。根据这种看法，没有狄俄尼索斯的刺激，就不会有艺术出现。同时，如果把狄俄尼索斯看作是人性中的唯一因素或主导因素，我们就很可能陷于绝望，最后逐渐对生命持否定态度。但是，在尼采看来，古希腊雕塑把狄俄尼索斯因素与阿波罗因素协调起来，体现了人性的最高成就。19世纪的文化否认狄俄尼索斯因素在生命中有其正当地位。然而在尼采看来，这只不过是推迟了生命力量不可避免的爆发而已，而生命力的表达是不可能永远被抑制的。要问是生命应该主宰知识还是知识应该主宰生命，就是在问这两者中哪一个是更高和更具决定性的力量。尼采认为，毫无疑问，生命是更高和更具决定性的力量，但是，原始的生命力最终是毁灭生命的。因此，尼采寄希望于古希腊的做法——融合狄俄尼索斯因素与阿波罗因素——人类生活通过这种途径而转变为美学现象。尼采认为，在这样一个时代，宗教信仰不能给出一种令人信服的对人类命运的洞见，而古希腊的这一个方案，能够为现代文化提供一个切实可行的行为准则。尼采认为，宗教信仰之所以再也做不到这一点，正是因为基督教伦理本质上的那种否定生命的消极性。

主人道德与奴隶道德

尼采反对那种认为有一个普遍的、绝对的每个人都同样要遵守的道德体系的观念。人是各种各样的，把道德设想为普遍的，就忽视了个体之间的基本差异。那种认为只有一种人类性质，它的趋向能够以一套规则来规定的想法，是一种不切实际的想法。每当我们设想一种普遍的道德规则的时候，我们总是试图不让我们的基本生命能量得到充分表达。在这方面，犹太教与基督教所犯的罪过是最严重的。他认为，犹太教与基督教伦理与我们的本性背道而驰，因此它们的反自然的道德让人性变得衰弱，只能产生一些"等而下之的"生命。

人类怎么会搞出这样一些不自然的伦理体系呢？尼采说，有"一种双重善恶标准的早期历史"，这一历史显示了两种主要道德类型的发展，即主人道德与奴隶道德。在主人道德中，"善"总是意味着"高贵"，"有着高级的灵魂"。相反，"恶"则意味着"粗鄙"和"下等"。高贵的人把自己看作是价值的创造者和决定者。他们并不从自身之外寻求任何对他们行动的认可。他们自己对自己下判断。他们的道德是一种自我尊崇的道德。这些高贵人的行动是出自他们总是要充溢而出的权力感。他们帮助不幸的人，但并不是出于怜悯，而是出于一种由权力丰溢而产生的冲动。他们以各种形式的权力为荣，乐于经历严酷与困苦。他们也尊崇一切艰难困苦。与此相反，奴隶道德起源于社会的最低阶层：被虐待者、被压迫者、奴隶和那些把握不了自己的人。对奴隶而言，"善"代表所有那些能够有助于减轻受害者痛苦的品质，诸如"同情、善意的援助之手、热心肠、耐心、勤奋、谦卑、友善"。尼采认为，奴隶道德本质上是功利性的道德，因为道德的善包括任何对那些虚弱无力的人有益的东西。在奴隶道德看来，引起畏惧的人是"恶"人，但是，在主人道德看来，实际上，"善"人正是能引起畏惧的人。

奴隶报复的方式是把贵族的美德说成是恶。尼采强烈抗议西方主流道德，认为它抬高了"畜群"的平庸价值观，"畜群""对于积聚大力而发的壮观冲动毫无所知，而这种冲动是高贵的东西，或许是一切事物的标准"。令人难以置信的是，通过成功地使所有高贵的品质看似罪恶，并让所有羸弱的品质看似美德，"畜群精神"最终竟战胜了主人道德。主人道德对生命的积极肯定被弄得似乎是"恶的"，是人们应该对之有"负罪"感的东西。

尼采说，事实是：

> 那些仍然具有自然本性的人，那些十足可怕的名副其实的野蛮人，那些劫掠者，仍然具有完整的意志力量和权力欲望，他们扑向那些更软弱、更讲道德、更爱和平的种族……一开始，高贵等级总是野蛮等级：他们的优越性首先并不在于他们的身体力量，而是在于他们的心理力量 —— 他们是完全的人。

但是，由于心理力量遭到削弱，主人种族的权力已经被摧毁。为了不让自然的冲动施展其攻击力，羸弱种族精心建立了一道道心理防线。和平与平等之类的新的价值和新的理想，被伪装成"社会基本原则"而提了出来。尼采说，不难看出，这其实是表现了弱者想要削弱强者权力的愿望。弱者建立了一种消极性的心理态度来对付人类最自然的生活动力。尼采说，奴隶道德是"一种导致否定生命的意志，是一种导致解体与衰朽的原则"。但他继续说道，从心理学上对畜群的愤恨心理及他们对强者意志进行报复的欲望进行精密分析，能告诉我们该做什么。这就是，我们必须"抵制一切多愁善感的虚弱：生命本质上就是对异己者和弱者的占用、伤害和征服，是各种不同形式的压制、施暴和强迫……用最婉转的话讲，至少也是利用"。

权力意志

剥削在尼采看来并不是人类固有的退化行为。相反，"它是生物本性中的一项根本机能"。剥削是"内在的权力意志的结果，权力意志正是生命意志 —— 全部历史的一个基本事实"。权力意志是人类本性中支配环境的一个核心动力，它不仅仅是要活下去的意志，而是一种要强有力地肯定我们个体力量的冲动。正如尼采说的："最强有力的和最高的生命意志并不在可怜的生存斗争中寻求其表达，而是在战争意志中寻求其表达。哪里有权力意志，哪里就有进行征服的意志！"

欧洲道德否认权力意志的核心作用，并且是以一种不诚实的方式来否认的。尼采把这归咎于基督教的奴隶道德。他写道："我把基督教看作是古往今来一切谎言中最致命的和最能蛊惑人心的 —— 也是最大的和最不虔诚的谎言。"让他惊骇的是，整个欧洲竟要服从于耶稣周围的一小撮可怜的社会渣滓的道德。他说，试想一下，"无足轻重的猥琐之徒的道德竟然成了衡量一切事物的标准"。他把这看作是"文明所带来的最令人反感的堕落"。在《新约全书》中，"最没有资格的人……在书中对最重大的存在问题指手画脚"。这对尼采来讲简直是难以置信的。基督教要求我们去爱我们的敌人，这与我们的本性相矛盾，因为我们的本性命令我们去恨我们的敌人。并且基督教否定道德的自然起源，因为它要求我们在爱任何事物之前首先要爱上帝。我们把上帝注入到我们的感情中，颠覆了要求肯定生命直接而自然的道德标准。我们把思想转向上帝，冲淡了我们最强大的活力。尼采承认，基督教的"精神的"人通过对受苦人提供安慰和鼓励，对欧洲起了不可估量的作用。但是达到基督教博爱的代价是什么？尼采写道，代价是"欧洲人种的退化"。那时他们必然要颠倒所有的价值评价——这正是他们不得不做的事情！摧毁强者，破坏伟大的希望，怀疑对美的喜好，瓦解一切自主的、阳刚的、征服性的和威严的东西。于是，基督教成功地颠倒了"对现世的爱和现世的至上性，把它们转变为对现世和世俗事物的恨……"

尼采乐意虚弱的畜群有他们自己的道德，只要他们不把他们的道德强加给更高等的人类。具有巨大创造力的人为什么要降低到畜群的庸庸碌碌的层次呢？尼采讲超越"善恶"，他的意思是要超越他那个时代占支配地位的畜群道德。他构想了一个新时代，那时，真正完全的人将再次达到一个新的创造水平，从而成为一种更高类型的人——超人（Übermensch）。这种新人并不拒绝道德，而只是拒绝消极的畜群道德。并且，尼采认为，以权力意志为基础的道德是唯一最诚实的道德，奴隶道德则小心翼翼地掩盖这种道德。尼采说，如果超人是"残忍的"，那么我们必须认识到，实际上，几乎所有我们称为"更高级文化"的东西，仅仅是残忍性在精神上的强化。他说："这就是我的论题，'野兽'根本没有被杀死，它活着而且繁荣滋茂，只是改头换面了而已。"例如，古罗马人从刀光剑影的角斗中取乐，基督徒在十字架像上体验到狂喜，西班牙人兴高采烈地观赏鲜血淋漓的斗牛场面，法国工人迫不及待地渴望流血革命，这些都是残忍性的表现。

从主人道德的更高观点看，残忍一词不过是指基本的权力意志，它是力量的一种自然表现。人被区分为不同的等级，而正是权力的多少决定和区别人所属的等级。因此，像政治与社会平等这样的理想是无意义的。在事实上存在权力差别的地方，是不可能有平等的。平等只能意味着把每一个人都降低到畜群的平庸水平。尼采想要保持两种类型的人之间的自然差别，即在"代表向上的生命类型和代表堕落、衰败和虚弱的生命类型"之间的差别。当然，一种较高级的文化总是需要平庸的畜群，但这只是使超人的出现和发展成为可能。如果要有超人，那他就必须超越低等人所信奉的善恶。

重估一切道德

尼采认为传统的道德无疑正在走向死亡，那么他想以什么来取代传统的道德呢？他肯定性的建议不如他的批判性分析那么清楚。但是，从他对奴隶道德的拒绝中，我们可以推想出他的新价值的许多内容。如果奴隶道德产生于愤恨与复仇，那就必定会再次出现对所有价值的重估。尼采的重估并不是要创造一套新的道德价值表，而是向当前已被接受的那些价值宣战，就像苏格拉底那样"用解剖刀对时代的美德进行活体解剖"。由于传统道德是对原来的自然道德的一种颠倒，所以重估必须是以追求诚实和准确的名义拒绝传统道德。重估意味着，所有那些"更强烈的冲动仍然存在，但是，它们现在是在以虚假的名义出现在虚假的评价之下，还没有获得自觉"。没必要创立新的价值，只需要把价值再次颠倒过来。正如"基督教是一切对古代价值的重估"一样，现在，也必须弘扬我们原初的最深刻本性，拒斥今天的主流价值。因此，尼采的重估计划，实质上就是对现代人类理想的批判性分析。他揭示，现代人称作"善"的根本就不是美德。他们的所谓真理是披上了伪装的自私和羸弱，他们的宗教是在精心创造一种心理武器，道德的侏儒凭着这一武器来驯服自然的巨人。一旦把这种伪装从现代道德上除掉，真实的价值就会显露出来。

归根到底，道德价值必须以我们真实的人类本性和环境为基础来建立。达尔文在描述物种的进化时强调外部环境，与达尔文不同，尼采关注个人的内在力量，这种力量能够决定并制造出事件——这是"一种开发和利用环境的权力"。尼采的宏大假说认为，在任何地方任何事情中，都是权力意志在寻求自我表达。他说："世界就是权力意志——别无他物。"生命本身是多种力量，"是维持各种力量的各种过程的一种永久形式"。人的心理结构显示，我们对快乐和痛苦的关注反映了一种努力增强权力的趋向。痛苦刺激我们动用权力来克服障碍，而快乐则伴有一种权力增加的感觉。

超　人

尼采的权力意志概念在超人的态度和行为中是表现得最清楚不过的了。我们已经看到，尼采拒绝平等的概念。他还表示，道德必须适合不同等级。即使在重估一切价值后，"平庸的畜群"也没有能力在思想上达到"自由精神"的高度。总之，不可能有"普遍的善"。尼采说，有伟大之人方能有伟大之事，"有非凡之人方能有非凡之事"。超人将是非凡的，但它是人类演化的下一阶段。历史并不是走向某种抽象的发达的"人性"，而是走向杰出人物的出现：超人就是历史的目标。但是，超人不会是机械的进化过程的产物。只有当较高级的人有勇气重估一切价值，自由地回应他们内在的权力意志时，历史的下一个阶段才会到来。人类需要被超越，而正是超人将代表身体、智力和情感力量发展和表现的最高水平。超人将是真正自由的人，对他而言，除了妨碍权力意志的行为要被禁止之外，没有任何禁忌。超人将体现对生命的自发肯定。

尼采并不认为他的超人将会是一个暴君。当然，在超人身上将会有很多狄俄尼索斯的成分。但是，这些激情会受到控制，动物本性与智力会由此得到协调，他或她的行为也就有了一定之规。我们不应该把这种超人与极权主义的恶棍混为一谈。尼采想到的超人模型是他心目中的英雄歌德和"拥有基督灵魂的罗马恺撒"。在尼采的思想成熟后，他的理想人物必须达到狄俄尼索斯因素和阿波罗因素的和谐统一。起先，当他的思想受到瓦格纳和叔本华影响时，尼采批评苏格拉底导致西方思想错误地转向理性。后来，他对理性有了更多的肯定。但是，即使在最后，他仍然认为，理性必须用来为生命服务，决不能牺牲生命来换取知识。苏格拉底之所以在历史上那么重要，正是因为他把人们从自我毁灭中拯救出来。他说，对生命的强烈渴望将会导致毁灭性的战争。光靠狄俄尼索斯因素自身，会导致悲观主义和毁灭。因此，有必要对人们的本能进行驾驭，而这就需要苏格拉底提供的这种影响力。尽管理性的阿波罗因素有彻底摧毁充满生机的生命之流的危险，但尼采仍然认为，没有某些理性指导来赋予形式的话，我们是无法生活的。苏格拉底在尼采那里之所以重要，正是因为这位古代哲学家第一个看到了思想与生活之间的恰当关系。苏格拉底认识到，思想服务于生活，而以前的哲学家则认为，生活服务于思想和知识。于是，尼采的理想人格是：能控制其激情的充满激情的人。

总　结

19世纪的三位哲学家在对德国唯心主义的批判性回应中发展了他们的观点。克尔凯郭尔拒斥了对人类本性以客观的数学和科学思想为模型的理性主义构想。他认为，这种客观性无法向我们说明个体的自我。相反，他强调人类存在的一个更加主观的观念，它涉及对一个行为的有意识参与，也就是做一个生活中的参与者而不是仅仅是旁观者。对于克尔凯郭尔来说，我的生活涉及一种从我现在所是——一种对上帝的异化状态——到我主观经验到上帝时应该所是的运动。这涉及一场贯穿生活的运动，有三个选择的阶段。第一，在美学阶段中，我耽于感官带来的最为丰富多样的愉悦。当我意识到这不会带来真实的存在时，我会面临一个二选一的选择：停留在这个阶段还是前进到下一个阶段。第二，在伦理阶段中，我接受道德责任施加于我的限制。当我意识到我无法满足道德律时，我会面临另一个二选一的选择：留下，或在一次信仰的飞跃中前进到下一个阶段。第三，在宗教阶段中，我拥有了对作为主体的上帝的非理性经验。

马克思哲学的核心要点是辩证唯物主义，这种观点认为，历史是由因果的经济力量主宰的，这同时也是主宰物理学和生物学的法则。他主张，历史分为五个主要的时期：（1）原始公社阶段；（2）奴隶社会阶段；（3）封建社会阶段；（4）资本主义社会阶段；（5）社会主义和共产主义阶段。这些时期中存在着社会冲突，其中较低阶层的人，例如奴隶，受到较高阶层的人，例如奴隶主的经济剥削。根据马克思的观点，财产所有权和生产成果是产生每一个社会冲突的单一经济问题。这些阶级斗争创造了一个正题—反题—合题的辩证运动，这将历史带向下一个时期。这种通过阶级斗争的历史辩证流动是机械决定的，甚至是可预测的。通过分析这种辩证流动背后的经济规律，马克思预测，历史中的各种阶级斗争最终会结束在资本主义对工人的剥削中，并引向社会主义和共产主义。在资本主义制度下劳动的下层阶级经历了异化；也就是说，这些工人与他们的劳动产品是分离的。所有人都与他们的劳动密切相关，但在资本主义制度下，他们被迫将劳动和生产的东西给予资本主义所有者，以换取微薄的薪酬和恶劣的工作环境。由此，工人与其自身、与其通过劳动所生产的东西以及其"类存在"——将我们与社会中的其他人联系起来的那部分人类本性——相异化。

尼采认为，现代社会正在以这种方式发生着变化，传统的价值观正在崩溃，需要一套新的价值观来防止混乱。现代科学正在损毁宗教，从而造成了上帝的死亡，而进化理论将人类描绘为另一种动物。因此，我们需要用新的价值观来取代日渐恶化的宗教价值观，而对于尼采来说，美学是宗教最有希望的替代品。受希腊人的启发，他论说，美学价值源于人类本性中混沌和秩序两个原则的混合，希腊神狄俄尼索斯和阿波罗象征着二者。艺术的出现是为了尝试为我们无拘无束的冲动带来秩序。这提供了一种可以取代宗教伦理的不自然以及否认生命的消极性的价值体系。尼采认为，历史中存在着两种类型的道德。存在着一种权力意志的、自我决定的，并力图支配其环境的主人道德。然后是一种奴隶道德，它意志薄弱，反对权力意志的剥削，比如倡导平等的价值。他认为，欧洲文化采用了宗教的奴隶道德，而大众采取这种方式可能是不可避免的。然而，与此同时，我们需要超越奴隶道德的超人的道德，并将主宰的意志包含在主人道德的力量之中。这个超人并不会是一个暴君，而是拥有酒神和阿波罗元素的平衡统一。根据尼采，最终，我们必须通过拒斥传统的奴隶价值并认识超人的价值来重新评估道德。

研究问题

1. 克尔凯郭尔主张，客观的理性思想无法表达人类存在的紧要之处，相反，我们需要主观经验。讨论亚伯拉罕的故事如何表现了克尔凯郭尔的观点。
2. 讨论克尔凯郭尔的三个阶段，并想出你自己的例子来阐述美学和宗教阶段。
3. 讨论克尔凯郭尔信仰的飞跃的概念，以及其从伦理阶段前进到宗教阶段的如何关键。
4. 解释马克思人类历史的五个时期的说法，以及财产所有的经济学如何在各个时期中产生阶级冲突。
5. 解释马克思所说的资本主义下的阶级斗争的三个特点，并讨论马克思是否准确表述了资本主义的观点。
6. 讨论马克思劳动异化的观念，你是否认为它准确描绘了资本主义中的工作境况。
7. 讨论马克思"类存在"的观念，以及它是否如马克思所愿危及资本主义。
8. 解释尼采关于人类本性之中狄俄尼索斯与阿波罗因素之间张力的观念，并说说这如何产生美学价值。
9. 解释对尼采来说，奴隶道德与主人道德之间有何区别，并分别给出例子。
10. 解释尼采的超人观念，并说说你是否认为这样一个人可以如尼采所愿具有最高等级的道德。

第五部分
20 世纪和当代哲学

▲ 20 世纪 60 年代风起云涌的权利运动是与哲学思潮的转变互相推动的。图为 1965 年,马丁·路德·金在领导一场反对种族歧视的公民游行。

▲ 20世纪的一切巨变都可认为始于第一次世界大战。图为第一次世界大战中凡尔登战役后的凡尔登废墟。凡尔登战役是第一次世界大战中最为惨烈的一场战役。

◀ 约翰·杜威（斑鸠图片公司）

▲ 亨利·柏格森（纽约公共图书馆图库）

▲ 路德维希·维特根斯坦

◀ 20世纪60年代晚期，女性运动开始壮大起来。图为华盛顿特区的妇女爬上美国著名的海军上将法拉古特的雕像上宣扬她们的权利。

◀埃德蒙德·胡塞尔

伯特兰·罗素（科比斯·柏特曼图库）▶

▲ 梅洛-庞蒂（科比斯·柏特曼图库）

▶ 20世纪欧洲的知识领袖：萨特和波伏瓦

▲理查德·罗蒂（康特出版社）

◀第二次世界大战不仅带来了史无前例的灾难，也是20世纪思潮转型的主要原因。

第十七章

实用主义与过程哲学

17.1　实用主义
17.2　皮尔士
17.3　詹姆斯
17.4　杜　威
17.5　过程哲学
17.6　柏格森
17.7　怀特海

19世纪思想的一个主题就是世界是在不断地变化的。黑格尔认为，人类历史以及我们周围的所有事物是一个不断发展着的绝对精神的一部分。达尔文主张，所有的生物学意义上的生命——乃至于人类的社会制度——都是从简单形式向着更复杂的形式演变的。当哲学跨越19、20世纪之交的时候，变化的观念仍然是知识界思想里一个很重要的部分。有两种哲学思潮特别关注变化，它们是实用主义和过程哲学。这两种哲学思想否认存在着固定不变的真理，认为我们应该根据变化的经验和形而上学的过程来理解事物。

作为美国思想对于哲学事业的最具原创性的贡献，实用主义是在19世纪末出现的。这一哲学思潮在查理·皮尔士（Charles S. Peirce, 1839—1914）那里得到了最初的理论表达。它的广泛流传且为人所接受，则是通过威廉·詹姆斯（William James, 1842—1910）的出色而简明的文章。然后，约翰·杜威（John Dewey, 1859—1952）把实用主义的方法运用到了美国社会机构的日常事务中。这三个哲学家的核心思想是，哲学理论如果不能够对日常生活产生某种程度的影响，那它就没有什么价值。实用主义是解决问题的一种方法，而不是关于世界的一个形而上学体系。然而，过程哲学对于事物的本质提出了具体的观点。很多学者，包括后来的一些实用主义者，与过程哲学有一定的关系。法国哲学家柏格森（Henri-Louis Bergson, 1859—1941）和英国哲学家怀特海（Alfred North Whitehead, 1861—1947）两个人是过程哲学的主要倡导者。

17.1 实用主义

作为哲学中的一种运动，实用主义的建立是为了沟通19世纪思想里的两个不同的思潮。一方面，经验主义、功利主义、科学的影响逐渐增强。在这一点上，达尔文的进化论是最新也最震撼人心的理论，大有将关于人性的思想定于一尊之势。这个思想传统的要旨是，人性和世界只是一个机械的、生物的过程的一部分。另一方面，还有一个更具人本色彩的传统，它起源于笛卡尔的理性哲学并贯穿在康德、黑格尔和德国唯心主义者的思想之中。在这两大传统之间，有一道不断扩大的鸿沟。经验主义者和科学家对于理性主义和唯心主义哲学大加排斥，因为它缺乏客观的证据。然而，从理性主义和唯心主义的观点看，科学威胁着道德和宗教信念，以及对人类目的的共同意识。

实用主义在这两个传统之间起着中介作用，把这两个传统里面的最重要的东西结合起来。与经验主义者一样，实用主义者认为我们不可能有关于实在之整体的认识。我们认识事物有很多角度，只能安于用多元的方法来求得知识。与理性主义者和唯心主义者一样，他们也认为道德、宗教、人的目的构成了我们的经验中一个很重要的方面。皮尔士、詹姆斯、杜威每一个人都表现了实用主义的一个不同侧面。皮尔士最初对于逻辑和科学感兴趣，詹姆斯写的是有关心理学和宗教的东西，而杜威则全力关注着伦理学和社会思想的问题。他们都是同时代人，都来自新英格兰，也都是训练有素的学院人士。

17.2 皮尔士

皮尔士的生平

查理·皮尔士1839年出生于马萨诸塞州的剑桥镇。他的父亲是哈佛大学一位著名的数学教授。在他的父亲的指导下，他先是在家接受了数学、科学、哲学的教育。在16岁到20岁期间，又在哈佛大学接受了同样的教育。在他拿到数学和化学的硕士学位后，他在哈佛的天文台工作了3年，并于1878年发表了他的有关光度学的研究成果。从1861年到1891年三十年间，他都在为美国海岸和大地测量协会工作。他也曾在很短的时间内在霍普金斯大学任逻辑学讲师。但是，他从未得到过大学里的全职教席，这大概是因为他性格怪僻，掩盖了他的杰出才能。由于没有一个正式的学术身份，他的著作遭到出版商的拒绝和冷落。所以他生前仅仅有很少一部分作品面世。而且，他实际上并没有得到凭他的才能所应得的名声。在他逝世几十年后，他的著作才被搜集、整理成数卷。这些作品是创造性思想的杰出成就。晚年，皮尔士经济拮据、身体恶化，又不见容于社会。在这些艰难的年头里，他的忠实朋友威廉·詹姆斯不仅帮助他，而且成了使得皮尔士关于实用主义的创造性思想进入到全世界整整一代人的思想的一个渠道。

意义理论

皮尔士的实用主义的核心在于它对词如何获得意义给予了新的解释。他由希腊词pragma（意思是"行动"或"行事"）创造了pragmatism（实用主义）一词，意在强调这样一个事实，即词是从某种行为里得到意义的。只有当我们能把我们的观念翻译成某种操作行为时，这些观念才是清楚明白的。例如，"硬"和"重"这两个形容词之所以有意义只是因为我们能够设想出某些与这些词相联系的具体效果。因此，"硬"是指不能被很多东西划破，而"重"是指如果我们松开它的话它就会下落。皮尔士强调效果在词的意义上的决定性作用，所以他认为，只要一个硬的东西和一个软的东西没有被实验证明有什么不同，那它们就完全没有什么区别。皮尔士就从这些简单例子中概括出了意义和知识的特性。他的基本观点是"我们对于任何事物的观念就是我们对于它们的可感效果的观念"。也就是，如果词有任何意义的话，那么，我们必须能够应用一个操作性的公式，即"如果 A 那么 B"。这公式的意思是，当特定对象出现时，我们可以期望特定效果会随之而来。因此，如果一个词指向一个没有可以设想的实际效果的对象，这个词就没有意义。

皮尔士很大程度上是受科学语言的影响，因为科学语言尤其能够满足这种对于意义的实用主义检验。他反对理性主义的理论，因为后者主张有效性仅仅是依据于概念之间的一致性，与外界事物无关。早期的经验主义试图证明理性主义的缺陷。但是，皮尔士发现理性主义的那些假设依然还在逍遥法外。例如，笛卡尔认为，理智上的确定性在于"清楚明白"的观念，而对于这些观念我们用直觉来把握。这样一来，我们的心灵就是能够与周围环境隔离开来进行成功运作的纯粹的理论工具。皮尔士反对所有这些假设，他认为，思考总是在一定的背景中发生，而不是与背景隔绝开来的。我们得出意义，不是通过直觉，而是依靠经验或实验。因而，意义不是个人性或私人性的，而是社会性、公共性的。再说一遍，如果不能够通过概念的效果或公共性的结果来对之加以检验，这些概念就是无意义的。他相信，这对于区分有意义的论点和无意义的论点是极其重要的，特别是当我们在互相对立的思想体系之间犹豫不决的时候。

信念的地位

皮尔士认为，信念介于思想和行动之间。信念指引我们的欲望，也决定我们的行动。但是，信念会为怀疑所"动摇"。思想的事业正是开始于"怀疑的刺激"引起我们为获得信念而奋斗的时候。我们试图通过思想来坚定我们的信念，这样我们的行动就有了指导。在皮尔士看来，坚定信念的方法可以有几种。首先是固执的方法，人们可以靠这种方法死抱着信念不放，拒不加以怀疑，拒不考虑那些支持旁的观点的论证或证据。另外一个方法是拿出权威，当拥有权威的人以施加惩罚相威胁来要求人们接受一定的观念的时候，情形就是如此。还有一种方法，即柏拉图、笛卡尔、黑格尔那样的形而上学家或哲学家所用的方法。在皮尔士看来，这些哲学家对信念问题的解决是看概念是否"合乎'理性'"。皮尔士觉得所有这些方法他自己都不同意，其原因正在于：这些方法不能够达成它们的目的，即坚定或确定信念。它们不具有某种与经验和行为的联系。

因此，皮尔士提出了第四种方法，即科学的方法。这种方法的主要优点就是它有现实的经验基础。上面所说的固执的方法、权威的方法以及理性的方法都依赖于我们内心所拥有的那些纯粹是我们思维的结果的东西。相反，科学的方法建立在这样一个设定之上，即有真实的事物，这些事物完全不依赖于我们对它们的看法。而且，由于这些真实的事物是按照一定的规则作用于我们的感官的，所以我们可以认为它们以同样的方式作用于每一个观察者。因此，建立在真实事物上的信念是可以被证实的，而且，坚定这些信念是公共性的而不是私人性的行为。事实上，我们既不可能同意也不可能反对依靠上面前三种方法所得出的结论。因为那三种方法是不指向任何其结果或真实存在可以被检验的事物的。固执的方法很明显是不理性的。权威的方法是排除争论的。先验推理的方法，由于它与事实相隔绝，所以可以允许对事物的几种不同的解释都加以肯定。大陆理性主义所产生的那些互不相同但各自都说得通的形而上学体系就是例子。

方法的要素

皮尔士认为要采用科学的方法作为解决不同信念间的矛盾的手段，他觉得这种方法可以战胜个人的偏见。第一，科学的方法要求我们不仅说出我们所相信的真理，而且要说出我们是如何达到它的。达到真理的过程应该能够被那些感兴趣的人重复，以检验是不是会出现同样的结果。皮尔士不断地强调科学的方法的公共性或团体性特点。第二，科学的方法具有很强的自我批判性。它把自己的结论置于严格的检验之下，而且，它不论在什么地方都表明，一种理论的结论是根据新的证据和新的思维而调整的。皮尔士说，这也应该是我们对于一切信念所抱有的态度。第三，皮尔士认为，科学需要科学团体的所有成员的高度合作。这种合作防止了任何个人或组织为了自己的利益而改变真理。因而，科学的结论必须是所有科学家都能得出的结论。同样，在信念和真理的问题上，应该是每个人都能得出同样的结论。这种经验研究的方法意味着任何合法的观念都必须有某种实践上的结果。

17.3 詹姆斯

詹姆斯的生平

威廉·詹姆斯的著作不拘一格，反映了他同样丰富而博大的人生。他于1842年出生于纽约市，在一个有教养的家庭长大。这个家庭不仅产生了这位杰出的美国哲学家，而且产生了一位天才的小说家——他的弟弟亨利·詹姆斯。威廉·詹姆斯在哈佛大学读书，并在全欧的各个大学游学。这使得他获得了在文化和智识上更广的视野。1869年，他从哈佛大学医学院获得了医学博士学位，并在1872年被聘为该校的生理学教师。詹姆斯从医学转到了心理学和哲学，在1890年发表了他著名的《心理学原理》(*Principles of Psychology*)一书。他是哈佛哲学系的成员，G. 桑塔亚那和 J. 罗伊斯当时也在该系。尽管他没有写出像他的心理学名著那样大部头的哲学论著，但他所写的很多高质量的论文，或是单独成篇或是汇集成书，其读者遍及全世界。到1910年在他68岁去世的时候，詹姆斯创立了一种新的哲学方法，而且成功地把他的实用主义原则介绍给了范围异常广大的读者。詹姆斯从皮尔士已经做过的工作出发，用新的眼光看待实用主义，并沿着新的路线发展它。对于詹姆斯所关注的重要问题，我们将考察其中的四个。它们是：（1）实用主义方法；（2）实用主义真理论；（3）自由意志的问题；（4）人的意志在信念过程中的作用。

作为一种方法的实用主义

詹姆斯认为："哲学的全部功能应该在于发现：如果这个或那个关于世界的公式是真的，那么这个模式在我们生命的确定情况下对于你我将有何种确定的影响。"他强调对具体生活的关心，特别是对那些对于我们现在和未来的生活具有影响的事实和行动的关心。但是，实用主义本身不包含任何的实质性的东西或内容，它没有提供有关人的目标或目的的具体信息。作为哲学，实用主义没有它自己的教条。因此，它也就不给人们提供关于世界的公式。

"实用主义，"詹姆斯说，"只是一种方法。"作为一种方法，实用主义仍然认为人的生命是有目的的，而且，关于人性和世界的各种相互竞争的理论应该以这个目的为标准来检验。按詹姆斯的看法，人的目的其实并没有一个单一的定义。相反，我们对人的目的的理解是思维活动的一部分。当我们想要理解事物及其背景时，哲学思维就出现了；而目的的意义来自于生活在世的一种自在无拘束感。詹姆斯拒绝接受理性主义主要是因为它是教条的，而且它经常不触及生活中的问题，而自以为给出了关于世界的最终答案。与之相反，实用主义"除了它的方法之外没有任何教条或学说"。作为方法，实用主义是受到了新近发现的生活事实的启发。我们不应把科学、神学、哲学里的理论视为最终的东西，而应该把它们看成近似正确的东西。任何理论的价值就在于它解决问题的能力，而不是它内在的语词上的一致性。用詹姆斯的话说，"你必须找出每一个词的实际的现金价值"，而不只是它们彼此的一致性——也就是，我们必须把注意力集中在结果上。当我们发现一个理论对于实际生活没有任何影响时，那么这个理论就是无意义的，我们就应该抛弃它。

实用主义的真理理论

确立一个概念的意义是一回事，确立它的真理性则是另外一回事。例如，坚持认为中央情报局在监视我的每一个举动，这对于我可能是有意义的。从实用主义的角度看，如果这个看法能产生某种结果——例如导致中央情报局特工的不同行动，甚至对我的私人生活方式产生影响，那么，它就是有意义的。但是，这并不意味着中央情报局是真的在监视我。对于真理性的检验要比对于意义的检验更苛刻。然而，即使在检验真理这一点上，实用主义也提供了一种方法。首先，詹姆斯拒绝接受标准的真理理论，例如现在人们所谓真理的符合论：如果一个观念与实在是相符的，它就是真的。这个理论认为观念"复制"了实在，而且，如果一个观念是真的，它就一定是把"在那里"的东西精确地复制下来了。然而，在詹姆斯看来，根据这种理论，"真理在本质上意味着一种没有生气的静态的关系。当你得到了任何事物的真观念的时候，事情也就结束了。你拥有它；你知道它"。但在詹姆斯看来，真理并没有这么固定。与意义的理论相似，真理包括这样的问题："如其为真，那么，对于任何人的实际生活能产生什么具体的影响？"

作为实用主义真理理论的一个例子，詹姆斯让我们考虑一下墙上的时钟。我们把它看成是一座钟，不是因为我们有它的"观念摹本"。钟的所谓的"实在"是由它的内部机械系统构成的，而这是我们看不到的。我们对于钟表的观念主要是来自它的表盘和表针，而这样的观念根本就不对应于钟表的"实在"。但是，我们有关钟表的观念尽管有局限，却仍然会被认为是真的，这是因为我们把这个概念作为钟表来使用，而且它也就作为这样的东西而起到了作用。这个观念的某些实际的效果是，我们可以"准时"去工作，可以赶上火车。我们可以用科学的方法对我们的观念的方方面面加以证实，比如检查钟表内部的组成零件。然而，事实上我们很少这样做。如果说，我们所具有的有关钟表的概念对于调节我们的行为已经很成功了，那么，这种科学的检查又能使"我们的眼前是一座钟"这一观念的真理性有什么增加呢？詹姆斯说："每个完成了的真理过程，都是从在我们生活中发挥作用的成千上万个过程中萌发出来的。"因此，真理依靠"信用系统"才能存在。

只要观念能帮助我们把我们经验里的不同部分成功地联系起来，这些观念就是真的。因此，真理是生活过程的一部分。作为过程的一部分，成功的经验"制造"了真理，而且，这也构成了证实的过程。符合论者认为，无论有没有人看到，墙上都有一只实实在在的钟，在这个意义上，真理是绝对的。然而，在詹姆斯看来，钟表的真理性的问题只出现在我们在现实生活中"就当"墙上的那个东西是一座钟的时候。我们的成功行为"制造"了钟表的真理。所以，没有一个绝对的真理，而是有多少具体的成功行为就有多少真理。詹姆斯区分了两种探讨真理的方法，他分别称之为"严苛的"和"温和的"。一位"严苛的"实用主义者将只在真理过程中注意那些更有科学性的成功行为。例如，我对钟表的概念是真的，因为我准时地出现在一定的场合，而且我还可以把我对钟表的观念和其他钟表上所指示的时间相对照。然而，一位"温和的"实用主义者将考虑真理过程里的科学性不那么强的行为。例如，不用对事物进行科学的分析，只要我对钟表的概念起到了它的主要作用，即安排我的日常生活，那么，我对钟表的概念就是真的。詹姆斯认为，真理研究中的严苛的与温和的两种方法都各有各的效用。我们不可能都是科学家。但是，这并不意味着真理就是想入非非。就算采用温和的方法，一个真的信念也必须起到有益的作用，正如假的信念会起破坏作用一样。例如，一只纯属想象的钟就不能胜任安排我日常生活的功能，并且事实上会对我的日程产生负面影响。

如果我们问这位实用主义者，人为什么应该追求真理，詹姆斯的回答是"总的来说我们有责任去做有益的事情，而追求真理是这个一般责任的一部分"，就好比一个人应该追求健康是因为健康是有益的一样。总之，詹姆斯认为，实用主义真理理论可以给哲学作出它所迫切需要的贡献，即解决争端的方法。如果争论的每一方都只是坚持认为自己是正确的，那么，有的争论就没法解决。而詹姆斯对此将会问道，哪一种理论更适合现实生活？有一个这样的争端世世代代都在烦扰着哲学家们，这就是自由与决定论的问题。

自由意志

詹姆斯坚信我们不能以理性的方式来证明人的意志是自由的还是被决定的。我们将会发现，争论双方都会找到同样好的理由为自己辩护。然而，詹姆斯相信，实用主义方法将为这一问题的解决提供新的启示。这里关键的实践问题是，接受任何一方的观点将对我们的实际生活产生什么样的影响？这个问题值得探讨，因为它涉及我们生活中的某些重要的事情：我们是机械地受物质力量驱使，还是至少有能力按我们认为合适的方式对我们生活中的某些事件加以改变？在詹姆斯看来，这不单是一个有趣的难题。他的整个哲学的方向都围绕着意志的作用和地位的问题。他非常关心人的行为和人对那些具有最高兑现价值的观念和行为模式的选择。于是，他从人的奋斗方面来看哲学，而且，他坚信，这种哲学也指示着某种类型的宇宙。

在詹姆斯看来，自由意志的问题"只与可能性的存在有关"，与那些可能发生但不一定发生的事情有关。决定论者说，没有任何模糊的或不确定的可能性，凡是要发生的事情都一定会发生。根据这种观点，"宇宙里已经确定的部分绝对地安排和确定好了将要出现的其他部分是什么样子。从其孕育阶段开始，未来就不存在任何模糊的可能性"。另一方面，非决定论者说，宇宙中有一些"不确定的作用"，现在的事物的状况不一定决定将来会是什么样的。这就有了两种互相矛盾的观点。是什么把我们分成承认可能性与否认可能性的两派人的呢？答案是对合理性的要求的不同。对于有的人来说，说所有的事件永远都是被决定的似乎更合理，而对于另外一些人来说，认为人能进行真正的选择似乎更合理。如果这两种观点对于各自的提倡者来说都是一样合理的，那么，该如何解决这一争论呢？

照詹姆斯看来，要解决这个问题，我们只需问一个实用主义的问题，即一个决定论的世界意味着什么？也就是，如果所有的事件毫无例外地从时间开端起就被严格地决定，以至于它们不能以另外的方式发生的话，那么，我们会生活在一个怎样的世界中呢？我们只能回答说，这个世界像一台机器：其中每个零件都刚好合适，所有的齿轮都是互相啮合在一起的，因此一个零件轻轻动一下，都会带动其他的每个零件。在这台机器里，没有任何不确定的作用。但是，詹姆斯认为，我们不仅仅是一台巨大机器里的零件。使我们不同于机器零件的，是我们的意识。比方说，我们能够作出后悔的判断，例如有的人可能后悔在中学时屈服于同伴的压力，在大学没有好好学习，在工作上表现不好。但是，如果事件是被死板地固定好了的，而且我们在过去不能不这样做的话，那么，我们又怎么可能会为任何事情感到后悔呢？

我们不仅仅能够作出后悔的判断，而且，我们能作出赞同和反对的道德判断。我们说服他人去做某些事情而不做其他事。我们也因人们的行为而对之施以奖惩。所有这些判断形式都表明我们不断地面临着真正的选择。一个被迫的或被决定的行为根本就不是一个选择。在实际生活里，我们发现我们自己和别人都是很脆弱的。人可以撒谎、偷窃、杀人。我们并不仅仅是在回想中认为这些是错误的，而且是因为我们感觉这些行为在其发生时并不是不可避免的。做出这些行为的人"本来可以"有另外的做法。决定论者必须把这些判断统统都消解掉，而把这个世界规定为一个不可能有什么"应该"的事情的地方。詹姆斯的结论是，这个自由意志／决定论问题说到底是一个"个人"的问题，而他个人不能够把宇宙想象为一个谋杀必然发生的地方。相反，宇宙应该是这样一个地方，谋杀可能在此发生，但不应该发生。所以，在詹姆斯看来，自由意志问题有着很现实的意义，而且，"有自由意志"这个选项从实用主义的观点看更为真实，因为它更好地容纳了悔恨的和道德的判断。如果这仅仅反映了他对于这个世界所是的性质的"本能"看法，那么，詹姆斯说："就我个人来说，有某些本能的反应是我不愿加以改变的。"

相信的意志

态度严苛的科学家可能认为我们个人的愿望不能够影响我们对于真理的研究。事实上，科学家可能会认为，我们在没有很清楚的证据的情况下，不应该具有信念或信仰。例如，宗教问题是超越于证据的。因此，在对于上帝的存在缺乏任何明显的证据时，科学家可能提倡不可知论——对上帝既不是信，也不是不信。在"相信的意志"这篇论文里，詹姆斯对这种科学观点提出了异议。他认为，在紧迫的问题上，当理性确实并不支持任何一方时，我们可以有权仅仅根据我们的感觉来相信。然而，我们并不是在任何情况下都可以任意相信任何东西。只是在一些特殊情况下，我们才有权相信我们感觉我们应该相信的东西。在詹姆斯看来，这必须是在我们的理性在这个问题上并不支持任何一方的时候。例如，我没有理由相信亚伯拉罕·林肯仍然活着，因为有很多不可辩驳的理由使人相信他已经去世了。然而，在另外一些问题上，例如在上帝是否存在的问题上，理性看来确实并不支持任何一方。在詹姆斯看来，对于上帝的证明或否证都是同样没有说服力的。除了理性的中立性这一规定以外，詹姆斯还列举了另外三个条件以确定建立在感情基础上的信念是合理的。

第一，信念必须是一个活的选择——而不是一个死的选择。也就是，它必须是一个我们在心理上能够相信的观念。例如，如果叫一个传统的基督徒去相信穆斯林的救世主马赫迪，他或她在心理上将不能够做这种转折。因此，对于这样的基督徒来说，信仰马赫迪将是一个死的选择。第二，这种选择必须是不得不做的，即我们要么接受要么拒绝，不能游移其间。例如，我必须要么接受要么拒绝基督教的上帝存在这一观点。第三，信仰的事情必须是很重要的，也就是，是使人们非常关心的事情，而不是微不足道的琐事。相信上帝看来是一件很紧要的事情。当所有这三个条件都满足以后，我们就有了詹姆斯所说的"真正的选择"。他把他的观点陈述如下：

> 无论在什么时候，只要是一个本质上不能够依靠理性来决定的真正的选择，我们的情感就不仅可以合法地选择，而且也必须要在两种观点之间作出这样一个选择。因为在这种情况下，说"不要作出决定，把问题放到一边"，这本身也是一个情感的决定——就像说"是"或"不"一样——而且，同样面临着失去真理的危险。

总之，詹姆斯认为，在理性保持中立的那些真正选择的事情上，我们可以依靠我们的希望和感情来作出决定。

在詹姆斯看来，当我们积极主动地相信那不能被理性证明的东西的时候，我们常会得到真正的好处。这会冒一定的理性的风险，但这种风险值得冒。例如，假设一位男青年想知道一位女青年是否爱他。让我们还假定，客观上她是爱他的，但是他不知道这一点。如果他假设她不爱他的话，那么，他将因为怀疑而不会说或做一些能够让她表白她的爱的事情。在这种情况下，他将"失去真相"。他的相信的意志并不会必然地造成她的爱。她的爱本来已经在那里了。但是，信仰能够起到让已经存在的东西圆满呈现出来的作用。如果这个年轻人在他能够得知真相以前要求证据的话，他将永远不能知道真相，因为他所寻找的证据只有在他依靠自己的信念行动之后才能得到。同样，在宗教经验领域里，我们只有先在实际上成为宗教信仰者——哪怕这时缺乏支持我们信仰的证据——才能发现宗教真理。和前面的例子一样，我们预先积极的宗教信仰（proactive religious belief）也不会使我们的宗教经验成为真的，但是它给我们提供了发现宗教经验的真理性的唯一方法。

偶尔也有这种情况，非理性的积极主动的信念甚至能制造事实，而不仅仅是发现事实。例如，我很可能在工作上得到提升，主要是因为我相信我能够得到提升，而且毅然决然地按自己的信念行动。由于认定我真的具备能力，我就把这种信念贯穿在我的生活之中，并为之而甘冒风险。我的信念造成了对信念的证实。同样地，在政治竞选过程里，候选人的乐观的相信的意志可以在选区内激起足够的热情，从而赢得多数人的选票。詹姆斯用一个火车上抢劫的例子来说明这一点。火车上的所有乘客很可能从个人来说都是勇敢的，但是，每个人都害怕自己在反抗劫匪时会遭到射杀。然而，如果他们乐观地相信其他人都会起来反抗，那么抵抗就会开始。而如果一个乘客真的站起来，这就会感染其他人，并有助于大家团结起来进行抵抗。

17.4 杜 威

杜威的生平

威廉·詹姆斯生动的写作风格是无与伦比的，但是，从根本上说，杜威才是最有影响的实用主义者。在92岁去世之前，杜威已经使哲学得到重建，并影响了美国的很多制度，特别是学校制度和某些政治事务。他的影响超越了美国的国界，特别是在中国和日本，他的演讲给人们留下了难以磨灭的印象。杜威1859年出生于佛蒙特州的柏林顿镇，并在佛蒙特大学和霍普金斯大学上学。1884年，他从霍普金斯大学获得哲学专业的博士学位。在之后的10年里，除了有一年在明尼苏达大学以外，他都在密歇根大学任教。再后来的10年，他任教于芝加哥大学，其间，由于他的实用主义教育思想而名声鹊起。作为芝加哥大学的儿童实验学校的负责人，他就营造一种更为宽松而有创造性的学习环境进行了实验。他抛开了传统形式的学习方法——即听课和做笔记——而鼓励学生直接参与教学方案的制订。从1904年到1929年，他在哥伦比亚大学任教。甚至在1929年退休以后，他还写了大量的著作。他的研究兴趣很广泛，其著作涵盖了逻辑、形而上学和知识论等领域。但是，由于他对实用主义的阐发主要是在社会的而不是个人性的领域，所以，他最有影响的著作是与教育、民主、伦理学、宗教以及艺术有关的。

旁观者与经验

杜威与以前哲学的主要分歧在于后者混淆了知识的真正性质和功能。他说，大体而言经验主义者认为思想所指的东西是自然界里的固定事物——也就是说，每一个观念在现实中都有一个与之对应的东西。这就好像认知的过程就是我们在观看某个事物时是在对假定发生的事情加以模拟一样。因此，要看到某物就必须对它有一个观念。他把这种观点称为"旁观者的知识论"。但是，理性主义认为，真实的情形与此相反，也就是说，当我们有一个清楚的观念时，这就保证了我们思想的对象是存在于现实中的。无论是哪一种情况，经验主义和理性主义都把心灵看作是思考自然界中的固定的和确定的东西的工具。自然界是一个东西，心灵是另一个东西，而认知就像旁观者所做的事情那样，是一个比较简单的观看外在事物的过程。

杜威认为，这种关于知识的理论过于静态也过于机械。杜威受达尔文的理论的影响，把人看成是生物机体。这样，我们与环境的关系才能得到最充分的理解。尽管杜威放弃了他早期的黑格尔倾向，他仍然相信人类处于辩证过程之中，特别是处于物质或自然环境的冲突中。所以，杜威的最高概念就是经验，他使用这个概念是为了把作为能动的生物体的人和他们周围多变的环境联系起来。如果我和我的环境都是动态的，那么，很明显，简单的旁观者的知识论就不能说明问题。我的心灵不是一个固定的实体，而知识也不是一系列静止不变的概念。人的智力就是存在于我们身上的与环境打交道的能力。思维不是私下里从事的个人行为，也不是与实践问题隔绝的。相反，思维或者积极的智力，是在"问题情景"中产生的；思维和行动是密切相关的。

杜威说，所有的思维过程都有两个方面，也就是，"从开始的迷惘、不安、混乱的状态到结束时的清楚、统一、确定的状态"。他把他的理论称为工具主义，强调思维永远是解决问题的工具。经验主义和理性主义把思想和行动割裂开来，然而，工具主义认为，反思的思想总是参与到对现实状态的变革之中。我的思想不仅仅认识个别的事物，而且调节作为有机体的我与我的环境之间的关系。我的心灵关注着一系列与我的欲望、怀疑、危险有关的事物。认识很可能是由"认知行为"——一种心灵中的活动——构成的，但是，对于认识的全面描述必须包括产生问题的环境根源或引起认知行为的情景。工具主义在这一点上不同于经验主义和理性主义。

所以，思维并不是对"真理"的探求——仿佛"真理"是事物的一种静态的永恒的性质似的。毋宁说，思想是试图调节人们和他们的环境之间关系的行为。杜威说，对一种哲学的价值的最好检验，是问这样的问题："它是否达到了这样的结果，当把它应用于普通生活经验和生活里的困境中时，使得它们对我们来说变得更显著、更明了，从而使得我们在处理它们时更有成效？"在这种意义上，他的工具主义是以解决问题为导向的知识理论。

习惯、智力和学习

杜威是围绕着一种关于人性的特殊观点来建立他的工具主义理论的。尽管他相信，教育和社会环境对人们有很大的影响，但他还是认为，我们具有某些本能。他的观点是，这些本能不是固定不变的遗传特征，而是"极富弹性的"，而且，在不同的社会条件下它们会起不同的作用。他说，"每种冲动，由于它与周围环境的相互作用，可以生成任何一种气质"。例如，害怕既可变成怯懦，也可以变成对尊长的敬重，还可以成为接受迷信的原因。一种冲动究竟产生什么结果，这要看这种冲动与环境所提供给它的条件是如何相互作用的，也要看这种冲动与其他的冲动是如何结合起来的。所以杜威反对采用简单机械的"刺激-反应"模式来说明人的行为。即使一个冲动总是以同样的方式表现出来，这也并不是一种机械的必然性，而不过是习惯导致的结果。但是，习惯仅仅是对于冲动引起的刺激的反应方式之一，而人的那些自然冲动并不必然联系于任何一种特定的反应。他说，所有的反应方式都是通过人性与文化之间的相互作用而习得的。因此，习惯并不代表固定的人的行为方式。我们甚至可以根据习惯是否有助于改善生活，是否在大体上有助于个人成功地适应环境，来检验习惯是否有用。

或许在杜威的分析里最重要的内涵是关系到社会和人的"恶"的本性的。恶不是人性中某些永恒本能或冲动所产生的不可更改的结果。相反，恶是一种文化形成与支配人们的冲动的特殊方式的结果。按照这种观点，恶是"已经形成的习惯的惰性"的产物。智力本身是我们调节我们与环境关系的一种习惯。因此，习惯不仅包括对某些刺激源的反应方式，而且包括对环境的思考方式。由于所有的习惯都只是人为建立起来的而不是必然的行为方式，所以，克服个人和社会的恶的途径就在于改变一个社会的各种习惯——社会的反应习惯和思维习惯。

在改造社会的过程中，最重要的事情莫过于教育。如果说我们是习惯的动物，那么教育就提供了发展最有用、最具创造性的习惯的条件。杜威很遗憾地指出，过去所取得的进步只是在大灾难或社会大动荡把顽固积习的魔力打破以后才发生的。他倾向于一种更有控制的变革方式，而他认为，没有什么东西所提供的控制力能比知识所提供的更大。所以，社会的变化，不应通过革命，而应通过教育来精心改变我们的习惯而达到。他坚信，"持续而渐进地改善经济和改良社会的主要方法，在于利用教育年轻人的机会来修正占主导地位的思想和欲望模式"。教育的精神应该是实验性的，因为我们的思想是解决问题的工具。所以，尝试不同的方法来成功地解决问题比追求干净利落的理论公式更重要。

杜威的工具主义是受科学的前提支配的。像科学一样，教育应该认识到行动和思想——实验与反思——之间的密切关系。获得知识是一个不断的过程。这一过程努力地在实验和思想的背景中提出理论。但是，如果教育是改良社会的关键，而实验是发现解决问题的工具性手段的最佳途径，那么，关键的问题就涉及目的。改良设定了一种价值尺度，而方法则是用来实现目的的。社会是如何发现它的目的或价值基础的呢？杜威特别考察了把事实和价值、科学与道德联系起来的棘手问题，并在考察过程中提出了一种新的价值理论。

事实世界里的价值

杜威的价值理论仍然遵循了他关于知识的总体理论。我们发现价值就像我们发现事实一样，都是通过经验。价值并不是作为只等理论头脑去发现的永恒实体而存在着的。每一个人都遇到过在两个或更多个可能性之间进行选择的问题。价值的问题就是起源于这种必须作出选择的经验。我们最常作出的选择，是为了达到目的而对方法进行选择。一旦目的清楚了，我们就能够以科学的严格性来寻找方法。杜威认为，能最成功地达到目的的行为毫无疑问就是最有"价值"的行为。举例来说，我的房顶漏水。这立即就产生了目的和手段的问题——堵住漏水是目的，而达到这个目的的方式则是手段。我很快就意识到漏水的房顶是需要采取行动的。在我开始行动之前，我尽力依据以往的经验和实验，找出各种可能。在杜威看来，要有效地处理这个问题，我们无须求助于详密的价值理论。因此，他反对任何基于所谓"事物本质"或超验的永恒真理的价值理论。杜威说：

"结构的不可渗透性和固定性只是相对的，不是绝对的。"对价值的探寻要依靠科学的方法论，所以，我们所要做的就是明智地选出达到目的的最佳手段。

由于智力是在任何问题和解决方法之间架起桥梁的力量，杜威认为，同样一种实验性的和工具性的处理方式可以成功地解决个人和社会的命运的问题。对于和道德、社会政策、政治、经济有关的价值理论，这种方法都是适用的。他之所以有这样的乐观态度是因为科学取得了辉煌成就。如果我们问杜威，要是没有了传统的道德和宗教标准，我们到哪里寻找价值，他会回答说，大体说来应该"从自然科学的发现里去找"。在杜威的理论和功利主义之间有一种相似性，它们都认为正确的行为是能够给社会带来最大利益的行为。然而，杜威试图超越这种功利主义理论。我们的道德选择是从确定我们在事实上需要什么开始的，比如，修好的房顶或经过改革的学校制度。然后，我们用我们的智力来考察这些需要或愿望，进而提出一个令人满意的解决问题的办法。

不幸的是，我们不能发明一种简明的公式来确定任何一种给定的行为会有怎样的结果，什么又是达到某个目的的最佳方法。生活是如此变动不居，行动的环境又是如此多种多样，这些都使我们不可能列出一套规则来。最好的价值就是产生了相对于我们想达到的目标来说令人满意的结果的价值。我们正是通过经验才能发现生活和行为所朝向的目的。在杜威看来，每一代人都应该在民主的条件下建立他们自己的目的。民主本身就代表了杜威对人的智力的信念。他相信，除了"共同合作的经验"之外，没有任何来源可以提供知识、智慧或集体行动的指导方针。

17.5　过程哲学

就在现代科学的成就达到它最令人叹为观止的高峰的时候，两位大胆的思辨哲学家对于科学思想的基本假设提出了质疑。柏格森和怀特海都不否认，科学的方法使人们对自然有了可观的控制力，而且在此限度内也取得了辉煌的成就。但是，他们所关心的主要是一个哲学问题，即实在是不是就像科学所说的那样。直到19世纪后半叶和20世纪早期的几十年，科学的主要假设是，自然是由位于空间中的物质客体组成的。根据这种观点，物质是最终的不可化约的东西，一切事物是由物质材料构成的。人们思考自然的成分和活动是以机器为模型的。自然里的一切具体事物都被认为是一个大的机械系统的诸部分。这就意味着，每个部分的活动最终都能以数学式的精确性来加以描述，因为物质客体在空间里是按照严格的规则或规律运动的。而且，作为机械系统的一个部分，事物是通过严格的因果序列互相关联的。人性也同样被以这种物质的、机械的观点来看待。人作为严密有序的宇宙机器的一部分，不再被认为是"自由"的或拥有自由意志的。

以上每一个假设都向柏格森和怀特海提出了严肃的哲学问题。他们怀疑自然界是不是真的由空间里的惰性物质客体组成。他们还怀疑人的理智是不是能够发现科学的逻辑和数学推理所描述的那种外在事物的条理性和机械性。还有，如果基本的实在是物质并且实在的不同部分构成了一个严格的机械系统的话，那么在自然界里如何能有真正的创新？这样一个由物质客体构成的世界能否不仅仅是时不时地把同样的东西重新安排一下呢？简言之，惰性的物质如何能够克服它的静止状态而发生进化呢？我们如何用无生命的东西解释具体的生活经验呢？在一个完全机械式的宇宙里如何解释人的自由呢？科学本身最近也提出了新的概念，例如进化论，这使得有关自然的机械模型越来越难以说得通了。

怀特海指出，19世纪末，科学家"还没有很清楚地意识到，他们所引进的一个接一个的观念，最终会形成一个与支配着他们的思想和表达方式的牛顿式观念不一致的思想体系"。怀特海可以说是从科学本身转向他的形而上学的，他说出了新物理学所暗含着的诸多思想。同样，柏格森也并不反对科学，而是认为科学和形而上学应该互相补充。然而，柏格森和怀特海在科学上的确质疑了那种认为科学思想模式可以是独一无二、包罗万象的知识源泉的想法。因此，他们试图表明，科学的局限是什么，而发现形成实在的形而上学过程，又能够提供怎样独特的洞见。

17.6 柏格森

柏格森的生平

亨利·柏格森1859年出生于巴黎。这位非凡人物的父亲是波兰人，母亲是英国人。这一年，达尔文的《物种起源》出版，杜威诞生。柏格森在学术界很快就平步青云。22岁时他就当上了昂热公立中学哲学教授。1900年，他被任命主持法兰西学院著名的现代哲学讲席。柏格森以他非同寻常的明晰思想和引人入胜的文风写出了一系列著作，这些著作赢得了广泛的注意，也激起了很多的讨论。这些著作包括《时间与自由意志》(*Time and Free Will*，1889)、《物质与记忆》(*Matter and Memory*，1897)、《形而上学导论》(*An Introduction to Metaphysics*，1903)、《创造进化论》(*Creative Evolution*，1907)和《道德与宗教的两个起源》(*The Two Sources of Morality and Religion*，1932)。最后那三部著作尤负盛名，其中包含了他最有特色的思想。这些书的出版使柏格森享誉世界，吸引了来自许多国家的人到巴黎听他的讲座。他一直在巴黎生活到1941年82岁去世时。

绕行和进入

位于柏格森哲学的中心的是他的这样一种信念，即有"两种有深刻差异的认识事物的方式"。他说，第一种方法"意味着我们要绕着对象走"，第二种方法则意味着要"我们进入事物内部"。由第一种方法得到的知识依赖于我们观察对象时的视角。因此，这种知识是因不同的观察者而异的，所以是相对的。而且，由观察而得到的知识是用符号来表达的，但是，符号不仅可以指称这个具体对象，也可以指称一切类似的对象。但第二种知识则不然，它是绝对的。柏格森说，这是因为在这种情况下，我们"进入"了对象，从而克服了任何个别视角的局限性，把握到了对象实实在在的样子。

柏格森用几个例子来阐述这两种知识。首先是一个物体在空间中的运动。他说，我对这个物体的观察将随着我的观察点的不同而变化，尤其是随着我自己的运动或静止而变化。当我试图描述这个运动时，我所做的表述将随着我所用的参照系不同而不同。不论是观察还是描述那个运动着的物体时，我都是位于此物体之外的。在描述一个物体的运动时，我设想一条被分成许多单位的线，并且通过画一幅带有纵横坐标轴的图，也就是画出一系列的点来表征它，设想这个物体就穿过这一系列的点而运动。与这种企图以空间中互相分离的单位来标明和图示运动的想法相反，柏格森认为真正的运动是一种连续的流动，其中事实上不需要穿越任何点。柏格森说，假设当物体运动的时候，你在物体里面，那么你将知道那个物体真实的存在和运动是什么样子，而不仅仅是它被转换成点和距离单位的符号语言时会是什么样子。因为："我经验到的东西将既不依赖于我观察对象时可能占据的角度，因为我就在对象之中，也不依赖于我借以对运动进行转换的符号，因为我为了拥有本原性的东西而拒绝了一切转换。"我不能从我所站的角度出发，以静止的立场来把握运动，而必须力求从对象所在的地方，从内部来把握对象的运动，把运动当成在对象自身中的东西。当我抬起自己的胳膊的时候，我对于我所产生的运动有一个简单而单一的知觉；我对于这个运动有着"绝对"的知识。但是，柏格森说，对于从外面来看我抬起胳膊的旁观者来说：

> 你的胳膊通过了一个点，接着通过另一个点，在这两个点之间将还有其他的点……从里面看的话，那绝对的东西就是单纯的东西；但是，从外面来看，也就是说，与其他的事物相对而言，从它与表达它的符号的关系上看，绝对的东西就成了一枚似乎永远无法兑换成零钱的金币。

小说里写的人物也是如此。作者努力地描述他的特质，把他放到行动和对话中去。但是，柏格森说："所有这一切都决不能和我在某一瞬间把自己当作主人公本人时所体验到的那种简单而不可分割的感觉相提并论。"之所以对于性格特质的描述无助于我了解这个具体的主人公,是因为这些性格描述仅仅是些符号:"这些符号使得我只有通过与已经了解的其他人或事作很多比较才能达到对这一主人公的了解。"这些符号使得我处于他之外,"它们所提供给我的仅仅是他与别人共同的东西,而不是只属于他自己的东西"。柏格森说,想从外面来感知构成一个人的本质的东西,这是不可能的,因为他的本质的题中之意,就是内在的,因而,也是不可能用符号表达的。描述和分析都要使用符号,但是,与我们要从某个角度去观察或用符号试图要表达的事物相比,符号总是不完美的。把从可以想象的一切角度拍摄下来的巴黎照片甚至电影画面都加起来,也无法与我们在其中生活、往来的实实在在的巴黎相比。一首诗的所有翻译都无法传达出原诗的内在含义。以上的每个例子,首先都有一个原本,我们只有进入其中才能绝对地认知它。其次,有对这个原本的"翻译"或摹本,我们对这些东西的认知只能是相对的,要看我们观察的角度以及我们进行表述时所使用的符号。

"围绕"着一个对象和"进入它里面",如果更精确地说,究竟是什么意思呢?柏格森的"围绕着对象"说的是一种特殊的理智活动,即他称之为"分析"的活动所要做的事情。相反,"进入对象里面"则包含在他所用的术语"直觉"之中。柏格森的"直觉"是指"一种理智的同情,一个人借此而置身于对象之中,以便能与对象所具有的独特的因而不可表达的东西相一致"。科学和形而上学的根本区别就是由"分析"与"直觉"的区别所决定的。

科学的分析方法

柏格森认为,由于科学是以分析为基础的,所以科学上的意义最终只能是对于它所分析的所有对象的本质的歪曲。他说,这是因为,分析是"一种把事物化约为已知要素的操作,也就是,还原为它与其他事物共同的要素"。因此,"分析指的是把一物表示为不同于它的另一物的函数"。例如,分析一朵玫瑰是把它拔下来,并找到它的组成成分。从这样的分析中,我们的确获得了有关玫瑰的知识,但是在这种分析活动里,玫瑰已经不再是花园里的活着的玫瑰了。同样,医学科学也是通过解剖人体来获得有关人的知识的。

柏格森说,具有讽刺意味的是,在一切场合,分析的理智都是通过摧毁事物的本质来认识事物的。事物的本质是它的动态的、发展的、生机勃勃的、活生生的、持续的存在——也就是它的绵延。然而,分析打断了这种本质性的绵延。它使生命和运动停顿下来。它把在真实生活中统一的、有机的和能动的实在分离为各个独立的静止的部分。

分析科学的语言通过应用符号使得这种对于事物的静态的和分离的观念更加离谱了。有多少观察事物的方式,科学就有多少用来描述一个新事物的符号。柏格森说,每一个这样的知觉的内容都是抽象的,也就是从对象之中抽离或者说提取出来的。于是理智就构造了关于某事物的一系列的概念,"按照我们为了行动方便起见而必须遵循的那些界限对实在进行裁割"。由于我们是用语言也就是用单个的概念来思维的,所以,我们就倾向于把事物分析成很多的概念,这些概念的数量就和我们环绕一个对象来观看它的方式一样多。这就是科学分析的一般职能,即符号操作。就连研究生命的科学,"也把自己局限于生物体的外观形式、它们的器官以及解剖学单元上。这些科学在这些形式之间比较,把较复杂的化约为较简单的。简而言之,这些科学不过是根据那些可以说只是生命的外观符号的东西来研究生命活动"。柏格森说,在我们的理智和物体之间似乎有一种"对称、一致、协调",仿佛我们的理智生来就是为了对物进行分析和利用的。他说,实际上,"我们的理智是我们的感官的延伸"。早在科学或哲学产生之前,"理智就已经在起着制造工具并指导我们的身体对周围的物体采取行动的作用了"。

那么,如果理智是为了利用物质而产生的,"它的结构无疑就是以物质为摹本建立起来的"。但是,正是因为这个原因,理智的功能是有限的。它的结构和功能使它适合进行分析,即把统一的东西分成部分。即便在研究最具体的实在——自我——的时候,理智仍然沿用分析的方法,所以决不能发现真正的自我。像其他所有的科学一样,心理学把自我分成不同的状态,例如感觉、感情、观念等,并分别加以研究。在柏格森看来,用分别研究不同的心理状态的方式来研究自我,就像通过研究各种各样都贴上了"巴黎"标签的素描来研究巴黎一样。心理学家声称在各种心理状态中发现了"自我",但是他们没有认识到,"只有当自己完全走出自我之外,才得到了这些五花八门的状态"。而"无论他们把这些状态如何紧密排列,如何增加其间的接触点,如何考察其间的间隔,自我却总是逃避着这些东西"。

形而上学的直觉方法

但是,柏格森说,有另外一种认识自我的方式,这就是直觉。他说:"至少有一种实在,我们对之不是通过简单的分析来把握,而是通过直觉从内部来把握的。它就是我们自己的贯穿在时间中的人格——我们的延续的自我。"柏格森就像笛卡尔一样,把他的哲学建立在关于自我的直接知识之上。但是,笛卡尔是在他的自我知识之上建立起了一个理性主义体系,而柏格森建立的则是与理性主义截然不同的直觉方法。柏格森认为,直觉是一种理智的同情。它使得我们的意识和对象同一起来。直觉"指的是……直接的意识,一种难以与所看到的对象区分开来的眼光,一种触及对象甚至与之重合的知识"。

柏格森说,最重要的是,"直觉的思维是在绵延(duration)中思维"。这就是分析的思维和直觉的思维之间的区别。分析从静态的东西开始,尽力用处于并列关系中的不动的东西来重构运动。与之相反,"直觉从运动开始,对它加以认定,或者不如说把它作为实在本身来加以感知,而把不动看成只是运动的一个抽象出来的瞬间,是由我们的心灵所抓拍的留影"。一般来说，分析性思维是把新的东西理解为对已经存在的东西的重新排列；虽然没有任何东西丢失，但也没有任何东西创生。但是，"直觉，与生长着的绵延息息相关，它把绵延看成是一种不间断的并有不可预测的新东西产生的连续体；它看到，它也知道，心灵从它自身中引出了比它所拥有的还要多的东西，所谓精神性就在于此，而这种渗透着精神性的实在，就是创造"。直觉发现自我是一种绵延不断的流变。

柏格森把自我的内在生命比作一个一圈圈地不断缠绕起来的线团："我们的过去跟随着我们。它一路不断地吸收当下的东西而膨胀起来；而意识就意味着记忆。"他说，对自我加以思考的一个更好的办法是想象一个无限小的弹性体，它被一步步地拉伸，结果从原来这个弹性体中引出了一条不断延长的线。尽管这个意象也还是不能使他满意，柏格森仍然认为可以用它来类比人的人格。那个弹性体的不断拉伸是一种持续的动作，代表着自我的绵延，也就是自我的纯粹的变动性。但是，无论用什么样的形象来描述它，"内在的生命同时包括了下面这一切：多样的性质、连续的进展、统一的方向。它无法用形象来表征。……没有任何形象能代替对绵延的直觉"。

绵延的过程

柏格森关注着他称之为"绵延"的发生在万物之中的进程，这也就是生成。他认为，绵延构成了我们生活在其中的持续的经验之流。他对于古典哲学各派的批评是，他们没能认真对待绵延。大体说来，哲学家们，例如柏拉图、笛卡尔、康德等人，都试图通过固定的思想结构来解释世界。柏拉图尤其是如此，他的"理念"思想给我们提供的是关于实在的静态结构。就连经验主义者也是这样，尽管他们注重经验，却还是把经验分析成静态的成分。在休谟那里就是这样，他把知识描述为单个的印象。柏格森批评道，理性主义者和经验主义者都没有认真考虑变动、发展、生成、绵延的问题。他并不完全清楚在科学知识里该如何运用这个形而上学的绵延概念。但他确信，"在绵延中思考"才是真正把握了实在。这样的思想也给了我们一种比起理智所建立的"空间化了的"时间要更精确的时间概念——真实的、连续的时间。

只有当我们以这种"空间化的"方式来思考时间和运动的时候，才会遇到芝诺所说的逻辑悖论。大家记得，芝诺说过，一支飞箭是不动的，因为在每一瞬间它都在空间里占有一单个的位置，这也就意味着这支箭在每个瞬间都是静止的。柏格森说，如果芝诺关于时间和空间的设定正确的话，他的论点就是不可辩驳的。但是，柏格森说，芝诺假定在空间里有实在的位置和在时间里有分离的单位，这是错误的。柏格森指出，这些所谓的位置只是理智所作的假设。时间单位仅仅是分析的理智把实际上是连续的流的时间人为分割而成的各部分。芝诺悖论所表明的是，不可能从静止的位置构造出运动，也不能从一个个瞬间构造出真正的时间来。尽管我们的理智能够理解静态的部分，但却不能够把握运动或绵延。只有直觉才能把握绵延。而且，实在就是绵延。柏格森说，实在不是由事物构成的，而是"由形成着的事物构成的，不是由自我保持的状态构成的，而是由变化着的状态构成的"。静止仅仅是表面的，因为，"如果我们把趋向理解为一种初露端倪的变化方向的话，那么一切实在都是趋向"。

进化和生命冲动

难道进化论不是科学能够理解绵延和生成的一个成功事例吗？在审视了进化论的主要思想以后，柏格森得出结论说，在这些理论中，没有一个是站得住脚的。因而，他提出了他自己的理论。他发现，在其他理论中尤其有这样一个不足之处，即它们不能令人信服地解释如何能够跨越不同层次之间的鸿沟而完成从较低到较高层次的过渡。达尔文谈到了一个物种的个体之间的变异，而其他生物学则把突变当成使得某些个体拥有更适合生存的变异特征的条件。但这些说法都没有解释一个物种中的这些变异是如何能够发生的。它们只是说，变异可能是在有机体的某个部分渐渐地或突然地发生的。这种观点忽视了一个有机体内部的功能性的统一性。这种统一性要求任何一个部分的变化必然伴随着整个有机体的变化，而这种观点没有说明这是如何能发生的。这样就有一个问题没有回答：尽管在形态上依次发生了变化，但如何可能有功能上的连续性呢？新拉马克主义的理论把进化的原因归结为某些有机体所作出的特别"努力"，这种努力使它们发展出了适合于生存的能力。但是，这种后天习得的特性能从一代传到下一代吗？柏格森认为，尽管"努力"的概念不乏某些有潜在价值的意义，但是，要用来解释整个发展的过程，这概念却未免过于含混。

柏格森的结论是，用生命冲动来解释进化是最好的。生命冲动驱使一切有机体不断地朝着更复杂、更高级的有机结构发展。生命冲动是一切有生命的东西的内在的本质要素，是在一切事物之中持续运动着的创造力。由于理智只能把握静态的东西，所以它不能把握生命冲动。因为，生命冲动是绵延和运动的本质，而"一切运动、一切变化都是绝对不可分的"。柏格森认为，认识是第二性的活动，生命是更根本的，因而是第一性的活动。是直觉和意识，而不是理智，把握住了这种第一性的生命，并发现它是一个连续的、不可分割的过程。一切事物都是这个过程的表现，而不是它的部分。一切事物都是被这种生命冲动驱动着，这种冲动就是基本的实在。我们首先是通过对于我们自己的连续自我的直接觉知而发现生命冲动的：我们发现我们是持续着的。

最后，这就是直觉必然向理智挑战的地方。就像我们已经看到的，理智把运动看作一些静止的状态。然而，直觉发现运动是连续的，运动不能够被化约为各个部分，由生命冲动所引起的创造过程是不可逆转的。柏格森说："为了获得这种不可化约性和不可逆转性的概念，我们必须强行改变我们的心灵，抵制理智的自然倾向。但这也正是哲学的功能。"

理智将把进化过程描述为一条穿越各个可以测度的层级而向上推进的单一而稳定的路线。然而，直觉却揭示出有各种不同的趋向在起作用。按照柏格森的观点，生命冲动有三个可以识别出的方向，分别产生出：(1)植物存在，(2)类人生命，(3)脊椎动物（最后也包括人类）①。他把理智和直觉区分开来，认为理智是和物质一起出现的，而且也是要一起发挥作用的。他说："我们狭义上的理智，是为了保障我们的身体对周围环境适应无碍，为了表现外部事物之间的关系——简而言之，是为了思考物质的。"而且，"物质是用几何学来衡量的"。但是，无论物质或是几何图形都不能代表最终的实在。生命冲动本身必然是类似于意识的，这才有了生命和所有的创造的可能性。进化是创造性的，正是因为将来是开放的。没有已经预设好的"最后"目的；绵延不断地持续着，不断产生出真正的新事件，这就像一位艺术家在作品创作出来之前并不知道他究竟要创作什么一样。柏格森最后把生命冲动的创造努力说成是"上帝的存在，如果不是上帝本身的话"。

道德和宗教

柏格森认为，道德有两个来源。第一个来源是对社会团结的必要性的纯粹感受。为了达成这种团结，一个社会确立了一定的义务规则。第二个来源则根植于更深层的情感——是由道德伟人的楷模所激发出的情感，这些道德伟人的情感感召力超越了个别的文化群体。这两个来源——社会必要性造成的压力和对于更高级生命的渴望——反映了理智和直觉之间的不同。理智用具体化的方式思考，针对具体的人制定具体规则以达到具体的目的。在这个意义上，理智倾向于把道德局限在一个封闭的社会里。柏格森意识到，遵循理性的斯多葛学派哲学家认为理性是普遍道德的来源。但是，即便是在理智为所有人制定法规的时候，我们仍然需要直觉来建立一种扩展到更广泛人群中去的真正道德。直觉开启了情感力量更丰富的源泉，既激起人们的渴求，也提供拥抱新生活的创造力。这样的道德进步只能发生在地位卑微的道德英雄出现的时候。这些神秘主义者和圣徒把人性提升到了一种新境界，"在他们的心灵之眼里看到了一种新的社会氛围，一个生命在其中更值得活的环境"。这样，道德就不断地走出对我们自己和我们自己的社会的考虑，向着更广阔的人性范围推进。

理智和直觉的不同也反映在两种宗教即柏格森所说的静态的和动态的宗教之中。由

---

① 原文如此。但依照柏格森在《创造进化论》中的观点，这三个方向应该分别产生：(1)植物生命，(2)本能生命，(3)理智生命，大致相当于亚里士多德以来通行的对于植物、动物、人类的划分。所不同的是，柏格森认为这三者之间并不是一种单线的递进关系，而是同一个生命增长活动中分裂出的三个不同方向。例如，人类是理智发展的最高点，但不是本能发展的最高点，因为本能并非理智的初级形式，许多动物的本能比人类完善得多。——译者注

于我们发现，所有的人都有这样那样的宗教倾向，所以宗教必定是与人的结构的某些内在的方面有关的。而且，由于理智的形成是为了帮助我们生存，所以只要宗教试图满足生命的某些基本需要，理智就必定是宗教的来源。宗教的观念意在提供安全、自信并防止恐惧。但是，这些观念很快就被制度化，从而转化为一种能保护这些观念不受理性批评的信仰。它们常常被宗教仪式和戒律所包围，并企图植根到社会结构之中。这是静态的宗教、社会一致性的宗教。相反，动态的宗教则与神秘主义的本质渊源更深。柏格森对神秘主义的定义是紧紧遵循着他的直觉概念的。他说："神秘主义的最终目的是建立与生命所显现的创造性努力的联系，并由此与之达到一种部分的同一。"就像直觉比理智更能完全地把握实在一样，动态的宗教更能发现一个活生生的上帝。柏格森说，这是因为，我们必须把静态的宗教看成是"神秘主义注入人的灵魂的白热化的东西通过科学冷却过程而凝固成的东西"。

17.7 怀特海

像柏格森一样，怀特海也反对那种认为事实是互相孤立地存在的分析思想。他的中心观点是，"联系性是所有事物的本质"。科学所试图分割的东西，哲学则必须将之看作一个有机整体。因此，"落日的晚霞既是信奉科学的人借以解释现象的分子和电波，同样也应该是自然界的一部分"。他认为，自然哲学的功能是"去分析如何把这些不同的因素联系起来"。在谈到华兹华斯对科学精神的浪漫主义抗议的时候，怀特海说："困扰华兹华斯的并不是任何理智上的对立。他是被道德上的反感触动的。"他所反感的是科学分析漏掉了一些东西，而"被漏掉的东西却构成了一切最重要的东西"，即道德直觉和生命本身。怀特海同意华兹华斯的看法，认为，"除非我们把物质世界和生命融合在一起，并把它们看作是真正的实在事物的本质组成部分，而这些实在事物之间的联系与它们的个性又构成了宇宙，否则，我们就既不能理解物质世界也不能理解生命"。他还说："所以我们要问华兹华斯在自然界里发现了什么在科学里没有被表达出来的东西。这一问是非常重要的。我这样问是为了科学本身好。"怀特海坚信，"生命在自然界里的位置是哲学和科学在当代所面临的问题"。尽管怀特海与柏格森思考的是同样的问题，他对这些问题的解决却借助了不同的知识背景，并产生了一种不同以往的新的思辨形而上学。

怀特海的生平

阿尔弗雷德·诺思·怀特海有过三个学术阶段，其中两段在英国，一段在美国。1861年，他出生于肯特郡的一个村庄，在西波恩学校和剑桥大学的三一学院接受教育。他在三一学院教了25年数学。正是在这里，他与罗素合写了著名的《数学原理》（*Principia Mathematica*）一书并在1910年付梓。后来他从三一学院搬到了伦敦，成了伦敦大学科学学院的教授，后还当上了这个学院的院长。在伦敦的13年，他对于高等教育问题逐渐产生兴趣，特别关心现代工业文明对于学术事业的影响。但是，在伦敦期间，他的主要著作试图用他自己以经验为基础的理论来替代牛顿的自然思想。他这些科学哲学著作包括,《关于自然科学原理的研究》（*Enquiry concerning the Principles of Natural Science*，1919）、《自然的概念》（*The Concept of Nature*，1920）和《相对性原理》（*The Principle of Relativity*，1922）。

当怀特海63岁快要退休的时候，他被哈佛大学任命为哲学教授，开始了第三个——在很多方面也是最重要的一个——学术阶段。在他作为逻辑学家、数学家、科学哲学家所获得的成就之外，他又增添了作为形而上学家而写出的著作。在这一段时期，他的主要著作有《科学与现代世界》（*Science and the Modern World*，1925）、《过程与实在》（*Process and Reality*，1929）和《观念的探险》（*Adventures of Ideas*，1933）。促使怀特海写出这些著作的原因是他的这么一个信念：科学知识在其历史上已经到达了这样一个关节点，它亟需一种新的观念模式来更充分地反映科学的新发展。因为科学思想总是依赖于某些观念模式，所以，哲学的重要性就在于使这些模式明晰起来，以便对之进行批评和改善。尽管他主要的思辨著作《过程与实在》对此作了宏大而繁复的论述，怀特海在他的序言里却承认，"剩下来要做的是最后的反思，即反思我在考察事物的深层本性时所作的努力是何其浅薄、何其微末、何其不完善。在哲学讨论里，哪怕有把独断的确定性当作终极性的东西来讲的一丁点迹象，都是愚蠢的表现"。因此，在他的形而上学著作中，他是把大胆的和创造性的思辨与敏感的谦卑调和在了一起。1937年，怀特海退休，其后继续住在哈佛园，直到1947年87岁时去世。

简单定位的错误

怀特海认为，牛顿物理学是建立在一个谬误之上的，他称之为"误置具体性的谬误"（the fallacy of misplaced concreteness）。牛顿采用德谟克利特的观点，认为事物的本质是存在于空间中的个体物质微粒。这个观点有什么错误呢？怀特海说，

> 说一颗物质微粒有简单定位是指，在表述它的空间-时间关系的时候，只要说它处于一个确定的空间区域，经过了一个确定的时间段就够了，本质上不需考虑这一物质微粒与其他空间区域和时间段的任何关系。

怀特海反对这种观点，他认为："在我们的直接经验所领会的自然的基本要素中，没有哪种元素具有这种简单定位的性质。"他认为，一个孤立的原子概念是理智抽象的结

果。他也承认，通过抽象，"我们可以得到一些抽象的东西，它们具有简单定位的性质"。但是，这些抽象的东西本身所代表的是把事物从其具体环境中抽离出来。把抽象的东西错当作具体的东西，也就是怀特海所说的"误置具体性的谬误"。这些抽象的东西，例如时间中的瞬间、空间中的点以及独立的物质微粒，对于科学思想来说无疑是很有用的概念。然而，当我们把它们看作是对于最终实在的描述时，它们就成了对具体实在的歪曲。

当需要对具体实在给出他自己的说明的时候，怀特海提出了一种新型的原子论。他试图从量子物理学、相对论和进化论的最新发展里引出它们所包含的意义。他提出的实在单位是不同于德谟克利特和牛顿的原子的，这表现在两个方面：其一是这些单位的内容，其二是它们的相互关系。怀特海不再用"原子"这个词，因为在历史上这个术语意味着原子的成分是坚实的和没有生命的物质，而且，正因为原子是坚实的，所以它们之间是不能互相渗透的。因此，原子之间的关系总是外在的。怀特海用"现实实有"①（actual entities）或"现实机缘"②（actual occasions）来替代"原子"这个术语。与无生命的原子不同，怀特海的现实实有是"自然生命之中的团块"。这样，它们就绝不是孤立地存在着的，而是与它们周围涌动着的整个生命场有着密切的联系。原子唯物主义给我们提供的是一种机械的自然观，而怀特海的现实机缘的观念则让我们把自然看成一个活的有机体。因此，无论我们说的是上帝还是"最微不足道的转瞬即逝的存在"，在万物中都有同样一个生命原则。因为，"现实实有是构成世界的终极的实在事物"。

自我意识

怀特海把我们的自我意识看作是现实机缘的一个很好的例子。他感到，"我当下的经验机缘与刚刚过去的机缘之间联系性的直接自明性，可以有效地用来表明……自然中一切机缘之间的联系性"。因为一个机缘不是物质的东西，所以它最好被理解为一次经验。这些机缘不是存在着，而是发生着。其中的区别在于，单纯的存在意味着不变化，而发生则意味着动态的变更。怀特海的现实机缘代表着处于不断变化中的实有，代表着由于实有之间的相互渗透而发生的变化。不妨考虑一下，当一个人有一次经验的时候，发生了什么？我们通常会认为，在这种情况下，一方面有一个不变的主体，而另一方面则是这个主体所经验着的"在那里"的某个东西。怀特海认为，主体和客体都处于不断的变化过程中，主体的每一次经验都会对这个主体发生影响。如果像赫拉克利特所说的，我们不能够两次踏进同一条河流的话，那么，同样为真的是，一个人不能以同样的方式思考两次，这是因为，在每一次经验之后，他或她就成了一个不同的人。整个自然都是这

---

① 又译"现实存在者"。——译者注
② 又译"现实际遇"。——译者注

样，因为它是由现实机缘或现实机缘的集合构成的。因此，如果所有的实在都是由现实机缘——一点一滴的经验——构成的，那么，自然界就是一个始终在不断变化的搏动着的有机体。怀特海说，"因而宇宙也是一个走向新的质的创造过程。若是不接受这种理论，那就会把宇宙看成静态的结构。"

怀特海利用他的现实机缘理论来说明身心关系，并解释为什么在宇宙中会出现感情和目的。他认为，德谟克利特没有令人满意地说明，在一个仅仅由无生命的原子组成的宇宙里如何可能有感觉、感情、思维、目的和生命。笛卡尔也从来没能把他的两个实体——思维和广延——结合起来。莱布尼茨认识到从无生命的物质里不能产生出生命，因而，他把自然界描述为是由单子组成的。尽管单子与德谟克利特的原子有某些相似，但是莱布尼茨认为，单子是个体性的"灵魂"，或者说是能量的中心。尽管莱布尼茨的单子是一个比德谟克利特的原子更令人满意的概念，怀特海认为，它还是不够好。具体说来，尽管莱布尼茨认为单子是经历着变化的，但是这种变化并不包含任何真正新的过程——没有进化或创造——只是按照预定过程进行的。相反，怀特海的现实实有则并没有永恒不变的同一性或历史。它们总是处在生成之中。它们会感受其他的现实机缘的影响并把它们吸纳进来。在这个过程中，各种现实机缘形成并获得确定的形式或特征，而在已经成为现实机缘之后，就会走向湮灭。"湮灭"指的是宇宙的创造活动走向下一次诞生，在这个过程中，某个现实机缘失去了它的独特性，但还是被存留在这个过程之流中。怀特海说，湮灭就是我们说"记忆"或"原因性"时所指的东西——即随着时间的进程，过去的东西被存留于现在中。

把握①

我们所经验的绝不会是单个的孤立的现实实有，而是它们的集合。他把现实实有的集合称为联合体（society）或关联（nexus）——在联合体或关联里，存有由它们所进行的把握而统一起来。这些都是怀特海发明的新词，用来解释他的新思想。他写道："在这三个概念——现实的存在物、把握、关联——中，我是努力想把哲学思想建立在我们经验中的最具体的要素上。最终的事实无一例外都是现实实有。而这些现实实有是复合的、相互依赖的点滴经验。"怀特海把实在设想为现实实有不断生成的连续过程——在这个过程里，现实实有生成为什么，要看它是如何生成的。他所强调的思想，是把创造性作为自然过程的根本特征。创造性是把繁多的事物纳入一个复合统一体的最终原则。如果我们把每一个现实实有都分开来看，我们就会得到一个支离破碎的宇宙，而由繁多事物所形成的创造性统一体则构成了一个联成一体的宇宙。

---

① 又译"摄入"或"摄取"，日文译者注有译为"抱握"的。——译者注

怀特海用"把握"来描述现实实有的要素是如何彼此联系在一起的，以及这些实有是如何进一步与其他实有相联系的。不和其他事物相联系的事物是没有的。在某种意义上，每一个现实机缘都吸收或联系着整个宇宙。创造性过程把现实实有汇集起来，组成集合、联合体或者说关联。在这一生成过程中，现实实有是通过把握形成的。怀特海说，每一次把握都包括三个因素：第一，进行把握的"主体"；第二，"被把握的材料"；第三，主观形式，即主体把握材料的方式。有不同种类的把握：肯定的把握，也叫作"感触"；否定的把握，即"排除出感触"。主观形式，或者说把握材料的方式，也有很多种类，包括情感、评价、目的和意识。因而，在怀特海看来，情感上的感触是具体经验的基本特征。即使在物理学语言里谈论感触也是恰当的，因为物理感触就是物理学家关于能量转化的思想。物理感触和概念感触两者都是肯定的把握，或者说是现实实有诸要素的内在关系。

物理感触和概念感触的区分并不意味着又回到身心二元论。当然，使用"身"和"心"这两个术语仍然是有意义的。但是，怀特海强调，如果认为这两个术语意味着一种基本的形而上学的区别——例如像笛卡尔说的思维和广延的区别，那就又犯了误置具体性的谬误。我们会记得，这个谬误是指把抽象的东西看成具体的东西。在怀特海看来，身和心两者都是联合体或关联——它们是现实实有的集合。唯一具体的实在就是现实实有，而现实实有可以组成不同的联合体，比如身体和心灵。但是，无论在哪种情况下，现实实有都拥有同样的特性，也就是进行把握、感触和内在联系的能力。身体和心灵都是抽象的东西，因为它们的实在依赖于现实实有的特殊组合方式。因此，身心之间的区别不是永恒的或终极性的。说身体是一种抽象的东西，就像说政治实体是一种东西一样，因为只有政治实体中的个体公民是具体的实在。怀特海坚持认为，"最后的事实无一例外都是现实实有"，而且，所有这些实有都能够在经验之流里彼此联系起来。

永恒客体

现在，我们或许要问，怀特海是如何解释实在的根本过程的。也就是说，究竟是一个怎样的创造过程创造了现实实有，把它们组织成很多联合体，并保持了事物在我们经验中呈现出来的持续性的？怀特海在这个问题上的思想显然受了柏拉图的强烈影响。他说，现实实有之所以是其所是，是因为这个实有已经被一定的"永恒客体"打上了某个确定特征的印记。这些永恒客体，就类似于柏拉图的理念，它们是不被创造的、永恒的。它们是模式和性质，例如圆或方、绿或蓝、勇敢或胆怯。一个现实机缘获得一定的特性（而不是其他的可能特性），是因为它选择了这些永恒客体，而舍弃了另外一些永恒客体。因此，一个现实事件是由不同的永恒客体以某种特殊的模式结合起来而组成的。

怀特海说，永恒客体是一些可能性，而这些可能性，就像柏拉图的理念一样，独立于事物的流变而保持着自身的同一。他把永恒客体和现实实有的关系描述为"进入"

（ingression），这个词是指，一旦现实实有选择了永恒客体，后者就会进入，也就是，把它的特性印在现实实有上。因此，"永恒客体在现实实有的自我创造的过程里发挥作用，就是'进入'现实实有"。简单的永恒客体把它们的特性印在现实实有上，而复杂的永恒客体则赋予联合体或关联以确定性或事实的地位。

把永恒客体说成是可能性，这要求怀特海说明这些可能性是如何存在，在何处存在，又是如何与现实机缘相关联的。既然只有现实机缘存在，那么永恒客体又是处于一个什么地位？怀特海指出，有一个现实实有是没有时间性的，他称之为上帝。他认为，上帝不是一个创造者；上帝"不是在所有创造'之前'，而是与所有创造'在一起'的"。上帝的本性是在概念上把握构成永恒客体领域的所有可能性。这个永恒客体的领域不同于柏拉图的理念体系。这是因为，柏拉图设想万物只有一个完美的秩序，而怀特海的上帝把握着事实上是无限多的可能性，把握着"所有秩序的可能性，同时也把握着不可同时共存的无限可能性，这些可能性有着超乎想象的孕育力"。这个世界的创造性过程之所以具有秩序和目的性，是因为有永恒客体和可能性。这些可能性是作为原始本性存在于上帝之中的。上帝也在永恒客体和现实机缘之间积极进行调节。是上帝从永恒客体领域中选择了相关可能性。

上帝不把永恒客体强加于现实实有。毋宁说，上帝是把这些可能性作为可能发生的事情的"诱导"（lures）而呈现出来的。上帝创造活动的特征是说服而不是强迫。上帝总是展现相关可能性，而这并不保证现实实有会选择它们。一旦上帝用来说服的诱导被接受，结果就产生秩序、和谐与创新进步。而一旦它被拒绝，结果就导致不和谐和恶。上帝是努力让所有相关可能性变为现实的最终原则。我们在世界上和在对于事物永恒正当性的直觉里所经验到的稳定秩序所表明的是上帝的"必然性质"。怀特海说："上帝的作用就在于耐心地运用他的用以进行概念协调的强大理性。他不创造世界，而是拯救它：更准确地说，他是这个世界的诗人，以他慈爱的耐心和他对真、美、善的洞察来引导这个世界。"

总　结

实用主义哲学家有一个共同的信念，即如果哲学理论对日常生活毫无影响，那么它们就毫无价值。受科学语言启发，皮尔士提出了一种实用测试，即语言通过某种行动以获得其意义。例如，如果未经不同的测试，那么硬的东西和软的东西之间就没有区别。我们的信念指导着我们的行动，但信仰深受怀疑之害，而我们则试图通过思想来"坚定"我们的信念。固执己见、诉诸权威和理性推理作为坚定我们信念的方式都失败了，因为它们无不依赖于我们的意见。最终，科学的方法由于独立于我们的意见而获得了成功，它是消除相互龃龉的信念之间的冲突的最佳方式。

根据詹姆斯的观点，实用主义只是一种探究的方法，而不是诸如传统哲学理论那样的教条体系。作为一种发现意义的方法，一个给定理论的意义由其实践价值构成，如果它没有实践价值，那么这个理论就是无意义的。作为一种发现真理的方法，如果一个观念能够帮助我们与我们的经验建立成功的联系，那么这个观念就是真的，例如，我对于时钟会告诉我们正确的时间的信念是真的，因为它使我能够按时出来工作。因此，真理没有绝对的标准。在解决哲学理论之间的争论时，我们必须问一个实践问题：哪个理论符合现实生活中的事实。在自由意志和决定论的争论上，我们必须考虑到我们作出道德判断和对悔恨的判断的事实：如果我们假定自由意志，那么这些判断就有意义，但如果我们假定决定论，那么这些判断就不再那么重要。在上帝存在或不存在的问题上，我们必须考虑这种信念可能带给我们的潜在的个人利益。如果上帝的存在无法证明，而对上帝的信仰是一种生活的、被迫的和重要的选择，那么根据这种信念可能带给我们的个人利益，我们就有权相信上帝。

杜威提出了知识的工具理论，认为人类思维是解决问题的工具。获取知识是一个动态的过程，而非像理性主义者和经验主义者错误相信的那样，是人们作为实在旁观者的固定和静止的过程。杜威认为，我们是习惯的生物，而教育对于改变习惯和改造社会很重要。对于杜威来说，价值并不作为永恒的实体而存在，但我们发现价值的方式与我们发现事实的方式一样，即通过经验。

过程哲学挑战了机械的牛顿自然模型，并提出实在是由形而上学的变化和发展过程组成的。柏格森认为，认识一个事物有两条途径。第一，我们通过从外部观察来得到相对的知识，这是我们通过科学所做的分析所完成的。然而，这错误地表征了它所分析的任何对象的本性。第二，我们通过进入对象并在内部观察它而拥有绝对的知识，我们通过直觉或"理智的同情"来做到这一点。通过直觉，我们可以理解"绵延"的过程，这个过程构成了我们生活中持续不断的经验之流。他认为，进化涉及一种重要的冲动，它将所有生物体推向更复杂、更高级的组织。对于道德，我们需要直觉来发展超越特定文化群体并延伸到人性更广阔领域的真正的道德。

怀特海批评了传统分析推理中的一个关键假设，即事实与其他事实之间是分离的；相反，他认为，"联系性是万物的本质"。同理，他批评了牛顿物理学中的一个关键假设，即在空间中存在单个的物质；他认为，问题在于所谓的孤立原子仅仅是智力抽象的产物。因此，牛顿物理学扭曲了具体的实在，并犯了他称之为误置具体性的谬误。真正的原子，他称之为"现实实有"，并不是毫无生气的物质，而是与周围生命的整个领域密切相关。

研究问题

1. 讨论皮尔士认为科学方法相比固执己见、诉诸权威和理性推理是更好的坚定信念的方法的观点。
2. 对詹姆斯实用主义真理理论的一个常见批评是，按照他的说法，如果某个东西让我们感觉良好那么它就是真的。詹姆斯可能会如何回应这一批评？
3. 讨论詹姆斯对自由意志和决定论争论的实用主义分析，并说说你是否同意他的结论。
4. 根据詹姆斯的观点，许多传统的哲学问题都可以用实用主义来回答。选取一个这样的问题——比如外部对象、个人同一性、心—身问题、道德相对主义——并用詹姆斯的实用主义方法来评估。
5. 讨论杜威的知识的工具理论，想想它是否比对知识的理性主义或经验主义解释更富有成效。
6. 解释根据杜威，社会价值是如何通过经验被发现的，以及并非通过理性思维向我们展示的永恒真理。
7. 解释柏格森的绵延概念，并说说它如何构成我们生活的经验之流。
8. 讨论柏格森直觉使我们能够将道德超越特定的社会群体扩展到整体人性的观点。
9. 解释怀特海"现实实有"的观念。
10. 皮尔士、杜威、詹姆斯、柏格森和怀特海都批评传统的知识进路，比如理性主义和经验主义。解释他们的具体批评，并说说他们有何共同点。

第十八章
分析哲学

18.1 罗素
18.2 逻辑实证主义
18.3 维特根斯坦
18.4 奥斯汀

在20世纪的大部分时间里，英语世界中占主导地位的哲学运动被认为是分析哲学。分析哲学家们对传统的哲学问题采取的立场以及处理这些问题的方法都殊为不同。尽管如此，他们都同意哲学的中心任务就是通过语言分析来澄清概念；正是这一点把他们统一在一起。例如路德维希·维特根斯坦（Ludwig Wittgenstein, 1889—1951）就说过，"哲学的目的是对思想的逻辑澄清"，所以"哲学的结果不是得到一些哲学命题，而是使命题清楚"。这种探讨哲学的新方法既有消极方面又有积极方面。

在消极方面，对早期的分析哲学家而言，说哲学家并不制定"哲学命题"，这意味着哲学活动必定要给自己的活动范围设立一个界限。19世纪的唯心论哲学家，尤其是黑格尔主义者，曾经建构了关于整个宇宙的完整的思想体系。现在，分析哲学家们承担起的则是较为适度的任务，一个一个地处理问题。这些问题都是单个的、可解的，而且都可以放进一个单一的类别里：它们都是关于语言的用法和意义的问题。因此，哲学家的任务不再是探究实在的本性，建立那些试图说明宇宙的完整思想体系，也不再是构建关于行为的道德哲学、政治哲学和宗教哲学。这种别开一脉的哲学，"不是一种学说而是一种活动"，而且就此而论它不可能产生"任何伦理命题"——维特根斯坦如是说。哲学家们不再认为自己有能力发现有某种独特形式的关于世界和人的本性的知识。发现事实是科学家的任务。在所有科学家都做完了他们的工作之后，就再没有留下任何事实需要哲学家们来发现了。

在积极方面，人们有这样一种新看法：哲学家们可以细心地揭示出那些由于对语言的不精确的使用而产生的复杂问题，从而作出名副其实的贡献。在讨论其研究结果的时候，科学家们使用的语言常常是误导性的，并且在某些方面是令人感到迷惑的。就是说，科学的语言含有逻辑上的模糊之处，这需要澄清。分析哲学家们还认为，严格的语言分析可以防止以某些方式来使用或者滥用语言——如同艾耶尔（Alfred Jules Ayer, 1910—1989）所说的那样，这些方式会使我们"得出虚假的推论，或者提出不合逻辑的问题，或者做出无意义的假定"。例如，我们常常使用有关民族的命题，好像民族就是人民。我们谈论物质的东西，好像我们相信在可见的现象"之下"或"背后"有某个物质世界。我们在使用"是"这个词的时候，把它与那些我们无论如何都不可能想要去推断其实存的事物相联系。艾耶尔说，我们请求哲学来消除在我们语言使用上的这些危险。分析哲学以这种方式与科学的事业紧密联系在一起。它不提供关于实在是怎样的命题，因而不是一门与科学相竞争的学科。相反，哲学的作用就是校对科学家的措词，检查科学文献以使之清晰，使之在逻辑上有意义。哲学家的职能既不是按照柏拉图、亚里士多德和黑格尔的方式提出庞大的思想体系，也不是告诉人们应该如何行事。相反，哲学家要分析陈述或命题，以便发现语言意义的基础和产生模糊的原因。

18.1 罗素

罗素的任务

哲学事业上的这个戏剧性转折是由什么引起的呢？在20世纪初的一二十年里，几位黑格尔派哲学家仍然致力于建构唯心主义体系——其中最著名的有 F. H. 布拉德雷（1846—1924）、伯纳德·鲍桑葵（1848—1923）和 J. E. 麦克塔格特（1866—1925）。在剑桥大学，伯特兰·罗素（1872—1970）和乔治·爱德华·摩尔（George Edward Moore，1873—1958）则对这股唯心主义潮流加以反抗。他们质疑这些黑格尔主义者对形而上学语言的滥用，怀疑这些对整个宇宙的解释究竟能有什么意义。尽管摩尔未必想放弃形而上学，但形而上学语言与所谓"常识"之间的反差让他感到特别困扰。例如，麦克塔格特的著名观念，"时间是非实在的"，在摩尔看来就是"怪诞到了家的"。这启发摩尔去分析语言——特别是从常识观点出发澄清日常语言。而伯特兰·罗素则是一位卓越的数学家，受过精确思想的训练。在他看来，比起数学语言来，形而上学语言是散漫而晦涩的。和摩尔一样，他也并不想拒斥形而上学，但是他想使形而上学语言变得紧凑精练。摩尔致力于分析常识语言，罗素则试图分析"事实"，目的是发明一种新语言，即逻辑原子主义。这种新语言将具有数学的精确与严格，因为它要制定得与"事实"精确地对应。摩尔和罗素都没有放弃理解实在的尝试。不过，他们着手执行其任务的方式却是在强调这样一个事实：哲学并不关注发现，而是关注澄清，因此在某种意义上不是关注真理，而是关注意义。

逻辑原子主义

伯特兰·罗素在哲学上的起点是他对数学的精确性的钦羡。因此他宣称："我想加以倡导的那种哲学——我称之为逻辑原子主义——是我在思考数学哲学的过程中所不能不接受的。"他想提出"某种逻辑学说和以这一学说为基础的某种形而上学"。罗素认为有可能建构一种逻辑，凭借它就可以从少数逻辑公理推演出整个数学。他与阿尔弗雷德·诺思·怀特海（1861—1947）一道，在他们合著的《数学原理》（1910—1913）一书中进行了这项工作。罗素考虑，逻辑还可以形成一门语言的基础，这门语言能够准确地表达一切可以被清楚陈述的事情。于是，通过他的"逻辑原子主义"，世界就会对应于他专门建构的逻辑语言。新逻辑的全部词汇绝大部分将对应于世界之中的特殊对象。为了完成这项创立新语言的任务，罗素首先从分析一定的"事实"入手，把这些"事实"与"事物"加以区别。

罗素说："世界上的事物具有各种属性，处于各种各样的相互联系之中。它们具有这些属性和关系，这就是事实。"事实构成事物的相互关系的复合体，因此，"思考复合体的问题，必须从分析诸事实开始"。罗素的基本假定是，"既然事实拥有其组成部分，它们就必定在某种意义上是复合的，因而必定是可以分析的"。诸事实构成的复合体与语言的复合体相匹配。出于这个理由，分析的目标就是保证一切陈述都代表着它所对应的实在的一幅适当图画。

按照罗素的观点，语言是由诸语词的独特排列构成的，并且，语言之所以有意义，是因为这些语词准确地代表了事实。而语词又要被构成命题。罗素说："在一种逻辑上完备的语言中，命题中的语词会一一对应于相应事实的诸组成部分。"通过分析就会发现某些简单的语词；这些语词不可能再进一步分析成更基本的东西，因此只有知道了它们所表征的东西才能理解它们。比如，"红"这个语词就不能再进一步分析了，因而就被理解成一个简单的谓词。其他一些像这样简单的语词，指涉的都是特殊的事物，并且作为这些事物的符号，它们都是专名。这样，语言具体地说是由语词组成的，而语词在其最简单形式上指称特殊事物及其谓词，例如，一支红玫瑰。命题陈述事实。当一个事实属于最简单的那种事实，它就被称为原子事实。陈述原子事实的命题被称为原子命题。如果我们的语言只是由这些原子命题组成的，那么它就仅仅等于一系列关于原子事实的报告。

如果我们把符号分配给我们的原子命题，语言具有的基本的逻辑结构就更明显了。比如，我可用字母 p 来表示原子命题"我累了"，用 q 来表示"我饿了"。然后，我可以用像"且""或"这样的逻辑连接词来把这两个原子命题联结在一起。结果就得到一个分子命题，例如，"我又累又饿"这个分子命题可以用符号表示成表达式"p 且 q"。按照罗素的观点，不存在同整个命题"我又累又饿"相对应的单个原子事实。那么，我们如何检验像这样的分子命题的真假呢？这个陈述的真假取决于组成它的部分即原子命题的真假。例如，如果"我累了"为真，而且"我饿了"也为真，那么，分子命题"我又累又饿"也为真。简言之，我们用分子命题作出关于世界的陈述，分子命题则又由原子命题构成，而原子命题对应于原子事实。这种理想语言表达了关于世界可说的一切。

逻辑原子主义的困难

当我们试图说明全称陈述例如"所有的马都有蹄"的时候，罗素的理论就有问题了。说"这匹马有蹄"，是一回事——我们把"马"和"蹄"这两个语词同有关这匹具体的马的原子事实相联系，以此来检查这个命题的真假。而宣称"所有的马都有蹄"则是另外一回事。我们怎样检验这种陈述的真假呢？按照逻辑原子主义，我们就应该把这个陈述分析成它的原子命题，并检验这些原子命题的真假。然而，不存在与"所有的马"相对应的原子事实，因为"所有的马"意味着不只是这匹马和那匹马，而是意味着所有的马，而这是一项普遍事实。

逻辑原子论的另一个问题就是，它不可能充分地说明它自己的理论。只有当命题最终以某种原子事实为基础时,才能有意义地陈述命题。可是,罗素不只是陈述原子事实:他试图言说"关于"事实的事情。也就是说,他尝试去描述语词和事实之间的关系,好像对它们的描述就可以不受逻辑原子主义原则的影响一样。而如果只有那些陈述事实的命题才是有意义的,那么,陈述"关于"事实的事情的语言则是无意义的。于是,这就会使得逻辑原子主义和大部分哲学成了无意义的。路德维希·维特根斯坦认识到了在他自己的逻辑原子主义理论中的这个问题,并且断定:"我的命题都要这样来看:理解我的人,当他使用这些命题,攀登上去而超越它们的时候,最后他会认识到它们都是无意义的。(可以这么说,在借着梯子爬上去之后,他必须甩掉梯子。)"我们需要抛弃的东西是逻辑原子主义的核心假定:确实存在着原子事实,这些事实以某种形而上学方式实存着。分析哲学中的下一场运动——逻辑实证主义——就试图一劳永逸地使哲学摆脱形而上学的实体。

18.2　逻辑实证主义

正当罗素在英格兰为分析哲学事业而奋斗之时,在英吉利海峡的另一边,一群数学家、科学家和哲学家于20世纪20年代在维也纳形成了一个群体,这个群体被称为维也纳学派。它包括鲁道夫·卡尔纳普(Rudolph Carnap)、赫伯特·费格尔(Herbert Feigl)、库尔特·哥德尔(Kurt Gödel)、奥托·纽拉特(Otto Neurath)、莫里茨·石里克(Moritz Schlick)和弗里德里希·魏斯曼(Friedrich Waismann)。维也纳学派自认为是休谟的经验主义传统在20世纪的继承者,并且受到了休谟在《人类理解研究》(1748)的结尾提出的严格的意义标准的启发:

> 我们如果相信这些原则,那我们在巡行各个图书馆时,将有如何大的破坏呢?如果我们手里拿起一本书来,例如神学书或经院哲学书,那么我们就可以问,其中包含着数和量方面的任何抽象推论么?没有。其中包含着关于实在事实和存在的任何经验的推论么?没有。那么我们就可以把它投到烈火中去,因为它所包含的没有别的,只有诡辩和幻想。

维也纳学派也受到孔德和19世纪其他实证主义者的启发,倾向于拒斥形而上学,因为科学已经使形而上学过时了。不过与休谟和孔德不同的是,维也纳学派拥有一件反对形而上学的新武器:语言的逻辑特点。维也纳学派成员自称逻辑实证主义者——间或自称逻辑经验主义者,以此来使自己区别于以前孔德式的实证主义者和休谟式的经验主义者。随着它的成员们奔赴英国和美国的大学去任教,维也纳学派最终在30年代解体。对于英语世界而言——艾耶尔后来颇为轻描淡写地说——艾耶尔的《语言、真理与逻辑》(*Language, Truth, and Logic*，1936)"为传播可称为维也纳学派的经典立场的思想起了一些作用"。

证实原则

逻辑实证主义者们指责形而上学陈述都是无意义的。不过，提出这项指责需要有某个标准来确定一个给定的句子是否表达了一个真正的事实命题(factual proposition)。因此，逻辑实证主义者们规定了证实原则。如果一个陈述能在证实原则的严格要求面前获得通过，它就是有意义的；如果一个陈述做不到这一点，它就是无意义的。艾耶尔这样描述证实原则：

> 证实原则应该提供一项标准，可以用来确定一个句子是否确实有意义。用一个简单的方式来表述证实原则，就可以说：一个句子有确实的意义，当且仅当它表达的命题要么是分析的，要么是经验上可证实的。

证实原则提供了一个二支检验。一个陈述是有意义的，仅当它要么是(1)分析的——即按照定义为真；要么是(2)经验上可证实的。而这两点都需要说明。18世纪和19世纪的许多哲学家都在分析的和经验的陈述之间进行了严格的区分。分析的陈述之所以有意义，是因为它的语词或符号的定义。我们说，"所有的单身汉都是未结婚的男子"有着文字上的意义，是因为"单身汉"这个语词的定义就包含了"男子"这个概念。如康德所认为的，在分析陈述中，主词已经包含着谓词，而且如果我们否认谓词，就会遇到矛盾，比如"单身汉们是已婚男子"。分析陈述的意义并不依赖于经验，而只依赖于对其中有明确定义的词项的前后一致的使用。因而，完全凭借对陈述中语词的定义，分析的陈述都必然为真。这样，证实原则的第一个分支就是，分析的必然为真的陈述都是有意义的。它们的意义是形式上的意义，因为它们的意义不是来自经验事实，而是来自语词和概念的逻辑蕴涵，尤其像在数学和逻辑学中那样。

证实原则的第二个分支指出，经验上可证实的陈述也都是有意义的。经验的陈述就是那些其真实依赖于某种经验观察的陈述，比如"明天太阳会升起"。在这个例子中，"明天会升起"这个概念并不是已经被包含在"太阳"概念之中了。此外，我们可以否认这个陈述的谓项而同时又不造成矛盾，比如说"明天太阳不会升起"。我们当然期望太阳在明天升起，可是这个期望不是建立在"太阳"这个词的定义之基础上的。我们在生活中看到太阳在清晨升起、在傍晚落下，并且这一经验确证或"证实"了"明天太阳会升起"这个陈述。逻辑实证主义者并不认为，在经验的陈述将会是有意义的之前，我们实际上必须证实它们。相反，我们只需要有一套能在经验上证实某个既定陈述的真假的可能步骤就够了。例如,"冥王星上生长着花卉"这个陈述就是在经验上可证实的,因为在理论上我们可以建造一艘宇宙飞船飞向冥王星,勘探这颗行星并寻找花卉。在这个事例中,我们极有可能找不到任何花卉,因而就会证伪这个陈述。不管这种陈述实际上是真是假,它都是有意义的,因为它容许某种可能的经验上的检验。于是,形而上学陈述的问题就在于,它们既不是依据定义为真的,也不容许进行某种可能的经验上的检验。

卡尔纳普的逻辑分析

著名的实证主义者鲁道夫·卡尔纳普(1891—1970)是维也纳学派最著名的成员之一。他于1891年生于德国,1926—1935年在维也纳和布拉格任教。1936年,他到了美国之后,在芝加哥大学任教多年,从1954年到1970年去世为止,他任教于洛杉矶的加利福尼亚大学。卡尔纳普在他的《哲学与逻辑语法》(*Philosophy and Logical Syntax*)中写道:"哲学的唯一正当任务,就是逻辑分析。"他说逻辑分析的作用就是分析所有知识、科学与日常生活的所有断言,目的是澄清每一个断言的意思以及它们之间的联系。逻辑分析的目的,就是去发现我们怎么样能够确信任何一个命题的真伪。因而,对某个既定命题进行逻辑分析,其主要任务之一就是发现证实那个命题的方法。

在卡尔纳普看来,证实命题的方法要么是直接的,要么是间接的。如果一个命题对我正拥有的知觉——比如,我看到一座房屋——有所断定,那么这个命题就被我目前的知觉有效地验证或证实了。另一方面,有些命题不能被这么直接地证实。比如说"这把钥匙是铁做的",这个命题需要间接的证实方法。要证实"这把钥匙是铁做的"这个命题,一个办法就是把它放在磁铁近旁,使我知觉到钥匙受到了吸引。现在就可能按照严格的逻辑次序来安排一系列命题从而导向上述命题的证实:一项被证实的物理规律断定"如果把一块铁放在磁铁旁边,它就被吸引";另一个被证实的命题断定"这条金属棒是一块磁铁";通过直接观察就证实"钥匙放在那条金属棒旁边"。而当最后磁铁吸引了钥匙,证实就完成了。这样,当我们不能直接证实一个命题的时候,就必须通过证实从原命题推演出来的那些命题,并把这些命题与那些已经在经验上证实了的、更一般的命题联系起来,这样来间接证实该命题。如果一个命题被表达成预测,比如,"磁铁将吸引钥匙",它的证实就要求观察到完成了的吸引过程。如果磁铁吸引了钥匙,那么关于钥匙的描述在确定性很高的程度上为真。不过,预测性的陈述只是假说,因为总有可能在未来发现反例。因此,即使确定性的程度足以满足大多数实际目的的需要,原来的命题也决不会彻底被证实以至于产生绝对的确定性。

证实的这两种形式——直接的和间接的——是科学方法的核心要义。卡尔纳普认为,在科学领域里,一切命题要么是对当下的知觉有所断定,要么是对未来的知觉有所断定。在这两种情形里,证实就是通过直接的知觉或是借助于已经证实的命题的逻辑联系。因此，如果一个科学家作出一个断定，从这个断定推演不出任何由知觉证实的命题，那么它就根本不是断定。比如我们不能证实这个断言：正如存在着向下的重力一样，存在着向上的托力。关于重力的命题可以通过观察重力对物体的作用而得到证实，可是不存在任何可以观察到的作用或规律来描述托力。按照卡尔纳普的看法，有关托力的断定根本不是断定，因为它们并没有说出任何事情。它们只不过是一连串的空洞的语词——没有任何意义的词句。

卡尔纳普断定，若把逻辑分析用于形而上学，可以看到形而上学命题都是不可证实的，或者说，如果试图证实，结果总是否定的。以泰勒斯提出的"水是世界的始基"这个命题为例。从这个命题推演不出对于可在未来获得的任何知觉作出断定的命题。因而，这样的一个命题根本不断定任何事情。形而上学家们免不了使他们的命题成为不可证实的，因为一旦他们使其命题可以证实，这些命题就属于经验科学的领域了，因为那时这些命题的真假将依赖于经验。于是，卡尔纳普拒斥形而上学，如同他在其《哲学与逻辑语法》第一章里写的那样：

> 形而上学命题既不真也不假，因为它们不断定任何事情，它们既不包含知识也不包含错误，它们完全处于知识领域之外，处于理论领域之外，处于有关真或假的讨论之外。但是，它们就像笑、抒情诗和音乐那样，是具有表现力的。它们更多是表达永恒的情感或意志倾向，而不是短暂的感觉……危险在于形而上学有令人上当的特征：它产生很像知识的幻象，实际上却并不提供任何知识。这就是我们之所以拒斥它的理由。

按照卡尔纳普的观点，一般意义上的伦理学和价值判断属于形而上学领域。一旦他把自己的逻辑分析方法运用到伦理学命题，可想而知，这些命题也会被证明是无意义的。他认为，可以有这样一种关于伦理的科学，即对人的行为以及这些行为对其他人的影响所进行的心理学、社会学或者是其他经验性的研究。但是关于道德价值的哲学并不依赖于任何事实，因为它的目的是陈述人类行为的规范。"杀戮就是罪恶"这个价值陈述有着断定性命题的语法形式。但是，卡尔纳普说："一个价值陈述不过就是一个有着让人误会的语法形式的指令。它可以影响人们的行为，而这些影响可能符合也可能不符合我们的希望；但它既不是真的也不是虚假的。它并不断定任何事情，而且既不能被证明也不能被反驳。"

卡尔纳普认为，心理学命题与生物学和化学命题一样，也属于经验科学的领域。他很清楚，把"至今还披着精神事件理论的华衮"的心理学划到物理科学领域中，这在很多人看来是无礼的冒犯。然而，这正是他着手去做的事情。他在"心理学与物理学语言"这篇论文中写道，"心理学的一切语句都可以用物理学语言来表述。"他的意思是，"心理学的所有语句都描述物理事件,即人和其他动物的物理行为"。这是物理主义总理论的一部分,卡尔纳普将物理主义说成这样一种观点:"物理语言是一种普遍语言,就是说,一切语句都可以翻译成这种语言。"实际上,卡尔纳普要把心理学说成是物理学的一个方面,因为所有科学都会变成物理学,科学的各个领域都会成为一门统一科学的组成部分。这样一来,我们通过把心理学的命题翻译成物理学语言来对这些命题加以检验。于是,"约翰感到疼痛"这个陈述就被翻译成对于可观察的约翰的身体状态 S 作出描述的陈述。这个翻译过程只要求存在一条有如下内容的科学规律:某人感到疼痛,当且仅当他的身体状况处于一种特定的状态 S。一旦这一点得到满足,则"约翰感到疼痛"和"约翰的身体处于状态 S"有意义,因为,他们尽管并不等价,却是可以互译的。只有能够直接被证实或被翻译成可证实陈述的那些陈述才是有意义的。形而上学、心理学的某些方面、关于"实在"的理论,以及关于规范性价值的哲学都不能满足可证实性标准,因此都是无意义的,都遭到了卡尔纳普的拒斥。

后来,卡尔纳普早期制定的可证实性标准遭到了一些反对。卡尔纳普对此的回应是把他的根据从证实转到了确证。他承认,如果证实的意思是指彻底、最终地确立真理,那么科学规律就永远不可能被证实。生物学或物理学规律适用的实例的数目是无限的。如果严格的证实要求对一切实例进行亲自观察,那么显然不可能有符合如此定义的证实。虽然我们不能证实普遍的科学规律,但我们仍然能够证实它的普遍适用性——就是说,证实形式上是从那条规律和以前确立的其他语句中推演出来的特称语句的那些单个实例。这样,对科学规律逐渐增长的确证就取代了严格意义上的证实。

为了进一步加强逻辑清晰性,卡尔纳普在他的《语言的逻辑句法》(*Logical Syntax of Language*)中区分了他所谓的语言的质料模式和形式模式。他认为,质料模式通常用在哲学中,它总是导致形而上学家们的错误和模棱两可,而且一般来说总是产生无意义的哲学争论。为了克服这些危险,卡尔纳普感到有必要把语句从质料上的习语翻译成更准确的形式上的习语。他给出了下面的例子:"月亮是一个事物",这是一个质料模式的语句。它可以翻译成形式模式的语句:"'月亮'这个词是一个事物-标记(thing-designation)。"一切陈述"某某是一个事物"的语句都应归入质料模式。卡尔纳普认为,许多其他的语词,诸如性质、关系、数和事件,也以和"事物"这个词同样的方式起作用。可以举出另一个例子:"7 不是事物而是数"这个语句是一个质料模式的语句;它翻译成形式模式就是"记号 7 不是一个事物-标记而是一个数字-标记"。卡尔纳普说,避免"危险的质料模式"的办法,就是避免使用"事物"一词,而使用句法学术语"事物-标记"。同样,我们应该不用"数字"一词,而用"数字-标记"这一术语。不用"性质",而用"性质-标记"。不用"事件",而用"事件-标记",诸如此类。别的例子还包括,"他做了有关巴比伦的讲演"可以翻译为"在他的讲演中'巴比伦'一词出现过"。

借助这种把语句翻译成形式模式的办法，卡尔纳普希望我们会让"逻辑分析摆脱对于超语言学的对象本身的所有指涉"。于是，分析就可以主要来关注语言表达式的形式——关注句法。尽管他强调句法学形式，不过卡尔纳普还是认为，我们不可忘记我们的语词所指涉的对象本身。他写道："不存在任何要从'对象-科学'那里消除对对象本身的指涉的问题。相反，这些科学确实都关注对象本身，关注事物，而不是单纯关注事物-记号。"

逻辑实证主义的疑难

逻辑实证主义的理论并没有得到很多哲学家的热心接受。逻辑实证主义否认道德语言的意义，有些哲学家对这种令人难以置信的断言感到震惊。其他的哲学家则注意到证实原则的固有缺陷，这些缺陷很快也被逻辑实证主义者自己认识到了。逻辑实证主义首先遇到的困难就是，证实原则本身似乎就不是可证实的。来看一下这个语句："有意义的陈述要么是分析的要么是经验上可证实的。"可是，按照它自己的标准，这个陈述本身是有意义的吗？这个语句既不是依据定义为真，也不能通过经验来证实。于是，这个对证实原则的陈述通不过它自己的检验，因而是无意义的。逻辑实证主义者认识到了这个问题，因此辩解说他们的原则与其说是一个有意义的科学论点，不如说是一个建议。不过问题仍然是，为什么一个形而上学家会想要采纳这样的建议，如果它致使形而上学家所说的一切都成了无意义的话。

第二个疑难出自原来指望这个原则最为适用的地方，也就是各门科学领域。科学知识常常以普遍规律的形式来表达。这些"规律"是科学"预测"的基础。但是逻辑实证主义者面对的问题是，是不是要把科学陈述看作有意义的。作出预测的陈述如何能够被证实？我目前的经验或者实验能够告诉我将来的情况吗？显然，当我们证实"史密斯的牛棚里有头黑奶牛"这个陈述的时候，严格的意谓或意义是一回事；而当科学家说"在一个运动的物体没有受到外力的影响时，它的运动方向将保持不变"，这时候则是另外一回事了。第一种情况是具体的和可证实的。第二种情况则涉及无限数量的事例，并且未来的任何单个事例就可能证伪那个陈述。既然不存在任何单个事实能够"现在"就证实一项一般的科学陈述在未来的真，那么，如果严格运用证实原则，这项科学陈述就是无意义的。逻辑实证主义者提出了弱化形式的证实原则来解决这个问题：一项陈述要有意义，只需要"在原则上是可证实的"，或者说"有可能"被证实，就是说，能通过对某种物理现象的观察而得到某种程度上的确证。

第三个难题涉及"什么构成了证实？"这个关键的问题。如果答案是"感觉经验"，这就产生了进一步的质问——"谁的经验？"问题始于证实原则背后的核心假定，这个假定认为我们对经验的述说（utterances）需要被翻译成更基本的陈述。科学的语言最终必定可以还原成观察陈述。可是，什么是一项观察陈述所报告的事实？它是关于物理对象的一个主观经验，还是那个对象的一幅纯粹图像？技术上的问题则涉及，是否可能把某个人的内部经验翻译成关于一个物理对象的陈述，或者是否可能反过来把后者翻译成前者。这就是唯我论——即认为自我是真实的知识的唯一对象，因而一个人的经验不可能与另一个人的经验相同——所导致的困难。每一个人的经验都是不同的，并且我们的所有经验都不同于客观实在的世界。如果事实如此，那么证实原则到底意味着什么？证实陈述对一个人来说会是这个意思，而对其他人就会是别的意思。

证实原则碰到的第四个也是更一般的问题就是，为什么它这么重视感觉经验。也就是说，为什么排除了只在我们的直觉、希望或内心情感中有其根据的那些陈述的有意义性？逻辑实证主义者从未对这个问题给出过任何正式回答。也许对他们来说，经验上的证实对于区分科学程序和形而上学思辨是极为重要的。逻辑实证主义者是以科学为主要取向的，他们认为唯有指涉物理对象及其相互关系的语言才可能有认知意义。他们希望通过把所有陈述与物理事实联系起来而实现科学的统一，希望这种统一的知识会给各门科学一种共同语言并且告诉我们可以言说的一切。

因为碰到这些疑难，逻辑实证主义者缓和了他们的观点的力度。对形而上学和道德学说不分青红皂白的拒斥被取消了，分析哲学家开始把注意力放在哲学的这些传统领域上。艾耶尔描述了这种新态度："形而上学家不再被当作罪犯，而是被当作病人来对待了：也许有很好的理由来解释为什么他言行古怪。"比如，伦理学不再是胡说，而是一门学科；这门学科的语言得到了分析，因为它的语言同事实有关，也因为它在指出问题方面的价值。尽管古典形式的逻辑实证主义由于其内部困难的压力而解体了，但是它仍然继续影响着分析哲学运动，而分析哲学仍然主要关注语言的用法和分析。

蒯因对经验主义的批判

到了20世纪中叶，逻辑实证主义作为一场运动在很大程度上已经是明日黄花。尽管这样，担心违反证实原则的顾虑仍然在形而上学家和道德学家们心中徘徊，他们中的许多人都避免过于偏离经验事实。但是逻辑实证主义只是提出一项经验主义议程的最近一次尝试。哲学中的经验主义潮流源远流长，向上可以追溯到弗朗西斯·培根，并且在其后的几百年来一直都是哲学讨论中的一股推动力量。1951年，威拉德·梵·奥曼·蒯因（Willard Van Orman Quine，1908—2000）试图揭露经验主义的一个更为基本的困难，这个困难不仅适用于逻辑实证主义，而且适用于对经验主义的所有传统说明。蒯因1951年的《经验主义的两个教条》指出了这个困难。经验主义的第一个教条是这个由来已久的假定：所有陈述都能明确地分为分析的陈述和综合的陈述（即经验的陈述）。他写道："人们未曾划出分析陈述和综合陈述之间的分界线。认为有这样的一条界线可划，这是经验主义者的一个非经验的教条，一个形而上学的信条。"另一个教条是还原论的教条，这个教条认为一切有意义的陈述都可以翻译成关于直接经验的陈述。

蒯因觉察到，要拒斥这两个教条就意味着抛弃，或者至少是"模糊思辨的形而上学和自然科学之间的假定的分界线"。但这就是他试图做的事情。关于第一个教条，他认为，除了一些有限的逻辑陈述之外，所谓"分析性"概念是非常难以澄清的。甚至那些被认为"无论如何"都为真的逻辑陈述，都可能为了新的物理学构想的缘故而被修改。蒯因问道："这样一种（在逻辑学中的）改变和开普勒取代托勒密，或者爱因斯坦取代牛顿，或者达尔文取代亚里士多德的改变之间在原则上有什么不同呢？"他认为，综合的陈述并不像假定的那样清楚地符合可证实性标准。蒯因仔细审查了哲学家们试图用来确定分析的陈述和综合的陈述之真的种种途径，得出结论说："没有任何陈述是免受修改的。"这就意味着，分析命题和综合命题所包含的都仅仅是偶然的真理，并且在此意义上，二者没有差别。

那么，没有经验主义教条的科学会是怎样的？蒯因本人就是一位经验主义者，他相信科学和逻辑都是重要的概念模式，都是有用的工具。他说，我们的知识整体，其实"是一个人工的构造物，它只是沿着其边缘同经验紧密接触"。在一个我们认之为真的陈述和一个同它不一致的新经验之间的任何冲突，都需要某种调整。我们不仅必须改变我们的初始陈述，而且最终要改变所有相互联系的概念。在物理学领域里的确定性似乎是最大的，但是蒯因认为物理学的物体本身只是方便的概念工具。实际上，他把物理对象与荷马的诸神相提并论，认为它们也只是"不可还原的认定"。作为一名经验主义者，他认为，相信荷马的诸神而不相信物理对象是错误的。"但是，就认识论的立足点而言，物理对象和诸神只是程度上的差别，而不是种类上的不同。"这种看法显然削弱了分析的陈述和综合的陈述之间的区别，也削弱了形而上学和科学之间的区别。最后，蒯因只好接受一种带有强烈实用主义色彩的对真理的构想。他说："每个人都被给予一份科学遗产和接二连三的感觉刺激；那些引导他对科学遗产加以改动去适应持续不停的感觉刺激的考虑，如果是理性的，就都是实用上的考虑。"

18.3　维特根斯坦

维特根斯坦的哲学之路

路德维希·维特根斯坦生于1889年4月26日，是奥匈帝国一个最显贵家庭的8个孩子中最小的一个。他的父亲卡尔·维特根斯坦19世纪90年代积累了巨额财产，成了重金属工业界的领袖之一。可以理解，在他临退休的时候，卡尔·维特根斯坦想让子女在他的大公司里任职。可是，他的子女们大都按自己的兴趣行事。路德维希在他姐姐格蕾特尔的影响下读了一些哲学书，但同时他也不能完全不顾及他父亲的希望：父亲希望他学习工程技术，以便为他进入家族的公司做准备。

维特根斯坦离开欧洲大陆到曼彻斯特研究航空学。但他无法遏制自己要搞哲学的强烈内心冲动。甚至在他潜心工程技术问题的时候，他的主要兴趣也是放在数学哲学上。这使他不得不在哲学和工程学两种专业之间作出抉择。但是他仍然需要得到某种确认，以确定他有足够的哲学天赋来从事哲学职业。他带着自己著作的一个样本拜访了耶拿的杰出哲学家戈特罗布·弗雷格（Gottlob Frege，《算术基础》的作者）。他感到对弗雷格的拜访相当成功，因为弗雷格鼓励他去剑桥师从伯特兰·罗素。

会晤了维特根斯坦之后，伯特兰·罗素说，"我的德国朋友怕是会令人头疼的，在我讲座之后他和我一起回来，一直争论到晚餐时分——他又倔又拧，不过我认为他并不笨"；他还说："我的德国工程师十分好辩而且很烦人。他不承认房间里肯定没有一头犀牛……他回到我这里，在我穿衣服的时候也一刻不停地和我争论。"最后，"我觉得我的德国工程师真是个傻子。他认为没有任何经验上的东西是可知的——我要求他承认房间里不存在一头犀牛，可他偏不。"最后谈话终于变得轻松些了，罗素"不仅了解到维特根斯坦对哲学问题有极为强烈的兴趣，还了解到他更多的方面。诸如，他是奥地利人而不是德国人，他富文采，通音律，举止文雅……并且我认为他确实非常聪明。"1912年1月，维特根斯坦返回剑桥大学时，他给罗素看了他在假期写的一份手稿。这改变了罗素对维特根斯坦的看法，使他非常欣赏后者的能力，并认为其手稿"非常棒，比我的英国学生做得好得多"，并且又补充说，"我当然应该鼓励他。也许他会做成几件大事。"在下一个学期，维特根斯坦非常勤奋地研究数学逻辑，以至于罗素相信维特根斯坦超过了他，说他已经学会自己要教的所有东西并且实际上已经研究得更深入了。"是的，维特根斯坦一直是我一生中的一个伟大事件——不管这个事件意味着什么。"事实上，罗素现在认为维特根斯坦可能解决他自己的研究所引发的那些问题。罗素说道："我太老了，解决不了我的研究提出来的所有问题。解决这些问题需要新思想和年轻人的精力。他正是我所期望的那个年轻人。"事实上，维特根斯坦的能力给罗素留下了深刻印象，以至于罗素把他看作要培养的"门生"。

此外，维特根斯坦还结识了摩尔，开始参加他的讲座。不过，尽管获得了这些哲学大家的称赞，但是维特根斯坦的哲学发展并没有沿着一条笔直的路前进。他的人格上存在着一些特异之处，这使他不时地偏离了航线。他强烈的独处欲望致使他隐居于挪威的乡村，他在那里建了一座小屋，可以在那里完全投身于逻辑问题的分析——他认为这就是他要做的独特哲学贡献，可是身心都与外界隔绝又让他痛苦。他继承了数量可观的遗产，可他没做什么解释就把它送出去了，致使自己手头拮据。当欧洲走向战争的时候，他带着自己的手稿参加了奥地利军队。在服完兵役之后，他便能带着一部已经基本写就的手稿返回到剑桥大学并在大学得到讲师职位了。在那个教学职位上他并不开心，而且很奇怪的是，他力劝那些受到他的教学影响的年轻学者自己不要去教书；相反，维特根斯坦劝他们从事体力或手工劳动。尽管他的出色才华得到了同辈们的认可，但维特根斯坦的学者生活并不快乐。他献身研究工作的抱负和他对友谊的忠诚都被他自己作出的一些选择破坏了。最后，他失去了伯特兰·罗素的友谊和支持，而罗素曾经在维特根斯坦的事业刚开始的时候给过他巨大的鼓励。

维特根斯坦一生中只出版了一部著作，即他早年写的《逻辑哲学论》（*Tractatus Logico-Philosophicus*，1919）。这部著作提出的逻辑原子主义的理论类似于罗素的理论。虽然维特根斯坦不是维也纳学派的成员，但他与他们交流过，并且维也纳学派认为他的《逻辑哲学论》极其准确地表达了该学派的哲学观点。维特根斯坦不仅说"凡是可以言说的东西都可以被清楚地言说"，他还用这样的话来结束他的这部著作："凡是不可说的东西，就必须对之保持沉默。"1951年他去世后，人们以他的手稿和学生的课堂笔记为基础出版了他的大量著作，其中重要的一部是《哲学研究》（*Philosophical Investigations*，1953）。这些著作反映了一种完全不同于《逻辑哲学论》思想的倾向，而正是他后期的观点给他在哲学领域带来了名望。

新的维特根斯坦

在他的《逻辑哲学论》出版后不久，维特根斯坦就否定了该书的大部分观点。现在他相信他以前的那些观点都是建立在错误假定的基础之上的，该假定认为语言只有一个功能，即陈述事实。《逻辑哲学论》还进一步假定，语句的意义大体都是来自于事实陈述。最后，维特根斯坦就像卡尔纳普那样假定，在所有语言背后的构架是一个逻辑的构架。现在维特根斯坦忽然注意到一个颇为明显的要点：除了简单地"描画"对象之外，语言还有许多功能。语言总是在某个语境里发挥作用，因而，如同存在着诸多语境那样，语言有许多效用。他说道，语词就像"工具箱里的那些工具；那里有锤子、钳子、锯子、螺丝刀、尺子、胶水瓶、胶水、钉子和螺丝。语词的功能就像这些工具的诸多功能一样，是各不相同的"。

是什么让他以前认为语言只有一项功能呢？他说，他以前受到了这个观点的迷惑，即认为语言给事物命名，就像《圣经》里的亚当给动物命名那样。他写道，我们都上了"我们的理智借助语言手段而进行的蛊惑"的当。我们关于语言的不正确的图画是"由语法的幻觉所产生的"。分析语法也许会引导我们发现语言的某种逻辑结构。可是这就能证明"所有语言本质上有同样的规则、功能和意义"这个结论是正当的吗？维特根斯坦想到，这个假定——所有语言都陈述事实并且包含一个逻辑的构架——不是由观察，而是由思想推演得来的。我们简单地假定，尽管有某些表面的差别，但所有语言都是相似的。他以各种游戏为例，通过下述追问揭示了在这个类比之中的缺陷：

> 它们的共同点是什么？——不要说：必定存在某种共同点，否则它们就不会被叫作"游戏"了——而要睁眼看看究竟是不是存在着共同点。——因为，如果你看一看这些游戏，你就不会看到所有游戏都有的共同点，而只能看到许多相似之处和亲缘关系，以及整整一系列由这些关系联系起来的事物。再说一遍：不要想，而要看。

因此，维特根斯坦就把分析计划从专注于逻辑以及"完备的"语言的建构转到了对语言的日常用法的研究。他离开了罗素和卡尔纳普正在做的事情，转到了摩尔早先强调的分析日常语言、按照常识标准检验语言的方向。

这个时候，维特根斯坦感到，语言并不是仅仅包含一个单一的模式，它就像生活本身一样是可变的。他写道："想象一种语言意味着想象一种生活方式。"那么，分析就不应该在于对语言或它的意义进行定义，而在于仔细描述它的用法："我们必须抛弃一切解释而只用描述取而代之。""我们必须坚持日常思考的主题，不可误入迷途并想象着我们不得不描述极端微妙的东西。"困惑不是产生于我们的语言"正在正常工作"的时候，而是产生于它"像引擎在打空转"的时候。

语言游戏和遵守规则

"遵守规则"这个概念是维特根斯坦哲学中的一个核心概念。在日常生活中，我们总是忙于各种各样的事务，它们需要某些规则。我们常常效仿其他人的行为，比如在我们试图学会一种舞步的时候。我们常常参加典礼，例如毕业典礼，在典礼上我们穿上专门的衣着，和毕业的同学们一起排队行进，并领取一份文凭。类似的遵守规则行为支撑着所有语言。我们在一定的语境中说出一定的事情，当我们遣词造句的时候，我们遵守具体的语法规则。不只是我们讲出来的话，就连我们整个思维活动都要遵守规则。维特根斯坦指出，语言的规则就像不同游戏——语言游戏——的规则，这些规则随着语境的不同而有所变化。当一名学生在生物学课上提问的时候，他遵守各种语言游戏规则，例如，在正规课堂上一名好问的学生的语言游戏规则、生物学学科的语言游戏规则等等。维特根斯坦写道：

> 可是，句子的种类有多少呢？例如，断定、提问、命令？——有无数种：我们称为"符号""语词""句子"的那些东西的用法有无数不同的种类。而且，这种多样性并不是某种固定的、一成不变的东西；新的语言类型——我们可以说，新的语言游戏——会形成，而其他的则会变得过时，被遗忘……在这里，"语言游戏"这

个词是要突出这个事实：说出语言是一种活动的组成部分，或者是一种生活方式的组成部分。

因为哲学问题是从语言产生出来的，因此有必要熟悉每一个问题由以产生出来的语言的用法。就像存在着许多种游戏那样，也存在着许多套游戏规则。同样，如同存在着许多种语言一样（就是说，工作、玩乐、礼拜、科学等的日常语言的许多形式），存在着许多用法。在这些情况下，"哲学家的工作就是为了特定目的收集提示物"。

澄清形而上学的语言

维特根斯坦如何对待形而上学的语言呢？和实证主义者不同，他没有断然拒斥形而上学的陈述。相反，他把形而上学家看成病人而不是罪犯，而哲学的功能是治疗性的。形而上学语言的确能够制造困惑，而哲学的核心要务就是处理那些由于缺乏清晰而使我们陷入困惑的问题。哲学就是"为了不让理智借助于语言来蛊惑我们而进行的一场斗争"①。蛊惑导致困惑，因此"哲学问题具有这样的形式：'我不知道我的道路在哪里'"。哲学帮助我们去找到我们的道路，去勘察现场；它把"语词从它们的形而上学用法带回到它们的日常用法"。

哲学并不给我们提供新的或者更多的信息，而是通过对语言的仔细描述来增加清晰性。这就好像我能够看到一副拼板玩具的所有部分可是又为如何把它们拼在一起而感到困惑。我实际上是在观察一切我需要的用来解决问题的东西。哲学的迷惑与此类似，可以通过仔细描述我们如何运用日常语言而得到消除。使我们感到困惑的，是语言何时以新的、异常的方式被使用。因而，"哲学的结果就是揭示这样或那样的胡言乱语"。如果说形而上学对此表现出抵制态度或者一种遮蔽语词日常用法的偏见，维特根斯坦承认这不是"一种愚蠢的偏见"，形而上学的困惑是人类境况的组成部分：

> 通过对我们的语言形式的曲解而产生的问题，具有深刻性的特征。它们都是深刻的焦虑；它们与我们的语言形式一样都深深地扎根于我们之中，而且它们的重要性与我们的语言形式的重要性是一样大的。

---

① 本书作者是这样理解这句话的。有的《哲学研究》中译本则译作"哲学是以语言为手段对我们智性的蛊惑所作的斗争"（《哲学研究》，汤潮、范光棣译，北京：生活·读书·新知三联书店，1992年，第66页），亦可，甚至可能更符合维特根斯坦原意，但与本书作者前面所说"我们都上了'我们的理智借助语言手段而进行的蛊惑'的当"不合；而有的学者解作"而哲学，'就是为了不让语言迷惑我们的理智而进行的一场斗争'"（刘放桐等编：《现代西方哲学》，北京：人民出版社，1990年，第411页），则似与维特根斯坦原意不合，因为维特根斯坦认为正是理智使得我们总是想用一种单一的规则或本质来规定一切语言，这就造成了混乱，所以他才一再强调"不要想，而要看"。——译者注

真正的哲学并不在于对问题作出干脆的抽象回答。迷路的人需要一幅地形图，而要满足这个需要，就必须挑选并整理一些在日常经验中语言的实际用法的具体例子。

然而，只是观察拼板玩具的组成部分是不够的，同样，只是观察惯用法的这些例子也是不够的。我们经常"没有注意那个一旦看见就会发现它是最引人注目的、最有力的东西"。"由于它们让我们感到简单和习以为常"，那些最重要的东西就隐藏起来了。可是，"没有注意"意味着什么？按照维特根斯坦的观点，不存在任何可靠的方法来保证我们将会"注意到"并就此发现我们的道路。无论如何，维特根斯坦努力去做的事情就是把哲学关注从意义那里转移开去——从认为语词像运送货物一样负载着世界之中的对象的"图画"的这个假定转移开去。而通过收集、挑选、整理那些有关的例子，维特根斯坦把哲学的注意力引向了语词的实际用法。因为大多数哲学的问题都被认为是产生于对语词的困惑，所以对它们的日常用法的细心描述会消除这个困惑。

18.4 奥斯汀

奥斯汀的独特方法

另一位关注语言的日常用法的哲学家是牛津大学的学者约翰·奥斯汀（John Austin, 1911—1960）。奥斯汀出版的作品不多，部分原因是他49岁就过早去世了。他曾经说过，他必须及早决定是打算著书立说，还是用他发现的，在他自己的工作和生活中非常有用而又令人满意的方式来教人们做哲学。奥斯汀有一种独特的研究哲学的方法。在他的《为辩解而抗辩》这篇论文中，奥斯汀告诉读者，哲学为他提供了常常是稀缺的东西，即"发现的乐趣、协作的快乐和取得一致意见的满足"。他用轻松幽默的口吻告诉读者，他的研究怎样使他能够考虑各种各样的语词和惯用法而"不用记起康德想了什么"，能够逐渐地在"讨论审慎问题时不用想到亚里士多德的看法，或者讨论自制问题时不用想柏拉图在这个问题上的观点"。与沉重刻板的哲学研究相反，奥斯汀展示了一种容易让人误解的质朴。在《如何以言行事》（How to Do Things with Words）的开头，他写道："在这里我必须要说的东西既不困难也不会引起争议：我想要申明的它的唯一优点，就是它是真实的，至少是部分真实的。"

奥斯汀觉察到，诸如"语言分析""分析哲学"甚或"日常语言"等措词的用法有可能导致这样的误解，即认为哲学分析仅仅关注语词而不涉及其他。奥斯汀不仅关注语词，也关注我们用语词来谈论的"实在"。"我们是在运用对语词的敏锐觉察来使我们对现象的知觉更加敏锐，尽管这知觉不是现象的最终裁判。"他甚至顺带想知道把他的研究哲学的方法称为"语言现象学"（linguistic phenomenology）是不是会更有益处，不过由于这个概念"太拗口了",奥斯汀放弃了它。奥斯汀没什么兴趣批评其他哲学家的方法,也没有兴趣过分强调他自己的风格。他发展了一种研究语言本性的技术,并且发现它在处理各种哲学问题的时候是成功的。

"辩解"这个概念

在他的论文《为辩解而抗辩》中,我们可以发现奥斯汀那富有成效的日常语言分析所具有的特色。他精详地论述了他为什么以及如何来进行关于语词的哲学探讨。首先,他觉得哲学可以通过各种各样的方式来"做"。与任何一门科学不同——科学的题材和方法都是高度有组织的——而在哲学起作用的领域里,人们对解决某个特定问题的最佳方法是什么都是没有把握的。因此,奥斯汀选择了他认为哲学家会感兴趣的话语领域。在他看来,"辩解"一词为研究语言和人的行为提供了丰富的土壤。通过对这个词的分析,奥斯汀发现了同"辩解"有密切关系的那些语词之间的程度差别。另外,他的分析还产生了对人的行为的有趣洞见,如同相互关联的语词织成的网络之中所存在的差别所提示的那样。

一开始,"辩解"一词被证明是由其他有意味的语词诸如"违抗"(defiance)、"辩护"(justification)或"抗辩"(plea)所围绕着的一个词项。奥斯汀指出,有必要对所选语词作出完整清晰的说明,有必要考虑尽可能多的与所选语词用法有关的事例。一般来说,辩解涉及这样的情况,人们被指控做了某件错事,或者"坏事""蠢事",而他们试图为自己的行为申辩或者证明自己并无过错。他们可能承认,他们的确做了他们为之受到指责的事情,然后争辩说,在大多数情况下那样做是正当的,或者是可以接受的,或者至少是可以理解的。这就是为行为"辩护"。另一种不同的做法就是,被控者承认自己的行为是坏的,但不加限制地说他们"做出了"该行为,却是不公平的。他们的行为有可能不是有意的,可能是意外,或者是其他事件促成的。这样"责任"一词就与"他们做了那件事"以及"辩解理由"有了重要关系。而且,在为某个行为"辩解"和对它的"辩护"之间的区别其实是很重要的。此外,如果指控的罪名是谋杀,那么为被告提出的抗辩就可以辩护说那是自卫或者辩解说那是意外。在这里,还可以使用等级区别更精细的语词,包括"情有可原"(mitigation)和"从轻发落"(extenuation)。而如果一个被告说,"我并没有做那件事——而是在我身上的某种东西使我做了那件事",那又该如何看待他这种说法呢?一个行为也可能是"一时恼怒"的结果,这就有别于一个"蓄意的行为"。

为什么要仔细考察对"辩解"一词或者任何其他话语所作的分析呢?除了因为进行辩解事实上在人类事务中起了重要作用所以值得细致研究之外,奥斯汀还相信有两个理由说明了道德哲学可以得益于这个分析。首先,这种分析有助于提出关于人的行为的更准确也更合时宜的看法。其次,这就必然使它可以有助于修正陈旧的仓促定论。既然道德哲学是对行为或行为施行的正当性与不正当性的研究,所以,在我们能够适当地谈论某事正当或不正当之前,关键就是先要理解"做某事情"意味着什么。

奥斯汀说,"做某个行为"是个非常抽象的说法。我们用它来表示的意思是"思考某事""说某事"还是"试图去做某事"呢?认为我们的所有行为都有同样的本性,就如同认为所有的"事物"都是同样的种类——作为一个行为,打赢一场战争就像打一个喷嚏一样;一匹马作为一个事物就等于作为一个事物的一张床——这都是不准确的。当我们呼吸或看到什么的时候,我们的确是在做一个行为吗?那么,如果"做某个行为"这个短语是一个合适的替代物,它代替的是什么?有什么规则来说明如何用适当的词来指明某个人为之负有责任或编造理由为之辩解的"那个"行为呢?人的行为是否可以被分割,以便把一部分归因于行为人而把剩下的归因于其他人或其他事物?此外,一个行为是一个简单的事件吗?奥斯汀更强调人的行为具有复杂的性质。就连单纯的身体动作也是如此,这种动作可能涉及意图、动机、对信息的反应、对规则的反思、对肢体动作的故意控制,或者来自其他人的推挤。

奥斯汀相信,我们对"辩解"一词的分析能澄清以上所举的问题。首先,一个辩解意味着一定类型的行为在某种意义上做得不当。要确定"不正当"的实质就要求澄清"正当"的性质。反常的东西经常能澄清正常的东西。对辩解的细致研究提供了机会,使我们可以确定辩解在何时是适当的,什么行为能够归为可辩解的行为,什么样的特定反常行为真正是"行为",并且使我们能以更为复杂的方式来确定什么构成了人的行为的真正机制或结构。对辩解的研究也可以对道德哲学中的一些传统错误或毫无结果的争论作出裁决。这其中的一个重要问题就是自由问题。奥斯汀比较了"自由"和"真理"这两个语词,并指出,正如"真理"不是刻画断定之特征的名称,"自由"也不是刻画行为之特征的名称。他说,自由是"行为在其中得到评定的维度的名称"。然后他又说道:"通过考察每一个行为可能不是'自由的'所有情况,也就是考察那些只是简单地说'X做了A'将会行不通的情况,我们或许有望解决自由问题。"

日常语言的优势

除了有助于启发道德哲学的探讨,对辩解的研究还使奥斯汀的哲学方法得到了一次具体应用。他从"日常语言"出发,希望通过它来发现"什么时候我们会说什么,为什么这么说,以及我们所说的意思是什么"。他相信,这可以清理语词的使用和误用,并且这样可以避开不准确的语言为我们设下的陷阱。日常语言分析也强调语词和事物之间的差别,并使得我们能够把语词从我们用语词来谈论的实在那里移开,并由此获得对那些实在的新看法。奥斯汀认为,最无可怀疑的是,"我们拥有的共同词汇体现了人们在世世代代的生活中所发现的值得划出的所有区别、值得标示的所有联系"。他认为,比起我们为了搞哲学而可能想出来的任何语词，日常语言的词汇更可靠也更精妙，因为它们已经经受住了时间的检验和其他可能的语词的竞争。此外，日常语言还为哲学家提供了一个"进行田野工作的好地方"。它使个人脱离僵硬刻板的哲学立场，从而让一种不同以往的哲学讨论氛围成为可能。就语词的用法达成一致，或者哪怕就如何达到一致达成一致，比过去的那些哲学工作要容易得多。奥斯汀希望这个方法有朝一日能被运用到混乱不堪的美学领域，他说："如果我们能暂时忘掉美的东西，开始认真考察娇小的东西和臃肿的东西，那就好了。"

奥斯汀明白，把日常语言当作分析的基础，也会出现一些问题。首先，日常语言里存在着某种"松散性"，以致一个人的用法可能与另一个人的不同。对此奥斯汀答复说，语词在使用上的不一致，并不像我们所认为的那么多。我们通过分析会发现，不同的人们原来所谈论的实际上并不是同一个情境，这时候表面的差别就趋于消失了。他说道："我们对情境的想象越是详细，关于我们应该说什么的分歧就越少。"然而，有时候在语词的使用上确实存在着不一致。但即便在这里，"我们也可以发现为什么我们不一致"，而"这个解释决不会没有启发作用"。除了松散性之外，日常语言的另一个问题就是，它是否应该被当作对事情的"定论"（last word）。虽然日常语言并未宣称是定论，但很明显它体现了人们世世代代继承下来的经验和洞见。尽管这些洞见一直都特别关注的是人们的实践事务，但这个事实还是让它更有理由声称自己是准确的。因为，如果语词的诸多区别在日常生活中行之有效，"那么在它里面就有有价值的东西"。比起那些其语言适合于日常生活的人们，学者们有充分的理由对日常语言感兴趣。没有任何理由相信错误和迷信不可能长期在语言中留存下来。在这个程度上，奥斯汀乐于承认："日常语言不是定论：原则上它可以在任何地方被补充、改进甚至被取代。"但是他相信，日常语言在他的分析计划里是第一要义（first word）。

奥斯汀提出，在全面分析"辩解"一词的时候，我们可以利用三种资源。对于分析其他语词，类似的资源和方法大概也是可资利用的。第一，他提议利用字典。一本简明字典就行。他建议把它全部通读并且列出所有相关的词汇，他说这并不像我们认为的那样要花费很多时间。或者可以先列出明显相关的词汇，然后查字典找出其各种意义——这个过程会导向其他有密切关系的词汇，直到列出的相关词汇表完整为止。第二个资源就是法学。这里可以为我们提供大量的案例、各种各样的抗辩以及对案例中的特定行为环境的大量分析。第三个资源是心理学。对心理学的利用是一个有趣的例子，它表明日常语言是如何被补充甚至被代替的。因为心理学对那些一直没有受到非专业人员注意，也没有被日常语言记录下来的行为进行分类，或者对这些行为方式作出解释。奥斯汀确信，有了这些资源"以及想象力的帮助"，大批表达式的意义就会浮现出来，大量的人类行为就可以得到理解和分类，由此就可以达到这整个过程的核心目标之一，即"解释性定义"。

总　结

当代分析哲学认为，哲学的中心任务是通过对语言的分析来澄清概念。罗素拒斥唯心主义形而上学家们难以理解的主张，相反，他受数学精确性的启发，发展了逻辑原子主义的理论。根据这一观点，所有有意义的口头陈述都可以被分析成简单的原子命题，它直接指向现实世界中的简单原子事实。例如，"玫瑰是红色的"这个命题为真，因为它准确描绘了一个关于包含了一朵特定红玫瑰的真实世界的事实。即便是最复杂的口头陈述，比如说一本历史书的全部文本，也可以按照原子命题和相应的原子事实得到分解和分析。

逻辑实证主义者通过提出一种证实原则继续了对形而上学的攻击：一个陈述是有意义的，仅当其或者根据定义分析地为真（如"所有单身汉都是未婚男性"），或者可经验地为真（如"太阳明天会升起"）。对卡尔纳普来说，我们可以以两种方式来经验地证实命题：直接证实（比如"我看见一座房子"）或通过某些测试间接地证实（比如"这把钥匙由铁制成"）。根据卡尔纳普的观点，哲学的任务是逻辑分析，它使用证实原则来澄清科学和日常生活中的所有断言。"存在悬浮力"的科学主张并未通过这项测试，因为它既非依定义为真，也不允许经验检验；从而它是一个无意义的陈述。诸如"物质是所有属性的基础"的形而上学陈述同样没有意义，诸如"杀人是邪恶的"的伦理学陈述亦是如此。心理学中的许多陈述都通过了这一测试，因为它们描述了物理事件，例如某人身体的可观察状态。逻辑实证主义的理论面临四个具体的批评：（1）证实原则本身不可证实，（2）关于未来的一般科学陈述是不可证实的，（3）证实可能会因观察者的不同而不同，（4）它武断地将意义建立在感觉经验上而忽视了诸如直觉的其他标准。

蒯因认为，经验主义的哲学进路，比如逻辑实证主义，有两个基本假设，或者说"教条"：（1）陈述分为分析的和综合的，以及（2）每个有意义的陈述都可被翻译为一个关于直接经验的陈述。蒯因同时拒斥了这两个假设。他主张，这些经验性的假设不成立，物理物体的科学概念应该仅仅被视为一种便利的概念工具。

维特根斯坦在其早期发展了一种与罗素的逻辑原子主义类似的理论。然而，他随后拒斥了这一理论，其根据是语言并不包含单一的分析模式，而是无限多样的，需要在日常用法的更大语境之下加以理解。就像不同的游戏有不同的规则，比如国际象棋和跳棋，我们在不同的场景会如何思考和使用语词亦有不同的规则。也就是说，我们在我们如何工作、玩乐、礼拜或做科学的语境下，在各种各样"语言游戏"之下思考和说话。他认为，大多数哲学问题都源于对语词的困惑，特别是形而上学常常遮蔽了语词的日常用法。但哲学可以通过仔细地描述我们通常使用的语言来解决这些困惑。

奥斯汀也将对日常语言的仔细探查当作澄清哲学问题的工具。他发展的技术叫作"语言现象学",包括选取一个特定的表达(例如"辩解"),并查看其同义词和相关概念(如辩护,违抗或抗辩),考虑某些这些表达在其中出现的情况和场景,并考虑到我们在这些情景中的语言反应。

研究问题

1. 解释逻辑原子主义的理论,并用它来分析这两个陈述:"狗追上了猫"和"世界只是神圣心灵之中的一个思想"。
2. 讨论逻辑原子主义的两个难题。
3. 解释逻辑实证主义的证实原则,并用它来分析这两个陈述:"冰箱是冷的"和"物质是在一个事物的所有属性之下蔓延的实在"。
4. 用一个你自己的例子来解释,根据卡尔纳普的观点,心理学中的陈述如何通过经验可证实性的检验。
5. 卡尔纳普认为,伦理学陈述无法通过证实原则的检验,并因此是无意义的陈述。用一个你自己的例子来解释卡尔纳普的推理,并说说你是否同意。
6. 选取对逻辑实证主义的四个批评中的一个,并反对它,以为逻辑实证主义辩护。
7. 解释蒯因的经验主义的两个教条,并推想一个像洛克或卡尔纳普这样的经验主义者会如何回应。
8. 解释维特根斯坦语言游戏和遵守规则的观念,并讨论"意识"这个词在不同的语言游戏中会如何使用。
9. 解释奥斯汀语言现象学的观念,并用它来分析"承诺"这个词。
10. 分析哲学大都试图解决(有时则是消解)形而上学的主张。比较和分析哲学家分析形而上学陈述的不同方式。

第十九章

现象学与存在主义

....

19.1 胡塞尔
19.2 海德格尔
19.3 宗教存在主义
19.4 萨特
19.5 梅洛 – 庞蒂

在20世纪大部分时间里，由伯特兰·罗素开创的分析哲学方法在英美和其他讲英语的国家的哲学思想中占主导地位。然而在欧洲大陆，尤其是在德国和法国，哲学却有一种不同的侧重，这种侧重在现象学运动和存在主义中表现出来了。现象学将所谓事物的客观性撇在了一边；而是建议我们在人的经验范围之内更主观地探究现象。存在主义采用了现象学的主观性方法，并进一步探讨了人的经验的实践性问题，如进行选择和个人承担的问题。现象学是由埃德蒙德·胡塞尔（Edmund Husserl，1859—1938）开创的，由马丁·海德格尔（Martin Heidegger，1889—1976）作了修正。不久便产生了一群通常称作"宗教存在主义者"的作家，包括卡尔·雅斯贝尔斯（Karl Jaspers，1883—1969）和伽布里埃尔·马塞尔（Gabriel Marcel，1889—1973）。在让-保罗·萨特（Jean-Paul Sartre，1905—1980）和莫里斯·梅洛-庞蒂（Maurice Merleau-Ponty，1908—1961）那里，存在主义得到了确定的表达。

19.1　胡塞尔

胡塞尔的生平及影响

1859年，埃德蒙德·胡塞尔出生于摩拉维亚的普罗斯尼兹，他的父母都是犹太人。同年，柏格森和杜威也诞生了。在本省受过早期教育之后，胡塞尔进入莱比锡大学，在那里，他从1876年至1878年学习了物理学、天文学和数学，并抽时间去听哲学家威廉·冯特的课。胡塞尔在柏林弗里德里希·威廉大学继续深造。1881年，他进入维也纳大学。1883年，他在那里获得哲学博士学位，其博士论文讨论的是"微积分的变分理论"。1884年至1886年，他听了弗兰兹·布伦塔诺（1838—1917）的课，这些课尤其是其中关于休谟、密尔的课和对伦理学、心理学及逻辑学中的问题的研究对胡塞尔哲学的发展有着极其重大的影响。胡塞尔听从布伦塔诺的建议，来到哈勒大学。1886年，他在那里成了卡尔·斯通普夫（1848—1936）的助手，后者是一位杰出的心理学家，在他的指导下，胡塞尔撰写了自己的第一部著作《算术哲学》（*Philosophy of Arithmetic*，1891）。他的《逻辑研究》（*Logical Investigations*）发表于1900年。同年，他应邀到哥廷根大学任教，在那里的16年里他创获颇丰，写了一系列著作，发展了他的现象学概念。由于他的犹太血统，1933年以后他被禁止参加学术活动，虽然南加利福尼亚大学聘他为教授，但他谢绝了。1938年，在经受几个月的病痛折磨之后，他在布赖斯高地区的弗赖堡死于胸膜炎，终年79岁。

胡塞尔的哲学经历了几个阶段的演变。他最初的兴趣是逻辑学和数学，后来他发展了早期的现象学，这种现象学主要关注的是知识论，再后来深入到为哲学和科学奠定普遍基础的现象学观念，最后他进入这样一个阶段，这时生活世界（Lebenswelt）成了他的现象学的更突出的主题。因此，胡塞尔的哲学会在不同时期对不同学者产生不同的影响，也就不足为奇了。例如，马丁·海德格尔在1920年成了胡塞尔的助手，师从胡塞尔期间他熟悉了胡塞尔的逻辑学著作和早期的现象学著作。从1920年到1923年，海德格尔作为助手与胡塞尔朝夕相处，他们共同为《不列颠百科全书》撰写了现象学的条目，海德格尔还整理了胡塞尔早期的一些讲演稿准备发表，甚至海德格尔在1923年离开弗赖堡，成了马堡大学的教授后，仍继续同胡塞尔保持着密切的联系。然而随着时间的推移，海德格尔发现很难同意胡塞尔思想的新发展，尤其是在先验现象学方面的发展。在他的主要著作《存在与时间》（Being and Time）中，海德格尔批判了胡塞尔的方法和他独树一帜的自我观，到1928年秋天海德格尔接替了胡塞尔在弗赖堡大学的教席时，他们的关系开始冷淡，最后走向终结。

与之类似，虽然萨特在弗赖堡大学研究现象学时，胡塞尔的著作对他很有影响，但他最终还是逐渐相信海德格尔对胡塞尔观点的改造在哲学上更有意义。然而，1934年，萨特从德国一回到巴黎，便要梅洛－庞蒂注意胡塞尔的著作《现象学的观念》（The Idea of Phenomenology，1906—1907），并敦促他仔细研究。梅洛－庞蒂对胡塞尔现象学中的几个颇具特色的因素有着深刻的印象，这激发了他进一步研究胡塞尔的著作，他特别受到胡塞尔的《欧洲科学的危机》（Crisis of European Sciences，1936）一书的影响。虽然通过海德格尔和萨特的阐释，梅洛－庞蒂对胡塞尔的观点非常熟悉，但他还是广泛地研究了原始的文献，他甚至去卢汶进入到胡塞尔的档案馆。这些档案包括胡塞尔用速记形式写下的4万多页的手稿，通过抄写和翻译逐渐得到了利用。不用分析全部细节，我们就能看到胡塞尔对海德格尔、梅洛－庞蒂和萨特这些现象学和存在主义的主要代表人物的巨大影响，即使他们否定胡塞尔许多关键性的思想，但他们所完成的著作仍然打上了他的现象学的印记。

欧洲科学的危机

在回答"什么是现象学？"这个问题之前，先追问一下"一开始是什么推动了胡塞尔去建立现象学？"是很有裨益的。他的哲学产生于他的这样一种牢固的信念：西方文化丧失了它的真正方向和目的。他的态度反映在他的最后一部主要哲学著作《欧洲科学的危机》的标题上。"危机"由哲学远离它的真正目标所构成，这种目标就是要对人类的关怀提供尽可能好的答案，是要认真地对待我们所追问的最高的价值，简言之，就是要充分发展人类理性的能力。胡塞尔将这种"危机"描述为"理性主义正走向瓦解"，而他将自己的终生目标确立为"拯救人类的理性"。根据胡塞尔，人类的理性必须从何处得到拯救为他的现象学提供了背景。

现代思想危机的关键在于"自然科学"的进展。胡塞尔深受科学的辉煌成功的影响，实际上，他的最终目标是通过将哲学发展成为一门严格的科学来达到对人类理性的拯救，所以他的批判不是针对科学本身，而是针对自然科学的假设和方法。胡塞尔相信，自然科学多年以来已形成了对人类、对关于把世界看作什么以及如何最好地认识世界等问题的错误态度。在胡塞尔看来，自然科学立足于这样一个致命的偏见，即自然从根本上讲是物质的。根据这一观点，精神的领域——即人的文化领域——是以物质的东西为基础的，这种看法对我们的认识、价值和判断的概念构成了根本性的威胁。自然科学家否认建构一门独立自足的精神科学的可能性。胡塞尔认为，这种否认是非常草率的，它在很大程度上说明了现代人危机的实质。这种科学的理性主义之所以草率就在于它盲目依赖自然主义，这种自然主义认为物质性的自然囊括了存在着的一切，它还意味着知识和真理的"客观性"在于它们建立在超越我们个人的自我的现实的基础上。当哲学家和科学家偏离古希腊时期形成的原初的哲学态度时，这个问题就产生了。

在苏格拉底、柏拉图和亚里士多德以前的时代，人们过着非常实际的生活，关注的是自己的衣食住行的基本需要。他们发展了神话和早期宗教，而这些都有助于个人和更大群体的实际事务。在这种情况下，根本就没有超越于本地经验和实际利益的直接境界之上的那种观念文化。此后，希腊哲学家登上了历史舞台，带来了一种新的立场，即对全部生活及其目标作普遍批判。这种批判的积极方面是通过普遍的理性来把人们从习惯、地理和社群的有限天地中向上提升到一种新的人性。使这成为可能的是一种新的真理观念，这种真理独立于传统，是普遍成立的，并能无限地升华。而这就是欧洲精神生活和文化的源头。这种态度的系统化的表述，就是古希腊人所谓的"哲学"。胡塞尔写道，正确地理解的话，"这种哲学不预设任何东西，只研究普遍的科学，即一种将世界作为一个整体，作为整个存在的统一体的科学"。哲学全面地把握整个自然，既包括物质的自然也包括文化的自然——既包括对象也包括观念。后来，这门整一的科学——哲学——开始分裂成几门科学，这种分裂关键性的一步是发现可感知的自然界如何能够变成一个数学的世界。这一发现使得数学性的自然科学发展起来，最终，这些科学的成功导致科学逐渐否弃了精神。

德谟克利特在此之前很早就提出了一个类似的观点，将世界上的一切还原到物质材料和物理规律。苏格拉底反对这一观点，因为他觉得有精神生活在社会关系之中存在。柏拉图和亚里士多德也坚持对精神维度的这种苏格拉底式观点，因为虽然人类属于客观事实的世界，然而我们是具有目的或目标的人。但是随着后来的数学性自然科学的成功，自然科学方法很快就把对精神的知识囊括其中，人的精神被设想为建立在物质材料之上，

所以适用于物质世界的因果说明同样适用于精神世界。胡塞尔认为：从这种自然科学态度出发，

> 不可能有纯粹独立自足的对精神领域的探讨，不可能有纯粹向内的心理学或关于从一个心灵的自身经验中的自我开始而扩展到另一心灵的精神的理论。于是就只能走一条外在的道路，即物理学和化学之路。

他得出结论：只要自然主义的客观主义按照自然科学的方法论来研究精神，我们就不能在我们对真正的人类目的的理解上有所改进。所以他建构了他的先验现象学，作为一种把握精神的本质并进而克服自然主义的客观主义的方式。

笛卡尔和意向性

探讨了胡塞尔发展现象学的动机后，再来看一看启发他的方法的重要来源之一，即笛卡尔的思想，是很有裨益的。胡塞尔说："现象学必须把笛卡尔尊为它真正的创始人。"其他对胡塞尔产生过明显影响的还有洛克的经验主义、休谟的怀疑主义、康德的哥白尼革命，以及威廉·詹姆斯的实用主义。但无论如何，胡塞尔都是超越了这些理论而形成了他自己思想的人物。尽管如此，笛卡尔的影响却是决定性的，因为它使得胡塞尔从笛卡尔开始的地方开始，从思想本身开始。不过，笛卡尔想通过系统的怀疑来达到某个绝对确定的认识基础，胡塞尔却只是部分地接受笛卡尔的起点，而形成了现象学的独特氛围。胡塞尔写道："我们每个人都自在且自为地从把现有的一切知识置之不理的决心开始。我们不放弃笛卡尔的寻求知识的绝对基础这一指导目标。然而一开始，哪怕只是预设那一目标的可能性，这也是一种偏见。"所以胡塞尔甚至采取了一种比笛卡尔更彻底的方式，因为他企图建立一种不带任何预设（presupposition）的哲学，只注意"事情和事实本身，正如它们在实际经验和直观中被给予的那样"。"只根据明证性（evidence）下判断"，而不根据任何先见和预设来判断——胡塞尔使这一点成了最根本的原则。他试图重新把握住人的前科学生活，这种生活充满着"直接和间接的明证性"。所以，笛卡尔采用系统的怀疑方法，而胡塞尔却只是对他的经验先不作任何判断，而努力根据经验本身的明证性去尽可能充分地描述他的经验。

经验显然是围绕着自我（self/ego）的，胡塞尔和笛卡尔一样，认为一切认识的来源是自我。但是在笛卡尔看来，自我是一个逻辑序列中的第一公理，这一公理能使他像在数学中那样推出一系列关于实在的结论，胡塞尔却把自我看作不过是经验的发源。所以胡塞尔主要强调的是经验而非逻辑，他关心的是去发现并描述在经验中被给予的东西，它以其纯粹形式显现出来并作为意识的直接材料而被发现。胡塞尔批判笛卡尔超越意识

的自我而推出有广延的实体——即身体——的观念,这一观念将主体与一个客观实在联系起来,从而产生了身心二元论。相反,胡塞尔相信"纯粹的主体性"更精确地描述了人的经验的真正事实。另外,笛卡尔在他著名的"我思"(ego cogito)中强调两个词项,而胡塞尔则相信对经验的更精确的描述表达在三个词项中:"我思某物"(ego cogito cogitatum),这就是"意向性"这个哲学概念,它意味着,意识总是对某物的意识。

关于意识的这个再明显不过的事实就是,它的本质是指向或意向某个对象的。我们对事物的感知由我们向意向对象的投射(projection)所构成。所以胡塞尔相信意识的本质就是意向性。胡塞尔所谓的"意向性"是指,我的意识的任何对象——一栋房子、一种愉悦、一个数字或另一个人——都是我所意谓的、建构的、构造的东西,也就是为我所意向的东西。纯粹意识并没有分离的部分,而是一种连续的意识流。我们的原始感知构成了尚未分化的世界。感知中单独的对象是意识流的那些部分,这些部分是作为主体的我们通过对它们的意向而建构起来的。康德描述了心灵如何通过将诸如时间、空间和因果关系之类的范畴加在感觉经验上,来对经验进行组织。与之相似,柏格森说:"在可感性质的连续体中,我们划分出了物体的边界。"对胡塞尔来说,也是如此,意向性就是自我对我们经验创建的能动参与。事实上,在胡塞尔看来,意向性既是意识本身的结构,也是存在的基本范畴。这就意味着,我们应该在发现实在的过程中去寻找事物中的实在,因为事物就是我们的意向使它们成为的东西。例如,当我在看某人时,我从一个有限的角度去感知他,比如只看到他的侧面。而且也是在一个既定的背景中看到他,比如在某商店里购物的情况下。这些感知只是实在的碎片,而从这些感知中,我们的意识"意向到"所探讨的"这个"人。一般来说,这个意向性的过程通常并不是有意的过程,而是一个自动的过程。世界的这种自我建构也就是他所说的"被动的创生"(passive genesis)。

现象和现象学的加括号

"现象学"这个术语的依据在于:胡塞尔拒绝超越只有意识才有的那种明证性,即现象(它来自于各种显现)。大多数认识理论都对进行认知的心灵和所认知的对象加以区分。然而,胡塞尔实际上根本不认为意识和现象有区别。事实上,他认为,现象最终就包含在那种主观地经验某事的行为中。这种看法与自然的态度截然相反,后者假定有一个与我对它的意识无关的客观的现象世界。在胡塞尔看来,认识某物并不像是在用照相机给某物拍照。通过关注我们意识可及的某物之现象,我们实际上拥有了对这一物的一个扩展了的描述。因为它现在包括真实的对象、我们实际对它的感知、我们所意指的对象和意向性的行为。他相信,这超越了对一个事物现象的表面的描述,而进入到复杂的意识活动层次。胡塞尔写道:"意识使这样的事实成为可能和必要,即这样一个'存在的'并'因此而被决定的'对象在意识中被意向到,在意识中作为这样一个感觉而出现。"总之，揭示出意识在对现象的意向和创建中的能动作用，我们才可以最好地理解我们经验的要素。

我们能说任何有关我们正在经验的外在事物本身吗？胡塞尔回答道，我们必须将对外在事物的设想放在一边，或者说将它们用括号括起来。他将这种做法称为"现象学的悬搁"（phenomenological epochē），这里的"悬搁"（epochē）① 是希腊文，意思是"用括号括起来"。他写道，这种方法意味着"与任何有关客观世界的观点脱离关系"。笛卡尔从怀疑一切开始，怀疑除了他思想着的自我之外的一切现象。与此相对照，胡塞尔则是将一切现象、一切经验的因素"括起来"，拒绝断言世界是存在还是不存在。他对有关经验的任何信念都不执任何态度。于是胡塞尔将整个被经验的生活之流——包括客体、他人和文化环境——都用括号括起来了。将所有这些现象括起来意味着只观看它们而不判断它们是实在还是现象，并放弃任何关于世界的意见、判断和价值观念。我们置身于经验现象之外，并去掉我们心灵中的一切偏见，尤其是自然科学的先入之见。当我们这样做时，我们是否认还是肯定世界的存在并没有什么不同，因为现象学的加括号"揭示了一个最大也最明显的事实：无论我们如何确定世界是存在还是不存在的问题，我和我的生活都在我所谓的实在中保持不变"。

现象学的加括号最终引导我们返回到实在的核心，即有意识的自我。我们发现我们自己是意识的生命，整个客观世界通过意识而存在。胡塞尔写道："我已发现了我的真实的自我，我已发现了我独自就是这个纯粹的自我，具有纯粹的存在……通过这个独自的自我，世界的存在，从而一切存在，对我具有了意义并具有了可能的有效性。"与笛卡尔从他存在的事实中推演出客观世界不同，胡塞尔认为，自我"包含着"世界。在《巴黎演讲》（*Paris Lectures*）中，胡塞尔指出：

> 对于我来说，世界只不过是我所意识到的、在我的思想行为（cogitationes）中有效地显现出来的东西。世界的整个意义和现实性完全依赖于我的思想的行动，我的整个在世生活就在我这样的思想行为中进行。我不能在任何一个不在某种意义上在我之内、其意义和真理不是来自于我的世界中生活、经验、思考、评价和行动。

所以，思想本身的结构决定了一切对象的显现。他指出了这个作为"先验领域"的直接的现象世界，并否定任何企图超越这个领域的哲学理论。所以，他反对康德对现象（phenomenal）和本体（noumenal）即经验和物自体的区分。

---

① 也可译成"中止判断"。——译者注

生活世界

我们已经看到胡塞尔敦促我们将一切预设用括号括起来,并且从根本上返回到前科学的观点,他相信,这个观点反映了人类经验的本源形式。这就是我们的日常世界——我们的生活世界(Lebenswelt)的领域。这个生活世界是由所有那些我们通常要介入其中的经验所构成,包括对日常事务的许多方面的感知、反应、解释和整理。这个生活世界是科学从中抽象出它们的对象的那个本源。就此而论,科学只不过提供对现实的片面的把握。在科学抽出它们所关注的因素之后,还留下了大量丰富而有意义的经验因素。事实上,做一个科学家的本质,科学本身并不能说明。只有对生活世界在人们的朴素经验中以及在科学中发挥作用的那种方式进行严格分析,才能为哲学提供充分的基础。归根到底,对真理的根本性辩护和确证应在来自于生活世界事件的那种明证性中被发现。这些生活世界事件的总体就是胡塞尔所说的"我们的世界经验的生活"(our world-experiencing life)。

通过生活世界的观念,胡塞尔力图把哲学家——现象学家——从受各种自然科学支配的观点中解放出来。为了发展一种甚至也会是更有用处的科学,但尤其是为了解放精神,他创立了一种在用科学的观点解释世界以前去发现世界到底是什么的方法。通过加括号,生活世界为一种全新的进行描述的事业提供了领域,开辟了经验、思想甚至理论探索的一条新道路。胡塞尔认为,他发现了"世界"就是作为主体的我们所认识到其存在的那个东西。

19.2 海德格尔

海德格尔的生平

甚至在海德格尔出版任何作品之前,他作为一个杰出思想家的名声就已在德国大学生中传颂开了。作为一名教师,海德格尔的非同寻常之处就在于他并没有建立"一套哲学观念"或一个哲学"体系",他没有用那种学生易懂易记的一板一眼的学院思想方式创作过任何东西。他更感兴趣的不是学者的那些目标,而是思想的种种问题。他将注意力从传统的对理论和著作的关注转向对思想着的个人的关注。我们生于这个世界,并通过思想来对我们的一切经验作出反应。海德格尔所要探讨的是当我们作为生存的人而思想时,我们所思想的是最深刻的本性。

1889年,海德格尔出生于德国黑森林地区,在康士坦茨湖和弗赖堡上了预科。他被引向哲学是在17岁的时候,那时他的教区牧师送了他一本布伦塔诺的名为《论亚里士多德的存在的多义性》的著作。这本书虽然很难懂，但给青年海德格尔留下了深刻印象，促使他终生追问存在的意义，或"那支配着万物存在的意义"。沿着这条道路，海德格尔还受过克尔凯郭尔、陀思妥耶夫斯基和尼采的影响。在他们那里，他发现哲学所关注的一些问题通过注意具体的、与历史有关的问题而得到了极富创意的澄清。他在弗赖堡大学一开始是学习神学，但是四个学期后，由于受胡塞尔的影响，他转攻哲学专业。在完成论文和一些更深入的研究时，海德格尔成了胡塞尔的助手，直到他1923年被聘任为马堡大学副教授。在马堡，他研究亚里士多德，对现象学作出了一种新的解释，并努力撰写一部手稿，这部手稿后来成为他最著名的著作。为了帮助他晋升，他的系主任敦促他将这部手稿完成，并且在1927年，海德格尔匆忙地出版了他的这本书，题为《存在与时间》，但他有意使该书并未完成。一年后，即1928年，海德格尔被选为胡塞尔在弗赖堡大学的哲学教席的继承人。

1933年，他被推为弗赖堡大学的校长。在不到一年以后，即1934年，他辞去校长一职，而在接下来的10年里，他所授的课程对纳粹的哲学解释持批判立场。1944年，他被宣布为弗赖堡大学中"最可牺牲"（most expendable）的教职员，被征召进了"人民冲锋队"。法国占领军禁止他重返教学岗位，直到1951年，即他退休的前一年。在他退休后，他发表了几篇论文和对哲学史的阐释，包括两卷本论尼采的著作（1961）和他最后的著作《思想的事情》（*The Matter of Thinking*，1969）。1976年，海德格尔逝世于弗赖堡，终年86岁。

作为在世的此在

我们已经看到，胡塞尔论证了我们所理解的世界现象只不过是它们对我们的意识的自我显现其自身的那个样子。海德格尔在《存在与时间》中采取了一种类似的方法，试图通过首先理解人来理解一般的存在。"人"的观念有可能产生误导作用，这尤其是因为整个哲学史上，对"人"的定义往往类似于对物的定义。在胡塞尔现象学的启发下，海德格尔避免根据那些把人与世界分开的性质或属性来定义人。现象学关注整个经验现象的领域，而不是将它分裂为不同的部分。海德格尔严格将古希腊词"phenomenon"（现象）作为"显示出自身的那种东西"来理解。而正是我们人的生存显示出它自身，这和我们在传统哲学中所看到的"人"的概念是大不相同的。为了把他关于人的概念和传统的理论区分清楚，他造出了意思直接就是"此在"（being there）的德文词"Dasein"。最好是把人——此在——描述为一种独特类型的存在，而不要将其定义为一个对象（客体）。正如海德格尔所指出的那样："因为我们不能通过引用属于（一个对象）的'什么'种类去定义此在的本质……我们选择把这个实体（个人）叫作'此在'，'此在'这个术语纯粹是个人的存在的表达。"所以如果我们追问人性的本质是什么，那么回答并不在于一些属性或性质，而是人如何生存。这就是说，关于"我们是谁？"这个问题，我们的人性的基本经验究竟告诉了我们些什么？

我们基本的人生状态就是我们的"在世界中存在"①（being-in-the-world）。首先，考虑一下我们一般的日常生活经验，海德格尔称之为"一般的日常性"。作为此在的在世并不同于一个东西在另一个东西之内，如水在玻璃杯之内或衣服在壁橱之内，此在以"居住"的意义在世，以"熟悉"或"我照看某物"的意义在世。这里强调的不是一个客体与另一个客体在空间中的关系，而是一种理解。例如，说"她'在'爱中"并不是指她所处的地点，而是指她的存在的类型，同样，说人在世界中不仅是将他们置于一个空间中，也是描述他们的生存结构，这种生存结构使他们有可能对世界进行有意义的思考。

我们在世的核心特征是我们把物作为"工具"（gear），作为它们所为的目的来打交道。这也就是说，我是把物当作器具来看待的。以一把锤子为例，与一把锤子打交道，我们首先是考虑如何使用它。我们将它作为一个器具来使用，以实现某个目的。我愈使用它，就愈不会意识到它是一个客体（对象）。这时似乎在我和锤子之间没有任何距离。我也将物像锤子一样视为某个筹划的一部分，在这一筹划所包含的由各种不同目的所组成的关联（context）中实现它的目的。如果锤子损坏了，我们就会以不同的方式去看待它，也就是把它当作一个物或一个对象。根据海德格尔的看法，我们具有一种特殊的洞察，叫作"审慎"（circumspection），它显示了这个东西的目的。我们选择一个工具或器具，并不是首先观察它的属性，然后从这些属性中推出它的目的，相反，我们首先看到它的目的。这意味着决定某物是一个器具还是一个纯粹对象的，并不是物的属性。毋宁说，我们筹划这样一个关联，其中的每样东西都有其独一无二的作用，这种作用就解释了我们对那个东西的不同看法。而且，一个东西，比如一把锤子，只有在与某个包含一些其他目的的任务的关系中，才有一个目的。在完成这一任务的过程中，没有任何东西具有揭示其他目的的属性；例如，在这把锤子中没有任何性质表明，要用它将钉子钉在屋顶上还需要一架梯子。任何特殊的东西，只有当它与其他目的相联系时，才有意义。正是这种目的之间的网络关系，在我们同作为器具的事物打交道之前被揭示出来，并使我们能理解作为器具而存在的东西。发展这种目的的网络或关联属于我们的本性。由于个人筹划"他们的"世界的方式不同，甚至可以由相同事物组成不同的世界。

此在拥有三重结构，它使我们筹划这个世界的方式成为可能。第一是我们的"理解"，凭借这种理解，我们筹划对物的关系和目的。事物正是通过这些被筹划出的交互关系而具有意义的。第二是我们的"情绪"（mood）或"态度"（approach），这影响我们如何与我们的环境相遇，在失望或高兴的心境中，我们的任务将会作为失望或高兴敞开，

---

① 简称"在世"。——译者注

这些并不仅仅是态度，它们描述了我们的存在方式和世界对我们的存在方式。第三是我们的话语（discourse）。只有能在语言中表达出来的东西，才能被理解，才能被我们的情绪所左右。

作为操心的此在

对于海德格尔来说，此在的"在世"是我们对事物的最原始、最基本的观点。但是这并非事情的全部。更重要的是这样一个事实，即我们要思虑我们与之打交道的事物。可以说，我们总是为各种事情、任务和关系所吸引。我们对我们环境中的工具和任务有一种实践的操心。我们对我们周围的人的共同体有一种个人的操心。这一点对于我们的自身认同（identities）是很重要的，以至于"操心"（concern）就是我们的根本属性。所以，为了理解此在，我们必须理解这种操心的基本性质。海德格尔认为，有三种操心的成分，每一种都在我们内心产生相当程度的焦虑。第一，我们完全是被抛入世界中来的。我并没有要求出生，但我却在此了。我们过去的这种特点他称之为"实际性"（facticity）。第二，我们有选择的自由。我们对我们生活的改变负责，并且我们必须作出恰当的决断来不断成为真实的自我。这涉及我们的未来，而且这也是他称之为"生存性"（existentiality）的一个特点。第三，在丧失我们的"真实"性这一意义上，我们沉沦了。我的真实的存在要求我意识到并肯定我的独一无二的自我，并对我的每一行为负责。实际性和生存性分别涉及我的过去和未来，而"沉沦"（fallenness）则涉及我的当下处境。

我陷入一种非本真的生存，这是件很微妙的事情，但不管怎样，这都必然意味着一种托庇于某个共我（public self）和某种非个人的身份以逃避自我的倾向，我成了一个非个人的"常人"，人们期望常人如何行动，我就如何行动，而不是成为一个具体的"我"，即我该如何做就如何做。我压下任何想成为独一无二和胜过他人的冲动，从而将我自己降低到平常的人的水平。我闲谈（gossip），这反映了我对他人的肤浅解释。我为了消遣而猎奇求新，我不知道自己的目的何在，结果陷入了完全的模棱两可。然而，我不能永远回避我的真实自我，"畏"（anxiety）①会闯入我的内心。在海德格尔看来，"畏"并不只是一种心理状态，而是人的一种生存。"畏"并不像"怕"，"怕"有一个对象，如一条蛇或一个敌人，这些是我们能够加以提防的；但"畏"指向虚无，确切地说，是指向"什么也没有"（no-thing）。"畏"显示了在我们的存在中"无"（nothingness）的在场，没有任何办法能改变无——我的死亡的不可避免性——在我们的存在中的核心地位。时间本身，对我们来说，成了一个"畏"的因素。我知道时间，主要是因为我知道我在走向死

---

① 也可译为"焦虑"，这里采用的是我国学界的传统译法，以突出它和"怕"（fear）的对比关系。——译者注

亡，我的生命的每一瞬间都与这样一个事实息息相关：我将要死亡，而将我的生命和我的死亡分开是不可能的。我想否认我的暂时性，逃避我的有限生存的不可避免性，但最终我必须肯定我的真实的自我，从而豁然开朗地领悟到我是什么、我是谁。然后我将发现，在我的非本真的生存中，我一直在试图做不可能的事，即试图掩盖我的有限性和暂时性这一事实。

19.3 宗教存在主义

还有其他一些作者也像海德格尔一样受现象学方法的影响，将人的存在置于我们对实在的研究的中心。有几位哲学神学家看到，在对人的本性的生存性描述和关于我们与神性实在的关系的宗教观念之间存在着颇为有趣的相似。例如，几个存在主义神学家看到了亚当在伊甸园的堕落和海德格尔非本真生存的观念之间的相似，正如神的拯救是对原罪的解决，本真的生活就是对非本真性的解决。这些观点还不仅仅是相似而已，根据有些神学家的看法，《圣经》中的原罪和拯救的主题不过是以神话的方式表达了本真与非本真生活的区分。宗教存在主义者中最重要的人物有卡尔·巴特（Karl Bath，1886—1968）、埃米尔·布纳勒（Emil Brunner，1889—1966）、马丁·布伯（Martin Buber，1878—1965）、鲁道夫·布尔特曼（1884—1976）、伽布里埃尔·马塞尔（Gabriel Marcel，1889—1973）、卡尔·雅斯贝尔斯（Karl Jaspers，1883—1969）和保罗·蒂利希（Paul Tillich）。下面我们来看一下雅斯贝尔斯和马塞尔所作出的贡献。

雅斯贝尔斯的生存哲学

卡尔·雅斯贝尔斯是海德堡大学的教授，第二次世界大战后，任巴塞尔大学教授。他的著述涉及心理学、神学和政治思想等好几个领域。他受克尔凯郭尔、尼采和胡塞尔的影响，他的哲学著作发展了现象学和存在主义的主题。他在存在主义思想方面的主要著作是三卷本的《哲学》（Philosophie，1932）。在这部著作中，他认为随着技术的发展、群众运动的出现和宗教约束力的废弛，人类的状况已经恶化。每一门科学为了自己的主题而划出一个特定的领域，每一门科学都发展了自己的方法。正如每一门科学在严格的主题的限制内发挥功能一样，一切科学的总和的特点也是由其范围上的限制决定的。所以相对于要处理整个现实更广泛的问题来说，每门科学都并不完备。即使我们试图将所有出于不同视角的科学汇集起来，我们也丝毫不能更好地解释整个实在，因为对科学掌握的关键是收集客观材料，而整个实在并不限于客观的材料。

雅斯贝尔斯所探求的是作为人的生活之基础的实在——一个他直接称为"生存"

(Existenz)的实在,我们是通过哲学而不是科学发现我们的生存这个成分的。诚然,有各式各样的人的科学,如心理学、社会学和人类学,但这些都只是在一个不完全的和表面的层次上探讨人的本质,将我们仅仅看成是客体。他写道:"社会学、心理学和人类学告诉我们,人应被视为一个对象,与这个对象有关的一些东西是可以学到的,这样就有可能通过有意的组织来对这个对象进行修正。"雅斯贝尔斯并不否认这些科学在它们各自狭隘的目标所规定的背景中自有其价值和用处。但他认为,哲学的任务不同于科学。因此,当研究生存时,哲学家一定不能效仿科学将生存作为思想的"对象"来对待;这会简单地将生存变成众多在者当中的一个。所以,虽然雅斯贝尔斯并没有否定科学技术的知识,但他坚持认为"生活实践"要求我们带给这种知识某种另外的实在。他坚持认为,一切科学的原理和规律,除非个体的人以一种有效的和有价值的实在来实现它们,否则没有任何用处。知识的堆积本身并不能保证给我们带来任何具体成果。他写道:"起决定作用的是一个人的内心态度,他思考他的世界并逐渐领悟它的方式,以及他所满意的基本价值——这些东西是他的所作所为的根源。"因此,哲学必须是"生存哲学"(existence philosophy)。

于是,生存哲学的主要任务是研究生存,而进行这一研究的哲学家必须思考他们自己直接的、内在的和个人的体验。有了这些前提,哲学思想就"不能使哲学上升为一种科学",如黑格尔那样。相反,哲学必须重新肯定"真理是主观性",并且从事哲学意味着不是传达关于对象或客观的知识,而是传达个人意识的内容,这种意识是个人的"内在建构"(inner constitution)的产物。他说,生存性的思想就是"哲学的生活实践"(the philosophic practice of life)。

雅斯贝尔斯并没有提供生存哲学的任何系统定义。虽然如此,他还是指出了它的一些特点。最主要的是,生存哲学是这样一种思想方式,通过它我们努力成为我们自己。它是一种并不将自己限于去认识对象,而是要"说明和实现思想者的存在"的思想方式。它并不在分析性的反思中去发现解决问题的途径,而是在真实交往中的人们之间所进行的对话中"成为真实的"。生存哲学并不认为人的生存是知识的一个确定部分,因为这会使它不成其为哲学,而再一次沦为人类学、心理学或社会学。生存哲学有堕入到纯主观性、只考虑个人自己和为无耻行径辩护的危险。但雅斯贝尔斯认为这些都是反常情况。只要生存哲学保持本真,它就能特别有效地促进一切能让我们成为真实的人的东西。每一个人都是"完全不可替代的。我们不仅仅是普遍存在的例证"。对于生存哲学来说,存在的概念,只有在对每个具体的人的意识中才会产生。

如果可以说生存哲学有某种"功能"的话,这功能就在于使我们在思想上能够接受雅斯贝尔斯称之为"超越性"(Transcendent)的东西。人的处境包括三个阶段:第一个阶段,我获得关于对象的知识;第二个阶段,我在我自身中发觉生存的基础;第三个阶段,我意识到自己在努力成为真实的自我。在最后这个阶段，我发现了我的限度。毫无疑问，我面临着"诸界限"（limiting situations），比如我自己死亡的可能性。然而，当我意识到我自己的限度时，我同时也意识到它的对立面，即作为超越性的存在。这种对超越性（传统神学理论称之为上帝）的领悟是一种纯个人的体验，不能加以具体描述或证明。它仅仅是领悟到一切（包括我自己和一切对象）都是建立在存在的基础上的。我对超越性的领悟的核心在于我同时领悟到我自己的自由，在我努力实现我的真实的自我的过程中，我可以自由地肯定或否定我同超越性的关系。然而，本真的生存要求我肯定超越性。我面临选择——一个非此即彼（either-or）的选择——我做这个选择，不能借助于任何科学的证明甚至知识，只能凭借一种领悟。我最终必须表达出一种代表与生活的深层次相统一的"哲学信念"。

马塞尔的存在主义

与雅斯贝尔斯相似，伽布里埃尔·马塞尔将他的存在主义哲学的核心放在存在问题上，尤其是放在人提出的"我是谁？"这一问题之上。马塞尔思想的核心观念是对"疑问"（problem）和"奥秘"（mystery）的区分。他认为，如果将"我是谁？"还原为一个疑问，分析它的部分，然后去解决它，那就不可能回答这个问题。一个疑问意味着我们缺乏某种信息或知识，而我们需要做的是探求这种信息或知识，我们需要投入"研究"，以克服我们暂时的无知。一个疑问通常总是和一个对象或多个对象之间的关系有关，关于对象和它们之间的关系的信息可以收集，可以加以计算，但"我是谁？"这个问题不能还原为一个疑问，因为这个"我"不是一个对象或一个"它"，虽然在某种意义上，我的确是一个对象，因为我的确有一个身体，我的存在是主体和对象（客体）的结合。由于我自己的主观部分决不能被排除，所以我不能被仅仅归结为一个对象，于是关于我的生存的问题就不仅仅是一个疑问：它是一个奥秘。所以奥秘是对某些永远不可能被翻译成为"在那里"的对象的体验。这些体验总是包括主体，因而也就包含属于奥秘的事情。马塞尔相信奥秘的因素实际上是不可还原的，原因正在于人的生存是"存在和拥有"（being and having）的结合。当我们"拥有"事物或观念时，我们能用客观的术语来表达它们，如"我有一辆新车"。然而，"存在"总是一件主观的事情。

最后，人的生存的最深层意义来自于主观对真实存在的承认。马塞尔写道，"人的本质必须在一种处境中"，他的意思是指一个人同存在的关系不同于一块石头同存在的关系。一方面，我们是唯一"能够作出承诺"的在者，这是马塞尔想要强调的尼采的话。能够作出承诺，这将我们置于一种同他人的独特关系中，这种关系不可能存在于两个对象之间。这种生存的道德层面使得马塞尔相信，一个人的关系的最大的特点包括真诚（fidelity）的因素。真诚提供了理解我们生存本性的线索，因为正是通过真诚，我们不断塑造我们的生活。我们通过友谊和爱发现真诚，它给了我们克服他人的"客观性"并产生新层次的亲密关系的力量。我们将自己托付给他们，例如，我们将自己托付给我们的配偶，尽管这种托付造成了一个新的问题。未来总是不确定的，我们也不能确知别人会做什么。例如，我们的配偶可能有一天会提着行李离我们而去。那么我们还应当天真地走进这些关系中去吗？解决这个问题的方式是确立一种更高、更绝对的对神圣和神秘秩序的信仰。这具有一种潜移默化的效果，并支撑着我们在人际关系中的更一般的相互信托。虽然马塞尔绝不是一个传统意义上的神学家，但他还是在基督教的信仰中找到了他的哲学的基本精神，并在39岁时皈依了罗马天主教。

19.4 萨特

萨特的生平

让－保罗·萨特生于1905年，是一位名叫让－巴蒂斯特（Jean-Batiste）的海军军官和安娜－玛丽·施韦策（Anne-Marie Schweitzer）（著名的神学家和传教医师阿尔伯特·施韦策[1]的堂妹）的儿子。萨特就读于巴黎高等师范学校，很早就显露出文学表达方面的天赋。在巴黎高师期间，他为亨利·柏格森的哲学所吸引，后者的《时间与自由意志》（1889）令他"倾倒"，并使他感到"哲学是绝妙的，你能通过它学到真理"。1934年至1935年，他待在柏林的法兰西研究所，研究了胡塞尔的现象学。萨特在这个研究所用德语写了《先验自我》（*Transcendental Ego*，1936），正如他所说的，"我写这部作品实际上是直接受了胡塞尔的影响。"也正是在柏林，他写了小说《恶心》（*Nausea*），他认为这是他最好的作品，甚至到临终时他还是这样看。在这部小说中，萨特描述的是我们对于通过直觉所经验到的偶然的和荒诞的生存本性的病态感觉：人的生存是"偶然的"，并没有明确的目的。由于他不能找到足以向读者描述这一哲学洞见的词语，所以"我不得不把它用浪漫的形式装扮起来，把它转变成一场历险"。

在第二次世界大战中，萨特积极投身到法国抵抗运动中，当过德军的战俘。在战俘营中，他读了海德格尔的书，"而且一周三次向我的牧师朋友解释海德格尔的哲学"。他这一时期所作的关于海德格尔的笔记对他影响非常大，他说，这些笔记中"有很多议论后来都被纳入到《存在与虚无》中"。有一个很短的时期，他在哈瓦中学、亨利第四中学、贡多塞中学任教，后来辞去工作，专心从事著述。他的著作超过30卷。作为《存在与虚

---

[1] 阿尔伯特·施韦策（Schweitzer，Albert，1875—1965），德国神学家、哲学家、传教医师，1952年诺贝尔和平奖获得者。——译者注

无》(*Being and Nothingness*,1943)的续篇,萨特写了另一部主要著作《辩证理性批判》(*Critique of Dielectical Reason*,1960)。他最后一部书是论福楼拜的三卷本著作(《家庭中的白痴》,*The Idiot of the Family*,1971—1972)。他虽然受马克思主义的影响,并且一直在政治上很活跃,但从来不是一个共产党员。有些评论家企图将马克思主义作道德化的解释,但他们并不成功,萨特说,这是"因为很难在马克思主义中找到多少可以道德化解释的地方"。他自己对马克思主义的批判是它没有给道德和自由以明确的地位。萨特说,我们也不应该认为"道德只是一种简单的上层建筑,相反,它就是所谓的基础结构"。由于他的能动思想,他反对个人吹捧。1964年,当他被授予诺贝尔文学奖时,他拒绝领奖,理由是他不想被"纳入到一个官方的体制中"。

在巴黎高等师范学校,他遇到一个同学,西蒙·德·波伏瓦,他与她相伴终身。这种关系是非同寻常的,两人都是出色的学生。波伏瓦对萨特的宏富著述有着很大助力,话说回来,她自己作为一名作家也是声名赫赫的。在波伏瓦品读和认可之前,萨特决不发表任何东西。在萨特被授予诺贝尔奖时,波伏瓦也跻身于一流女作家之列。萨特去世时,她被认为是法国还健在的最著名的作家。她的小说《名士风流》赢得了龚古尔奖,在她的《第二性》这本书中,她写下了后来常被人们引用的话:"女人不是天生的,而是自己变成的",为她获得了著名的女性主义者的声望。她的文学作品给她带来了金钱、名望和独立。虽然萨特和西蒙·德·波伏瓦同居51年,并未结婚,但彼此情深意笃。然而,他们的感情道路上也出过一些麻烦。波伏瓦在回忆录中说,"我和萨特一起为造成了与奥尔加①的麻烦而苦恼。"这一事件成了波伏瓦的第一部小说《女客人》的主题,这部小说讲的是女主人公与另一个女人的关系。这使波伏瓦这样来说她自己的处境:"从现在起,我们将是一个三重奏,而不是二重奏。"萨特早先说,波伏瓦是他的"至爱",但不是他唯一的女伴。萨特曾在哲学上讲,"一个人总是自由的";波伏瓦问道:"后宫中的女人有什么自由呢?"他们是很少见的一对——她个子高挑,美貌迷人,而萨特身材矮小,相貌平平。他们就这样一起名扬世界。

萨特生活俭朴,没有什么财产,政治活动和旅游就能让他心满意足,所要的也不过是在巴黎的左岸地区②的一套小公寓。后来萨特健康恶化,双目也几乎失明了,他就在这样的情况下于1980年4月15日逝世,终年74岁。

---

① 奥尔加(Olga)为波伏瓦的女学生,经波伏瓦介绍认识萨特,后导致了一场"三重奏"的爱情危机。——译者注
② 即 La Rive Gauche,巴黎塞纳河左岸地区,是巴黎文学家、艺术家和知识分子居住和活动的地区。——译者注

存在先于本质

萨特的名字成了存在主义的代名词，这主要是因为他那种明晰晓畅的写作方式。那些首先是出现在胡塞尔和海德格尔的凝重语言中的东西，如今在萨特的笔下出现在那通俗易懂、引人入胜的小说风格中。他对存在主义的主要贡献无疑是大部头的《存在与虚无》。然而，有一段时间，他的观点广为人知却是因为他在1946年发表的简短讲演《存在主义是一种人道主义》。萨特后来否定了这篇讲演，并以多少有些不同的方式来界定存在主义。尽管如此，在这篇讲演中，萨特还是提出了他对存在主义基本原则的经典表述：存在先于本质。

说存在先于本质，这是什么意思？这一提法与我们对人的本性的理解又有什么关系？萨特认为，我们不能用描述人造物那样一种方式去解释人的本性。例如，当我们考虑一把刀的时候，我们知道，它是由某人制造的，这个制造者对这把刀有一个构想，包括拿这把刀干什么，怎么造出这把刀来。所以甚至在刀造出来之前，刀的制造者已经将它作为有一定的目的和一定的制造过程的产品来构想了。如果我们所说的刀的"本质"是指造刀的程序和目的的话，那么，我们就可以说，刀的本质先于它存在。考察刀也就是去确切地理解用它来干什么。当我们思考人的本质时，我们也倾向于将我们自己描述为由一个制造者或一个创造者——或者说上帝——所造出来的东西。萨特说，一般我们想到上帝时，是将他作为一位天工来看待的，这就意味着当上帝进行创造时，他对自己正在创造什么一清二楚。这就是说，在上帝的心目中，人的本性的观念就好像一个匠人心目中的刀的观念。照这种观点看来，每个个人都是一定的观念的实现，它存在于上帝的理解中。

包括狄德罗、伏尔泰和康德在内的一些18世纪的哲学家，要么是无神论者，要么贬低上帝的观念。尽管如此，他们还是有这样的想法：人拥有一种"人的本性"——这种本性是见之于每一个人的。他们说，每一个人都是普遍的人性观念的一个具体例子，无论是处于原始质朴的自然状态，还是处于高度文明的社会之中，我们都具有相同的根本性质，因而我们全都被包含在对人性的相同的定义和观念之中。总之，我们都具有相同的本质，我们的本质先于我们的个别具体的或历史的存在。

萨特通过严格理解的无神论将这一切彻底扭转了过来。他相信，如果没有上帝，那么就没有被"给定"的人的本性，因为没有上帝来构想这种本性了。人的本性不能被预先规定，因为它不能被预先完全构想出来。人本身仅仅是存在着，只是后来我们才成了我们本质的自我。萨特指出，说存在先于本质，意思是人首先存在着，遭遇他们自身，出现于世界之中，然后再规定他们自己。我们首先只是存在，然后我们也不过是成为我们自己把自己造就成的东西。

也许我们对萨特的存在主义第一原则的表述的第一反应就是：它具有高度的主观性——我们大概可以去把自我造就成我们希望的任何样子。然而，他这里的主要观点是，一个人是具有比一块石头或一张桌子更高的尊严的，而给我以尊严的是我拥有主体性的生活，这意味着我是某种让自己走向未来的东西，并且我意识到我正在这样做。将存在置于人的本质之前的最重要的结果不仅是我们创造我们自己，而且使对存在的责任毫不含糊地落在了每个个人身上。一块石头不可能负责。而如果一个人的本性已经被给定不变的话，我们也就不能对我们的存在负责了。

自由和责任

在萨特的分析中，一开始与道德无关的主体主义现在变成了一门严格建立在个人责任基础上的伦理学。如果我们是我们自己所造就的那种东西，那么我们就不能把自己成为什么的责任推给除了我们自己以外的任何人。而且，当我在创造自己的过程中进行选择时，我不仅在为我自己选择，也在为所有的人选择。因此，萨特说，我不仅对自己负责，而且也对所有的人负责。这最后一点似乎与萨特已推出的思路相矛盾。因为在我能够选择一个行为方式时，我必须问，如果每个其他的人都这样做，会发生什么；这就假定了一个一般的人的本质，这个本质使"我的"行为类型与"所有的"人都有关。萨特实际上是说，虽然我们创造了我们自己的价值，从而创造了我们自己，但我们同时也就按照我们相信它应当是的样子创造了我们作为人的本性。当我们选择这样或那样的行为方式时，我们就肯定了我们所选择的东西的价值，并且，没有任何东西对于我们每一个人来说更好，除非它对所有的人都更好。这整个听起来非常像是康德的定言命令。但是萨特并不希望援引任何普遍的法则来指导道德的选择。相反，他唤起人们注意人的一种最清晰的经验，即所有的人都必须选择和决定，虽然我们并没有任何权威指导，但我们还是必须选择，同时要追问我们是否愿意其他人作出同样的选择。我们无法摆脱这样一种令我们不安的想法，即我们并不会愿意别人像我们这样做。说其他人不会这样做，是一种自欺（self-deception）。所以选择的行动是所有人都必然会带着深深的"痛苦"来完成的，因为在这种行动中，我们不仅要对我们自己负责，而且还要相互负责。萨特认为，如果我通过自欺逃避我的责任，那么我的良心将不会安宁。

虽然萨特的道德语言听起来非常类似传统的道德说教，但他的意图是从严格的无神论出发，推出其中所蕴含的一切后果。他接受尼采宣告的"上帝死了"，也严格遵循着陀思妥耶夫斯基的思想："如果上帝不存在，那么一切都是允许的。"在一个无上帝的世界中，我们的心理状态就是一种"被抛"（abandonment）的状态，萨特的这个词来自于海德格尔①。被抛，对萨特来说是指，由于不再考虑上帝，也就不再有在理知的天国中找到价值的任何可能性了。还有，不存在任何先于我们的选择的善，因为没有任何无限的或完

---

① 海德格尔用的是德文 Geworfenheit 一词。——译者注

美的意识去思想它。我们的被抛弃感是下面这个事实的奇特结果，即实际上一切事情都是被允许的，所以我们是孤独无依的，因为我们无论在自身之内或自身之外都找不到可以依赖的东西。我们没有任何理由地存在着。我们的生存先于我们的本质，除了我们的生存以外，就只有虚无。有的只是在场。在《恶心》中，萨特写道，在场的真正本性被揭示为生存，不在场也就是不生存。事物完全就是它们所显现的那个样子，除此之外，别无他物。

对萨特来讲，说除了生存的个体外一无所有，意思是说没有上帝，没有任何客观的价值体系，没有任何既定的本质，最重要的是，没有决定论（no determinism）。萨特说，个人是自由的；一个人格就是自由。他说，用一个古典的措辞，人被判为自由的。我们被判处，是因为我们发现我们自己被抛在世界中；然而是自由的，却是因为我们一意识到我们自己时，我们便对我们所做的一切负责。萨特反对那种认为我们为激情的洪流所驱使，因此这样的激情能被视为我们行动的理由的说法。他还反对弗洛伊德的观点：人的行为机械地决定于无意识的和非理性的欲望；这种观点给了我们一个回避责任的托辞。在萨特看来，我们甚至也要对我们的激情负责，因为就连我们的情感也是由我们的行为决定的。克尔凯郭尔说，自由令人眩晕（dizzying），而萨特也有类似的说法：自由令人惊骇（appalling）。这恰恰是因为没有任何东西迫使我们以某种既定的方式行动，也没有一个精确的模式诱导我们走向未来。我们每个人就是唯一存在着的事物。我们都是自由的，萨特说，所以我们必须选择，即创造（invent），因为根本没有任何普遍道德规范能向我们表明我们应当如何做。世界上也没有任何能向我们担保不出问题的指导方针。

虚无与自欺

在人的存在中有一种绝望的因素，萨特说，这种绝望是因为我们认识到我们被我们自己意志范围内的东西所限制。我们从生存中所期待的东西不能多于生存所拥有的有限的可能性。在此萨特相信，通过强调我们的有限性和我们同虚无的关系，他触及到了个人存在的真实主题。"虚无，"他说，"像一条蠕虫一样盘绕在存在的中心。"海德格尔将人的畏的原因归为对我们的有限性的领悟，例如，当我们面临死——不是一般意义上的死，而是我们自己的死——的时候。海德格尔说，并不只有人才面临虚无，而是一切存在都同虚无有这种关系。所以人的有限性不仅是一时的无知、某种缺点甚或某种错误。有限性是人的心灵的真正结构，诸如"内疚""孤独""绝望"之类的词，描述了人的有限性所导致的结果。海德格尔认为存在的最终原则是意志（will）。萨特表示赞同说，任何实在只有在行动中才存在。我们只是我们行动和目的的总和；除了我们的日常生活外，我们什么也不是。如果我是一个懦夫，那么，是我自己把自己造成一个懦夫的。这不是我懦弱的心脏、肺脏或大脑造成的。我是一个懦夫，是因为我通过我的行为把自己造成了一个懦夫。

虽然在一切人中不存在先天的本质，不存在人的"本性"，然而萨特说，存在人的普遍的"状况"。通过在思想意识的行动中发现我自己，我发现了一切人的状况。我们处在一个"主体间性"的世界中。这是那种我必须在其中生活、选择和进行决定的世界。因此，我所选择的任何目的都不会让别人感到完全陌生。这并不意味着每一个目的都会永远限定我，而只是意味着我们全都可以用同样的方式反抗同样的限制。因此，萨特不同意说我们做什么或我们如何选择是无关紧要的。我总是得在一个"情境"中，即在同他人的关系中去行动，所以我的行动决不能是反复无常的，因为我必须对我的所有行为负责。而且，说我必须造就我的本质，创造我的价值，这并不意味着我不能对人的行为加以"判断"。仍然可以说，我的行为建立在错误上或者是自欺上，因为如果我躲在服从自己的激情这一借口后面，或是信奉某种决定论，那我就是在欺骗自己。

萨特说，创造价值只是指在意志行动之前，不存在任何生活的意义或含义。生活在它被"生活"之前不可能是任何东西，每个个人必须赋予它意义。生活的价值不是别的，而是每个人在生活中所创造的意义。认为我们受命运、神秘的内在力量、巨大激情或遗传的摆布，都会导致非本真的坏的信仰（mauvaise foi）或自欺。萨特说，一个同意与某个男人一同外出的女人很清楚男人怀有什么意图，而且她也知道，她迟早必须作出决定。她不愿意承认这个决定是迫在眉睫的，而宁可将他所有的行为都解释成慎重周到、彬彬有礼的。萨特说，她在自欺；她的行为是非本真的。从根本上讲，一切人都会有类似的非本真性——都会按照坏的信仰办事，都会逢场作戏并想用表面的东西来掩盖自己真实的人格。所以，萨特存在主义的结论是，如果我在我的所有行为中表达我的真实的人性，那么我将不会自欺，那么，诚实也不会成为我的理想，而就是我的真正的存在。

人的意识

萨特对存在主义的通俗表达的基础是他对生存的技术性分析。他认为，有不同的生存方式，首先是自在的存在（being-in-itself/l'en-soi），例如石头就是这样存在的；它只是存在着。在一定意义上，我与任何别的种类的存在者的实在并无二致。我存在着，以和别的事物同样的方式存在着，即不过是"在那里"（being there）而已。其次是自为的存在（being-for-itself/le pour-soi），它要求作为一个意识主体而存在，这点只有人做得到，而事物（如石头）则做不到。作为一个有意识的主体，我可以通过各种方式与物和人的世界相联系。在一个层面上，我意识到"这个世界"，这个世界是我之外或不同于我的一切，所以它超越于我。在这个层面上，我只将这个世界作为一个整体的、巨大的、尚未分化的东西来体验，它是单一的、还没有分裂成个体的事物。萨特在《恶心》中描述了这类意识。在这部小说中，洛根丁这个人物坐在公园的一张长凳上。他看着他面前的公园里的一切，同时看到每一个事物都是不同的，每一个事物都是一个单个的事物——"忽然间，生存敞开了它自身"。语词忽然消失了，人们用来赋予事物意义的参照点也消失了。洛根丁所看到的是作为"各种事物混成的浆糊"（the very paste of things）的存在："（那棵树的）根、公园的门、长凳、稀疏的草地、已消失的所有的东西：事物的多样性、它们的个别性仅仅是一种表象、一种外表。这种外表融化了，剩下的是软化了的巨大团块，一切都赤裸裸的，都处于无序状态中。"只是到了后来，当我们进行反思的时候，世界才变成了我们所熟悉的那个世界。但是萨特说："由解释和推理造就的世界并不是生存的世界。"在洛根丁的经验的层次上，世界是意识的一切对象的统一体。

萨特同意胡塞尔的观点：一切意识都是对某物的意识，这意味着，不肯定在我们意识之外即超越我们的意识而存在的对象的存在，就没有任何意识。正如我们已经看到的，意识的对象可以仅仅是"在那里"（being there）的"世界"（world）。但是除了作为一大团东西的世界外，我们还谈到诸如树、长凳和桌子之类的特殊事物。无论何时，当我们确认一个特殊的对象时，我们都得说它"不是"什么——我们把一个事物从它的背景中区分出来。当一张椅子作为椅子来显现时，我要赋予它这个椅子的意义，就得遮住它的背景。我们称之为椅子的东西是被意识活动从世界的整体关联中形成起来或抽取出来的，只有在意识面前，事物的世界才显现为一种既相互分离又相互联系的理知体系。没有意识，世界就只是存在着，而本身却没有任何意义。意识建立起世界中的事物的意义，虽然它并不建立起它们的存在。

当我们将世界视为"自在的存在"，即只是在那里存在时，萨特说："其本质之点是偶然性。我的意思是，就本义而言存在不是必然性。存在仅仅就是在那里。"偶然性意思是当某物存在时，它只是恰巧如此，并不是因为它必然要由某个别的事物引起："存在显现着……但是你不能把它们推断出来。"我们所经验的世界"并非创造出来的，没有存在的理由，与其他存在没有任何关系；自在的存在从来就是无理由的"。萨特说，任何事物在世界上所具有的意义都取决于人们作出的选择。甚至一张桌子的意义也是变化的，它取决于一个特殊的人选择用桌子来达到什么目的，例如，是用来吃饭，还是用来写信。一条山谷对农夫来说有某种意义，对野营者来说则有另一种意义。在这里，意识让我们从自在的存在（简单地在那里）变成自为的存在，在这种情况下，意识将世界上的诸对象和作为主体的有意识的自我明确地区分开来了。

意识的活动在这一点上是双重的。首先，意识界定了世界上的特殊的事物，并赋予它们意义；第二，意识在它自身和对象之间拉开了距离，并且以这种方式从这些对象上获得了自由。因为有意识的自我具有这种相对于世界上各种对象的自由，所以，赋予事物可供选择的不同意义也就并不超出意识的能力范围了。意识的活动也就是通常所说的"选择"。我们选择实施这项筹划或那项筹划，世界上事物的意义在相当大的程度上，取决于我们选择什么样的筹划。如果我选择做一个农民，那么山脉、谷地、临近的风暴将对我有某种特殊的意义。如果我选择在那个山谷做一个野营者，那么环境和风暴将会呈现出不同的意义。

马克思主义与复盘自由

虽然萨特相信马克思主义是我们时代的哲学，但他意识到在他的存在主义和马克思主义的唯物主义辩证法之间存在着明显的矛盾。萨特的存在主义强烈地支持人的自由。相反，马克思主义的辩证唯物主义则强调一切社会的结构和组织以及人的行为和思想是由先前的事件所决定的。根据这种观点，选择的自由是一种幻想，我们只是历史的力量实现其自身的工具（vehicles）。萨特认为，正是人类的意识"创造历史"，并赋予世界意义，但马克思主义主张，历史的社会和经济的结构主导着历史自身的发展。马克思主义认为，我们的心灵不是将意义赋予世界，而是要在历史背景中把这种意义作为一种科学的事实发现出来。萨特说，他之所以从未成为一名共产党员，原因之一就在于"那样我就不得不背弃《存在与虚无》"和它对人的自由的强调。

在早期的著作中，萨特关注的主要是个体和自由。后来，在《辩证理性批判》中，他关注的更多是历史的和社会的关系，人们在这种关系中发现他们自己，而这影响着他们的行为。他认为，在描述社会的和经济的结构如何发展以及它们如何影响到人的决定这方面，马克思比其他任何人都要成功。萨特逐步接受了人在选择上的局限——出生、社会地位和家庭背景的局限。早期，他试图描述个人如何能通过为他们的行为制造借口自欺，好像他们并没有采取其他方式的自由似的——这是一种自欺。他无疑从未背离过这种对个体自由的强调。但是在马克思主义的影响下，面对着人们的社会存在，他们与其他人的关系，尤其是作为某个团体（如工会）的一名成员和他人的关系，他对自己的思想进行了调整。由于承认了群体结构对人的行为和意识的影响，特别是由于劳动的异化意识，他在一定程度上修正了自己对人的自由的乐观看法。

1945年，萨特写下"在任何情况下，一个人总是自由的"。作为一个例子，他说："一个工人总是可以自由选择是否加入工会，正如他可以自由选择是否参加某种战斗。"多年以后，当他在1972年回忆这个说法时，萨特说："这些在我今天看来都是惊人的荒谬。"他承认："无疑（我的）自由的概念有了根本的变化。"在他的论福楼拜的长篇著作中，他得出这样的结论：虽然福楼拜成为一个独一无二的福楼拜，这是自由的，但他的家庭背景和他的社会地位表明"他并没有那么多的可能性去任意成为其他的一切东西……他有可能成为一个平庸的医生……也可能成为福楼拜"。萨特说，这意味着社会条件的制约在我们的生活中是时刻存在的。虽然如此，他还是得出了这样的结论："我仍然信奉自由的观念。"他说，确实，"你只能在其他人已为你创造好的背景下，成为你所是的东西"；

但在这些限度之内，一个人仍是自由的和有责任的。萨特就是这样调和历史条件影响人的行为这一事实和他对人也能够创造历史的直观确信的。在这样做的过程中，萨特努力用他的存在主义去克服他所认为的马克思主义哲学的主要缺点，即它对作为"真实的个人"的个体没有充分的认识。

19.5 梅洛－庞蒂

梅洛－庞蒂的生平

莫里斯·梅洛－庞蒂生于1908年。1926年到1930年间，他就读于巴黎高等师范学校，那时的哲学教程浸透了理性主义和唯心主义。梅洛－庞蒂谈到他的老师赖昂·布朗希维克①（Leon Brunschvicg）时说，他"向我们传授唯心主义的传统……这种哲学主要在于努力地进行反思……（它）试图把外部感知或科学结构作为心灵活动的结果来把握"。梅洛－庞蒂比萨特低一年级，后者上的也是这所学校。萨特和西蒙·德·波伏瓦之间曾有一番有趣的对话，描述了那一时期这两个人之间的关系。波伏瓦问："你对你所不喜欢的人很冷淡，比如，梅洛－庞蒂。你和他关系很不好，是吗？"萨特回答："是的，但即便如此，我曾保护他躲过那些想揍他的人。"波伏瓦问："你当时在唱猥亵小调，他一副道貌岸然的样子想来制止你，是吗？"萨特答："他走了出来。有几个人在追他——其中有两个人——他们要揍他，因为他们都火了，所以我也出来了。我还是有点喜欢梅洛－庞蒂的……（我说）别碰他，让他走，所以他们没有生事，离开了。"

1929年，梅洛－庞蒂在杰森德塞里中学（Lycée Janson-de-Sailly）做教学实习时，受到了该校校长古斯塔夫·罗德里格斯（Gustave Rodrigues）的影响。年轻的天主教徒梅洛－庞蒂，发现无神论者罗德里格斯具有一种"非凡的品质"。1936年，梅洛－庞蒂脱离了天主教，此时他在他的第一部书《行为结构》（*The Structure of Behavior*）中已经在运用着他自己的一套现象学了。在第二次世界大战期间，他发现了自己的积极义务，他在德国占领下的巴黎的伽诺特中学（Lycée Carnot）教书，并在这个时期撰写了他的最伟大的著作《知觉现象学》（*The Phenomenology of Perception*）。

从早年在巴黎高师的时候开始，萨特和梅洛－庞蒂的生平和事业展示了他们之间暴风骤雨般的忽敌忽友的关系。在梅洛－庞蒂的帮助下，1941年冬，萨特建立了一个名为"社会主义与自由"的抵抗组织。他们的目标是要使社会主义经济和个人自由之间达到和

---

① 布朗希维克（Brunschvicg, Leon, 1869—1944），法国批判唯心主义哲学家，巴黎大学哲学教授。——译者注

谐，在此基础上建立一种政治社会。从1945年到1952年，萨特和梅洛-庞蒂一直合作，共同出版《现代》杂志，这是一份政论期刊。在办刊的同时，梅洛-庞蒂先后在里昂大学和索邦大学教书，并且于1952年被聘任为法兰西学院的哲学教授，他在这个位置上一直工作到去世。

梅洛-庞蒂的政治观点对前苏联的同情愈来愈少。1950年，梅洛-庞蒂撰写了一篇抨击苏联劳改营的社论，他写道：

> 如果在苏联社会阶层的顶端，工资和生活标准比那些自由工人高15至20倍的同时，在社会的底端有一千万人被投入到集中营——那么……整个制度的方向和意义就改变了；尽管生产资料国有化了，甚至尽管私人剥削和失业在苏联都是不可能的，我们还是不知道为什么非得把社会主义和它①相提并论。

梅洛-庞蒂说，这些劳改营更是"罪大恶极，因为它们背叛了革命"。1952年前后，萨特同共产主义者的关系愈来愈密切，而梅洛-庞蒂则离开了《现代》杂志的编辑岗位。

几年以后，梅洛-庞蒂写了一本书《辩证法的历险》（*Adventures of the Dialectic*），在这部著作中，有一章详细分析了萨特同共产主义的关系。这一章题为"萨特与超级布尔什维主义"，它是以这样一句评判结尾的："一个人不可能既是自由作家同时又是共产主义者。"其实，萨特和梅洛-庞蒂最后都不再迷恋共产主义。正如我们先前所看到的那样，萨特从未成为一名共产党员，因为那样会迫使他放弃自己坚定不移的立场：人是自由的。梅洛-庞蒂在远未完成自己的哲学研究并处于创造的高峰的情况下于1961年5月4日去世，终年53岁。

知觉的首要性

在《知觉现象学》中，梅洛-庞蒂提出了一种知觉理论，以反对二元论和实在论。像笛卡尔那样的理智主义者（或二元论者）认为，我们的心灵不仅不同于我们的身体，而且我们心灵中的概念和过程也优于来自我们身体的感觉材料。我们的心灵解释感觉信息，弥合其中的裂隙，并使它具有意义。笛卡尔生动地论证了这种观点：

> 当我透过一扇窗户观看并说我看到有人过马路时，我其实并没有看到他们，而是推论出我所看到的是人……透过这扇窗户我所看到的，除了也有可能是裹在自动机外面的那些帽子和衣服外，还能有什么呢？但我还是断定这些就是人。同样，对我相信是自己亲眼看到的东西，我也是仅仅凭借着自己心灵中的判断力来加以理解的。

---

① 此处指苏联。——译者注

实在论者则持相反的观点：我们原原本本地接受对世界的知觉，而我们的心灵对我们的知觉并未作任何进一步的组织。梅洛-庞蒂则采取了一种中间立场：我们身体的知觉本性对感觉材料进行了构建和塑造；我们较高的心灵功能则并没有起这样的作用。实际上，甚至我们较高的思想过程也是建立在我们身体的知觉框架基础上的。

他写道："一切意识都是知觉的，就连对自我的意识也是如此。"所以，这一理论的主旨是强调知觉的第一性，他写道：

> 我们使用"知觉的第一性"这个说法是指，在事物、真理、价值为我们建立起来的那一刻，我们是以知觉经验的形式在场的……这并不是要将人的认识还原为感觉，而是帮助这种认识产生出来，使它能像可感的东西那样被感觉到，使合理的意识得到恢复。

梅洛-庞蒂特别受到20世纪初期的格式塔心理学的影响，这种理论认为，我们的知觉经验是由内在的形式和结构所造就的，这些形式和结构赋予我们的经验以内涵、意义和价值。在梅洛-庞蒂看来，这些结构植根于身体知觉中。

梅洛-庞蒂将他的立场浓缩为这样一个观点："我就是我的身体"，因而否定我能作为一个精神主体以某种方式脱离我自己的作为身体的客体。我自己的这两个因素通过我的身体而在我的生活经验中统一在一起。梅洛-庞蒂将自我确定为一个身体，这并不是在支持德谟克利特和原子论传统的唯物主义观点。按照传统的唯物主义，我本质上是一架物理机器，而用这样一架身体机器来说明我生命中的那些精神要素，多少都会让这些精神因素趋于消解。相反，在梅洛-庞蒂看来，我的精神层面就植根于我的身体中；我是一个身体-主体，而不是一个无思想的和机械的身体。

知识的相对性

梅洛-庞蒂说："归根到底，每个知觉都在某个视阈内发生，而且从根本上讲都在这个'世界'中发生。"这样说的根据在于，知觉是一个人在世界上"现身"（bodily presence）导致的。现身已经意味着，作为一个主体，一个人在某个时候带着某个特殊的视角置身于世界中了。我们最终所拥有的那些观念反映的是这种片面的观点和时间中的经验，因此"我们重新回忆起的观念只对我们生命的一个时期来说是有效的"。我们所知觉的东西并不是一个完整的事物，也不是为我们的理智所具有的类似几何学观念的理想的统一体："毋宁说，它是一个总体，向着一个由无数视角构成的视阈敞开。"进一步说来，这就意味着"我所看到的事物对我来说都只是处在这样的状况下的，即它们总是退居到它们直接被给予的那些方面以外"，例如，我们决不可能看到一个立方体、一盏灯或任何其他事物的所有侧面。与之相似，其他观察者也会从他们的视角来看待事物，而且我的知觉在时间的流逝中发生，哪怕我并未觉察到诸时间片断的这种次序。梅洛－庞蒂就这一点追问道：

> 我真的能说我会永远坚持我现在所持的观点——和它的意思吗？我难道不知道六个月后、一年以后即使我多少使用同样的形式表达我的思想，它们的意义也会稍有改变吗？我难道不知道存在着观念的生命，正如存在着我所经验的每一件事情的意义，而我的每一个最有说服力的思想都需要补充，然后才不会被毁灭，但至少可以融入一个新的统一体吗？

他得出这样的结论："这是对认识的唯一科学的而非神话的观念。"而且它意味着"如果对之加以思考的话，想要直接走向事物的本质，这是一个矛盾的想法"。我们从我们对世界的知觉中得到最多的是"一条道路，一种逐渐自我澄清、自我校正并通过与自己和他者的对话而继续下去的经验"。

同"他者"对话假定了每个人在某种意义上都共有一种类似的关于世界的经验。但是梅洛－庞蒂的理论集中谈的是每一主体关于世界的内在经验，它能解释两个人如何进行连贯的对话吗？既然"我们的身体……就是我们对世界的视点"，那么作为我们每个人的独特视角就会导致每个人的知觉都是相对的。梅洛－庞蒂试图用"类的先天"（a priori of the species）这一概念来解决这个问题。作为一个单个类的成员，所有的人以一种相似的方式感知某些形式。他说："正如格式塔理论所指出的那样，对于我来讲，存在着我所喜爱的并且也为其他人所喜爱的形式。"当然，我"决不会知道你是如何看到红的，而你也不会知道我如何看到它的，但是我们对我们意识的这种分离的第一个反应却是相信我们之间有一个不可分割的存在"。在我知觉到另一个人的时候，"我发现我自己是在和另一个'我自己'打交道，从原则上讲，他和我一样对相同的真理敞开"。即使是有我们两个人在看世界，这也不等于说由于我们视角的不同而存在着"两个数目上不同的世界"。所以，梅洛－庞蒂说，这就要求"我所看到的也就是（你）所看到的"。

知觉与政治学

我们也许会认为梅洛－庞蒂对知觉认识的相对性的说明不太适合处理政治、社会和经济秩序问题。不管怎么说，这些主题要求永恒的和稳定的"正义"和"自由"的观念，柏拉图或康德对这些观念的解释也许更好。这将与存在主义的观点相矛盾，后者认为，不存在任何本质的、永恒的价值，不存在可以被充分实现的人的本性，人们必须去创造他们的价值。对此，梅洛－庞蒂作出了回应。他毫不犹豫地否定了那些抽象的政治、正义和道德理论所作出的高傲断言。虽然柏拉图和其他人声称这样的价值以"永恒的"人性善的观念为基础，但是实际上，这些价值观念只不过是反映了当下的某种特定文化环境。

所谓普遍的政治价值观念是由那些本身并未参与创立那些统治制度的人强加给我们的；这些价值并不是一种福音，而是代表了一种严重的压迫手段。所谓普遍价值无一例外地变成了偏向特殊群体的利益的东西——梅洛-庞蒂之所以在马克思主义中发现了与他志同道合的思想，这也是原因之一。马克思主义尽管在某种程度上也是抽象的，但它却是体现在一种实际的制度即前苏联的共产主义之中的。

梅洛-庞蒂进一步认为，"事物"并非我们通过知觉所遭遇到的一切。价值可以和世界的其他层面一样具体地被知觉，并有着与它们相同的地位。价值是十分重要的，梅洛-庞蒂说："因为对它们的领会有一种确定性，这种确定性，从现象学的观点来看，就是一种终极的证明。"此外，知觉给我们提供了"意义"这一重要因素。当我们的知觉与人们相互间的实际生活方式相遇时，这一点就尤其重要了。梅洛-庞蒂说，从这些实际的生活和工作的安排中，我们能发现某些背景意义，这种意义揭示了具体人群的变化和运动。这些变化不只是事实，而且揭示了历史的方向，这就是梅洛-庞蒂被共产主义所吸引的另一个原因，因为这是一种能作为意义的承担者而被具体地观察到的体系和理论，而那种意义存在于整个工人阶级的愿望之中。所以，由于没有任何可行的抽象正义理论，梅洛-庞蒂就寄希望于政治认识的唯一可靠的源泉，即知觉。在这里，他感到他所发现的，不是某个观念的普遍性而是无产阶级（它是历史意义的承担者）的普遍性。

由于类似的原因，萨特和梅洛-庞蒂在第二次世界大战后都被共产主义所吸引。这代表着当时要改变现状的一种主要方式，而那个年代动荡的时局要求为政治行动提供一种新的哲学基础，他们感到存在主义和现象学能提供这个基础。但是他们并不总是赞同马克思主义，彼此之间也并不总是赞同对方关于马克思主义的观点，他们的意见分歧旷日持久而且愈演愈烈，最后导致两人的友谊在1952年终结，并影响到他们对共产主义的看法。正如萨特1961年所写的那样："我们两人都受到了影响，但方向相反。我们之间日益加深的反感使一个人（梅洛-庞蒂）猛然发现了斯大林主义的可恶，而使另一个人（萨特）发现了他自己的阶级（资产阶级）的可恶。"

梅洛-庞蒂认为，有可能在现实社会中知觉到工人阶级的意识在发展。他在这里看到了在个人、社会体制、价值观念和现实之间的关系。最重要的是，他认为他知觉到这个阶级的发展着的意识承担着一种相当特殊的意义，一种稳步增强并形成着历史方向的意义。在这里，这个总体知觉的核心是代表这个阶级去促进解决工人状况中的矛盾并合乎人性地去利用自然。它还意味着要"作为一个普遍的阶级……去超越自然的和社会的冲突以及人与人之间的斗争"。这是共产主义理想的核心，梅洛-庞蒂最初认为，他自己的知觉证实了这一理想。但是他愿意承认，如果无产阶级不能制服资本主义的强大结构，不能消除暴力，不能在人们中造成合乎人性的关系，马克思主义就会被驳倒。梅洛-庞蒂说："这意味着没有历史——如果历史意味着人性的出现和人们之间把对方作为人来承认的话。"

总　结

　　现象学避开了关于所谓事物的客观本性的问题，而是从一个人的人类经验之中更加主观地探究现象。存在主义采用了这种现象学的方法，并进而强调作出选择和个人承诺的重要性。

　　根据胡塞尔的观点，他那个时代的哲学因采取了自然主义的观点——即物理性质囊括了存在着的一切——而处于危机状态；这导致了哲学对精神领域（即人类文化）的弃绝。他对这一危机的解决方案是现象学。受笛卡尔系统性的怀疑过程的启发，胡塞尔认为我们应该忽略我们所有的现有知识，并从我们的主观经验出发，不带任何预设地建立哲学。自我的主观经验的基础是意向性：意识总是关于某个事物的。因此，我的主观意识的任何对象，比如一座房子或一个人，都是由我构建的（或"意向"的）。我们的知觉仅仅给了我们实在的片段，比如看到一个人的侧影，我们的意识就自动构建起这个人。自我的这种构建世界的能力就是他所说的"被动的创生"。在这个构建世界的过程中，我无法通达我心灵构建的世界背后的任何外部的物自体。我所能通达的唯一事物就是由我的主观意识所构建和意向的现象。因此，他认为，对于我的经验是否基于一个外部世界的问题，我必须"加括号"或者忽视它。这样，我的主观自我包含了这个世界，并且是现实的中心。在被科学解释前，我所建构和经验的日常世界的领域，就是他所谓的"生活世界"。

　　受胡塞尔启发，海德格尔主张，任何对世界的研究都需要我们首先理解我们的人类存在，这形成了我们关于世界的认识。他称这种根本的人类存在为"此在"。我们最初也是最原始的人类存在状态，就是他所说的"在世界之中"：我们将世界中的事物当作为目的服务的用具或工具，比如锤子。各种对象的不同目的重叠并相互联结，形成了一个目的网络。人类存在的第二个方面是他所说的"操心"：我们操心许多事物。这包含了三个部分：（1）事实性，我被抛在世，别无选择；（2）生存性，我可以自由地改变我的生活；以及（3）沉沦，我忘却了我独特而本真的性格，并未能对我的行动负责。在非本真地行动时，我如预期那般行事、闲谈、猎奇求新，并否认我终有一天会死的事实。这造成了畏，并反过来唤醒我本真地生活的需要。

　　宗教存在主义者认为，罪恶和救赎的宗教主题只是以神话学的方式表达了海德格尔对非本真和本真生活的区分。雅斯贝尔斯把我们本真而真实的生活称为"生存"。我们通过意识到一切都以超越的存在（传统上称为上帝）为基础来实现这一点，我通过哲学信仰的行为证实了我与超越的关系。马塞尔认为，人的存在通过忠诚的行为派生出了最深层的意义，这给了我们更大的存在感。

　　萨特认为，存在主义的基本原则是存在先于本质。也就是说，人类不是由预先确立的人类本性（即本质）来定义的，而是我们首先在世界中行动并存在，并从中定义我们自己。这让我们每个人有责任对我们自己是谁负责，我们不能将我们的所作所为归罪于我们的人性或环境。我们带着煎熬的心情作出选择。因为，如果我的行为不道德，我就无法摆脱这种令人不安的想法，即我不希望别人像我那样行事。由此，我不仅仅为我自己，而是为所有人作出选择。萨特认为，除了存在着的个体之外，别无他物：没有上帝，没有客观的价值体系，也没有内在的本质。同样也没有决定论，这意味着人们被"判"为自由，因为这是对我们施加的责任。如果我是一个懦夫，我是由于我的行动而如此。所有人都因在自欺中非本真地行动而有罪，我们扮演角色，并将我们实际的人格掩藏在表面之下。萨特区分了两种存在的方式。有一种是自在的存在，比如石头的存在；它仅仅是在那儿。然后是自为的存在，说的是人类的存在，我们的意识（1）定义了世界之中的个别事物并赋予其意义，并且（2）在我自身与对象之间拉开距离，从而给予了我有别于那些对象的自由。萨特在其后来的生活中接受了马克思主义，以及其社会状况塑造人之为谁的观点；不过，萨特仍然坚持，人们在这些限制之内是自由的。

梅洛-庞蒂提出了一种回应二元论思想（如笛卡尔的）和实在论思想的知觉理论，认为我们完全按照世界之所是来感知世界。他认为，存在着一种"知觉的第一性"，指的是知觉经验是由我们身体之内的知觉结构所塑造的。知识是相对的，因为它是由一个人在特定的时间和空间点在世界上的身体存在而产生的。虽然我们每个人都从我们独特的视角出发来看待事物，但是作为同一物种的成员，我们也以同样的方式看待某些形式；他称之为"类的先天"。梅洛-庞蒂认为，我们对于道德和政治价值的认知方式与我们从事世界其他方面的方式相同，特别是当我们遇到不同的社会阶层以及他们所持有的价值观时。

研究问题

1. 比较笛卡尔和胡塞尔各自对于自我作为我们关于世界知识的基础的观点。
2. 解释胡塞尔关于现象学"加括号"的观念，并说说他相信它做到了什么。
3. 用你日常生活中的一些例子解释海德格尔"在世"的观念，以及我们如何发展出了作为带着交叠目的的器具网络的世界概念。
4. 根据海德格尔的观点，我们存在的最根本的方面是"操心"。讨论这对他而言意味着什么。
5. 宗教存在主义者时常取用海德格尔本真和非本真存在的区分。考察作为非本真性和本真性隐喻的罪和救赎的宗教观念。
6. 讨论萨特存在先于本质的观念意味着什么，并说说你是否同意他。
7. 自由意志通常被界定为本可以不这样做的能力。假设你是一个决定论者，并相信对于我们的任何行动，我们都没有本可以不这样做的能力。讨论是否有一种与决定论相容的重新阐释萨特的方式。

8. 解释萨特对自在的存在和自为的存在的区分。

9. 康德认为，我们通过心理范畴的透镜经验并构造起我们周围的世界。梅洛-庞蒂亦然，但他认为，这个透镜是我们物理上活着的身体，而不是心理范畴。用你日常生活中的例子解释他的意思，并说说他与康德立场的不同。

10. 当代哲学经常被视为是分析进路和大陆进路的竞争。从每个群体中各选一位哲学家，例如罗素和胡塞尔，比较他们的哲学进路。

第二十章

晚近的哲学

20.1　心—身问题

20.2　罗　蒂

20.3　复盘德性论

20.4　大陆哲学

20.5　政治哲学

自20世纪中期以来，哲学发生了剧烈的变化。最重要的是，在这一领域从事著述的人数剧增。所以如此，部分原因在于全世界高等院校中的哲学教授显著增加了，这反映了世界人口的猛增和受高等教育的人口所占比重的持续上升。不仅有了更多的学术上训练有素的哲学家，而且高校中也更加期望哲学家们从事著述——这正如那句流行的口头禅说的："要么发表，要么死亡（publish or perish）。"所以，2000年发表的著作和论文大约是1950年的5倍。文献如此增长，导致哲学现在变得高度专业化了。对于单个的哲学家来说，要充分掌握在哲学的不同领域冒出来的创新观点，已经是不可能的了。当哲学成果更好把握时，我们可以指望像康德那样的一位伟人改变形而上学、认识论、伦理学、美学和宗教哲学的方向。而现在，最具创造性的哲学家所专攻的也不过是其中的一两个领域而已。在哲学的某一领域饶有影响的学者可能完全不为另一领域的专家所知。和其他学科一样，哲学的发展动力现在较少来自个别巨人的思想，而更多地来自这一学科中的重大课题和运动。在哲学的那些具体领域的前沿，当然还是会出现某些个人的名字，但产生类似笛卡尔、休谟或康德那样的巨人的时代可能已经一去不复返了。

哲学也比以往任何时候都更加具有多文化性了。在以往的世纪里，西方世界的主要哲学家都是延续着欧洲思想传统的男性白人。而现在引人注目的事情是女性在这一学科中的出现。到21世纪初，她们已经占了美国学院哲学家的四分之一。女性哲学家数量上升激发了对直接表达女性所关注的那些问题的哲学的兴趣。有些关于这些问题的讨论带有政治革命的色彩，并引起了对男性中心文化压迫女性的方式的关注。还有的研究探讨了女性特有的思维方式如何影响到传统哲学的那些问题，如知识论、伦理学和美学。哲学也更具有多文化性，因为它意识到了非西方文化的哲学贡献，尤其是亚洲哲学的贡献，后者有着与西方的希腊传统一样古老的哲学写作的历史。由于当代哲学的专门化和文化多样性，这里最多只能有选择地介绍一些关键问题和关键人物。

20.1　心—身问题

心—身问题是哲学中最古老、探讨得最多的领域之一。我们已经看到，德谟克利特和其他原子论者试图将人的一切心理活动过程还原到严格服从自然规律的物质材料的运作。与之相反，柏拉图相信，我们的灵魂（从而我们的理性心灵）截然不同于我们的身体，不能被还原为物质的成分。笛卡尔发展了柏拉图的观点，试图解释我们的心灵和肉体如何产生交感作用，他的解决途径是说，信息通过我们大脑里的松果腺——它就像一台形而上学的电话总机——而来往于我们的精神和肉体之间。虽然笛卡尔的这一理论所造成的问题比它所解决的问题还要多，然而，笛卡尔之后的哲学倾向于接受他对我们的精神性心灵和物质性身体的根本割裂。随着19世纪和20世纪的生物学家对人的大脑有了愈来愈多的了解，笛卡尔的身心二元论变得更加站不住脚了——至少对一种科学的思维方式来说是如此。在科学家们的眼里，原子论者最初所持的观点似乎更正确些，即心灵的事件就是物质的大脑活动的结果。这一立场——通常被称作唯物主义——现在是解决心—身问题的标准哲学方式。一些属于宗教传统的哲学家仍然捍卫笛卡尔的精神-肉体二元论，但研究这一论题的大多数学者来自于非宗教的大学，他们不再理会笛卡尔的解决方式。主要问题不是我们精神的心灵如何与物质的大脑发生交感作用，而是我们的心理的经验如何能根据大脑的活动而得到最好的解释。假设我没有一种非物质的精神，那就很难看出我的心理经验如何仅仅是我大脑的生物学机制所产生的结果。

赖尔的机器中的幽灵

当代大多数心—身问题的讨论受到英国哲学家吉尔伯特·赖尔（1900—1976）撰写的《心的概念》（*Concept of Mind*，1949）一书的启发，他1924年开始在牛津大学任教。赖尔认为，有关心灵的"正统学说"是不合理的，而且实际上与我们所知的关于人的心理活动的一切是相矛盾的。在其最简单的形式中，正统学说坚持每一个人既具有心灵又具有身体，这两者彼此配合，但是身体一死，心灵还可以继续存在并发挥其力量。赖尔说，不正确的不仅仅是这一基本的身心理论，而且当我们详细展开这一理论的含义时，它还导致许多其他严重的错误。这一理论的一个错误结论是它所蕴含的这样一个观点：每一个人都有两种平行的历史，一种由身体的事件所构成，另一种由发生在心灵中的事件所构成。尽管人的身体存在于空间中并受机械物理规律所支配，但心灵并不存在于空间中，也并不服从这样的规律。一个人身体的生命是可以公共观察的，而心灵的活动则是外部观察者所无法观察到的，因而是私人性的。这要求我们说身体的活动是外在的，而心灵的活动则是内在的。而这也差不多就等于说心灵在身体"之中"。这种描述心灵所在处所的语言或许是比喻性的，因为心灵不能占据空间，因而也不能存在于任何特定的地方。然而，赖尔认为，我们常常就是按字面意义来理解"外部"领域与"内部"领域的这一对立的。例如，心理学家假定感觉刺激来自"外部"和很远的地方，并在脑颅"内部"激起了心灵的反应。所有这些都暗示了身心之间的某种转换。然而，没有任何实验室的实验能发现这种关系。这也暗示在我的心灵内部进行的是一种隐秘的活动，外面的人对之是鞭长莫及的。例如，我的认知、希望、恐惧或意图等心理活动都是私人性的事件。

因为这一传统的理论完全将心灵从身体中孤立出来，所以赖尔称这一观点为"机器中的幽灵的教条"（dogma of the Ghost in the Machine），赖尔发现这一教条的错误不在于这样那样模棱两可的细节，而在于这一理论所依据的原则是错误的。这甚至不是一系列个别的错误。赖尔说，这是一种独特的错误，他称之为"范畴错误"（category-mistake）。这个大错误在于把心理生活的事实表述为好像它们属于同一个逻辑范畴似的，而实际上，它们属于相当不同的分离的逻辑范畴。所以正统理论是一种"神话"，必须"对心理-行为概念的逻辑进行矫正"。

为了说明这个范畴错误，赖尔描述了一个假想中的外国人第一次访问牛津大学的情形。访问者被带着参观博物馆、科学实验室和一些学院。看了这些地方后，访问者问，"可这所大学在什么地方呢？"这个问题假定了这所大学是另外一个机构，或是与学院和实验室同等级别的东西，或一个能以和其他东西一样的方式被看到的实体。实际上，这所"大学"不过就是这些构成部分彼此协调运作的方式而已。所以，这个访问者的错误在于他假定我们能正确地谈论牛津大学的图书馆、博物馆以及其他各个组成部分，"和"这所大学，就好像大学是由其他那些东西所组成的类中的一个和其他东西同等的成员似的。总之，这个访问者错误地将大学置于错误的范畴——一个它并不隶属的范畴——之中。在一个类似的例证中，赖尔谈到一个小孩犯的错误：当他看阅兵式时，一个师正走过来。在被告知他正看到的是步兵营、炮队、空中分队后，这个孩子想知道什么时候这个"师"会出现，他设想这个师是一个类似其他单位的单位，而没有意识到当他看到步兵营、炮队、空中分队时，他已看到了这个师。他将这个师置于一个错误的范畴中，这些范畴的错误表明了他还没有能力在英语中正确地使用某些要素。赖尔说，然而，更有意义的是，能很好地运用概念的人却容易在他们的抽象思维中，将这些概念置于它们并不从属的逻辑范畴之下。

赖尔认为机器中的幽灵的教条犯了一个类似的错误，而"一系列极端的范畴错误是双重生命说的来源"。赞同这一教条的人们主张，一个人的情感、思想和有目的的行动不能只根据物理学来描述；由此他们得出结论：心理活动必须要用与物理学地位对等的一套用语来描述。而且，由于心理活动不同于身体活动，所以这一教条的倡导者们坚持心灵有其自身的形而上学的地位，它是由另一种材料构成的，并有另一套结构，而且拥有它自己复杂的组织。所以他们认为，肉体和心灵是两个互相分离的因果领域，因为肉体是机械的，而心灵是非机械的。

这种范畴错误是如何产生的呢？虽然赖尔指出，笛卡尔是这一错误的主要肇端者，但显然身心二元论的历史要远远早于17世纪。具体到笛卡尔的理论，它是受到这样一种观点的启发：科学方法能提供一种适用于一切占空间者的机械理论。就严格意义的科学观点而言，笛卡尔是深受自然机械论的影响。然而，作为一个虔信宗教、讲究道德的人，他很难同意说人性的心理方面只在复杂性的程度上有别于机器。所以，笛卡尔和后来的哲学家错误地理解了心灵行为的术语，以之来表示非机械的过程，并得出这样的结论：非机械的规律必须解释心灵的非空间性的活动。但这一解释假定心灵（虽然不同于肉体）是隶属于"事物""材料""状态""过程""原因"和"结果"等范畴中的一个成员。因此，正如那位访问者料想牛津大学是牛津大学下属所有单位之外的另一个单位一样，笛卡尔及其后继者也将心灵看成是另一个——尽管是特别的——因果性过程的中心。这些结论产生了一系列的理论困难：心灵和身体如何相关联？它们如何相互影响？如果心灵受到与支配身体的规律类似的严格规律的支配，那这岂不是意味着决定论吗？这样一来，责任、选择、价值和自由不都毫无意义了吗？最糟糕的是，我们只能用否定性的说法来谈心灵：心灵"不在"空间中，"没有"运动，"不是"物质的状态，"不能"被观察。以上种种再加上其他一些理由使赖尔得出结论：关于机器中的幽灵的整个论点是"破绽百出的"。

那么，我们应当如何理解认知、智力运作、理解、意志、感觉和想象等心灵事件呢？赖尔用以代替机器幽灵教条的理论是一种现在被称为逻辑行为主义（logical behaviorism）的观点，这种理论主张，应当把对心理事件的谈论转化成对可观察的行为的谈论。实际上，每一种关于心灵的断言都涉及某些与身体行为相关的事实："当我们使用关于心灵的谓述来说明人的特征时，我们不是在对任何在不可见的意识流中所发生的幽灵般的过程进行不可检验的推论；我们是在描述这些人如何一步步实施他们那些主要是公共性的行动的。"所以，关于心理的术语指的是人的行为方式，而不是指私人性的精神状态。归根结底，我们的一切心理状态都可以通过我们的行为来加以分析。他否认我们的心理状态能代表可预见的行为方式之外的任何东西。例如，当我说到人的情感时，我并不是在推断某些内部的、模糊的心理力量的活动。赖尔说，情况顺利时，"我更直接地发现你的倾向和你的情绪。我听到并理解到你在谈话中的表示，你的感叹词和你的声调；我看到并理解你的手势和面部表情"。

同一论和功能主义

赖尔的逻辑行为主义的理论受到了批评。即使我们接受他对笛卡尔二元论的批判，他将心灵还原为可观察行为的做法仍然存在着问题。赖尔的行为主义假定我们只需观察感官的输入和行为的输出就能解释有关心理事件的一切。例如，我看见一头狮子（输入）和我表现出害怕的行为，如发抖（输出）。对于赖尔来说，这些输入和输出就解释了有关我的害怕的一切。然而，这种说法似乎太简单化了。赖尔希望自己能避免犯一个范畴错误，因此他并不考虑发生在输入和输出之间的一切。但是怎么看待我的害怕最明显的来源即我的头脑呢？就连笛卡尔也认识到，人的大脑在处理感官材料方面也起着重要的作用。而且，在过去几十年里，许多医生已经把死亡定义为大脑活动。关于这个问题，同一论（identity theory）持这样的观点：心理状态与大脑活动是同一的。例如，倘若我希望了解当我看到一头狮子时我的情感反应，那么我需要观察发生在我大脑中的那种活动。而我的害怕的体验被解释成一系列发生在我的大脑的不同部位的神经学事件。同一论试图将人的意识问题纳入到科学——尤其是神经科学的范围之内。占卜者、驱魔师、神学家甚至形而上学家能通过思辨非物质的人类精神本性而对这一主题的研究作出任何有意义的贡献的时代已经过去了。

努力确立人的意识和大脑活动的同一性并不是绝无仅有的事。正如我们所注意到的，德谟克利特和原子论者就暗示了这个观点，不说那么远的话，那么18、19世纪，一些生物学家就提出了多少有些粗糙的大脑机能如何引起思想意识的理论。而最近几十年来，大脑的功能理论已经变得更加复杂精致了，而心灵-大脑同一论也是如此。有两位哲学家和这一理论的最新形式有关，一位是 J. J. C. 斯马特（J. J. C. Smart），一位是大卫·阿姆斯特朗（David Armstrong）。对同一论最常见的批评是：它不满足所谓莱布尼茨法则（Leibniz's Law）。莱布尼茨认为，如果两个事物真的是同一的，那么被断言给一个事物的性质必然也被断言给另一个事物。所以，根据莱布尼茨法则，如果心灵的事件和大脑的活动真是同一的——正像斯马特和阿姆斯特朗所主张的——那么心理事件的一切性质都适用于大脑，反之亦然。可是，对同一论的批评指出，我们关于心灵事件所说的有些东西不适用于大脑，反之亦然。首先，大脑的活动能在空间中被定位，而心灵事件似乎不能。例如，我们能指着我们大脑的某个特殊部位说，在那里，神经元在发出信号，然而，我们却不能指着我的大脑的一个部位说"我的树的观念就在这里"。其次，在我们可以用科学仪器对之进行监控这个意义来讲，大脑的活动是可以被客观地观察到的，而心理的事件却不能这样来观察。最后，心理事件具有这样一个鲜明的特质：它们"指向"某物——即，它们表现出意向性（intentionality）。例如，我有一个"对"一棵树的观念，我想"要"一辆新车，我进行"关于"全球政治动荡的思考。相反，大脑的活动不是"关于"任何事物的，而只不过是物理事件而已。

顽固坚持同一论的理论家们并没有为这些问题所困。实际上，他们感到，我们对大脑活动了解得越多，我们就越能心安理得地指着大脑的各个部位说，"一个意向性的思想就发生在这里"。尽管如此，同一论还面临另一个有点不同的批评。具体说来，同一论假定心灵事件（如思想和情感）一定是生物学意义上的大脑活动。然而，为什么思想不能在非生物学的系统中如硅片上发生呢？有一种与同一论竞争的理论即所谓功能主义（functionalism）理论认为，心理的事件主要取决于心理过程的网络、通道和相互联系，而非取决于构成大脑的物质材料。功能主义者并不否认人的心理过程是人脑活动的功能。他们干脆放宽了心理活动的标准，把表现出相关过程的计算机、机器人或其他人造装置也包括进来了。

人工智能（artificial intelligence）科学试图实现功能主义的理论，并在计算机中复制出人的认知性心理状态。科学家们努力以某种机械的形式复制人的思想过程已有一些时日了，1939年，纽约世界博览会上展出了一个能模拟人的某些活动的人形机器人。当时的那样一种视觉效果很有说服力，许多参观者相信科学家制造了一个真的像人一样的生物。然而，按那个时代的技术发展水平，机器人和一个发条玩具没有多少区别，它没有表现出功能主义者能将之与思想联系起来的任何内在过程。最近几十年，计算机至少为尝试复制人的思想第一次提供了切实的机会。从某种意义上讲，人工智能的目标在今天来说是并不过分的。人工智能的倡导者并不是想用机械的形式复制人类的一切心理活动的过程——如情感、意志的活动和艺术敏感，而只是专注于思想过程——分析感觉材料，对之进行判断。人工智能倡导者们的论断就像他们的技术方法一样是各式各样的，但通常可以区分为两种不同理论。一种是弱人工智能理论，主张经过恰当编程的机器能模拟人的认识。与之相对的是强人工智能理论，主张经过恰当编程的机器实际上能够产生认知性的心理状态。弱论断并不带来严重的哲学问题，因为一个仅仅在模拟人的认识的机器并不需要实际地拥有有意识的心理状态。而强论断在哲学上是很有争议的，因为它认为一台计算机能具有像人一样的思想。

塞尔的中文房间论证

对强人工智能最著名的抨击来自约翰·塞尔（John Searle），他是约翰·奥斯汀（John Austin）在牛津大学的学生，后来成了加利福尼亚大学伯克利分校的教授。塞尔颇为反感那些计算机科学家大言不惭的论断，他们说一道电脑程序能像人一样解读故事。这也就是说，电脑能读出言外之意，能就故事中的事件进行推想，而这样的推想我们人类原是根据自己的生活经验来作的。强人工智能倡导者断言说，这种程序既能理解故事，又能解释我们人类理解故事的能力，也就是说：它给出了"理解"的充分条件。塞尔用了一个生动的思想实验来反驳这一观点：假设我或某个不会说汉语的人，被关进一个房间里并被给予三套汉字：（1）一大批组成汉语结构的汉字，（2）一篇故事，（3）有关这篇故事的问题。我还接受了一套用英语写的规则——类似计算机程序的那种东西——它使得我能将这三套汉字相互联系起来。虽然我并不懂汉字符号的意思，但我可以从外部很好地操作这些符号，正确地回答所有的问题，没有人能辨别出我是不是中国人。但照塞尔看来，很显然"那些中文故事我一个字也不懂。我的输入与输出与地道的讲中文者毫无二致，而且我有任何你想要的形式程序，但我仍旧什么也不懂"。塞尔认为，这个想象的游戏程序反驳了上面所提到的强人工智能理论的两个论断。这也就是说，我不理解这些中文故事，而且我所进行的过程并不能充分解释"理解"的观念。总之，即使一个计算机程序看起来是在有意义地解读一篇故事的细枝末节，但这程序仍然并不真正理解那篇故事。

塞尔自己预想了各种对他的中文房间论证的反对意见。如果一个计算机程序被置入一个机器人中，它通过与现实世界相互作用获得资料，而不是简单地被提供了这些资料又如何呢？机器人也许可以凭借一台摄像机和自动化的手脚很自如地与世界交互作用。然而，塞尔认为，这仍然只会产生和已置入计算机的资料非常相似的资料，计算机处理信息的方式不会发生什么显著的新变化。但如果一个计算机的程序能模拟神经元活动的方式，而不只是模拟词与词之间的相互关系，那又会怎么样呢？塞尔答道：我们仍然只能得到一种模拟，而不是真的东西。根据塞尔的看法，一个计算机的程序——无论如何详密——是不能产生认知心理状态的。这种状态是只有生物学的、有机的大脑才具备的特点。虽然塞尔否定了功能主义者和人工智能倡导者夸大其词的论断，但他并不愿承认纯粹同一论者或是老式的笛卡尔二元论者就是胜方，而是试图在这两种理论之间取一种他称之为"生物学的自然主义"（biological naturalism）的中间立场。与同一论者一样，他相信心灵的事件在本质上的确是生物学的，尤其是涉及较高水平的大脑功能。所以，当我们探索人的心灵的本性时，我们要探索大脑，而且对于我们的心理事件来说，根本不存在任何神秘的精神性的成分。与二元论者一样，塞尔也深受莱布尼茨法则影响，并坚持我们对大脑活动（如神经元的活动）的描述根本不同于对心灵的事件（如我想"要"一辆新车）的描述。所以，对人的思想的哲学描述决不会被大脑活动的科学描述所替代。这两种描述在各自的领域中都是有效的。

20.2 罗 蒂

自柏拉图以来，传统的哲学家一直试图找到知识的基础。他们想确切地知道什么存在于"外部"——心灵之外——以区分身心，区分现象与实在，并为绝对确定的真理提供一个基础。相反，分析哲学家将哲学的事业降格为发现有意义的语言之基础这个更有节制的目标。如果句子和命题与客观的和可实证的事实相对应，那么它们就被视为有意义的，这样，哲学就具有了类似科学知识的严密性。但是哲学所关注的问题的这一变化代表了一次重大革命吗？可以肯定，语言分析证明了语言经常被误用，从而澄清了一些哲学问题。更富于戏剧性的是，当分析哲学家坚持语言必须精确地表述事实的时候，一些传统的问题就干脆从哲学的议程中被排除掉了。当谈到"善""美""正义"或"上帝"时，有什么"事实"能被语言所"表述"呢？如果没有这样的事实，哲学就不再能有意义地谈论伦理学、美学、宗教、正义和形而上学了。我们当然可以认为，这反映了对传统哲学问题的革命性背离。

罗蒂的分析哲学

然而，根据美国哲学家理查德·罗蒂的看法，分析哲学并没有引入对哲学假定的重大改变。在《哲学与自然之镜》(Philosophy and the Mirror of Nature，1979)中，罗蒂认为，分析哲学并不是什么新东西，而是笛卡尔、康德的做法的变种，即要为知识提供一个"基础"。罗蒂说，分析哲学中的新东西是，确信知识是由语言学的东西而不是由心理的东西来表征的。但是这样讲并没有改变这样一个假定：作为人，我们出于自己的本性就具有某种框架，我们的研究活动就在这个框架内发生。在分析哲学中，我们仍然有：(1)"认知主体"，(2)"外部实在"，(3)"表征理论"(theory of representation)，它描述实在如何被表征给认知主体。对我们如何进行认识的传统解释依然如故，即心灵像一面巨大的镜子，它包含着对自然的表征，有些精确，有些不精确，所以我们要用纯粹"理性的"方法来研究这些表征。分析哲学并没有推翻心灵像一面镜子的假定。它不过是想如罗蒂指出的那样，通过"检查、修理、擦亮这面镜子"来提高心灵所获得的表征的精确度。而且，要修理和擦亮这面镜子就意味着承认另一个古老的假设，即有某个永远存在于我们外部(out there)的实在，只是由于某种原因它没有被精确地表征给我们的心灵。因此，罗蒂相信，一场真正的哲学革命的动议将会要求最终否定这样几个假设。首先我们必须放弃传统的镜喻——即这样一种假设：人配备了一种结构框架，它规定我们的探索必须如何进行。我们还必须放弃这样一种假定：甚至在思想和历史存在之前，就已经有了实在的"本质"，认识它也就是认识真理。

在罗蒂是普林斯顿大学的一名年轻教授时，他自己也曾是一个分析哲学家。他生于1931年，在纽约长大，是家中的独子，父母都是自由撰稿人，而他的外祖父沃尔特·雷申布什(Walter Raschenbusch)是一位著名的自由派新教神学家。14岁那年，罗蒂进入芝加哥大学学习，后来在耶鲁大学念的哲学研究生。在威斯里学院(Wellesley College)任教了很短一段时间之后，他就进入了普林斯顿大学教师的行列。当时普林斯顿大学的哲学系受到分析哲学强有力的主导，罗蒂潜心"做"了几年分析哲学的研究，但最后越来越不满于对语言和逻辑难题进行琐碎的分析。20世纪70年代初经过一次短暂的职业危机之后，罗蒂为自己选择了一个新的研究方向：走向约翰·杜威的实用主义。这让他的同事们大感震惊。

实用主义的影响

1909年，在达尔文的《物种起源》(1859)发表50周年之际，杜威作了一个题为"达尔文主义对哲学的影响"的演讲。杜威说，达尔文主义的影响在于引入了一种新型的思维方式——一种影响了杜威本人的思维方式。杜威说，生物进化论强调，对一切存在着的事物来说，变化是根本性的，这种变化代表的不仅是事物成分的简单重组，而且包括"有机系统"的出现以及它们针对着环境的创造性，这意味着知识不再探求任何支持自然的数学秩序观念或是与柏拉图式的"永恒"(eternality)有任何瓜葛的实在。世界并没有什么"被给定性"(givenness)。哲学不再探求如黑格尔的自由理念的逐渐实现或马克思的人类社会的最后阶段那样的绝对本原或绝对的终极目的。哲学不再去试图证明我们的生活必然具有某些由更早的原因——如创造或一个特殊的目的——所带来的性质或价值。根据这种观点，对世界的描述并不是外在地、抽象地反映一种永恒的模式。

相反，根据杜威的看法，哲学思想应当始于我们直接的具体的生活经验。所以，我们要像亚里士多德那样看待人的生活，即虽然我们是自然的一部分，并且正像科学所描述的那样以某种机械的方式活动，然而，我们毕竟是人。虽然我们具有其他动物身上的某些特点，然而我们毕竟是独一无二的。我们之所以独一无二是因为对自然过程有所领悟，而且能知道我们如何发挥自己的作用。我们知道某些行为模式会将我们引向何方，它们会支持或阻止什么价值或目标的实现。经验告诉我们，为了要达到某些目的，什么东西是"必需的"，什么东西是"较有利的"，什么东西是"较有害的"。我们可以不根据一些玄远抽象的标准而是根据内在于有机体自然功能的一些更明显的"目标"来评价事物。根据这种观点，人的生活揭示了人性的机能与同步发生作用的更大的自然环境的各种机能之间的密切关系，这提供了十分多样的目标和价值的选择。不难看出新达尔文主义的知识观在实用主义的导向上对杜威的影响。他不是追求一个单一的关于现实的最高真理，而是转而强调真理的多元论，强调有许多真理，强调观念或思想正因为它们"有效"而是真的这样一种特点。

由于这些还有其他一些原因，罗蒂被引向了杜威的实用主义。一方面，它向他指出了一条道路来摆脱语言分析带给他的哲学活动领域的严格限制。实用主义为他最后否定传统的观点——心灵是一面可靠的反映现实的镜子——提供了基础，这个传统观点假定只有那些忠实地反映了真实世界的思想和语言才是真的。按他的想法，既然不可能绝对地确定一个思想或陈述是与实在精确地一致的，那么如果一个陈述导致了成功的行动，即如果这个陈述"有效"，我们最好就认为它是真的。我们应当将陈述看作"工具"，它们的真理性是建立在它们的有用性的基础上的。既然有几种类型的陈述，那么就相应有几种真理。以这种方式看待真理就应当将许多领域的真理带回到哲学。在这种观点看来，科学并没有特殊的资格垄断真理，因为它和政治、伦理、艺术、文学、历史和宗教一样，只是人类出于实践考虑而关心的许多领域之一。既然存在着几种特殊种类的真理，那么就不能说科学的方法提供了真理的唯一标准。

实用主义尤为吸引罗蒂的一点是，它的多元化的真理观开辟了正当的哲学讨论的广阔领域。除了语言分析之外，它现在还有益于从哲学上研究小说和诗歌，以深入透视那些以前实际上被哲学所放弃了的关于人的问题。而且，这还能使英美哲学家更容易与他们欧洲大陆的同行进行对话。在后者那里，关于畏惧、焦虑和孤独等的更加晦暗的主题弥漫于克尔凯郭尔、尼采和海德格尔的著作中。罗蒂发现，虽然分析哲学使它自己和对生活的某些最深层的关怀相隔绝了，但是通过承认更大范围和更多类型的文献是值得研究的，这种隔绝是有可能克服的。根据这一洞见，罗蒂离开普林斯顿大学哲学系，在1983年成了弗吉尼亚大学人文科学教授。在这里，他研究哲学的方法很倚重文学和文化的批评，并承认小说家和诗人在道德上的启发力量。罗蒂对"体系化的"哲学毫无兴趣，也不认为进行这方面的研究有什么益处。他越来越相信，应当强调"教化性的"（edifying）哲学，从事这项哲学研究的人考虑的是文化和自我改造（self-transformation）。

语言的偶然性

如果可以把罗蒂的哲学观点概括为一个主题的话，那么就是他所确信的没有任何永恒"本质"的观点。例如，根本不存在能通过人的理性去发现的"人的本性""自我的真正本性"或"普遍的道德法则"。罗蒂说，我们所发现的不是永恒固定的实在的结构，而是我们由于"机缘"（chance）的不断出现而到处遭遇到的"偶然性"（contingency）。如果每一件事都是"偶然的"，那么生活如何能有意义呢？如果根本不存在永恒的真理，那么我们如何能知道我们的生活是否缺乏它所追求的目的和价值？罗蒂意识到他的实用主义的这些后果，但他并没有被这个令人眼花缭乱的充满机缘的世界所吓倒，而是在其中看到了通过不断的自我改造或自我创造去克服偶然性的机会。但他仍坚持认为在哲学上重要的是要认识到我们经验的这些根本的方面——我们的语言、我们的自我的观念、我们的人类社会或共同体的观念——都具有偶然性和机缘性的特点。

我们通常将语言设想为一种手段，通过这种手段，我们的词汇向我们的心灵表象现实。一种词汇如何能表象或成为"外部"某物的媒介呢？一种方式是使用拼图游戏（jigsaw puzzle）的隐喻。可以认为我们通过运用词语能描述这个拼图的各个拼块，这样，随着词汇的变化和发展，我们的语言会愈来愈接近外部存在的东西。但这假定了能在我们之外发现固定不变的可被描述的实在。

以科学语言为例，当伽利略描述地球和太阳彼此相关的运动时，他创造了一套新的词汇。科学语言中的这一变化的历史说明了什么呢？它说明了伽利略的新描述代表了一种对自然界的内在本质的更深刻的洞察吗？罗蒂并不这样认为，他说："我们必须抵制这样一种诱惑，即认为由当代物理学和生物学所提供的对现实的再描述多少是更接近'事物本身'的。"并不是说，好像这种新的语言能填满拼图游戏中更多的拼块似的。毋宁说我们应当将语言比喻为"工具"，这样一来科学的新词汇就会使那些创造新语言的人能够实现新的目标。语言的发展丝毫也不比自然进化有更多的必然路线。我们不能退回到达尔文以前的时代对自然及其目的的思考方式上去。偶然性和机缘——即事物的多少是任意的活动——解释了自然和语言中的变化。自然的进化并不是非得毫厘不爽地如此发生不可。兰花是必然还是偶然出现的？孟德尔[①]不是"让我们把心灵看作某种刚巧发生了的事物，而不是看作整个过程的顶点吗？"罗蒂说，相反的观点，即认为世界有某种已经被物理学家或诗人窥见的固有的本质，是"这样一种观念的残余，即世界是神的创造，是他的作品，这件作品预先存在于他心灵之中，他自己说出某种语言来描述他自己的设计"。

由于我们的语言是那些试图描述世界的人任意选择的结果，所以现在我们没有任何理由要受我们所继承下来的语言的束缚。过去的语言当然会影响到我们的思维方式，然而，我们应当创造我们自己的新语汇，如果它更有助于解决我们自己的问题的话。罗蒂写道："我的观点的实质是，我们没有需要语言去充分表达的前语言意识，没有哲学家有责任用语言表达出来的那些事物是如何存在的深层意义。"真理，罗蒂说，只不过是尼采所讲的"一支由隐喻组成的机动部队"（a mobile army of metaphors）。

自我的偶然性

柏拉图给了我们两个世界的隐喻：一个是时间、现象和变化的世界，另一个是持存不变的真理的世界。我们的生命要求我们努力摆脱肉体和在一个特定时间地点中占主导地位的意见的干扰，以进入到理性和沉思的真实世界。柏拉图用这套词汇创造了一种语言，它被设计出来描述人性的本质，这意味着对我们人的处境只有一种真实的描述。当我们面对我们生活中偶发的事件时，我们要用我们的理性的力量来控制我们的情感，从而成就道德和理智的美德。神学家提供的基本上是相同的隐喻，敦促人们努力走向我们"真正的本性"（true nature）。同样，康德描述了对我们的选择施加局部影响的我们的日常经验与揭示了永恒普遍的道德法则的我们的内在道德意识之间的区别。我们碰到的有关两个世界的这些说法是把真实的世界与我们必须设法摆脱的似是而非的世界相对照来表现的。

罗蒂认为柏拉图、神学家和康德将"自我"的标签和描述强加给了我们的意识，仿佛这些都是绝对真的描述一样。然而，还有别的定义自我的方式可供选择。例如，如果尼采说"上帝死了"，那么他是要说：实在只不过是事件之河和机缘之流。不存在任何普遍的道德法则，也不存在一个"真正的自我"。这种怀疑主义留下了如何为人生提供意义的问题。尼采说，对于每一个人来说，除了通过写他自己的语言和描述他自己的目标来赋予他自己的生活以意义外，别无选择——对这一点，罗蒂表示同意。真正说来，我们

---

① 孟德尔（Gregor Johann Mendel，1822—1884），奥地利著名遗传学家。——译者注

每一个人都必须参与对我们"自己"的改造，这不是靠追求真理，而是靠克服旧我，靠选择并致力于创造一个新我。用罗蒂的话来说，"我们通过讲述我们自己的故事来创造我们自己"。

当柏拉图谈到自我的三个方面（包括肉体、情感和情欲、最高的心灵）时，他企图以某种特别具体的方式来描述人性。他假定，我们的心灵能清晰地反映真理并能克服日常生活中的偶然事件。但罗蒂却发现，已经有人对自我作出了一种很不一样的描述而并未假定有永恒真理。他在弗洛伊德的著作中找到了一种对自我的三重描述，这种描述将自我看成不过是偶然事件的产物。罪恶感不是用对道德法则的先天知识来解释，相反，正如弗洛伊德所说："当力比多①退化回去时，超我就变得特别严厉无情，而服从于超我的自我就以自觉意识、怜悯和涤罪的形式产生了强烈的反应和构形。"关于两个世界的隐喻的影响力也许太强大了，以致于很难克服。但弗洛伊德回答道：

> 如果一个人认为，机缘不配决定我们的命运，那么他不过是回到一个列奥纳多自己正要克服的虚假世界观，当时他写道：太阳并不运动……我们都太容易忘记：实际上，从精子卵子相遇产生出我们开始，和我们生活有关的一切就一直都是机缘，……我们每一个人对应于无数的试验中的一个，在这些试验中自然的（无数原因）开辟了它们通往经验的道路。

共同体的偶然性

人类如何能生活在一起，也就是说，人类如何能达到团结形成共同体？这里柏拉图又推论说，"基本的人性"和共同体的社会的及政治的安排之间有着紧密的联系。柏拉图认为社会的三个等级是人的灵魂或自我的三个部分的必然延伸。工匠体现的是人的肉体的要素，武士反映的是灵魂的激情，而统治者是心灵即理智的化身。柏拉图还认为，如果要实现共同体的集体和谐，那么个体的这三个部分必须首先达到和谐。自我的所有要素必须服从并受制于最高的官能，即理智。同样，社会的各个等级必须服从统治者。这个总体安排是由人性的结构决定的。

罗蒂不同意这种认为我们的公共生活必须以先有关于人性的事实为基础的看法。神学家也提出了他们关于政治权威的起源和合理性的柏拉图式说明的解释，尤其是他们的君权神授论，而卡尔·马克思却从他的历史描述中，从人同自然的物质秩序的关系中，得出了一种关于无阶级社会的理论。这些描述好的社会的各式各样的词汇和语言都是按每个作者的特殊视角而定的。每一种说明强调一种不同的有关"最终实在"的概念以及一种不同的有关基本人性的观点。所以，罗蒂说，毫不奇怪，不可能有为某种对人性的真

---

① libido，弗洛伊德的术语，意即"本我"。——译者注

实描述所要求的那种共同体的单一概念。

罗蒂自己则主张，既然不存在绝对真实的对人性的说明，那么顺着这一方向去寻求社会道德的某种基础也就是没有针对性的。语言的偶然性和自我的偶然性意味着，不存在能引向"正当"的共同体的任何客观可靠的知识，没有任何知识理论——不论是"理性也好，对上帝的爱也好，还是对真理的爱也好"——能确保社会是正义的。相反，罗蒂同意杜威的洞见，正如约翰·罗尔斯在他关于杜威的演讲中所反映的：

> 一个正义概念的合理性不在于它对于一个先行的被给予我们的秩序是真的，而在于它与我们对我们自己和我们的欲求更深刻的理解相一致，与我们的这种认识相一致，即在植根于我们公共生活内部的既定历史和传统中，这对我们来说是最合理的理论。

建立共同体的核心价值观是自由和平等的价值观，它是自由民主的理想。罗蒂说，在这一点上，问"你怎么'知道'自由是社会组织的主要目标？"和问"你怎么'知道'琼斯值得你把他当作朋友？"一样，是毫无用处的。对自由和平等的爱好和对消除痛苦的渴望，不是靠理性而是靠机缘发现的。这些价值观念并不总是理所当然的，也不总是会被选择的。例如对埃及人来说，它们就不见得总是被列为选项，而如果有人不接受这些价值观，那也无法在理性上说服他们。将一个自由的社会聚合起来的凝聚力在于共识（consensus）。罗蒂说，通过这种共识，每个人都有机会最大限度地发挥他们的能力进行自我创造。从他的实用主义角度出发，罗蒂说，最要紧的是普遍地相信"我们所谓'善'或'真'的东西完全（是）自由讨论的结果"，因为如果我们小心维护政治自由，那么"真和善就会无需我们操心而自得其所"。

20.3　复盘德性论

在19世纪至20世纪的许多时间里，道德哲学家们的论战一直在两大阵营之间进行。一方是经验主义者，他们相信，道德性只视我们的行为的结果而定，如果一个行动产生了一个较大的幸福或利益的盈余，那么它就是道德上善的；如果它产生了一个较大的不幸或不利的盈余，那么它就是道德上恶的。这一阵营的代表是功利主义者杰里米·边沁，他认为，我们可以用十分机械的方式推算出由于我们的行为而产生的幸福和不幸福的盈余。争论的另一方是理性主义者，他们相信，人天生就被赋予了内在的道德直觉，就好像因果性原理等理性概念一样。根据这种观点，如果我们能理性地把我们的行为评价为与我们的道德直觉一致，那么这种行为就是道德上善的，如果不一致，那它就是道德上恶的。康德是这一阵营的代表。与理性主义者相反，道德经验主义者认为，我们恰恰没有任何理性的道德直觉，而理性主义者的方法只是一厢情愿地想发现某种普遍不移的道德标准。反过来，道德的理性主义者则指责经验论的看法忽视了我们真正理性的本质，把道德降低为社会群体的突发奇想。每一方的捍卫者不断地修正和强化他们的理论，以回应对方的抨击。然而，最近几十年来，有几位哲学家已经提出：这两个阵营的整个争论都走错了方向。根据这种观点，18世纪，当道德哲学将伦理学的核心观念即美德观念——尤其是为亚里士多德所发展的美德观念——撇在一边时，它就误入了歧途。在亚里士多德看来，美德是对我们动物性的欲望加以控制的习惯。当我们培养这些美德习惯时，我们的行动就反映了我们作为理性的社会动物的自然目的。最近第一个出来捍卫德性论的，是英国哲学家伊丽莎白·安斯康姆（Elizabeth Anscombe，1919—2001）。

安斯康姆的辩护

安斯康姆是路德维希·维特根斯坦的学生，受老师的心灵哲学观点的启发，她也对这一领域作出了相当大的贡献。她对德性论的构想出自她的论文"现代道德哲学"（1958），在这里，安斯康姆注意到，在我们的道德词汇中，我们常常使用我们得到的词汇中的几个含有伦理学意义的词，譬如你"应当""必须"或者"有义务"去做某些事情。这些术语表达了一种道德律令或命令。例如，如果我说，"你不应当偷盗"，那么我的意思是偷盗违反了某种普遍的道德法则，因而在道德上是有过错并且应该受罚的。这种道德律令是从哪儿来的？她认为，中世纪哲学家对此提出过推导。中世纪哲学家关注的是神的律法的概念，相信在恰当的行为背后有上帝作为终极的权威。偷盗之类的行为是有罪的，而上帝要求我们不要做这些事。对中世纪哲学家来说，归根到底，一切道德都包含着对上帝的律法或命令的服从。在近代，像休谟和康德这样的哲学家对道德的起源提出了世俗的说明。尤其是休谟致力于提出一种与神的权威无关，而是以人的情感和其他心理特征为基础的道德理论。不过问题在于，休谟和其他人保留了中世纪的"应当"和"道德律"（moral law）的观念，而同时放弃了作为道德的立法者的上帝观念。安斯康姆认为，说白了，"法则"（law）的观念要求有一个立法者，而一旦我们放弃作为道德立法者的上帝观念，继续谈论道德律要求的义务就毫无意义了。然而——这是安斯康姆关注的要点——从休谟到现代哲学家毕竟还保留了"应当"和"道德律"的观念。安斯康姆写道："这就好比刑法和刑事法庭被废止和遗忘了，而'罪犯'的观念还保留着。"一些哲学家对道德义务的基础作出了种种值得怀疑的解释，另一些哲学家则承认"应当"这一概念没有任何真实的内容。尽管如此，"应当"和"道德律"的概念仍是当代伦理学理论的核心。事实上，这样的道德命令已扎根于当代的道德理论中，以至于没有了它们，这些道德理论就会分崩离析。

这里的关键问题还不简单地是一个学院哲学家们就"应当"和"道德律"这些观念以及现代道德理论中冒出来的无根据律令进行理论争执的问题。在安斯康姆看来，休谟之后，有些道德理论为现实生活中的一种危险的道德推理提供了依据。其中有这样一种理论叫唯结果论（consequentialism）——一种修订了的功利主义。安斯康姆将这种功利主义同19世纪英国道德哲学家亨利·西济威克（Henry Sidgwick）联系起来。根据这一理论，正当的行动是那些能带来我们所能预见到的最好结果的行动。在安斯康姆看来，这一理论的问题在于它未能区分两种完全不同类型的结果：第一，包含内在的善的结果，如诚实和不杀戮；第二，间接的结果，在这里面，我们可以说，目的证明手段合理——如偷一块面包去给自己快要饿死的家人吃。根据安斯康姆，真正的道德应当专注于内在的善，而不是试图用第二种更间接的结果去抵消这些善。在另一篇论文中，她举了一个生动的例子，说明人们有时会混淆这两种结果而酿成灾难性的后果。安斯康姆说，第二次世界大战快要结束时，杜鲁门总统决定在日本城市广岛和长崎投放原子弹时便运用了结果主义的推理。杜鲁门将杀死成千上万无辜的日本平民这一负面结果置于权衡的一端；安斯康姆主张，避免这样的屠杀是需要做的一件根本上是善的事情。而在权衡的另一端，杜鲁门认为，原子弹能迅速地结束战争，因而是达成目的的一种很有用的手段。他相信后一个推论更重要，于是决定投放原子弹——在安斯康姆看来，这等于决定进行谋杀。因此，唯结果论不仅有缺陷，而且当它运用于这样的决定时，甚至会是很危险的。而唯结果论的错误力量又基于埋藏在"应该"和"道德律"之类的概念中的对道德命令的错误构想。

那么，如何解决这个有关道德命令的问题呢？安斯康姆自己是一名世俗的道德论者，她并不主张让中世纪基督教关于神的律法的构想起死回生，也就是说，她并不建议恢复上帝作为道德的立法者的地位。相反，她建议我们拒而不谈道德法则和道德义务，并到亚里士多德那里去寻找启发。亚里士多德不讲神圣的立法者或道德命令，相反，他描述美德——一种针对我们的动物性欲望而控制我们行为的习惯。人之为恶，不是因为他们违反了道德律，而是因为他们没能习得美德，反而养成了怯懦、不诚实、不忠贞或不公正等恶德。如果我们采取亚里士多德的看法，我们不仅将要放弃"应当"和"道德律"的观念，而且还将放弃自休谟以来的哲学家们所一直倚重的道德心理学的观念，如"行动""意图""愉快"和"令人不满"。这等于先将整个道德哲学"弃置一边"，直到我们得到了与亚里士多德的美德观念一致的更适当的道德心理学观念为止。这篇论文发表几十年来，有几位哲学家服膺于安斯康姆的这一挑战，而反对结果主义和其他涉及道德命令的对道德义务的传统构想。这些新的美德论者们还探讨了道德上的美德的心理学基础，试图用对人性的更现代的说明来补充亚里士多德的论述。

诺丁斯的辩护

德性论最近的捍卫者之一是奈尔·诺丁斯（Nel Noddings），在她的论文"从女性立场看伦理学"（1990）中，她将美德看作清晰地展示女性所特有的道德构想的方式。诺丁斯和其他女性主义作者认为，我们的思想传统不仅在很大程度上是由男性所构造的，而且反映了一种男性看待世界的方式。关于男女思维方式之间可能的差别，是存在争论的。不过，男性的看法确实倾向于强调服从规则，制定严格的法度，寻求细微的逻辑区分，我们能根据这种区分将人和物分门别类。女性的思维方式相反，它看重的是照料和关爱他人的能力。比较一下男性主导的职业——如工程和数学——和女性主导的职业——如社会工作和教育，我们就能看到这一区分。哲学在很大程度上为男性的思维方式所左右，并且在某种意义上或许可以说，受到了它的污染。诺丁斯认为，伦理学就很能说明问题。例如康德认为，道德建立在无情的理性义务的基础上，甚至到了说"出于爱的行为不配称作道德行为"的地步。尼采以武士的道德为楷模，他抛开传统的价值观念，并铸造新的价值观念。尼采的理论"对其男性化色彩毫不掩饰且引以为傲，它很大程度上直接建立在对女性和与女性有关的一切的贬低的基础上"。这些道德哲学家当中有些人甚至明目张胆地宣扬性别歧视的论调，贬低妇女的理性能力，蔑视女性的多情善感。

在诺丁斯看来，要解决男性主导的伦理学理论所引起的问题，就要用女性主导的伦理学理论取而代之。但是，为什么不让伦理学成为性别中立的呢？毕竟道德理论的目标是普遍化，即能适用于所有的人。仅仅关注一个性别会削弱这种普遍性。然而，在诺丁斯看来，"建立一种不带性别色彩的伦理学在一个充满性别色彩的社会里或许是不可能的"。我们至少要提出女性主导的理论以便与男性理论抗衡，这样，也许到了将来的某个时候，我们就能够以性别中立的立场来超越这两者。一个批评者可能仍会认为，传统上由妇女从事的活动以及她们所持的态度与伦理学无关，不能成为建立任何有意义的道德理论的基础。通常强加在妇女身上的重负是养育孩子、做饭、洗衣、料理家务。所有这些都是些琐碎事情，当妇女牺牲从事更有意义和更富挑战性的生命活动的机会来干这些时，这些事情甚至带有被剥削性。不仅男性不做这些事，还回避与这些事有关的女性气质，就连许多当代女性也抨击说做这些事情是迫不得已的。虽然如此，但诺丁斯相信，甚至在这些传统的妇女活动的范围内，我们也能发现女性伦理学的一个基础。所有这些活动的基本主题乃是关爱（care），是照料（nurture）他人的能力。就算现代妇女完全放弃了这些任务，但其中那些哪怕是最不得已的活动，也仍然反映了关爱他人的倾向。

诺丁斯相信，在伦理学上强调关爱，与德性论是恰好相契合的。和勇敢、节制等其他美德一样，这种关爱的态度本身就是我们培养出来的一种习惯。而且德性论和关爱的态度都可以抗拒传统道德理论的严酷规则。美德的和关爱的行动具有自发性，这种自发性要求对特定情景作出特定反应。不过,这并不意味着我们只需原封不动地采纳亚里士多德的德性论,亚里士多德的论述以精英统治和男性主导的社会构想为基础,在这种社会中,妇女和奴隶的生活方式是无关紧要的:

> 亚里士多德对美德的确立几乎完全依赖于确立排他性的阶级,确立适合每个阶级的活动。妇女和奴隶的美德对有教养的公民来说就不是美德。他根本不想在某个阶级中确立一种通过扩大权利享有者的范围和分担共同的任务也能够在其他阶级中培养出来的美德。就算他有这样的企图,那也肯定只会朝一个方向发展:一个人会试图去将最高阶级的美德灌输到下层阶级中去,而决不会相反,如试图在男性中培养女性的美德。

因此,我们必须通过增加反映受剥削群体特别是妇女的生活方式的美德来扩展亚里士多德所列美德的范围。

女性主义者可能仍会质疑妇女是否应当冒险认同关爱的态度。正如过去带孩子的妇女受剥削,可能今天关爱他人的妇女仍易使自己受到同样的压迫。她们也许会发现她们自己"为了照料她们的孩子得依赖男人或社会福利,而且有时会遭受身体上的虐待"。诺丁斯承认,如果只是妇女奉行关爱的伦理学,那么,对她们的压迫的确将会继续下去。然而,如果关爱的态度也逐渐灌输到男人中,那又会怎么样呢?这会使我们不能不认识到,一切人,不管性别如何,都是相互依赖的。通过正确的道德教育,我们能将关爱的美德灌输到人们中间去,这种关爱包含恰当的限度并将防止照料者被别有用心地利用。

德性认识论

与对德性论的兴趣在伦理学领域复苏同时,这兴趣也延伸到了一个不同的、看起来好像与美德无甚关联的哲学领域,即认识论。认识论,也就是对知识的研究,它关注的是我们获得知识的方式,以及当我们断言自己知道些什么的时候——例如,当我说"我知道面前的这辆车是白色的"时——所采用的判断标准。对知识判断进行研究的典型方法,是考察一个信念的关键性质,比如,考察为我的"我面前有一辆白色轿车"这一信念提供支持的证据。然而,德性认识论把关注的重点从信念的性质转移到了我作为人的性质上。我对白色轿车等的知识判断,要以一些什么样的特殊精神素质或者说"美德"(virtue)作为条件呢?有一派德性认识论者被称为"美德可靠论者"(virtue reliabilists),他们主张,真知识是以能让我们以一种可靠的方式达到事物真相的心灵机能为基础的。这些认识论上的优良机能包括感知、记忆、内省和逻辑推理。举例来说,要确知我面前的轿车是白色的,我就要在看着这辆车的时候具有良好的视觉感知机能,而在"'白色'是什么样子?"这个问题上则要具有良好的记忆力。美德可靠论的早期领军人物之一欧内斯特·索萨（Ernest Sosa）把认识论上的美德称为"旨在帮助某人尽可能多地获得真理减少谬误"的稳定而可靠的心灵机能。

但一种被称为"美德责任论"（virtue responsibilism）的德性认识论却更为大胆，它断言，对于获得知识来说真正重要的心灵能力是理智方面的良好性格特征，比如求知欲强、思维彻底、持心公正、头脑开放、考虑细致、干劲持久。这些品质不仅对我们获得知识起到了核心作用，而且也是一个负责任的认知者应该具备的性格特点。例如，强烈的求知欲是一个负责任的探究者应该具备的好品质，因为它促使我们去拓展我们对世界的认识。思维彻底是好的，因为不如此我们对现象的解释就不能这样深入。头脑开放是好的，因为它让我们考虑到对事物还有其他解释可供选择，而如果没有开放的头脑，我们可能一开始就会把这些解释拒之门外。有了求知欲强、思维彻底、头脑开放这些优良品质，那种认为谷仓里的破布就会自动生出老鼠的说法可能就不会让我感到满意了。那么，我也许会设计一个实验，对一堆破布进行密切观察，看看是不是有一只胖乎乎的成年母鼠跑到那儿生儿育女去了。

这种关于认识论美德的观念[①]更类似于亚里士多德所提出的有关伦理性美德的传统观念。首先，与亚里士多德所说的伦理性美德的情形一样，这些认识论美德是通过实践习得的，并且最终会转化成思想习惯。这种学说的一位重要倡导者琳达·萨格泽布斯基（Linda Zagzebski）写道："学习理智性美德所经历的那些阶段与亚里士多德认为学习伦理性美德时所经历的几乎毫无二致。二者都始于对有德之士的效法，（并且）都要求通过实践来养成情感和行为的特定习惯。"其次，每一种这样的理智性美德都含有一种明显是起着基础作用的伦理性成分：

> 当人们说别人"目光短浅"或者"固执己见"时，他们的这种批评很像是一种伦理上的批评，就好像说人家"猖狂无礼""令人不齿"时一样；其实，一个人身上令人不齿的东西有时可能也不过就是某种思维方式。道理与此相同只是程度各别，还有人们因为主要是认知上的缺陷而被加上的其他许多恶名：冥顽不灵、刚愎自用、一意孤行、桀骜不驯或顽固不化、不知悔改、不学无术、见识浅陋、愚不可及、昏头昏脑、糊涂透顶、榆木脑袋或呆头傻脑。

在萨格泽布斯基看来，当我们凭着认识论的美德行事时，会出现两个特点。其一是我们的德性动力：其他具备理智性美德的人在类似情况下也将如此行事。另一个特点是有把握成功：我们通过与美德相符的行为而达到真理。

美德可靠论者和美德责任论者在对认识论美德应完成何种任务的设想上有着巨大差

[①] 即美德责任论。——译者注

异。对于索萨那样的可靠论者来说，认识论美德是人类主要是自然具有的认知机能。然而，对于萨格泽布斯基那样的责任论者来说，我们必须努力才能习得理智方面的良好性格特征，如同我们习得道德品质一样。更重要的是，可靠论者和责任论者在获得知识的总任务问题上有不同看法。可靠论者强调感知、记忆等认知机能，因而重视对我们的直接环境的知识，比如"这辆车是白色的"之类的知识。然而，要是我们想把知识的边界拓展到更有意思的领域，比如去发现科学和历史的真理，那么我们就得拥有责任论者列出的那些理智方面的性格特征。比如，伽利略在科学上的伟大成就可不能只归功于良好的视力、记忆力，甚至逻辑推理能力。他需要有开放的头脑来考虑那些当时被视为禁区的可能选择，需要毅力去发明探索那些可能性的新方法。

20.4 大陆哲学

到了20世纪中期，在分析传统的英美哲学家和现象学以及存在主义传统的大陆哲学家之间已经形成了分裂。这两派的差别体现在方法论上：分析哲学家强调逻辑和语言，而大陆哲学家强调从本体论上关注人的本性和行动。他们都从各自主要的代表——分析哲学家从休谟、罗素和维特根斯坦，大陆哲学家从尼采、胡塞尔、海德格尔和萨特——那里汲取灵感。最近几十年，这两大派之间的隔阂已经缩小了。在欧陆的大学中也教分析哲学，而大陆哲学也已进入英美院校尤其是英语系和文学系之中。最近的大陆哲学是和几种相互有所重合的"主义"联系在一起的，它们是结构主义、后结构主义和后现代主义。下面我们将对它们加以考察。

结构主义

结构主义始于20世纪前十年的早期，它最初是作为一种解释语言性质的理论出现的。其鼻祖瑞士语言学家费迪南德·德·索绪尔（Ferdinand de Saussure，1857—1913）对19世纪标准的语言学理论感到不满，这些理论都预设在各种不同的语言中能找到某种共性。尽管这个思路很有吸引力，但索绪尔相信它从根本上讲是错误的。他认为每一种语言都是一个封闭的系统——一个自足的实体——与其他语言没有任何值得一提的联系，甚至同语词被认为要指涉的物理对象也没有任何联系。一种既定的语言，如英语，是由任意的词汇系统所构成的，它的意义只以约定俗成的结构和用法为基础。单个的词好比织造一件织物的线，它的功能只不过是在与周围的线的编织的联系中得到确定的；仅就这根线自身来说，它是没有任何功能的。例如，一个刚刚学习词汇如何发音的幼儿可能在饥饿时说"muck"；就这个词本身来讲，它不含任何意义，而且也肯定不是一个成人用它所表达的那个意思①。但是，机敏的父母会理解这个幼儿的语言能力和行为的更大背景，并意识到他的意思是"milk"（牛奶）。总之，语言是一种任意的社会性机制，而一种语言中的所有成分的意义都来自于那个更大的社会结构系统。

索绪尔认识到，他的理论具有超越语言的内涵，而且实际上可以应用到其他社会习俗的系统中。沿着他所开辟的方向，有几位学者将结构主义所讨论的内容推广到人类学、心理学、思想史和政治理论的领域。这一运动的统一主题是，任何文化的对象或概念是从其背景文化结构中获得其意义的。法国人类学家克劳德·列维-斯特劳斯（Claude Lévi-Strauss，1908—2009）进一步认为背景文化结构的典型特征包含两极对立，如"男人／女人""奇数／偶数""光明／黑暗"。这些两极对立赋予系统一个稳定的逻辑结构。例如，印度种姓制度中有一个社会等级体系，它以纯粹与不纯粹的两极对立为基础：较高级的种姓是纯粹的，而较低级的种姓是不纯粹的。因此，结构主义运动的两个关键要素是：（1）一个事物的意义是由它的背景文化结构来规定的；（2）这个系统有一个反映在两极对立中的一贯结构。假使我要理解一枚结婚戒指的意义，那么如果我脱离我的文化中一切别的事物而孤立地考察我的戒指，我将会一无所获。相反，我应当努力去理解所有各式各样结婚戒指中含有的内在结构，如它们是奢华的还是朴实的（两极对立）以及这些特点在我们文化中所传达的意义。我还应当努力去理解戒指在一个更大的文化结构系统中如何起作用，例如，结婚戒指向他人发出的是何种讯息，以及戴一枚结婚戒指会如何不同于戴一枚中学的纪念戒指。

虽然一开始结构主义本身并不是作为哲学而建立起来的，但它的哲学意义很快就变得显而易见了，并且迅速地表现出与萨特的存在主义的对立。萨特相信，个体的人通过自由的选择创造他们自己的本性，人并不预先被他们的社会环境所决定。而列维-斯特劳斯和其他结构主义者反对存在主义所包含的这种对个人的强调和主观主义。正如结婚戒指的意义是由更大的社会结构来规定的，人也是如此，我们不能将自己视为脱离我们的社会环境的自由独立的行动者。我们必须以他人为基础来理解我们自己。到20世纪60年代，结构主义已经使存在主义黯然失色，成了法国最流行的哲学。

后结构主义

出现在20世纪70年代的后结构主义既是对结构主义的扩展，又是对结构主义的否定。与结构主义类似，后结构主义的分支延伸到了好多领域，或许最值得注意的是文学批评领域。例如，可以考虑一下，结构主义者在解读一部小说比如《飘》时，会说些什么。我们可能会情不自禁地将该书视为对美国内战的某种历史性讨论。然而，结构主义

---

① muck 在英语中是"粪便"的意思。——译者注

者会认为这本书的那些具体段落的意义主要取决于这本书自身的结构,而这一结构是一个封闭的系统。而且,该书的结构包含"战争／和平""贫穷／富有""爱情／争斗"这些两极对立。后结构主义则走得更远:首先,如果《飘》真是一个封闭的系统,那么我必须排除这部小说之外的任何事实或考虑,比如那些我可能会在一部关于美国内战的历史书中找到的东西。我甚至必须撇开同样也在小说之外的作者的意图,比如那些我可能会在作者的传记中找到的东西。这本书的任何意义都取决于我这个读者进入到这个封闭的系统中对此书的思考。既然每一个读者对这本书都可能有一个不同的解释,那么,这本书就没有任何固定的意义。其次,后结构主义会认为:如果我们所做的就是在《飘》里面仔细寻找两极对立,我们就会发现这样做过于简单化了。例如,虽然该书确实包含爱情与争斗的因素,但我们还看到漠不关心——正像克拉克·盖博① 在影片中说出来的:"老实说,亲爱的,我不在乎。"同样,我们看到的不只是贫穷和富有,还有中等收入。结构主义者相信两极对立给封闭的系统以逻辑的一贯性,但是一旦我们否定这种两极对立的观念——正如后结构主义者所建议的——那么就不会再有这本书的任何内在逻辑结构留给我们。于是,每个读者都会与这本书进行游戏,把自己的意义赋予它。

在哲学中,后结构主义主要和法国哲学家雅克·德里达(Jacques Derrida,1930—2004)有关。与其他主要关注文学批评的后结构主义者不同,德里达针对的是哲学著作。他认为,在整个西方思想史上,哲学家们都是围绕着一些关键性的对立概念——如"现象／实在""意见／知识""精神／物质""真理／谬误"——建立起自己的理论的。从表面上看,这些对立概念会支持结构主义的理论:哲学体系有一种反映在两极对立中的一贯结构。然而,正如我们应当在小说中反对两极对立概念一样,德里达相信这些哲学概念也是值得怀疑的。通过一种他所谓的"解构"的方法,他试图表明,哲学中的所有这些两极对立的概念实际上都是自我反驳的。例如,胡塞尔强调在我们意识中"在场"(present)的东西(现象)和我们意识中"不在场"(absent)的东西(世界是否存在)之间作出区分。但是当胡塞尔自己探讨什么实际上对我们的意识在场时,他发现"在场"的东西主要包括对过去已发生的东西的记忆和对未来将要发生的东西的预期。现在的问题是,无论是过去还是未来,对我们的意识来说都不是真正"在场"的东西。所以,胡塞尔最初对在场和不在场的区分就瓦解了:这两个概念实际上是纠缠在一起的。德里达相信,我们能用类似的方法解构哲学中所有标准的两极对立概念。以"现象／实在"的二分为例,当我试图描述实在时,我的描述似乎是完全以现象——例如向我的感官呈现出来的东西——为基础的。同样,对"物质／精神"的二分来说,当我试图谈到精神——我自己的精神或一种神性的存在时,我的描述完全是以某种物质实在为基础的。由于这样的

---

① 盖博(Clark Gable,1901—1960),美国电影演员,曾扮演《飘》中的白瑞德。——译者注

哲学体系的内在逻辑是有缺陷的，所以没有任何这样的体系能提供对世界的适当描述。

根据德里达的看法，作为哲学话语基础的一种更为核心的二分是言语和书写的二分。法国哲学家让－雅克·卢梭最为清楚地作出了这一区分。卢梭指出，言语是我们交流感情的自然形式，它本身传达了真实而确定的东西。相反，书写被贬低为对言语的复制。因为书写只能间接地传达我们的感受，所以它要依赖于一系列习俗的约定，而这种习俗的约定归根到底将会歪曲真理，并且是幻相之源。然而，德里达认为，言语和书写两者都含有语言的基本要素，如符号的习惯用法和语法的严格规则。实际上，我们可以说，与说话相比，书写是语言更好的载体，因为确定的习惯对语言是至关重要的，而根据卢梭的推理，书写要比说话更依赖习惯。

后现代主义

后结构主义及其特殊的解构方法对传统哲学的成功作出了十足怀疑主义的论断。后结构主义者也怀疑在作为个体观察者的我们强加于世界的那些东西之外，我们是否可能发现这个世界的任何别的意义。寻求事物统一意义的整个历史事业看来有着致命的缺陷。在西方文明中，这个问题是在文艺复兴和启蒙时期，也就是16世纪至18世纪时开始的，在这一时期，科学家和哲学家们引入了一种新的、现代的考察世界的方式。科学家们希望发现支配我们周围的物理世界的规律的一个统一系统。作为对这一科学计划的补充，哲学家们描述了人类思想的机制，进而解释人类和人类文化如何适应这个更大的自然机制。人文主义、理性主义、经验主义和唯心主义的哲学理论都反映了这样一个基本的假设：世界是一个支配着一切事物的单一解释系统。我们所形成的一切信仰和价值观都是以这个统一系统为基础的。这个关于事物的现代观念经历了19世纪和20世纪一直流传到现在。这个关于统一的世界体系的现代观念是一个美妙的童话，但却只是一个童话而已。我们需要超越对事物的这个现代观念而进入一种"后现代的"思想构架中。

后现代主义并不是一种单一的哲学理论；如果它是这样一种理论，那它就会是自相矛盾的了。相反，它是对一场运动的总称，这场运动涵盖了对各种事物的现代概念的多种多样的批判。后结构主义可能是这些批判中最突出的一种，由于这个原因，"后现代的"（postmodern）和"后结构的"（post-structural）这两个术语通常是可以互换的。然而，最近的哲学很多都以现代主义为抨击的目标，因此也被算作后现代的。罗蒂反对存在着事物的"本质"——例如人的本性——这一正统观念；安斯康姆质疑现代道德理论背后的"立法者"（lawgiver）的假设；女性主义哲学家反对把严格模式强加给事物这一主要是男性本位的做法。我们甚至在更早的时期就发现了后现代主义态度的端倪，如尼采对传统的大众价值结构的否弃。甚至像杜威那样的美国实用主义者也拒斥对传统哲学问题的固定解决方式，并认为世界根本没有"被给定性"。后现代主义的大量讨论很大程度上延伸到了不过是现代文化的表现形式之一的哲学学科以外。文学、音乐、艺术、戏剧、电影和建筑中关于统一的秩序、对称与和谐的现代主义立场正在动摇。后现代主义的作家、音乐家、艺术家因而正在试图打破他们各自体裁中的传统模式。

20.5　政治哲学

　　近来政治哲学的一些重大发展牵扯到扩展过去已有的理论，而不是构建全新的理论。两个典型的例子是约翰·罗尔斯（John Rawls, 1921–2002）和罗伯特·诺齐克（Robert Nozick, 1938–2002）的理论，他们的观点都坚持以传统的社会契约理论为基础，而同时又把概念推向截然相反的方向。

罗尔斯：作为公平的正义

　　罗尔斯在哈佛大学做了将近40年的哲学教授，他的著述中，最有影响力的是《正义论》（*A Theory of Justice*, 1971）。在这部作品中，他主张社会政策应当以公平的观念为基础。我们通过一个忽略我们在社会中的实际经济地位的过程来制定一套公平的指导方针，从而公平地作出决定。我们所达成的指导方针将保证所有人都享有平等的权利和义务，并且还可以调节财富，使富人和穷人同时受益。这一观点允许政府为了改善他人而限制个人对财产的积累。罗尔斯观点的核心是某个版本的社会契约理论，他设计来以回应他所认为的功利主义社会理论的不足之处。对罗尔斯而言，功利主义的关键问题是，如果这样做的后果会使整个社会受益，那么个人的权利就有可能被侵犯。例如，我们可以想象奴役少数群体的人会给最大多数的人带来最大的收益。罗尔斯相信，以公平为基础的正义理论可以避免这个问题，因为正义的规则会在一个原初契约的情境中达成一致，这对所有牵涉其中的人都是公平的，包括相关的少数群体。他把他的观点冠名为"作为公平的正义"。

　　对罗尔斯而言，形成一个正义社会的出发点就是他所说的"原初状态"，这是一个由理性、平等并且利己的人组成的虚设集体。这些人并非在试图建立一个新的社会制度，而是试图确立一套互惠原则，以改良并调整他们体系内的所有权利和义务。他认为，它们是"关心其进一步利益的自由而理性的人会在平等的原初状态下将其作为界定其关联的基本条款而接受的原则"。在制定这一套基本的指导原则时，人们自视在无知之幕背后。也就是说，他们假定对自己在社会中的实际状况一无所知，比如他们何等富有、多有权势。他写道："我甚至愿意假定当事人不知道其关于善的观念或其特殊的心理倾向。"这确保他们不会创造一个赋予他们特殊利益的基本指导方针。

原初状态是一个不偏不倚的、平等的状态。它是不偏不倚的，因为在无知之幕背后，没有对一个人自然资产的特别考虑，比如一个人的教育程度和财富。"例如，如果某人知道他很富有，他可能会觉得将推进对福利措施的各种税收原则算作不公平是合理的。另一方面，如果他知道自己很穷，他很有可能会提出相反的原则。为了表现出所需的限制，人们想象一个每个人都被剥夺了这种信息的情境。"这同时也是一个平等的状态，因为所有人在确定正义的基本原则上有着相同的权利。由此，这些就是原初状态的基本参数，应当由协商者自己来更具体地规定他们应该假设为无知的事情。例如，罗尔斯认为我们的社会已经就宗教宽容和种族平等达成了一致，因此我们可能不需要把这些置于无知之幕之后。然而，"我们对财富和权威的正确分配缺乏足够的把握"，因此，我们对于实际财富和权力的知识是我们将置于无知之幕背后的东西。

原初状态的目的是为了达到每个人都能接受的精确的正义规则。当我们设定原始位置的参数——也就是我们应当置于无知之幕背后的东西——我们将能够根据我们共同的道德直觉来评估所提出的正义原则。然后，我们可以调整原初状态的情境，以便产生出符合我们直觉的正义观念。这种从原初状态到一个人对正义的实际知觉之间的"循环往复"被称作反思平衡。然而，罗尔斯认为，这并不涉及对关于正义自明的道德真理的诉求，就像直觉主义哲学家过去所做的那样。毋宁说，"其辩护是一个许多考虑相互支持的问题，即一切耦合在一起，形成一个融贯的观点"。

罗尔斯主张，无知之幕背后的协商者会采取两个具体的正义规则：一个确保人人平等的权利和义务，而另一个规定权力和财富。它们是：

- 每个人都应享有与他人所享有的类似自由相容的、最广泛的基本自由的平等权利。
- 社会和经济的不平等应得到如此安排，以使其同时（a）合理地期望其符合每个人的利益，并且（b）与向所有人开放的地位和职务联系在一起。

第一条原则产生了具体的权利和义务，比如言论、集会、良知、思想、财产、随意逮捕，以及投票和任职的政治自由。每个理性且自利的人都想尽可能地得到这些。第二个原则调节财富和权力的公平分配。为了理解这些原则如何起效，罗尔斯建议我们首先假设所有的权利、义务、财富和权力应当平等地分配给所有的社会成员。但是，如果某种不平等会使每个人从中受益，那么根据上述第二条原则，这种不平等就是被许可的。例如，每个公民都有平等的政治控制权是很麻烦的。如果政治权力集中在少数人手中，就像代议制民主一样，每个人都会受益。因此，"一般的正义观念对于何种不平等是可允许的不加任何限制；它只要求每个人的处境得到改善"。只要每个人，包括奴隶在内，都能从不平等中受益,那么任何不平等都是可以允许的,甚至可能是奴隶制。根据罗尔斯的观点,这一点使他"作为公平的正义"的理论优于功利主义。因为,在功利主义之下,只要不平等提供了普遍的幸福,个体奴隶的不幸就不重要了。"因此,不公平就是并非对所有人有益的不平等。"

罗尔斯认识到,第二条原则的(a)部分是他的论述中最具争议的一个方面。他称其为"差异原则"及其两个内涵。第一,教育和财富等自然资产较少的人值得特别考虑。自然资产的差异是有时称为自然博彩者的结果。自然博彩是任意的,因此补偿原则命令我们应该补偿那些自然资产较少的人。例如,他建议说:"至少在人生的某个时期,比如在学校的前几年中,更多的资源可能会花在智力较弱者而非较强者的教育上。"试图完全消除这种自然差异是不现实的,但是有一些构建社会的方法,以便这些差异像为更幸运者一样,为更不幸者的利益发挥作用。第二,罗尔斯认为,即便是富人也应当同意为穷人放弃一些财富,因为他们最终也是在一个相互合作的社会中获益。因为,"很明显,每个人的福利都依赖于社会合作的体系,离开它,没人能有一个令人满意的生活"。

在从保守到自由的政治光谱上,罗尔斯的理论落在自由的一侧,并常常被归为"福利自由主义"。使其带上自由特征的是,社会中更富有的人需要向更不幸的成员交出他们的一些财富来补偿自然博彩的不公平性。在无知之幕背后,我们会认识到这是公平的事情。另外,在无知之幕背后,我会想要制定这样的自由社会政策作为一种保护自我的保险政策,因为一旦解除了无知之幕,可能会发现我是社会上更为不幸的人之一,从而可以从社会财富的再分配中受益。

诺齐克:最小化的政府

罗尔斯的《正义论》问世后不久,哈佛大学哲学教授罗伯特·诺齐克出版了他的著作《无政府、国家和乌托邦》(*Anarchy, State, and Utopia*, 1974),这很快被看作是对罗尔斯的一个保守回应。诺齐克认为,政府的作用应该是最小的,并且仅限于保护我们的权利——特别是财产权。即便是出于帮助有需要的人这种好理由,政府也没有正当理由违背我们的意愿剥夺私人财产。诺齐克的理论通常被归为在旨在尽可能多地保护我们个人自由意义上讲的"自由派"——特别是经济自由,即便这意味着社会中富人和穷人间将会存在着巨大的差距。

对诺齐克而言,一个政府仅当有着最小责任时才是正当的,任何超出这些责任的东西都会侵犯我们的权利。有一些无政府主义的政治哲学家认为,没有任何政府是正当的,因为它们都是强制性的,并受到其本性的限制。但诺齐克并没有走那么远。最小主义的政府有一个自然的正当性,保护其公民的具体界定的作用。他认为,在自然状态下,每个人都有权保护自己免受他人的伤害。全天二十四小时守护自己的家园是一项艰巨的任务，而超越自卫的私人尝试的第一个重大发展会是社团的建立。为了让我们的生活更易于管理，"由个体组成的团体可以组成相互保护的社团：所有成员会响应任何成员对捍卫或施行其权利的诉求"。这会有点像是私人安保公司一样，保护其成员财产并惩罚违规者。尽管不同的保护社团可能会制定不同的机制来化解冲突，但"大多数人都会想加入社团，它遵循某些步骤来找出哪个申请者是正确的"。

一旦我成为相互保护社团的成员，社团就会限制我个人报复的权利，从而消除一个成员报复另一个，然后另一个再报复另一个，冤冤相报所引发的混乱。为了使保护的过程更高效，每个保护社团都会制定程序来处理与其他保护社团中的成员的冲突。不同社团之间的冲突不久将导致一个共同制度的建立，以便在相互竞争的主张之间进行裁决。随着时间推移，小型社团合并到一起，并形成一个主导性的保护社团是很自然的事情，而以此类推，这些社团最终会发展成最小国家。从小规模、私人的保护社团到最低限度国家的形成，其发展的每个阶段都是正当且不可避免的："出于无政府状态，在自发分组相互保护的社团、劳动分工、市场压力、经济规模和理性自利的压力下，出现某种非常类似于最小国家或一组地理上不同的最小国家的东西。"

诺齐克认为，"最小国家是可辩护的最具职能的国家，任何更具职能的国家都会侵犯人民的权利"。政府获得保护和惩罚犯罪分子的权力是合理的，但是当政府强迫我们放弃我们的一些财产以支付其他项目（如福利计划）时，则是不合理的。重新分配社会资源的哲学术语被称为分配正义，诺齐克认为这个术语本身是偏颇的，因为它假定对私人财富的重新分配甚至应当发生。因此，分配正义根本不是正义，并且，诺齐克说，唯一与最小国家概念相一致的财产所有权理论是资格理论。资格有两个主要成分。第一个是获取的正义原则，即我们是通过比如借着无主的原材料制造物品这样正义的方式来最初获取财产的。第二个是转让的正义原则，我们主动通过比如赠与或销售合同等正义的方式来自愿将财产转让给他人。如果世界是完全正义的，那么以下三点就会"穷尽地覆盖持有正义的主题"：

1. 一个按照获取的正义原则获得私产的人，有资格持有那个私产。
2. 一个按照转让的正义原则，从某个其他有资格持有该私产的人那里获得该私产的人，有资格持有那个私产。
3. 除非是通过对1和2的（重复）应用，没有人有资格持有私产。

任何其他重新分配财产的机制都将侵犯我们的权利。例如，当政府向我们征税以改善穷人的状况时，这实际上只是强迫劳动，因为我们将别无选择或回报地为他人谋求利益。

诺齐克说，他的资格理论遵循他所说的财富分配的历史原则，也就是说，它考虑到了我们是如何获得我们的财产的。而他主张，这一理论是考虑财富分配唯一正义的方式，其他理论都忽视了历史所有权。它们只关注所有权的当前分配，因为它出现在当前的时间切片中。例如，功利主义抱持当前时间切片的立场，因为它提倡基于目前最大多数人的最大利益的分配财富，而不考虑我们是如何得到我们的财富的。与之类似，政府的福利计划也只是通过关注人们现在有多少钱来考虑当前的时间切片，然后从富人身上拿走财富来帮助穷人。当前时间切片进路的错误在于，它们只考虑某些最终结果——例如效用、社会福利或消除贫困——而不是历史的背景叙事。对诺齐克而言，大多数人拒斥当前时间切片的进路，因为"他们认为它与评估一种情况的正义相关，不仅要考虑它所体现出的，还要考虑那种分配的来源"。

诺齐克提供了一个关于社会正义的保守的自由主义观点，这与罗尔斯的福利自由主义截然不同，除此之外，他还批评了罗尔斯的观点的具体组成部分。他尤其质疑了罗尔斯从原初状态导出的正义规则，因为诺齐克认为，他们以牺牲富人为代价，不公平地惠及穷人。诺齐克在理论上认可罗尔斯对原初状态的解释——罗尔斯的许多批评者甚至不会承认那么多。他的反驳是，原初状态下的人不会接受罗尔斯的第二条正义法则，即要求富人为穷人作出牺牲。根据罗尔斯的观点，我们已经看到，富人作出·些有利于穷人的牺牲，作为交换，富人还可以通过在一个相互合作的社会中获得更大的收益。这有时被称为最小最大原则：一个最小的损失产生出一个最大的收益。但是，诺齐克反对说，目前尚不清楚相互合作会带来多大的收益。富人可能会选择一种使其花费更少的正义原则，即使它的合作收益要低得多。此外，诺齐克分别考虑了这两个来自穷人与富人的相反提议：

> 喏，禀赋更优者：你们会在与我们的合作中获益。如果你们想要我们与你们合作，你们就必须接受合理的条款。我们提议这些条款：只要我们获得得尽可能多，我们就会与你们合作……

> 喏，禀赋更坏者：你们会在与我们的合作中获益。如果你们想要我们与你们合作，你们就必须接受合理的条款。我们提议这些条款：只要我们获得得尽可能多，我们就会与你们合作……

基于罗尔斯对原初状态的发展，确立一个为富人提供更高利益的协议，而非为穷人创造更高福利的协议并不会更加离谱。因此，对于诺齐克来说，罗尔斯对差别原则的采信是武断的。

诺齐克还批评罗尔斯忽略了获得自然资产的方式。我们在上文中指出了，对罗尔斯来说，所有自然资产都是任意的，比如通过继承而变得富有的人。但诺齐克回应道，当自然资产是正当获得时，人们才有资格持有其自然资产。例如，考虑一组学生参加一场考试了，但不知道他们自己做得如何，从而必须确定一套分配成绩的规程。他们考虑了若干规程。一种平等原则会导致所有学生得到相同的成绩。一种资历原则得到的结果是，成绩将基于给出的正确答案的数量，而这又取决于一个学生学了多少。一种奇怪的逆向资格立场会导致最高的资历分数与最低的分数调换。更奇怪的是，在学生眼中，资历和逆向资格原则可能在根本上同样平等，因为学生们还不知道他们在考试中表现如何。诺齐克的观点是，罗尔斯的无知之幕将我们锁定在某个位置上，在这个位置上，我们只能考虑一种财富分配的原则，如果财富的来源并不基于资历——我们是通过何种方式获得它——的话。也就是说，无知之幕只会考虑分配的最终结果原则，比如平等，这与我们如何取得财富并无历史上的关系。按照诺齐克的观点，问题在于，只有在所有资历原则首先失败的情况下，我们才能接受最终结果（非历史性）解释。真正的资格假定物主的过去的历史对他所主张的所有权的合法性而言至关重要。而无知之幕剥夺了我们对于我们历史的任何认识，因此，我们所达到的分配正义原则将依赖于最终结果原则。

总　结

新近的哲学更多是受到了种种运动的驱动，而非个体作者凭借一己之力重塑这门学科。一个显著的议题是对心—身问题的唯物主义解决方案。根据赖尔的观点，传统对于心灵和身体间的关系的二元论构想是一种"机器中的幽灵"：人类身体在空间中，并受机械物理法则的支配，而心灵并不存在于空间中，也不是这种法则的对象。赖尔认为，这种观点的问题是，它犯了一种范畴错误：它假定在一个人的各种行为倾向之上还存在着某些叫作"心灵"的东西或物质。赖尔的观点，现在被称为逻辑行为主义，是说关于心理事件的谈论应当被翻译为关于可预测和可观察到行为的谈论。然而，赖尔的立场忽视了我们的大脑是我们行为的根源的重要事实，而一种叫作同一理论的竞争观点通过坚称心理状态与大脑活动是同一的、只是从两个不同的视角看来应对这一疏忽。

尽管同一理论将心理状态限制在生物大脑中，一种叫作功能主义的替代理论允许其他复杂的物理结构如计算机也拥有心理状态。重要的是产生心理状态的联结网络，而不是构成这些联结的具体的物理质料。一种重要的功能主义理论是人工智能。弱人工智能是这样的观点，恰当编程的机器可以模拟人类的认知，而强人工智能则认为恰当编程的机器确实拥有认知心理状态。塞尔用他现已众所周知的中文房间论证批评了强人工智能的可能性：即使一个计算机程序貌似有意义地阐释一个故事的微妙之处，程序也并不真正以人类心灵理解故事的方式那样理解故事。对塞尔而言，生物大脑对于人类心理是必需的，而与此同时，心理状态无法仅仅根据大脑活动的语言得到理解。

罗蒂认为，当代分析哲学并没有根本性地改变哲学的方向，因为，像笛卡尔或康德一样，它依然假定了心灵就像一个包含了对自然表征的镜子，也就是说，存在（1）一个"认知主体"，（2）一个"就在那里的实在"，以及（3）一个描述实在如何向认知主体表征的"表征理论"。根据罗蒂的观点，作为镜子的心灵这整个哲学隐喻必须被拒斥。从杜威的实用主义出发，罗蒂主张，没有心灵必须要去反映的、固定的外部自然。相反，我们在经验中遇到的一切都是偶然并向变化开放的。语言是偶然的，因为它是我们的前人在尝试描述世界时随机选择的结果。自我是偶然的，因为我们每个人都通过克服旧有的自我并选择新的自我来转变"自我"。共同体是偶然的，因为没有可靠的客观信息来引向正确的共同体。

新版本的德性论在女性哲学家中引发了特别的兴趣。安斯康姆认为，结果主义和康德主义的现代世俗道德理论存在缺陷，因为它们依赖于道德的空洞概念。"法则"的观念要求一个立法者，而一旦我们放弃了上帝作为道德立法者的观念，继续谈论对道德法则的义务就没有意义了。根据安斯康姆的观点，德性论提供了一条更好的进路，因为它提倡良好习惯的发展，而不依赖道德法则的概念。诺丁斯主张，亚里士多德的美德清单需要扩展，以包含那些与女性经验相关的美德，尤其是关照他人的美德。美德认识论者认为，"美德"的概念就像它适用于道德理论一样，亦适用于知识理论。传统的认识论强调知识是建立在信念的特定属性之上的，尤其是我的信念是真的且可辩护的。相反，美德认识论坚称，知识以拥有适当的心理属性或"美德"为基础，比如求知欲、彻底性和公正的心态。

在当代的大陆哲学中，索绪尔的结构主义理论认为，语言是任意的社会建构，一门语言中的所有的片断都要从更大的社会结构系统中获得其意义。列维－施特劳斯进一步主张，文化结构通常会涉及一对对立面，比如男人／女人、奇数／偶数，或者光明／黑暗。后结构主义者拒斥结构主义者的假设，往往把重点放在文学批评上，并认为，一本特定的书的每位读者可能会有不同的解释，而这本书并没有终极的意义。德里达将这一进路用在了哲学上。他主张，过去的哲学家围绕成对的对立概念建立起他们的理论，比如表象—实在，这可能暗含着某些融贯的结构。但通过解构的技术，我们发现所有这些成对的对立面都是自我驳斥的。后结构主义是一场名为后现代主义的大规模运动的一部分，后者对启蒙运动中形成的现代假设，即世界是一个掌控一切的单一的解释性体系提出了异议。

当代政治哲学的两位主要作家是罗尔斯和诺齐克。罗尔斯认为，社会正义是关于公平的问题，而我们要在社会契约的情境下去解决不公平的问题。协商者进入无法获知他或她在社会中的实际状况的无知之幕背后。由于每个协商者都必须面对他或她贫穷且需要帮助的可能性，因而他们每个人都会采纳要求对财富进行某种重新分配的正义规则。诺齐克主张相反的立场，他认为，在社会契约的情境中，我们会采取一个不对财富进行重新分配的最小政府。协商者会认识到为私人保护社团买单的好处，这些社团可以保护自己的财产并惩罚进犯者。这些会自然地扩展到只有治安责任的小政府。除此之外，诺齐克还主张，政府无权为了福利或社会事业而向公民课税。

研究问题

1. 讨论赖尔对"机器中的幽灵"的批判，并说说你是否同意他的批评。
2. 逻辑行为主义、同一理论以及功能主义的理论都试图不通过将心灵等同于离体的精神而解释心理状态的现象。这些理论中的哪一个（如果有的话）看起来最好，为什么？
3. 描述塞尔对生物学的自然主义的解释，并讨论它是否成功地同时融合了同一理论和二元论的直觉。
4. 根据罗蒂的观点，传统哲学错误地假设了心灵反映自然。解释他的观点并说说你是否同意。
5. 讨论安斯康姆对现代道德理论的批评以及她说这些理论无法可理解地依赖道德法则的概念的断言。
6. 亚里士多德的德性论需要像诺丁斯坚持的那样为女性美德而更新吗？解释她的立场，并说说你是否同意。
7. 传统认识论认为知识是一个拥有真且可辩护信念的问题。美德认识论与这种进路有何不同，这是一个更好的选择吗？
8. 解释结构主义关于成对的对立面的观点，并讨论德里达对它的批评。
9. 讨论罗尔斯的正义二原则，他说无知之幕背后的协商者会在采纳这些原则上达成一致，这是否正确？
10. 诺齐克相信，社会契约的协商者只会同意确立一个不因福利或社会事业而课税的最小政府。他对这一立场的论证是什么，他正确吗？

重要词汇

A

Aesthetics 美学　有关对作为判断艺术作品的标准的"美"或"美的"概念的分析的哲学分支。

Agnostic 不可知论者　指这样一种人，他既不相信上帝存在，也不相信上帝不存在，因为无论哪一方面都得不到确实的根据。

Analytic statement 分析陈述　一个由于谓词已包含在主词中而必然为真的陈述——例如："所有的狗都是动物"，在这句话中，"狗"这个词已包含在"动物"这个概念之中。

A posteriori 后天　字面意思是"后于经验"；后天知识是来自于经验的知识，与"先天"知识相对（详后）。

Appearance 现象　某物将自身显现于我们的感官的情状，与它真正的实在相对。例如，桨在水中显得是弯的，但它实际上并不是弯的。

A priori 先天　字面意思是"先于经验"；先天的知识是在经验之前或独立于经验的知识。例如，根据某些哲学家的看法，即使我们并没有经历一切事件，我们也知道"每一事件都有一个原因"。

Artificial intelligence 人工智能　当代的一种理论，它试图在计算机中模拟人的心灵的认识活动的状态。

Authority 权威　我们的神学知识的一个来源，尤其是对那些坚持信仰的奥秘超越人的理性的哲学家和神学家而言。

Autonomy 自律　字面意思是自我规范，独立于外部的权威；意指为自己的行为立法或确立行为规则的自由，与他律（heteronomy）（服从别人制定的规则）相对。

B

Becoming 生成　在黑格尔思想中，生成的世界是指我们日常经验、人与事物在其中形成和消灭的世界。

Behaviorism, logical 行为主义，逻辑的　一种关于心—身问题的当代理论，与吉尔伯特·赖尔将心灵的事件还原到感觉的输入与行为的输出有关。

Being 存在　形而上学的一个一般术语，指终极的实在或实存。真正的存在在柏拉图看来，就是永恒理念的领域。

C

Categorical imperative 定言命令　在康德的道德理论中，定言命令是无条件的道德法则，它被理解为任何理性存在者的责任。定言命令与假言命令（hypothetical imperative）相对，后者允许例外[①]。

Categories 范畴　亚里士多德和康德的用语，指人的心灵带给认识的概念，如原因与

<?> ① 此说不确，应为"后者是有条件的命令"。——译者注

结果、空间与时间。

Causality 因果关系 原因和结果之间的关系，在这一关系中，一个事件必然跟随另一个事件之后发生。

Cause 原因 具有在另一事物产生一种变化、运动或作用的力量的某事物；这种变化（结果）能根据原因的活动加以解释。

Change 变化 任何事物的变更、某事物的各个部分的重组、以前不存在的某物的形成、某事物的衰退和消亡。

Chinese Room Argument 中文房间论证 由约翰·塞尔（John Searle）提出的一个思想实验，旨在反驳强人工智能倡导者认为被恰当编程的机器能产生认知性的心灵状态这一论断。

Cogitatum 所思 指思想的内容；因而，思想（cogito）也就是思想某物（cogitatum）。

Cogito 我思 拉丁语的字面意义是"我思想"（I think），笛卡尔用它来描述作为一个思想者的自我。

Cognition 认识 在最广泛的意义上，指知识或认知的活动。

Cognitive meaning 认识意义 逻辑实证主义者和分析哲学家的用语，它所涉及的陈述的真要么是由定义所决定的，要么是由经验实证所决定的（参见，Verification principle，"证实原则"）。

Contingent 偶然事件 一个并不必然的事件，即，它可以存在，也可以不存在，这取决于其他可以存在也可以不存在的事件。

Cosmological argument 宇宙论证明 一种关于上帝存在的证明，它建立在这样一种观点的基础上，即，整个宇宙的存在一定有一个最初的原因。

D

Deconstruction 解构 与德里达有关的后结构主义的理论，它试图表明在哲学体系中所有的两极对立概念实际上是自我反驳的。

Deduction 演绎 指一个推理的过程，通过它，心灵将一个命题的真和另一个命题的真联系起来。其方式是推出第二个命题的真包含在第一个命题中，并因此来自于第一个命题（参见，Induction，"归纳"）。

Determinism 决定论 指这样一种理论，它主张每个事实以至整个宇宙都是由先前的事实或事件决定或引起的；人的行为和历史事件严格遵循因果律或必然联系。所以，根据这种观点，人并不具有自由意志或产生独立或真正选择的能力。

Dialectic 辩证法 对话（苏格拉底）、对立面的斗争（黑格尔）或物质力量的冲突（马克思），能产生动态的变化。或建立在对对立命题分析基础上的推理过程。苏格拉底使用辩证方法进行教学，在意见和知识之间作出区分。黑格尔和马克思发展了历史的辩证法概念，对黑格尔来说，对立的理念是关键，而对马克思来说，历史被解释为物质力量的冲突。

Dionysian 酒神的 尼采的哲学概念，指生命的力量。对尼采而言，真正的文化是酒神和日神因素的统一，后者是对形式和美的爱。

Dogmatism 独断论 不经理性论证或经验论证就进行肯定断言的做法。

Dualism 二元论 一种持下述观点的理论：存在两种独立的、不可通约的实体，如心与身、观念的精神世界和可见的物质世界，或者善与恶的力量。二元论与一元论和多元论相对。

E

Empiricism 经验论 这种理论认为，经验是一切知识的源泉。因此，它否认人具有先天的知识，也否认人可以只通过运用理性来推出知识。

Epistemology 认识论 研究知识的本性、起源、范围和有效性的哲学分支。

Essence 本质 主要特征；使一个事物是此而非彼的属性或必然功能。

Ethics 伦理（学）（1）人的行为的一套规则；（2）对善与恶、正当与不正当、可取和不可取这些判断的研究；（3）关于责任或义务或我们为什么"应当"以某种方式去行动的理论。

Existentialism 存在主义 20世纪的一种哲学运动，其主要代表是萨特和梅洛-庞蒂。对萨特来说，存在主义的中心论题是"存在先于本质"，即在人作出具体决定并选择做什么事情从而规定他们自己之前，人并没有被给定的身份。

Extension 广延 在笛卡尔那里，指自然物由于具有时空维度而具有的性质。

F

Finitude 有限 具有可规定的限度。

Form, theory of 理念，理念论 柏拉图的观点，认为最高的实在存在于精神的领域中，它包含事物的原型，如："三角形本身""人性"或"正义"等。

Free will 自由意志 主张在某些情况下意志独立于先前的生理的或心理的原因作出决定或选择的理论。

Functionalism 功能主义 当代的一种关于心—身问题的理论，主张心灵的事件依赖于心灵过程的网络、通道和相互联系，但并不依赖于构成它的任何特殊的物质材料，如神经元（neurons）。功能主义主张承认这样一种可能性：心灵事件可以在非生物的系统中（如在硅片上）发生。

G

Gestalt theory 格式塔（完形）理论 20世纪的一种心理学理论，主张我们的知觉经验是同时由形式、结构、感觉、意义和价值等一整套特性构成的。①

H

Herd-mentality 畜群精神 尼采哲学的一个观点：人们常常被降低到庸人的普通水准。

I

Idealism 唯心主义 认为精神是世界的终极实在的观点，与将整个实在看成是由物质组成的唯物主义相对。

---

① 格式塔理论主要是针对英国经验论所提出的"心理原子主义"（the classical atomistic psychology）的。心理原子主义认为：先有某些基本的感觉要素（如简单观念、简单印象等）被"给予"我们，然后这些东西再层层加合成并"给予"我们复杂的感觉观念和各种经验。格式塔理论则认为，知觉经验从一开始就是一个有机连贯的整体，感觉和对感觉的理解是同时进行的——甚至就是同一个过程，我们究竟把某个东西"感觉"为什么东西（例如把"鸭兔图形"看成鸭子还是兔子，从而该图形的某个部分究竟是鸭子嘴还是兔子耳朵），要看我们基于经验的整体而进行的理解和解释。因此任何知觉经验都并不是互相孤立的知觉元素的简单加合，而是一开始就受到整体规定的东西，是被"建构"的东西，而不是纯粹被"给予"的东西。——译者注

Identity theory 同一论　当代关于心—身问题的一种理论，与之有关的人物是大卫·阿姆斯特朗（David Armstrong）和 J. J. C. 斯马特（J. J. C. Smart），他们主张将心灵事件还原为大脑的活动。

Illusion 幻象　一个错误的印象，如一个视觉的幻象，或用弗洛伊德的话来说，指从一个深层的愿望中产生出来的虚假信念。

Impression 印象　休谟的术语，由感觉和心灵的反映所构成。

Indeterminism 非决定论　这种理论认为，在有些情况下，意志不依赖先前的生理的或心理的原因而作出决定或选择。

Induction 归纳　从对一些特殊事实的观察到对所有相关事实的概括（或结论）的过程（参见，Deduction，"演绎"）。

Innate ideas 天赋观念　天生就有的观念，我们不需要来自经验的证明便知道这些观念。

Instrumental 工具性的　一个事物、属性或行动，当它只是达到别的目的的手段时，就是工具性的，与"内在性的"（intrinsic）相对，后者描述为自己而存在的事物、属性或行动。

Instrumentalism 工具主义　杜威提出的理论，认为就思想产生实践的结果来说，思想是工具性的。

Intrinsic 内在性的　如果一事物、属性或行动为它自己存在，则它是内在性的，它与"工具性的"（instrumental）相对，后者是指一事物、属性或行动是达到其他目的的手段。

Intuition 直觉（直观）　对自我、外部世界、价值或形而上学的真理的直接的无中介的认识，不需要界定观念、论证结论或建立推论。

Logical positivism 逻辑实证主义　20世纪分析哲学传统中的一场运动，它建立在证实（verification）原则的基础上。

M

Materialism 唯物主义　这种理论认为物质构成世界上存在的一切事物的基础。所以物质和物质力量的结合可以说明实在的一切方面，包括思想的本性、历史和经济事件的过程，以及建立在身体感官愉悦和物质充裕基础上的价值标准；它反对将精神或心灵以及自然中的理性目的置于首位的观念。

Metaphysics 形而上学　关于实在的最高本性问题的哲学分支。与致力于研究自然的不同层面的科学不同，形而上学超越特殊的事物去追问更加一般的问题，如：自然的背后是什么，事物如何形成，事物的存在意味着什么，是否存在一个不发生变化因而是知识确定性的基础的领域。

Monism 一元论　认为世界上只有一个实体的观点；唯心主义和唯物主义都是一元论。一元论与二元论和多元论相对。

N

Nihilism 虚无主义　认为不存在任何价值的观念。在尼采看来，"上帝之死"所带来的是对绝对的价值观念和客观、普遍的道德法则的否弃。

Noumenal world 本体界　与现象界相对的真实世界。根据康德的看法，本体界是不可知的。

O

Ontological argument 本体论证明　一个来

自安瑟伦（Anselm）的关于上帝存在的证明，认为上帝被定义为可能有的最伟大存在，所以他必然存在。

Ontology 本体论 对存在的研究，它来自于古希腊语"ontos"和"logos"，前者的意思是"存在"（being），而后者的意思是"科学"（science），这一研究与形而上学领域有关。

P

Participation 分有 柏拉图理论中的一个核心观念，指现实世界的事物是对理念领域中的理念原型的模仿。

Perception 感知 我们借以获得关于世界的知识的感性途径。

Phenomenal world 现象界 在康德理论中，现象界与超越我们认识的本体界相对。

Phenomenology 现象学 20世纪由胡塞尔开创的一场哲学运动，在对认识的说明方面主张，我们不应超越由现象提供给意识的材料。

Pluralism 多元论 这种观点主张，构成世界的实体不止一种或两种，这一理论与一元论和二元论相对。

Positivism 实证主义 19世纪由孔德所开创的一场哲学运动，它主张我们应当反对任何不以直接观察为基础的研究。

Postmodernism 后现代主义 当代大陆哲学的理论，它反对文艺复兴和启蒙运动以来的这样一种假定：世界能以一种统一的系统来加以解释。

Post-structuralism 后结构主义 结构主义立场的激进延伸，主张小说和哲学的文本是完全封闭的系统，而它们的意义来自于个体的读者赋予文本的东西。

Postulate 公设 指在康德理论中所说的一个不能证明的实践的或道德的原则，如上帝的存在、自由意志或不朽，这些只能信仰，为的是使我们的道德责任成为可能。

Pragmatism 实用主义 20世纪的一场哲学运动，与皮尔士、詹姆斯和杜威的名字联系在一起，它主张，对日常生活没有影响的哲学理论没有什么价值。

Prime mover 第一推动者 亚里士多德思想的一个观点，认为存在着一个一切事物的第一因，而它自己并不需要一个原因。

R

Rationalism 理性主义 这种哲学观点强调人的理性无须借助感觉印象而把握世界基本真理的能力。

Relativism 相对主义 这种观点认为根本不存在绝对的知识，真理对于每个个体、社会群体或历史时期都是不一样的，因而是相对于认知主体的具体情况而定的。

S

Scholasticism 经院哲学 中世纪诸学派在宗教和哲学上的治学方法，它强调演绎逻辑和诸如柏拉图、亚里士多德和奥古斯丁等大人物的权威。

Sense-data 感觉材料 我们通过我们的感官而接收到的信息要素。

Skepticism 怀疑论 怀疑知识的基本成分的倾向。还指与柏拉图学园、皮罗、塞克斯都·恩披里可（Sextus Empiricus）有关的古希腊学派。

Solipsism 唯我论 这个词来自于拉丁语"solus"和"ipse"，前者的意思是"独自"

（alone），而后者是"自我"（self）的意思。唯我论主张一切存在的知识的本源完全只是自我，它有时会导致这样的结论：自我就是唯一的实在。

Sophists 智者　生活在公元前5世纪的雅典的一些四处活动的教师，他们主要训练年轻人从政，所以他们强调修辞学和说服听众赢得辩论的能力而较少关心追求真理。

Sovereign 主权者　独立于任何其他的权威或管辖权的人或国家。

Structuralism 结构主义　当代大陆哲学的一种理论，它与费迪南德·德·索绪尔和列维-斯特劳斯的名字是分不开的。这一理论认为，一个事物的意义是由它的背景文化结构所规定的，这一结构又是以两极对立的概念——如光明和黑暗——为基础的。

Substance 实体　一个分离的、独立的事物；它构成现象的基础；是作为事物的其他属性的基础的本质。

Syllogism 三段论　一种推理的形式，例如：一切人都是要死的（大前提）；苏格拉底是人（小前提）；所以苏格拉底是要死的（结论）。

Synthetic statement 综合陈述　在康德的理论中，一个综合的陈述给主词增加了它本来并不包含的观念，例如，"一条狗能帮助猎取狐狸"，但这并不是对所有的狗都是真的。综合的语句与分析的语句相对，在后者中，主词包含谓词。

T

Teleology 目的论　它来自于古希腊文"telos"，即"目的"。它是对人性的目的和历史事件的目的的研究。

U

Utilitarianism 功利主义　一种伦理学理论，与边沁和密尔有关。这种理论主张，一种行为如果产生和任何其他可选择的行为一样多的或更多的善，那么它就是道德上善的。

V

Verification 证实　论证或通过证据或推理的形式规则证明某件事是真。

Verification principle 证实原则　逻辑实证主义的一个原则，主张一个陈述是有意义的必须满足：（1）它断言某事是真，只是因为所使用的词必然或总是要求这个陈述是真（如在数学中）；或（2）它断定某事能通过经验的证实被判断为真或假。

W

Wager, Pascal's 赌博，帕斯卡的　帕斯卡提出的一个主张：当理性既不支持也不反对上帝存在的时候，我们应当被这种信仰产生的好处所推动去信仰上帝。

延伸阅读

第一章 苏格拉底的前辈

原 著

《早期希腊哲学》（Barnes, Jonathan, Early Greek Philosophy, Hartmondsworth, England: Penguin Books, 1987.）

《前苏格拉底哲学辅导材料：对第尔斯〈前苏格拉底残篇〉里的残篇的全译》（Freeman, Kathleen, Ancilla to The Presocratic Philosophers: A Completed Translation of The Fragments in Diel'Fragmente der Vorsokratiker, Oxford: Basil Blackwell, 1956.）

《苏格拉底以前的哲学》（McKirahan, Richard D. Jr, Philosophy before Socrates, Indianapolis, IN: Hackett, 1994.）

批评性研究

《希腊哲学家：从泰勒斯到亚里士多德》（Guthrie, W. K. C., The Greek Philosophers: From Thales to Aristotle, New York: Harper and Row, 1960.）

《前苏格拉底哲学家》（Kirk, G. S. and Raven, J. E., The Presocratic Philosophers, New York: Cambridge University Press, 1960.）

《剑桥早期希腊哲学指南》（Long, A. A., The Cambridge Companion to Early Greek Philosophy, Cambridge: Cambridge University Press, 1995.）

《前苏格拉底哲学》（Mourelatos, A. P. D., ed., The Presocratics, Princeton, NJ: Princeton University Press, 1993.）

第二章 智者派与苏格拉底

原 著

有关智者的原始资料参看第一章的延伸阅读，有关苏格拉底的原始资料参看第二章所列的传记。

批评性研究

《苏格拉底哲学研究文集》（Benson, Hugh H., ed., Essays on the Philosophy of Socrates, New York: Oxford University Press, 1992.）

《〈申辩篇〉里的苏格拉底》（Reeve, C. D. C., Socrates in the Apology, Indianapolis, IN: Hackett, 1989.）

《苏格拉底：柏拉图的早期对话里的哲学》（Santas, G. X., Socrates: Philosophy in Plato's Early Dialogues, London: Routledge & Kegan Paul, Ltd., 1979.）

《苏格拉底：讽喻者与道德哲学家》（Vlastos, Gregory, Socrates: Ironist and Moral Philosopher, Ithaca: Cornell University Press, 1991.）

《苏格拉底研究》（Vlastos, Gregory, Socratic Studies, Cambridge: Cambridge University Press, 1994.）

第三章　柏拉图

原　著

《柏拉图全集》（Cooper, John M., ed., Plato: Complete Works, Indianapolis, IN: Hackett, 1997.）

《柏拉图对话集及书信》（Hamilton, Edith, ed., The Collected Dialogues of Plato, Including the Letters, New York: Pantheon Books, 1961.）

批评性研究

《柏拉图〈理想国〉导论》（Annas, Julia, An Introduction to Plato's Republic, Oxford: Clarendon Press, 1981.）

《柏拉图的思想》（Grube, G. M. A., Plato's Thought, Indianapolis, IN: Hackett, 1980.）

《古典思想》（Irwin, T. H., Classical Thought, Oxford: Oxford University Press, 1989.）

《剑桥柏拉图指南》（Kraut, Richard, The Cambridge Companion to Plato, Cambridge: Cambridge University Press, 1992.）

《柏拉图研究》（Vlastos, Gregory, Platonic Studies, Princeton, NJ: Princeton University Press, 1981.）

《柏拉图的宇宙》（Vlastos, Gregory, Plato's Universe, Seattle: University of Washington Press, 1975.）

第四章　亚里士多德

原　著

《亚里士多德全集》（Barnes, Jonathan, ed., The Complete Works of Aristotle, Princeton, N. J.: Princeton University Press, 1984.）

《古希腊哲学选读》（Cohen, S. M., Curd, P. and Reeve, C. D. C., eds., Readings in Ancient Greek Philosophy, Indianapolis, IN: Hackett, 1995.）

《亚里士多德的基本著作》（McKeon, Richard, ed., The Basic Works of Aristotle, New York: Random House, 1941.）

批评性研究

《哲学家亚里士多德》（Ackrill, J. L., Aristotle the Philosopher, Oxford: Oxford University Press, 1981.）

《亚里士多德》（Barnes, Jonathan, Aristotle, Oxford: Oxford University Press, 1982.）

《剑桥亚里士多德指南》（Barnes, Jonathan, ed., The Cambridge Companion to Aristotle, Cambridge: Cambridge University Press, 1995.）

《亚里士多德论理性与人之善》（Cooper, John, Reason and Human Good in Aristotle, Cambridge, MA: Harvard University Press, 1975.）

《亚里士多德论人之善》（Kraut, Richard, Aristotle on the Human Good, Princeton, NJ: Princeton University Press, 1989.）

《有关亚里士多德伦理学的论文集》（Rorsy, A. O., ed., Essays on Aristotle's Ethics, Berkeley: University of California Press,

《亚里士多德》(Ross, W. D., Aristotle, New York: Barnes and Noble, 1949.)

《亚里士多德的伦理学：批评性文集》(Sherman, N., Aristotle's Ethics: Critical Essays, London: Rowman and Littlefield, 1999.)

第五章 亚里士多德以后的古代哲学

原　著

《伊壁鸠鲁：现存遗稿》(Bailey, C., Epicurus: The Extant Remains, Oxford: Clarendon Press, 1926.)

《爱比克泰德手册》(Epictetus, The Handbook of Epictetus, Indianapolis, IN: Hackett, 1983.)

《古希腊哲学：导读》(Inwood, B. and Gerson, L. P., Hellenistic Philosophy: Introductory Readings, Indianapolis: Hackett Publishing Company, 1988.)

《古希腊哲学家》(Long, A. A. and Sedley, D. N., The Hellenistic Philosophers, Cambridge: Cambridge University Press, 1987.)

《物性论》(Lucretius, On the Nature of Things, trans. W. H. D. Rouse, Cambridge, MA: Harvard University Press, 1975.)

《沉思录》(Marcus Aurelius, The Meditations, trans. G. M. A. Grube, Indianapolis, IN: Hackett Publishing Company, 1985.)

《九章集》(Plotinus, Enneads, tran. A. H. Armstrong, Cambridge, MA: Harvard University Press, 1966—1988.)

《反学者们》(Sextus Empiricus, Against the Professors, trans. R. G. Bury, Cambridge, MA: Harvard University Press, 1935—1949, 3 vols.)

《皮罗主义纲要》(Sextus Empiricus, Outlines of Pyrrhonism, trans. J. Annas and J. Barnes, Cambridge: Cambridge University Press, 1994.)

《关于怀疑主义、人、上帝的主要论著选》(Sextus Empiricus, Selections from the Major Writings on Skepticism, Man, & God, ed. Philip P. Hallie, Indianapolis, IN: Hackett, 1985.)

批评性研究

《普罗提诺与斯多葛派》(Graeser, A., Plotinus and the Stoics, Leiden, Netherlands: E. J. Brill, 1972.)

《早期斯多葛主义论伦理学与人的行为》(Inwood, B., Ethics and Human Action in Early Stoicism, Oxford: Oxford University Press, 1985.)

《希腊哲学》(Long, A. A., Hellenistic Philosophy, London: Duckworth, 1974.)

《斯多葛研究》(Long, A. A., Stoic Studies, Cambridge: Cambridge University Press, 1996.)

《伊壁鸠鲁的伦理学理论》(Mitsis, P., Epicurus' Ethical Theory, Ithaca, NY: Cornell University Press, 1988.)

《普罗提诺：通往实在之路》(Rist, J. M., Plotinus: The Road to Reality, Cambridge: Cambridge University press, 1967.)

《形式与变形：普罗提诺哲学研究》(Schroeder, F. M., Form and Transformation: A Study in the Philosophy of Plotinus,

Montreal: McGill University Press, 1992.)

第六章　奥古斯丁

原　著

《论导师》与《论灵魂不朽》(Augustine, Concerning the Teacher and on the Immortality of the Soul, New York: Appleton-Century-Crofts, 1938.)

《忏悔录》(Augustine, Confessions, Baltimore: Penguin Books, 1961.)

《简论信、望、爱》(Augustine, Enchiridion on Faith, Hope and Love, Chicago: Henry Regnery, 1961.)

《上帝之城》(Augustine, The City of God, Garden City, NY: Doubleday, 1958.)

《圣奥古斯丁基本著作》(Oates, Whitney J., ed., Basic Writings of St. Augustine, New York: Random House, 1948.)

批评性研究

《希波的奥古斯丁》(Brown, Peter, Augustine of Hippo, Berkeley: University of California Press, 1967.)

《奥古斯丁》(Chadwick, H., Augustine, New York: Oxford University Press, 1986.)

《古代经典中的意志理论》(Dihle, A., The Theory of Will in Classical Antiquity, Berkeley: University of California Press, 1982.)

《圣奥古斯丁的基督教哲学》(Gilson, Etienne, The Christian Philosophy of Saint Augustine, New York: Random House, 1961.)

《奥古斯丁》(Kirwin, Christopher, Augustine, London: Routledge, 1989.)

《奥古斯丁导论》(Meagher, R. E., An Introduction to Augustine, New York: New York University Press, 1978.)

第七章　中世纪早期的哲学

原　著

《安瑟伦的基本著作》(Anselm, Anselm's Basic Writings, La Salle, IL: Open Court, 1962.)

《阿威罗伊论宗教与哲学的和谐》(Averroes, Averroes on the Harmony of Religion and Philosophy, ed. G. Hourani, London: Luzac, 1961.)

《阿威罗伊的 Tahafut al-Tahafut（不一致性的不一致性）》[Averroes, Averroes' Tahafut al-Tahafut (The Incoherence of the Incoherence), ed. S. Vanden Bergh, London: Luzac, 1954.]

《阿威罗伊对亚里士多德〈正位篇〉〈修辞学〉〈诗学〉的三篇短评》(Averroes, Averroes' Three Short Commentaries on Aristotle's 'Topics', 'Rhetoric' and 'Poetics', ed. C. Butterworth, Albany: State University of New York Press, 1977.)

《哲学的慰藉》(Boethius, Consolation of Philosophy, New York: Frederick Ungar, 1957.)

《信仰的时代：中世纪哲学家》(Fremantle, Anne, ed., Age of Belief: The Medieval Philosophers, New York: New American Library of World Literature, 1955.)

《中世纪哲学：基督教、伊斯兰教、犹太教的传统》(Hyman, A., and Walsh, J. J., eds., Philosophy in the Middle Ages: the

Christian, Islamic, and Jewish Traditions, Indianapolis, IN: Hackett, 1973.）

《迷途指津》（Maimonides, Moses, Guide of the Perplexed, Chicago: University of Chicago Press, 1963.）

《迷途指津》（Maimonides, Moses, The Guide for the Perplexed, trans. M. Friedlander, New York: Dover, 1956.）

《中世纪哲学家》（Mckeon, Richard, ed., Medieval Philosophers, New York: Charles Scribner's Sons, 1959.）

批评性研究

《约翰·司各脱·爱留根纳》（Bett, Henry, Johannes Scotus Erigena, New York: Russell & Russell, 1964.）

《实在论者与唯名论者》（Carré, M. H., Realists and Nominalists, Oxford: Oxford University Press, 1946.）

《圣安瑟伦》（Church, R. W., Saint Anselm, London: Macmillan, 1937.）

《多层面的论证》（Hick, John and McGill, Arthur C., eds., The Many-Faced Argument, New York: Macmillan, 1967.）

《迈蒙尼德：论文选集》（Katz, S., ed., Maimonides: Selected Essays, New York: Arno Press, 1980.）

《对于迈蒙尼德的不同观点：哲学与历史学研究》（Kraemer, J. ed., Perspectives on Maimonides: Philosophical and Historical Studies, Oxford: Oxford University Press, 1991.）

《彼得·阿伯拉尔的哲学》（Marenbon, J., The Philosophy of Peter Abelard, Cambridge: Cambridge University Press, 1997.）

《中世纪的奠基者》（Rand, E. K., Founders of the Middle Ages, Cambridge, MA: Harvard University Press, 1941.）

《彼得·阿伯拉尔》（Sikes, J. G., Peter Abelard, The University Press, 1932.）

《阿威罗伊与启蒙》（Wahba, M., and Abousenna, M., eds., Averroes and the Enlightenment, New York: Prometheus, 1995.）

第八章　阿奎那和他的中世纪晚期的继承者

原　著

《圣托马斯·阿奎那的基本著作》（Aquinas, Basic Writings of St. Thomas Aquinas, ed., Anton Pegis, New York: Random House, 1945.）

《哲学文本》（Aquinas, Philosophical Texts, Oxford: Oxford University Press, 1960.）

《神学大全》（Aquinas, Summa Theologiciae, ed., Thomas Gilby, London: 1963—1975, 60 vols.）

《幸福论》（Aquinas, Treatise on Happiness, Englewood Cliffs, N. J.: Prentice-Hall, 1964.）

《艾克哈特大师：一个现代译本》（Blakney, R. B. ed., Meister Eckhart: A Modern Translation, New York: Harper & Row Publishers, 1941.）

《哲学著作》（Duns Scotus, Philosophical Writings, New York: The Liberal Arts Press, 1964.）

《信仰的时代：中世纪哲学家》（Fremantle, Anne, ed., Age of Belief: The Medieval

Philosophers, New York: New American Library of World Literature, 1955.)

《中世纪哲学家》(Mckeon, Richard, ed., Medieval Philosophers, New York: Charles Scribner's Sons, 1959.)

《哲学著作》(Ockham, Philosophical Writings, New York: The Liberal Arts Press, 1964.)

批评性研究

《阿奎那》(Copleston, F. C., Aquinas, London: Penguin Books, 1955.)

《圣托马斯·阿奎那的基督教哲学》(Gilson, Etienne, The Christian Philosophy of St. Thomas Aquinas, New York: Random House, 1956.)

《伦理学与自由：对于司各脱伦理思想的历史性 – 批评性研究》(Ingham, M. E., Ethics and Freedom: A Historical-Critical Investigation of Scotist Ethical Thought, Washington, DC: University Press of America, 1989.)

《阿奎那：批评性论文集》(Kenny, Anthony, ed., Aquinas: Collection of Critical Essays, New York: Anchor Doubleday, 1969.)

《五道：圣托马斯·阿奎那的上帝存在证明》(Kenny, Anthony, The Five Ways: St. Thomas Aquinas' Proofs of God's Existence, London: Routledge & Kegan Paul, 1969.)

《意志的品德：十三世纪后期的伦理学转变》(Kent, B., Virtues of Will: The Transformation of Ethics in the Late Thirteenth Century, Washington, DC: Catholic University of America Press, 1996.)

《剑桥阿奎那指南》(Kretzman, Norman and Eleonore Stump, eds., The Cambridge Companion to Aquinas, Cambridge: Cambridge University Press, 1993.)

《后期中世纪哲学（1150—1350）》[Marenbon, J., Later Medieval Philosophy (1150—1350), London: Routledge, 1987.]

《约翰·邓·司各脱的哲学神学》(Wolter, A. B., The Philosophical Theology of John Duns Scotus, ed. M. Admas, Ithaca, NY: Cornell University Press, 1990.)

第九章　文艺复兴时期的哲学

原　著

《牛津弗朗西斯·培根》(Bacon, Francis, The Oxford Francis Bacon, Oxford: Clarendon Press, 1996.)

《弗朗西斯·培根的著作》(Bacon, Francis, The Works of Francis Bacon, ed. by J. Spedding, London: Longmans, 1857—1874.)

《关于两个主要的世界体系的对话》(Galileo, Dialogue concerning the Two Chief World Systems, trans. S. Drake, Berkeley: University of California Press, 1953.)

《致克里斯蒂娜大公爵夫人的信》(Galileo, Letter to the Grand Duchess Christina, in Discoveries and Opinions of Galileo, trans. S. Drake, New York: Doubleday, 1957.)

《利维坦》(Hobbes, Thomas, Leviathan, or The Matter, Form and Power of Commonwealth, Ecclesiastical and Civil, ed., E. Curley, Chicago: Hackett, 1994.)

《托马斯·霍布斯的英语著作》(Hobbes, Thomas, The English Works

of Thomas Hobbes, ed., W. Molesworth, London: John Bohn, 1839.)

《文艺复兴哲学文本的剑桥翻译》（Kraye, Jill, ed., Cambridge Translation of Renaissance Philosophical Texts, Cambridge: Cambridge University Press, 1997.）

《思想录》（Pascal, Blaise, Penseés, trans. A. J. Krailsheimer, London: Penguin Books, 1995.）

《论人的尊严》（Pico della Mirandola, Giovanni, On the Dignity of Man, Indianapolis, IN: Hackett, 1998.）

批评性研究

《文艺复兴人文主义的文化》（Bouwsma, W. J., The Culture of Renaissance Humanism, Washington, DC: American Historical Association, 1973.）

《近代科学的起源》（Butterfild, H., Origins of Modern Science, New York: Collier Books, 1962.）

《托马斯·霍布斯与道德品德的科学》（David Boonin-Vail, Thomas Hobbes and the Science of Moral Virtue, Cambridge: Cambridge University Press, 1994.）

《文艺复兴对人的看法》（Davies, S., Renaissance Views of Man, New York: Barnes & Noble, 1979.）

《帕斯卡》（Krailsheimer, A. J., Pascal, New York: Oxford University Press, 1980.）

《剑桥文艺复兴人文主义指南》（Kraye, Jill, ed., The Cambridge Companion to Renaissance Humanism, Cambridge: Cambridge University Press, 1996.）

《剑桥伽利略指南》（Machamer, Peter, ed., The Cambridge Companion to Galileo, Cambridge: Cambridge University Press, 1998.）

《文艺复兴》（Pater, Waiter, The Renaissance, Cleveland: The World Publishing Company, 1998.）

《剑桥培根指南》（Pehonen, Markku, ed., The Cambridge Companion to Bacon, Cambridge: Cambridge University Press, 1996.）

《剑桥霍布斯指南》（Sorell, T., ed., The Cambridge Companion to Hobbes, Cambridge: Cambridge University Press, 1995.）

《意大利文艺复兴》（Symonds, J. A., The Renaissance in Italy, London: John Murray, 1937, 6 vols.）

《文艺复兴时期的科学哲学》（Taylor, Henry Osborn, Philosophy of Science in the Renaissance, New York: Collier Books, 1962.）

第十章　大陆理性主义

原　著

《笛卡尔哲学著作》（Descartes, René, The Philosophical Writings of Descartes, trans. J. Cottingham, R. Stoothoff, D. Murdoch and A. Kenny, Cambridge: Cambridge University Press, 1984.）

《莱布尼茨：哲学论文集》（Leibniz, Leibniz: Philosophical Essays, ed. by and trans. R. Ariew and D. Garber, Indianapolis: Hackett Publishing Company, 1989.）

《斯宾诺莎主要著作》（Spinoza, Benedict, The Chief Works of Benedict de Spinoza, trans. R. H. M. Elwes, New York: Dover,

1951.）

批评性研究

《笛卡尔》（Cottingham, John, ed., Descartes, New York: Oxford University Press, 1998.）

《剑桥笛卡尔指南》（Cottingham, John, ed., The Cambridge Companion to Descartes, Cambridge: Cambridge University Press, 1998.）

《斯宾诺莎》（Donagan, A., Spinoza, Chicago: University of Chicago Press, 1989.）

《斯宾诺莎：批评文集》（Grene, M., Spinoza: A Collection of Critical Essays, Garden City, NY: Anchor Books, 1973.）

《剑桥莱布尼茨指南》（Jolley, Nicholas, ed., The Cambridge Companion to Leibniz, Cambridge: Cambridge University Press, 1995.）

《斯宾诺莎研究》（Kashap, S. P., Studies in Spinoza, Berkeley: University of California Press, 1972.）

《笛卡尔哲学研究》（Kenny, Anthony, Descartes: A Study of His Philosophy, New York: Random House, 1968.）

《莱布尼茨：知觉、统觉和思想》（McRae, R., Leibniz: Perception, Apperception, and Thought, Toronto: University of Toronto Press, 1976.）

《莱布尼茨的形而上学：其起源与发展》（Mercer, C., Leibniz's Metaphysics: Its Origins and Development, Cambridge: Cambridge University Press, 1998.）

第十一章　英国经验主义

原　著

《乔治·贝克莱的著作》（Berkley, George, The Works of George Berkley, Bishop of Cloyne, ed. by A. A. Luce and T. E. Jessop, Edinburgh: Thomas Nelson, 1948—1957, 9 vols.）

《人性论》（Hume, David, A Treatise of Human Nature, ed. by David Fate Norton and Mary J. Norton, Oxford; New York: Oxford University Press, 2000.）

《人类理智研究》（Hume, David, An Enquiry concerning Human Understanding, ed. by Tom L. Beauchamp, New York: Oxford University Press, 1999.）

《大卫·休谟的哲学著作》（Hume, David, The Philosophical Works of David Hume, ed. by T. H. Green and T. H. Grose, London: Longman, Green, 1875, 4 vols.）

《人类理解论》（Locke, John, An Essay concerning Human Understanding, ed. by P. H. Nidditch, Clareodon Edition, Oxford: Oxford University Press, 1975.）

《约翰·洛克的著作》（Locke, John, The Works of John Locke, London: T. Tegg, 1823, 10 vols.）

《政府论》（Locke, John, Two Treatises of Government, ed. by P. Laslett, Cambridge: Cambridge University Press, Oxford: Oxford University Press, 1967.）

批评性研究

《约翰·洛克：批评性评价》（Ashcraft, R. ed., John Locke: Critical Assessments, London: Routledge, 1991, 4 vols.）

《洛克》(Ayers, M., Locke, London: Routledge, 1991, 2 vols.)

《乔治·贝克莱：十八世纪的回应》(Berman, David, ed., George Berkeley: Eighteenth-Century Responses, New York: Garland Publishing, 1989.)

《剑桥洛克指南》(Chappell, Vere, ed., The Cambridge Companion to Locke, Cambridge: Cambridge University Press, 1994.)

《对于休谟的早期回应》(Fieser, James, ed., Early Responses to Hume, Bristol, England: Thoemmes Press, 1999—2003, 10 vols.)

《贝克莱：中心论证》(Grayling, A. C., Berkeley: The Central Arguments, London: Duckworth, 1986.)

《剑桥休谟指南》(Norton, David Fate, ed., The Cambridge Companion to Hume, Cambridge: Cambridge University Press, 1993.)

《大卫·休谟：批评性评价》(Tweyman, Stanley, ed., David Hume: Critical Assessments, London: Routledge, 1991, 4 vols.)

《贝克莱：一种诠释》(Winkler, K. P., Berkeley: An Interpretation, Oxford: Clarendon Press, 1989.)

第十二章 启蒙哲学

原著

《百科全书选》(Diderot, Denis, Denis Diderot's the Encycholopedia: Selections, New York: Harper & Row, 1967.)

《一位教师与学生的对话》(Herbert, Edward, Baron of Cherbury, A Dialogue between a Tutor and His Pupil, Bristol, England: Thoemmes Press, 1992.)

《论真理》(Herbert, Edward, Baron of Cherbury, De Veritate on Truth, trans. M. H. Carré, London: Routledge / Thoemmes Press, 1992.)

《自然的体系》(Holbach, Paul-Henri Dietrich, baron d', A System of Nature, New York: B.Franklin, 1970.)

《常识》(Holbach, Paul-Henri Dietrich, baron d', Common Sense, New York: Arno Press, 1972.)

《对人类心灵的研究》(Reid, Thomas, An Inquiry into the Human Mind, University Park: Pennsylvania State University Press, 1997.)

《忏悔录》(Rousseau, Jean-Jacques, Confessions, trans. J. M. Cohen, Harmondsworth, England: Penguin Books, 1954.)

《社会契约论》(Rousseau, Jean-Jacques, The Social Contract and Discourses, trans. G. D. H. Cole, London: Dent, 1973.)

《与创世一样古老的基督教》(Tindal, Matthew, Christianity as Old as Creation, New York: Garland Press, 1978.)

《哲学辞典》(Voltaire, Philosophical Dictionary, ed. Peter Gay, New York: Basic Books, 1962.)

批评性研究

《自然宗教和宗教的本性：自然神论的遗产》(Byrne, P., Natural Religion and the Nature of Religion: The Legacy of Deism, London and New York: Routledge, 1989.)

《托马斯·里德的哲学》(Haldane, John, and Stephen Read, eds., The Philosophy of Tomas Reid, Oxford: Blackwell, 2003.)

《激进的启蒙：1650—1750年间的哲学与现代性的形成》(Israel, Jonathan I., Radical Enlightenment: Philosophy and the Making of Modernity, 1650—1750, New York: Oxford University Press, 2002.)

《剑桥卢梭指南》(Riley, Patrick.ed., The Cambridge Companion to Rousseau, Cambridge: Cambridge University Press, 2001.)

第十三章 康 德

原 著

《判断力批判：包括第一导言》(Kant, Immanuel, Critique of Judgment: Including the First Introduction, trans. W. S. Pluhar, Indianapolis, IN: Hackett, 1987.)

《纯粹理性批判》(Kant, Immanuel, Critique of Pure Reason, trans. Werner S. Pluhar and Patricia Kitcher, Indianapolis, IN: Hackett, 1996.)

《道德形而上学探本》(Kant, Immanuel, Grounding for the Metaphysics of Morals, trans. James W. Ellington, Indianapolis, IN: Hackett, 1985.)

《判断力批判》(Kant, Immanuel, Kant's Critique of Judgment, trans. J. C. Meredith, Oxford: Clarendon Press, 1952.)

《伦理学讲演录》(Kant, Immanuel, Lectures on Ethics, trans. P. Heath, Cambridge: Cambridge University Press, 1997.)

《未来形而上学导论》(Kant, Immanuel, Prolegomena to Any Future Metaphysics That Will Be Able to Come Forward as Science, trans. James W. Ellington, Indianapolis, IN: Hackett, 1977.)

批评性研究

《康德的道德理论》(Aune, B., Kant's Theory of Morals, Princeton, NJ: Princeton University Press, 1979.)

《康德：导论》(Broad, O. D., Kant: An Introduction, Cambridge: Cambridge University Press, 1978.)

《伊曼努尔·康德：批评性评价》(Chadwick, R., ed., Immanuel Kant: Critical Assessments, London: Routledge, 1992, 4 vols.)

《对于康德的〈纯粹理性批判〉的短评》(Ewing, A. C., Short Commentary on Kant's "Critique of Pure Reason", Chicago: University of Chicago Press, 1987.)

《康德的〈道德形而上学探本〉：批评性文章》(Guyer, Paul, ed., Kant's Groundwork of the Metaphysics of Morals: Critical Essays, New York: Rowman & Littlefield.1998.)

《剑桥康德指南》(Guyer, Paul, ed., The Cambridge Companion to Kant, Cambridge: Cambridge University Press, 1992.)

《伊曼努尔·康德》(Höffe, O., Immanuel Kant, Albany: State University of New York Press, 1994.)

《感觉的界限：论康德的〈纯粹理性批判〉》(Strawson, P. F., The Bounds of Sense: An Essay on Kant's Critique of Pure Reason, London: Methuen, 1975.)

《康德》(Walker, R. C. S., Kant, London: Routledge & Kegan Paul, 1978.)

《康德：批评性文集》(Wolff, R. P., ed., Kant: A Collection of Critical Essays, Garden City, NY: Doubleday Anchor, 1967.)

第十四章　德国唯心主义

原　著

《法哲学原理》（Hegel, G.W.F., Elements of the Philosophy of Rights, trans. H. B. Nisbet, ed. A. Wood, Cambridge: Cambridge University Press, 1991.）

《历史哲学导论》（Hegel, G. W. F., Introduction to the Philosophy of History, trans. L. Ranch, Indianapolis, IN: Hackett, 1988.）

《宗教哲学演讲录》（Hegel, G. W. F., Lectures on the Philosophy of Religion, trans. C. P. Hodgson and R. F. Brown, Los Angeles: University of California Press, 1984—1987, 3 vols.）

《精神现象学》（Hegel, G. W. F., Phenomenology of Spirit, trans. A. V. Miller, Oxford: Clarendon Press, 1970.）

《自然哲学》（Hegel, G.W.F., Philosophy of Nature, trans. and ed. M. J. Petry, London: Allen & Unwin, 1970, 3 vols.）

《手稿残篇》（Schopenhauer, Arthur, Manuscript Remains, trans. E. F. J. Payne, Oxford, New York and Hamburg: Berg, Schopenhauer, Arthur, 1988—1990, vols. 1-4.）

《论道德的基础》（Schopenhauer, Arthur, On the Basis of Morality, trans. E. F. J. Payne, Providence, RI and Oxford: Berhahn Books, 1995.）

《论自然界的意志》（Schopenhauer, Arthur, On the Will in the Nature, trans. E. F. J. Payne, New York and Oxford: Berg, 1992.）

《叔本华早期的四重根》（Schopenhauer, Arthur, Schopenhauer's Early Fourfold Root, trans. F. J. White, Aldershot, England: Avebury, 1997.）

《作为意志和表象的世界》（Schopenhauer, Arthur, The World as Will and Representation, trans. E. F. J. Payne, New York: Dover, 1969, 2 vols.）

批评性研究

《叔本华：人的特征》（Atwell, J. E., Schopenhauer: The Human Character, Philadelphia: Temple University Press, 1990.）

《剑桥黑格尔指南》（Beiser, Frederick C., ed., The Cambridge Companion to Hegel, Cambridge: Cambridge University Press, 1993.）

《叔本华：他的哲学成就》（Fox, M., ed., Schopenhauer: His Philosophical Achievement, Brighton, England: Harvester, 1980.）

《妥协的工程：黑格尔的社会哲学》（Hardimon, M., The Project of Reconciliation: Hegel's Social Philosophy, Cambridge: Cambridge University Press, 1994.）

《黑格尔》（Inwood, M., Hegel, London: Routledge & Kegan Paul, 1983.）

《叔本华：哲学与艺术》（Jacquette, D. ed., Schopenhauer: Philosophy and the Arts, Cambridge: Cambridge University Press, 1996.）

《叔本华》（Janaway, C., Schopenhauer, Oxford: Oxford University Press, 1994.）

《黑格尔的唯心主义：自我意识的满足》（Pippin, R. B., Hegel's Idealism: The Satisfactions of Self-Consciousness, Cambridge: Cambridge University Press,

1989.)

《黑格尔：批评性评价》(Stern, R. ed., G. W. F. Hegel: Critical Assessments, London: Routledge & Kegan Paul, 1993, 4 vols.)

《黑格尔》(Taylor, C., Hegel, Cambridge: Cambridge University Press, 1975.)

《论叔本华的充足理由律的四重根》(White, F. C., On Schopenhauer's Fourfold Root of the Principle of Sufficient Reason, Leiden: E. J. Brill, 1992.)

第十五章 功利主义和实证主义

原 著

《功利主义者：J. 边沁与J. S. 密尔》(Bentham, Jeremy and Mill, John Stuart, The Utilitarians: Jeremy Bentham and John Stuart Mill, Garden City, NY.: Dolphin Books, 1961.)

《政府片论》(Bentham, Jeremy, A Fragment on Government, Cambridge: Cambridge University Press, 1988.)

《道德与立法原则导论》(Bentham, Jeremy, Introduction to the Principles of Morals and Legislation, New York: Hafner, 1948.)

《J. 边沁的著作》(Bentham, Jeremy, The Works of Jeremy Bentham, ed. J. Bowring, Edinburgh, 1843, 10 vols.)

《实证政治体系》(Comte, Auguste, System of Positive Polity, trans. J. H. Bridges, F. Harrison, New York: Butt & Franklin, 1966, 4 vols.)

《实证哲学》(Comte, Auguste, The Positive Philosophy, trans. H. Martineau, London: G. Bell, 1896, 3 vols.)

《自传》(Mill, John Stuart, Autobiography, New York: The Liberal Arts Press, 1958.)

《J. S. 密尔著作集》(Mill, John Stuart, Collected Works of John Stuart Mill, ed. J. M. Robson, London: Routledge; Toronto: University of Toronto Press, 1991.)

《J. S. 密尔的六篇伟大的人道主义论文》(Mill, John Stuart, Six Great Humanistic Essays of John Stuart Mill, New York: Washington Square Press, 1963.)

批评性研究

《英国功利主义史》(Albee, Ernest, History of English Utilitarianism, New York: Collier Books, 1962.)

《密尔论功利主义》(Crisp, R., Mill on Utilitarianism, London: Routledge, 1997.)

《密尔论自由：一个辩护》(Gray, J., Mill on Liberty: A Defense, London: Routledge, 1996)

《边沁》(Harrison, R., Bentham, London: Routledge, 1983.)

《孔德的哲学》(Lévy-Bruhl, L., The Philosophy of Auguste Comte, New York: G. P. Putnam's Sons, 1903.)

《边沁论自由》(Long, D., Bentham on Liberty, Toronto: University of Toronto Press, 1977.)

《孔德与实证主义》(Mill, John Stuart, Auguste Comte and Positivism, Ann Arbor: University of Michigan Press, 1961.)

《孔德：思想传记》(Pickering, M., Auguste Comte: An Intellectual Biography, Cambridge: Cambridge University Press,

1993.）

《追随实证主义的孔德》（Schaff, R., Comte after Positivism, Cambridge: Cambridge University Press, 1995.）

《J. S. 密尔》（Skorupski, John, John Stuart Mill, London: Routledge, 1989.）

《剑桥密尔指南》（Skorupski, John, ed., The Cambridge Companion to Mill, Cambridge: Cambridge University Press, 1998.）

《密尔论自由》（Ten, C. L., Mill on Liberty, Oxford: Oxford University Press, 1980.）

第十六章　克尔凯郭尔、马克思和尼采

原　著

《非科学的最后附言》（Kierkegaard, Søren, Concluding Unscientific Postscript, trans. D. F. Swenson, L. M. Swenson, and W. Lowrie, Princeton, NJ: Princeton University Press, 1941.）

《非此即彼》（Kierkegaard, Søren, Either/Or, trans. H. V. Hong and E. H. Hong, Princeton, NJ: Princeton University Press, 1987, 2 vols.）

《恐惧与颤栗》与《再现》（Kierkegaard, Søren, Fear and Trembling and Repetition, trans. H. V. Hong and E. H. Hong, Princeton, NJ: Princeton University Press, 1983.）

《哲学片断》（Kierkegaard, Søren, Philosophical Fragments, trans. H. V. Hong and E. H. Hong, Princeton, NJ: Princeton University Press, 1985.）

《马克思恩格斯著作集》（Marx, Karl, and Engels, Friedrich, Collected Works, London: Lawrence & Wishart, 1975—.）

《政治与哲学基本著作：马克思和恩格斯》（Marx, Karl, Basic Writings on Politics and Philosophy: Karl Marx and Friedrich Engels, ed. Lewis Feuer, Garden City, NY: Doubleday, 1959.）

《1844年经济学哲学手稿》（Marx, Karl, Economic and Philosophic Manuscripts of 1844, New York: International, 1964.）

《马克思选集》（Marx, Karl, Selected Writings, ed. D. McLellan, Oxford: Oxford University Press, 1977.）

《马克思鹈鹕文库》（Marx, Karl, The Pelican Marx Library, Harmondsworth, England: Penguin Books, 1975—）

《超越善恶》（Nietzsche, Friedrich, Beyond Good and Evil, Chicago: Henry Regnery, 1959.）

《快乐的智慧》（Nietzsche, Friedrich, Joyful Wisdom, New York: Frederick Ungar, 1960.）

《希腊悲剧时代的哲学》（Nietzsche, Friedrich, Philosophy in the Tragic Age of the Greeks, Chicago: Henry Regnery, 1962.）

《悲剧的诞生和道德的谱系》（Nietzsche, Friedrich, The Birth of Tragedy and the Genealogy of Morals, Garden City, NY: Doubleday, 1956.）

《尼采手册》（Nietzsche, Friedrich, The Portable Nietzsche, New York: Viking Press, 1954.）

《查拉图斯特拉如是说》（Nietzsche, Friedrich, Thus Spoke Zarathustra, Baltimore: Penguin Books, 1961.）

批评性研究

《马克思主义与哲学》(Callinicos, A., Marxism and Philosophy, Oxford: Oxford University Press, 1985.)

《理解马克思》(Elster, J., Making Sense of Marx, Cambridge: Cambridge University Press, 1985.)

《克尔凯郭尔》(Gardiner, Patrick, Kierkegaard, Oxford: Oxford University Press, 1988.)

《剑桥克尔凯郭尔指南》(Hannay, Alastair, The Cambridge Companion to Kierkegaard, Cambridge: Cambridge University Press, 1998.)

《克尔凯郭尔在丹麦的黄金时代》(Krimse, Bruce, Kierkegaard in Golden Age Denmark, Bloornington: University of Indiana Press, 1990.)

《克尔凯郭尔短暂的一生》(Lowrie, Walter, A Short Life of Kierkegaard, Princeton, NJ: Princeton University Press, 1942.)

《剑桥尼采指南》(Magnus, Bernd, ed., The Cambridge Companion to Nietzsche, Cambridge: Cambridge University Press, 1996.)

《尼采:作为文学的人生》(Nehamas, A., Nietzsche: Life as Literature, Cambridge, MA: Harvard University Press, 1985.)

《论自愿受奴役:虚假意识与意识形态理论》(Rosen, M., On Voluntary Servitude: False Consciousness and the Theory of Ideology, Cambridge: Polity Press, 1996.)

《克尔凯郭尔与伦理的界限》(Rudd, A., Kierkegaard and the Limits of the Ethical, Oxford: Oxford University Press, 1993.)

《尼采》(Schacht, R., Nietzsche, London: Routledge&Kegan Paul, 1983.)

《马克思的观念理论》(Tosance, J., Karl Marx's Theory of Ideas, Cambridge: Cambridge University Press, 1995.)

《克尔凯郭尔与近代大陆哲学》(Weston, M., Kierkegaard and Modern Continental Philosophy, London and New York: Routledge, 1994.)

《尼采的艺术哲学》(Young, J., Nietzsche's Philosophy of Art, Cambridge: Cambridge University Press, 1992.)

第十七章　实用主义与过程哲学

原　著

《创造的精神》(Bergson, Henri, Creative Mind, New York: Philosophical Library, 1956.)

《形而上学导论》(Bergson, Henri, Introduction to Metaphysics, New York: The Liberal Arts Press, 1949.)

《柏格森文选》(Bergson, Henri, Selections from Bergson, New York: Appleton-Century-Crofts, 1949.)

《道德与宗教的两个起源》(Bergson, Henri, The Two Sources of Morality and Religion, Garden City, NY: Doubleday, 1954.)

《时间与自由意志》(Bergson, Henri, Time and Free Will, New York: Harper & Row Publishers, 1960.)

《共同信仰》(Dewey, John, A Common Faith, New Haven, CT.: Yale University Press, 1960.)

《经验与自然》(Dewey, John, Experience and Nature, New York: Dover, 1929.)

《论经验、自然和自由》(Dewey, John, On Experience, Nature and Freedom, New York: The Liberal Arts Press, 1960.)

《教育哲学》(Dewey, John, Philosophy of Education, Paterson, NJ.: Littlefield, Adams, 1956.)

《追求确定性》(Dewey, John, Quest for Certainty, New York: Capricorn Books, G. P. Putnam's Sons, 1960.)

《哲学的重建》(Dewey, John, Reconstruction in Philosophy, Boston: Beacon Press, 1957.)

《约翰·杜威的早期著作，1882—1898》；《约翰·杜威的中期著作，1899—1924》；《约翰·杜威的后期著作，1925—1953》(Dewey, John, The Early Works of John Dewey, 1882—1898; The Middle Works of John Dewey, 1899—1924; The Later Works of John Dewey, 1925—1953, ed. J. A. Boydston, Carbondale: Southern Illinois University Press, 1969—1990, 37 vols.)

《道德生活的理论》(Dewey, John, Theory of Moral Life, New York: Holt, Rinehart and Winston, 1960.)

《实用主义论文集》(James, William, Essays in Pragmatism, New York: Hafner, 1940.)

《信仰与道德论文集》(James, William, Essays on Faith and Morals, Cleveland: World, 1962.)

《信仰的意志》和《人的不朽》(James, William, The Will to Believe and Human Immortality, New York: Dover, 1956.)

《威廉·詹姆斯的著作》(James, William, The Works of William James, Cambridge, MA, and London: Harvard University Press, 1975—1988, 17 vols.)

《宗教经验种种》(James, William, Varieties of Religious Experience, New York: New American Library of World Literature, 1958.)

《怀特海选集》(Northrop, F. S. C. and Gross, M. W. eds., A. N. Whitehead: An Anthology, New York: The Macmillan, 1961.)

《C. S. 皮尔士文集》(Peirce, Charles Sanders, Collected Papers of Charles Sanders Peirce, eds. C. Hartshorne, P. Weiss, and A. Burks, Cambridge, MA: Harvard University Press, 1931—1958, 8 vols.)

《皮尔士精粹》(Peirce, Charles Sanders, The Essential Peirce, ed. N. Houser, and C. Kloesel, Bloomington: Indiana University Press, 1992—1994.)

《C. S. 皮尔士著作：编年版》(Peirce, Charles Sanders, The Writings of Charles S. Peirce: A Chronological Edition, ed. M. Fisch, C. Kloesel, E. Moore, N. Houser, Bloomington, IN: Indiana University Press, 1982— .)

《观念的探险》(Whitehead, Alfred North, Adventures of Ideas, New York: New American Library of World Literature, 1955.)

《思想模式》(Whitehead, Alfred North, Modes of Thought, New York: Capricorn Books, G. P. Putnam's Sons, 1959.)

《过程与实在》(Whitehead, Alfred North, Process and Reality, New York: Harper & Row Publishers, 1960.)

《形成中的宗教》(Whitehead, Alfred North, Religion in the Making, Cleveland: World, 1960.)

《科学与现代世界》(Whitehead, Alfred North, Science and the Modern Wold, New York: New American Library of World Literature, 1949.)

《理性的功能》(Whitehead, Alfred North, The Function of Reason, Boston: Beacon Press, 1958.)

批评性研究

《柏格森：反思的哲学家》(Alexsander, I. W., Bergson: Philosopher of Reflection, Bowes & London: Bowes, Ltd., 1957.)

《威廉·詹姆斯》(Bird, G., William James, London and New York: Routledge, 1987.)

《杜威的形而上学》(Boisvert, R., Dewey's Metaphysics, New York: Fordham University Press, 1988.)

《C. S. 皮尔士的生平》(Brent, J., Charles Sanders Peirce: A Life, Bloomington, IN: Routledge & Kegan Paul, 1987.)

《理解杜威》(Campbell, J., Understanding John Dewey, Chicago: Open Court, 1995.)

《皮尔士对于自我的研究》(Coplapietro, V., Peirce's Approach to the Self, Buffalo: State University of New York Press, 1989.)

《C. S. 皮尔士的进化哲学》(Hausman, C., Charles S. Peirce's Evolutionary Philosophy, Cambridge: Cambridge University Press, 1993.)

《皮尔士》(Hookway, C., Peirce, London: Routledge & Kegan Paul, 1985.)

《怀特海的文明哲学》(Johnson, A. H., Whitehead's Philosophy of Civilization, New York: Dover, 1962.)

《怀特海的实在理论》(Kline, George, ed., Whitehead's Theory of Reality, New York: Dover, 1952.)

《怀特海的形而上学》(Leclerc, Ivor, Whitehead's Metaphysics, New York: Macmillan, 1958.)

《怀特海：其人及其著作》(Lowe, V., Alfred North Whitehead: The Man and His Work, Baltimore: Johns Hopkins University Press, 1990, 2 vols.)

《怀特海的科学哲学与形而上学，以及对他的思想的导论》(Mays, W., Whitehead's Philosophy of Science and Metaphysics, and Introduction to His Thought, The Hague: Martinus Nijhoff, 1977.)

《威廉·詹姆斯：他的生平与思想》(Myers, G. E., William James: His Life and Thought, New Haven, CT and London: Yale University Press, 1986)

《剑桥威廉·詹姆斯指南》(Putnam, R. A., eds., Cambridge Companion to William James, Cambridge: Cambridge University Press, 1997.)

第十八章　分析哲学

原　著

《如何以言行事》(Austin, John L., How to Do Things with Words, New York: Oxford University Press, 1965.)

《哲学文集》(Austin, John L., Philosophical Papers, Oxford: Clarenden Press, 1970.)

《感觉与感觉对象》(Austin, John L.,

Sense and Sensibilia, Fair Lawn, NJ: Oxford University Press, 1962.)

《语言、真理与逻辑》(Ayer, A. J., Language, Truth and Logic, New York: Dover, 1946.)

《逻辑实证主义》(Ayer, A. J., Logical Positivism, New York: The Free Press of Glencoe, 1958.)

《逻辑句法与语言》(Carnap, Rudolf, Logical Syntax and Language, New York: Hartcourt, Brace&World, 1937.)

《哲学与逻辑句法》(Carnap, Rudolf, Philosophy and Logical Syntax, London: Kegan Paul, 1935.)

《世界的逻辑结构》(Carnap, Rudolf, The Logical Structure of the World, Berkeley: University of California Press, 1967.)

《科学的统一》(Carnap, Rudolf, The Unity of Science, London: Kegan Paul, 1934.)

《哲学文集》(Moore, G. E., Philosophical Papers, New York: Collier Books, 1962.)

《哲学研究》(Moore, G. E., Philosophical Studies, Paterson, NJ: Littlefield, Adam, 1951.)

《哲学的一些主要问题》(Moore, G. E., Some Main Problems of Philosophy, New York: Collier Books, 1962.)

《信念之网》(Quine, W. V. and Ullian, J. S., The Web of Belief, New York: Random House, 1970.)

《从逻辑的观点看》(Quine, W. V., From a Logical Point of View, Cambridge, MA: Harvard University Press, 1953.)

《词与物》(Quine, W. V., Word and Object, Cambridge, MA: The M. I. T Press, 1960.)

《物质的分析》(Russell, Bertrand, Analysis of Matter, New York: Dover, 1954.)

《人类知识》(Russell, Bertrand, Human Knowledge, New York: Simon and Schuster, 1962.)

《对意义和真理的探究》(Russell, Bertrand, Inquiry into Meaning and Truth, Baltimore: Penguin Books, 1963.)

《我们对于外部世界的知识》(Russell, Bertrand, Our Knowledge of the External World, New York: New American Library of World Literature, 1960.)

《怀疑论文集》(Russell, Bertrand, Skeptical Essays, New York: Barnes & Noble, 1961.)

《哲学问题》(Russell, Bertrand, The Problem of Philosophy, Fair Lawn, NJ: Oxford University Press, 1912.)

《分析的时代：20世纪哲学家》(White, Morton, ed., Age of Analysis: 20th Century Philosophers, New York: New American Library of World Literature, 1955.)

《论确实性》(Wittgenstein, Ludwig, On Certainty, Oxford: Basil Blackwell & Mott, 1967.)

《哲学研究》(Wittgenstein, Ludwig, Philosophical Investigations, Oxford: Basil Blackwell & Mott, 1968.)

《逻辑哲学论》(Wittgenstein, Ludwig, Tractatus Logico-Philosophicus, New York: Humanities Press, 1961.)

批评性研究

《维特根斯坦》(Ayer, A. J., Wittgenstein,

Chicago: University of Chicago Press, 1986.)

《对于〈哲学研究〉的分析性评论》(Baker, G. P. and Hacker, P. M. S., An Analytical Commentary on the Philosophical Investigations, Oxford: Blackwell, 1990, 3 vols.)

《蒯因面面观》(Barrett, R. B. and Gibson, R., ed., Perspectives on Quine, Oxford: Blackwell, 1990.)

《维特根斯坦的哲学》(Canfield, J. V., ed., The Philosophy of Wittgenstein, New York and London: Garland Press, 1986—1988, 15 vols.)

《罗素生平》(Clark, R. W., The Life of Bertrand Russell, London: Jonathan Cape and Weidenfeld & Nicolson, 1975.)

《蒯因的哲学》(Gibson, R., The Philosophy of W. V. Quine, Gainesville, FL: University Presses of Florida, 1982.)

《罗素》(Grayling, A. C., Russell, Oxford: Oxford University Press, 1996.)

《维特根斯坦在20世纪分析哲学中的地位》(Hacker, P. M. S., Wittgenstein's Position in Twentieth Century Analytic Philosophy, Oxford: Oxford University Press, 1996.)

《蒯因的哲学》(Hahn, L. E. and Schilpp, P. A., eds., The Philosophy of W. V. Quine, La Salle, IL: Open Court, 1986.)

《维特根斯坦:重新思考内在世界》(Johnston, P., Wittgenstein: Rethinking the Inner, London: Routledge, 1993.)

《维特根斯坦论规则与私人语言》(Kripke, Saul, Wittgenstein on Rules and Private Language, Oxford: Blackwell, 1982.)

《感觉与确定性:化解怀疑主义》(McGinn, M., Sense and Certainty: An Dissolution of Skepticism, Oxford: Blackwell, 1989.)

《伯特兰·罗素》(Monk, R., Bertrand Russell, London: Jonathan Cape, 1996, 2 vols.)

《维特根斯坦》(Monk, R., Ludwig Wittgenstein, London: Jonathan Cape, 1990.)

《知识、语言和逻辑:向蒯因提出的问题》(Orenstein, A. and Kotatko, P., eds., Knowledge, Language and Logic: Questions for Quine, Boston Studies in the Philosophy of Science, Dordrecht: Kluwer, 1998.)

《重读罗素:有关罗素的形而上学与认识论的文集》(Savage, C. W. and Anderson, C. A., eds., Rereading Russell: Essays in Bertrand Russell's Metaphysics and Epistemology, Minneapolis, MN: University of Minnesota Press, 1989.)

《罗素的哲学》(Schilp, Paul A., ed., Philosophy of Bertrand Russell, New York: Harper & Row, 1963, 2 vols.)

第十九章　现象学与存在主义

原　著

《基本著作》(Heidegger, Martin, Basic Writings, New York: Harper & Row, 1977.)

《存在与时间》(Heidegger, Martin, Being and Time, London: SCM Press, 1962.)

《诗、语言、思想》(Heidegger, Martin, Poetry, Language, Thought, trans. A.

Hofstadter, New York: Harper & Row, 1971.）

《观念：纯粹现象学的一般导论》（Husserl, Edmund, Ideas: A General Introduction to Pure Phenomenology, New York: The Macmillan, 1937.）

《现象学与科学的危机》（Husserl, Edmund, Phenomenology and the Crisis of Science, New York: Harper & Row, 1965.）

《巴黎演讲》（Husserl, Edmund, The Paris Lectures, The Hague: Martinus Nijhoff, 1964.）

《现时代的人》（Jaspers, Karl, Man in the Modern Age, New York: Doubleday, Inc., 1957.）

《哲学与世界》（Jaspers, Karl, Philosophy and the World, Chicago: Henry Regnery, 1963.）

《理性与存在》（Jaspers, Karl, Reason and Existenz, New York: Noonday Books, Farrar, Straus & Cudahy, 1957.）

《真理与符号》（Jaspers, Karl, Truth and Symbol, New Haven, CT: College and University Press, 1962.）

《存在主义》（Kaufmann, Walter, ed., Existentialism, Cleveland: World, 1956.）

《萨特》（Kern, Edith, ed., Sartre, Englewood Cliffs, NJ: Prentice-Hall, 1963.）

《反对大众社会的人》（Marcel, Gabriel, Man Against Mass Society, Chicago: Henry Rignery, 1962.）

《存在的奥秘》（Marcel, Gabriel, Mystery of Being, Chicago: Henry Rignery, 1960, 2 vols.）

《存在主义哲学》（Marcel, Gabriel, Philosophy of Existentialism, New York: Citadel Press, 1961.）

《知觉的第一性》（Merleau-Ponty, Maurice, Primacy of Perception, trans. William Cobb, Evanston, IL: Northwestern University Press, 1964.）

《知觉现象学》（Merleau-Ponty, Maurice, The Phenomenology of Perception, trans. Colon Smith, London: Routledeg & Kegan Paul, 1962.）

《可见与不可见》（Merleau-Ponty, Maurice, The Visible and the Invisible, trans. Alphonso Lingis, Evanston, IL: Northwestern University Press, 1968.）

《存在与虚无》（Sartre, Jean-Paul, Being and Nothingness, New York: Philosophical Library, 1956.）

《存在主义与人的情感》（Sartre, Jean-Paul, Existentialism and Human Emotions, New York: Philosophical Library, 1947.）

《萨特自画像》（Sartre, Jean-Paul, Sartre by Himself, New York: Urizen Books, 1978.）

《辩证理性批判》（Sartre, Jean-Paul, The Critique of Dialectical Reason, London: NLB, 1976.）

批评性研究

《告别：向萨特说再见》（Beauvoir, Simone de, Adieux: A Farewell to Sartre, trans. Patrick O'Brian, New York: Pantheon Books. 1984.）

《萨特》（Caws, P., Sartre, London: Routledge & Kegan Paul, 1979.）

《萨特》（Caws, P., Sartre, London: Routledge, Chapman and Hall, 1984.）

《萨特的生平》（Cohen-Sotal, A., Sartre: A Life, New York: Pantheon, and London:

Heinemann, 1987.)

《剑桥萨特指南》(Howells, C., ed., The Cambridge Companion to Sartre, Cambridge: Cambridge University Press, 1992.)

《萨特: 自由的必然性》(Howells, C., Sartre: The Necessity of Freedom, Cambridge: Cambridge University Press, 1988.)

《现象学: 胡塞尔哲学及其阐释》(Kockelmans, J. L., Phenomenology: The Philosophy of Edmund Husserl and Its Interpretation, Garden City, NY: Doubleday, 1967.)

《海德格尔: 道路与洞见》(Mehta, J. L., Martin Heidegger: The Way and the Vision, Honolulu: University of Hawaii Press, 1976.)

《萨特: 一个浪漫的理性主义者》(Murdoch, Iris, Sartre: A Romantic Rationalist, New York: Viking Press, 1987.)

《梅洛-庞蒂: 批评性文集》(Pietersma, Henry, ed., Merleau-Ponty: Critical Essays, Washington, DC: University Press of America, 1990.)

《划界: 现象学与形而上学的终结》(Sallis, J., Delimitations: Phenomenology and the End of Metaphysics, Bloomington: Indiana University Press, 1995.)

《萨特的哲学》(Schilpp, P. A., The Philosophy of Jean-Paul Sartre, La Salle, IL: Open Court, 1981.)

《梅洛-庞蒂: 在现象学与结构主义之间》(Schmidt, James, Maurice Merleau-Ponty: Between Phenomenology and Structuralism, New York: St. Martin's Press, 1985.)

《海德格尔论存在与行动: 从原则到无序》(Schürmann, R., Heidegger on Being and Acting: From Principles to Anarchy, Bloomington, IN: Indiana University Press, 1987.)

《剑桥胡塞尔指南》(Smith, B. and Woodruff Smith, D., eds., The Cambridge Companion to Husserl, Cambridge: Cambridge University Press, 1995.)

《梅洛-庞蒂与一种存在主义政治学的基础》(Whiteside, Kerry H., Merleau-Ponty and the Foundation of an Existential Politics, Princeton, N. J.: Princeton University Press, 1988.)

《关于萨特的批评性文集》(Wilcocks, R., ed., Critical Essays on Jean-Paul Sartre, Boston: G. K. Hall, 1988.)

第二十章 晚近的哲学

原 著

《哲学文集》(Anscombe, G. E. M., Collected Philosophical Papers, Minneapolis: University of Minnesota Press, 1981, 3 vols.)

《心灵的唯物主义理论》(Armstrong, D. M., A Materialist Theory of the Mind, London: Routledge & Kegan Paul, 1968)

《论文字学》(Derrida, Jacques, Of Grammatology, trans. G. Spivak, Chicago: University of Chicago Press, 1974.)

《言语与现象以及有关胡塞尔的符号理论的其他论文》(Derrida, Jacques, Speech and Phenomena and Other Essays on Husserl's Theory of Signs, trans. D. Allison, Evanston, IL: Northwestern University Press, 1973.)

《书写与差异》(Derrida, Jacques, Writing and Difference, trans. A. Bass,

Chicago: University of Chicago Press, 1978.）

《结构人类学》（Lévi-Strauss, Claude, Structural Anthropology, New York: Basic Books, 1963.）

"从女性立场看伦理学"，收入《对性别差异的理论视角》（Noddings, Nel, "Ethics from the Standpoint of Women", in Deborah L. Rhode, ed., Theoretical Perspectives on Sexual Difference, New Haven, CT: Yale University Press, 1990.）

《关爱：从女性角度看伦理学和道德教育》（Noddings, Nel, Caring: A Feminine Approach to Ethics and Moral Education, Berkeley, CA: University of California Press, 1984.）

《实用主义的归结》（Rorty, Richard, Consequences of Pragmatism, Minneapolis: University of Minnesota Press, 1982.）

《偶然性、反讽和团结》（Rorty, Richard, Contingency, Irony, and Solidarity, Cambridge: Cambridge University Press, 1989.）

《语言学的转变》（Rorty, Richard, Linguistic Turn, Chicago: University of Chicago Press, 1988.）

《哲学与自然之镜》（Rorty, Richard, Philosophy and the Mirror of Nature, Princeton, NJ: Princeton University Press, 1979.）

《两难论法》（Ryle, Gilbert, Dilemmas, Cambridge: Cambridge University Press, 1960.）

《心的概念》（Ryle, Gilbert, The Concept of Mind, New York: Barnes & Noble, 1950.）

《普通语言学教程》（Saussure, Ferdinand de, Course in General Linguistics, trans. W Baskin, Glasgow: Fontana / Collins, 1977.）

"心智、大脑和程序"，发表在《行为与大脑科学》杂志（1980）[Searle, John R., "Minds, Brains, and Programs," Behavioral and Brain Sciences (1980), 3: 417—424.]

《心智、大脑和科学》（Searle, John R., Minds, Brains, and Science, Cambridge, MA: Harvard University Press, 1984.）

"感觉与大脑过程"，发表在《哲学评论》（1959）[Smart, J. J. C., "Sensations and Brain Processes." Philosophical Reviews (1959), 68: 141—156.]

《正确看待知识》（Sosa, Ernest, Knowledge in Perspective, Cambridge: Cambridge University Press, 1991.）

《心智的美德》（Zagzebski, Linda, Virtues of the Mind, Cambridge: Cambridge University Press, 1996.）

批评性研究

《索绪尔》（Culler, J., Saussure, Glasgow: Fontana / Collins, 1976.）

《现代法国哲学》（Descombes, V., Modern French Philosophy, trans. L. Scott-Fox and J. M. Harding, Cambridge: Cambridge University Press, 1980.）

《女性主义道德：对文化、社会与政治的改变》（Held, Virginia, Feminist Morality: Transforming Culture, Society, and Politics, Chicago, IL: University of Chicago Press, 1993.）

《列维－斯特劳斯》（Leach, E., Lévi-Strauss, Modern Masters Series, London: Fontana, 1970.）

《约翰·塞尔与他的批评者》(Lepore, E. and van Gulick, R., eds., John Searle and His Critics, Oxford: Blackwell, 1991.)

《G. 赖尔：对于他的哲学的导论》(Lyon, W., Gilbert Ryle: An Introduction to His Philosophy, Brighton: Harvester Press, and Atlantic Highlands, NJ: Humanities Press, 1980.)

《从布拉格到巴黎：对于结构主义与后结构主义思想的批判》(Merquior, J. G., From Prague to Paris: A Critique of Structuralist and Post-structuralist Thought, London: Verso, 1986.)

《德里达》(Norris, C., Derrida, London: Fontana, 1987.)

《心的本质》(Rosenthal, D. M., ed., The Nature of Mind, London: Oxford University Press, 1991.)

《罗蒂与实用主义：回应他的批评的哲学家》(Saatkamp, H. J., Jr., ed., Rorty & Pragmatism: The Philosopher Responds to His Critics, Nashville, TN, and London: Vanderbilt University Press, 1995.)

《女性与女性主义伦理学》(Tong, Rosemarie, Feminine and Feminist Ethics, Belmont, CA: Wadsworth, 1993.)

译者跋

《西方哲学史》第八版的翻译工作是我的导师邓晓芒教授于2007年9月交给我的。翻译进行期间，他也一直在关注和指导，最后又亲自进行了十分严谨的校改。英文第八版是对第七版的补充修订，因此第八版的翻译也是在第七版中译本的基础上补充修订而形成的。本书原著的优长与缺憾、两个版本的异同、此番译事的甘苦，邓老师在中译本序中已经剖析分明，毋须本人多加置喙，只抛砖引玉地和青年朋友谈一点学习心得：

疆村居士在《宋词三百首·序》中说："能循涂蹈辙于三百首之内，方能取精用闳于三百首之外。"文学如此，哲学又何尝不然。哲学史著作其实就是概括描绘了这些"涂"和"辙"的一幅思想地图，如果能以一种真正历史的眼光、一种客观平正的心态去写、去读、去想，山川大势就能尽收眼底，接下来寻幽探胜、洞隐烛微也就有了基础；反之，如果一叶障目、成见塞胸，就难免感到支离破碎、一片茫然了。固然，人不可能不受视野局限，也不可能毫无成见，但是我在学习过程中体会到，我们的某种看起来是"唯我独尊、不假外求"的成见，往往并不真正是我们"自己"的东西，反倒是不自觉地被外部强加给我们而并不为我们所理解的东西，因此，唯有认真地、心平气和地去阐释和理解别人的不同见解，我们才能意识到自己的思想还有更多的可能性，才能理解和升华（并不是完全抛弃）自己当初的成见，也才能渐渐地找到真正的"自己"，所谓从循涂蹈辙到取精用闳，我想不外乎就是这个意思。青年读者们如果能抱着这样的念头来阅读我们所译的这部哲学史，也许就能更好地利用它的优点，扬弃它的不足，从而有得于真正的爱智之学。

最后，需要交代的是，我一直是把这件翻译工作当成邓老师交给我的一项"功课"来完成的。哲学史的翻译，需要细致耐心的态度、扎扎实实的学问和比较自如的语言转换能力，这些对于我来说都是锻炼和考验。所以把稿子交给老师审阅的时候，我也像等待考试成绩一样怀着一种忐忑的心情等待着老师的评价。尽管邓老师在序言中热情地肯定了我的工作，但我深知，自己并无点铁成金、脱胎换骨的能耐，在整个翻译过程中，也并不觉得自己青出于蓝、后来居上——其实，能以专注、谨慎和细致，换来一份"踵事增华、与有荣焉"的欣慰，也就知足了。第七版译者们的辛劳所提供的良好基础，邓老师的悉心指导和反复校正，这都是我受惠良多、感念不已而决不敢贪天之功的。能够最确凿无疑地归到我名下的，就是本书中还可能存在的一切错误和疏漏，这是我作为最后定稿人不可推卸的责任。现在，一切评断权都交给读者了，我怀着同样忐忑的心情，等待着自己的最后成绩。

匡宏　谨识
2008年6月

出版后记

美国学者撒穆尔·伊诺克·斯通普夫和詹姆斯·菲泽所著的《西方哲学史》一书自1966年初版以来，在英语世界非常流行，畅销五十余载而不衰，而且多次修订再版。时至2014年，此书参照当代哲学的发展，经过八次修订已出至第九版。

这本《西方哲学史》将西方两千多年的哲学思想作了一个清晰的展示，很适合作为大学生的西方哲学史课程的入门教材。如此长时间的历练，原不用我们多说，足可以证明这是一部好书、一部值得推荐的作品。之所以在此赘述，主要原因是想让更多的人理解原书作者的哲学理念，领略译者严谨的翻译风格，在此基础之上，用"大视野"的眼光去认识哲学家的思想脉络和哲学史的发展历程。

从内容的连贯性上来看，这本《西方哲学史》可称得上是一部哲学通史。本书既没有国内多数哲学史家在编撰哲学著作时的时段局限性，也没有西方学者或严谨枯燥，或随心所欲难为信史的不足。相反地，本书作者兼采两种写法之长，试图通过对哲学史资料的编排把其对哲学史、对人类哲学思维发展的见解表达出来。这一优点对青年读者尤其是大学本科学生来说，是有所裨益的。这种编排方式可以使读者从整体上把握哲学史的源流，真正了解每一个哲学家在哲学发展历程中的地位以及他们所作出的巨大贡献。考虑到哲学这一学科本就有些枯燥的特点，本书作者并不是平铺直叙地叙述，简单地堆积知识，而是像为读者讲说哲学故事，同时言语间也渗透着启发性的意见或是问题，娓娓道来，有条有理，从容不迫，一段终了，总是会令听众感觉受益匪浅，启发思维。单凭这一点，就值得我们去读，去听，去思考。

这正是我们所需要的《西方哲学史》，原书严谨又不失轻松之感的风格，使我们对此书有了如此高的评价。新版在保留了使原书风靡数版的思想性和写作理念的同时，在编年和文体上进行了与时俱进的修订，并在第20章最后补充了"政治哲学"一节，用克制的篇幅展示了罗尔斯和诺齐克的思想精要。本书附有重要词汇、延伸阅读等部分，便于读者使用。

服务热线：133-6631-2326 188-1142-1266
读者信箱：reader@hinabook.com

后浪出版公司
2018年9月

图书在版编目（CIP）数据

西方哲学史 / (美) 撒穆尔·伊诺克·斯通普夫，
(美) 詹姆斯·菲泽著；邓晓芒等译. -- 北京：北京联合出版公司，2019.8（2024.8重印）
ISBN 978-7-5596-3243-2

Ⅰ.①西… Ⅱ.①撒… ②詹… ③邓… Ⅲ.①西方哲学—哲学史 Ⅳ.①B5

中国版本图书馆 CIP 数据核字 (2019) 第 092088 号

Samuel Enoch Stumpf, James Fieser
Philosophy: A Historical Survey with Essential Readings, 9e
ISBN 0-07-811909-X
Copyright © 2014 by the McGraw-Hill Education.
All rights reserved. No part of this publication may be reproduced or transmitted in any form or by any means, electronic or mechanical, including without limitation photocopying, recording, taping, or any database, information or retrieval system, without the prior written permission of the publisher.
This authorized Chinese translation edition is jointly published by McGraw-Hill Education and Beijing United Publishing Co., Ltd.
This edition is authorized for sale in the People's Republic of China only, excluding Hong Kong, Macao SAR and Taiwan.
Copyright © 2019 by the McGraw-Hill Education and Beijing United Publishing Co., Ltd.

版权所有。未经出版人事先书面许可，对本出版物的任何部分不得以任何方式或途径复制或传播，包括但不限于复印、录制、录音，或通过任何数据库、信息或可检索的系统。
本授权中文简体字翻译版由麦格劳-希尔（亚洲）教育出版公司和北京联合出版公司合作出版。
此版本经授权仅限在中华人民共和国境内（不包括香港特别行政区、澳门特别行政区和台湾）销售。
版权 © 2019 由麦格劳-希尔（亚洲）教育出版公司与北京联合出版公司所有。
本书封面贴有 McGraw-Hill Education 公司防伪标签，无标签者不得销售。

西方哲学史（第9版）

著　　者：[美] 撒穆尔·伊诺克·斯通普夫　詹姆斯·菲泽
译　　者：邓晓芒　匡　宏　等
出 品 人：赵红仕
选题策划：后浪出版公司
出版统筹：吴兴元
责任编辑：刘　恒
特约编辑：马　健
营销推广：ONEBOOK
装帧制造：墨白空间·陈威伸

北京联合出版公司出版
（北京市西城区德外大街83号楼9层　100088）
天津中印联印务有限公司印刷　新华书店经销
字数754千字　787毫米×1092毫米　1/16　36.75印张
2019年8月第1版　2024年8月第20次印刷
ISBN 978-7-5596-3243-2
定价：99.80元

后浪出版咨询（北京）有限责任公司　版权所有，侵权必究
投诉信箱：editor@hinabook.com　fawu@hinabook.com
未经书面许可，不得以任何方式转载、复制、翻印本书部分或全部内容。
本书若有印、装质量问题，请与本公司联系调换。电话 010-64072833